吴宗济语言学论文集

吴宗济 著

商务印书馆
2008年·北京

图书在版编目(CIP)数据

吴宗济语言学论文集/吴宗济著. —北京:商务印书馆,2004
ISBN 7-100-03946-0

Ⅰ.吴… Ⅱ.吴… Ⅲ.汉语-语言学-现代-文集 Ⅳ.
H116-53

中国版本图书馆 CIP 数据核字(2003)第 086432 号

所有权利保留。
未经许可,不得以任何方式使用。

WÚZŌNGJÌ YŬYÁNXUÉ LÙNWÉNJÍ
吴宗济语言学论文集
吴宗济 著

商 务 印 书 馆 出 版
(北京王府井大街36号 邮政编码 100710)
商 务 印 书 馆 发 行
北京瑞古冠中印刷厂印刷
ISBN 7-100-03946-0/H·985

2004 年 3 月第 1 版　　开本 850×1168 1/32
2008 年 2 月北京第 2 次印刷　印张 19⅛
定价:37.00 元

序

中国语音学的现代化起始于20世纪20年代末,先是刘复在北京大学创立了"语音乐律实验室",接着是赵元任在南京中央研究院历史语言研究所建立起语音实验室,两个实验室都配备了当时的先进仪器设备,一北一南,为中国语音学开辟了通往现代化的道路。遗憾的是1937年抗日战争开始,两个实验室的工作被迫完全陷于停顿。抗日战争胜利后,内战、天灾和人祸严重干扰学术发展达30年之久,语音学现代化的进程更是若明若暗,艰难前进。直到改革开放以后,经过新老两代语音学家近20年的不懈努力,才能够和已经进入信息时代的国际先进语音学接上了轨,初步达到了现代化的基本要求。从30年代语音学现代化的初期,吴宗济先生就投身于这项崭新的科研事业中去,在以后的艰苦漫长的发展过程中,吴先生始终站在最前线默默耕耘,辛勤工作,是中国语音学现代化几十年来惟一一位自始至终的参与者,也是最有权威的见证人。

20世纪30年代吴先生在中央研究院历史语言研究所工作时,就在赵元任先生的指导下参与语言调查和语音实验工作,积累了丰富的田野调查经验和现代语音学知识。50年代到中国科学院语言研究所工作后,奉派到欧洲捷克等国家考察实验语音学发展情况,回国后长期主持语言所语音实验室工作。60年代吴先生和周殿福先生合编成《普通话语音图谱》一书,是新中国成立后的第一部实验语音学专著,直到现在仍有重要参考价值。十年浩劫过去后,为了推广和普及实验语音学知识,1979年吴先生以70高龄每周一次骑车往返几十里路到北大来为语音学研究生班讲授实验语音学课程,80年代先是主编出版了《汉语普通话单音节语图册》,接着又和林茂灿先生合作编写成《实验语音学概要》一书,相当全面地介绍了80年代以前国内外实验语音学的研究成果。现在国内从事语音学教学和研究的中青年语音学家,可以说是都受到过吴先生直接或间接的教益。

  人到古稀之年,在一般人已是颐养天年的时候,吴先生却以"老骥伏枥,志在千里"的精神,仍旧活跃在语音学这块园地上,不但精力充沛地进行语音学现代化的推广和普及工作,在研究工作中更是不断进行新的探索,20年来皓首耕耘,硕果累累,收录在这本论文集中的40多篇,绝大多数都是吴先生在70岁以后写成的。近年来语音学已经发展成为一门跨学科的学问,有不少新的园地等待我们去开垦,吴先生正是一位为我们不断开垦新园地的引路老人。在这本论文集中,除少数普及性的文章外,所涉及的内容基本上都是研究汉语语音亟待解决而一直又未能很好解决的问题。汉语语调和连读变调规则是研究汉语语音非常重要的内容,多年来由于缺少有效的研究手段,一直是研究汉语语音的两道难关,吴先生老当益壮,站在最前线去攻这两道难关,80年代以后发表了一系列的文章,用现代语音学的方法把连读变调规则和语调分析结合在一起,提出语调调型以连读调型为基本单元的新见解,强调各基本单元的变调规律对语调研究的重要性。这些新见解对言语工程无疑具有十分重要的应用价值。语音协同发音和合成语音的自然度也都是和言语工程密切相关的问题,吴先生对这两个问题也都进行了深入研究,提出了非常有价值的意见和设计方案。近两年吴先生又在探索如何把传统音韵学和现代语音学结合起来,达到古为今用的目的,这也是十分有意义的尝试。攻克旧难关,开辟新园地,或者可以说是吴先生近20年来研究工作中相当突出的特色吧。

现在吴先生已是九五高龄,仍在笔耕不辍。如此高龄20余年学术活动从未间断,这在学术界中恐怕是不多见的。吴先生有如此充沛的学术活力,我想,除了有超乎常人的健康体魄外,更重要的是吴先生一生对语音学研究始终有着一种执著追求的精神,因此才能够乐此不疲,乐而忘老。这不仅仅是我们这些已经从科研和教学第一线退下来的老人应该学习的榜样,更应该是每一个从事语音学研究和教学的人都应该具备的精神。这本论文集正是这种学术精神的具体体现。

祝吴先生寿登期颐,愿吴先生这本论文集所体现出的学术精神在语音学界发扬光大!

林 焘

2003年5月于北京大学燕南园

时 SARS 肆虐京城

自 序

我从1928年到1934年,在清华大学先读市政工程,后转中国文学系,主要是读古汉语的课程。当时规定,最后一年在必修学分之外还有余时的,可再选修本系其他课程,我就报了一门罗常培先生的《中国音韵学》。他是来自北大的兼任教授,此课原为传统的音韵学,但罗师特别强调:古今韵学家审音但凭口耳,以致"蔽于成见、囿于方音",难解语音的积疑;今后不能再故步自封了,必须用科学实验"以补听官之缺"。这个倡议在当年专搞考据的韵学权威之间是有阻力的。第二学期罗师回北大,改由新从巴黎回国的王力先生继任。他和刘复大师差不多同时,都是最早用实验方法分析汉语方言声调的先驱。他着重语音的生理和物理的实验论证,以及国际音标的听记训练。这才使我开始对实验语音学产生兴趣。我毕业后考入南京的中央研究院历史语言研究所,为语言组助理。那里有当时国内最先进的实验设备和声学实验室,与刘复先生在北大创立的"语音乐律实验室"南北争辉。我受语言组赵元任、李方桂两师指导,补修现代语音学,用音标记音和仪器分析做汉语方言和壮族语言的调查研究,我这才进入了语音研究的领域。

解放后罗师主持了中国科学院语言研究所,我被召回工作,建立了语音研究室,历年补充了人员和设备。在50年代末期,为配合教育部的"全国推广普通话"的任务,调训各省市专业干部和教师,我们专门致力于普通话语音的实验研究,编写教材,并与兄弟单位合作,担任语音的分析。

毋庸讳言,我们的现代语音分析知识,除了参考我国传统的一点朴素音理外,主要是从西方引进的。西方的实验语音学(Experimental Phonetics,早期又称仪器语音学 Instrumental Phonetics),近百年来也是由浅入深,逐步发展的。20世纪初期,他们研究元音的特性,开始从烦琐的数学计算解脱出来,用了医用机械的仪器来分析。到30年代,实验仪器改进为电动的,50年代为电子的,到80年代才应用了电子计算机。其间语音分析的知识也是随着工具的改良而陆续产生新的理论。最为显著的是50年代后期语言学界接受实验方法而产生的音系学和区别特征理论,和80年代以来伴随言语工程界的文理合作而开展的语音合成与识别系统的研制。我们的语音研究工作,在20世纪30年代开始,基本上跟上时代,但因抗战而停顿了十多年。解放后的50年代,我们对语音实验研究的手段,越过了机械的、电动的而直接进入电子的阶段。同时,由于汉语本身的特点,也随着实验仪器的改进,而发现了若干汉语语音的规律。这项工作本可急起直追,但又因十年动乱而搁浅,甚至倒退。所幸我们的研究班子未全散,攻关元气未大伤,70年代以后,各方的语音研究队伍有了恢复壮大,对汉语语音的实验研究已逐渐迎头赶上了。

我自问原是文科出身,限于数理水平,研究论著的内容,定性的结论多而定量的数据少,未必能跟上当前信息时代的需要。不过如从另一角度来看,我们研究的是汉语的语音,一来是汉语的特点与西方语言的大不相同,西方的规律对汉语的问题不能全部照搬;二来是汉语的内涵不只包括语法和语音,还有其他重要成分,如历史演变和社会因素等等,也都反映在语音变量之中。因此,人文科学在语音研究中的意义,并不比自然科学的实验分析次要。以中国人来处理汉语,总还有其一得。我们的研究可以说是白手起家,其内容和质量基本上是随着国际学科的水平、国内各方的需要而逐步提高的。

本集所收的文章,按年份和内容看来,大致可划分为几个阶段。20世纪的50年代到70年代,主要是介绍现代语音实验方法及普通话语音的声学分析,是为培训研究队伍而编写的。80年代到90年代,集中在普通话声调和语调变调规则的研究,是配合时代的需要。90年代后期,开始了普通话语音合成规则的建立,和提高合成自然度方案的设计,以及韵律变量规律的探索,这多是作者与言语工程方面合作后,边干边学所得的点滴成果。最近由于感到汉语语音和韵律的演变总是和中国文化的深厚积淀同步的,例如从传统的诗文用字、音乐节奏、书画笔法等文学艺术之中,都可归纳出若干与语音韵律相对应的规律,而从中得到启发,这也许有助于今后语音变量规则的建立。本集中所收的最后几篇,就是对这方面的初步尝试,今后仍有待进一步探索。

实验语音学所面向的,不只是学术的研究和言语工程的需要,还有一个很大的领域:教学语音学。我国在20世纪70年代之前,各大专院校文科讲授的现代汉语教材,虽都编有"语音"一章,但内容大都比较陈旧,分量与"语法"的各章不成比例。70年代末,北京大学中文系的林焘教授有见及此,立意改善这种局面,除邀请了美籍语言学家王士元教授作实验语音学的学术报告,更聘我承乏该系新设的"实验语音学"讲席,为期一年。所收学员为校内外的中文专业教师和研究生,并有仪器示范及各自操作的实习。这在当时实属全国的创举。这一来不但北大中文系此后有了语音实验的课程,而且结业的学员们,有的仍能继续研究语音,或出国深造;有的即在本校建立语音实验室,进行科研和教学,培训了语音学的教研队伍,从此扩展了教育界对语音的视野,也为后来各语音教学和语音处理所需专业人才的培育,起了摇篮作用。这使我忆起1957年在挪威奥斯陆召开的第8届国际语言学家会议上,有一位丹麦语音学家费歇·约恩苏,在她的《声学语音学的新技术对语言学的贡献》的长篇报告中,恳切呼吁当时语言学界的老师宿儒们,应该赶快学会自己动手去操作仪器来分析方言语音(无论是复杂的或是简易的仪器),而不要再费精神去作空谈了。可见那时的欧洲语言学界无视新技术的情况,比中国的也差不多。林焘先生和北大此举,使大专院校语音的正规训练提前了若干年,这个成就是该载诸史册的。本集现蒙林先生为之作序,不但是给予作者的莫大鼓励,饮水思源,更有值得纪念的一段因缘。

　　总的说来,本集的一些文章,用以供研究者的参考或作为教材,是很不够的;但作为这一门学科在我国发展进程的轮廓来看,也许还有点用处。英国古文学中有一寓言性的名著《天路历程》,写的是一名信徒在去天国的路上,经过无数艰辛,最终望见了天国,可仍旧是隔着一条河。真是"所谓伊人,在水一方,溯洄从之,道阻且长"。今日汉语自然语音的研究目标也是如此,探索越深,难度越大。此集不过是一名求道者在其"音路历程"长途中的一点印记而已。

　　本集的论文,多蒙本单位几位同行的合作和指正,北京语言大学曹文老师在百忙之中给予的悉心整理,更荷商务印书馆领导的大力支持、柳凤运编辑的热情约稿、谢仁友责编的耐心编校,才能顺利出版。作者谨在此都致以万分的谢忱!

目 录

普通话元音和辅音的频谱分析及共振峰的测算 …………… 1

发音部位：一项对北京话擦音与塞擦音的调查 …………… 14

普通话辅音不送气/送气区别的实验研究 ………………… 31

普通话 CVCV 结构中不送气塞音协同发音的实验研究 …… 66

普通话清擦音协同发音的声学模式 ………………………… 93

普通话零声母音节起始段的声学分析 ……………………… 113

试论普通话语音的"区别特征"及其相互关系 …………… 126

普通话语句中的声调变化 …………………………………… 141

普通话三字组变调规律 ……………………………………… 162

普通话四字组韵律变量的处理规则 ………………………… 190

为改进合成普通话口语自然度所需韵律特征规则的设计 … 214

汉语声调研究的两个发展阶段：一千四百年/七十年
  ——为刘复大师百年诞辰纪念而作 ……………………… 225

赵元任先生在汉语声调研究上的贡献 ……………………… 235

试论汉语的声调和节奏——从胡乔木的提问谈起 ………… 246

普通话语调规则 ……………………………………………… 267

汉语普通话语调的基本调型 ………………………………… 281

普通话语调分析的一种新方法：语句中基本调群单元的
  移调处理 …………………………………………………… 301

普通话语调中短语调群在不同音阶的调域分布新探 ……… 320

普通话不同语气语调的可预测性……………………………329
从声调与乐律的关系提出普通话语调处理的新方法………333

书话同源——试论草书书法与语调规则的关系 …………359
试论普通话中韵律规则与其他若干学科中韵律
　　规则的共性………………………………………………377
试论合成普通话口语自然度所需的韵律特征规则…………411
用于普通话语音合成的"韵律标记文本"的设计……………419
面向汉语口语文—语合成的"全语音标记文本"
　　(APLT‑I)设计方案 ……………………………………431
普通话语音合成中协同发音音段变量的规正处理…………445
为提高汉语语音合成自然度的语音变量规正方案…………451
普通话语音合成中有关自然度的韵律变量问题……………460
中国音韵学和语音学在汉语言语合成中的应用……………467

语音杂谈……………………………………………………495
补听缺斋语音杂记…………………………………………509
试论"人—机对话"中的汉语语音学………………………522
人类能脱离口腔而单用声带说话吗？
　　——追述一次单用声带发音的实验研究………………555
阮啸新探……………………………………………………560
我的音路历程………………………………………………576

普通话元音和辅音的频谱分析及共振峰的测算[*]

提要 本文介绍利用声学实验室常备仪器来作语音频谱的分析方法。根据包络峰内所包含的三个谐波的频率和振幅的关系来计算共振峰的频率、振幅和带宽值,给出便于计算的简单公式。文中讨论了难于分辨的共振峰,归纳为单、双两种共振峰结构,各分为不同类型,分别处理。最后提供普通话元音、浊辅音的共振峰数据和清辅音的能量集中区数据。

一、分析方法

用常规声谱仪来分析动态的语音,已成为通用的方法,但这种语谱用来量测共振峰的频率和振幅数值,却不够精确,如果要求对每个音的音色,作更精确的分析,就仍须利用静态的二维频谱。我们在进行普通话语音研究中,为求取得较可靠的共振峰等参数,仍采用了静态分析,利用常备的声学仪器配成一套频谱分析记录装置,如图1所示。先请发音人在消声室录声,再转录到磁带圈,用切音机切出比较稳定的一段音,通过频率分析计,作出频谱。用此法作出的普通话元音和辅音的频谱如图2。图中左上是从普通话"逼"音节中切出的元音 i 的谱;右上是从"热"音节中切出的浊辅音 r 的谱;左下是从"那"音节中切出的鼻音 n 的谱;右下是从"仨"音节中

---

[*] 本文的普通话语音分析工作,是由当时的中国科学院语言研究所语音实验室集体担任的。当时,国外的现代语音分析仪器如语图仪等尚未引进,本文所用方法在国内尚属先进。

切出的清辅音 s 的谱。各谱用特制的"频谱速测尺"来量出元音和浊辅音的谐波频率，和清辅音的"能量集中区"频率范围。

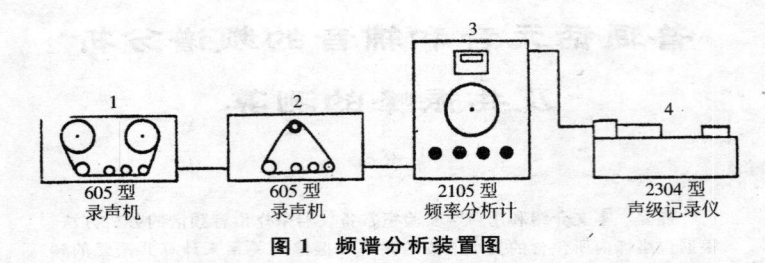

图 1 频谱分析装置图

用北京 605 型录声机 1 录声，转入另一同型号录声机 2 录成磁带圈，输出到 BK2105 型频率分析计 3，用 BK2304 型声级记录仪 4 作出频谱

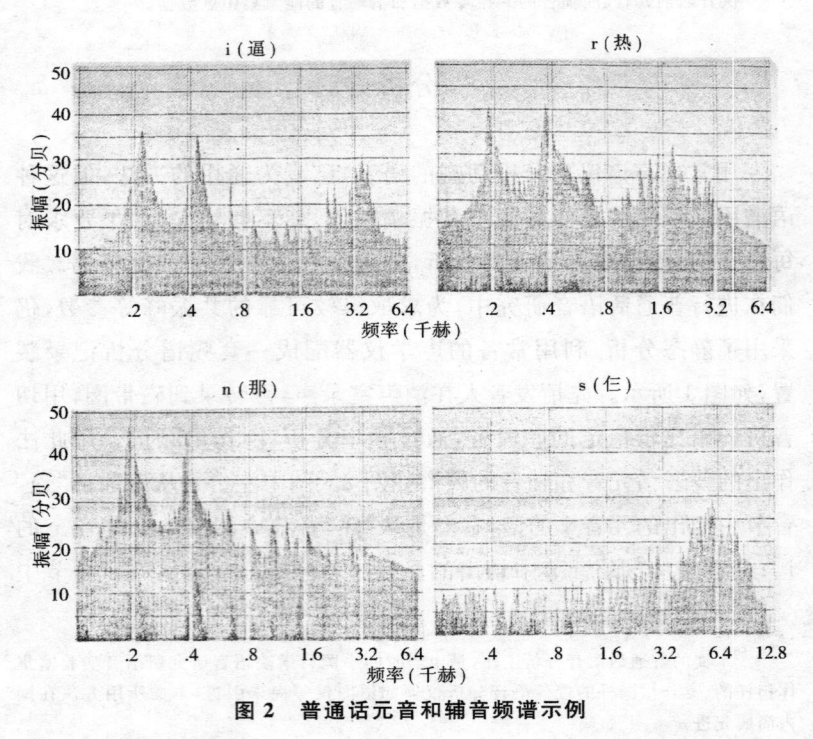

图 2 普通话元音和辅音频谱示例

二、共振峰的测算

二维频谱中各谐波所代表的频率,都是基频的整倍数,其中较强的若干组谐波构成代表音色特性的共振峰。但是,语音的共振峰主要由声腔自然频率所决定,和强谐波的频率不一定相合,因此共振峰的频率位置——包络峰巅值常常偏离强谐波的频率位置。在大量作分析统计时,偏离值可以不计;但在语音研究中,特别是分析发音部位很相近的音,或者是要根据共振峰的准确参数来作"声学元音图"时,偏离值就不能不计算在内了。在语图仪所作的

(a) (b)

$F=f+\Delta f$ $F=f-\Delta f$

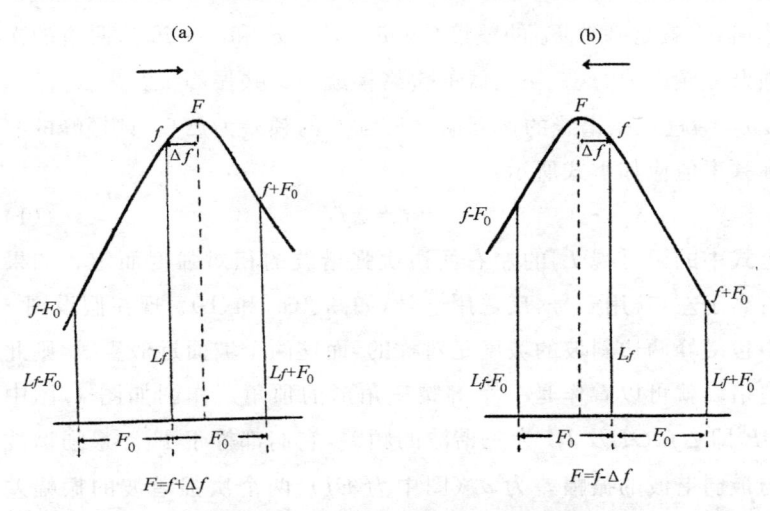

图 3 共振峰与强谐波的关系示意图

f 为强谐波; $f-F_0$, $f+F_0$ 为两个次强谐波; F 为共振峰;
Δf 为共振峰与强谐波的频率差;顶端箭头表示共振峰偏移方向

三维宽带语谱中,根据共振峰横条的中线来决定共振峰频率,可以满足一般要求,但在低频部分,特别是第一共振峰和基频距离很近时,就无法测量。二维频谱中共振峰频率的计算方法,过去文献中

也曾提到一些,但都还不太准确。在谱线上描画包络峰,也是一种自动校正共振峰频率的办法,但因一般仪器所记录的频谱,其频率轴常常不是线性刻度的(如图 2 的各谱),还要另外画成等距谱线后再描包络,比较费事;而且作任意线的包络时,巅值的位置常常不易准确。我们根据共振峰就是包络峰的原则,拟出一套简单的计算公式,可以直接就未加工过的任何频谱,稍加计算而得出共振峰的频率、振幅和带宽的近似值,兹分述如下:

1. 共振峰频率值

共振峰的基本结构如图 3,f 是一组包络峰中最强谐波的频率值,也就是基频 F_0 的整倍数(nF_0),$f-F_0$ 和 $f+F_0$ 为两边的次强谐波频率值,这三条谱线的包络构成一个共振峰 F。L_{f-F_0},L_f,L_{f+F_0} 为这三条谱线的振幅值。F 与 f 的频差为 Δf。共振峰的实际频率值应如下式所示:

$$F = f \pm \Delta f \tag{1}$$

上式中的±号视 L_f 的左右两边次强谐波的相对强度而定。如果右高于左,就用+号,反之用-号,如图 3(a)和(b)。现在假设图 3 中包络峰两边斜坡的坡度是对称的,而这两个坡面近似直线,则此包络峰就可以看作是一个等腰三角形的顶角。作图如图 4,图中 DE 即 Δf,GI 及 IC 为三谐波的频差,它们都等于 F_0。最强谐波与最弱谐波的振幅差为 d_1(图中为 EI),两个次强谐波的振幅差为 d_2(图中为 JG)。按平面几何定理,求出 Δf 值如下式:

$$\Delta f = \frac{d_2}{2d_1} F_0 \tag{2}$$

代入(1)式得

$$F = f \pm \frac{d_2}{2d_1} F_0 \tag{3}$$

(3)式可以根据任何频谱中与基频成整倍数的谱线而求出共振峰频率值。任何单位的振幅值均适用。

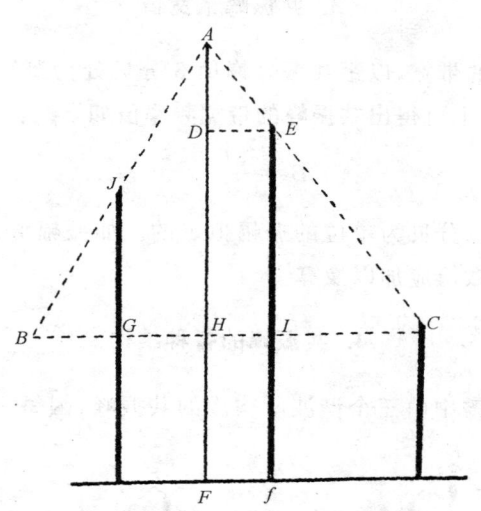

图 4　共振峰与强谐波关系的计算图解
f 为强谐波；F 为共振峰

2. 共振峰振幅值

共振峰等于包络峰，因此其振幅 L_F 的值也等于包络峰的振幅值，而大于或等于强谐波振幅值 L_f。L_F 与 L_f 之振幅差为 ΔL，其值视 Δf 之值而定.故共振峰的实际振幅值应为

$$L_F = L_f + \Delta L \tag{4}$$

据图 4，ΔL 即 AD，按几何定理等于 $JG/2$，结果得出共振峰的振幅值如下式：

$$L_F = L_f + \frac{1}{2}d_2 \tag{5}$$

上式所求得的 L_F 值可能比实际的包络峰幅值大些，因包络为曲线，而这是用直线的对顶角求出的,会有一定的误差。但分析元音时，一般只考虑共振峰的相对强度,这点差别不算重要。

3. 共振峰带宽值

共振峰的带宽,以距共振峰巅值 3 分贝处为测算标准。按此原则,在图 4 上可得出共振峰的带宽频率值如下式：

$$B_F = \frac{6F_0}{d_1} \tag{6}$$

上式是根据以分贝为单位的振幅拟定的。如振幅值是其他单位,则分子中的数值应加以换算。

4. 共振峰的各种结构

二维频谱中由三个谐波所构成的共振峰,因每一组包络峰内

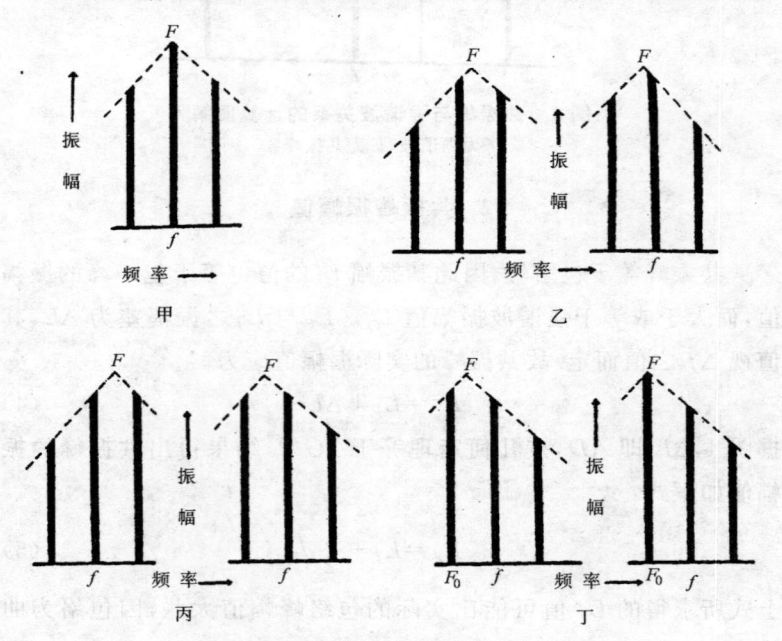

图 5　单共振峰结构的各种类型

只有一个共振峰值,称为"单共振峰结构"。它因谐波的宽窄强弱的不同而有很多变化,但归纳起来,主要的型式不外四种,如图5。其中甲,乙,丙三型在各元音中都可出现,而丁型只出现于 i,u 等高元音频谱中最左边的位置。在丁型中,第一共振峰和基频都包括在三条谐波内,就以第二谐波作为 f,仍按(3)式计算共振峰频率。

在谱中有时遇到两个共振峰距离很近,基频较高而谐波减少时,两共振峰只能由一组包络峰来显示,这就称为"双共振峰结构"。由于它只具备一个强频率值,要分出两个共振峰值就感到困难。事实上,在耳听一个元音时,两个频率相差很小的共振峰给予的听感,是和一个带宽较宽的共振峰所给的听感相仿的。这类音在语音识别和言语合成技术中,用一个平均的共振峰参数来代表,也有完满的效果。但如要求得精确数据,还是应该予以分开,这就需根据每个音的不同情况,加以考虑。

元音中"双共振峰结构"只在第一和第二共振峰接近时出现,其分合趋势如图6。上述这种"双共振峰结构",单凭三个谱线来分析两个共振峰,参考信息是不够的,还应该再多参考几条谱线。这些双共振峰结构可归纳为六种类型,每类根据四到六条谱线,分为

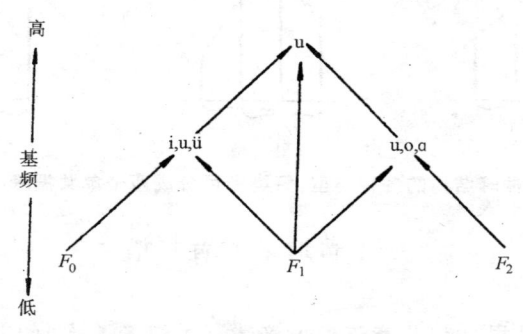

图6 共振峰的分合趋势

如元音基频由低变高,则在 i,u,ü 等音中,F_1 易与 F_0 合并;在 u,o,a 等音中,F_1 易与 F_2 合并。如基频更高,则在 u 音中的 F_0,F_1 和 F_2 都会合并。

两组"单共振峰结构"来计算。如图 7 所示,在(a),(c)两型中,两个单共振峰结构中有一条谱线是公用的,在(d),(e),(f) 三型中,有两条谱线作为公用,这都是根据元音的不同性质而作出这样的处理的。在实际语音里,(a),(b),(c) 各型常出现于 u,o,a 各音中,而(d),(e),(f) 则只在基频很高的 u 音中出现。后三例中的最左第一条谱线都是基频。在这些"双共振峰结构"中,由于两共振峰之间的谐波同时受到两峰的影响而能量特别加强,以此为公用线算得的两共振峰值之差可能比实值之差小些。如果找出这公用线的加强规律,可对计算值加以修正。

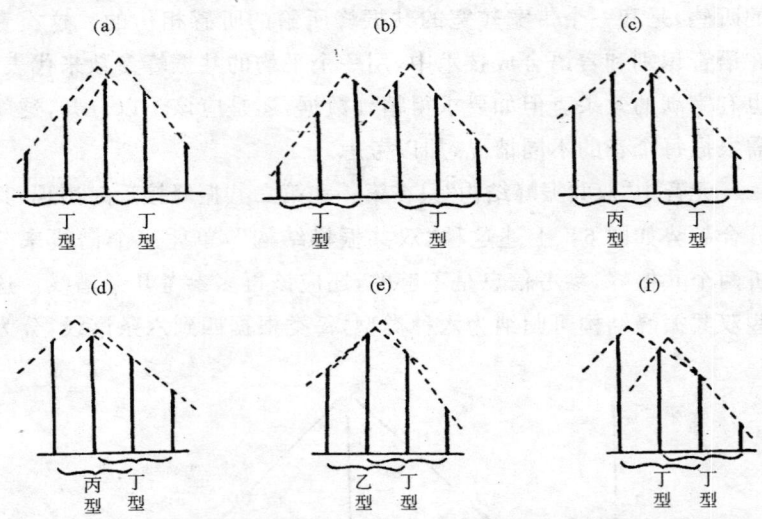

图 7 双共振峰结构的各种类型,每类型可分成两个单共振峰结构来处理

三、普通话元音频谱

表 1 是男、女、儿童三组发音人(每组各 4 人)的普通话单元音的共振峰平均数据,这都是用上述方法量算而得的。发音人平均年龄为:男 49 岁,女 35 岁,童 12 岁;籍贯都是北京。

表1 普通话元音共振峰平均数据表

发音人	例字	元音	F_0（赫）	L_0（分贝）	F_1（赫）	L_1（分贝）	F_2（赫）	L_2（分贝）	F_3（赫）	L_3（分贝）
男	衣	i	210	32	290	38	2360	27	3570	31
	乌	u	210	30	380	43	440	35	3660	14
	迂	ü	210	32	290	38	2160	29	3460	26
	啊	a	200	26	1000	47	1160	47	3120	25
	喔	o	210	27	530	48	670	41	3310	23
	鹅	e	210	28	540	47	1040	40	3170	18
	欸	ê	210	27	480	46	2240	39	3470	33
	资	[ɿ]	210	28	380	39	1380	26	3020	20
	知	[ʅ]	220	29	390	42	1820	35	2600	27
	儿	er	200	27	540	45	1600	39	3270	23
女	衣	i	320	31	320	31	2890	28	3780	27
	乌	u	320	29	420	33	650	29	3120	14
	迂	ü	320	32	320	32	2580	31	3700	18
	啊	a	320	23	1280	44	1350	45	2830	29
	喔	o	320	21	720	38	930	35	2970	15
	鹅	e	310	28	750	40	1220	40	3030	28
	欸	ê	310	25	610	36	2480	32	3510	24
	资	[ɿ]	320	31	420	36	1630	32	3130	24
	知	[ʅ]	320	31	370	33	2180	35	3210	26
	儿	er	310	24	730	40	1730	38	3420	25
童	衣	i	390	42	390	42	3240	35	4260	30
	乌	u	400	41	560	43	810	41	4340	26
	迂	ü	400	42	400	42	2730	36	4250	27
	啊	a	400	28	1190	49	1290	51	3650	38
	喔	o	400	36	850	49	1020	48	3580	31
	鹅	e	410	35	880	53	1040	48	4100	28
	欸	ê	400	30	750	44	2560	35	3800	26
	资	[ɿ]	420	40	440	40	1730	40	3920	30
	知	[ʅ]	410	39	410	39	2380	40	3870	19
	儿	er	410	33	750	37	1780	39	4050	20

由表中可见,男声的平均基频为 210 赫,女声为 320 赫,童声为 400 赫。为了求得音色的稳定,都让发音人发阴平声调的元音,再切出其中最稳定的一段来分析。阴平在普通话里是高平调,因此所得基频值比实际口语中的基频平均值要高些。在同一元音中,三组发音人的共振峰平均值各有不同,由于基频变高,共振峰也随着提高一些,不过每组中各元音间的相对关系是大致相似的。图 8 是这三组元音的声学位置图,各音根据其 F_1 和 F_2 的两个值来定坐标位置。由图可见,男、女、童三类元音各自成一元音三角图的系统,各三角图之间仍有彼此相似之处。三组发音人的 i 都是前高元音,u 都是后高元音,而 a 都是央低元音。从三角形的面积看来,是男组最大,童组最小,这可以反映三类人声腔大小的比例。

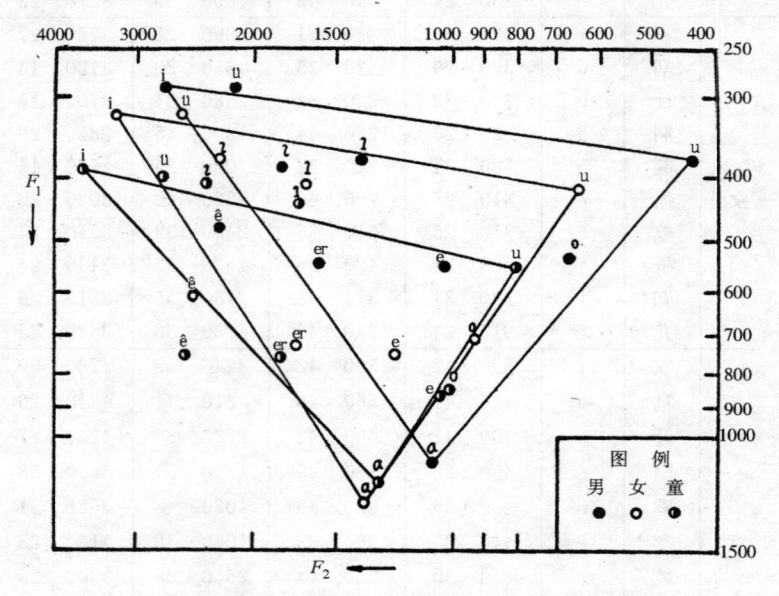

图 8 男、女、童各 4 人所发普通话 10 个元音的声学位置图

各元音都按照量算所得的 F_1 和 F_2 数值决定坐标。i 元音的 F_2 和 F_3 取得平衡(据 Fant 的公式)。图中音标除 ʅ,ɿ 是国际音标外,其余都是拼音方案的字母这种图可以和传统的元音舌位图对照来研究。10个元音中绝大多数的位置都彼此相似,所不同的是,[ʅ]在[ɿ]的前面,这和元音舌位图恰恰相反。

根据一般文献,共振峰序次越大,其振幅值就越小($L_1 > L_2 > L_3 \cdots$),但在我们的数据中,个别的音有例外情况,如男的 i 有 $L_3 > L_2$ 的,女的 a 有 $L_2 > L_1$ 的,童的 a 和 er 也是 $L_2 > L_1$,这都可能是由于发音特点所致。

四、普通话辅音频谱

辅音由于发音部位和发音方法的不同而具有不同的声学特征,诸如音色、音强和音长以及过渡音等都是决定辅音特性的要素。辅音由开始发音,到接上元音的过程(如果是辅音韵尾,就是从元音的衔接处到辅音终了的过程)中,音色并非稳定而是逐渐变动的。因此用静态的二维频谱来分析辅音,就得选出最能代表这个辅音的一段来作谱。一般浊辅音,因为也属于乐音性质,可以和元音一样地得出共振峰参数来,不过谱型与元音的稍有不同,由于它仍带有一些摩擦成分,各谐波之间常常会出现一些杂乱谱线。至于清辅音则完全属于噪声性质,其声源不是来自声带颤动,而是由发音器官某部分的破裂气流以及狭缝摩擦气流所造成的。这种气流受到声腔不同形状的调制,在谱上的一定频率范围内出现能量集中现象,因此也可以测出其特性参数。这种频谱不具备谐波谱线形式,而只是杂乱的谱线;在有些辅音的能量集中区内,常有比较突出的峰形,有时也可和其发音部位近似的元音共振峰模式相对照(例如 j,q,x 的谱和 i 的谱比较)。

表 2 是一位男发音人的普通话浊辅音的共振峰平均数据。这是以从每个辅音与几个不同元音(例如 a,o,e 或 i,u,ü 等)结合

的音节中切出的辅音来平均的。发音人年龄 51 岁,籍贯北京。

表2 普通话浊辅音共振峰平均数据表

辅音	F_0(赫)	L_0(分贝)	F_1(赫)	L_1(分贝)	F_2(赫)	L_2(分贝)	F_3(赫)	L_3(分贝)
r	190	30	340	38	1620	31	2610	24
m	190	33	280	38	1180	24	2240	22
n	190	31	320	39	1380	22	2680	22
-n	210	38	280	44	1480	24	2830	16
-ng	200	33	320	40	1200	22	2880	13
l	190	29	310	37	1500	28	2520	20
y^i	190	34	280	36	2200	29	3400	31
w^u	190	26	390	39	670	30	—	—
$y^ü$	190	36	290	39	2190	33	3360	26

表3 普通话清辅音能量集中区数据表

辅音	能量集中区分布范围(赫)	强频峰(赫)	相对声级(分贝)
b	200—1600	250	22
d	300—6000	—	20
g	250—6300	—	20
p	150—8000	1250,2500	25
t	150—8000	200	28
k	120—6000	2000	24
f	150—10000	200,6300	10
s	3000—10000	6300	25
sh	1500—8000	2500,4500	26
x	2500—8000	3000,5000	28
h	1000—3000	1500,2500	20
z	3200—8000	6300	22
zh	2000—5000	4000	22
j		5000	22
c	4000—8000	6500	25
ch	250—8000	4000	30
q	2000—8000	3500	30

表3是同一发音人的普通话清辅音的能量集中区频率数据。

表中的辅音都是从与 a 结合的音节中切出的。我们也分析了与其他元音结合的辅音，发现一般塞音受 u 的影响较大，其他各种不同元音环境中的辅音，也都有一定的差异。由于清辅音的数据和浊辅音的性质不同，故未予以平均。

参考文献

Fant, G. (1956), "On the predictability of formant levels and spectrum envelopes from formant frequencies", *For Roman Jakobson* (Mouton & Co., The Hague, 1956), 109-120.

Fant, G. (1959), "Acoustic analysis and synthesis of speech with applications to Swedish", *Ericsson Technics*, 15, No. 1.

Fant, G. (1956), *Acoustic Theory of Speech Production* (Mouton & Co., The Hague).

Ganeshsundaram, P. C. (1957), "A cascade modulation theory of speech-formants", *Zeit. Phon. Allge. Sprach.*, 10, 1-7.

Joos, M. (1948), "Acoustic phonetics", *Language*, 24, No. 2, Suppl.

Ladefoged, P. (1960), "Spectrographic determination of vowel quality", *J. Acous. Soc. Am.*, 32, 918.

Lindblom, B. (1962), "Accuracy and limitations of sonagraph measurements", *Proc. IV Inter. Cong. Phon. Sci.*, Helsinki, 1961 (Mouton & Co., The Hague), 188-202.

Peterson, G. (1961), "Parameters of vowel quality", *J. Speech and Hearing Res.*, 4, 10-29.

Potter, R. K. and Steinberg, J. G. (1950), "Toward the specification of speech", *J. Acous. Soc. Am.*, 22, 807-820.

Stevens, K. N. and House, A. S. (1961), "An acoustical theory of vowel production and some of its implications", *J. Speech and Hearing Res.*, 4, 303-320.

(原载《声学学报》1 卷 1 期, 1964 年)

发音部位:一项对北京话擦音与塞擦音的调查[*]

提要 当人们将语音学的分类与音系学对立联系在一起时,一般都认为发音部位可用一套离散的分类来说明。但是对三位北京人的擦音与塞擦音的研究显示这一看法可能并不正确。这些声音很难准确地用描写英语和其他语言的那一套分类来说明。这似乎表明没有离散系列的发音部位,无论是在生成音系学的特征描写中还是传统的 IPA 分类中。

前 言

语音学家一般都相信有一系列发音部位。这一观点在各种辅音表中都有所体现,比如 IPA 每一列代表的都是各种发音部位。这在所有的区别特征系统中也被引用了(如 Chomsky、Halle,1968)。当然大多数语音学家也同意相邻类之间的界限无法清楚地界定。例如,他们承认硬腭音与腭龈音间并没有准确的分界。所以很难说 Akan 语中的"父亲"应当描写为 [aɟa] 还是 [ada],中间是一个硬腭塞音还是一个腭龈塞音。还有一个例子,大家知道齿塞音与龈塞音之间的区别极其细微,所以 IPA 把这些音不作区分地放到了同一列中。(后一案例很可能仅仅是由历史的误会造成的。IPA 是由欧洲人发明的,而欧洲的语言中并不区分齿塞音

---

[*] 原文 Places of articulation: an investigation of Pekingese fricatives and affricates, 与 Peter Ladefoged 合著,发表在 *Journal of Phenetics* (1984)12, 267--278 上。曹文译。

与龈塞音。假如它由澳洲土著发明,我们很可能会有一张截然不同的国际音标表了。)但是尽管考虑到相邻类别之间无法划分出一条明显的界线这一事实,人们还是认为辅音可用一系列明确的发音部位(和方法)来描写。这与元音的处理方法不同,元音可用舌位图的定点来清楚地表示,而辅音被看作表格中一个个离散的成分。

这一认识存在的主要问题可以在擦音的描写中看得清楚一些。IPA 中擦音的数量比其他类的音多得多。语音学家长期以来都认为不同语言中的擦音差别非常明显,必须用不同的符号表示。但是这些符号的音值却并不那么分明。为了更清楚地说明这一问题,我们将给出几位北京人说的标准汉语口语(北京话)的擦音与塞擦音的数据。

我们将这些音的 IPA 符号在表 1 中给出。传统的 IPA 分类也在表中标示。包含表 1 中的发音的词语将在表 2 中用规范的汉语拼音标写。可以看出,这套罗马字母与 IPA 在许多方面有所不同。

表 1　北京话中的擦音与塞擦音

	唇齿音	齿龈音	卷舌音	龈腭音	软腭音
清擦音	f	s	ʂ	ɕ	x
清塞擦音		ts	tʂ	tɕ	
送气塞擦音		ts^h	$tʂ^h$	$tɕ^h$	

实 验 过 程

将在这里报告的数据是从一项大范围的研究中摘出的一部分(吴宗济,1963)。该项研究旨在对北京话中所有音素的主要特征进行描写。全部的材料包括五位发音人的腭位图,录音磁带和各种声学分析。有三位发音人作了 X 光发音照相。这里我们将主要研究这三位发音人的发音情况,偶尔对声学数据也作些评述。

所有发音人都是土生土长的北京人。发音人 A 为男性，B、C 为女性。三人都在 20 岁左右。

表 2 　含表 1 中的辅音的词语

fa	sa	sha	xia	ha
	za	zha	jia	
	ca	cha	qia	

在取腭位数据时，发音人要把表 2 中的词一个一个地念出来。腭位图是用一种类似于 Hammarstrom（1957）介绍的技术来获得的。发音人的舌头上涂了碳素墨水，然后念那些词。这样就会使墨水从舌头上涂到上腭。接触面的情况通过口中放入的一个小镜子反射后拍成照片。照片都被放大成与实际尺寸一样大小；这一点是通过与每位发音人的人造假腭比较后确定的。发音时接触部位的轮廓都被勾勒出来。

还进行了侧向 X 光照相。为突出声道的轮廓，鼻子、嘴唇和舌中线都涂上了钡液。当底片被放大成与实际尺寸大小相同的照片时，轮廓也显得很突出。用一块剪下的与上下腭骨架形状相似而可作开合调节的硬纸板，放在放大镜头与放相纸之间做局部的遮光，这样可使放大相片上的嘴唇与口腔充分曝光，同时避免骨架部分的感光过度。

此外，通常人们把透明纸蒙在 X 光照片上勾勒声道轮廓（这种方法无疑会使图形失真）。我们采用了一种新方法。发音器官的位置和相关的构造，如牙齿外形，直接用防水墨汁画到照片上，然后用减薄液把照片中的图像漂白，仅留下所画的轮廓线条。

X 光相片是在发音人发某音节的声母持阻段时拍下来的（塞擦音则是在成阻时）。因此，我们的材料也许不能对这些音在自然言语中的情况提供详细说明。然而三个发音人以及同一个发音人在发这些仅有送气与不送气差别的成对的音时所表现出来的一致性,还有 X 光透视图显示出与腭位照相非常相似的接触点(这是从所有词语完全自然的发音中得到的),这些都证明了 X 光数据的有效性。

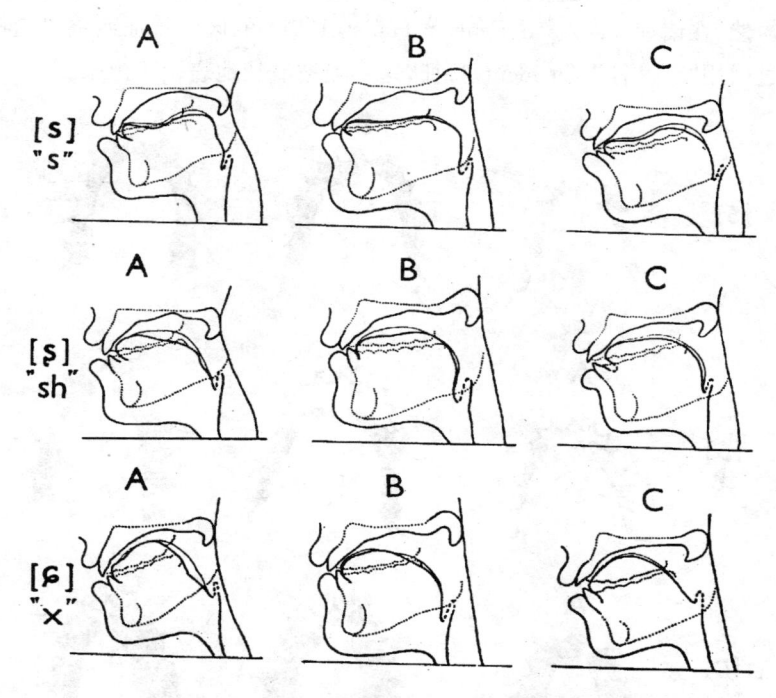

图 1　三位发音人北京话咝擦音的 X 光舌位描画图

(舌头部位的细线代表舌头的边线)

实 验 结 果

图 1 是擦音[s, ʂ, ɕ]的 X 光舌位图,图 2 是与其相对应的腭位图。首先一点值得注意的是,几位发音人在发这三个擦音时,上下齿几乎是闭合的。正是齿间窄小的通道使这些音具有咝擦音的性质。在每

个音的发音过程中,舌头的运动造成了形状各不相同的气流通道。但是声能的主要来源一直是近乎紧闭的牙齿间产生的湍流。这三个人发音的相似性从未被传统的 IPA 分类法以任何形式阐述过。当然,在诸如 Jakobson、Fant 和 Halle(1951)的区别特征系统中,通过引用"刺耳性"(strident)特征,这一点被清楚地表示了出来。

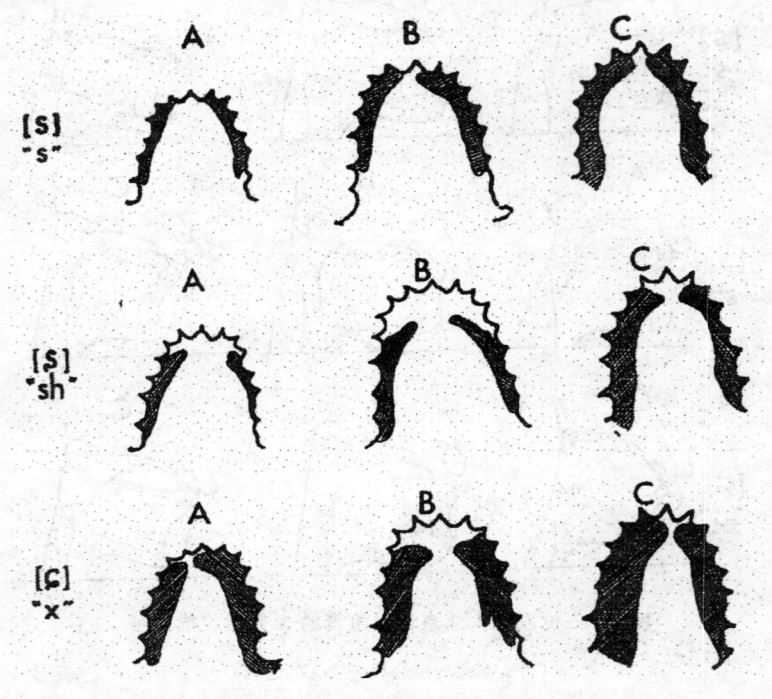

图 2　三位发音人北京话咝擦音的腭位图

正如图 1 第一排所示,三位发音人都是用舌尖发[s];而在所有的三个发音中,舌头都有点内凹,与上腭基本对齐。在描写性分类过程中,我们又面临着一次失败。这一回无论是 IPA 还是特征理论概莫能外。如果简单地把这个音素描写成齿龈音(舌顶音、舌前音或[＋舌前性(coronal),－前部性(anterior)]),那就意味着它的舌形与别的齿龈音如[t]是一样的。但[t]却没有这种舌凹面。似乎我们不得不对我们的语音学的定义作出合理的修改:如果是齿龈音而且是擦音(或[+舌前,-前部]而且[+刺耳]),那么舌面将下凹。

当气流通道最窄时,估量它的大小是一件饶有趣味的事。腭位图显示发音人 B 与 C 发[s]时,舌尖形成一个裂缝,B 是 4.5mm 宽,C 是 3.75mm 宽(发音人 A 发此音时,气流通道最窄处是在牙齿间,故其腭位图无法进行类似的测量)。A、B 发音时,裂口的高度仅为约 1mm,C 则还要小。

几位发音人最大收紧点的位置稍有不同。A 在上齿,B 在齿背,C 在齿龈。根据这些发现,似乎可以说,准确的发音部位对这些音并不是特别地重要。同在许多声音中一样,重要的是整个声道的形状。

图 1 和图 2 的中间一排是所谓的卷舌音[ʂ]。可以很清楚地看出,发此音时,舌尖并未卷起后缩,它与用相同音符标记的印第安语的发音不一样(参见 Balasubramanian, 1972)。三位发音人发这个音时都是用舌尖的上部造成收紧点(这与南印第安语中的 Dravidian 语正好相反,在这种语言中,[ʂ]是用舌尖下部上卷形成收紧点的),而且三个发音人的收紧点基本在同一位置,即齿龈隆骨的中间,高度和宽度都较 [s]大;但是宽度的差别在三个人之间非常显著,从 A 的 18.5mm 到 C 的 5mm。通道体积的增大使气流的速度不如发[s]时那样快。

传统的对发音部位的描写从未指出过[ʂ]与[s]收紧点宽度上的不同。舌头其余部位形状上的差异也没有人指出过。发[ʂ]时,A、C 两发音人舌头的前部相当平,B 也只是稍有点凹。[ʂ]中的舌根较[s]更靠前,三位发音人皆是如此,这使得舌头在长度上更加收缩。这些方面在人们说明卷舌音的发音部位或擦音湍流产生的

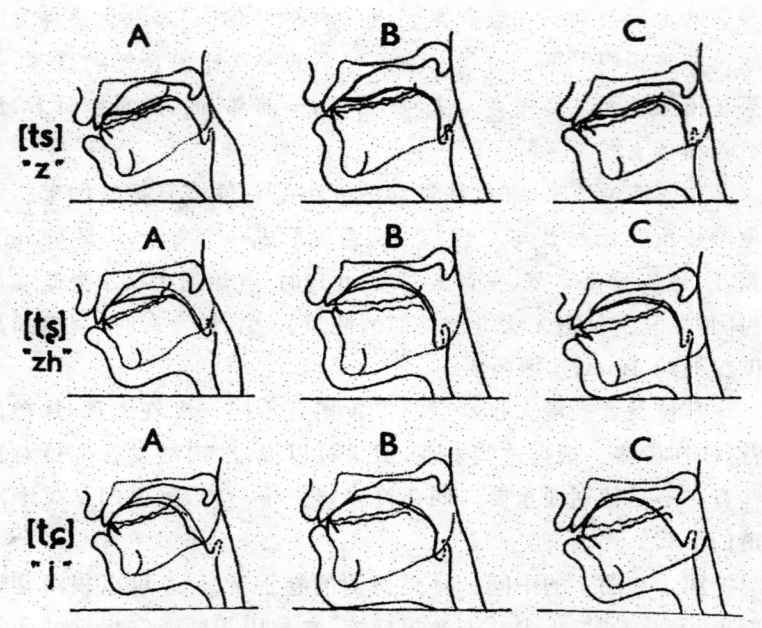

图 3　三位发音人北京话有阻不送气塞擦音的 X 光舌位描画图

部位时从未被提起过。

[ɕ]的舌位与[s][ʂ]大不相同。这可从图 1、图 2 的最下一排看出来。发音人发此音时舌位都非常高,收紧处较长较平。对 A 来说,可能是通过颏骨肌的活动使舌头的前部抬高形成阻碍。从图 1 中不难发现,就在会厌上部舌头的边缘(细线表示)比舌头的中部(粗线)要高。这就是由于颏骨肌将舌根向前拉而在这个部位形成特有的沟槽而造成的。B、C 两位发音人的舌根部位没有这样的深槽,他们可能是通过下颌骨肌的运动使舌体抬高的。对不同肌肉的运用产生了不同发音人之间声道形状上的差别。

C 发音人齿龈隆骨的前部附近形成了最狭窄的气流通道,B 发音人的明显要靠后。两个发音人的舌腭成阻点与[s][ʂ]相比却不在相同位置。比[s]要后,但又不像[ʂ]那么后。因此,尽管舌面前部的抬高可能会使这个音被当作腭化音,可它绝不是[s]或[ʂ]的什么腭化变体。它必须要有一个单独的"发音部位",这一点IPA 已经做了。但是,正如前文说过的,将此音作出这样的归类,人们需要说明的不仅有形成阻碍的部位,还有整个舌头的形状(或者,也可以这样说,我们必须增加一些新的基本的语音特征以解释这些舌形的不同)。

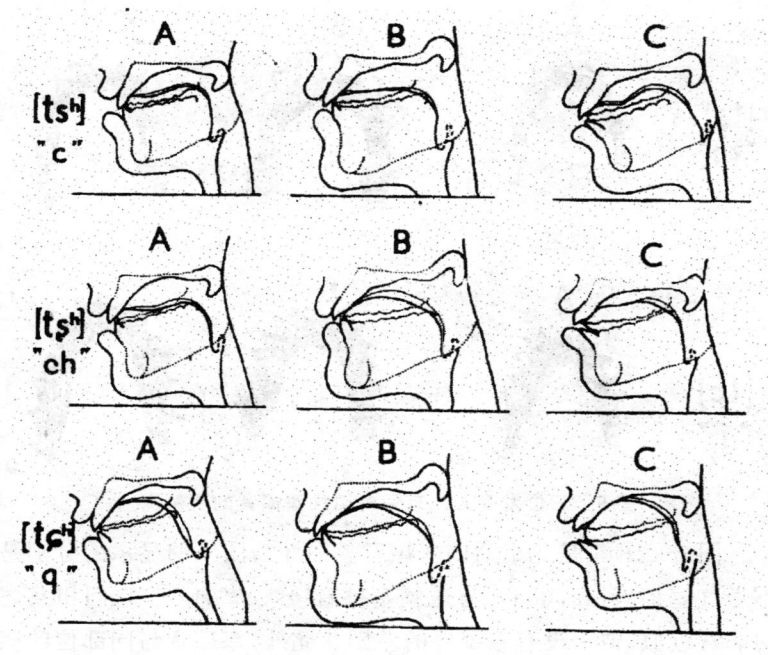

图4　三位发音人北京话有阻送气塞擦音的 X 光舌位描画图

当被用于描写其他语言的发音时,这些分类可能不得不用别的方法来诠释(正如我们已经提到的那样,"卷舌音"在用来描写 Dravidian 语时,必须作出不同的注解)。IPA (1949)把北京话中的这个音看作和波兰语"geś"中的"ś"一样。但我们自己的听辨与 Puppel (1977) 的 X 光照片表明,波兰语的"ś"腭化更强。

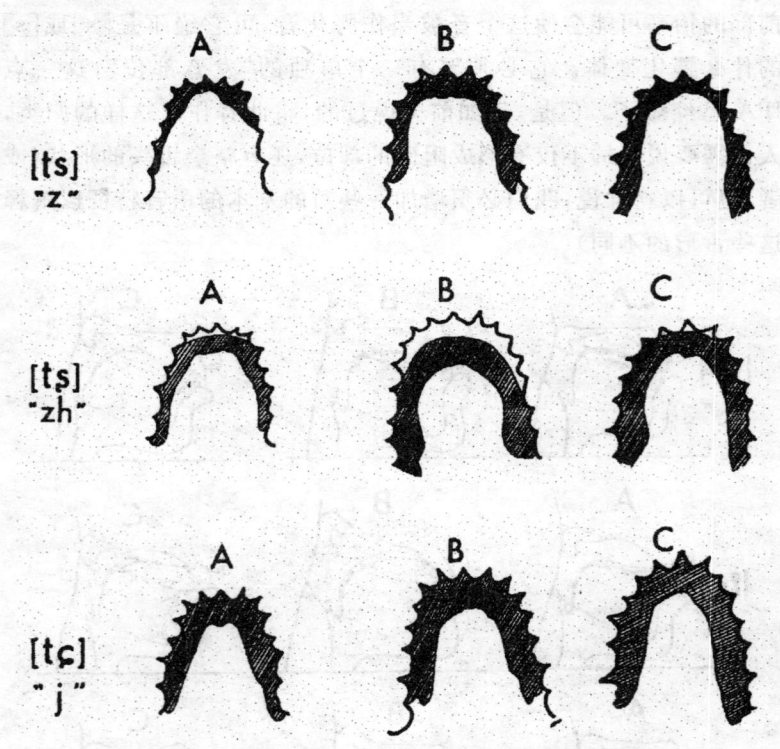

[ts]
"z"

[tʂ]
"zh"

[tɕ]
"j"

图 5　三位发音人北京话有阻性塞擦音的腭位图

图 3—图 5 是北京话的塞擦音。图 3 与图 4 的显示的分别是不送气塞擦音[ts, tʂ, tɕ]与送气塞擦音[tsʰ, tʂʰ, tɕʰ],它们相互之间非常近似,似乎没有系统性的差别。此外,塞擦音与同部位的擦音还有许多明显的相似点,实际上,只要参考这些资料,我们就可以形成许多有关舌位整体形状的观点。然而我们必须注意,塞擦音与擦音间确实存在一些虽然细微却很系统的区别。当人们说某个音是塞擦音时,那就意味着这个音是一个闭塞后面紧接着的一个摩擦音。但除了舌尖或舌叶从堵塞位置到摩擦位置的变化以

外,舌体的位置也有所变化,这一点在传统的塞音、擦音对比中是被忽视了的。闭塞阶段的舌体常常比同部位的摩擦段略高一些。

如果我们忽略这些小小的不一致,我们可以说传统语音学中的塞擦音与对应的擦音发音部位完全相同。如此一来,诸如齿龈、卷舌和龈腭不仅都可以用来说明发音部位而且可以说明整个舌体的形状。同样的解释当然也就可以用于各类擦音与塞擦音。(但是,正如我们已经指出的,这样的解释不能用于其他的发音方法;龈塞音与鼻音,如[t,d,n],舌形是不一样的。这与我们考察的齿龈擦音与塞擦音不同。)

考虑到北京话擦音研究的完整性,我们还必须提一提[f]和[x]。前者是一个唇齿擦音,发音时下唇与上齿接触,这在许多语言中都是如此。后者是一个弱的软腭擦音,请见图6。三位发音人的发音部位略有不同,A的收紧点在软腭前区;B明显靠后,同时伴有上咽部的收缩;C介于两者之间,更接近于传统描写中的轻腭部位。

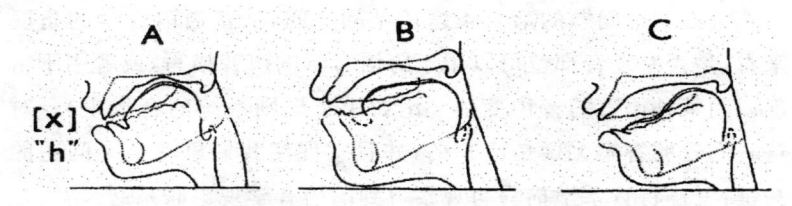

图6 三位发音人北京话无阻擦音的X光舌位描画图

这里并未详细地分析这些擦音的声学情况,但我们还是应当简单地讨论一下发音生理学上的发现与一些基本的声学表现之间有何联系。擦音的湍流噪声的频率主要由空气冲击噪声源的速率和噪声源前面的空间大小决定。受第一种因素的影响,[s]的摩擦噪音平均频率比[θ]要高;受后一因素的影响[ɕ]总是高于[x];[s]中因狭窄的通道而产生的高速度,加上发音部位靠前,以及前部非常小的空间,共同促成这两种音在频率上的特性。声学分析(详见吴宗济,1963)表明,发[s]时,频谱中有一个较宽的峰值集中在 6400Hz 附近,而在 5700Hz 和 10000Hz 附近有两个较弱的能量集中带。但[ṣ]有两个较低较窄的能量带宽,分别集中在 2900Hz 与 4500Hz 附近。

讨　　论

到现在为止,本文一直是在关注着发音部位这一概念的不完善性。但很可能,根本的问题实际上是:真有"发音部位"吗？有两条思路来考虑这个问题,第一,我们可能会问,在一种语言的音系描写中,有无这样的一些分类,可将一些声音按发音部位归成一类？毫无疑问,回答是"有"。包括汉语在内的几乎所有的语言中,都有许多音系规则来解释那些可以说是在同一个发音部位产生的某组声音。

考虑这个问题的第二条途径是问一问,从普通语音学的角度来看,是否有发音部位可以用于跨语言学的声音描写,或者用于精确说明某种语言的音位变体（比如用于规则系统的合成中）。对这一问题的答案无疑是清楚的,并且它促使我们思考整个问题的关键:怎样将音系学描写与观察得到的语音学现象联系起来？

音系学注重的是对某种语言中对立单位的类型进行描写（或者说,解释）。语音学家想要描写（从音系学或声学的观点来解释）人们发出的声音。在联系音系学与语音学的过程中产生了很大的困难,之所以会这样,是由于目的不同。平均一种语言只使用 31 个对立音段,其中的 23 个是辅音（Maddieson,论文待发表）,但是人类的发音器官能够发出比这个数目多得多的可以辨别的声音。

音系学家通常所做的是对某种语言的语音进行一个非常近似的描写,同时宣称还可以作出更详细的语音学说明。然而他们从未明确说明如何才能做到这一点。许多音系学家似乎认为语音的细节并不重要,对语音的细致描写不是语言学的事情。但是对于想要教学生如何才能避免外语口音的语音学家或那些设计计算机程序合成自然语音的人来说,这些细节却很重要。此外,对于任何一位想要对一种语言进行完整、精确描写的语言学家来说,它们也是非常重要的。语音学的细节确是语言学关心的一个方面。因此,我们才面临着这样一个难题:如何使音系学与语音学描写一致起来。

有许多音系学家非常关心语音学的发展。比如 Chomsky 和 Halle(1968)显然不该包括在上面那些受到苛求的音系学家之内。他们经常指出语言中细微的语音差别。明确地把它们看作音系学的内容。他们指出,音系学描写要说明"一个说某种语言的人把发出(或听到)的声音的哪些东西当作语音的特质"。但是按照这条路走下去,必将建立许许多多的音系特征来解释说话人所知语言中的语音现象。例如,毫无疑问,北京人认为,他们的齿龈擦音[s]的舌位深凹是它的一个语音特点,其他的擦音或齿龈音没有这种特点。这些发音人还认为他们的卷舌擦音与 Telugu 语的卷舌擦音具有不同的语音特点。北京人发[ʂ]时,没有人用舌尖底面来发音。与擦音相比,塞擦音舌位的抬高也应当被视为某种特点,除非我们能对这种必然性(意指每种语言都有这种现象)找到一种生理学的解释。事实上,正如 Pike 多年前所说,对于一个语言学的充分描写来说,每个特定的舌形都应当看作是一种特征。(Pike,1943)

当 Halle 和 Stevens 面临类似的问题,即牵涉到对不同语言中的声门状态作精确描写时,他们选择建立一些新的区别特征来解决这个难题。他们提出,发音人可能出现的声门状态是[＋展(spread)]或[－展],[＋收(constricted)]或[－收],[＋紧(stiff)]或[－紧],[＋松(slack)]或[－松]。运用这些特征他们就可对一些在某种语言中并不形成对立关系、但却有不同语音表现的声音作出相应的解释。比如,他们把英语 pie 开头的/p/那样的音描写为[＋展,－缩,＋紧,－松],把韩国话中所谓的松/p/描写为[＋展,－缩,－紧,－松]。这种详细描写的方法同样可用于描写同一种语言中的音位变体。将英语"spy、sty、sky"中的塞音描写为[－展,＋收,－紧,－松]即可与"pie、tie、kye"中的塞音区分开来。但是为达到这种语音学的精确所花费的代价较大,相对宽泛的分类[＋浊(voice)]和[－浊]则被舍弃。很少有音系学家愿意这样做。这种精确描写的方法对考察英语和许多别的语言都是有用的,其作用正如[＋浊]和[－浊]的对立一样不容忽视。

采用相似的办法在描写发音部位时会遇到同样的困难。我们可以把辅音表中的类别再分离出更多的类别。这就是国际语音协会自成立以来一直在做的事,尽管明显地有些不愿意。齿龈－硬腭音,这一我们用以描写北京话中一些发音的分类,现在的音标表中并无一个相应的列项(collum heading)。它在 1979 年的 IPA 中被列在表下的杂类中,作为一种描写擦音时可能用到的名称。它不能用来描写塞音或任何别的发音。如果我们把龈腭音这一条作为独立的列项(在 IPA 早期的版本,如 1949 版中就是如此),在表中增加一列,我们就可以将北京话的卷舌音与 Telugu 语的卷舌音区分开来。考虑到在一些发音中具有而别的发音中没有的舌头凹陷等等情况,还会有别的分类(它们可能涉及增添类行/类列,如"槽音"(Grooved))。真是这样的话,我们将会有一套非常烦琐的特征系列。它对音系学家来说将如同[＋展],[－缩],[＋紧],[－松]这种说明一样无用。国际语音协会 1949 年显然已经认识到了这一点,它在解释文字中说:"更为人熟知的字母 ʃ、ʒ 可以用来标记像北京话等方言或语言中的 ɕ、ʑ,这些语音中有这些发音却没有更常见的一些音类……"

我们可以借助补加特征(cover features)的帮助来解决这一难题(Ladefoged, 1972; Vennemman、Ladefoged, 1973)。在喉部特征方面,Stevens(1983)也提出了一些非常近似的观点。他列出一系列特征,既包括 Voiced,也包括上文提到的四种声门特征。尽管 Stevens 并未明确地这样说,但是这使得 Voiced 成了一种关于另四个特征组合的完全可以定义的上位特征。区别特征 Voiced 因此变得可为音系规则所用,而另四个特征则可用于对声门状态进行详细的语音学说明。

我们不知道这个名词应当怎么用于对发音部位的描写。我们可以设立补加特征。如"顶音或前舌音(coronal 或 lingual)"包括在齿、龈和稍后一点部位的发音;"后舌音(dosal)"包括在小舌、软腭、硬腭及稍前一点部位的发音。但是从更多的精确的语音学特征出发,能找出多少补加特征?这一点并不清楚。也许可以从声学特征入手,但是对我们来说,塞音(无论是破裂还是不破裂)、鼻音和擦音发音部位的声学关联似乎没有多少共同之处。因此,声学无法给出发音部位的确切定义。

我们也可作出另外的选择,把音系学分类看作只是对声音的语音学特征作出的大概的描写。这样做可使我们对不同语言的语音同等对待。但是怎样做到这一点,根本还不清楚。例如,北京话中的 5 个清擦音/f、s、ʂ、ɕ、x/和英语中的 4 个擦音/f、θ、s、ʃ/属于同一个类。但我们怎么将它们同等对待呢?英语的/f/与北京话的/f/没有问题。但是把英语的/θ/和北京话的/s/放到同一个类别中就显得非常别扭。即使我们把英语的/θ/孤立出来,而将英语的/s/与北京话的/s/归为一类,我们的麻烦仍不会完。哪一个才是英语/ʃ/最合适的类？是和北京话的/ʂ/还是/ɕ/一样？正如我们已经知道的，对此问题，IPA 说它们都不相同，我们不可能做得更好。要是我们尝试将每一个区别特征与每一个语音特性联系起来，我们必须说英语的/ʃ/有一个特征与北京话中的任何擦音却不一样。我们看不出英语的/ʃ/与北京话/ʂ、ɕ/中的任何一个有什么共同的语音特性。/ʂ、ɕ/之间也同样没有。可以说除了 IPA，我们看不出有什么理由要将泰米尔语（Tamil）的[ʂ]与普通话的[ʂ]归为一类。它们之间的差别如同北京话的[ʂ]与[ɕ]。在英语、北京话和泰米尔语中擦音似乎有 8 个语音上可以分辨的发音部位：[f、θ、s、ʃ、ɕ、北京话的 ʂ、泰米尔语的 ʂ、x]。如果考虑到别的语言，这个数目还会增加。正如我们前面提到的，我们根本无法确认 IPA 使用同样的符号记录的波兰话的[ɕ]与北京话的/ɕ/是否相同？可以发出的擦音有无一个固定的数目？

所以我们实际上并未前进多少。我们无法摆脱前面的段落中描写的那种困境。把语音按照大致确定的发音部位进行确切的分类，这是根本不可能的。区别特征系统必须丰富到足以对所有的具区别性的发音部位（在 Yanuwa 语中有多达七种对立的塞音。Ladefoged，1983)作出描写。还必须有一种确切的方法将某个语言中所有的发音与各自的语音特性联系起来。但是如果充分地做到了这一切，描写某种语言的音系时将会带来不便。

没有任何简单的方法能解决这个问题。当我们把自己看作是一位音系学家时，我们还会对语音中存在的类型继续进行描写。音系学家必须坚信存在着区别性的发音部位，它们可按照与被描写的某种语言相适应的方法用来对语音进行分类。同时语音学家将不得不继续尽他们最大的努力对每种语言的语音在普通解剖学和声学方面进行描写与说明。他们不会在一张表上将辅音填写到不多的一些格子里，就如同他们不可能用一套区别性的语音学特征来描写元音音质或声调对立。这也不只是不能在连续的部位间定义边界的问题。不同的语言用不同的方法对可能的发音部位连续体进行分类。对元音和声调也是一样。当然有一些特别的部位在许多语言中都被用到。但是在一种语言里按音系规则划分出的声音与另一种语言里划分出的声音不会一样。无人认为元音与声调的分布空间可以分成几套特定的类别。我们凭什么相信存在着所谓离散的发音部位呢？

参考文献

Balasubramaniam, T. (1972), *The Phonetics of colloquial Tamil*. Ph. D. thesis, University of Edinburgh.

Chomsky, N. & Halle, M. (1968), *The Sound Pattern of English*. New York: Harper and Row.

Halle, M. & Stevens, K. N. (1971), A note on laryngeal features. *Quarterly Progress Report of the Research Laboratory of Electronics*, 101, 198-213. Massachusetts Institute of Technology.

Hammarstrom, G. (1957), Uber die Anwendungsmoglichkeiten der Palatographie. *Zeitschrift fur Phonetik und allgemeine Sprachwissenschaft*, 10. 4, 323-336.

Ladefoged, P. (1964), *A Phonetic Study of West African Languages*. Cambridge: Cambridge University Press.

Ladefoged, P. (1972), Phonological features and their phonetic correlates. *Journal of the International Phonetic Association*, 2, 2-12.

Ladefoged, P. (1983), Cross-linguistic studies of speech production. In *Mechanisms of Speech Production* (P. Macneilage, ed.), pp. 177-188. New York: Springer-Verlag.

Ladefoged, P. & Bhaskararao, P. (1983), Non-quantal aspects of consonant production. *Journal of Phonetics*, 11, 291-302.

Maddieson, I, (forthcoming) *Patterns of Sounds*. Cambridge: Cambridge University Press.

Pike, K. (1943), *Phonetics*. Ann Arbor: University of Michigan Press.

Puppel, S. (1977), *A Handbook of Polish Pronunciation*. Warsaw: Państwowe Wydawnictwo Naukowe.

Stevens, K. (1983), Personal communication at the *Symposium on Invariance and Variability in Speech Processes* MIT.

Vennemann, T. & Ladefoged, P. (1973), Phonetic features and phonological features. *Lingua*, 32, 61-74.

Wu, Z. (ed.)(1963), *Phonetics of Putonghua Consonants*. Phonetic Laboratory, Institute of Linguistics Academia Sinica. (Unpubl. manuscript).

普通话辅音不送气/送气区别的实验研究*

提要 辅音送气与不送气的区别,向来多解释为强弱之分。现代语音学对此有进一步的分析,但多限于塞音,对塞擦音的送气问题甚少涉及。本文对普通话中塞音和塞擦音的送气和不送气现象,用生理实验记录了声门上压力和气流量,又用声学实验分析了音色、音长和音强,进行综合比较,指出它们的区别主要在于辅音除阻段的长度和元音起始时间的不同,并对塞擦音有详细的探索。文中列出若干实验的记录和数据,并作出各音的发音程序示意图。

一、问题的提出

在世界各语言中,关于辅音的送气/不送气问题可以分为两类。一类语言中的一些辅音如彼此发音部位相同,由于发音方法有送气与不送气而构成两个对立音位;另一类语言在连续语言中由于环境关系也有送气或不送气现象,但只是一种音位变体。汉语的大多数方言都属于前一类。汉语普通话中具有不送气、送气两种发音方法的同部位辅音,都是清辅音,计有塞音的[p]、[t]、[k]/[p']、[t']、[k']和塞擦音的[ts]、[tʂ]、[tɕ]/[ts']、[tʂ']、[tɕ']。它们的不送气与送气的对立却是重要的辨义因素。[①] 这在

---

* 本文原为1987年8月在第11届国际语音科学会议上宣读的论文,原题为:Aspirated vs non-aspirated stops and affricates in Standard Chinese, 载入 Proceedings XIth ICPhS, vol. 5, Tallinn, Estonia, USSR, 1987. 此为增订的中文本。本文的生理实验是委托任宏谟同志在美国加州大学(洛杉矶)P. Ladefoged教授指导下代做的,特致感谢。

① 罗常培、王均:《普通语音学纲要》,科学出版社,1957,85页。

汉语许多方言区的人学说普通话时,虽在送气上有程度的不同,但多能说得有显明的对立现象而不感到有何困难;而在有些原来的母语不存在送气音的或属于上述第二类语言区的人,就很难把这两种区别说得准确。近年来在对外的汉语教学中,汉语教师对外籍学生教这类送气音时,虽多方设法辅导练习,但成绩都不太理想。其中较多的例子往往是,外国学生(大多数是欧美籍)把普通话的不送气清辅音读成浊辅音,而把送气音常常读成不送气(或送得不够程度)。有些学生在课室随教随说时还复诵得不错,而在课外或在连续口语中就又回复原态了。究其原因,一方面固由于他们受了母语习惯的束缚,另一方面则也因为教师往往解释不出这两种发音的区别所在,知其然而不知其所以然,一般教材和参考资料中又缺乏这类音的详实分析,这就成为一个亟待解决的问题了。

同时,在今日言语信息处理的工作中,这类音的声学参量也已为迫切需要弄清楚的问题。特别是送气与不送气的区别究竟是在音强上或是在其它特征上,还必须通过实验才能得出结论。而塞擦音的实质是什么,更需要从生理和声学角度进行综合研究,得出主要参量,来提供言语工程上的应用。因此,辅音的送气、不送气问题,更值得作一番深入的实验研究。

基于上述理由,本课题无论在科研上、教学上和生产上都有其实际的意义。

二、国内外语音学方面对这类音的描写

1. 国内的语音学著述中对送气/不送气发音方法的描写,约可分为三类:

(1) 气流强弱说。例如,送气音、由口腔呼出的气流比较强,

不送气音、口腔呼出的气流比较弱。①

（2）气流有无说。例如，送气音在除阻之后有气流吐出，不送气音除阻后并无气流吐出。②

（3）声门状态和送气过程有区别。这一类在以上两说之外，更描写了这两类发音方法在除阻时声门的开闭状态，如："送气音在除阻时声门开着而不送气音除阻时声门关着。"③有的更说明送气音除阻后，"元音并不跟着就接上"，而在辅元之间有一段气流。而且指出这一段气流与平常呼吸时颇相似。④ 有的更明白地指出这种送气音的性质是一种轻微的"喉擦音"。⑤

综观以上第（1）（2）类说得并不错，不过只是分析了送气音在听觉上的感觉，（3）类各说从生理上和声音特征上多少作了比较具体的分析，如除阻后声门的开闭状况、辅音元音之间气流的长短关系，⑥以及送气音的气流是什么性质等。⑦ 这已比前两类的说法更

---

① 这一类的说法颇为普遍，现举几种有代表性的如："送气的辅音总比不送气的气流强"（见《普通语音学纲要》86页）。"……有的气流微弱而短，自然地放出，……就叫它不送气；有的是用力地喷出一口气，……就叫它送气。"（徐世荣：《普通话语音知识》，文字改革出版社，1980，44页。）

② 这一类的说法如："塞音……除阻之后有气流吐出，故谓之送气声；反之，……除阻之后并无气流吐出，故谓之不送气声。此两类声母受阻之部位及状态皆同，所异者惟在除阻后有无气流。"（罗常培：《汉语音韵学导论》，中华书局，1956，4页。）

③ 金有景指出："送气音在除阻时声门开着，空气压力大，有一股显著的气流吐出来。不送气的音在除阻时，声门关着，空气压力小，没有一股显著的气流吐出来。"（金有景：《普通话语音常识》，北京出版社，1981，20页。）

④ 王力："……'吐气'的辅音。例如我们念一个'怕'字[pa]，当辅音[p]已经完了之后，元音并不跟着就接上，于是辅音与元音之间发生一段气流，与平常呼吸时颇相似。"（见《汉语音韵学》，中华书局，1956，17页。）

⑤ 岑麒祥："送气清音发音时，声门半开半闭，声带不颤动，空气流出时和声带边缘相摩擦，带有一种轻微的喉部摩擦音。"（《语音学概论》，科学出版社，1959，71页。）

⑥ 徐世荣也提到不送气音是弱而短（见注①。）

⑦ 王力提到了"怕"字的[p]送气音气流"与平常呼吸时颇相似"（注④），又说："在这情形之下，我们说这[p]是吐气的[p]，另写作[p']，使与不吐气的[p]有分别。""气吐得很重时可加音标[h]，例如[pha]。"按现在许多语音学家还有把这种送气辅音的音标在右上角加一小[h]的，如[pʰ]、[tʰ]等。这种写法有相当的正确性，因喉擦音的音标就是[h]。

为具体。不过对于声门的开闭问题,认为只是送气音在除阻时声门开着而不送气是关着,这容易被理解为不送气音在除阻时声门是关着的(即早已关闭的),那么,这个除阻的动力来自何处,就不清楚了。至于说送气音在除阻后,元音并不跟着就接上,这点是很正确、也是很重要的,这正是不送气与送气的主要区别之一,因为任何不送气音在除阻后,元音是立刻跟上的。至于说送气音的气流是喉擦音这一点,对多数塞音来说是对的,但对有些塞擦音就还有研究余地,这在本文以后各节当再作分析。

总之,过去的这些描写已表明了许多语音学前辈审音的成就,无疑是值得尊重的。不过正如罗常培先生在半个世纪之前就指出的那样,前人的审音因为缺乏科学技术和工具,但凭口耳,还须用生理、物理的实验来征信,才能解决积疑。[①] 国内现在已有了条件,可以继续探求,"以补听官之缺",才能解释它真正的区别所在。

2. 国外关于送气与不送气的研究,在早期语音学著作中的描写,却也大都和我们过去所知相同。如传统语音学多认为送气音是在辅音发出后立刻就有气流冲出,这是一种呼出的强气流,不送气则相反。[②] 近年来由于有了比较先进的实验条件,语音学界无论

---

① 罗常培:"辨章声韵,审音为先。前人操术弗精,工具不备。……自近代语音学兴,而后分析音素,可用音标以济汉字之穷;解决积疑,可资实验以补听官之缺;举凡声韵现象,皆可据生理物理讲明。从兹致力,庶几实事求是,信而有征矣。"(见罗常培《汉语音韵学导论》,中华书局,1956,23 页。)

② 早期的语音学著作,因多系描写英法等语音的,多不强调不送气/送气对立的分析,而但作音位变体的描述。如 Heffner 描写英语的"塞音尾的气流除阻有二式。如闭塞突然破裂,亦即塞音除阻作突发状,被抑制的气流喷出,则在器官回到休息状态之前,成为送气或类似[h]的除阻 (R. M. S. Heffner: General Phonetics, Univ. of Wisconsin Press, 1952, p. 172.)又 Gimson 说:英语中的强音 p、t、k 一组音,在重音节首时,常伴有一种清送气,只是在破裂与后接元音之间,有一段呼出的强气流。(A. C. Gimson: "An Introduction to the Pronunciation of English", Edward Arnold, 1970, p. 151)。在早期的语言学辞典中亦有类似的解释,如 M. Pei. F. Gaynor 的 Dictionary of Linguistics (Philosophical Library, 1954)曾说"送气是伴随某些音位而喷出的呼吸气流"。

在生理上、声学上或感知上对此逐渐有了较深入的研究。现略举数例如下：

（1）清送气音除阻后声门照常开放，呼气继续，然后声带颤动，产生元音。清不送气音除阻时声门即闭，声带开始颤动。[①]

（2）送气音与不送气音不单纯是由发音器官形成，而是由声门的动作和发音器官动作的组合来形成的。[②] 这也就是说，送气音与不送气的差别在于口部调音与喉部调音时间上的差异。[③]

（3）送气音与不送气音在除阻时声门开度有区别。送气音在除阻时声门开度较大，持续约 1/6 秒。声带开始颤动发音。不送气音在除阻前约 1/10 秒处声门开度最大，到除阻时声门立即关闭，声带开始颤动发音。[④] （图1）

---

① P. Ladefoged 在他的著作中对此类音都有较详的描述，并有图解。兹举一例："送气音与不送气音的对比：送气与不送气的区别在于，送气音的除阻段，当器官在除阻时或紧接除阻后的声带状况处于清音状态"；在不送气音中则处于浊音状态。在清不送气音中，声带开始颤动几乎和除阻同时。（见 P. Ladefoged："Preliminaries to Linguistic Phonetics," Univ. of Chicago Press, 1971 p. 9. 又见他的"A Course in Phonetics," Harcourt Bruce Jovanovich Inc., 1975, p. 124.）

② 这是说这两类音的区别，是声门动作与发音器官动作相互配合的程序不同来区别的。（引自 J. C. Catford："Articulatory possibilities of Man", Manual of Phonetics, 2nd edi., edi. by B. Malberg, North-Holland Pub. 1970, p. 329.）

③ 引服部四郎的说法，他又说："无声的带气音（按，即清送气音）的辅音在破裂后声门照常开放，呼气继续，然后声带颤动。……无声的无气音（按，即清不送气）破裂时声带同时颤动"（服部四郎：《音声学》，东京岩波书店，1984，112 页）。又 J. D. O'Connor 对送气音的描写如："在[t]的除阻当舌尖离开齿龈时，声带并不立刻颤动，而有一短时间的呼气流出口外，或多或少地不受阻碍，这就称为送气"（J. D. O'Connor：Phonetics, Penguin Books, 1973, p. 127.）。此外，Abramson 在"Laryngeal Timing in Consonant Distinctions"一文中，对不送气与送气的区别，在声门动作时间上的研究，引用诸家资料，有详细讨论。此文载 Phonetica Vol. 34, No. 4, 1977. pp. 295-303. 以上各说都指出声门开闭时间上的迟早对送气不送气是主要特征之一。

④ Hajime Hirose 在"Laryngeal Adjustments in Consonant Production"一文中叙述用光纤喉镜电影机及肌电仪、测量塞音的送气/不送气发音时声门面积的变化，认为声门的开度及时间与关闭状态的关系，对区别辅音类型很重要。此文载于 Phonetica Vol. 34, No. 4, 1977. pp. 289-294.

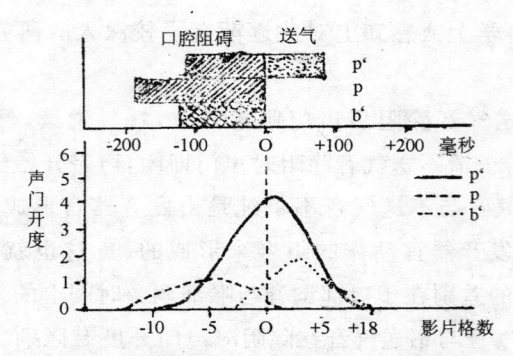

图 1 闭塞辅音 p', p, b' 的发音程序及声门开度。(据 H. Hirose 1977)

把上述这些说法归纳一下,问题就比较清楚了。不送气与送气的主要区别有三:1.除阻后的声带颤动起始时间;2.声门开闭动作与发音器官成阻、除阻动作的配合;3.声门开放的起讫时间和开度面积的大小。这些实验成果一般都不涉及强弱问题。而且这些研究是否能应用于汉语分析,特别是关于塞擦音的送气问题,也都没有涉及,而塞擦音的发音部位和程序都和塞音迥然不同,这就有待于作更深一步的实验研究了。

三、分析不送气/送气辅音的手段和工具

辅音的不送气和送气的区别,根据过去的探索和我们所发现的问题,可以分成几个项目来作实验分析:

(1) 气流的强弱(包括口腔内压力大小和输出声音的强弱)
(2) 气流的长短和流量
(3) 声带颤动起始时间
(4) 气流的特性
(5) 发音的全部过程

分析手段主要是从生理和物理两方面来实验。生理方面观测发音器官在不送气与送气之间有什么区别,例如:成阻、持阻和除阻三个阶段的器官动作,包括由唇、舌的动作,声门开闭的程度和时间。X光电影照相可给出舌位动作过程,但对发音的同步比较及声门开闭状态的测量就比较困难。喉部高速摄影可以测量声门动作,但很费事。比较简便的是用专门设计的气压计和气流计放置在口腔中,发音时与录音作同步测量。物理方面是要看这两类音在音色、音长和音强上的区别。在音色上,分析辅音除阻后的声学特性及其和元音的配合关系,以及过渡音的特征。音长是耳朵所听到的长短;音强则是除阻后的声压输给受话器的强度(这个强度和耳朵感知到的响度略有出入,但可作为感知上的强弱的参考)。这类工作,一般语图仪(动态声谱仪)就可以胜任。本文的实验主要就是用气压计、气流计和语图仪来担任的,但也收集了一些早期的频谱分析和示波照相的数据,以资比较。

本文所用的气压计型号为 Pitran R-pressure transistor, model PT-L2,是一种特制的压敏换能器,放在口腔中,用以测量声门以上的气压。压力的变动改变了换能器的电能,通至扩大器,由一套调频线路的录音机来接收,将所得电压换算成水柱—厘米单位。

气流计的型号为 Fleisch Pneumotachograph 1—7319,装有一种电热筛,气流通过时降低了温度而转变输出的电压,可以换算出气流量,单位以毫升/秒计。[①]

语图仪型号为 Kay Electric Corp. 的 Sonagraph 7029。用宽带 300 赫滤波器分析音色,窄带 45 赫分析音强。

---

① 参看语言研究所语音研究室:《实验语音学知识讲话(二)》,《中国语文》1979年第 2 期,153 页。

四、普通话不送气/送气辅音的生理分析

普通话不送气/送气在生理上的区别主要是看发音器官的动作和声带的状况,已如上述。由于肺气流的输出通过不同的力度以及器官阻碍的变化而产生不同的气压和气流量,从而构成不同的辅音输出效果。在气压方面,当口腔通道中有了阻塞或阻碍,来自声门的气流无法逸出,才造成口腔内气压高于口外大气压的压差。这种压差形成于成阻后除阻之前。当除阻一开始,口内外的气压因沟通而取得平衡,于是口压立即下降。在气流方面,口腔有阻塞或阻碍时,气流不能流动或不能畅通,因此没有或很少流量。当一经除阻,流量即加大。流量的大小与阻碍开度及流经时间成正比。因此语音发音时的气压与气流量是彼此消长的。除阻之前绝无气流(浊辅音除外,不在本文讨论之列),除阻之后亦难有气压(元音段的气压很弱,而且它的形成另有原因,暂不讨论)。由于气压和流量交替程度的不同,显示出不送气/送气的区别。在声带方面,声门放开就产生气流,声门关闭即断流。但在发浊辅音或元音时,声带颤动,此时声门迅速作忽开忽闭的颤动,造成气流的断续现象,这种断续气流的开始也就是元音的开始,它与全流量的时间间隔的长短是容易测量的。把气压和气流的动态用仪器记录下来,就给出不送气/送气在生理现象上的区别。图2至图7是男(C)、女(L)两发音人所发普通话塞音和塞擦音、在不同元音音节中气压(A)和气流(B)的测量记录(记录的单位见上节,因这里只提供现象的区别,故图中的坐标上不标上刻度,这样作相对的比较也足够了)。各元音环境选用三个极端的外围元音,以便观察同一辅音在不同舌位之前所受的影响。(图2—图7)

图2到图4是塞音的气压和气流的记录(元音起点用虚线标出)。不送气音和送气音在除阻之前都有一定的压力峰值,而不送

巴 [pa]　　逼 [pi]　　不 [pu]

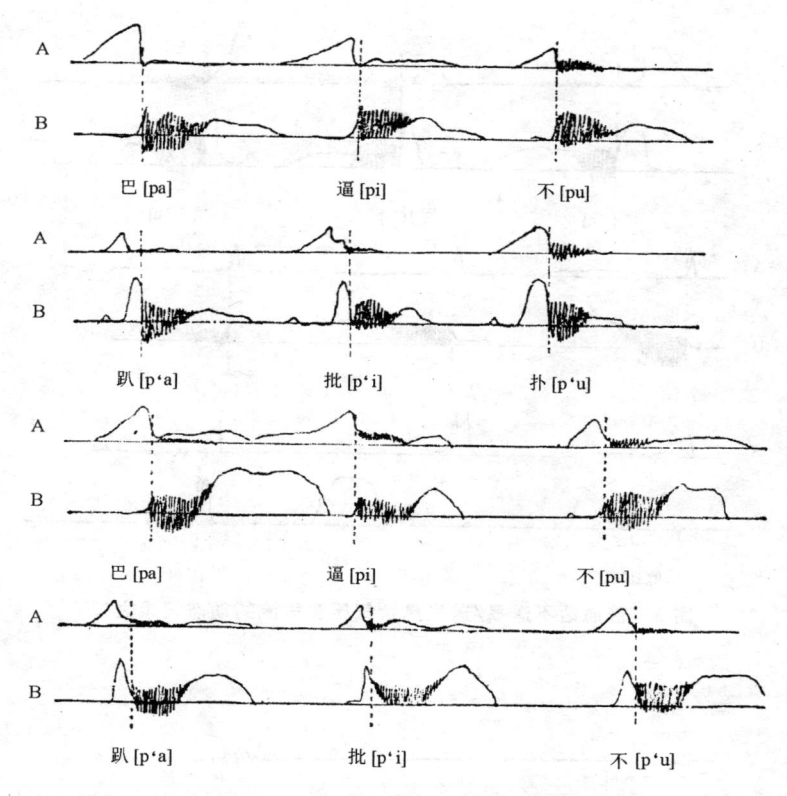

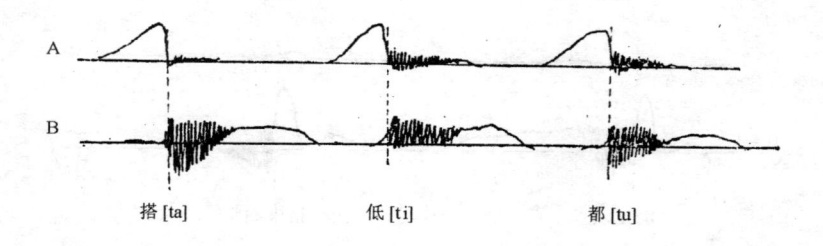

趴 [pʻa]　　批 [pʻi]　　扑 [pʻu]

巴 [pa]　　逼 [pi]　　不 [pu]

趴 [pʻa]　　批 [pʻi]　　不 [pʻu]

图 2　普通话不送气/送气塞音气压和气流的动态记录之一

(图中 A 为声门上气压,B 为声门上气流。
上图为男发音人 C,下图为女发音人 L。后图同此)

搭 [ta]　　低 [ti]　　都 [tu]

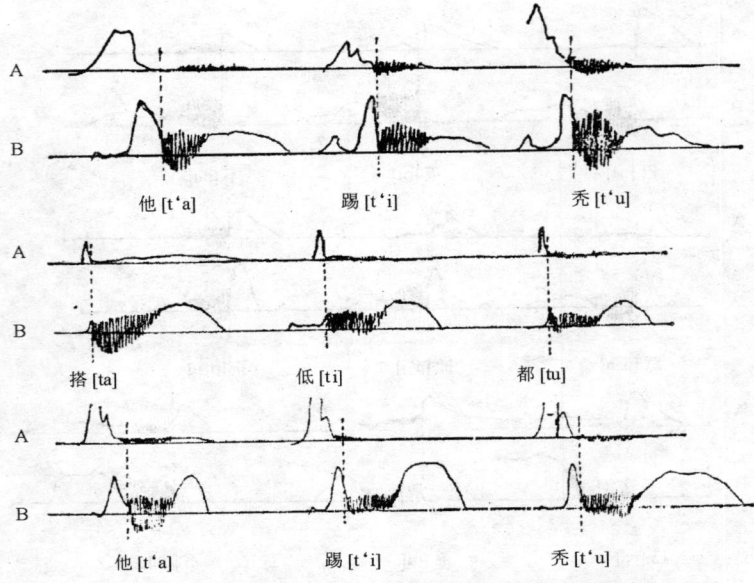

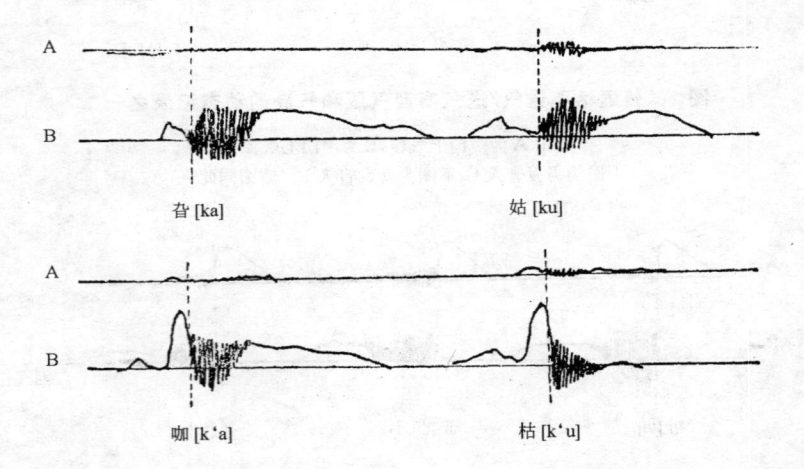

图3 普通话不送气/送气塞音气压和气流的动态记录之二

呆 [ka]　　　　　　　　姑 [ku]

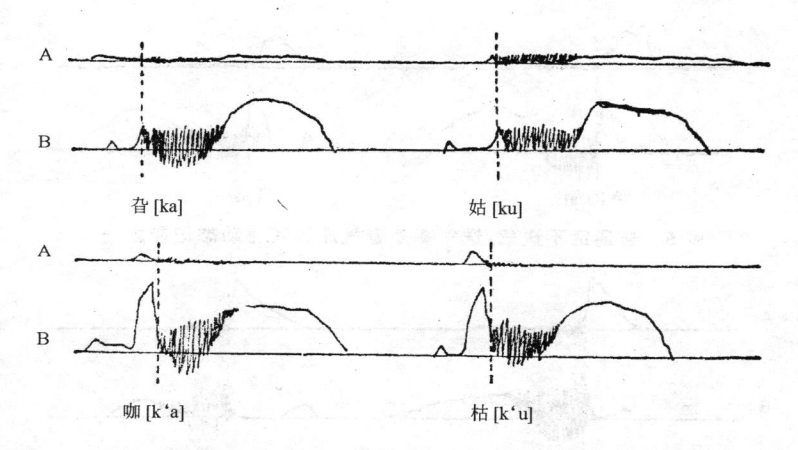

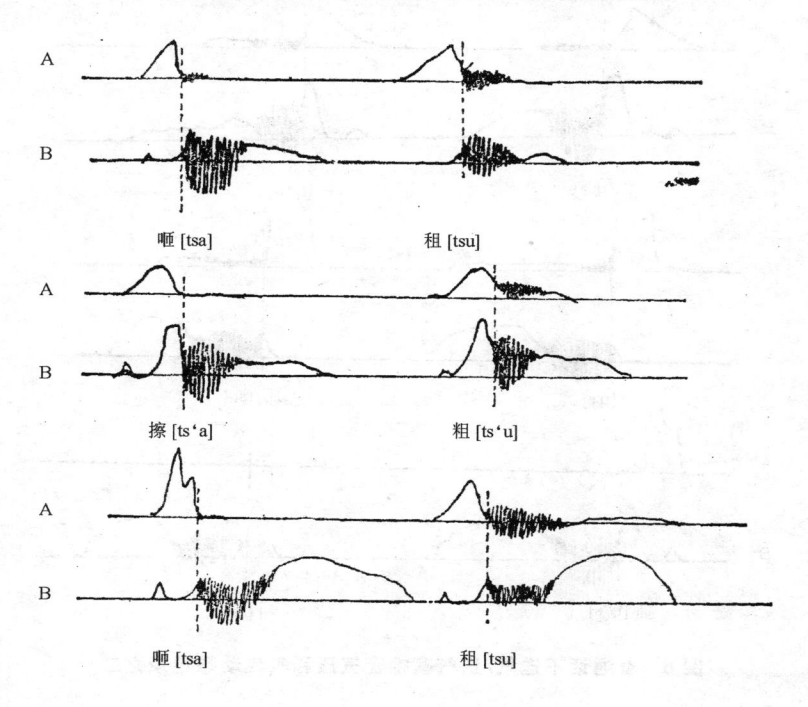

咖 [kʻa]　　　　　　　　枯 [kʻu]

图 4　普通话不送气/送气塞音气压和气流动态记录之三

喳 [tsa]　　　　　　　　租 [tsu]

擦 [tsʻa]　　　　　　　　粗 [tsʻu]

喳 [tsa]　　　　　　　　租 [tsu]

41

擦 [tsʻa]　　　　　　　粗 [tsʻu]

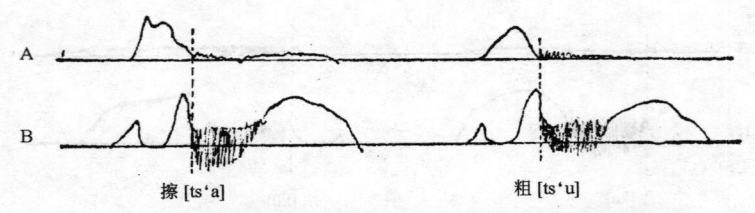

图 5　普通话不送气/送气塞擦音气压和气流动态记录之一

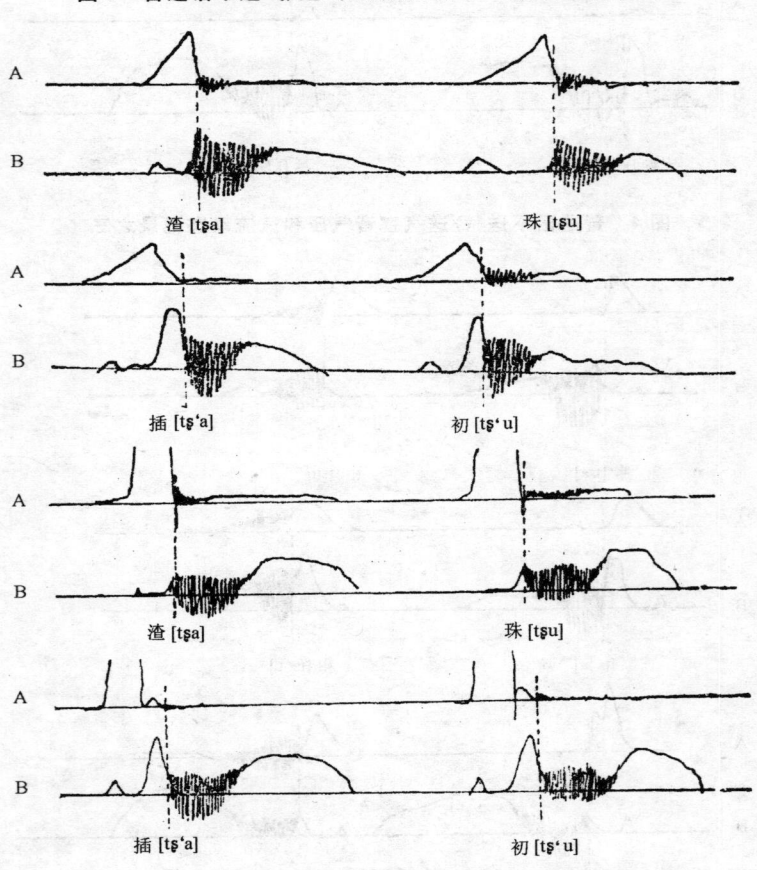

渣 [tṣa]　　　　　　　珠 [tṣu]

插 [tṣʻa]　　　　　　　初 [tṣʻu]

渣 [tṣa]　　　　　　　珠 [tṣu]

插 [tṣʻa]　　　　　　　初 [tṣʻu]

图 6　普通话不送气/送气塞擦音气压和气流动态记录之二

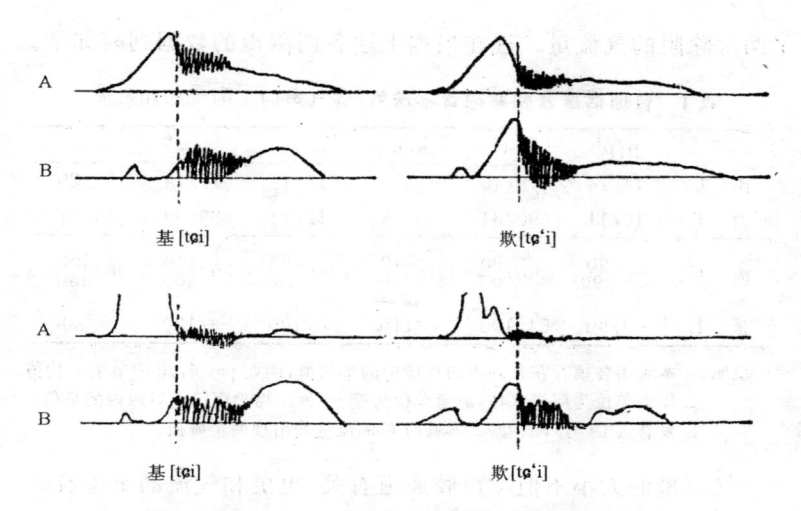

图 7　普通话不送气/送气塞擦音气压和气流动态记录之三
(图左为男发音人 C,图右为女发音人 L。)

气音的压力较大。① 在峰值降到最低时元音即开始。从各图 B 行可看到,不送气音在元音起始前没有流量,而送气音有,在除阻时开始有了流量,形成了高峰。为了为后接元音作准备,声门渐闭,气流量逐渐减弱,峰值降到一定程度,还未到最低处就接上元音。

　　图 5 到图 7 是塞擦音的气压和流量的记录。塞擦音在声学分析中较易观察到它是先塞后擦,在这里我们也可看到,在各图 B 行的气流记录都和塞音的迥然不同。不送气塞音的流量峰值减弱时即接上元音;而送气的塞擦音则在流量峰之后,还有较长的一段微弱气流,才接上元音。送气的塞擦音还出现了两次流量峰。这些现象在图 5、图 6 的 B 行内可以看到。这两个峰值实际上反映

---

　　① 持阻前声门上压力的大小和持阻时间的长短成正比。我们从图 1 中可看到不送气塞音[p]的"口腔阻碍"(按即持阻)长度比送气 p' 的长。实验证明 p 在持阻前的压力比 p' 的大,说明两者的关系。

了两次除阻的气流量。现在根据上述各图测得的数据列表如下。

表1 普通话塞音和塞擦音不送气/送气声门上的气压和气流

		p/pʻ	t/tʻ	k/kʻ	ts/tsʻ	tʂ/tʂʻ	tɕ/tɕʻ
压力	C	14/14	18/40	—/—	14/10	17/14	23/20
压力	L	10/11	90/84	—/3	12/11	89/39	14/17
流量	C	—/$\frac{90}{390}$	90/$\frac{90}{380}$	110/$\frac{40}{390}$	90/$\frac{85}{400}$	90/$\frac{110}{400}$	90/$\frac{100}{360}$
流量	L	—/90	54/100	—/110	50/100	—/120	—/80

说明：1. 本表为各辅音在几种不同环境中的平均值，例如 pa, pi, pu 中 p 的平均值。
   2. 压力单位为厘米水柱，流量单位为毫升/秒。均为声门上口腔内的量值。
   3. 发音人 C(男)，L(女)。实验时 C 的流量均出现两个峰值。

气流量的大小不但与声腔通道有关，也更和气流的来源有关。气流自肺部压出，到声门为第一道阻碍，因此阻碍的松紧、开度的大小都会影响这一段（声门下）的气压。声门下压力的测量也有专用的仪器。本文的实验没有包括声门下压力的测量，但可参考其它的资料作为补充。我们现在从另外有关声门下压力的研究中，选用若干带有不送气/送气辅音的普通话例字的数据，列表，作一下比较。[①]

表2 普通话不送气/送气辅音的声门下压力和流量

例字：	"东"	"大"	"弟"	"摆"	"别"	"高"	"锅"	"官"	"将"	"头"	"前"	"子"
声门下压力：	大	大	中	小	大	大	大	大	大	/	中	中
声门下气流：	中	大	小	小	小	中	中	小	中	中	/	小

由上表可看出，不送气的塞音和塞擦音在元音开始前，声门下压力一般比较大，而气流量较小。这似乎可以说明不送气音在除阻时，声门立刻关闭，声带开始颤动。这时来自肺部的气流不能畅通，造成

---

① 这批例字分别选自语言研究所林茂灿同志和曹剑芬同志的研究资料。

声门下的气压加大。又因为声带颤动时声门忽开忽闭,故仍有一些气流量。送气音则因为除阻时声门仍旧畅通,肺部气流没有阻碍而不能产生较大压力,但还有一定的流速。一般说来,不送气音声门下压力较大而流量较小,送气音则反是。声门上压力也有这样的趋势。

关于声门的开闭迟早以及开度的大小,也都和压力、流量的大小有一定关系。这种实验因须用特殊设备,而且较难做到发音自然,声带照相又较难与录音取得同步,故研究文献不多(本文图1和本书35页注④所引的资料可作参考)。在图1中可看到不送气塞音比送气塞音声门开得较早,这就造成前者在除阻前的压力较大。同时,不送气塞音在除阻时声门开度已变得很小,而送气塞音的声门在此时却开得最大,这又造成后者的气流量较大,而前者的气流量几等于零。

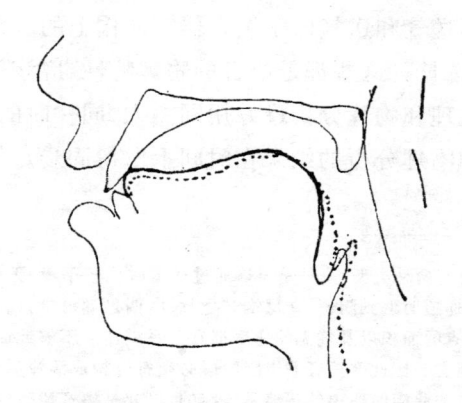

图8 普通话塞擦音[ts]的舌位动作图。
实线为闭塞段,虚线为摩擦段。

塞擦音的发音过程,特别是舌位在成阻和除阻时的动程,可以用 X 光电影照相来分析。图 8 是普通话塞擦音[ts]的 X 光动态描图。舌面的实线是闭塞(成阻)时的位置,虚线是摩擦段的位置。当舌尖与齿龈离开(阻塞的破裂)时,产生一个微弱的流量峰,这是第一次除阻。因为它事实上不是放开而是"松"开的,开到一定程度保持着一定的阻碍就停止了,这样才能构成产生擦音的条件。①因此如果要作符合实际的描写,我们可以称这种除阻为"半除",这种阻碍为"半阻"。当擦音持续一定时间,这个"半阻"再度放开,气流量突然加大,产生了另一个较强的流量峰,这是第二次除阻。我们可以称之为"全除"。因此,塞音和塞擦音在除阻段的发音过程有如下的不同:

塞　音:成阻→持阻→除阻
塞擦音:成阻→持阻→半除→半阻→全除②

五、普通话不送气/送气辅音的声学分析

辅音的不送气和送气由于发音器官动作上的区别构成不同的音色、音强和音长。这些都是语音的物理特性,应该用声学仪器来分析。当然生理和物理分析最好用同一人、同一时的发音材料,并让生理分析和物理分析的结果在时间上取得同步。但本文所据的

---

① 气流主要有两种类型,一种是流体通过通道时比较平稳,无任何扰动,名叫层流;另一种是经过通道时遇到阻碍,在尾端产生扰动,叫做湍流。语音的擦音是一种湍流,其音色和阻碍点的面积以及气流的速度都有关系。速度不够或面积太宽都产生不了湍流而成不了擦音。因此塞擦音的半阻阶段必须符合构成湍流的条件,才能听到摩擦效果。所以第二次除阻时通道的狭缝是很窄的,也就是擦音段时的舌位与塞音段时的舌位相差甚微。(参看 J. C. Catford: Fundamental Problems in Phonetics, Edinburgh Univ. Press, 1977, p. 37.)

② 徐世荣先生认为,塞擦音的发音过程是两种发音方法的错综交叉,塞音段有成、持、除三个阶段,擦音段也有同样三阶段,但塞音的除阻同时又是塞擦音的成阻。这样分析在程序上是不错的。可是在命名上似还可斟酌。因为事实上塞音段的"阻"和擦音段的"阻"并不是一回事。前者是阻塞(器官完全闭塞),后者是阻碍(器官留出缝隙)。我们试用"半除"来代替前者的"除",而"半阻"代替后者的"成",或不致含混(参看徐世荣:《普通话语音常识》,43—44页)。

生理实验资料的录音质量不够理想,只能另行录音并选用已有的材料来作补充研究。

关于音强和音长,我们在早些时候曾取得一些资料,现在整理列表如下:(表3)

表3 普通话塞音和塞擦音不送气/送气的长度和强度

		塞	音			塞 擦	音	
	辅音	元音	长度（毫秒）	强度（分贝）	辅音	元音	长度（毫秒）	强度（分贝）
不送气	p	-a	6	2	ts	-a	32	8
		-u	10	8		-u	60	12
		-i	6	7		-ʅ	60	11
	t	-a	6	7	tʂ	-a	31	9
		-u	7	13		-u	28	12
		-i	14	10		-ʅ	48	10
	k	-a	13	11	tɕ	-ia	51	8
		-u	24	5		-y	51	9
		—	—	—		-i	55	11
	平	均	11	8	平	均	46	10
送气	pʻ	-a	63	15	tsʻ	-a	92	14
		-u	66	3		-u	99	13
		-i	87	12		-ʅ	140	16
	tʻ	-a	61	15	tʂʻ	-a	118	18
		-u	103	12		-u	98	15
		-i	136	8		-ʅ	134	18
	kʻ	-a	97	15	tɕʻ	-ia	136	17
		-u	74	9		-y	136	19
						-i	135	18
	平	均	88	11	平	均	123	14

表中数据是男女两发音人的平均值

表中列出各辅音在三种不同元音环境下的数据。发音人男女各一,本表的数值是两人的平均值。表中的长度指除阻后到元音起始点之间的时长。它在清辅音中表现为清气流。因此除阻的长度一般就是气流的长度。强度是相对音强的峰值。从表中的长度可以看出送气音都比不送气的长。在塞音中,送气的长度约为不送气的8倍,在塞擦音中约为3倍。在不送气音中,塞擦音长于塞音约4倍,而在送气音中则只长半倍。这说明塞音的送气比不送气长得多,而塞擦音则送气音比不送气长得有限,因为摩擦部分已占一段时间,故送气部分相应地减短了。再看强度,送气音一般比不送气的音强,但相差不太大,而且个别的音如 p'u/pu、t'u/tu 中的送气音反而比不送气音弱了。所以送气音与不送气音的区别在强弱上不是主要的因素。

关于音色方面:不送气在听感上自然与送气的不同。为了弄清音色上的区别,我们由另一发音人 W(男)单作一套语图。图的频率范围为 0—8000 赫。在图的上部加做一套音强的振幅显示曲线,强度范围为24分贝(图9—15)。图9—11是普通话塞音,

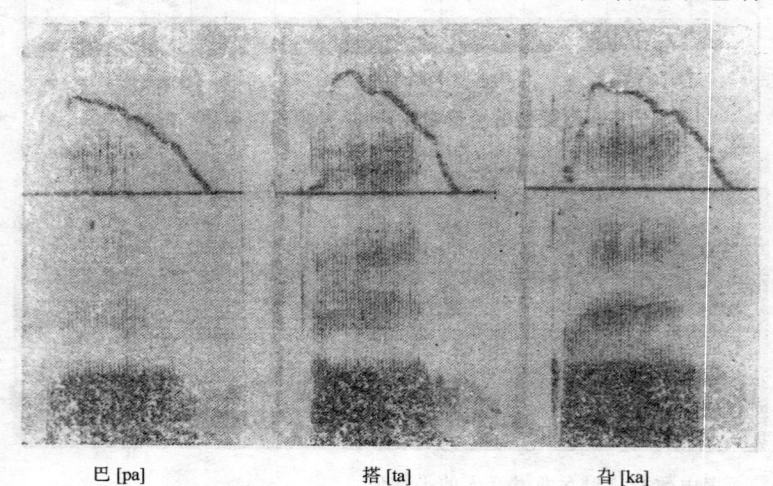

巴 [pa]　　　　　搭 [ta]　　　　　卡 [ka]

趴 [p'a]   他 [t'a]   咖 [k'a]

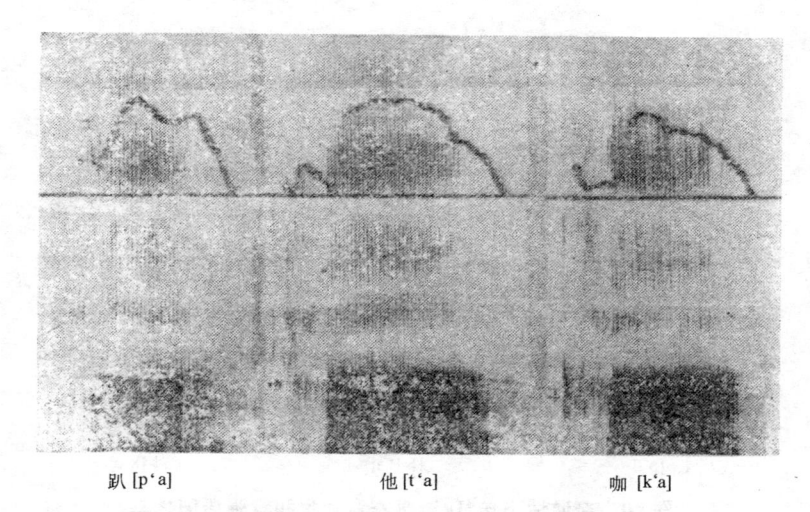

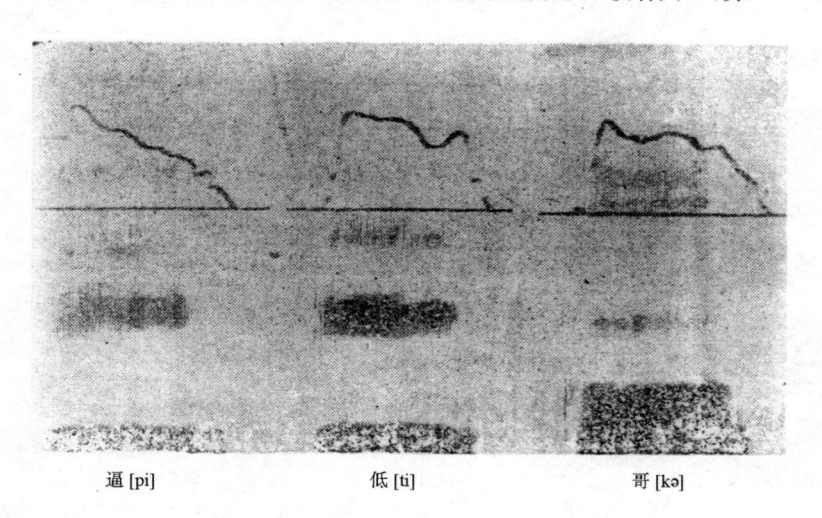

图 9 普通话不送气/送气塞音音色和音强语图之一（发音人 W，男）

逼 [pi]   低 [ti]   哥 [kə]

批 [pʻi]　　　梯 [tʻi]　　　科 [kʻə]

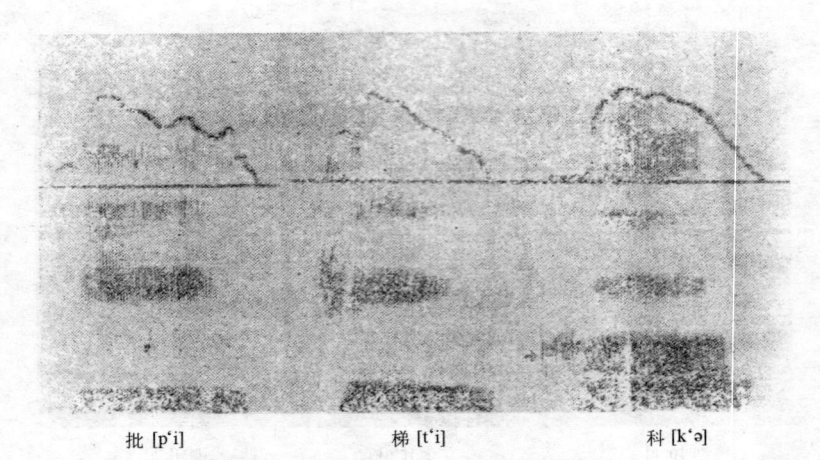

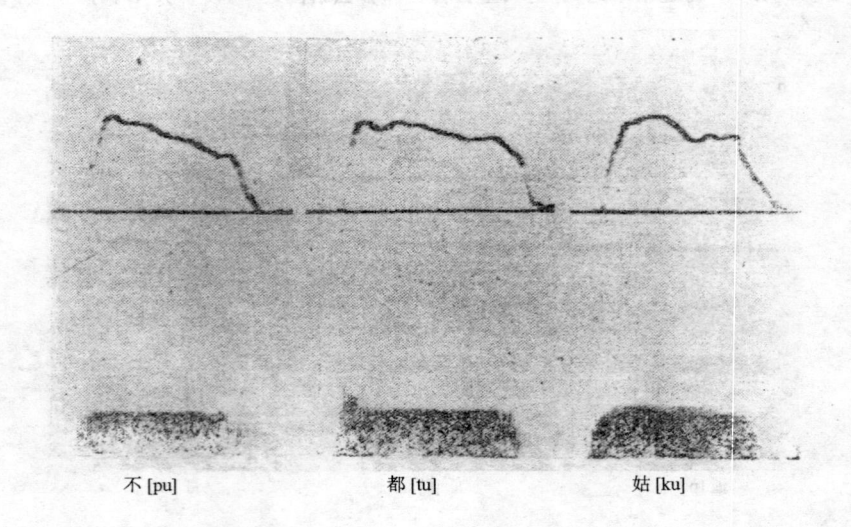

图 10　普通话不送气/送气塞音音色和音强语图之二

不 [pu]　　　都 [tu]　　　姑 [ku]

扑 [p'u]   秃 [t'u]   哭 [k'u]

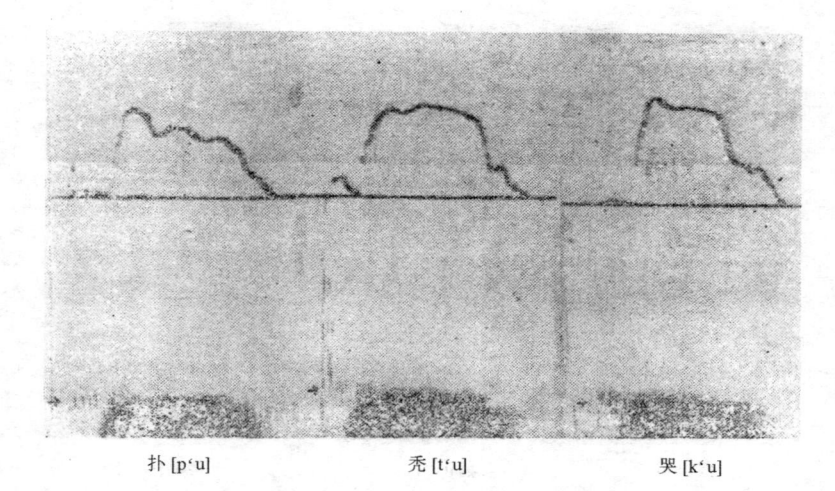

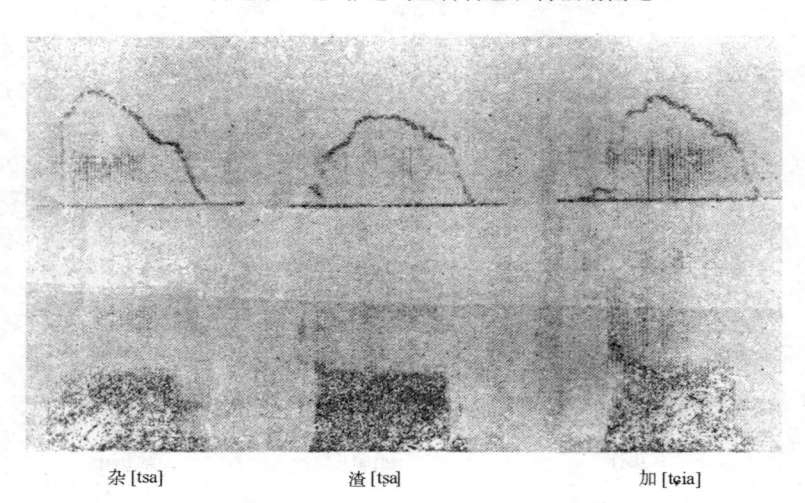

图 11　普通话不送气/送气塞音音色和音强语图之三

杂 [tsa]   渣 [tʂa]   加 [tɕia]

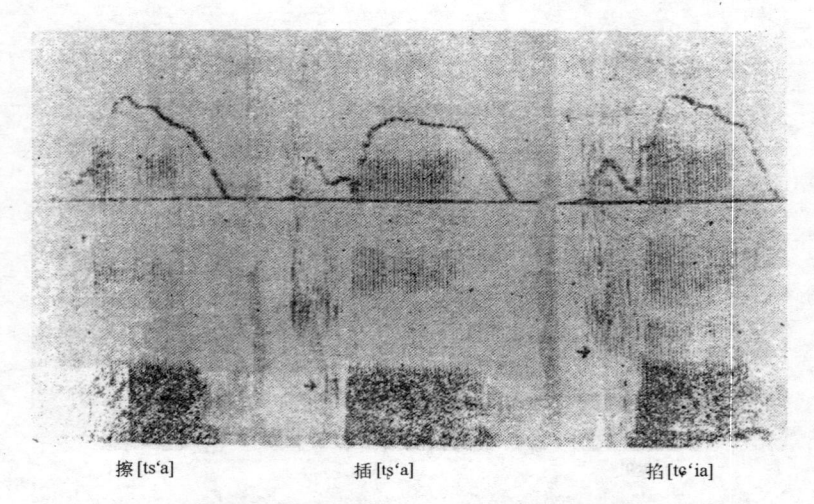

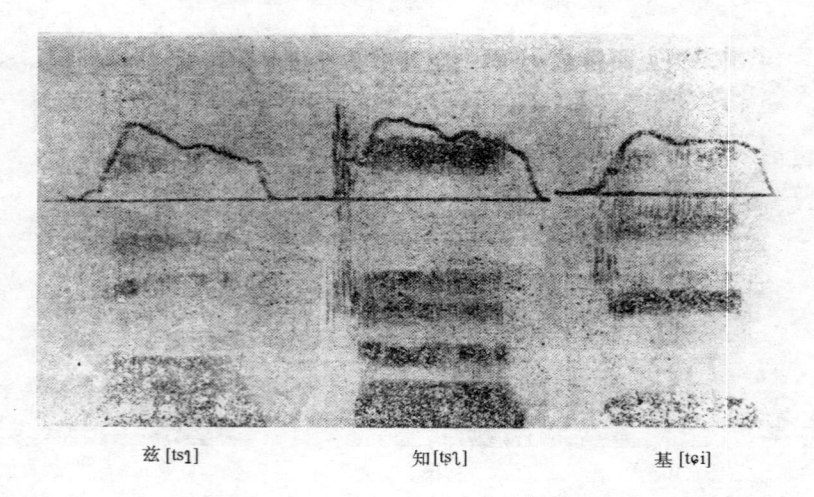

擦 [tsʻa]　　　　　插 [tʂʻa]　　　　　掐 [tɕʻia]

图 12　普通话不送气/送气塞擦音音色和音强语图之一

兹 [tsɿ]　　　　　知 [tʂɿ]　　　　　基 [tɕi]

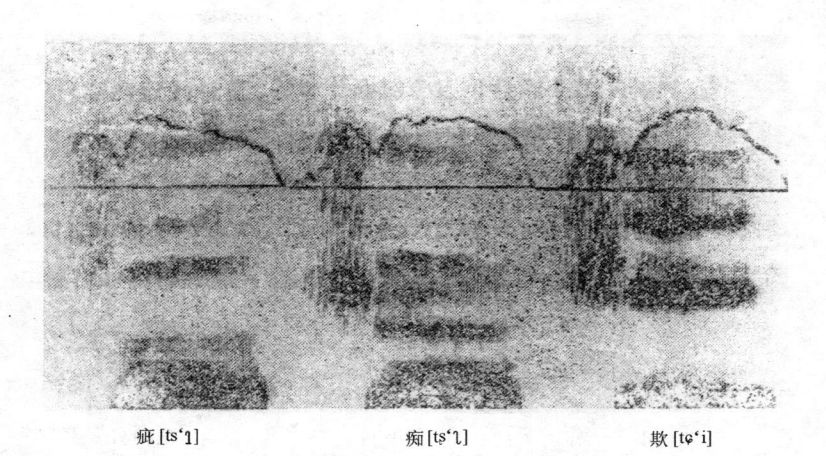

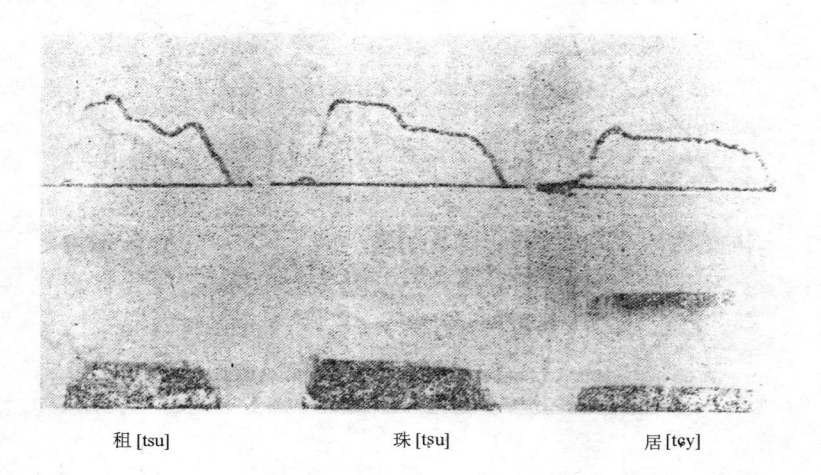

疵 [tsʻɿ]   痴 [tʂʻʅ]   欺 [tɕʻi]

图 13 普通话不送气/送气塞擦音音色和音强语图之二

租 [tsu]   珠 [tʂu]   居 [tɕy]

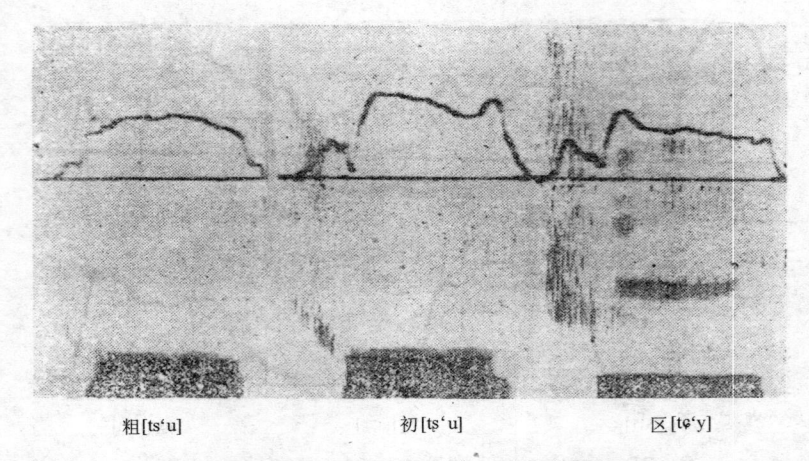

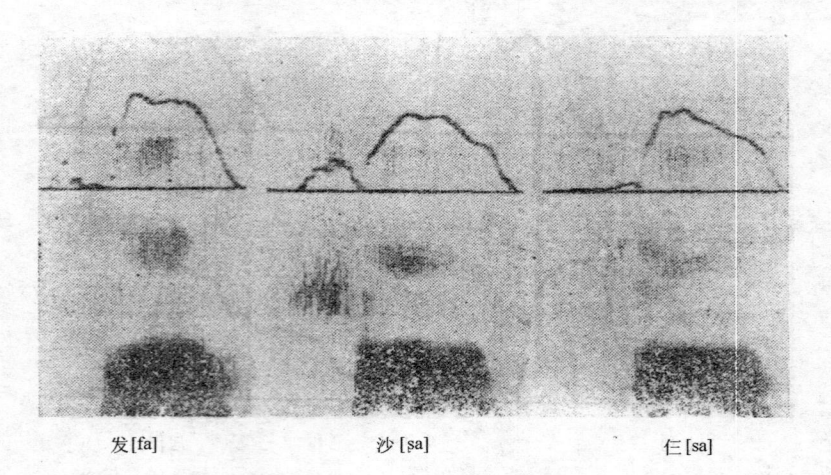

粗 [tsʻu]　　　　　初 [tʂʻu]　　　　　区 [tɕʻy]

图 14　普通话不送气/送气塞擦音音色和音强语图之三

发 [fa]　　　　　沙 [ʂa]　　　　　仨 [sa]

瞎 [ɕia]　　　　　　　哈 [xa]

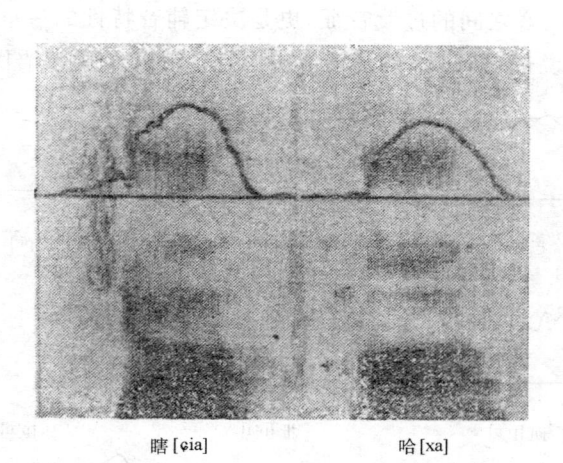

图 15　普通话擦音音色和音强语图

图 12—14 是塞擦音。图 15 是五个擦音,这是用来和塞擦音的擦音段作对照的。各图的横坐标是时间,因而据此可以量得长度与强度。图 16 是根据这些数据作出的比较图。

辅音的音色主要在频率轴上分析它的噪音强频区(能量集中区)和它的下限频率。在时间轴上分析它有无破裂时的脉冲(一般称为冲直条),除阻后与元音起始点之间有无间隙,以及摩擦段的长度。(对于浊辅音还可量测它的共振峰,但不在本文讨论之列。)

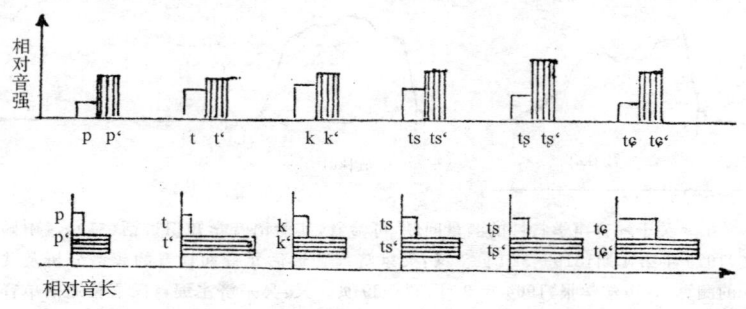

相对音强   p p'   t t'   k k'   ts ts'   tʂ tʂ'   tɕ tɕ'

相对音长

图 16　普通话不送气/送气辅音强度比与长度比

对于辅音元音之间的过渡音征,更是决定辅音特性的参量。①

上面说过,图2—7的录音质量较差,用以作宽带语图来看音

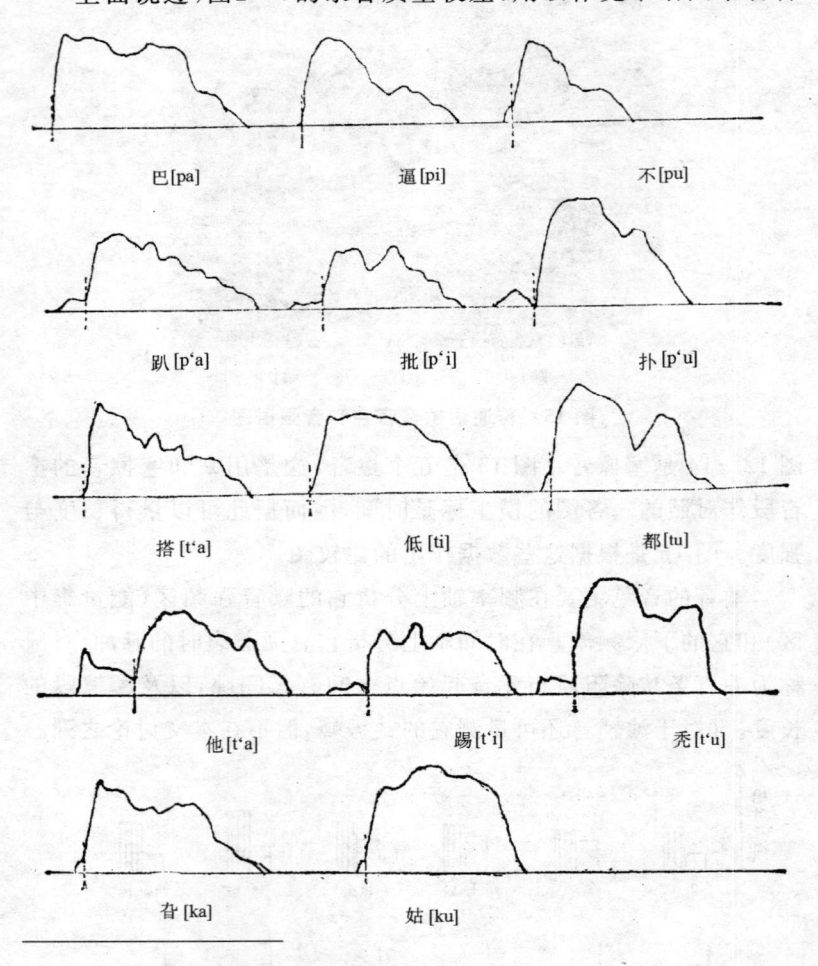

巴[pa]　　　　逼[pi]　　　　不[pu]

趴[pʻa]　　　　批[pʻi]　　　　扑[pʻu]

搭[tʻa]　　　　低[ti]　　　　都[tu]

他[tʻa]　　　　踢[tʻi]　　　　秃[tʻu]

旮[ka]　　　　姑[ku]

---

① 关于辅音声学特性的测量问题,可参看《实验语音学知识讲话(三)》,《中国语文》1979年第4期,319—320页。又:吴宗济:《普通话元音和辅音的频谱分析及共振峰的测算》,《声学学报》1964年9月,37—39页。又:吴宗济主编:《汉语普通话单音节语图册》,中国社会科学出版社,1986年,34—47页。

咖 [kʻa]　　　　　　　枯 [kʻu]

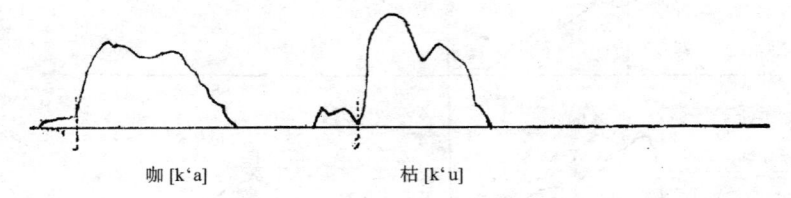

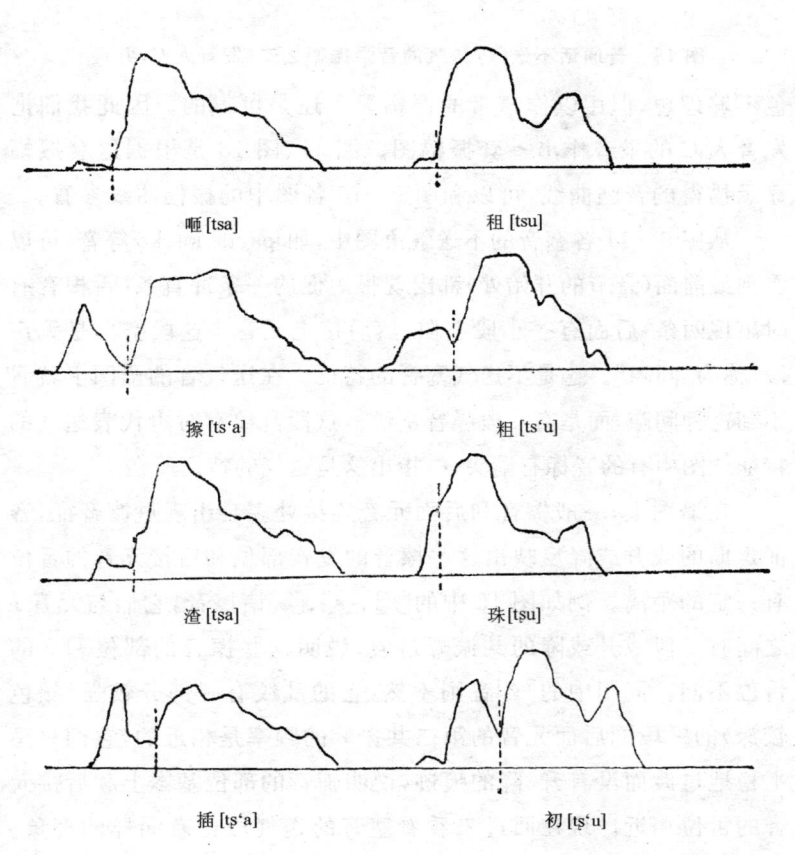

图 17 普通话不送气/送气的音强振幅之一（发音人 C，男）。虚线是元音起始点（下同）。

嚓 [tsa]　　　　　　　租 [tsu]

擦 [tsʻa]　　　　　　　粗 [tsʻu]

渣 [tṣa]　　　　　　　珠 [tṣu]

插 [tṣʻa]　　　　　　　初 [tṣʻu]

基 [tɕi]

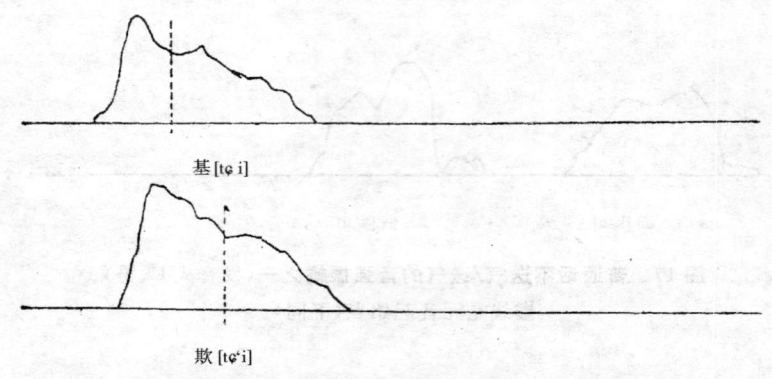

欺 [tɕʰi]

图 18 普通话不送气/送气的音强振幅之二（发音人 C,男）。

色不够理想，但用以作窄带的振幅显示还是可靠的。因此我们把发音人 C 的录音作出一套振幅图。图 17、图 18 是根据这套振幅显示描得的音强曲线，可以和图 9—15 各图中的振幅曲线参看。

从图 9—11 各塞音的不送气语图中，如 pa、ta、ka、kə 等音，可以看到最前面（音节的开始处）都出现很短促的一条冲直条（舌根音有时出现两条）后面有一小段空白，然后接上元音。这段空白是无声段，称为"间隙"。这是不送气塞音的特征。在送气音的语图上就看不到这种间隙，而是有一段噪音乱纹。这段乱纹有时也代表送气的特征。图中有的音标有箭头→，指出这是送气的特征所在。

在语图上，一般擦音和后面元音连接处多会出现过渡音征，音征走向的或升或降反映出这些擦音的发音部位和后接元音的舌位有一定的距离。例如图 15 中的[ʂ]、[s]、[ɕ]诸擦音，它们与元音 a 之间有一段或升或降的共振峰过渡，说明这些擦音的部位和 a 的舌位不同。同图中的[x]音则不然，它的乱纹有一部分较强（颜色较深）的一段同后面元音的第二共振峰的频率是相近的，它们只是平稳地过渡而没有升、降的痕迹，说明辅音的部位基本上和后接元音的舌位相近。现在回过来看看塞音的送气段也有同样的现象。

说明这个送气段的特征和[x]的很相近。也应该是一种喉擦音。所以塞音的送气段基本上是喉擦音。①

再看图 12—14,塞擦音的不送气各语图中,擦音段也有一段较短的乱纹,但它们的强频区位置和[x]的不同。也就是说,这段半除后的擦音音色是和喉擦音不同的。它只和成阻的发音部位是准同部位。②

送气的塞擦音就比较复杂一些。它的擦音段包括两种性质的擦音,前一部分(半除时)是与闭塞段准同部位的擦音,后一部分(全除时)则与喉擦音相近(在开元音前)。③ 但有些塞擦音如后接元音的舌位与擦音部位相近时(如[tsʻ、tʂʻ、tɕʻ]的后接元音各为[ɿ,ʅ,i]时),则不能构成喉擦,而为前一部分的延长。简言之,即全除后如舌位不能构成产生湍流的条件(例如塞擦音的后接元音为开元音时),其摩擦声源就由喉擦来承担。如果后面是闭元音,而且在半阻段有产生湍流的可能时,则声源来自半阻处的摩擦,而不是喉擦了。这可看一下语图,如图 12 的[tʂʻa],箭头所指处是喉擦音[h]的噪音的一部分能量集中区,这是因为后接元音是开元音[a],辅音从 tʂ 的部位立刻放开滑向[a]的舌位,这时阻碍已除而擦音的送气功能还未完成,同时[a]的舌位已经摆好,而普通话的[a]是有相当靠后的舌位的。④ 这样,气流通过就造成喉擦音。(又一说法,这种送气音是由声门缩小造成的,尚未见有实

---

① 岑麒祥:"送气清音发音时,声门半开半闭,声带不颤动,空气流出时和声带边缘相摩擦,带有一种轻微的喉部摩擦音。"(《语音学概论》,科学出版社,1959,71 页。)

② 一般语音学著作中都把这类塞擦音解释为塞与擦是同部位,因此不把它归入复辅音。事实上先塞后擦时舌位已经移动,一般是由紧变松,由前移后。虽然变动很小,但严格说来,位置已有了变动(参看图 8)。因此我们叫它作"准"同部位。

③ 我们作了一些这样的实验,由一位同志摹仿方言来发 s 的送气音,证明了这个事实。

④ 参看周殿福、吴宗济:《普通话发音图谱》,商务印书馆,1963,第 23 图。

验证明)。再看图 12 的[tɕ'ia],箭头指处可看到噪音下限频率走向下降而和元音的第二共振峰靠近。这一段下降走向的过渡音征表示 tɕ 的舌位比 [i] 的还高还紧,故下限频率高(下限频率的高低反映舌位的高低)这一段的送气噪音(涡流)可以由 tɕ 的舌位和 i 的舌位来产生,而且气流从口腔通道向外放出时,舌面前的阻碍是构成擦音的机制,这个送气音也就无法由舌后面的喉阻碍来承担了。因此,其余的音可以类推,于此可知送气音的音色不但随辅音发音部位而异,与后接元音舌位的开闭、前后,也都有关的。

六、普通话不送气/送气的综合分析

从上述各实验可知,对不送气/送气的分析,在生理方面主要是 1.测量声门上压力,2.测量声门上气流量,3.测量声带颤动起始时间等。在声学方面主要是 1.辅音的音色—能量集中区与过渡音征,2.除阻时的强度,3.辅音段的长度等。在听感方面,也是判断一个语音的最后一道关,一切的科学分析只能给出客观的可见数据,但听音是主观的判断,而且这种判断基本上是相对性质的。也就是说,送气的强(听感上)是对不送气的弱(听感上)而言的。送气的长是对不送气的短而言的。不送气的元音起始时间其来也"顿",而送气的是"渐",凡此种种都构成这两者的区别。

从语音学的观点来看,一个说话人在他自身的音色变化范围内,把不送气与送气说得有生理上及声学上的区别,造成了对立面,这样就能够在他的一大堆形形色色语音中,标帜出这两套音的特点,而使听话人能够理解。尽管韵母、声调相同,声母的发音部位也相同,但只有发音办法不同,这就造成了"不送气"和"送气"两个音位,而表达了不同的词义。

这些语音上的区别各自不是孤立的,而是彼此衔接、消长的。

这好像是一曲交响乐,许多乐器凑在一起(各部分发音器官),由一个指挥来控制(大脑的言语神经),有时齐奏,有时又是合奏(音素

表4　普通话不送气/送气塞音发音程序

		1 成阻前	2 成阻	3 持阻	4 除阻	5 过渡	6 元音
不送气	气压	无	开始	渐升	突降	无	有周期性弱压
	气流	无	无	无	弱	无	有周期性强流
	音强	无	无	无	弱脉冲	无	强
	阻塞	开	突闭	闭	突开	开	开
	声门	开	开	开	突闭	闭	有周期性开闭
送气	气压	无	渐升	升	突降	无	有周期性弱压
	气流	无	无	无	弱	强	有周期性强流
	音强	无	无	无	弱脉冲	较强	强
	阻塞	开	突闭	闭	突开	开	开
	声门	开	开	开	开	渐闭	有周期性开闭

表5　普通话不送气/送气塞擦音发音程序

		1 成阻前	2 成阻	3 持阻	4 半除	5 半阻	6 全除	7 过渡	8 元音
不送气	气压	无	开始	升	降	降	全降	无	有周期性弱压
	气流	无	无	弱	无	升	强	强	有周期性强流
	音强	无	无	无	弱脉冲	弱	弱	弱	强
	阻、碍*	开	闭	闭	略开	略开	开	开	开
	声门	开	开	开	开	开	突闭	闭	有周期性开闭
送气	气压	无	开始	渐升	升	升	突降	降	有周期性弱压
	气流	无	无	弱	无	渐升	升	强	有周期性强流
	音强	无	无	无	弱脉冲	弱	强	弱	强
	阻、碍*	开	闭	闭	略开	略开	开	开	开
	声门	开	开	开	开	开	开	开	有周期性开闭

＊1—4项为阻塞,5、6项为阻碍。

的同化和异化),因而构成两套不同的乐章。现在试用两套发音程序表把不送气/送气两种发音程序简明地排列出来,不过这仍是粗略的。(表4、表5)

从以上两表来看,表5的程序比表4的多些。这不言而喻,塞擦音的过程比塞音的要多。这些项目与项目之间的关系,有许多

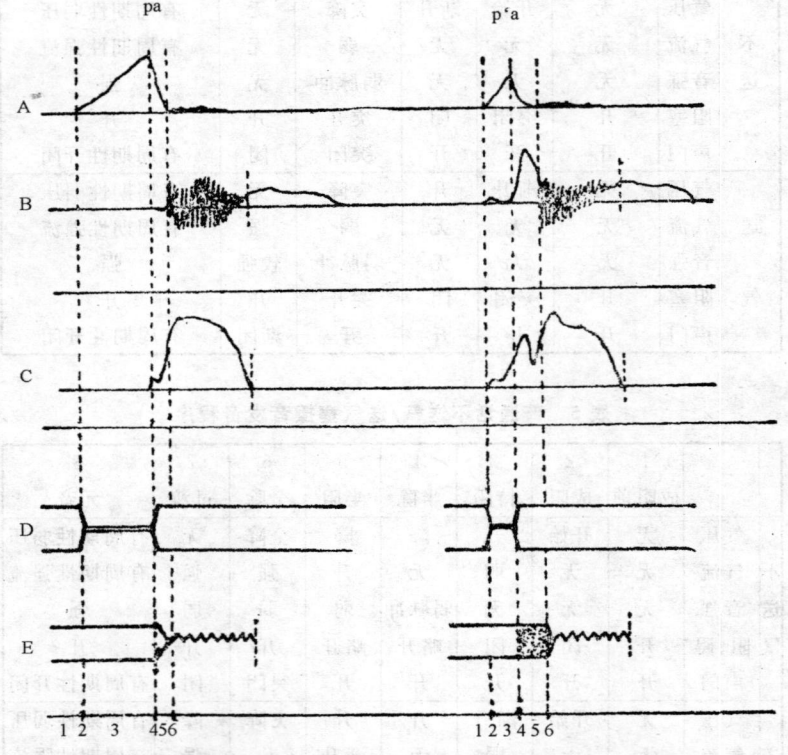

图19 普通话不送气/送气清塞音发音程序综合分析示例

程序:1.成阻前 2.成阻 3.持阻段 4.除阻 5.辅-元过渡 6.元音起始
实测:A.口腔气压 B.口腔气流 C.音强振幅
示意:D.器官动作(上下两线表示双唇)E.声门动作(上下两线表示声带)

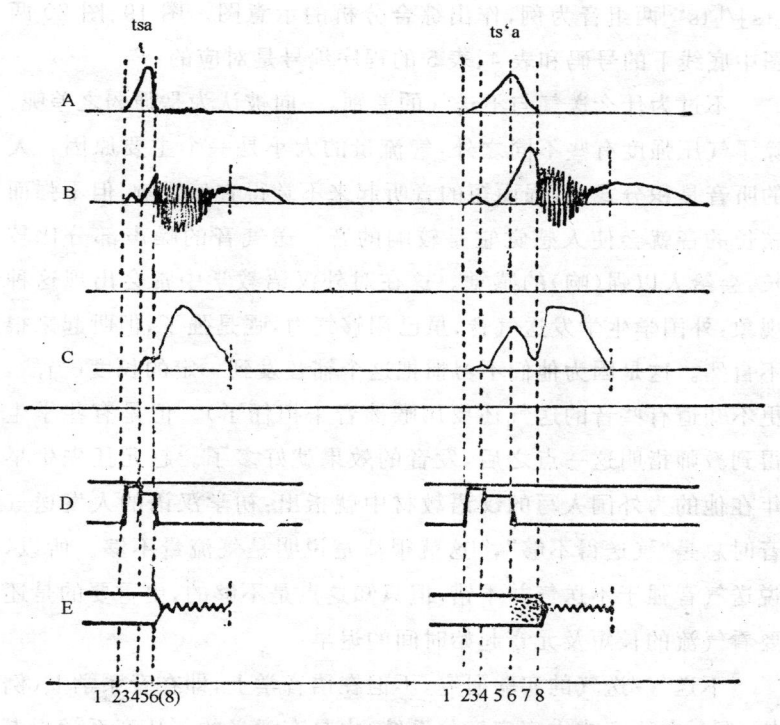

图 20 普通话不送气/送气清塞擦音发音程序综合分析示例
程序:1.成阻前 2.成阻 3.持阻 4.半除 5.半持 6.全除 7.辅-元过渡 8.元音起始
实测:A.口腔气压 B.口腔气流 C.音强振幅
示意:D.器官动作(上线表示上腭,下线表示舌尖) E.声门动作(上下两线表示声带)

是叠接的而不是崭齐的。也就是前后两项之间还可找出一些过渡现象,"你中有我、我中有你"。以阻塞或阻碍器官的动作和声门动作为例,除阻的方式就有不同。塞音的破裂是即除,而塞音中各辅音还有区别。p与t部位的除阻比较干脆,k的除阻就有些拖沓而在语图上常出现两个破裂脉冲(冲直条)。声门的动作也是这样,有时是声门即开即闭,有时是渐开渐闭(参看图1)。为了提供一个比较完整的概念,我们把生理过程和声学过程以[p]/[p'],

[ts]/[ts']两组音为例,作出综合分析的示意图。图19、图20两图中底线下的号码和表4、表5的程序编号是对应的。①

不过为什么送气与不送气的差别,一向被认为是强弱之差呢?除了气压强度有些不同之外,气流量的大小是一个主要原因。人的听音是积分式的,强而短的音听起来不觉得它怎样响,但不强而较长的音就会使人感觉它是较响的音。送气音的噪声部分比较长,会给人以强(响)的感觉。这在对外汉语教学中常会出现这种现象:外国学生学发送气音,虽已用够气力,强是强了,但听起来很不自然。这是因为他们不习惯把这个辅音发到一定的长度(当然,更不知道有些音的送气还要用喉擦音来担任了)。但是有些学生得到教师指明这一点之后,发音的效果就好多了。赵元任先生早年在他的为外国人写的汉语教材中就指出:初学汉语的人发送气音时总是"气送得不够",②这就很清楚说明是气流量不够。所以,说送气音强于不送气并不错,但只知这点是不够的,更重要的是还要看气流的长短及元音起始时间的迟早。

不送气/送气的实验研究,不但在语音学上,即在音系学上(例如,为一个语言或方言定音位系统)也是有意义的。从音系学观点来看,用区别特征的二分法来给送气问题定标准,只笼统地列出一对送气现象的"+"或"-"也够了。或者,借用中国等韵学的名词,在通行的十几项二元对立面之外,再加一套"戛"与"透"的对立③也是可行的。但是,有时在调查一个语言(或方言)时,会碰到有些

---

① 图19、20 的 D、E 两项的示意图参考了 Ladefoged 的画法(见本书35页注①),本文有所修改补充。例如塞擦音的示意是原书所无的。

② Y. R. Chao, Mandarin Primer, Harvard Univ. Press, 1948, p. 21.

③ 我们曾借用劳乃宣的名词,为汉语普通话的辅音区别特征,在通行十几项对立规格之外,加上一对"戛"/"透",以区别汉语中的不送气/送气的对立(参看吴宗济:《试论普通话语音的"区别特征"及其相互关系》,《中国语文》1980年第3期,323页)。

音看来都是送气(或不送气),但却有细微的差别,这差别不完全是属于程序上的,有时还是音色上的,就最好靠实验来帮助解决。这些送气上的差别,就可以据以加拟一两个对立规格,来补充一般区别特征分类的不足了。①

(原载《中国语言学报》1988 年第 3 期)

---

① 区别特征的创始者 R. Jakobson 在最初发表区别特征的十二对二分对立面时,认为是通用性的,是放之四海而皆准的,没有几时,N. Chomsky 就给予改订了,此后又不断有人提出这样那样的修订和批评。P. Ladefoged 就曾说,现有的国际音标表往往遇到一些不常见(确切地说,是欧美语音学家对此不常见)的语音,会无法作准确的标音,现在已有的音标是不够用的。区别特征也是如此。例如现在国际上通用的十几对二元对立面就很少有送气/不送气这一对特征。(这也是因为他们的目标语音不需要有送气这一套音位 。)

普通话 CVCV 结构中不送气塞音协同发音的实验研究

一、前言

在某些情况下,"协同发音"与"同化"是两个难以区分的术语(Hammarberg,1982),甚至就是同义词,在文献中,人们一直在按照各自的定义来使用。

在话语中的音段或音节,很少能与它们单念时的形式相同,所以"从古典的实验研究中获得的传统的协同发音的概念(Rousslot,1901)根本无法用于解释言语解码机制(Lieberman,1977;Lieberman & Studdert-Kennedy,1978)。现在大量的言语动态特征研究——特别是有关协同发音作用的研究——得到大力提倡,这都是为了满足"第五代言语工程"的迫切需要。(Fant,1983)

在言语声的处理中,塞音可能是最复杂、难处理的音素,原因就在于其多种多样的声学特征不仅随不同的发音部位而变,且因其语音环境的不同而有异(Zue,1985)。也正因如此,无论是音节中的协同发音还是音节间的协同发音都是需要研究的课题。

关于西方语言中塞音协同发音的文献已经有许多(Ohman,1966;Benguerel,1974;Barry,1975;Blumstein,1977;Zue,1980;Lahiri,1984 等等),而有关汉语的,在 80 年代以前,几乎没有。近

---

* 原文为英文 An Experimental Study of Un-aspirated Stops in CVCV Contexts in Standard Chinese,与孙国华合作,载于中国社会科学院语言研究所语音研究室《语音研究报告》(1989)。曹文译。

来公开发表的一些普通话单音节声学特征的实验结果包含了一些塞音的数据(Iwata,1976;吴宗济,1986,1988),这些数据只提供了音节内的发音特征,而没有音节间的。但是我们绝不能因此低估研究后者的价值,它们是提高言语合成质量的关键因素。大多数协同发音的研究考察的都是CVC或VCV结构,但普通话的研究不能模仿这种方式。因为普通话是一种音节语素语言,绝大多数音节都是CV或CVN结构,由声、韵母两个部分组成,在普通话中找不到CVC或VCV结构的自然音节。中国人会不自觉地把CVC或VCV结构发成两个音节。一般在普通话里不可能发出单独的一个元音或辅音音段,实际上在单独的辅音后总会填上一个央元音,而单独的元音前也会有摩擦或喉塞现象出现。当然我们依然采用了双音节结构作为本实验的考察对象,其详细的协同发音情况可以按不同的单元分别测量,即CV、CVC、VCV和CVCV这样音节内与音节间的协同发音作用就都能得以揭示。

二、实验说明

(1) 辅音 普通话中的塞音包括送气(/p',t',k'/)和不送气(/p,t,k/)两套,它们可与五个单韵母结合(/i,a,u,ə,o/)。其中/p',p/不与/ə/拼,/t',t/不与/o/拼,/k',k/不与/o/和/i/拼。在语图中,送气塞音的过渡音轨常常部分地隐藏于辅音送气段的噪音中,不像不送气的那么清楚,所以本文将只对不送气塞音进行考察。此外,尽管普通话语音系统中不存在/ki/这个CV音节,但是为了进行系统的比较,本实验的样本中还是把它包括在内了。故而,本文的样本将是/p,t,k/与/i,a,u/搭配组成的81个双音节字组。

本文主要研究辅音的音渡现象,关于浊辅音清化的问题,不在本文讨论范围之列。

（2）元音　上文已经说过，普通话中共有五个单元音可与塞音相拼。由于其声学音征与舌位密切相关，本文只选三个周边元音与辅音搭配，其协同发音作用可达极限，而辅音与其他元音相拼的协同发音程度不会超过这个范围，并可进行大略的估算。

（3）音渡　本课题主要的目标就是要对塞音的协同发音作一个全面的了解。这将包括语音在量上与质上所有的声学特征，例如元音共振峰目标值、辅音的能量集中区和过渡音征、浊音清化、韵律特征。但是众所周知，F2过渡（T2）对于研究协同发音起着关键性的作用。所以在本实验中，T2将是考察的主要对象。

（4）目标值　元音目标值指的是第二共振峰的稳定段。如果一个音节的目标值离开其原始位置（即单念时的F2位置）则意味着元音在语流中发音弱化或不到位（Keating，1988a）。测量出CV结构中元音的目标值与单读值的差异多少将提供一些协同发音的信息。从不同的语音环境中找出同一的目标值以形成一个"声学窗"（Keating，1988b）就可用图示的形式显现协同发音的活动范围。

（5）发音人　两位中年男性北京人按要求以正常语速和强度说出所有CVCV字组。为便于比较分析，我们还要求他们把这三个元音用单念形式读出。发音人A和发音人B的发音结果几乎很少差异。本文主要应用A的样本，需要比较时，再采用B的样本。

三、数据与图示

（1）数据　发音人A、B各有81个$C_1V_1C_2V_2$样本，各样本F2、T2的频率值分别在5个点上进行测量，即V_1的起点、中点、结束点和V_2的起点、中点。为简化数据，所有测得的数字四舍五入；T2的频率范围，即T2的起/终点频率与F2稳定段频率的差

表 1 普通话不送气音的 F2T2 在辅元辅元音境中的声学数据表

CVCV	C₁V₁ ΔT%	V₁ Hz	V₁C₂ ΔT%	C₂V₂ ΔT%	V₂ Hz	CVCV	C₁V₁ ΔT%	V₁ Hz	V₁C₂ ΔT%	C₂V₂ ΔT%	V₂ Hz	CVCV	C₁V₁ ΔT%	V₁ Hz	V₁C₂ ΔT%	C₂V₂ ΔT%	V₂ Hz
pipi	2	1960	-4	0	1960	tipi	4	1930	-8	4	1930	kipi	-4	1850	-4	0	1850
pipa	4	1930	-8	0	1160	tipa	2	1960	-4	9	1190	kipa	0	1930	-12	6	1150
pipu	0	1930	-12	0	690	tipu	0	1960	-4	0	690	kipu	0	1930	-12	0	690
piti	9	1930	-4	0	1930	titi	4	1930	-4	0	1930	kiti	0	2000	-4	0	1930
pita	9	1930	-4	-22	1230	tita	4	1930	-4	-12	1310	kita	0	1930	-2	-15	1270
pitu	8	1930	-8	-68	730	titu	4	1930	-8	-60	770	kitu	-2	1930	0	-78	690
piki	0	1850	8	-2	1930	tiki	0	1930	4	-4	1930	kiki	-4	1930	4	-4	1930
pika	0	1850	4	-19	1230	tika	0	1930	0	-6	1310	kika	0	1930	4	-12	1270
piku	0	1890	-14	0	690	tiku	0	1930	4	0	620	kiku	-2	1930	4	0	660
papi	13	1230	-6	6	2000	tapi	-13	1230	-6	0	1930	kapi	-9	1230	-13	6	1930
papa	13	1230	-16	13	1230	tapa	-16	1190	-13	16	1190	kapa	-10	1190	-16	10	1160
papu	8	1190	-8	-17	690	tapu	-10	1190	-10	-11	690	kapu	-10	1190	-19	0	690
pati	10	1190	16	4	1930	tati	-6	1230	16	4	1930	kati	-9	1310	0	0	1770
pata	13	1230	13	-13	1230	tata	-6	1230	6	-6	1230	kata	-6	1230	6	-3	1230
patu	10	1160	13	-65	770	tatu	0	1230	0	-56	690	katu	-3	1270	0	-40	770

续表

CVCV	C₁V₁ ΔT%	V₁ Hz	V₁C₂ ΔT%	C₂V₂ ΔT%	V₂ Hz	CVCV	C₁V₁ ΔT%	V₁ Hz	V₁C₂ ΔT%	C₂V₂ ΔT%	V₂ Hz	CVCV	C₁V₁ ΔT%	V₁ Hz	V₁C₂ ΔT%	C₂V₂ ΔT%	V₂ Hz
paki	13	1160	13	−4	1930	taki	−6	1270	12	0	2000	kaki	−6	1310	0	0	1850
paka	16	1190	6	−6	1230	taka	0	1310	3	−6	1310	kaka	−6	1230	6	−3	1230
paku	13	1160	−3	0	690	taku	0	1270	0	0	660	kaku	−3	1270	0	0	620
pupi	0	690	0	8	1930	tupi	−78	690	−5	12	1930	kupi	0	690	−17	0	1890
pupa	0	730	0	20	1160	tupa	−76	660	0	13	1160	kupa	−13	620	−13	13	1160
pupu	0	770	−10	0	690	tupu	−56	690	−11	0	690	kupu	−13	620	−13	0	660
puti	0	620	88	0	1930	tuti	−47	730	47	0	1930	kuti	0	690	44	0	1930
puta	0	690	72	−10	1190	tuta	−17	920	25	−9	1270	kuta	0	770	60	−13	1230
putu	−5	810	43	−50	770	tutu	−32	730	42	−42	730	kutu	0	690	44	−33	690
puki	0	690	0	−6	2000	tuki	−50	690	0	−2	1930	kuki	0	620	0	0	1930
puka	−10	770	0	−9	1270	tuka	−17	920	0	−3	1310	kuka	0	770	0	3	1270
puku	0	850	−18	0	690	tuku	−47	730	0	0	660	kuku	0	620	0	0	620

值,将转换成百分数。详见表1(此表仅有发音人A的数据)。

(2) 图示　表1中的数据被标绘在54个图形中,每一个图形包含3个$C_1V_1C_2V_2$样本。图中显示了F2与T2的轨迹,其时长被规整为相等值。图形共分6组。

图1—图3与图4—图6中的样本是相同的,但是排列组合不一样。目的是使辅音或元音在各图组中得以充分展示,并可对它们的协同发音现象(假设其他条件相同)可作定性的观察。

每组图示共有9个图形,分成(a)、(b)、(c)三排和(1)、(2)、(3)三列。

6组图示中的$C_1V_1C_2V_2$样本作如下排列:

图1—图3

各示意图中的3个样本,C_1V_1与C_2不变,但V_2不同;(1)

同一排的三个示意图,C_1与C_2V_2不变,但V_1不同;(2)

同一列的三个示意图,C_1V_1与V_2不变,但C_2不同;(3)

图4—图6

各示意图中的3个样本,C_1V_1与V_2不变,但C_2不同;(见(3))(4)

同一排的三个示意图,V_1与C_2V_2不变,但C_1不同;(5)

同一排的三个示意图,C_1V_1与C_2不变,但V_2不同;(见(1))(6)

根据这些排列组合,音节中或音节间的协同发音,可以按各图、各行或各列之间的图形作比较。

图1至图6的图例:

实线:各示意图中第一例词的F2、T2。

(1) **虚线**:各示意图中第二例词的F2、T2。

(2) **点划线**:各示意图中第三例词的F2、T2。

(3) **线中有短直杠**:三线中的二线重合。

(4) **线中有三角形**:三线重合。

(5) 纵坐标:标度为千赫。
(6) 横坐标:无标度,例词长度经过规正。

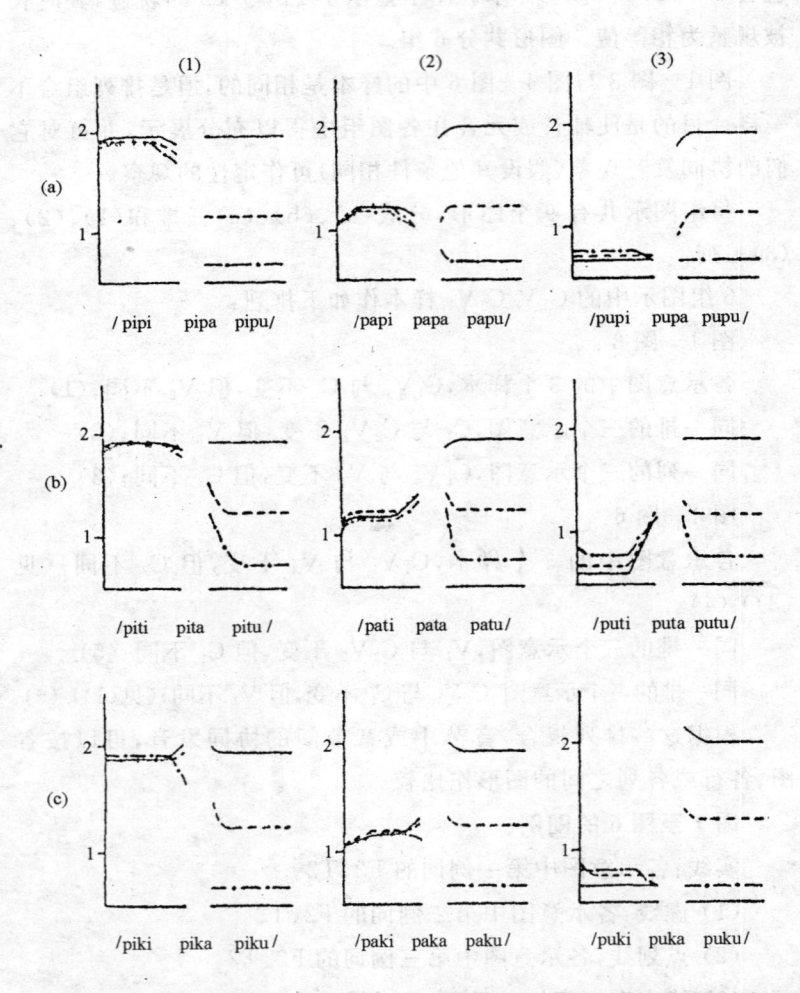

图 1 示意图为 3 组辅 1 元 1 辅 2 元 2 的 F2T2,9 图分为 3 行,其中辅 1 在各行均为/p/,辅 2 在(a),(b),(c)行分别为/p,t,k/

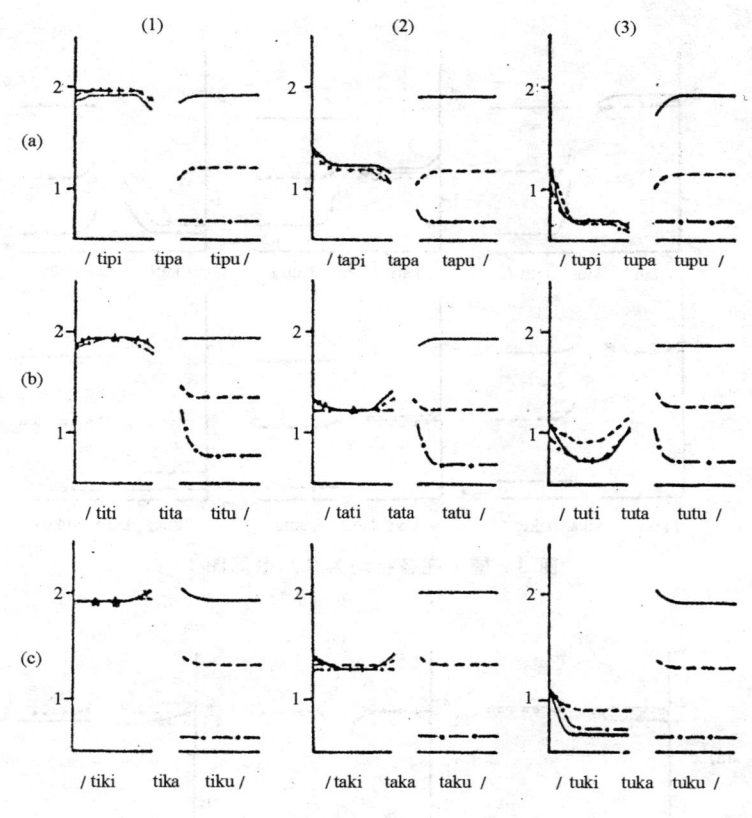

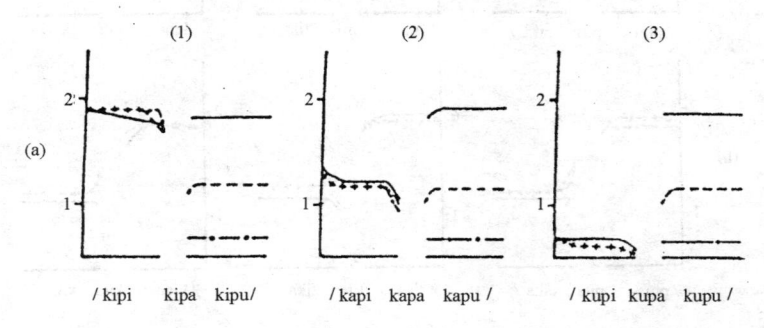

图 2 辅 1 在各行均为 /t/，余同图 1

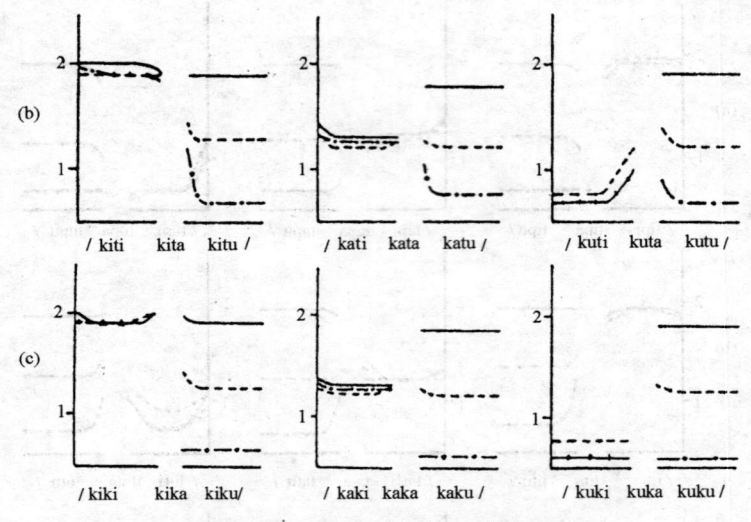

(b) /kiti kita kitu/ /kati kata katu/ /kuti kuta kutu/

(c) /kiki kika kiku/ /kaki kaka kaku/ /kuki kuka kuku/

图 3 辅 1 在各行均为 /k/，余同图 1

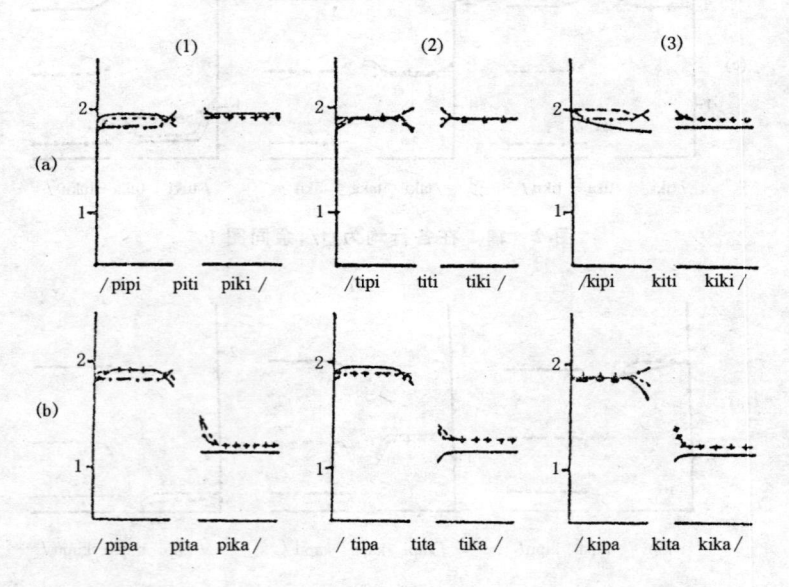

(1) (2) (3)

(a) /pipi piti piki/ /tipi titi tiki/ /kipi kiti kiki/

(b) /pipa pita pika/ /tipa tita tika/ /kipa kita kika/

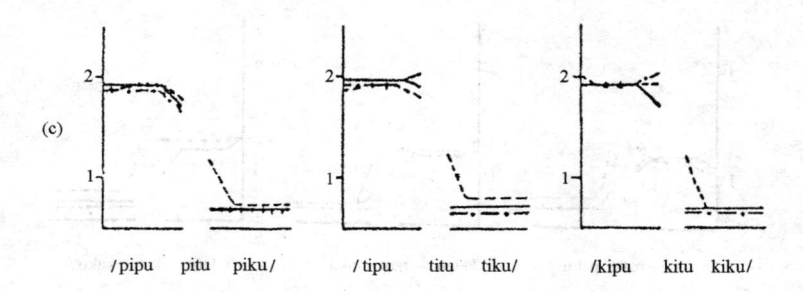

(c) /pipu pitu piku/ /tipu titu tiku/ /kipu kitu kiku/

图 4 示意图为 3 组辅 1 元 1 辅 2 元 2 的 F2T2,9 图分为 3 行,其中元 1 在各行均为/i/,元 2 在(a),(b),(c)行分别为/i,a,u/

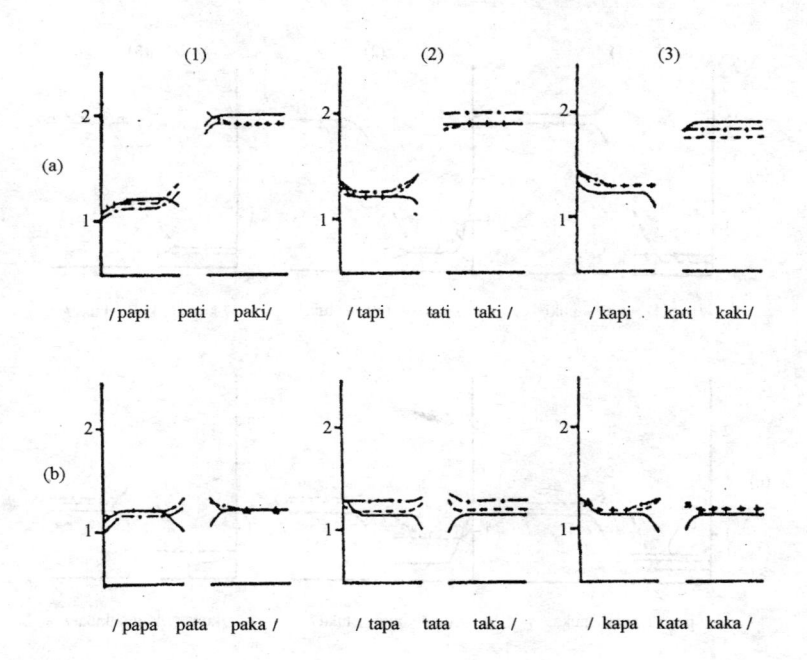

(1) (2) (3)

(a) /papi pati paki/ /tapi tati taki/ /kapi kati kaki/

(b) /papa pata paka/ /tapa tata taka/ /kapa kata kaka/

(c)

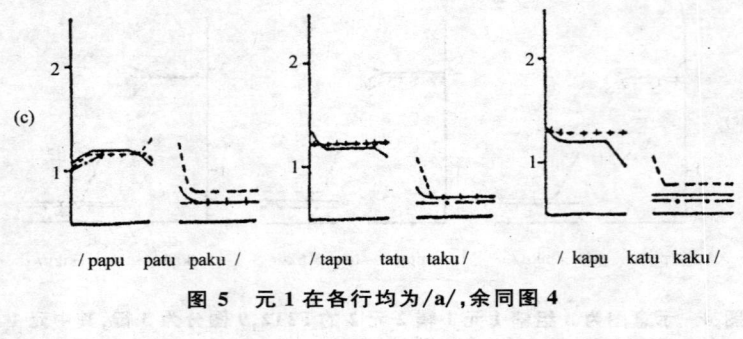

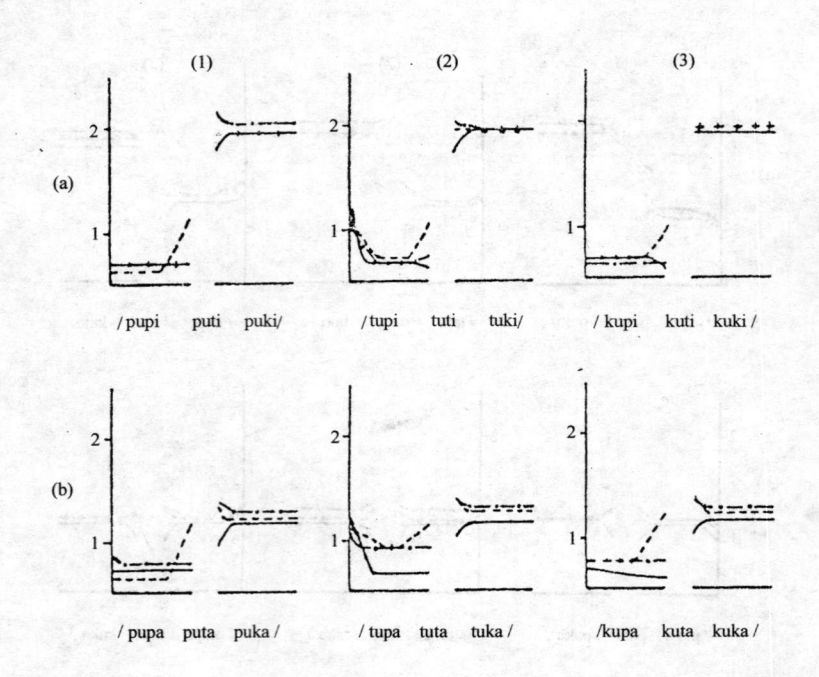

/ papu patu paku /   / tapu tatu taku /   / kapu katu kaku /

图 5 元 1 在各行均为 /a/，余同图 4

(1)　　　　　　　(2)　　　　　　　(3)

(a)

/ pupi puti puki /   / tupi tuti tuki /   / kupi kuti kuki /

(b)

/ pupa puta puka /   / tupa tuta tuka /   / kupa kuta kuka /

(c)

/ pupu putu puku / 　　/ tupu tutu tuku /　　 / kupu kutu kuku /

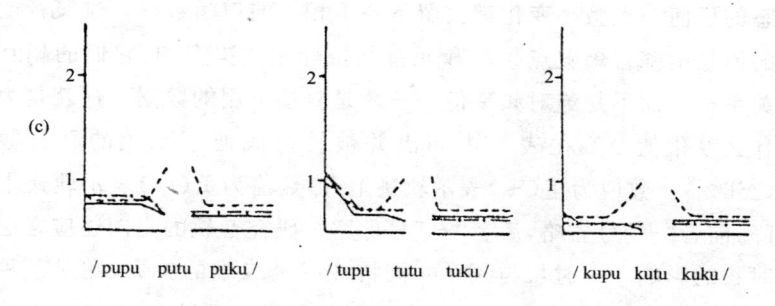

图 6 元 1 在各行均为/u/,余同图 4

四、讨论

在 $C_1V_1C_2V_2$ 这种结构的样本中,有关/p,t,k/各式组合的协同发音都可以得到观察和研究:在 C_1V_1 或 C_2V_2 中辅音受音节内部关系的影响而产生的协同发音,在 V_1C_2 中音节间的协同发音,在 $V_1C_2V_2$ 中辅音(包括 C_2 的音轨)受前后元音的影响而产生的协同发音,在 $C_1V_1C_2V_2$ 中的协同发音的连续性及其相互作用。由此我们可以总结出伴随塞音延展或阻断的顺向或/和逆向同化。

(1) 普通话中 C_1V_1 音节中的协同发音　一个普通话的 CV 音节书面与一个汉字对应。有关普通话单音节的声学特征已有研究成果(吴宗济,1986,1988)。/p,t,k/与/i,a,u/组合的有关数据,如能量集中区、VOT 值、过渡音征等分别都得到了测量。由于发音人及实验器材的不同,这些 F2 与 T2 的值跟表 1 中的数据不尽相同。虽然如此,其类型多少还是相似的、可比的。在一个 $C_1V_1C_2V_2$ 组合中,C_1V_1 的发音部位要受 C_2V_2 的影响。Fant 曾经说过"从/i/到/u/,各种元音的协同发音引起的口腔体积与双唇圆展的变化,总是伴随着这个声腔的共振峰频率的改变。这一改变标志着共振峰入渡的开始"(Fant,1970)。所以言语中唇、舌状态的任何一点微小变化都会留下各不相同的声学数据。过渡音征的值是由塞音爆破点频率和元音共振峰频率决定的,它们的相互关系——而不是绝对频率值——才是直接可用的数据。这就是为什么变化值 ΔT 在表 1 中列出并被转换成便于比较的百分数($\Delta T\%$)。数值为正(+)表示轨迹上升,数值为负(-)表示轨迹下降;前者"+"号省略,后者"-"号保留。研究音轨的走向还应考虑时长的影响——时长与频率共同构成一个二维的矢量,在对某种语言进行识别时,斜率也是一个重要的因素。不过,本文着重考察三个塞音音渡是升还是降,时长的数据可以不计。

为了数据的描写,从表 1 中将各第一音节/pa_1/的数据进行分析。它们的 $\Delta T\%$ 分别是:/pi_2/和/pa_2/之前的是 13%,/pu_2/之前的是 7%。后者的 $\Delta T\%$ 之所以低于前二者的 $\Delta T\%$,是因为/pu_2/中 p 的双唇在发 u 之先就圆唇化,由于逆同化而使其前音节/a_1/的 F2 下降,以致/pu_1/读不到位。这可叫做逆向协同发音的连锁反应。上述三例在图 1 的(a2)中画为一图。其他组合可在图 1 中与其同列的(b2,c2)图依此类推。/pa_1/后接其他的辅音/t/,/k/各与/i, a, u/组合时,除了/paku/中/pa_1/的 $\Delta T\%$ 是 -13%外,其他都在 13%-16%之间。

第一音节中/pi/、/pu/的 $\Delta T\%$ 同样反映出协同发音情况,它们有明显的共同发音方法,而不是共同发音部位。/pi/的 $\Delta T\%$ 从 0%到 9%,远低于/pa/的 $\Delta T\%$,说明这里的双唇音/p/为适应/i/而唇形变展;/pu_1/的 $\Delta T\%$ 最接近于 0%,只是在/puka/、/putu/中例外。前者是 -10%,而后者是 -5%。这可能是同一发音人在不同时间的发音差异。

第一音节为/ti, ta, tu/的 $\Delta T\%$ 很好地反映出因发音部位而产生的逆向协同发音情况。由于都是前高舌位,/ti/的 $\Delta T\%$ 很小:2%-4%,几乎不受后面的影响。/t/和/u/在发音部位上正好处于相反的两个极端,在此辅元序列中,舌的收紧点从舌尖变为舌根,并从前向后移动,动程相当长。$\Delta T\%$ 达到 -78%。由于元音 /u/ 的发音部位比起其他元音来显得很不固定——舌根的突起可在硬腭至软腭间的任何一点,共鸣腔的长度也常常与后接音段相适应——当后接 /p/、/t/、/k/ 时,/u/ 的 $\Delta T\%$ 相差很大,分别是 -78%、-76%、-56%。虽然 /u/ 到 /p/ 的发音属于两种极端的状况,但它们仍是可以单独发出的异体异位音。因此在这种情况下,/u/ 可以达到目标值,而不会受后接音段太大的影响并产生离格。相反,当 /tu/ 在 /t/ 前时,它们的发音都用舌体,只是舌位有差异,/tuti/ 中 /tu/ 的 $\Delta T\%$ 是 -47%,而 /tuta/ 中的 /tu/ 是 -17%,/tutu/ 中是 -32%。不难理解,/tuta/ 中的第二个音节 /ta/,元音比 /tu/ 靠前得多,所以其中 /tu/ 的 $\Delta T\%$ 比 /tutu/ 的小许多。一个有意思的现象是:虽然逻辑上来说 /t/$_2$ 与 /i/ 的协同发音会产生一个较高的能量集中区或音轨而凑合前音段 /u/ 的 F2,但实际情况并非如此,而使 /tuti/ 中 /tu/ 的 $\Delta T\%$ 达到 -47%,/u/$_1$ 与 /t/$_2$ 之间的差距太大,以致于难有协同发音,这使得与其前面的元音断开。

关于 /k/ 前 /tu/ 的 ΔT 的内部差异情况与上面说的相似。/k/ 的反映在很大程度上依赖于后接元音。/ka/、/ku/ 前 /tu/ 的 $\Delta T\%$ 值随 /a/、/u/ 的 F2 而变。此外,/tuki/ 的情况与 /tuti/ 相似。比较一下图 2 第 3 列中的各图可以发现,(3a) 中的三个 /tu/ 完全一样,而 (3b)、(3c) 中的 /tu/ 虽然起点相同却分别表现为两种不同的音轨。

(2) C_2V_2 内部的协同发音 $C_1V_1C_2V_2$ 结构中 C_2V_2 的协同发音作用在宏观上与 C_1V_1 是相同的,但微观上却有差别。因为 C_2V_2 是双音节的一个组成部分,分析时不能不考虑前面的影响。实际上 C_2 的 $\Delta T\%$ 范围和 V_2 的目标值位置多少偏离了它们的原型。前者是音节间协同发音的作用,后者则是二音节组合受韵律因素的影响而产生的综合结果,下文将分别描写之。

为了对现在的情况有一个基本的认识,让我们好好的比较一下三组重叠的 CV 样本。它们是/pipi, papa, pupu/、/titi, tata, tutu/、/kiki, kaka, kuku/,分别可以从图 1、2、3 的 (a)(b)(c) 中看到。在这些序列中,大多数 C_2 的 $\Delta T\%$ 比 C_1 更接近于 0%。原因在于 C_2 夹在两个相同的元音之间,因而在发音部位上大受影响。上文所举的例子,在不同条件下,协同发音的结果也不同。/p/ 和 /i/ 属于异器官的发音,尽管它们的发音动作可以各自独立,但是前后两个不圆唇的元音 /i/ 使得 $/p_2/$ 比 $/p_1/$ 的唇形更展。这样带来的结果就是 $/pi_2/$ 中的 $\Delta T\%$ 减小到了 0%,明显低于 $/pi_1/$ 的 2%。/pupu/ 中的 $/p_2/$ 受 $/u_2/$ 的影响,双唇突起,$\Delta T\%$ 也为 0%。但是两个 /u/ 的稳定段 F2 在图 1(a) 和图 6(c) 中却是不同的,后面将进行讨论。

$/ti_2/$ 与 $/tu_2/$ 属于另一种情况。它们的元音与辅音是同器官发音,$/ti_2/$ 中的 /t/ 和 /i/,舌尖的发音部位靠得很近,结果使 $\Delta T\%$ = 0%。与此相反,$/tu_2/$ 中 /t/ 的 $\Delta T\%$ 达到 −47%。它的音轴 (hub) 并未受到两个 /u/ 的低 F2 的影响而变低——这就是上文提到的阻断效应。那么 /kiki/、/kaka/、/kuku/ 中 $/k_2/$ 的情况又如何呢? 从 $k_2:k_1$ 的 $\Delta T\%$ 比例——分别是 −4:−4、3:−6 和 0:0——来看,$/k_2/$ 属于逆向协同发音。

(3) $C_1V_1C_2V_2$ 结构中的 V_1C_2(音节间)的协同发音 普通话双音节结构中的 V_1C_2 的协同发音,如果不考虑韵律变化,至少包含 4 个方面的内容:①V_1 的出渡(F2 尾的 $\Delta T\%$);②音节间音联;③从 C_1 起点的顺势影响;④受 V_2 的逆势影响。不过在本文中,出渡情况是考察的主要内容。

V_1 的出渡常常表现为从其稳定段的尾端向假想中 C_2 的成阻 (formed closure) 点——也就是 Catford(1977) 所说的持阻 (maintained closure) 的起点——过渡,语图上表现为间歇段,这是后接塞音识别的一个重要音征。当 V_1 和 C_2 属于异器官的发音或 V_1 的 F2 与 C_1 的音轴差距很大时,结果会有所不同。

V_1 与 C_2 在普通话音节系统中不能组合,它们分别依存于 C_1V_1 和 C_2V_2 中。所以在 V_1C_2 序列中的协同发音作用定会受到 C_1 和 V_2 的影响,我们应当对此有一个全面的认识。

根据 $\Delta T\%$ 的值,V_1C_2 的协同发音可以分为大、中、小三类。下表将 V_1C_2 的 $\Delta T\%$ 值,以及有关的 C_1、V_2 全部列出。

表2 元1辅2中的过渡音征动程及其与辅1元2的关系

C_1	V_1C_2			V_2	$\Delta T\%$
	-p	-t	-k		
Maximum range of $\Delta T\%$ (avg. 45%)					
p	ut			i,a,u	88,72,42
t	ut			i,a,u	47,25,42
k	ut			i,a,u	44,60,44
Medium range of $\Delta T\%$ (avg. +8%)					
p	ip			i, a, u	−4, −8, −2
	ap			i, a, u	−6, −16, −7
	up			—, —, u	−10
		it		i, a, u	16, 13, 13
		at		i, a, u	16, 6, −3
			ik	i, a, u	8, 4, −14
			ak	i, a, u	13, 6, −3
			uk	—, —, u	−18
t	ip			i, a, u	8, −4, −4
	ap			i, a, u	−6, −13, −10
	up			i, —, u	−5, −11
		it		i, a, u	−4, −4, −8
		at		i, a, —	16, 6,
			ik	i, —, u	4, 4
			ak	i, a, u	12, 3, 3

续表

	ip		i, a, u		−4,−12,−12
	ap		i, a, u		−13,−10,−19
	up		i, a, u		−17,−13,−13
k	it		i, a, —		−4,−2
	at		—, a, —		6
		ik	i, a, u		4, 4, 4
		ak	—, a, —		6
Minimum range of $\Delta T\%$ (avg. 0%)					
p	up		i, a, —		0, 0
		uk	i, a, —		0, 0
t	up		—, a, —		0
	at		—, —, u		0
		ik	—, a, —		0
		uk	i, a, u		0, 0, 0
k	it		—, —, u		0
	at		i, —, u		0, 0
		ak	i, —, u		0, 0
		uk	i, a, u		0, 0,0

表 2 中，V_1 的出渡，即 V_1C_2 的 $\Delta T\%$，最大范围值平均是 45%（上升轨迹），有关样本占全部样本总数的 1/10。在这一范围内只有 /ut/，这说明 /u/ 和 /t/ 的舌位差别很大，但它们的出渡都要受后面的 V_2 的影响，$\Delta T\%$ 的差异大致与 /u/ 和 V_2 的差异成比例。

V_1C_2 中 $\Delta T\%$ 的最小范围（值）为 0%。占全部样本的 1/5。在此范围内，形成协同发音的平稳轨迹有两种情况：一是 V_1 的结尾（频率）与 C_2 的音轨（频率）恰好相同；另一种情况是 V_1 与 C_2 断开（blocking）。例如 C_2 在 /u/ 后时，大多属于第一种情况；C_2 在 /i/ 或 /a/ 后时，大多则属于第二种情况。两种情况都有个别例外。

中等 $\Delta T\%$ 范围(值)平均是 8%。81 个样本中有 $2/3$ 是如此。这个范围内的 $\Delta T\%$ 值与其他两种明显不同,可以根据音轨的升与降分为两组,跟 V_1、C_2 的发音部位密切相关。当然它们也受到 V_2 较大的影响。此外,某些时候 C_1 对 V_1 也产生影响。研究这一范围内的协同发音应当同时考虑 C_1、V_2。这里我们发现了一些规律——

(a) 当 C_2 是 /p/ 时,不论其前后为什么元音,$\Delta T\%$ 总是负值;

(b) 当 C_2 是 /t/ 时,在 /it/ 中 $T\%$,不论其前后为什么元音,$\Delta T\%$ 总是负值;在 /at/ 中,只要 V_2 不是 /u/,$\Delta T\%$ 总是正值;

(c) 当 C_2 是 /k/ 时,在 /ik/、/ak/ 中,除非 V_2 是 /u/,$\Delta T\%$ 总是正值;

(d) 当 C_2 是 /ik/、/ak/ 中的 /k/,后接 /u/ 时,C_1 为 /p/,$\Delta T\%$ 为负;C_1 为 /t/ 或 /k/ 时,$\Delta T\%$ 为正。

根据这些事实,可以说,在 CVCV 组合中,最后的成分是决定性因素,它可以形成多米诺骨牌效应,一直影响到第一个成分并形成协同发音整体的表层模型。

(4) V_1 与 V_2 的稳定段　除了上文讨论的辅音之外,辅元结果中元音 F2 的目标值或稳定段也要受到语音序列中协同发音的影响。由于稳定段的测量点是音渡轨迹的起点或终点,因此偏离原型(单念时)的目标值自然是协同发音研究的一个重要的声学特征。本研究中,元音 /i/、/a/、/u/ 的单念形式由同一发音人说 9 遍,各自的平均值作为判断稳定段偏离度的标准(Keating, 1988a)。对两种情况下稳定段的 F2 都进行了测量,并将其差值转换成百分数,用 $\Delta F\%$ 表示,符号"＋"与"－"分别表示有关数据比原型数据高和低。这些数据在下表中分成最大与最小两组,目的是为了显示偏离的范围。

表3 辅1元1辅2元2中元1和元2的F2目标值

V (F2) freq. of cit.	V_1 (tar./cit.)		V_2 (tar./cit.)	
	Max. ΔF%	Min. ΔF%	Max. ΔF%	Min. ΔF%
/i/ 2020	−8.4% /ki/	−1% /pi,ki/	−12% /ti/	−1% /pi,ki/
/a/ 1210	+8% /ta,ka/	−4% /pa/	+8% /ta,ka/	−4% /pa/
/u/ 650	+41.5% /tu/	−4.6% /pu,ku/	+18.5% /tu/	−4.6% /ku/

从表3可以看出 ΔF% 与其前接辅音的性质密切相关。V_1 中/i/偏离度最大值出现在/ki/,最小值出现在/pi/、/ki/中。V_2 的最大值是/ti/,最小值是/pi/和/ki/。这说明/t/对/i/的位置影响较大,/k/比较灵活,而/p/则很独立。所有的 ΔF% 均为负值,说明协同发音作用降低了/i/的 F2,也就是说舌位因之后移了。此外,V_2 的 ΔF% 与 V_1 的 ΔF% 差距不大。/i/的偏离范围多少要随前接辅音协同发音的影响而变,但比起别的元音来,变化还不算大。

至于元音/a/,ΔF% 的最大值出现在/t-/、/k-/中,其值为正;ΔF% 的最小值出现在/p-/中,其值为负。对于一个/a/来说,F2升得越高,舌头越趋前,或者说它的区别特征属于较"分散"型。这表明/t/、/k/常常使其后的元音前化。相反,/p/的 ΔF% 是正值,就是说 F2 是下降的,声学特征属于"集中"型或者说有所后化。这意味着/p/和/a/是异器官发音,/a/因而不受影响,非常接近原型。至于双音节中的 V_2,/a/$_2$ 与/a/$_1$ 的偏离值差不多。

现在来看看更为活跃的/u/,正如前文说过的,/u/的舌位很不固定,随着语境不同而可以在软腭与硬腭间移动。较大的 ΔF%

可以在表 3 的/u/行中看到。最大的偏离值出现在/t-/中,从生理上来看,/t/与/u/在舌位与唇型上形成极大的反差。为了与/u/适应而把舌尖向后缩或者双唇圆起前突是不现实的。这会使/t/听来非常怪异,因而不稳定的/u/不得不担当起能满足协同发音所要求的角色。这就是为什么/t/后的/u/远离其原型值的原因。

根据/u/的 $\Delta F\%$ 最大正值来看,F2 升得越高,舌根越前移,因而一个类似/u/的央元音产生出来了。正如上文所述,/p/常受后接/u/的影响而圆唇,/k/和/u/则属于同部位发音,这种情况下/u/的 $\Delta F\%$ 值最小。

非常有意思的是,一些有关同化的传统概念或看法——例如/k/后的/a/可能变成"后/a/",一个元音夹在 2 个辅音中间可能引起双重变化等等——在本实验中并未得到证实。实际上,/k/后的/a/显得更前,也没有例子可以证明两个相同辅音间元音的 F2 稳定段受到前后相同程度的影响。

(5) 塞音的音轨　自从 Alvin Lieberman 小组根据自己的研究成果将手工绘制的音轨模型应用于"模型回放"合成系统以后,他们开创性的工作就为实现今天的现代语音合成铺设了道路。大多数的合成参数都是沿用他们的研究成果,即/d/(或/t/)音轨应用的情况最好,"/b/或/p/的音轨找不到某个惟一准确的位置,/g/或/k/的音轨同样也不能适合所有的元音"。也就是说,"/g/和/k/的发音部位多少要受后接元音的影响而有所改变"。此外,合成中具有 50ms 无声间歇的音轨模型基本适合所有的塞音。他们还说"对/g/来说,发音部位与实际声音之间的关系相当复杂,我们并未在发音变化与 F2 之间找到整齐的对应关系"(Delattre, Lieberman, Cooper 1955)。到了今天,有关/g/音轨的复杂性与不确定性问题仍有待解决。

由于"音轨"被定义为第 2 个音渡的起点或者音渡指向的点,

因而它其实是由元音起始音渡的轨迹决定的。塞音与不同元音配合可以得出许多音轨,但有时从中无法分析出一个共同的起点,当与其相配的元音的第二共振峰相差甚远时,比如/i/和/u/,这种现象尤为明显,因而音轨位置也就无法确定。以上文讨论过的/pi/和/pu/为例,前一个/p/是展唇的,后一个是圆唇的,二者不可能在同一点相遇,因而音轨起点将是2个而不是1个。由于一个音节的F2过渡轨迹逆向延伸跨过了除阻的界限,开头辅音的音轴在语图中不会留下痕迹,所以我们最好要找一找其他的途径来揭示这里面的未知信息。

  Lieberman等人的研究成果表明"一个F2音渡相当直接地反映了发音器官从辅音的发音部位向后接元音的发音部位移动的轨迹",而中国传统的音系学理论认为,一个辅音可以分为三个部分:成阻、持阻和除阻——令人惊讶的是,这与Catford(1977)书中所说的完全一样,英汉术语也完全吻合。此外,声学的频谱音征只在塞音除阻后才会出现(也就是说前两个步骤在语图中看不出来),因此有必要在一个CV音节的音渡之外再寻找有关信息。众所周知,元音的出渡将随着后接塞音的开始而终止。如果其中的成阻位置与音渡结束的位置有协同的可能(除非属于不连续类型,即音渡在声学平面的变化又大又突然),那么在 $C_1V_1C_2V_2$ 组合中,C_2 的音轨可以从 V_1 出渡的终点算起(参见图1—图6)。基于这样的认识,我们列出了一张表格,从A、B两位发音人各81个样本中测得的一系列数据都记录在表中:(1)V_1 出渡终点的频率;(2)V_2 入渡起点的频率;(3)V_1、V_2 的目标值——显示它们的音渡是否在同一直线轨迹;(4)假想的相应的音轨点——根据它是否属于异器官发音的、两个突然断开的音渡之间的流线轨迹而定(参见表4)。

表 4　根据辅 1 元 1 辅 2 元 2 中元 1 元 2 的数据拟测的辅 2 音轨位置

Tokens	V_1 F2 Target		V_1 T2 Offset		V_2 T2 Onset		V_2 F2 Target		C_2 Locus	
	A	B	A	B	A	B	A	B	A	B
pipi	1960,2000		1890,1930		1960,1930		1960,2000		1890,	1930
pipa	1930,2000		1770,1850		1160,1080		1160,1230		*1170,	*1080
pipu	1930,2000		1690,1850		690, 770		690, 770		* 690,	* 770
piti	1930,2080		1850,1930		1930,2000		1930,2080		1850,	1930
pita	1930,2000		1850,1770		1500,1390		1230,1230		1850,	1770
pitu	1930,2080		1770,1930		1230,1080		739, 770		1770,	1930
piki	1850,2080		2000,2160		1970,2080		1930,2080		2000,	2160
pika	1850,2080		1930,2230		1460,1460		1230,1230		*1460,	*1460
piku	1890,2000		1620,1930		690, 690		690, 690		* 690,	* 690
papi	1230,1230		1160,1160		1890,1770		2000,1930		1160,	1160
papa	1230,1230		1040,1120		1080,1160		1230,1230		1040,	1120
papu	1190,1230		1010,1000		810, 770		690, 770		1010,	1000
pati	1190,1230		1390,1390		1850,1930		1930,2080		1390,	1390
pata	1230,1310		1390,1350		1390,1350		1230,1310		1390,	1350
patu	1160,1230		1310,1230		1270,1000		770, 770		1310,	1230
paki	1160,1310		1310,1460		2000,2000		1930,2080		1310,	1460
paka	1190,1230		1270,1310		1310,1310		1230,1230		1270,	1310
paku	1160,1230		1120, 920		690, 770		690, 770		* 690,	* 770
pupi	690, 690		690, 690		1770,2000		1930,2080		*1770,	*2000
pupa	730, 770		730, 770		920,1000		1160,1230		* 920,	*1000
pupu	770, 770		690, 690		690, 770		690, 770		* 690,	* 770
puti	620, 770		1160,1460		1930,1930		1930,2080		1160,	1460
puta	690, 770		1190,1000		1310,1350		1190,1230		1190,	1000
putu	810, 850		1160,1000		1160,1000		770, 850		1160,	1000
puki	690, 770		690, 730		2120,2160		2000,2160		*2120,	*2160
puka	770, 770		770, 770		1390,1310		1270,1230		*1390,	*1310
puku	850, 810		690, 690		690, 690		690, 690		* 690,	* 690

从表 4 中不难发现，V_1 出渡的终点并不总是与 V_2 入渡的起点对等。他们因辅音及相连元音的不同性质而有所变化。比如发音人 B 的/pipi/，两个音渡在 1930Hz 这一点相遇，音轨毫无疑问当定在这一点；但在/pipu/中，二音渡相差极大，分别是 1850Hz 和 770Hz，音轨就无法定在它们之间的某一点上。表 2 中许多/pu/的数据显示，其 $\Delta T\%$ 常常是 0%，就是说音轨恰巧与 V_2 入渡的起点吻合，这是协同发音中的隔断效应。

表 4 只给出了 81 个样本中以/p/开头的样本的有关数据。正如上文所述，音轨的值由以下几个因素决定：2 个 $\Delta T\%$ 的值域和 C_2 的发音方法或发音部位以及它们之间的关系。表 4 中带 * 的数据属于后一种情况，并假设其与 V_2 音渡的起点吻合。

塞音的听辨音征有多种。除了音渡范围、起终点、音轨、共振峰稳定段等的频率以及音渡的时长以外，V_1 与 V_2 连接点之间的无声段也应当考虑进来。不过，这些并未在表 4 中全部反映出来，而且还应当指出，图 1—图 6 中显示出的两个轨迹之间的空歇并不精确表示时长。这里讨论音轨，目的在于介绍一种新的方法以探寻不同情况下的音轨点，也是为其在言语工程中的应用提供理论基础。

(6) $C_1V_1C_2V_2$ 中 V_1 与 V_2 的声学窗　一个元音音段在单念时经常有一定的空间分布特征(叫做稳定段，目标值)。语音学家和语言学家把它看作是音系中的音位，把目标值在言语序列中产生的变化看作音位变体。Keating 说，"目标值过去被认为是不变量，是一个音位聚合的固有特征……在连续言语中，实际可能达不到目标值。例如目标模型可能因为言语活动的限制而发生不到位或过度现象，并因此产生表层的音位变体"(Keating，1988b)。针对这些特点她建立了一个模型，用以反映某个发音器官空间移动的域值，例如下颌的位置或舌头的后移。包括目标移动上下限范围的模型就叫做一个"窗"。"一个窗并不是以中值为中心的平均范围,也不是某个值的基数或变数"。Keating 提出的窗理论在软腭和下颌两个发音动作的空间分布中得到了证明。但是她认为,在声学层面还可能存在其他的例证。当然在极端的条件下,只要一个共振峰就可以代表一个目标值。比如元音之间的辅音/s/的第二共振峰总是无法到位,采用窗理论来分析协同发音的声学现象,这是很重要的一个原因。

根据表 3 中的数据,在不同语境下的协同发音,V_1 和 V_2 的稳定段或多或少偏离了原型值。以元音 F2 的最大值与最小值为基准,可以得出一个简单的声学窗区域,尽管不能符合统计的要求,但至少可以满足对比的需要。

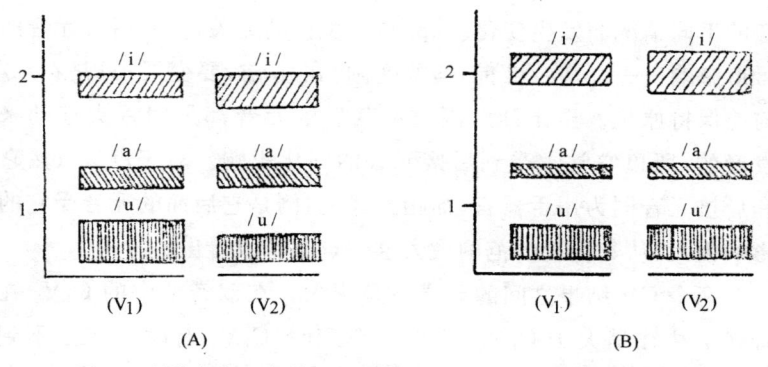

图 7　声学窗表示在辅 1 元 1 辅 2 元 2 中/i,a,u/的变动范围

图 7 是 A、B 两位发言人所说 $C_1V_1C_2V_2$ 结构中,V_1 和 V_2 的 /i/,/a/,/u/声学窗的两个例子的图。可以发现,/a/的窗最窄,/i/,/u/的较宽。(当然在普通话中的/a/,向来被认为是一个不稳定的音,它由于后接音的不同而有前、央、后之别。)比较 V_1 和 V_2,可以看出,/i/在 V_1 中比在 V_2 中较少发生不到位现象,/u/则相反。在这方面还有许多问题值得研究。假使图中的音轨频域与窗

口相连,它的音渡值可能在这个范围内有所下降,而音渡的走势可能移向一个音轨点。

五、结论

本研究主要观察普通话中的不送气塞音在一定语境中所表现出来的一些性质。塞音/p,t,k/和周边元音/i,a,u/被选用来组成81个CVCV样本。对每一个样本所做的相对独立的考察与测算的结果揭示不同元辅音音节内和音节间的协同发音作用。有关结果在讨论部分的图表中都已给出,下面再概括地总结一下。

(1) C_1V_1 和 C_2V_2 音节内部的协同发音显示 CV 同化作用的方向随辅音的不同而有异。对/p/、/k/来说,它们总是随后接元音的不同情况而发生变化。/p/与舌位移动无关,但受后接元音的唇形影响——/p/在/u/前,唇要变圆;在/i/前,要变展;只是在/a/前能保持原位。至于/k/,因它和其后的元音都是用舌头移动来发音的,所以它常常受到后接元音的同化影响。对于/t/,虽然它和后接元音同为用舌器官,却相当稳定,倒是它后面的元音受它的影响很大,从其音渡的范围最大这一点就可以看出。

两个 CV 结果之间的差异不是很大。在双音节中的 C_2V_2 在音强上往往稍大于 C_1V_1;所以在单念时,C_1V_1 有时发音会不到位。

(2) 在 $C_1V_1C_2V_2$ 中,V_1C_2 的音节间协同发音,V_1 常常受 C_2 的影响而带有明显的出渡、C_2 起点的逆向协同发音,但不能逆推。$C_1V_1C_2V_2$ 作为普通话中的音节,每一个 CV 的音系结构都是一个单元,而 VC 并不构成自然单位,所以它们之间常常有协同发音中断的现象(但在许多方言,包括普通话中,非强调音节中的清辅音常常由于韵律需要,在响音后变为浊化)。

总之,CVCV 结构中,VC 的协同发音规则按离格的程度可以大致分为三类(参见表 2):最大、最小和中等。它们揭示了元、辅音在不同分布中的差异。

(3)元音稳定段的偏离程度不是协同发音中的简单现象,在言语感知和解码中并不像我们原以为的那样无足轻重。相反,它是一个重要的基础,它可以决定出渡的终点和入渡的起点。从这些数据中得到的声学窗揭示了不同语境下元音的变化情况。

(4)言语中的协同发音作用包含了一系列的语音问题:同化/异化,顺向/逆向,同器官发音/异器官发音,延续/阻断等等。它们可能在协同发音中独起作用或共起作用,主要依据音段或音节在语音学、音系学和语言学层面上不同的排列组合而定。作为这些协同发音功能的展览窗,普通话 CVCV 中的塞音担任了相当全面的角色。

协同发音中是否存在不变量,这个问题长期以来一直是语音学家和技术人员关心的焦点。正如 Fant(1983)在一次大会中说的那样,"协同发音与弱化的研究是重中之重"。本研究提供的证据显示,建立 CV 结构的协同发音规则较之 VC 的更为可行,因而跨语言的协同发音现象中的不变量研究或可从单位音节内部的规则入手,而不是音节间,更不是词语间的规则入手。

参考文献

吴宗济(1986),《汉语普通话单音节语图册》,中国社会科学出版社。
吴宗济、林茂灿主编(1989),《实验语音学概要》,高等教育出版社。
Barry, W. and Kuenzel, H. (1975), Coarticulatory airflow characteristics of intervocalic voiceless plosives, *J. Phonetica*, 3, 263-282.
Benguerel, A. P. and Cowen, H. A. (1974). Coarticulation of upper lip protrusion in French, *Phonetica*, 30, 41-55.
Blumstein, Sheiler, E. and Stevens, K. N. (1979), Acoustic invariences in speech production: Evidence from measurements of the spectral character-

istics of stop consonants, *JASA*, 66, 1001-1017.

Catford, J. C. (1977), *Fundamental Problems in Phonetics*, Edinburgh Univ. Press, 128.

Delattre, D. C., Liberman, A. M. and Cooper, F. S. (1955), Acoustic loci and transitional cue for consonants, *JASA*, 27, 769-773.

Fant, G. (1971), *Stops in CV—syllables*, *Speech Sound and Features*, The MIT Press, 110-142.

Fant, G. (1983), Phonetics and speech technology, *Proc. Tenth Inter. Cong. Phon. Sci.*, Foris Pub., Holland, 13-24.

Fowler, C. A. (1985), Current perspectives on language and speech production: A critical review, R. G. Daniloff, ed. *Speech Science*, College Hall Press, San Diego, 258.

Hammarberg, R. (1982), On redefining coarticulation, *J. Phonetics*, 10, 123.

Iwata, R. and Hirose, H. (1976), Fiberoptic acoustic studies of Mandarin stops and affricates, *Annuai Bull. R. I. L. P.*, 10.

Keating, P. A. (1988a), Underspecification in Phonetics, *UCLA Working Papers in Phonetics*, 69, 30-50.

Keating, P. A. (1988b), The window model of coarticulation: Articulatory evidence, *UCLA Working Papers in Phonetics*, 69, 3-29.

Lahiri, (1984), A reconsideration of acoustic invarience for place of articulation in different stop consonants: Evidence from a cross—language study, *JASA*, 76(2), 391-414.

Lieberman, P. (1977), *Speech Physiology and Acoustic Phonetics*, Macmillan Pub. Co., N. Y. 120.

Ohman, S. (1966), Coarticulation in VCV utterances: Spectrographic measurements, *JASA*, 39, 151-168.

Zue, V. (1980), *Acoustic Characteristics of stop consonant, a controlled study*, Indiana Uni, Ling. Club.

Zue, V. (1985), Speech Spectrogram Reading, An Acoustic Study of English Words and Sentences, Lecture Notes for Special Summer course, MIT, Mass., P. N-215.

普通话清擦音协同发音的声学模式[*]

提要 声道狭窄到足以产生湍流时即可形成擦音。前腔的状态决定了它们可供分析的声学特征。本实验研究普通话中的 5 个清擦音 /f/、/s/、/ʂ/、/ɕ/、/x/。它们被置于双音节结构 $C_1V_1C_2V_2$ 中与三个外围元音搭配。C_1、C_2 相同,共计 45 组样本,由两位中年的北京人来念。所有样本都做成语图并测量有关的声学数据,包括 C_1、C_2 噪音乱纹的频率与时长下限以及其能量集中带;从 F1 到 F4 的元音共振峰频率,以及每个共振峰在起始和结束时的过渡段。这篇文章将给出所有的语图和 7 张记录了不同数据的表格。根据发音器官不同的状态,清擦音的协同发音大约可以分为三类:(1) 同体同位的协同发音,如 /x/;(2) 异体协同发音,如 /f/;(3) 同体异位的协同发音,如 /s/、/ʂ/、/ɕ/。对于音节内部与音节之间的顺同化和逆同化现象本文也进行了探讨。

前　　言

擦音的性质不像塞音那么简单,它们的声学特征是含时长变量的连续体,而不是冲直条。对一个擦音的内部特征进行感知比对塞音来得容易,因为后者的信息量大多存在于外部特征之中。测量噪音段的声学特征自然比测量过渡段更可靠。Zue 认为,"擦音是在声道的某个部位收缩到足以形成湍流时产生的,其声源激励最佳的模式是收紧点前的压力。""大致说来,如果收紧点小到使腔体接近关闭,声道的传递函数将产生极点。这种情况下,传递函数可能只是由极点决定,后者其实就是前腔的自然频率。"(Zue, 1985)确实,当

---

[*] 原文为英文 Acoustic Coarticulatory Patterns of Voiceless Fricatives in CVCV in Standard Chinese,与孙国华合作,载于《语音研究报告》(1990)。曹文译。

声腔通道在远离双唇的部位产生收缩发出擦音噪声时,那些狭缝使理想的前腔得以形成,因而在噪音频谱上可以清楚地看到传递函数的极点。但是当收紧点位置十分靠前时,语图上就不再能找到能量集中区的极点。普通话里有五个清擦音,即/f/、/s/、/ṣ/、/ɕ/、/x/。擦音/x/是前一种情况的代表,/f/则属于后种情况。看来擦音的声学特征随着前腔长度的不同而有异。此外,清擦音是延音,其噪声谱反映了它们从开始到结束的所有的声学特征,而这些特征又是由发音器官的动力学构造及其传递函数决定的,也可以说主要是由收紧点的位置决定的。在语图中,噪音乱纹的下限常与后接元音的低次共振峰——特别是F2——一致。对这些下限频率和噪音类型的研究也许是更好地了解擦音的一条捷径(Badin, 1989; Soli, 1980; Stevens, 1987)。关于擦音在语流里的协同发音现象,或许我们可以通过测量元音共振峰的过渡,以及对不同语境里的共振峰的表现进行比较来获得更多的信息。由于擦音的特征因其发音器官状态的不同而有很大的差异,它们的协同发音情况被分为三类,即Catford(1977)提出的"同体同位"、"同体异位"和"异体"。本文的数据将显示,不同的擦音,其协同发音情况差别很大。

实 验 过 程

本实验研究双音节环境($C_1 V_1 C_2 V_2$)中普通话擦音的协同发音现象。如此设想的根据是:后接V_1的C_1,其特征将表现出音节内部的协同发音作用;而处于V_1与V_2间的C_2,其特征则可反映音节之间的协同发音情况。三个外围元音与五个擦音依次搭配,共产生$15 \times 15 = 225$种组合。为方便起见,样本缩小到45个,C_1、C_2相同。不过,三个外围元音/i/、/a/、/u/在普通话音系中并不是都能与五个擦音相配,所以有的只能根据普通话的音系规则用某个近似的元音替代；如/ɿ/、/ʅ/、/e/、/ɤ/代替/i/，/y/代替/u/。实际上，/e/是二合元音/ei/的缩略。所有样本都用汉字，而不是音标，因为一个汉字记录的是一个音节；而且发音人可以很自然地读出每个双音节组合——当然这些组合都是无意义的。朗读用正常的语速和重音。另外，所有汉字都是普通话中的阴平字，这样就避免了轻声干扰。

对所有的语图进行测量，得到频率的赫兹值与时长的毫秒值。频率的数据包括噪音乱纹开始与结束的下限、强频集中带；元音开始、中间与结尾的共振峰（F1—F4 的起始音渡与结束音渡也都加以测量）。时长数据包括样本中辅音和元音各自的起点值与终点值。此外，5 个擦音的单音节组合，就像样本中的 C_1V_1，也由同样的发音人念出；它们也被做成了语图并与其在 CVCV 中的数据进行对比。两个发音人共有 9600 个测量数据。经过简化，我们仅选择了 F2 作为反映擦音协同发音作用的代表（见表 1—表 3）。正如前文提到过的，F2 的数据能够显示擦音的协同发音特征（Soli，1980；Repp 等，1987）。

表 1　普通话擦音/f/的下限频率及元音共振峰 F2 数据表

CVCV	C_1 的下限		V_1 的 F2			C_2 的下限		V_2 的 F2	
	起始	结尾	起始	中间	结尾	起始	结尾	起始	结尾
fafa	1540	1540	1230	1230	1230	1930	1930	1160	1230
fafu	2080	1230	1230	1230	1230	1000	1000	770	770
fafe	1160	1160	1230	1310	1310	1000	2310	1460	2160
fufa	1000	1000	850	770	770	1000	1460	1080	1230
fufu	1000	1000	770	770	770	1000	1000	770	770
fufe	1000	1000	770	770	770	1080	1390	1460	2080
fefa	2000	1230	1460	2080	2080	1770	2230	1160	1230
fefu	1160	1390	1460	2080	2080	1000	1000	770	770
fefe	2000	1460	1460	2080	2080	2160	2160	1690	2080

表 2 普通话擦音/s/、/ʂ/、/ɕ/的下限频率及元音 F2 共振峰数据表

CVCV	C_1 的下限			V_1 的 F2				C_2 的下限			V_2 的 F2	
	起始	结尾		起始	中间	结尾		起始	结尾		起始	结尾
sasa	4620	2310	F2	1390	1390	1160		1770	2310	F2	1230	1390
sasu	4640	2400		1390	1310	1230		2390	2310		1160	780
sasʅ	4080	2660		1390	1310	1310		2160	2310		1230	1230
susa	2700	1930	F2	1160	850	1080		2460	2460	F2	1310	1310
susu	3230	2230		1160	710	1000		2230	2620		1080	770
susʅ	3160	1160		1080	770	1080		1160	1160		1230	1230
sʅsa	4000	1850	F2	1310	1310	1310		2230	1620	F2	1310	1310
sʅsu	3310	1460		1310	1310	1310		1230	2000		1390	770
sʅsʅ	3470	1390		1310	1310	1310		1310	1310		1310	1310
ʂaʂa	2700	2000	F2	1540	1390	1390		2000	1540	F2	1310	1390
ʂaʂu	3000	1310		1620	1390	1540		1310	1310		1160	770
ʂaʂʅ	2700	1540		1460	1460	1460		1540	1540		1620	1620
ʂuʂa	2310	1160	F2	1000	770	850		1620	2160	F2	1460	1310
ʂuʂu	2310	1230		1080	850	1000		1230	1230		1080	850
ʂuʂʅ	2230	1160		1080	770	1230		1160	1540		1620	1620
ʂʅʂa	2460	1690	F2	1690	1690	1690		1690	1690	F2	1460	1390
ʂʅʂu	2540	1390		1770	1770	1770		1390	1160		1080	850
ʂʅʂʅ	1770	1460		1770	1770	1770		1460	1460		1690	1690
ɕaɕa	2350	2540	F2	1850	1460	1690		2000	2310	F2	1850	1460
ɕaɕy	3850	2620		1690	1540	1540		2080	2080		1930	1930
ɕaɕi	2850	2310		1850	1460	1690		2080	2080		2080	2080
ɕyɕa	2080	1770	F2	2000	2000	2080		1770	1930	F2	1930	1390
ɕyɕy	2080	1770		1930	1930	1930		1620	1620		1930	1930
ɕyɕi	1850	1770		1850	1850	2160		2000	2000		2080	2080
ɕiɕa	2390	2000	F2	2080	2080	2080		2230	2230	F2	1850	1390
ɕiɕy	2850	1930		2000	2000	2000		2080	1930		1930	1930
ɕiɕi	2230	1930		2080	2080	2160		1930	1930		2080	2080

表3　普通话擦音/x/的最低强频带(LNB)与相对应的元音F2共振峰数据表

CVCV	C_1 的 LNB	V_1 的 F2			C_2 的 LNB	V_2 的 F2	
		起始	中间	结尾		起始	结尾
xaxa	1000	F2 1230	1230	1230	1540	F2 1230	1230
xaxu	1540	1390	1230	1390	540	770	770
xaxɣ	1000	1310	1310	1310	1230	1160	1160
xuxa	600	F2 770	770	850	1160	F2 1230	1230
xuxu	690	770	770	770	620	770	770
xuxɣ	620	770	770	770	1000	1160	1160
xɣxa	1230	F2 1230	1230	1230	1230	F2 1230	1230
xɣxu	1230	1230	1230	1080	620	770	770
xɣxɣ	1160	1230	1230	1230	1160	1230	1230

各种擦音的声学特征不能简单地认为就是带有几个集中区的白噪声。它们实际上是由前腔的传递函数决定的噪音序列。与不同的发音状态相对应，擦音的语图显现出很大的类型差异。普通话中的清擦音可分为五种基本类型——这由其后的共振峰模式决定（参见表4下的图解）。

1型是从高到低全面分布的噪音区，上限到8千赫兹或更高，下限频率随后接元音而异。2型是1型的变体，最低的那部分频率从1型中分离出来，形成一个如宽带频谱的共振峰一般宽的强频集中带。从图1—图3中可以看出，这是一个因人而异的特征。1型与2型的差别主要在于后者传递函数的极点较前者更为明显。在擦音/f/中，仅出现1型；在/s/、/ʂ/、/ɕ/中，1型2型都有，随着发音人的不同与发音本身的不同而有异。普通话中的1型2型的擦音受其邻接元音的影响会产生同化，这在某些擦音频率下限开头与结尾的变化中不难看出。这种情况说明前腔的变化是紧随湍流冲出收紧点而发生的。在 C_1V_1 的噪音流中，起始频率显示出向后接元音共振峰的起点过渡的音势。向上、向下或曲线形的下限包络表现出与塞音近似的 CV 间的过渡。但是塞音的过渡只能通过元音来显现；而擦音的过渡，部分地靠擦音，部分地靠元音——当然下限包络并不总能与元音起始的过渡顺利连接(吴宗济，1989b)。

3 型中高频有两个能量集中带，其中较低的一条与后接元音的 F5 对应；此外在低频处还有一个能量集中带与 F2 对应。4 型中有四条强频集中带；除了最高的一条，另外三条分别对应于后接元音的 F2、F3、F4。5 型中只有一条强频集中带，且与元音 /u/ 的 F2 对应。3、4、5 型在 /x/ 的语图中都可见到，而且只在 /x/ 的语图中出现。此外，强频集中带的由后接元音的共振峰数目决定。

表 4 将所有样本分五列排出。左边的三列 /s/、/ʂ/、/ɕ/ 属于协同发音中的同体异位型，/f/ 是异体型，/x/ 则是同体同位型。表中还列出了 C_1 和 C_2 的型号，不同类型的发音代表了不同的协同发音类型以及元音不同共鸣腔。

表 4 普通话擦音在双音节中的噪音类型(pat.)

$C_1V_1C_2V_2$	Pat. C_1C_2	$C_1V_1C_2V_2$	Pat. C_1C_2	$C_1V_1C_2V_2$	Pat. C_1C_2	$C_1V_1C_2V_2$	Pat. C_1C_2	$C_1V_1C_2V_2$	Pat. C_1C_2
/sasa/	1 1 1 1	/ʂaʂa/	1 1 1 1	/ɕaɕa/	2 2 2 2	/fafa/	1 1 1 1	/xaxa/	5 4 4 4
/sasu/	1 2 1 1	/ʂaʂu/	1 2 1 1	/ɕaɕy/	1 1 2 2	/fafu/	1 1 1 1	/xaxu/	4 5 3 3
/sasɿ/	1 2 1 1	/ʂaʂʅ/	1 2 1 1	/ɕaɕi/	1 1 2 2	/fafe/	1 1 1 1	/xaxɤ/	3 3 3 3
/susa/	1 1 1 1	/ʂuʂa/	1 1 1 1	/ɕyɕa/	1 1 1 1	/fufa/	0 1 1 1	/xuxa/	5 5 3 3
/susu/	1 2 1 1	/ʂuʂu/	1 2 1 1	/ɕyɕy/	1 1 1 1	/fufu/	1 1 1 1	/xuxu/	5 5 3 3
/susɿ/	1 2 1 2	/ʂuʂʅ/	1 2 1 2	/ɕyɕi/	1 1 1 1	/fufe/	1 1 1 1	/xuxɤ/	5 3 3 3

续表

/sɿsa/	1	1	/ʂʅsa/	1	1	/ɕiɕa/	1	1	/fefa/	1	1	/xɤxa/	5	2
	1	1		1	1		2	2		1	1		3	3
/sɿsu/	1	2	/ʂʅsu/	1	1	/ɕiɕy/	1	1	/fefu/	1	1	/xɤxu/	3	3
	1	1		1	1		2	2		1	1		3	3
/sɿsɿ/	1	1	/ʂʅʂʅ/	1	1	/ɕiɕi/	1	1	/fefe/	1	1	/xɤxɤ/	2	2
	1	1		1	1		2	2		1	1		3	3

表中的噪音类型，上行是发音人 A 的，下行是发音人 B 的。

表 4 中五种类型图解

1 型　　　　2 型　　　　3 型　　　　4 型　　　　5 型

在 C_2V_2 中，擦音 C_2 其实是在 V_1、V_2 元音之间发出的。发音时，首先需要调整前腔的状态以与前一元音的状态适应，最后还要再调整以与后接元音的状况相适应。C_2 既有顺向的协同发音，又有逆向的协同发音。因而 C_2 的下限与 C_1 的下限在开始段区别较大，在结尾段则很相似——只要与它们相连的元音是一样的。

讨　论

自从本世纪 50 年代以来，强频集中区及其过渡被认为是擦音的全部特征。但是正如前文所述，擦音中还包含了音节内部辅音可能有的几乎各种协同发音作用，而且与周围的元音相互影响。它们的声学特征和类型可以简单地归纳为 3 种(见表 1—表 3)，这里将讨论之。

表 1(参见图 1)列出了擦音强频集中区的下限。从发音上来看，/f/ 是因湍流通过上齿与下唇形成的狭缝(收紧点)而产生的。它的发音状况不如表 2 中的咝擦音那么规则。它们是由较宽的湍流

形成的。/f/中,有一个非常浅低的腔,它形成辐射效应而非共振。它的频谱是广泛分布的,没有任何强频集中区。/f/的频率下限因唇形的不同而发生变化不同,而不是随着元音舌位的高低而改变。通过表 1 可以看出,C_1 中/fu/下限结尾处的频率低于/fe/的下限。这是因为前者唇圆,后者唇展。在所有的 CVCV 样本中,/fa/的频率下限不太一致,这是因为发音时的唇形并不总是保持一种姿势。

表 2 中(参见图 2—图 4)有 3 个咝擦音/s/、/ʂ/、/ɕ/,每个咝擦音都与三个元音配合:/a u ɿ/与/s/配合,/a u ʅ/与/ʂ/配合,/a y i/与/ɕ/配合。C_1 位置上的三个擦音频率下限在开始时总是比结尾时高,无论后接的元音是什么。其中的原因在于发这些咝擦音时舌尖要向牙龈或硬腭伸出。在发音开始时,它们的收紧程度还不能调节得非常准确,常常收得过度,从而使狭缝过细、前腔过短,这样自然导致频率下限抬高,然后逐渐下降以与后接元音适应。C_2 位置上的三个擦音频率下限与 C_1 不同,它们还要和前接的元音协同发音,所以其开始时的频率并未抬高,而是与前接元音的音渡尾一致。

从表 2 还可以看出,当 s 和 ʂ 同/a/配合时,由于收紧点的解除是通过舌尖下移完成的,这对强频区的过渡几乎没有影响,协同发音的过渡出现在元音共振峰中,包括 V_1 的结尾与 V_2 的起始。当它们后接的元音是/u/,双唇将圆起前突,同时舌尖后缩,这使得前腔变长,频率下限变低。当它们分别与前高元音/ɿ/、/ʅ/配合时,舌尖要作轻微移动,使得收紧点变松,湍流中断;但是舌形基本不变,元音紧接着发出。所以无论在噪音区还是嗓音区都看不到音渡。总而言之,当擦音协同发音的动态特征是顺畅的舌位调节时,它就是同体异位式的。

擦音/ɕ/与表 2 中的另外两种不一样。它的收紧点是由舌叶与硬腭前部构成的,也就是说它是一个硬腭音;因而,其后的元音定会有一个腭化的过渡音征。在普通话的韵母系统中,这些过渡音被标为/i/或/y/,用拼音记在 CV 之间。这些过渡音在汉语音韵学的著作中叫做"介音"。/ɕ/后有/i/(介)音时,发音的唇形是展唇;带/y/(介)音时,是撮口。从语图噪音谱的下限可以清楚地看出,硬腭音/ɕ/的协同发音既有出渡也有入渡。

表 3 中(参见图 5)/x/分别与三个元音/a/、/u/、/ɤ/相拼。但普通话中,/x/不能与前高元音/i/在同一音节出现,它所能拼的最前的元音是/ə/——实际在北京话中是稍后的/ɤ/。/x/是一个元音依赖型的擦音,其收紧点往往与后接元音的舌高点密切相关,它的前腔形状与所接元音的也相似。因而在噪音区没有"下限",也没有升降走势的过渡,但却有与共振峰相似的一个或多个强频集中带(见表 4 下的图解 3、4、5)。在 $C_1V_1C_2V_2$ 型样本中,处于 C_2 位置上的/x/,其强频集中带常常与 V_2 协同发音,却很少受 V_1 的共振峰的影响。与其他几种擦音不同,/x/的逆向协同发音只在 CV 音节内部产生,这是同体同位的协同发音现象。普通话的/x/在语音学上称为舌面后擦音,与舌面后塞音/k/、/k^h/归为一类。它们的发音部位是相同的,只是发音方法有异。普通话的/x/舌高点可以前后稍作移动以与后接元音的舌位相适应,这一点与英语中的/h/明显不同。

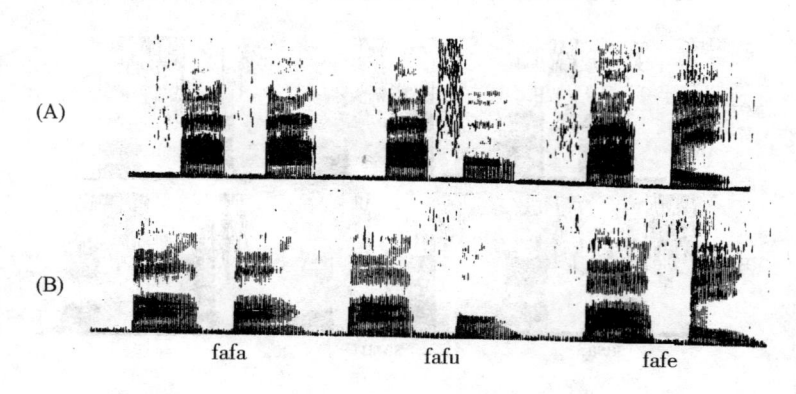

(A)

(B)

fafa　　　　　fafu　　　　　fafe

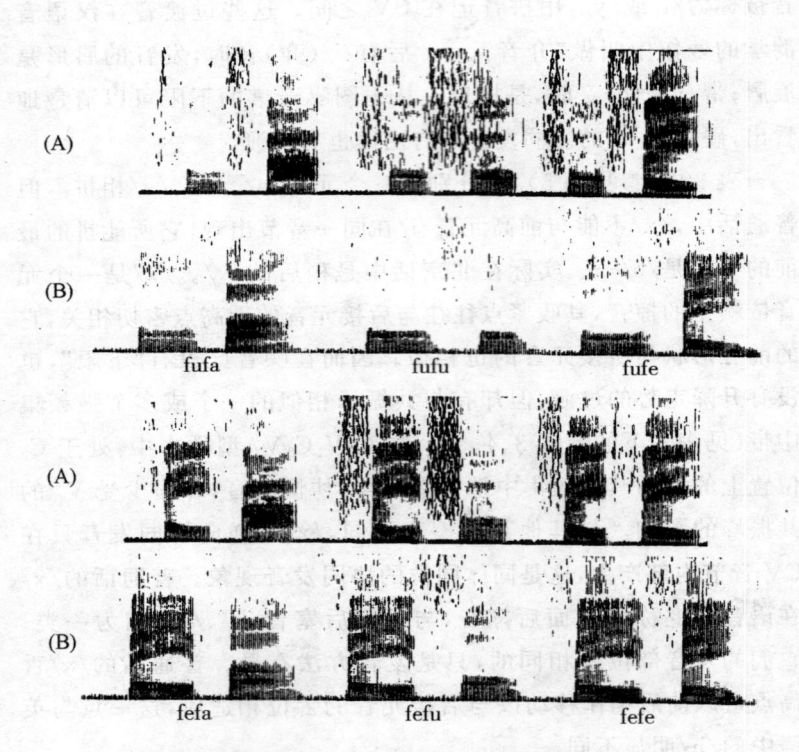

图 1 普通话清擦音/f/在辅元辅元中的语图（发音人 A, B）

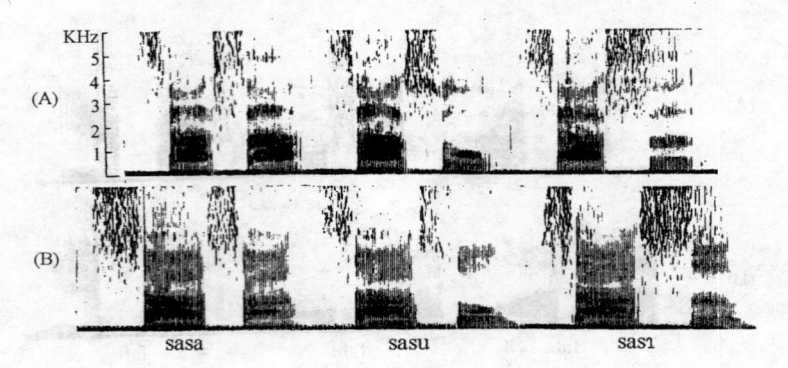

图 2 普通话清擦音/s/在辅元辅元中的语图(发音人 A,B)

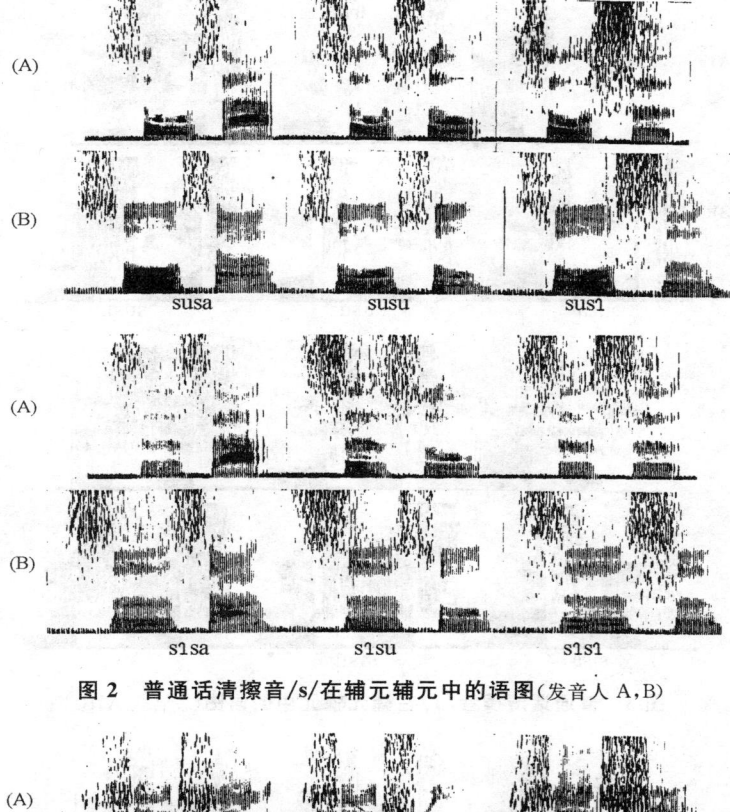

(A)

(B)

susa　　　　　susu　　　　　suʂɻ

(A)

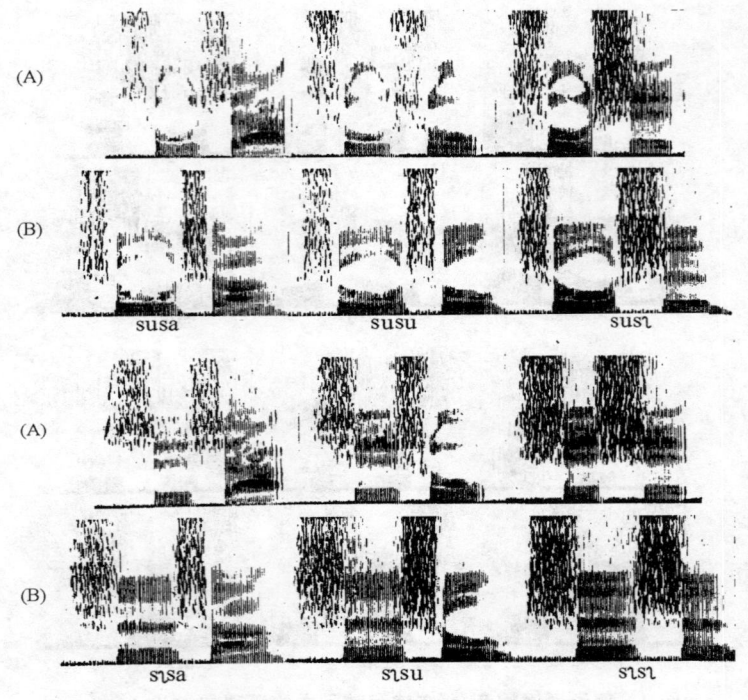

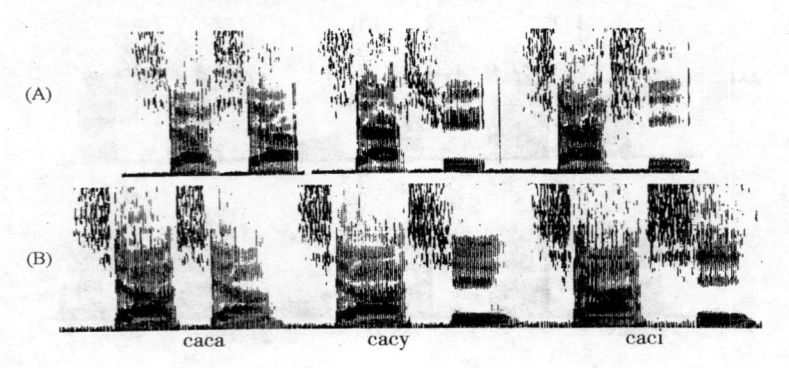

(B)

ʂɻsa　　　　　ʂɻsu　　　　　ʂɻsɻ

图 3 普通话清擦音 /ʂ/ 在辅元辅元中的语图(发音人 A,B)

(A)

(B)

caca　　　　　cacy　　　　　caci

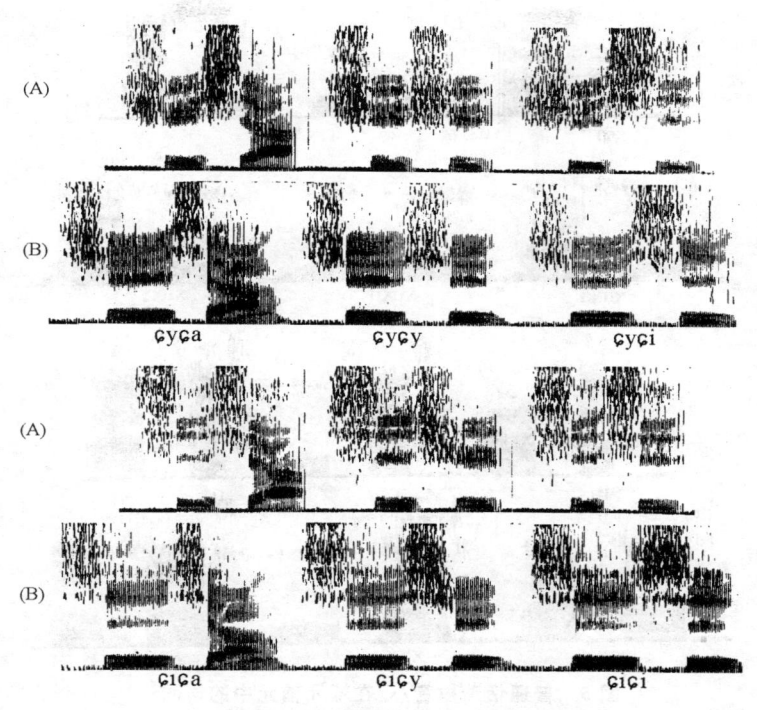

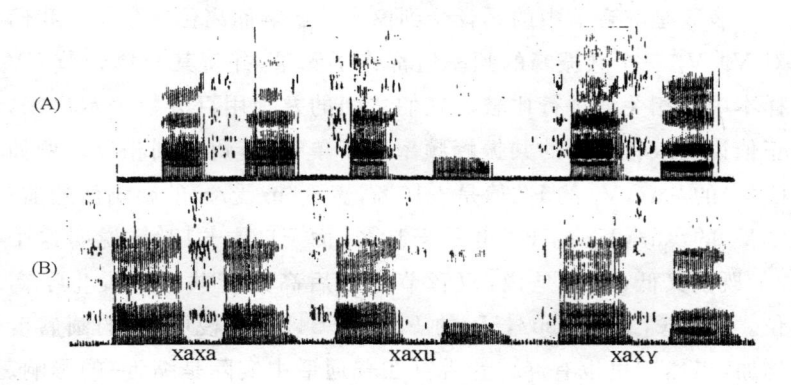

图4 普通话清擦音/ɕ/在辅元辅元中的语图(发音人 A,B)

(A)

(B)

xuxa　　　　xuxu　　　　xuxɣ

(A)

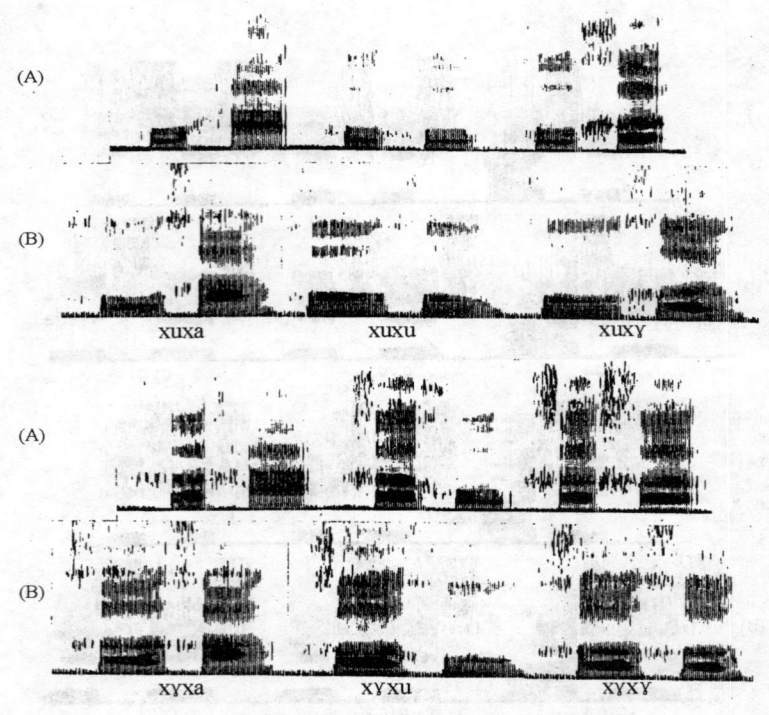

(B)

xɣxa　　　　xɣxu　　　　xɣxɣ

图 5　普通话清擦音/x/在辅元辅元中的语图
(发音人 A,B)

表 5 是双音节中的元音受到擦音的影响而离位的数据。我们对 V_1、V_2 三个共振峰的频率值都作了测量,并将其与单音节 CV 样本中的相关值进行比较。它们之间的差别用百分数表示出来,正值说明双音节中的共振峰频率高于单音节,负值则相反。例如 C_1V_1 的/su/,V_1 的 F2 值是+10%,表示/u/受/s/的影响而趋前;C_2V_2 的/su/,V_2 的 F2 也是+10%,而 F1 是+18%,说明这个/u/既前又低,也就是说,双音节尾的后高元音共振峰发生了离位。再如 C_1V_1 的/ʂu/,V_1 的 F3 是-34%,这说明/u/的圆唇度增加,当然这里也有/ʂ/"卷舌"(在普通话中实际是缩舌)的影响。

表 5 普通话擦音在双音节中协同发音对元音的影响；元音离位程度的百分比

$C_1V_1C_2V_2$ 中 V_1 的共振峰				$C_1V_1C_2V_2$ 中 V_2 的共振峰				CV 中 V 的共振峰				V_1/V 的百分比%			V_2/V 的百分比%		
C_1V_1	F1	F2	F3	C_2V_2	F1	F2	F3	CV	F1	F2	F3	F1	F2	F3	F1	F2	F3
/sa—/	770	1390	2540	/—sa/	770	1390	2540	/sa/	770	1390	2310	0	0	+10	0	0	+10
/ʂa—/	770	1390	2460	/—ʂa/	770	1390	2310	/ʂa/	770	1390	2390	0	0	+3	0	0	−3
/ɕa—/	770	1460	2540	/—ɕa/	770	1460	2540	/ɕa/	770	1390	2160	0	+5	+17	0	+5	+17
/fa—/	770	1230	2160	/—fa/	770	1230	2160	/fa/	770	1390	2160	0	0	−6	0	0	−6
/xa—/	770	1230	2230	/—xa/	770	1230	2310	/xa/	770	1230	2230	0	−3	−3	0	−3	0
/su—/	390	770	2390	/—su/	390	770	2460	/su/	390	770	3470	0	0	−34	0	0	−41
/ʂu—/	390	850	2310	/—ʂu/	460	850	2310	/ʂu/	390	770	2310	+18	+10	0	+18	+10	0
/ɕy—/	390	1930	2460	/—ɕy/	390	1930	2460	/ɕy/	390	1930	2310	0	0	+6	0	0	+6
/fu—/	390	770	2230	/—fu/	390	770	2230	/fu/	390	770	—	0	0	0	0	0	0
/xu—/	390	770	2310	/—xu/	390	770	2310	/xu/	390	770	—	0	0	0	0	0	0
/sɿ—/	460	1310	2390	/—sɿ/	460	1310	2390	/sɿ/	540	1390	2390	−15	−6	0	−15	−6	0
/ʂɿ—/	460	1770	2390	/—ʂɿ/	460	1690	2310	/ʂɿ/	390	1690	2310	+18	+5	+3	+18	+10	0
/ɕi—/	390	2080	2900	/—ɕi/	390	2080	2900	/ɕi/	390	2160	3000	0	−4	−5	0	−4	−5
/fe—/	460	2080	2780	/—fe/	460	2080	2840	/fe/	390	2080	3000	+18	0	−7	+18	0	−3
/xɤ—/	540	1230	2310	/—xɤ/	540	1230	2310	/xɤ/	540	1230	2390	0	0	−3	0	0	−3

C_2V_2 的/ʂu/，V_2 的 F3 是 -41%，说明这个/u/舌位更低，唇形更圆。

当一个擦音的前面没有任何音素时，在开始发音阶段，其收紧点往往过紧，随后会相对放松，发出一个可感知的擦音（如前所述）。从空气动力学的角度来说，狭窄的收紧点使声门上的空气压力增加，从而为擦音提供了激励源。但对于不同的协同发音类型，其声学表现有所不同。回顾表1—表5，我们可以发现表2中的/s/、/ʂ/、/ɕ/起始频率高于结束频率。对此可作如下解释：当起始的收紧点松开后，/f/的下唇与/x/的舌面垂直下降，但声腔长度保持不变；而/s/、/ʂ/、/ɕ/舌体后缩使声腔延长；因此前者的起始频率保持不变，而后者的则抬高。

表6和表7分别是部分呲擦音下限频率的平均数据和5个擦音的平均时长。从表6中可以看出，当分别处于 C_1、C_2 的位置时，/s/的频率差较大，而/ʂ/、/ɕ/较小。这表明/s/的协同发音作用大于/ʂ/、/ɕ/。在表7中，发音人 B 的擦音比 A 的约长 20%，这或许意味着时长的协同发音因人而异。

表 6　擦音/s/、/ʂ/、/ɕ/下限频率，C_1 与 C_2 的平均数据

		sa——	sl——	su——	ʂa——	ʂl——	ʂu——	ɕa——	ɕi——	ɕy——
C_1	Be	4450	3590	3030	1800	2260	2280	3000	2490	2000
	En	2460	2170	1170	1620	1510	1180	2490	1950	1700
		——sa	——sl	——su	——ʂa	——ʂl	——ʂu	——ɕa	——ɕi	——ɕy
C_2	Be	2150	1540	1630	1770	1620	1230	2000	2000	1930
	En	1920	1590	2310	1450	1510	1230	2160	2000	2080

表 7　普通话擦音在 CVCV 双音节中的平均时长

	发音人 A					发音人 B				
	/s/	/ʂ/	/ɕ/	/f/	/x/	/s/	/ʂ/	/ɕ/	/f/	/x/
C_1	160	180	190	110	140	200	210	190	140	120
C_2	140	170	160	150	170	200	200	180	150	140

结 论

对擦音进行发音学与声学方面的调查也许是最有意义的课题之一。许多语言学家与声学家正在从事此项研究。尽管擦音非常复杂，而且许多语言学家坦言，"很难从发音与感知两方面全面研究透"。简言之，擦音的发音与感知与前文所归纳的发音态势(gesture)密切相关。

关于英语和其他一些语种擦音研究的文献已有很多，但是关于汉语擦音研究的却很少。此外，早期的擦音研究偏重于单音节中的声学特征与音渡现象(Fant，1960；Fant，1977；Stevens，1960；Stevens，1987；Shoup，1976；Kagaya，1974；Soli，1980；Ladefoged & Wu，1984；吴宗济，1988；吴宗济，1989 等等)。

普通话的清擦音/f/、/s/、/ʂ/、/ɕ/、/x/在发音部位上各不相同。它们的发音方法也存在一定程度的差别：有的是咝擦音，有的不是；有的声源是湍流/狭缝，有的声源是湍流/凹槽。它们的协同发音依据发音体的情况也可分成三类，即：/f/——异体协同发音，/x/——同体同位协同发音，/s、ʂ、ɕ/——同体异位协同发音。同一个擦音的协同发音在不同的语音环境中也有所不同，主要由音节内和音节间的关系来决定。至于协同发音的影响，有的因辅音而异，有的因元音而异，还有的因人而异(Recasens，1989)。协同发音的规则不易确定，因为它涉及到很多变量(functions)。另外，同一发音人在不同言语中的变体或者不同发音人之间的变体也给语音学家和工程人员增添了许多难题。由于发音器官的状态与传递函数之间并不是一对一的关系，从发音角度得到的测量数据跟声学实验中得到的数据也无法加以理想地应用。不过，对与发音情况密切相关的协同发音进行全面的声学特征研究也许是一种有价值的尝试。

参考文献

吴宗济、林茂灿主编(1989),《实验语音学概要》,高等教育出版社,第 112—152 页。

吴宗济 (1989)"普通话辅音不送气/送气区别的实验研究",《中国语言学报》第 3 期。

Badin, P. (1989), Acoustics of voiceless fricatives: Production theory and data, *STL—QPSR*, 3, pp. 33-55.

Catford, J. C. (1977), *Fundamental Problems in Phonetics*, Edinburgh Univ. Press, pp. 128.

Fant, G. (1960), *Acoustic Theory of Speech Production*, Mouton, The Hague, Chap. 2. 61.

Fant, G. (1977), *Acoustic discription and classification of phonetic units*, Speech Sound and Features, MIT Press, Mass. pp. 32-83.

Ferrero, F. E., Pelamatti, G. M. and Vagges, K. (1977), Perceptual category shift of voiceless Italian fricatives as a function of duration shortening, Lindbrom and Öhman (ed), *Frontiers of Speech Communication Research*, Academic Press, London, pp. 159-165.

Heinz, J. H. and Stevens, K. N. (1961), On the properties of voiceless fricatives, *JASA* 33, pp. 589-596.

Jassem, W. (1964), The formant patterns of fricative Consonants, *Language and Speech*, 7, pp. 15-31.

Jassem, W. (1977), Clasification of fricative spectra using statistical discriminant fuction, Lindbrom and Öhman (ed), *Frontiers of Speech Comminication Reseach*, Academic Press, London, pp. 77-91.

Kagaya, R (1974), A fiberscopic and acoustic study of the Korean stops, affricates and fricatives, *J. Phonetics*, Vol. 2, pp. 161-180.

Klaasen-Don, L. E. D. AND Pike, L. C. W. (1983), The role of coarticulation for the identification of consonants, *Proc. 10th ICPHS*, Utreicht, Holland, pp. 451-454.

Ladefoged, P. and Wu, Z. J. (1984), Places of articulation: An investigation of fricatives and affricates, *J. Phonetics* 12, pp. 267-276.

Raphael, L. S. and Dorman, M. F. (1977), Perceptual equivalence of cues for the fricative-affricative contrast, *JASA* 61, S46 (A).

Recasens, D. (1989), Long range coarticulatory effects for tongue dorsum contact in VCVCV sequences, Haskins Lab. Sta. Rep. Speech Res., pp. 19-37.

Repp, B. H. and Lin, H. B. (1987), Difference in second-formant transitions between aspirated and unaspirated stop consonants preceding [a], *Language and Speech*, Vol. 30, Part 2, pp. 115-129.

Saltzman, E. L. and Munhall, K. G. (1989), A dynamical approach to gestural patterning in speech production, Haskins Lab. Sta, Rep. Speech Res., pp. 38-68.

Scully, G. (1979), Model prediction and real speech: Fricative dynamics, Lindbrom and Öhaman (ed), *Frontiers of Speech Communication Research*, Academic Press, London, pp. 35-48.

Shoup, J. E. and Pfeifer, L. L. (1976), Acoustic characteristics of speech sounds, N. J. Lass (ed), *Contemporay Issues in Experimental Phonetics*, Academic Press, N. Y., pp. 192-194.

Soli S. D. (1980), Second formants in fricatives: The acoustic conseqencies of fricative-vowel coarticulation, *JASA* 70, pp. 976-984.

Stevens, K. N. (1987), Interaction between acoustic sources and vocal-tract configurations for consonants, *Proc. 11th Inter. Congr. Phon. Sci.*, Tallinn, USSR, Sy 3. 4 pp. 385-389.

Strevens, M. P. (1960), Spectra of fricative noise in human speech, *Language and Speech*, 3, pp. 32-49.

Wu, Zongji and Xu, Yi, (1987), Aspirated vs. non-aspirated stops and affricates in Standard Chinese, *Proc. 11th Inter. Congr. Phon. Sci.*, Tallinn, USSR, Se 83. 4, pp. 5. 209-212.

Wu, Zongji and Sun, Guohua, (1989), An experimental study of coarticulation of unaspirated stops in CVCV contexts in Standard Chinese, *RPRIL* (*CASS*), pp. 1-25.

Yeni-Komshian, G. H. (1981), Recognition of vowels from information in fricatives: Perceptual evidence of fricative-vowel coarticulation, *JASA* 70 (4), pp. 966-975.

Zue, V. (1985), Speech Spectrogam Reading, An Acoustic study of English words and sentences, Lecture Notes for Special Summer Course, MIT, Mass., pp. N—32-86.

普通话零声母音节起始段的声学分析[*]

提要 本文将15位北京人所说普通话中不带声母的音节("零声母音节"),用声谱分析,观测其起始段的声学特征。这些音节以元音开始的为"真零",以无擦通音开始的为"通音",以浊擦音开始的为"擦音",以喉塞开始的为"喉塞音"。文中列出这四类音的出现百分率和时长,并说出其在"开、齐、合、撮"四呼中以及在四声中的关系。

一、引言

汉语中的音节结构,绝大多数是声母加韵母,但也有一部分音节是只有韵母而没有声母的,在语音学上称为"零声母"音节。《汉语拼音方案》的拼写规则,凡韵母为/i/、/ü/,或有/i/、/ü/介母的,在韵母前面要加写一个/y/;凡韵母为/u/或有/ü/介母的,前面要加写一个/w/。在韵母前加这个/y/和/w/,并不是说发这个音时一定要先发/y/和/w/,然后接上韵母,它们只是作为音节连写时的隔断音节的符号。不过,在普通话中,当说一个不带辅音的音节即零声母音节时,如果前面没有别的音节,那么一开始的音色,实际上有时是会出现一些别的音而不是一起始就是纯粹的元音的(纯粹的元音,赵元任先生称为"真零")。这种零声母音节的"前奏",有时是比元音紧一些的"通音",有时是再紧一些而发生摩擦音的"浊擦音",这两种音在语音学上统称为"半元音",把它归入辅音一类。此外,也

---

[*] 本文为1992年在第3届全国人机语音通讯会议(桂林)上宣读的论文。

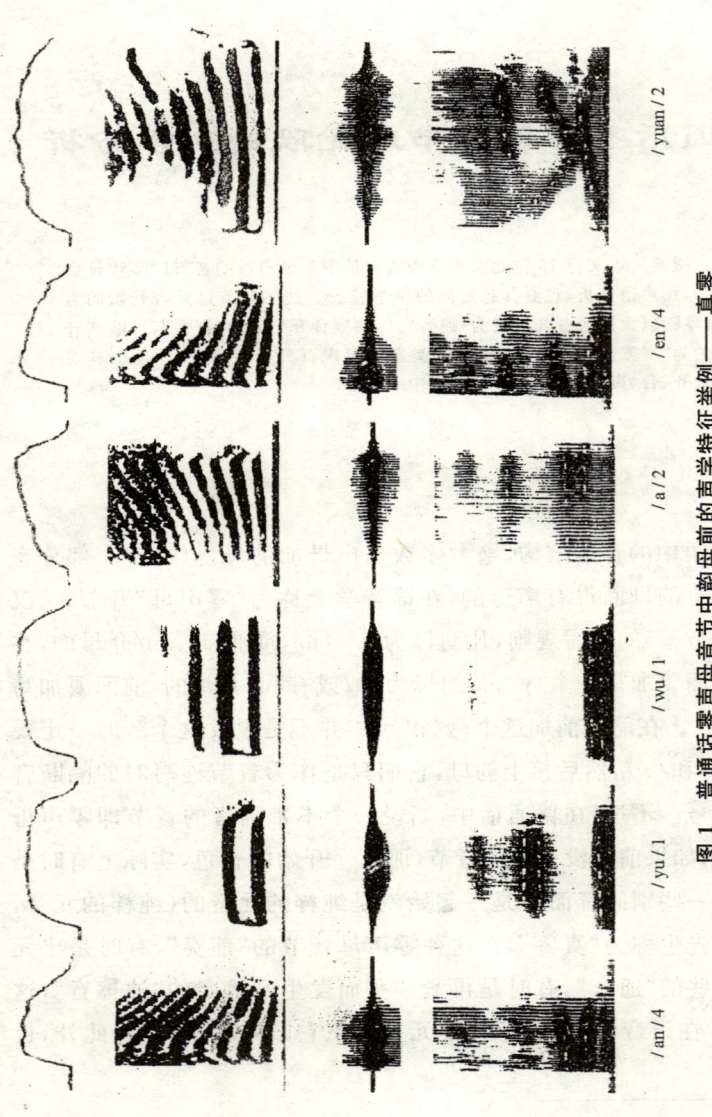

图 1 普通话零声母音节中韵母前的声学特征举例——真零

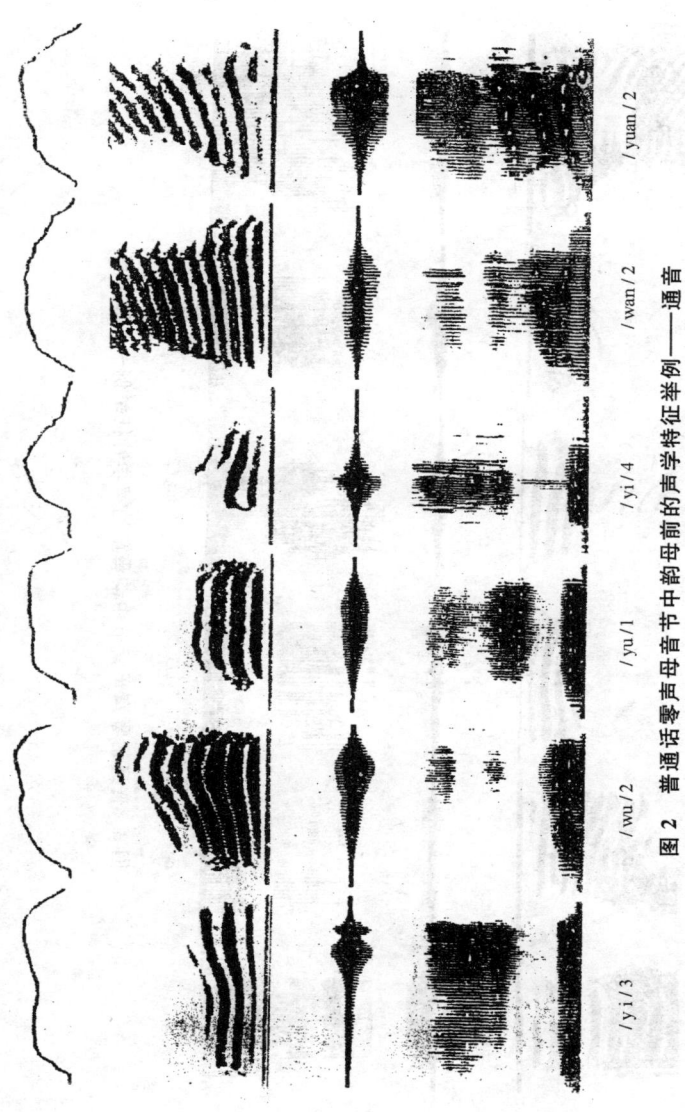

图 2 普通话零声母音节中韵母前的声学特征举例——通音

/yi/3　　/wu/2　　/yu/1　　/yi/4　　/wan/2　　/yuan/2

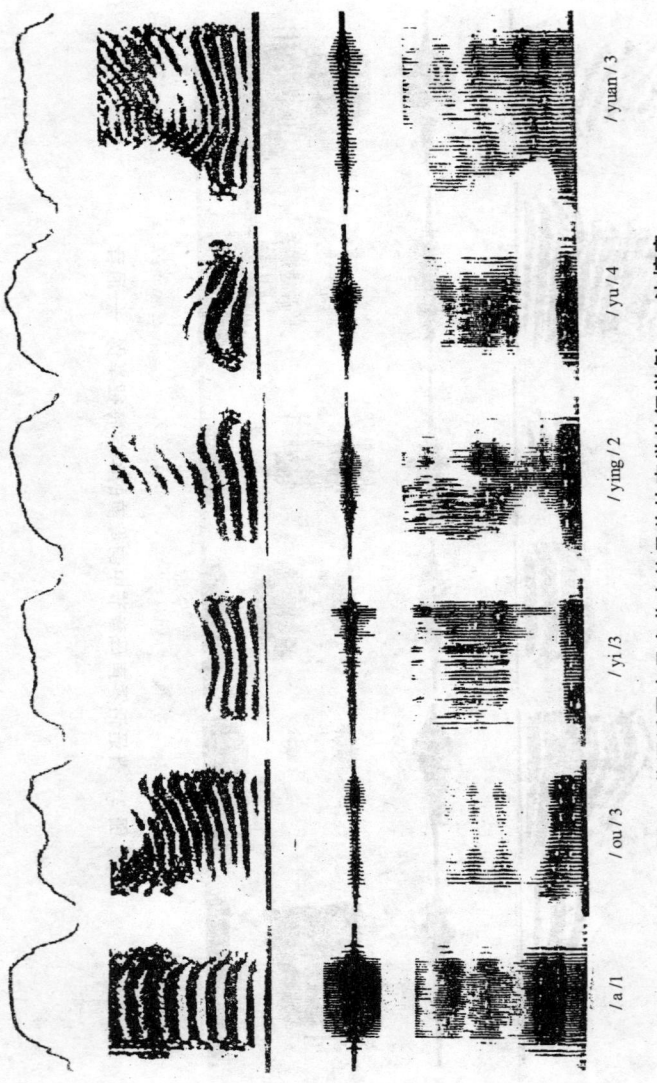

图 3 普通话零声母音节中韵母前的声学特征举例——浊擦音

/a/1　　/ou/3　　/yi/3　　/ying/2　　/yu/4　　/yuan/3

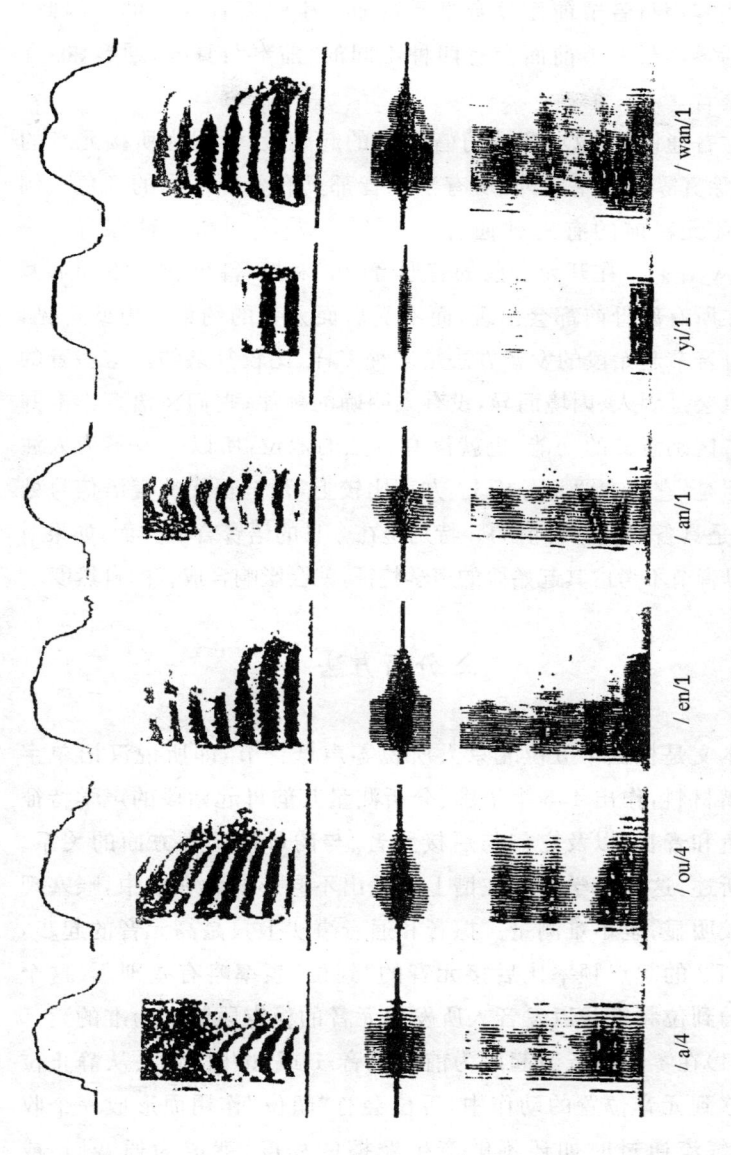

图 4 普通话零声母音节中韵母音前的声学特征举例——喉塞音

有一些零声母音节前面没有半元音而产生喉塞音成分的。因此，普通话零声母音节前面会有四种不同的"前奏"：真零、通音、擦音和喉塞音。

在普通话中，这些零声母音节前的起始段，会因为所接元音的不同，除真零和喉塞音外，所有半元音都具有各各不同的音色。例如：在闭元音前的有三种通音——[j]、[w]、[ɥ]和三种擦音——[ʑ]、[ʍ]、[ɥ̊]。在开元音前的有通音[ɯ]和擦音[ɣ]。真零和喉塞音则在所有韵母前都会出现，而不受后面元音的约束。由此可见，零声母音节起始段的发音方法是多种多样、比较复杂的。这些音的出现机会是因人、因境而异，没有太明确的规律；它们在语言学上并不具备区别意义的功能，也就没有音位的地位，所以一般不为人注意。但是，它们在语音分析上、方言比较上，乃至现代的言语信号处理上，是具备研究的价值的。特别是在今日的语音合成方面，如果对零声母音节不考虑其起始段的声学特征，就会影响合成音的自然度。

二、分析方法

本文是根据十五位北京人所说零声母音节，即所说汉语单字的声谱材料，作出 495 个语图，分析测量其韵母起始段的声学特征的音色和音长，以及它们与后接元音、与韵母声调各方面的关系。如上所述，这些声学特征在谱上显示出不同形式。在谱中，喉塞现象比较明显，也不难测量。擦音和通音事实上只是高元音的起步，F1 和 F2 的起点频率比后接元音的"到位"频率略有差别。（这个元音的到位频率是以发音人所发单元音的稳定段频率为准的）。

（1）在零声母音节起始为前高元音/i/或/ü/时，舌头从静止位置上移到元音位置的动作中，舌位会有"超位"作用而形成一个收紧点，气流通过时如还不够产生摩擦的程度，就成为通音[j]或

[ɥ]。如果起始时,舌尖超位更大一些,使收紧点更紧而产生擦音,就成为浊擦音[ʑ]或[ʮ]。([ʑ]的音标在 IPA 过去的国际音标表中无此音标,是在 1989 年的修订表中加上的。这是腭化的浊擦音,用来和腭化的浊通音[j]对立。[ʮ]在国际音标表中无此音。这是本文作者试拟的一个撮口的浊擦音标,用来和 IPA 国际音标表中所列"其它符号"中的浊唇—腭通音[ɥ]对立。音标写法是仿照[j/ʑ]的规则而订定的,是撮口半元音的[ɥ/ʮ]一对)。

(2)在零声母音节起始为后高元音/u/时,由于这个音是双重发音部位的圆唇音,其收紧作用不由舌根而由双唇承担,双唇稍紧就出现通音[w],更紧而产生摩擦,就出现擦音[ʍ]。

这些半元音的部位和元音的部位差别很小,因此,在声谱中其共振峰模式的动程也是很小的。一般说来,通音和擦音的 F2 与所接元音的 F2 频率差别是很小的,大致不超过 200 赫兹,而且是因发音习惯而异。同时,通音、擦音的时长因不同说话人或话语的轻重而有差别,不过一般不超过 30 毫秒。至于喉塞音的长度,因为脉冲与元音有一段空白,即以此空白长度为时长,也可以说就是"元音起始时间"VOT 的长度。

分析的结果如下述:

(1)零声母音节中/i/、/ü/的舌位越高,其 F1 的频率就越低;舌位越前,其 F2 的频率越高。谱中如有这种现象,说明这是通音[j],[ɥ],或擦音[ʑ][ʮ]。

(2)后高元音/u/前的半元音,如其共振峰的 F1、F2 频率都比元音/u/的稍低一些,证明这是有通音[w]或擦音[ʍ]。

(3)开元音有/a/、/o/、/e/,因舌位较低,离上腭各部位较远,不容易由于舌位收紧而造成通音和擦音。有时偶尔出现这两种音,是由于舌位有意抬高而造成的,这样的通音是[ɯ]而擦音是[ɣ]。不过在开元音中,多数还是以纯元音("真零")开始。在谱中一般是开元音起始就是稳定的,如有通或擦,则谱中 F1、F2 与元音的 F1、F2 是有明显区别的。

(4)在所有零声母的韵母前,声谱中如出现有一条"冲直条"(短的脉冲),说明起始段是有喉塞音[ʔ]。这种脉冲和塞音的脉冲有些不同,它的频率分布既不规则,也缺少破裂后的噪音段。有些脉冲显示很弱,难于测定,可以再参看语图中同步的振幅曲线和窄带频谱。如果振幅起点比较垂直而非斜坡,同时窄带谐波开头是崭齐的,都说明这个起始段是有喉塞音的。

下面把开元音和闭元音前的零、擦、通、塞各项数据列表。(表1、表2)

表 1 零声母音节开元音前声学特征出现率及时长

韵母	通音[ɯ] 出现% 时长 ms		擦音[ɣ] 出现% 时长 ms		喉塞音[ʔ] 出现% 时长 ms		真零 ∅ 出现%
/a/	27	15	—	—	7	15	66
/ai/	8	30	—	—	7	20	85
/ao/	33	20	5	33	10	15	52
/an/	13	20	—	—	11	15	75
/ang/	32	30	—	—	7	25	71
/ou/	12	25	—	—	3	20	85
/e/	27	20	—	—	5	20	68
/en/	—	—	—	—	3	10	97
/eng/	27	20	—	—	7	30	66
/er/	9	15	—	—	4	15	87

表 2 零声母音节闭元音前声学特征出现率及时长

韵母	通 音 出现% 时长 ms		擦 音 出现% 时长 ms		喉 塞 音 出现% 时长 ms		真 零 出现%
/i, i-/	[j]		[ʑ]		[ʔ]		∅
/i/	25	25	2	50	10	40	63

续表

/ia/	32	40	17	35	—	—	51
/ie/	40	30	12	30	5	20	43
/iao/	20	25	3	80	7	30	70
/iou/	52	25	—	—	8	20	40
/ian/	63	25	8	40	—	—	29
/iang/	48	25	5	30	—	—	47
/in/	35	20	3	60	—	—	62
/ing/	60	30	7	20	—	—	33
/iong/	30	20	2	20	7	30	61
/u, u-/	[w]		[ɯ]		[ʔ]		ø
/u/	36	25	5	35	—	—	59
/ua/	83	25	—	—	—	—	17
/uo/	71	20	4	20	4	20	21
/uai/	69	20	—	—	—	—	31
/uei/	75	20	8	35	—	—	17
/uan/	73	30	8	35	5	20	14
/uang/	75	25	—	—	—	—	25
/uen/	81	20	2	30	—	—	19
/ueng/	75	25	—	—	—	—	25
/ü, ü-/	[ɥ]		[ɥ̠]		[ʔ]		ø
/ü/	30	25	3	35	—	—	66
/üe/	57	20	7	30	2	25	34
/üan/	47	15	5	30	10	15	38
/ün/	37	15	8	28	7	20	48

三、讨论

上文说过,这些零声母音节前的声学特征是因人而异、因境而异的,而且其出现率是随机的。不过从表1、表2中也可看出一些规律来。

表 1 是开元音前的声学特征的数据。每一横行是一个韵母，其数据是以四个声调合计的。出现率是以十五位发音人在这个韵母中占所发总数的百分比。开元音前以真零最占优势，其次为通音、喉塞音，而擦音最少。这是与闭元音的结果有所不同的。开元音中有 10 个韵母，各有不同的舌位动程，因此前奏的音不同，如把这 10 个韵母的出现率平均一下，结果是：

真零:75.3%　通音:18.8%　擦音:0.5%　喉塞音:6.4%

可以看出，开元音的前奏是以真零为主的。

表 2 是闭元音前的声学特征。闭元音包括/i/、/u/、/ü/三元音和其介音。/i/是前高元音，舌尖离上腭很近，造成狭缝而产生通音、擦音。/u/是后高元音，舌根虽离软腭较近，足以形成通、擦，但因此为双发音动作，还有圆唇化；因之这个起步就由双唇的收紧而承担了。/ü/在这里也是前高元音，与/i/不同之处是，它还有个"撮口化"。收紧条件也由双唇承担了。我们如果把这三类音按等呼类别加以归纳平均，可得百分比的值如下：

	齐齿	合口	撮口
真零：	49.9%	25.2%	20.6%
通音：	40.1%	70.8%	42.8%
擦音：	5.4%	3.0%	25.8%
喉塞音：	3.7%	1.0%	7.1%

从上表不难看出，真零（即纯元音）与通音的比例因所接元音不同而有所差别。在齐齿呼内，真零与通音大致是平分秋色，合口呼与撮口呼都有双唇动作作辅助条件，都是通音多于真零。

这里还有个问题不能忽视，即零声母音节前声学特征的出现率与声调高低有没有关系。现在再把 15 人的发音材料按不同元音和不同声调排列如表 3，并且为醒目起见，以等呼为纲，把每呼内的百分值平均，得出结果如表 4。

表3 零声母音节起始声学特征在不同声调前出现率(15 发音人百分比)

等呼	声调	韵母	1	2	3	4	韵母	1	2	3	4	韵母	1	2	3	4	韵母	1	2	3	4	韵母	1	2	3	4
开	韵母	/a/					/e/					/ai/					/ao/					/an/				
	ø		60	73	87	53		73	67	73	60		80	80	93	87		60	53	46	46		80	--	73	80
	[ɣ]		—	—	—	—		—	—	—	—		—	—	—	—		—	—	7	7		7	—	—	—
	[ɰ]		33	20	13	33		20	33	20	33		13	—	—	13		20	33	40	40		7	—	13	20
	[ʔ]		7	7	—	13		7	—	7	7		—	—	—	—		20	7	7	7		13	—	13	—
口	韵母	/ang/					/ou/					/en/					/eng/					/er/				
	ø		67	73	73	73		93	100	73	73		100	—	—	93		67	—	—	—		—	93	93	73
	[ɣ]		—	—	—	—		—	—	—	—		—	—	—	—		—	—	—	—		—	—	—	—
	[ɰ]		20	20	—	20		—	—	27	20		—	—	—	27		—	—	—	—		—	7	7	13
	[ʔ]		13	7	—	7		7	—	7	7		—	—	—	7		—	—	—	—		—	—	—	13
齐	韵母	/i/					/ia/					/ie/					/iao/					/iou/				
	ø		47	93	73	40		60	47	47	53		47	53	47	47		80	80	73	47		60	27	53	20
	[ʝ]		7	—	—	—		20	47	20	20		7	13	—	—		—	—	7	7		—	—	—	—
	[j]		40	—	13	47		13	47	33	27		23	33	47	47		13	13	13	40		27	67	40	73
	[ʔ]		7	7	13	13		—	—	20	—		7	7	7	7		7	7	7	7		13	7	7	7
齿	韵母	/ian/					/iang/					/in/					/ing/					/iong/				
	ø		47	27	20	20		47	47	33	40		53	80	73	40		47	40	33	7		67	60	67	53
	[ʝ]		7	7	7	13		7	—	7	—		—	—	—	7		7	7	7	7		—	—	—	7
	[j]		47	67	73	67		47	33	60	53		47	13	13	53		47	53	60	87		33	27	20	40
	[ʔ]		—	—	—	—		—	—	—	—		—	7	7	—		—	—	—	—		—	13	13	—
合	韵母	/u/					/ua/					/uo/					/uai/					/uei/				
	ø		47	80	80	49		33	7	20	7		27	—	33	13		33	—	33	27		13	13	20	20
	[ɯ]		13	—	—	—		—	—	—	7		—	—	—	7		—	—	—	—		—	—	13	20
	[w]		40	20	20	53		67	43	67	80		67	—	60	73		67	—	67	73		87	67	67	47
	[ʔ]		—	—	—	—		—	—	13	13		—	—	—	7		—	—	7	7		—	—	—	—
口	韵母	/uan/					/uang/					/uen/					/ueng/					附注				
	ø		33	7	7	—		7	20	20	7		13	20	20	20		33	—	33	7	声学特征符号				
	[ɯ]		7	7	13	27		—	—	—	—		—	—	—	7		—	—	—	—	真零:ø				
	[w]		47	87	80	73		43	80	80	93		87	80	80	73		67	—	67	93	擦音:[ɣ][ʝ]				
	[ʔ]		13	—	—	—		—	—	13	13		—	—	—	—		—	—	—	—	[ɯ][ɰ]				

续表

等呼	声调	1 2 3 4 /ü/				1 2 3 4 /üe/				1 2 3 4 /üan/				1 2 3 4 /ün/				1 2 3 4			
撮	ø	80	60	87	53	13	—	40	13	40	40	60	40	60	67	80	53	通音:[ɰ][j] [w][ɥ] 喉塞音:[ʔ]			
	[ɣ]	7	—	—	7	13	—	7	—	—	—	—	13	—	—	20	7				
口	[ɥ]	13	40	—	40	73	—	53	80	53	47	27	20	33	33	—	27				
	[ʔ]	—	—	—	—	—	—	7	—	7	13	13	7	7	—	—	13				

表 4 不同等呼的零声母特征在不同声调前的出现率(百分值)

等呼 特征	开 ø ɣ ɰ ʔ	齐 ø ɟ j ʔ	合 ø m̥ w ʔ	撮 ø ɣ ɥ ʔ
阴	68 0 14 8	56 6 34 5	27 3 64 1	48 5 43 4
阳	54 1 13 2	55 9 35 3	18 1 42 0	42 0 30 3
上	61 1 13 3	52 5 39 5	30 3 65 2	67 5 20 5
去	64 1 19 6	37 7 53 5	17 7 73 2	40 9 42 5

从以上两表可见,真零在各声调中的百分比都很相近。但在不同等呼中是有差别的。大致说来,真零在开、齐两呼中,是大于通音的,而在合、撮两呼中则正相反。普通话的四个声调按其起步频率的高低可分为两类:阴平、去声为高起类,阳平、上声为低起类。按言语生理实验证明,发高起调时,声带肌和其相应的肌肉如环甲肌等,都会比发低起调时的紧张些。因此,声腔中的发音机制也相应地紧张了一些,又因为所接元音是高而前的,从而促成收紧点的形成而产生通音或擦音。因此从表 4 中可以看到,以通音为例,在各等呼中各自在阴平与去声的百分比,是大于在阳平与上声的。还有,从开口、齐齿、合口三个等呼中来看,通音在去声总比在阴平的比值大一些,这也可在实际语言中得到证实,在普通话中的句首音节,一般去声的起调常比阴平的起调高些。

四、结语

在一般的语音教学或语音分析的资料中,常会看到这样的说法:半元音是/i/、/u/、/ü/的前奏,其实质是一种"轻微的"擦音。又,北京话的开元音前总会有浊擦音[ɣ]或喉塞音[ʔ]出现的。我们的实验证明,闭元音前多数是真零与通音,能形成擦音的较少。又开元音前以真零为多数,而擦音是极少的(我们的发音人只有一例)。此外,北京人中有少数发合口元音的零声母音节时,常把双唇的通音[w]或擦音[ʍ]发成唇齿的通音[ʋ]或擦音[v]。这种现象似乎多在女性中出现,我们的材料中还未见这种现象。(近已有人作专文讨论)

本文的企图,是把零声母音节前可能出现的声学特征,在一定量的材料中,加以分析整理,提供一些参数,说明其与四呼及声调的关系。这批材料还不够丰富,也还未作听辨实验,只初步提出作为各方应用的参考。

试论普通话语音的"区别特征"及其相互关系*

20世纪50年代初,由于现代音系学(phonology)和实验语音学的发展,产生了一种语音分析理论——区别特征(distinctive features)。① 它对一切语言的语音特性,都用二元的"偶分法则"(binary feature convention)来分析,把这些偶分特性归纳成若干对的"最小对立面"(minimum pairs)。② 这种理论发表之后,立刻引起国际语言学界的注意,一时风起云涌,或引用它的法则来分析某一特定语言或方言的语音,或对它加以评论或修订。20年来,这个理论已成为现代语音学论著中不可或缺的内容。

区别特征的条件和内容,用一位西方语言学家的说法,它应该具有语音学的基础,要照顾到生理、声学或感知的关系;它应该能够充分表现出语音的特性,并且实用于主要的音位变体。而且,由于"特征"是用来区分一种语言之中的对立音段(音位)的,这一整

---

* 本文原为1979年在哥本哈根召开的第9届国际语音科学会议上作者宣读的论文,原题为:A Preliminary Study of Distinctive Features and Their Correlations in Standard Chinese,后改写为中文本,载入《中国语文》1980年第5期。此后区别特征理论在国外不断有所发展,国内学者对此也颇有介绍和补充。兹将此文部分字句略加修订。

① 参看吴宗济:《什么叫区别特征》,载《国外语言学》1980年第1期;又:"区别特征",载吴宗济、林茂灿编:《实验语音学概要》第十章,高等教育出版社,1989。

② 区别特征的项目,最早由R. Jakobson定为十二对的对立面,后来又由M. Halle和N. Chomsky等修订补充,参看注①。

套的法则应该能够适应这一语音系统的一切必要的对立面。① 现在通行的、经过几次修订的一套区别特征法则,基本上是满足了上述要求的;但是,世界各种语言有其各自的特点,实际应用时还需要加以补充。对应用于汉语来说,我们认为传统的中国音韵学有些概念和分析方法,和区别特征的条件就相当符合,例如:对韵母的区别就有"开"与"合"、"齐"与"撮";对声母的区别就有"清"与"浊"、"塞"与"擦";特别是汉语的声调既具有辨义功能(这是西方语言所无的),就也具备了区别特征的条件。如:"昂"与"低"、"舒"与"促"等等。把它列入汉语的区别特征项目,而建立汉语中一些方言的区别特征系统,是有其科学意义的。

但是,人类语言中的语音区别,并不是一概用二元分析理论就能概括得了的,有时还需要用两种以上的差别特征来分析,才能说明问题。例如元音音位的区别,只用"前、后,高、低"来说明是不够的,常常还要分为"高、中、低"和"前、央、后"等三个等级,即使这样,也还只是粗疏的分析。还有,许多音与音之间的关系,不论它是属于音节内部的(intrasyllable)还是音节之间的(intersyllable),它们在孤立发音时是一种性质,而在连续语句中又是另一种性质。例如:元音[ɪ]对[i]而言是低而松的,但对[e]而言,则是高而紧的。又如:辅音的发音方法单单用二元的区别来判定也是不够的,因为人的发音总是随时间而渐变的,辅音的发音方法尤其是这样。即便有些特征看来只是一种"是/非"的对立面,也很难把它们绝对化。例如辅音的最小对立面有"辅音性/非辅音性"一对特征,这在多数辅音中是适用的,但在浊擦音及边音中,则同时具备"非周期性与周期性"两种特点,这样就产生了"中性"

---

① 见 S. A. Schane: *Generative Phonology*(《生成音系学》),New Jersey: Prentice-Hall Inc. 1973,33 页。

(neutralness)特征。此外,清辅音在元-辅结合时也常会受到同化作用而浊化。这类问题早就为人们所注意。二元的"区别特征"论发表以后,就不断有人提出疑问,有不少文章讨论这样的问题:语音的区别究竟应该是"二元特征"(binary features),还是"多元特征"(multivalued 或 N-ary features),还是"一元特征"(singulary 或 unary feature)?[1] 因此,近年来语言学界逐渐认为,语音特征的区别,有时该用偶分,有时该用多分。后来有的语言学家更提出一种折衷看法,认为多元特征可以用许许多多的二元特征来说明;而任何二元特征系统是由若干独立法则所构成的,因此它的任务似乎也包含着多元特征。[2] 我们认为,一个人在说话时,发音器官随时间作不停的运动,产生无数音素上的差别,也就是二元性区别特征,这才能使别人在听感上有所区分,才能由此表达出许许多多不同的含义。可是语音的运动是复杂的,是各音素间的渐变与突变的交替,也就是"量变"与"质变"的交替。在语句环境中的某一音位变体是对于它原来的单独音素的量变,但变到一定程度以致被听成另一音位时,就是质变了。这种质变的程度范围是随着语言社会、语句环境以及个人特点而大有伸缩的。而且,一段语言音流能分割成很多的"最小对立体",在理论上它们的数量是无限的。例如元音舌位图上从[i]到[a]只分为[i、e、ε、a]四个等级,但是,一个人试从[i]开始发一个音,渐渐滑移到[a],中间就可以分成无数点,而每一点在理论上同它

---

[1] 讨论这类问题的文献颇多,略举数种:P. Ladefoged: *Preliminaries to Linguistic Phonetics*(《语言学的语音学初探》)Chicago: University of Chicago Press, 1971, 91—111页。又 J. Galldour: The features of the larynx: N-ary or Binary?(《喉的特征,多元乎?二元乎?》), *Phonetica* 1975, 241—258页,又 A. H. Sommerstein: *Modern Phonology*(《现代音系学》), London: Edward Arnold Pub., 1977, 74页。

[2] 见注[1]Ladefoged: 98页。

的前一个点或后一点都形成对立。人们不仅可以区别出各音素在一特定瞬间的共时音素(phoneme)的特性,还可以把这些偶对分类、归纳、比较(主要根据这个特定语言的社会习惯),定出它的音位来。因为我们研究语音学,习惯于把语言音流作为"共时的离散单位"(synchronical discrete units)来描写,来给它定性、定量,这样便于分析、处理或教学;但这是理论上的语音单位,事实上它绝不能稳定地保持这某一瞬间的绝对值,而是随时随地在变化着的。

因此,简单说来,话语能表达不同意义就是由于语音中有了区别(这里暂不谈手势、目示等其他的交际信息),这样就构成二元的区别特征。语流中的音位变体既然是无限的,因此对立面的数量也是无穷的。这就又构成了多元特征。表达式如下:

$$偶分 \times N = N 偶 (N\text{-binary})$$

这个法则在一切科学分类上大致都是这样,也就是量变与质变的关系。不过,由于应用在语音感知或语音识别上处理的不同,就会有不同的 N 值。

我们现在试把这种法则用于普通话的语音分析上。首先根据二元对立的理论建立普通话区别特征的矩阵,然后在这个基础上根据"N 偶"的理论,列出一套普通话区别特征的相关模型,分述如下。

汉语普通话区别特征矩阵

国外语言学家对汉语语音的研究文献中,以关于声调的较多,但大都限于研究调类和调值等,至于研究汉语语音区别特征的就比较少;不过近年来它已逐渐引起人们的注意了。我们认为,汉语声调(字调)是区别意义的要素之一,它与元音、辅音的地位鼎足而三,同属于"本质特征",与西方语言学家对声调的看法不同。他们认为声调或语调同是属于语音的"韵律特征"或"次要特征"范畴的,而不是区别意义的要素。汉语普通话中辅-元结合的音节约有四百个,各个配上四声的变化,除有个别四声不全外,音节辨义的功能约增四倍。这在语音功能上,既增加了区别意义的范围,又节省了音节结构的数量(汉语其他方言都有此特点)。这在今日的语音分析、合成与识别技术的应用上,是一个十分有利的条件。因此我们考虑汉语的区别特征,不能不把声调的区别特征(也就是调位特征)一并考虑在内。

下面是汉语普通话的元音、辅音和声调的三种"区别特征矩阵"(表1、表2、表3)。这些特征的二元对立面,除采用通行的区别特征项目外,并酌采中国音韵学上的分类名词。这些特征的声学数据是以我们的实验数据为准的。①

表1 普通话元音区别特征矩阵

	a	o	ɤ	ə	i	u	y	ɿ	ʅ	ɚ
1. 开/合	+	+	+		−					+
2. 齐/撮					+	−				
3. 钝/锐	+	+	−	+	−	−	−		+	+
4. 集/散	+	+	−	−	−	−	−		−	+
5. 降/平	−	+	−	−	−		+			
6. 升/平					+		+			

---

① 元音、辅音的数据参看吴宗济:《普通话元音和辅音的频谱分析及共振峰的测算》,《声学学报》1卷1期,1964,33—40页。又吴宗济、曹剑芬:《普通话辅音声学特性的几个问题》,《第二届全国声学学术会议论文摘要》,北京:中国声学学会,1979,141页。声调的数据参看林茂灿:《音高显示器与普通话音高特性》,《声学学报》2卷1期,1965,8—15页。又:林茂灿等:《普通话二字词变调的实验研究》,《中国语文》1980年第1期,74—79页。

表2　普通话辅音区别特征矩阵

	p	pʰ	m	f	t	tʰ	n	l	k	kʰ	ŋ	x	ts	tsʰ	s	tʂ	tʂʰ	ʂ	ʐ	tɕ	tɕʰ	ɕ	j	w
1. 辅/元	+	+	+	+	+	+	+	+	+	+	+	+	+	+	+	+	+	+	+	+	+	+	+	+
2. 口/鼻	+	+	−	+	+	+	−	+	+	+	−	+	+	+	+	+	+	+	+	+	+	+	+	+
3. 清/浊	+	+	−	+	+	+	−	−	+	+	−	+	+	+	+	+	+	+	−	+	+	+	−	−
4. 戛/透	+	−			+	−			+	−			+	−		+	−			+	−			
5. 轹/捺			−	+			−	+			−	+			+			+	+			+	+	+
6. 集/散																								
7. 暂/久																								
8. 钝/锐	+	+	+	+					+	+	+	+												+
9. 糙/柔	−	−																						
10. 降/平	+	+	+	−																				+
11. 升/平			+	+	+	+					+	+	+							+	+	+	+	

表3　普通话声调区别特征矩阵

	阴平	阳平	上声	去声
	55	35	214	51
1. 升/降		+	− +	−
2. 高/低	+		−	
3. 平/曲	+			

说明：

表1的各项对立特征中，1、2是采用中国音韵学的分类名词。在本文中"开/合"指"非圆唇/圆唇"，其余的定义参考本书126页注①。3的原文为grave/acute，有译作"函胡"/"清越"，也能达意（见王力译：R. Jakobson等著：《语音分析初探——区别特征及其相互关系》，载《国外语言学》1981年第3、4期）。5、6的"降"、"升"、"平"是 flat, sharp, plain 的译名。本义为乐谱音符的降半音、升半音和本调。此处借用作为元音频谱中第二共振峰的"较高"、"较低"和"中高"，与乐律的音阶无关。三张表中的"＋"、"－"代表"/"线的前、后特征，与数学的"加"、"减"无关。

表2的各特征项目中，3、4、5是采用中国音韵学分类名词。"清/

浊"指"不带音/带音";"戛/透"指"不送气/送气","轹"指"擦音"、"边音","捺"指"鼻音"。① 其余定义参考本书 126 页注①。

表 3 的各特征中 1、3 指调形的走势;此表的"升"/"降"与表 1 的"升"、"降"是两回事;如为避免混淆,表 1 的 sharp 与 flat 亦可改译为"增"与"减"。2 指调阶在"四声"中的相对高低。

汉语普通话区别特征的相互关系模型

言语音流中每个音位都和它相邻的音位有一定的依存和制约关系,一个音的区别特征等级往往要跟邻音比较后才能确定。例如:元音[e]对[a]来说,它的共振峰区别关系是"分散"(diffuse)的;而对[i]来说,它又是比较"集中"(compact)的了。辅音[tʂ]、[tʂʻ]、[ʂ]的噪音谱型是比较"粗糙"(strident)的,而对[ts]、[tsʻ]、[s]来说,它又是比较"柔润"(mellow)的了。

一个人的发音过程虽然有很多变化,但总是由同一套发音机制来逐步完成的。它们在言语环境中,一般是不自觉地随时间按音变规律产生量变(如,元音间的滑音,辅-元或元-辅间的过渡音)。它们在需要区别意义时,又是有意识地按词句组合规律产生质变(例如,由一个音位转到另一音位)。这样,在两个极端对立的特征之间,各个偶分单位(N 偶单位)的变化,就有一定程度的规律

---

① 清末劳乃宣《等韵一得》中对声母的发音方法有相当形象的分析(当时治韵学者对"语音"的分析描写多不指出是何地方言),把声母的感知分为"戛、透、轹、捺"四类:
"戛"如以物打击地面之声,相当于"不送气"的"清塞音"或"清塞擦音";
"透"如以物穿破墙板之声,相当于"送气"的"清塞音"或"清塞擦音";
"轹"如以物拖滚地面之声,相当于"擦音"或"边音";
"捺"如以物略点软物之声,相当于"鼻音"或"浊擦音"。
他还对主振物分别定为"杖"、"弹"、"矛"、"掌"来区别成振面积;对受振物分别定为"地"、"壁"、"柔物",来区别受振程度。这在当时的条件中,但凭口耳就能作出如此的分析,是难能可贵的。(参见作者《补听缺斋语音杂记》,《中国语文》1989,6 期)。

可循。不但元音、辅音是这样,声调"拱度"(contour,也就是调形)的变动也应该是这样。现在,我们以普通话的元音、辅音和声调为例,根据它们的特征的各个极端的相互关系拟出一套相关模型。这样可以从这些模型中简明地看出它们的量变的趋势和质变的极限。这虽然是普通话的模型,但是它的量变关系在不同语言中是大致相同的。不过,各个语言中所具备的音位数量大有不同,而且质变的极限也很不一样。也就是说,某一对特征在这一语言中有区别意义的作用,而在另一语言中就不然。例如塞音、塞擦音的"送气/不送气"在普通话中是区别特征,而在英语中则不然。这些相关与极限的标准正是音系学的研究目标之一。现在把三种模型说明于下:

1. 普通话元音区别特征相关模型

普通话元音舌位的极限,也和一切语言中的语音共性一样,离不了[i,a,u]三个"边缘音位"(peripheral phonemes)。[①] 它们按习惯可以组成一个上宽下窄的三角形,而分出舌位的高低和前后,图1就是根据此原则设计的。

图1中同时标出"开、齐、合、撮"的位置。三角形中央是"混元音"(schwa)[ə]的区域。为醒目起见,此图只列四对区别特征项目,即"钝/锐"、"集/散"、"降/平"、"升/降",连同"前/后"、"开/合"等,把前章中表1的主要区别特征项目都包括在内了。[i,a,u]三个极限的每两者之间,都列有两对区别特征。它们在量变时,一般

---

① J. Crothers: Typology and Universals of Vowel Systems《元音系统的类型和共性》,载 J. H. Greenberg 编:"*Universals of Human Language*, Vol. 2, Phonology."(《人类语言的共性》第二卷《音系学》),California: Stanford Uni. Press, 1978,97 页,115 页。

图 1

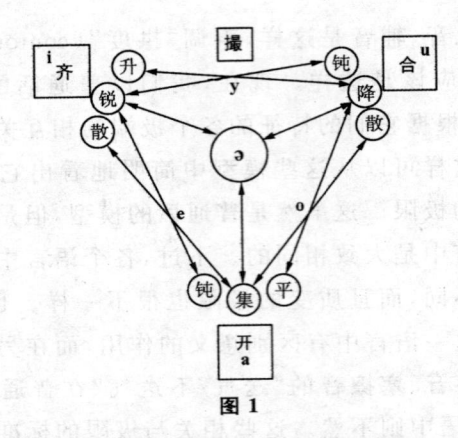

都倾向中央，接近混元音[ə]的趋势；在两音组成二合元音时更是如此。例如：[i-a]→[i-ə-a]；[i-u]→[i-ə-u]，反过来也是这样（但[a-u]、[u-a]的关系是例外）。图上各音标的位置在实际发音中并不是等距的。

这里的元音相关三角形既不同于琼斯（D. Jones）的生理的"标准元音图"（Cardinal vowel chart），也不同于裘斯（M. Joos）的声学的"声学元音图"（formant chart），[①]而只是一种表达音位系统关系的示意图。撮口音[y]按舌位应该靠近[i]，按唇形又近似[u]，因此采取折衷办法，把它列在[i]和[u]的中间。

关于[ɿ、ʅ、ɚ]三个元音的位置，前两者应该在[i]和[e]之间，但稍靠后。后一个在[u]和[ə]之间。在图 1 中没有列入。

图中从上到下的[i]列元音和[u]列元音，除了它们舌位的前

---

① "标准元音图"最早由英国的琼斯提出，见 D. Jones：*An Outline of English Phonetics*（《英语语音学纲要》），New York：Dutton，1932；它主要是根据发音时舌位移动程度的感觉来定位的。"声学元音图"是由语言学家美国的裘斯最早提出的，见 M. Joos：*Acoustic Phonetics*（《声学语音学》），Lg. Monograph No 23，Baltimore：Ling. Soc. Amer. 1948；图上的元音位置是据元音频谱的两个共振峰频率来定的。

后不同,还有展唇圆唇之分,有的学者把这些音画成三维立体模型,把圆唇元音另外定一个坐标,使[u]列与[i]列不落在一个平面上,便于示教或作识别的参考。① 不过,在普通话中,除[y]音外,所有前元音都不存在圆唇音,而所有后元音又都没有展唇音,因此我们仍把它们放在一个平面上。

2. 普通话辅音区别特征相关模型

辅音音位之间的区别,不只是由于发音部位的不同,而且还在于发音方法的不同。它们之间的关系基本上不全是量变问题而是在本质特征上的质变。辅音的区别特征的最小对立面,根据生理基础和声学基础的分类,都比元音的复杂,不过由于它们也都是由一套发音器官来产生的,因此在发音方法的声源特点上和发音部位的共鸣特点上,彼此也有一定的量变关系。例如:[s]和[t]是两个不同类的音,发音部位和发音方法都不同,不能把它归纳成一对最小的对立面。但是如果在时间长度上和摩擦程度上产生了量变,其结果也会出现听感上的质变。应用切音实验就可以证明。这些关系都是可以用一些区别特征的相关程度来解释的。②

为了简明起见,我们现在在图 2 总共也只用四对特征项目,它

---

① 元音三维立体模型见 P. Ladefoged: *Three Areas of Experimental Phonetics*(《实验语音学三论》)London: Oxford Uni. Press. 1967, 140 页。又同著者: *Preliminaries to Linguistic Phonetics*(《语言学的语音学初探》),1971,72 页,对这个模型有所修正。

② 这类切音实验对研究语音的听感标准是很有用的。实验仪器的种类很多,基本原理就是让语音通过一套可控制时间长短的开关线路,来作听音测验。例如把一个清擦音从开头往后逐渐切短,它们就会大略地依次被听成:清擦音→清塞擦音或清塞送气音→清塞音或浊塞音。参看《实验语音学知识讲话(四)》,载《中国语文》1979 年第 5 期,395 页。

们是:"钝/锐"(grave/acute)、"糙/柔"(strident/mellow)、"集/散"(compact/diffuse)和"暂/久"(interrupted/continuent)。这个图的横行代表发音部位的前后关系,左前右后,用两对特征来区别。纵列代表发音方法的量变程度关系,用另外两对特征来区别。这些特征近极端处为辅音矩阵中这个极端最小对立面的"+"特征,反之则为"-"特征。从图上看任何特征,沿箭头所指离最初出发点的"+"特征渐远,它就逐渐变成了原来的"-"特征,而成为对立特征的"+"特征了。①

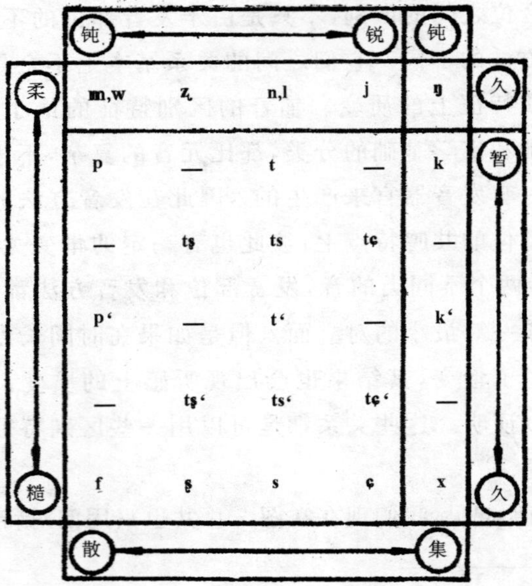

图 2

---

① 前文说过,语音的一切区别总是相对的,每项对立特征也总是一对矛盾方面。在矛盾论中,没有"阴"就无所谓"阳";在语音中,没有"元"就无所谓"辅",等等。区别特征的这些项目虽然各有其设定的界说,但是每个音在变动程度上是可以因邻音的对比而异的。这也就是多元的音变。在理论上,每一音的前、后,都能构成一对"偶分"。不过实际上各特定语言或方言的音变,由于其历时和共时的发展各有不同,是各有其"约定俗成"的规则和局限性的。

纵列除了"暂/久"、"糙/柔"的区别外,还表达了它们之间的音长比例关系。根据我们的实验结果,纵列中各辅音的音长(纯辅音段的长度),由上而下,依次是由短而渐长。如果以[t]列为例,它们的长度比是:[t＜ts＜t'＜ts'＜s]。在由左到右的横行中,[ʈʂ、ʈʂ'、ʂ]列在[ts、ts'、s]部位之前,这似乎和生理舌位图的习惯相反。但这是按照我们多次实验所得的声学数据来定的。它们的前后顺序同它们的特征量变关系是符合的。半元音[j、w]不是真正的辅音,轻读时常成为零声母。我们暂把[w]附在相近部位辅音[m]一起,定为最"洪"的特征,而把[j]定为最"细"的特征。

3. 普通话声调区别特征相关模型

普通话单字调四个调位的调型,一般通用五度制的调符。这里在图3中,按照调符的区别表达了两对特征:"平/曲"和"升/降"。普通话四个单字调在两字连读时共有十六种组合,前一字有的有显著变调(tone sandhi),有的就不明显。普通话中比较显著的变调规律,按现代音系学的表达式,略举三例如下:①

(1) 上声: #˅→ˊ/__˅#

(2) 上声: #˅→ˋ/__{˧,˦,˅}#

(3) 去声: #˅→˦/__˅#

其他声调的两字词组合中变调虽不显著,但是前一字的变化总趋势是:原来调型长的变短了一些(前一字调的长度大约缩短到原来单读长度的一半或三分之二),拱度范围大的变小

---

① 在本文中所用的音变表达符号说明如下:"→"是"变成";"/"是"在此条件下……";"—"是"待变的音";"{ }"在此括号内的项目是"任一项均可";"#……#"是"词界",表明界内的音不受此界以外的影响时,作此设定。

了一些,两调频率高低相距远的变得靠近了一些,但两调相同时又会拉开一些。例如:两阴平相连,前一音的长度变短,但后一音的起点变低了。这可以说是同化作用和异化作用的综合现象。

两个上声相连时,前一上声一般也缩短一半,但所保存的是后半段,就是保存了它的升段而不是降段(这一段的调型是相当于"半上"的)。同时,又把频率的相对值升高到了阳平的领域,因此大家认为它是变成了阳平。① 这个上上组合不服从一般的同化规律而把距离拉开成了异化。有人把这种现象称为语音学上的"抑扬现象"(flip-flop)。如果用我们古代的音韵观点来解释,它是合乎"宫羽相变、低昂舛节"的规律的。②

上声的调型,在声调音高实验中证明是个"双向调型",也就是曲折调型。在音强的振幅谱上所示,绝大多数的上声调的强度在起始和收尾时有两个峰值,称为一种马鞍形。这说明上声的全过程在音强上是具有两个重心的。在连读中,为了生理上的自然性(easeness)和心理上的调和性(smoothness),就简化成一个重心,"双向"成了"单向"(mono-directional)了。③ 但是前半段的单向似乎起不了"区别"作用,就改为保留后半,又因人的发音有"以类相从"的习惯,后半段的升调既然和已有定型的阳平调升势相近(注意:不但调型的拱度相似,在音强上"先弱后强"的特点也相同),调

---

① 上、上相连,前上是否变为阳平,或只是近似阳平而另有一个调位,以前曾引起过争论。美籍学者王士元对此作了大量实验,他用了一千多组的两字词的资料,通过放音测听,结果是,阳、上连读的字调与上、上连读的字调得分相近,证明了这个上声变调与阳平没有差别。见 W. S-Y. Wang:Tone 3 in Pekinese(《北京话的第三声》),载 *J. Speech and Hearing Research*,1967,第 3 期,629—636 页。

② 见梁沈约:《宋书·谢灵运传论》,《昭明文选》卷五十。

③ 见 W. S-Y. Wang:Phonological Features of Tone(王士元:《声调的音系特征》),载 *Inter. J. Amer. Ling.* 33 卷 2 期,1967,93—105 页。

高值又相去不远,于是它们就干脆合并成为同一种调型了。①

图 3

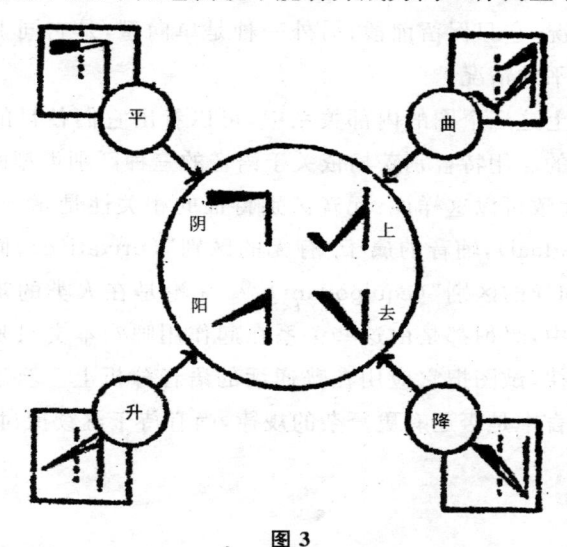

图 3 说明普通话二字调的变调关系。图上的四角各有一个调型(代表前一字的调),代表四个特征,每调都可以同中心圆中任一调(代表后一字的调)连读,而构成十六种组合(这里只讨论四个主要声调,暂不包括轻声)。为便于表达变调情况,调符的粗细表示音的强弱趋势。调符中有一虚线,把它分成两段,一半实心,一半空心。实心的表示在连读时的保留部分,而空心的是消失部分。上声的调符在垂直坐标上分为上下两种:一种是双向型,从转折点

---

① 参看 I. Maddieson: Universal of Tone(《声调的共性》),载《人类语言的共性》,第二卷,《音系学》。他根据大量声调语言的统计,得出一个普遍性规律:"一种语言,在一词中其平调允许移至相反方向时,只能移动一次。"如果这个规律不限于平调,那么,普通话的上上相连的二字词中(从语音关系上,我们可以把它们当作一个词来看待),一个上声的拱度是屈折型,已构成了一次相反方向(双向)的条件,就不大可能再来一次相反方向,而倾向于将它简化成一个单向了。这似乎也有助于说明为什么"双向"变为"单向"的问题。

分为两段,前实后虚,两头强中间弱,这是它同上声以外的声调连读时的情况,它只保留前段;另外一种是单向型,是它同上声连读时变为阳平的情况。

　　从以上这三个图的内部关系中,可以看出它们各自的相关性质是不同的。用特鲁别茨柯依关于语音的三种区别类型的说法来看,我们大致可以这样说:元音区别特征的相关性是属于"程度的区别"(gradual),辅音的属于"有无的区别"(privative),而声调的则属于"同异的区别"(equipollant)。① 无论是在人类的辨音或机器的识别中,恐怕都是由这些关系在起作用吧?本文只是初步提出一些规律,试图把它应用在普通话的语音分析上。至于在汉语的其他方言中是否还有更复杂的规律,尚有待于继续探讨。

---

① 参看本书 126 页注①文献中所引特鲁别茨柯依的说法。

普通话语句中的声调变化*

一、引言

1.1 普通话语句中的声调,现在也常称为语调。① 在日常口语中它的变化是多种多样的。近来国际上研究这方面的文献日多,内容大都是分析每个字在语句中的变调情况,试图找出字调(tone)与语调(intonation)的种种关系以及它们的规律等。② 这些论点的概念一般是,字调嵌在语调之中,是受语调的制约而变化的。他们常常因为所举例句以及发音人的不同,而得到一些不同的结论。事实上虽然语调也多少服从世界上各种语言的语音普遍规律,③但因语言的环境因素过多,也不是就那么容易定出规则来

---

* 本文原为1981年10月在中国语言学会第1届学术年会上宣读的论文,原题为:《普通话语调的实验研究——兼论现代汉语语调规则问题》,此为改订本。

① 语调指说话时频率高低变化所造成的旋律模式,也就是若干音节连读时的调形。但过去有些著作对语调的定义还有或多或少的歧异(如罗常培等的《普通语音学纲要》中,称连读变调为语调;《辞海》"语调"条:"句子里的高低变化和快慢轻重……")。但最近的许多文献中已把"语调"专指语句中的旋律变化了。

② 国外学者研究汉语声调特别是普通话单字调的,过去已有不少,近年来已趋向于研究普通话的连读变调规则和语调了,但他们多数是把语调当作有一定的语调调形来分析的。

③ 世界各语言中声调的普遍规律大致有:1. 平调不超过五个等级;2. 有拱度的语音系统必有平调;3. 陈述句尾声调多降;4. 提问句尾声调多升……等等。参看后列文献中 Bolinger 的著作。

的,而且胪列的例证多了,就不免失之烦琐,有些解释也似乎没有抓住本质,以致常有争论。

1.2 我们试从另外一种观点——声调的辨义功能观点来研究这个问题。许多实验已经证明,而且近来也已为不少语言学者所承认:汉语的字调是有辨义(区别意义)的功能的,它和辅音、元音在语音的区别特征上同样重要,普通话的字调特征早已列入区别特征的行列了。① 最近更有人把声调作为与"音段"(segmentals)具有同等地位的成分来处理,不再认为它是一种"超音段特征"(suprasegmentals),而提出了另外一种"自主音段"(autosegmental)的新理论,②逐渐在西方通行了。我们早就认为,在汉语的相互交谈中,不但要凭不同的元音、辅音来辨别这些字或词的意义,还需要从不同的声调来区别它。这是"声调语言"的特点,是和其它"语调语言"迥然不同的。③ 汉语声调除了单字调外,还有在连读时受语音规律等制约而构成的连读变调。因此这些单字或连读的调型,即使在语句中也不会有太大的变化,更不会彼此混淆,这才不致于被误解。这样说来,字调或连读变调就该有它们一定的模式,在语句中也是遵守一定的规律来变化的。所以语句的形式虽千变万化,其中能令人听懂的成分,除了音色之外,必然有这些基本调型在起着一部分作用。掌握了这些基本调型和它们在语句中可能产生的变体,比拿许多不同的句调来一个个解剖要有效

---

① 普通话字调的区别特征,参看后列文献中吴宗济的文章。

② 参看 J. Goldsmith: The Aims of Autosegmental Phonology, D. Dinnsen (ed.), *Current Approaches to Phonological Theory*, Indiana Uni. Press, 1979. 又:后列文献中 Fromkin 所编书中关于这个名词的介绍。

③ "'声调语言'(tone language):在这种语言中,声调(tone)类型是词的结构的一部分,而不是句子结构的一部分。""'语调语言'(intonation language):指这样一种语言,其中旋律音调模式是句子结构的一部分,而不是词的结构的一部分。"见哈特曼、斯托克著:《语言与语言学词典》,黄长著等译,上海辞书出版社,1981。

得多。这是研究句调必先弄清字调和连读变调的理由。

声调语言与语调语言不同,它并不具备一套语调模式。如果先设想普通话有一套固定的语调模型,而把其中的字调变化认为都是受了"语调"影响的结果,①这就看不出主从关系,以致把本来是由于连读变调规律而变的调形都看成是"语调"的一种调式。这样就会列举出过多的语调型式而无法归纳出简明的规则来。

1.3 本文通过声学仪器的实验,②证明普通话语句中的一切声调变化,都是以单字调和二字连读变调为基础的;在口语中虽然由于语法结构的变化或语言环境的不同,这些基本调型起了或多或少的变动,但它们都是有规律可循的。我们把这些基本调型称为句调的基本单元,给出其基本模式和它们在语句中可能产生的变调规律,并定出几条简明的规则来,以便作为分析句调的基础。③

二、普通话句调的基本单元

2.1 普通话的句调由单字调、二字调(包括轻声)作为它的"建筑材料",亦即基本单元。这些基本单元的调型在语句中虽然受语法、语气的影响而有所变动,但基本上不改变它们原有的模式——调型。这些基本单元的调型一般都具备辨义功能,它们是句

---

① 这样的论点在多年来很占优势。有些是把语调作为一种声学形式,而字调又是一种声学形式,两者相加而互相消长。或者说语调是一种框架,字调嵌入语调而受它的束缚。这些说法散见西方各文献,这里不一一列举。

② 我们的二字连调实验是根据两位北京人的发音(男女各一),作出窄带语图来测量出调型的。此外并用另一种声调分析计的记录作参考。本文中关于句调的实验结果是根据另外两位发音人的材料。

③ 本文所用"规律"一词,是指事物变动的自然现象。"规则"一词是指这些现象(限于已知的)被归纳出来的、接近实际的简则。因此,规律的认识是不断在补充的,而规则的拟定则是不断在修正的。

调的基础,而不是句调的附属体。

表 1 普通话二字调位区别特征矩阵

特 征	阴 阴	阴 阳	阴 上	阴 去
高/低	＋ ＋	＋	＋ －	＋
升/降		＋		－
特 征	阳 阴	阳 阳	阳 上	阳 去
高/低		＋	－	
升/降	＋	＋ ＋	＋	＋ －
特 征	上 阴	上 阳	上 上*	上 去
高/低	－ ＋	－ －	(－) －	
升/降			＋	
特 征	去 阴	去 阳	去 上	去 去
高/低		＋		
升/降	－	＋		

* 上与上连读,前上变阳平,"低"变成"升",归入阳上连读类。

2.1.1 字调(单字调)在单读时有其固定调型。大家早已熟悉,普通话单字调的基本调型(不算轻声)有四种,通行的描写法是高平、中升、低降升和高降。以前我们曾把它归纳为三对区别特征,即升/降、平/曲、高/低。①

2.1.2 二字调指二字组合的连读变调。普通话中凡两个字连在一起读时,不论它是一个词或是一个意群,都会造成变调。它的调型基本上是两个原调型的相连的序列,但受连读影响使前后两调或缩短或变低而构成十六种组合。又因上与上相连时,前上变阳平,与阳上连读相同。② 因此实际上只有十五个调型。

普通话的四个单字调调位的特征,由于阳平和去声可以分别

---

① 普通话字调的区别特征,参看后列文献中吴宗济的文章。
② 上上相连与阳上相连调型相同,认为前上就变成阳平的说法,过去颇有争论。近年来已经实验证明,成为定论。参看后列文献中吴宗济、王士元(W. S-Y. Wang)的文章。

用"升"与"降"来表示,阴平可用"高"来表示,而上声在单读时虽是降升调,但在连读时多变成低平或低降,其特点就是最低,与其它调位毫不混淆,故可以只用"低"来表示,因此我们可以简明地只用"高/低"和"升/降"两项对立特征来组成二字调位的矩阵就够了。见表1。

二字连读的调型有两种情况,一是两字连成一个拱度,①一是两字的拱度断开。前者是当后字的声母为浊辅音时,声带颤动在发出前字元音之后不停止,因此连成一个调型。后者是后字为清辅音时,声门开放,同时发音器官的收紧点造成阻塞,调型就被断开,不过前后的趋势仍是连贯的。

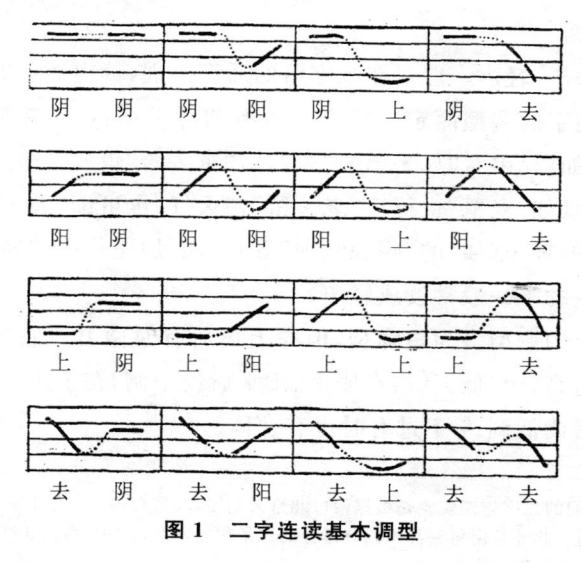

图1 二字连读基本调型

---

① "拱度"(contour)或称"调形",一般指单字除平调以外的一切调形(如升调、降调、曲折调等),本文泛指语句中的一切高低升降等调形。也可以解释为声调轮廓。

"调阈"(tone threshold)指说话时声调频率值的最高或最低的限阈。

"调域"(tone range)指说话时声调旋律的活动范围。也就是一个语句中最高和最低调值相差的程度。

我们根据几百组不同声韵调的二字组的实验结果,[①]归纳出十五种调型,如图1。图中只画出它们高低升降在四个等分格(这是等分坐标,与五度制略有出入)中的大致相对位置,而不是各二字调频率值的平均。这些调型中段的虚线表明后字的辅音是清还是浊的区别,如上节所述。这些图型的模式在分析句调时是可以表现出基本单元的特点的。

在语句中这些二字调型与单字调连在一起,受语法或环境、快慢等制约,或将调值抬高抑低,或将调型扩展压缩,但调型基本上是保持原来模式的。至于遇到加强或疑问句时,则句尾的调有所变化,遇到说得特别快时,句中的次要单元也有变化,这些将在下文分述。

2.1.3 轻声一般只在二字组的后字出现,读得短而弱。它的音高随前字的调型而定。轻声大致有四种类型:(1)有辨义作用的轻声(如"兄弟","兄·弟";"东西","东·西"等)。(2)无辨义作用的轻声(如"老鼠"也可读"老·鼠";"天气"也可读"天·气"等)。(3)助词的轻声(如"的、吗、呢、啦"等)。(4)加速句中的轻读(句中非关键性的字一般常读成轻声)。

轻声的调型多为短降型,但在上声后有时微升。它的调高可以归纳为高、中、低三级:在阴平、阳平后读中调,在上声后读高调,在去声后读低调。[②]不过有时也有变体。

---

① 我们的二字连调实验是根据两位北京人的发音(男女各一),作出窄带语图来测量出调型的。此外并用另一种声调分析计的记录作参考。本文中关于句调的实验结果是根据另外两位发音人的材料。

② 关于轻声调高的等级问题:赵元任把它分为四级:阴平后是半低,阳平后是中,上声后是半高,去声后是低。并说在实际运用时,只要在半上后定为高调,其它各声后均为低调就够了(见吕叔湘译,赵元任著:《汉语口语语法》26页)。近来的轻声声学实验的结果也颇不一致(参看林茂灿、颜景助:《北京话轻声的声学性质》,《方言》1980年第3期,又高玉振:《北京话的轻声问题》,《语言教学与研究》1980年第2期)。本文暂定轻声为三个等级,与赵说比较接近。此仅指辨义轻声而言,至于非辨义的轻声如在不

2.2 三字组以上的连读调,由于它们的组合在汉语结构上一般都可以认为是单字和双字彼此间的组合。即使在意义上不完全是这样,但在说话中往往自然而然地具有说成双音节的习惯。因此它们的调型基本上是单字和双字基本单元的组合。例如三字组根据语法结构可以分成单双、双单、单单单(并列)三种格式,其变调与意群关系密切,不过在并列式时,由于说话习惯,也会读成双单格的调型。四字组以双双结构的成语为最多,[①] 所以变调也和两个二字连读变调相似。五字以上更是如此,除了以上述的"单字·二字"为基本单元外,没有本身的调型。(这里因限于篇幅,对三字以上组合变调不再叙述,将来另有专文讨论。)五字以上的组合,可以视同短句,一般按语句变调规则变调。

三、普通话语句中的变调规律

前文说到,在普通话语句中,基本单元的调型是比较稳定的。但是还有两种因素使它们又有一定程度的变化。(1)由于语法制约而改变原来的变调规律;(2)由于语气(态势)的影响而改变其局部调形(拱度),或使其整句的调阈或调域有所改变。[②]

3.1 语句中语法关系的变调

语句中的若干字或词,由于语法组合的松紧、意群的分合有所不同,原来的语音性的变调规律产生新的变化,例如:

同语气或加速等语句中的轻读,调级就不一定按此标准。至于二字组中的前字为上声而后字轻声的本调也是上声时,则还有其他的变调。参看后列文献中 N. C. Ching 的文章。

① 参看史式:《汉语成语研究》,四川人民出版社,1979。

② 参看本书 145 页注①。

(a)

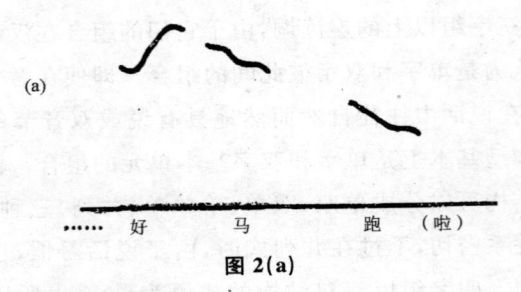

…… 好 马 跑 （啦）

图 2(a)

(1)* 他骑着好马跑啦

"好马"是两上相连,如 3.1.2 节所述,按二字连读的规律变调,"好"变为阳平。"马"虽和后面的"跑"相接,而且也都是上声,但"好马跑"三字的组合是双单格,故"马"不随"跑"而变为阳平,但变成如三字组中第二字的过渡调。"跑"字本身读成半上。这句话的调形如图 2(a)五度制调符如下：

……好 马 跑……

又如:(2) 他骑着好马跑远啦

这句的调形如图 2(b)。这里"好马"和"跑远"都是二字组,在语法结构或意群上各自成为一个比较紧密的组合,因此它们各按二字调的规律变调,结果是,"好"和"跑"都因后面是上声字而变成阳平。五

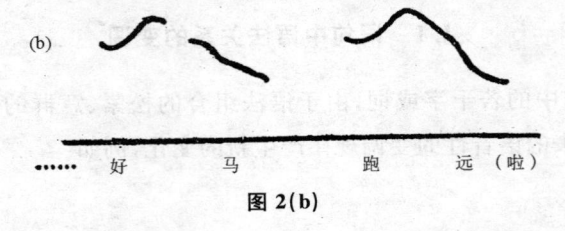

(b)

…… 好 马 跑 远 （啦）

图 2(b)

---

* 我们在本文中尽量用上声字来作为例字,分析它们的连读变化。因为上声字调在普通话中是最敏感,调位变体最多的一个调。遇到与上声连读而意义关系较密时即变阳平。遇到其他声调,就变半上,着重单读时,就恢复本来的降升调。它是用来检验语句中各种声调关系的最佳"试剂"。

度制调符如下：

　　……好　马　跑　远……

我们又把第(1)例中的"跑"字换成其他的三声，如"摔""逃""到"等字，再作实验，结果"好马"二字的调型基本相同，这说明在语法关系上"好马"两字结合得比较紧，所以调型也比较稳定。又如：

(3) 他骑着好马早跑远了

这里有五个上声字连在一起，"好马""跑远"在语法关系上各成一组，都按二字词调变调。"早"字虽不与邻近的字结合成词，但因后接的"跑"字已变阳平，阳平前面的上声应为半上，于是"早"字成了半上，从而又影响了前面的"马"字，这种一连串的逆向变调使"马"变成阳平，这是发音人 A 的情形。实验中还遇到另一情形，同一句话的变调结果不同。在同一句子的另一人（发音人 B）的发音中，"早"字却受后面"跑"字上声的影响而也变阳平，于是又影响到前面的"马"字，使它变成半上。两例的调形图如图 3。两例的调符如下：

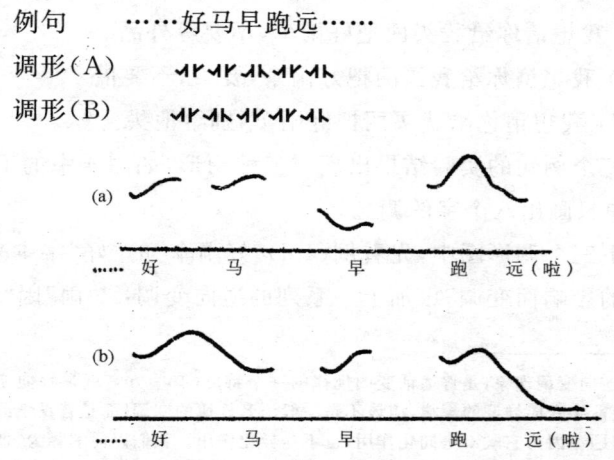

　　例句　　……好马早跑远……
　　调形(A)
　　调形(B)

图 3 (a)发音人 A 的调形，(b) 发音人 B 的调形

这两例的语法结构相同,但"早"字的调型不同。这说明在语句中,单字调常常看它与上下文结合得松或紧而决定其变调或不变。如调形 3(a)的"早"与"跑"字的结合就不如调形 3(b)的紧密,从而反映出两种说话口气。前者着重"跑"的问题。而后者着重"早"的问题。这是由于说话人当时说这句话时着重点(focus)的不同而有不同的变调,但语法的表层结构没有变。这说明在文字上尽管语句的词句、语法结构都相同,而说出时变调可以不同。这又说明潜在的语义也可以从变调情况上得到反映。

这里再举一句特殊的例句,来看看潜在语义对变调的影响。这个例句全句十二个字全都是上声字,句中各词包括了动宾、偏正、主谓等结构。句中的"我想、请你、给我、两把"都是二字组合,"雨伞"是二字词,都应该按二字连读变调,因此,它们的前一字按语音规律都该变成阳平,"买"字的后面已成了阳平,"买"该变成半上。但是,如果说话时的着重点不同,则同一句子可能读成几种不同的调形。现在就用例(4)这个例句,后面加上三种不同的从句,让发音人理解了着重点以后再说出来,看看它们的句调有什么不同。

(4.I) 我想请你给我买两把好雨伞,不要等外品。

(4.II) 我想请你给我买两把好雨伞,要买,不要借。

(4.III) 我想请你给我买两把好雨伞,别给他买。

以上三个例句的实验结果出现了三种调形,如图 4 中的 I、II、III 型(图中只画出八个字的调)。

在以下三个调形图中,先看例(4.I)"好雨伞"的"好"字本来应该随"雨"的影响而变调,再加上一系列的逆向变调:① "雨"因"伞"

---

① 这种逆向变调现象,是普通话变调规律的一个特点(有些方言就是顺向变调)。上上相连而使前字变成异调的规律,应该不是一般语音规律的变调,而是音系学或历史音系学上的问题。因为它既不是同化作用,也不是异化作用。我们以前解释为"抑扬作用"(相当于王士元的flipflop理论,参看本书144页注②,现在认为,恐怕不是这个问题。

Ⅰ型

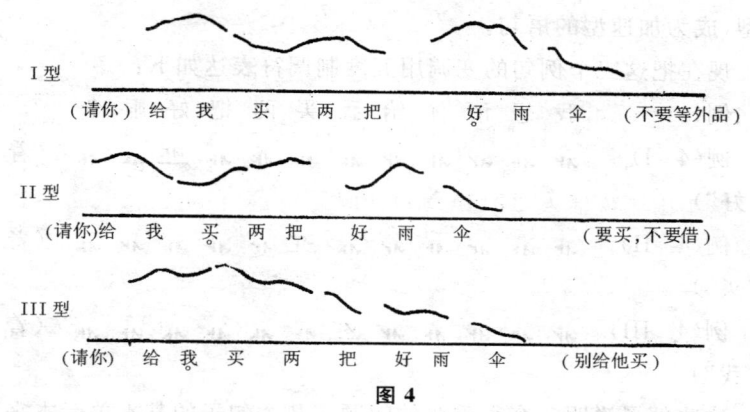

（请你）给 我 买 两 把 好 雨 伞 （不要等外品）

Ⅱ型

（请你）给 我 买 两 把 好 雨 伞 （要买，不要借）

Ⅲ型

（请你）给 我 买 两 把 好 雨 伞 （别给他买）

图 4

而变阳平，"好"又因"雨"而变半上。现在说话人强调了这个雨伞"不要等外品"，在语义上着重了"好"字（要好的，不要次的），因而把"好"字的调型也提高了，变成阳平，这个字的振幅也同时加强了（参考例（3））。此外还有一些值得注意的现象，"好雨伞"在这句中成为一个单双格的三字组合，因为说得比较快，使第二字"雨"读成轻声，"伞"字在句末，按平叙句规律读得比较低。下面两例同此。

例（4.Ⅱ），主句完全与前例相同，但是从句交代了一定要买来，语义上着重了"买"字。"买"本来应该受"两"（注意！"两"现在已变成阳平）的影响而变成半上，一强调，也变成阳平了。

例（4.Ⅲ），主句同前，但从句交代了"别给他买"，意思是你得给"我"买，强调了"我"。"我"字一般本来可以读本调，或按"给"的后字成为轻读。但现在一被强调，就使"我"字突出，结果又使它变成阳平。本例句还有一个特点在图上可以看到，由于"我"字调值一高，以后的字不再变高，而都一一依次降低，差不多都失去原有

因为华北各省上上相连，前上都变阳平（指大多数，未作详细统计），虽然它们调值很不相同。有人考证，至少在 16 世纪时已是这样了。（参看 Tsu-lin Mei（梅祖麟）: Tones and Tone Sandhi in 16th Century Mandarin, *J. of Chinese Ling.*《中国语言学报》Vol. 5, No. 2, 1977。）

调型,成为加速型的语句。

现在把这三个例句的变调用五度制调符表达如下:

例句:　　我 想 请 你 给 我 买 两 把 好 雨 伞

例(4.I)　˧˥ ˧˥ ˧˥ ˧˥ ˧˥ ˧˥ ˧˥ ˧˥ ˧˥ ˨˩ ˧˥ ˧˥（着重"好"）

例(4.II)　˧˥ ˧˥ ˧˥ ˧˥ ˧˥ ˨˩ ˧˥ ˧˥ ˧˥ ˧˥ ˧˥（着重"买"）

例(4.III)　˧˥ ˧˥ ˧˥ ˧˥ ˧˥ ˨˩ ˧˥ ˧˥ ˧˥ ˧˥ ˧˥（着重"我"）

这些例子说明一个很重要的问题。几个句子的基本单元本来有其固定调型,语法结构也都相同,但由于潜在语义的不同,就可以产生不同的调位变体。但是,无论怎样变来变去,仍服从二字调位系统的变调规律。例如,上述例句中全是上声,它除读成本调外,还可以读成变调。上声在二字组合中只能有两种变调型式:或为阳平(与上声相连),或为半上(与其它三声相连)。这样,在态势或其它关系的影响下,它总是在阳平与半上两者之间来回转换(例3,4.I,4.II,4.III),一般不会转到其它调位(譬如转成阴平或去声)。不过,它如在加速语句或非着重词中常因轻读而失去原有调型,就又当别论。

3.2 语句中态势环境的变调(语气变调)

语句是表达意义的,每说一句话,不能脱离环境的影响,而是要通过说话人的态度、情绪而说出的。上文说过,在不同态势的语句中,各基本单元的调型基本上是稳定的,但它会产生一些调位变体,构成各种不同的句调。

我们在实验中编排一些例句,分别用平叙、疑问、加强的语气说出,比较其基本单元的调型变化。

1. 平叙句

(5) 他是骑着（　）马去的。（括弧空白处换用"花、红、好、病"四个不同声调的字）

(6) 他是骑着（　）马跑的。（括弧中换用的字同上）

(7) 这个是（　）水壶。（括弧中的字换用"开、凉、冷、热"四个不同声调的字）

实验证明，平叙句的句尾拱度趋势一般都是略降。例(5)(6)的句尾是助词"的"字，本来就是轻读降调，也许没有说服力。如果在别的例句中就可能出现两种现象。第一种现象，例如：

(8) 他还没有回来。

"来"字是趋向动词，但在这里不读阳平的升调，而读成轻声的低短降调。

第二种现象是遇到句尾不能轻读的实词，如例(7)，"壶"字本是升调，在平叙句尾虽不能读成低降调，但读成低平调，比原来降低了许多。因此可以这样说，凡平叙调的语调中各基本单元都一仍本调，只是句尾降低若干，最多可以降低到个人的调阈下限。

2. 疑问句

(9) 他是骑着（　）马去的吗？（括弧中的换用的字同例(5)）

(10) 他是骑着（　）马跑的吗？（括弧中换用的字同前）

(11) 这缸里是开水还是凉水？　(12) 这缸里是凉水还是开水？　(13) 这缸里是冷水还是热水？　(14) 这缸里是热水还是冷水？　(15) 这缸里是不是开水？　(16) 这缸里是开水？

一般认为疑问句的句尾频率总是会升高的。实验证明，如果字句和平叙句完全相同，而是用来提问，则句尾调阈可以抬高（例(16)）。即使句尾的本调为降调（去声）时，调尾的频率也会提高一些，但调形不变，句子当中的各基本单元可以与平叙调完全相同。

疑问句的句式如果是在句尾有疑问助词,如"吗"(例(9)(10)),则全句一般都与平叙句的调形相同,句尾也不会升高。

疑问句如是选择问句("是不是""有没有"等),(例(11)—(15)),或是有形式标志的疑问句(有疑问代词,疑问语气词等),则句尾的调形一般也跟平叙句一样,句尾不升高。

由此可以看出,疑问句只是在没有任何表示疑问语气的字眼情况下,句尾调阈方能趋升,句中有了这类疑问语气的字眼后,则一切维持平叙原调(只有说得特别强调时,则句尾也可以升高)。这似可说明,前者的问话信息靠升尾来表达,而后者有了疑问语气的字眼,即不需要靠升尾来表达了。

3. 加强句

加强句包括祈使、命令、抗议、惊讶、紧张、着重等语气的句子(疑问句如果问得比较迫切,例如追问或责问,也列入此类)。例如:

(17)哎呀!他骑着( )马去啦!(括弧中换用字同例(5))

(18)哎呀!他骑着( )马跑啦!(括弧中换用字同前)

(19)哎呀!这是开水壶!

加强句调的规律一般是,基本单元调型不变,只是全句调域扩大(声调起伏加大),或全句的调阈提高(拱度频率提高)若干。有时句尾末一字的调尾拖长并加强,成为先升后降调型。

现在举两组三种不同语态的例句来看看这些二字组合的基本单元在不同语态中的变化情况,第一组:

平叙句(20)他是骑着(花、红、好、病)马去的。

疑问句(21)他是骑着(花、红、好、病)马去的吗?

加强句(22)哎呀!他骑着(花、红、好、病)马去啦!

第二组:

平叙句(23)他是骑着(花、红、好、病)马跑的。

疑问句(24)他是骑着(花、红、好、病)马跑的吗?

加强句（25）哎呀！他骑着（花、红、好、病）马跑啦！

把这两组例句作出调形图如图5（图中只画出关键字二字组调型）。

图例：—— 平叙　---- 疑问　······ 加强

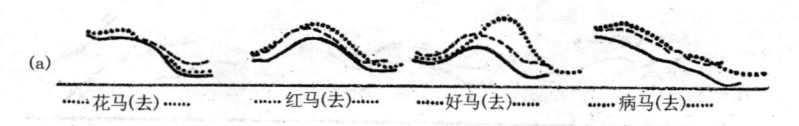

(a) ······花马（去）······　······红马（去）······　······好马（去）······　······病马（去）······

(b) ······花马（跑）······　······红马（跑）······　······好马（跑）······　······病马（跑）······

图 5

(a) 句子中的二字组后加"去"字　(b) 句子中的二字组后加"跑"字

从上面两组比较图中都可以看到上声"马"字与四个声调"花""红""好""病"所组成的二字组，在不同声调的动词（"跑"或"去"）前，无论在哪种语态中，都保持它二字连读调型的稳定性，而没有太大的变化。它们只是在加强句（惊叹句）中，调阈比较高些，调域也比较宽些。

下面再看其他声调的二字组在不同态势语句中的变化。现在把阴阴、阳阳、去去三组二字连读调嵌在不同的句子里，由两位发音人各用平叙、疑问、加强三种语气说出。这些例句如下：

平叙句（26）我初一坐飞机去西安。（27）我坐轮船去南宁。
　　　　（28）我爱画漫画。

疑问句（29）你是坐飞机出差吗？（30）南宁有轮船吗？
　　　　（31）这类漫画数量多吗？

加强句（32）坐飞机出差可快多啦！（33）坐轮船到南宁太慢
　　　　啦！　（34）这张漫画太旧啦！

实验作出的调形图如图 6(只画出二字组的调型)。

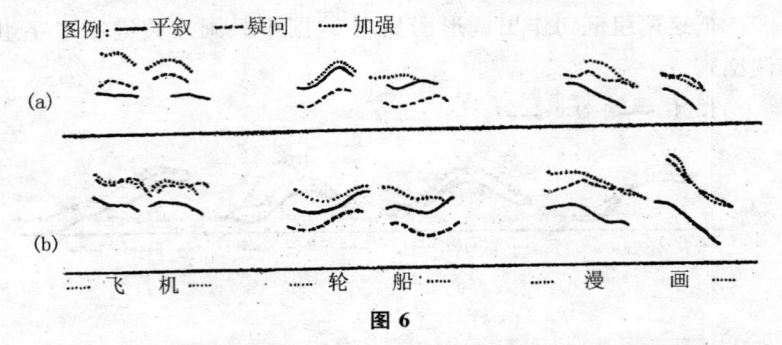

图例:——平叙 ---疑问 ……加强

(a)

(b)

　　飞　机　　　　轮　船　　　　漫　画

图 6

从图 6 可以看出,二字组的调型在不同语态中,尽管其在句中的前后相邻的调位有所不同,但基本单元仍能保持其基本调型。

3.3 加速语句的变调

加速句在语态中是个特例,因为它受语法规律的制约较少,而受发音生理的制约较多。声调提高,声带振动率就要加速,声门的气流量就要加大,肺部肌肉和声门部位都得变动,同时喉肌各部分,特别是声带肌都得紧张一些。如气流减速,喉肌放松,则声调必然下降。因此这些机制由静止状态运动到所需的程度(即声调所需的高低),是要费去一定时间的。这些肌肉都有一定的惯性,说话说得快,要使其在较短时间内完成各个指定的拱度,就有困难。因此说得快时,不得不节约一点起伏的程度,这样,调形拱度就变得平坦一些,甚至失去本调,而成为前后相邻两调的中间过渡。这也可以算是一种变调型式。这种型式的特点是,它们原有的拱度起伏程度(调域)全被"拉平"到一定程度,甚至成为平线。

现举一例句如下:

(35) 请你给我买把好雨伞

这个例句和前面例(4)基本相同,但作为平叙语气用慢的和快的两种速度来说,分别作了调型实验。慢速的是说话的中常速度,全句九个字共量得长度为 1.69 秒;加快的长度是 0.75 秒,比常速快了一倍还多。据此画出调形比较图,如图 7。

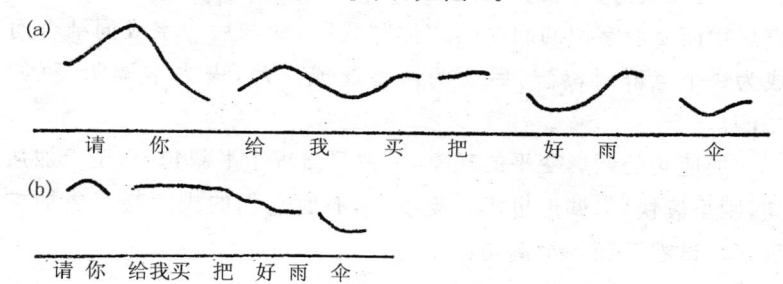

(a)
请 你 给 我 买 把 好 雨 伞

(b)
请你 给我买 把 好雨伞

图 7

从图 7(a)可以看出,在慢读时,这几个上声字各依其二字或三字组合的变调规律而作常规的变调。"请""给""买""雨"均受后一字上声的影响而都变了阳平。"好"因后字"雨"变为阳平而成为半上。"把"字本可与前字"买"相组合而成半上,但因后面的"好"是半上而只能变成阳平,不过在这里的升度不大。这句中只有句末的"伞"字保留了上声的单字调型(即降升调)。

现在再看快读时的声调变化。从图 7(b)可看出,"请你"这个二字组合的调型基本上还保留慢读时的拱度,但比较短而平坦,其余七个字的调型就全变了,"给我买把"四个字连读的调几乎全部"拉平",而"把"又作为中间过渡,先平后降而接上后面的"好雨"二字,调形成为一串直落的斜坡,只是"伞"字因在句尾而成半上型的低降平,与慢读的低降升调不同。(注意!"把"与"好"虽系清辅音,但因快读而浊化,使调形连成一贯。"伞"的清辅音未浊化,故调形断开。)

这两例的五度制调符表达如下:

例句:　　请　你　给　我　买　把　好　雨　伞

调型(a)　↗ ↗ ↗ ↗ ↗ ↗ ↗ ↗ ↗（慢读）

调型(b)　↗ ↗ ↗ ↗ ↗ ↗ ↗ ↗ ↗（快读）

从上例可以看到,加速句的各基本单元在快读时,首先要变的是那些在语义上不需要着重的单字或二字组。单字(或二字组的后字)的变调,大都服从语法规律。如与前一字结合得紧,就按轻声规律而受前字调的制约(如"你""我");如与后一字或词结合而成为一个意群时,就与后面的调型连成一片,失去本调调型(如"好")。

加速句的调形变平的现象,一般只出现于平叙句中,至于加强句,则虽读快了,调形也不一定变平,有时它们的拱度甚至更加扩展了。试看下面一个例句:

(36) 车要开啦!别堵着门口,快上!

这个句子采自公共汽车站上所闻。现在让发音人用快慢两种读法作出调形图如图 8。

图 8

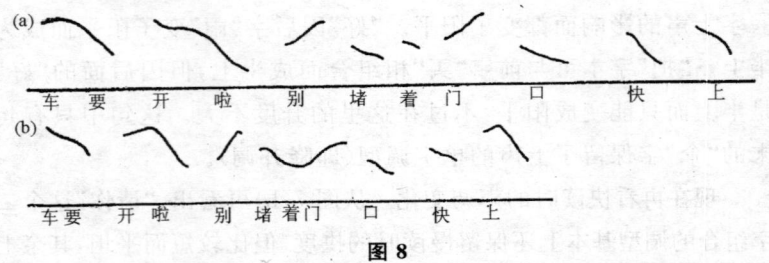

图 8(a)是慢读,全长 1.97 秒。8(b)是快读,长 1.35 秒。两句的调形基本相似,快读时调型并未拉平,只是"堵着门"三字连成一片。而且最后"快上"两字是命令口气,说快了反而更被强调了。全句的整个调阈在快读时也提高了。

我们已经承认,语句中的单字调和二字调,是区别意义的主要信息之一。快读时失去本调型以后,怎样还能保留足够的辨义功能?但这个问题是不难回答的。平时的口语在一定时间内说快了,必然字眼可以增多,这样增多了的上下文所给予的信息,就足够作为听辨上调型损失的补偿。这句的辨义功能就从依赖调型转到依赖上下文的字眼了。(当然,说得太快时又牵涉到说话人发音机制的动程限制,以及听话人听音机制的"解码"速率问题。这类问题属于生理和心理的范围,不在本文讨论之列。)

3.4 普通话句调的几条规则

上述各语句的若干变调现象,在一般普通话口语中都是自成一套规律的。但是它也和一切社会科学(乃至自然科学)中的现象一样,既有共性,也有个性,因此不可能没有例外。何况在语言交际中,由于说话人的习惯不同,语言环境不同,更不可能有什么铁定不变的规律。我们如以上述的一些例句由另外的发音人来说时,有的调形就可能不完全一致,但其基本单元的变调规律是相同的。因此我们就有可能给它们拟定出一些规则来。[①]

上述的这些规律,归纳起来可以有以下几条规则:

(1) 平叙句的句调,句尾的拱度趋降。

(2) 疑问句的句调,在没有疑问助词的情况下,句尾调阈可以趋升;如有了这类助词,句尾就常常与(1)相同。

(3) 加强句的句调,一般是调阈抬高,或调域扩展。(在疑问句中,如用强调口气,也按加强句的规律变调。)

(4) 加速句的句调,一般是(只限于平叙的加速句),句中非关键性的字或词的调域变小乃至趋于平坦。在说得相当快时,这类的单字或词都成为上下文的两声调之间的平滑过渡,而失去原有调型。这样,一个语句中在一定时间内的音节数量的多少,就与语调调域的大小成反比。换言之,在一定时间内的音节越多,则调域

[①] 目前各家讨论普通话的语调(句调)类型,多数是分析句尾由于语气等不同而产生的变化。本文着重谈基本单元在语句中的变化,对句尾变调,仅举常见的例,简单地定出规则。

越小,反之则反是。

综上所述,普通话句调与字调(单字调、二字调、多字调)的关系,大致可以用下式来概括(式中的"←"意为"被下列条件所影响"。基本单元:单字本调或连读变调。语法制约:意群或潜在语义。语态影响:平叙、疑问、加强。说话速度:调域压缩或扩展。):

句调={(基本单元←语法制约)←语态影响}←说话速度

四、普通话语句中的声调变化与其他韵律特征的关系

"韵律特征"(prosodic features)泛指声调、重音和长度。在语句中的传达语气的功能,除音色外,不但由声调(音高)来担任,而重音(音强)和长度(音长)也有一定的作用,不过不像声调那么重要。英语中有些字的重音可以区别意义,而汉语普通话则不然。除少数轻声辨义的词外,一般的轻重长短对词义没有什么影响。

普通话韵律特征的研究不在本文范围内,不过我们历来的语音实验,在做声调分析时,同时也将音强幅度和时间长度都分析出来,可以看出它们之间的关系。

这里可以简单地指出这三者之间的几种关系:

(1) 当声调较高时,音强可能较强(这也说明为什么在加强句中,调阈的频率一般趋高,它们是互为因果的)。

(2) 在不十分强调的语气中,当声调拱度变化较大时,音长可能稍长。

(3) 当音长较短时,声调拱度的调域即缩小(这也说明在平叙加速句中,调形会变为平坦)。

参考文献

吴宗济(1980),《试论普通话语音的"区别特征"及其相互关系》,《中国语文》

第 5 期。

林茂灿等(1980),《普通话二字词变调的实验研究》,《中国语文》第 1 期。

林茂灿、颜景助(1980),《北京话轻声的声学性质》,《方言》第 3 期。

赵元任著、吕叔湘译(1979),《汉语口语语法》,商务印书馆,北京。

D. Bolinger (1978), Intonation across Language, *Universals of Human Language*, vol. 2, Phonology, edited by J. H. Greenberg, Stanford University Press.

Y. R. chao(1956), Tone, Intonation, Singsong, Chanting, Recitation, Tonal Composition, and Atonal Composition in Chinese, *For Roman Jakobson*, Comp. by M. Halle et al. Mouton and Co. .

N. C. Ching (1981), A Minor Problem in Tone Sandhi, *JCLTA*, V12 (1971),温洁节译:《在变调方面的一个小问题》,《语言教学与研究》,第 4 期。

V. A. Fromkin (1978), (ed), *Tone, A Linguistic Survey*, Academic Press.

D. B. Fry (1968), Prosodic Phenomena, *Manual of Phonetics*, edited by B. Malmberg, North-Holland Pub. Co. .

E. Gärding(1979), The Relation between Sentence Prosody and Word Prosody, Symposium No. 7, *Proc. , 9th lnt. Cong. Phon. Sci.* , Vol. III, Copenhagen.

P. Kratochvil(1973), Tone in Chinese, *Phonology*, edited. by E. C. Fudge, Penguin Books Ltd.

I. Lehiste(1970), *Suprasegmentals*, M. I. T Press, Cambridge.

W. S-Y. Wang(1967), Phonological Features of Tone, *Int. J. Amer. Ling.* , Vol. 33, No. 2.

W. S-Y. Wang(1967), Tone 3 in Pekinese, *J. Speech and Hearing Res.* , 3.

(原载《中国语文》1982 年第 6 期)

普通话三字组变调规律*

提要 普通话中三字组的变调,除以双字变调的规律为基础外,它还有一些本身的变调规律,而且和语法结构有一定关系。本文所据材料大部分取材于广播口语中的词或字组,《现代汉语词典》、《现代汉语八百词》中的三字词,以及一部分自拟的词组。它们按阴、阳、上、去、轻五个声调的搭配来归类,共约二千组,从中选取若干通过声学实验分析调形,归纳出一些规律,提出了"调势"的概念,对一些较为稳定的变调规律并给出音系规则的表达式。

一、引言

普通话的双音节组合(二字组)无论是一个词,或是一个字组、一个短语,在连读时都服从发音音变或历史音变规律,而有了与单读时不同的调形,我们曾经把它们归纳为 15 个模式,也研究了它们在语句中的变化[①]。参看图 1。

普通话的三音节组合(以下统称"三字组",并省去"普通话")调型的变化,一般说来是单音节调型与双音节调型的组合,换句话

---

* 本文原为 1983 年 8 月向第 10 届国际语音科学会议提出的论文,原题为:A tentative investigation on the tone-sandhis of tri-syllabic word combinations in Standard Chinese,该文摘要载入 *Abstracts of Papers for 10th International Congress of Phonetic Sciences*, Utrecht, The Nether lands, 1983. 此为增订的中文本。

① 关于二字连读变调的声学分析,参看林茂灿等《普通话二字词变调的实验研究》,《中国语文》1980,1 期。关于二字调的音系分析及其在语句中的变化规律,参看吴宗济《普通话语句中的声调变化》,《中国语文》1982,6 期。又 Z. J. Wu: "Rules of Intonation in Standard Chinese", *Preprints of Working Group on Intonation*, The XIII th ICL, 1982, Tokyo.

说,也就是构成句调的两种"基本单元"的合并①,按照其语法结构的不同,可以分成双单(前二后一)、单双(前一后二)和并列三种格式。在不同语气的语句中,只要速度平稳,就能保持其基本单元的调型②,而且许多三字组的调形变化也同句调中的变调规律基本相同,因此三字组的变调似乎也可用短句的变调规则来说明了。但是,在日常语句中,有些三字组的调形,是有其特有的趋势的。无论是一个三字词、字组或短语,只要在语义上或语流中结合成一个比较紧凑的一组(或者可称为一个"调群"③),它的调形就和双加

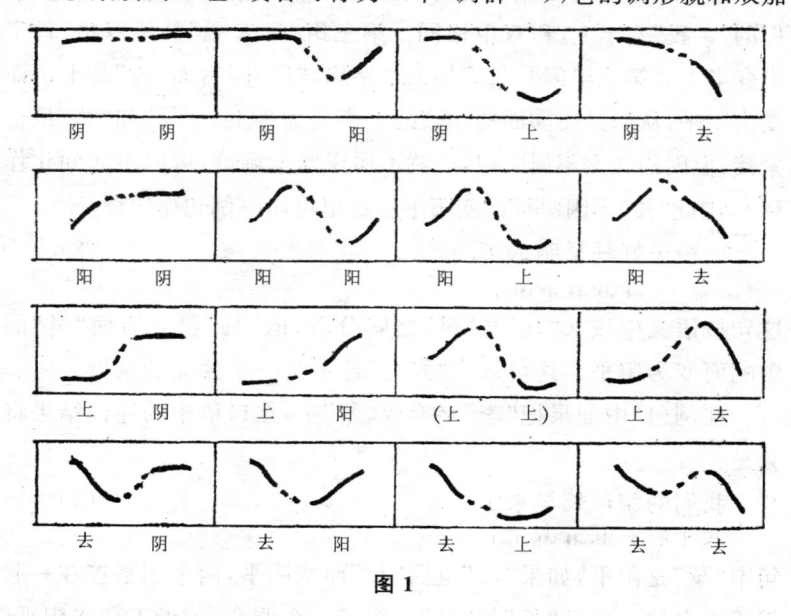

图 1

---

① 参看本书 162 页注①吴文 2 节。
② 同上,3.2 节。
③ "调群"((tone group), M. A. K. Halliday 用以指一句中调型比较显著的一簇拱度(contour),此据 G. Brown 等:"Questions of Intonation", Croom Helm, London (1980)中所引(27 页)。我们这里借来指普通话语句中自成一组的调型,它的声学特点是,自己有一套变调规律,节拍上也比较紧凑。

单或单加双分开读时不同。一般是在三字组中的首字、次字和末字各有自己的变调规律,它们有的和二字组变调相同,有的就另有自己的特点。这种变调的变与不变一般常和词义无关,它只不过是语流中"调势"的变化,而不是"调位"的变化。下面先举一些例句来说明这问题:

我们的李厂长早来了　　　　　　　　　　　　　　　　　(1)

这个句子按语法结构可分为三段,每三字成一组。第一组"我们的","我"变半上,和双单格同。第三组"早来了"是单双格,首字也变半上。第二组因"厂长"是个二字组,"厂"因后面"长"是上声而变为阳平,从而又使前面的"李"的上声变为半上。"长"和"早"虽也紧接,但因语义上不属一组,也就不属于同一调群,可以不起同化作用①,因此"长"不因"早"而变阳平。这里可用一例句作比较。②

………好马早跑远了　　　　　　　　　　　　　　　　(2)

这句按语义应该从"马"与"早"之间分段,但"马"仍受后面"早"的影响而变为阳平。这可认为"好马"还不是一个独立的调群。

在例(1)中如果把"李"字换成"黎"字,在口语中的连读结果将会是:

我们的黎厂长早来了　　　　　　　　　　　　　　　　(3)

句中"黎"是阳平,如果"厂"也因"长"而变阳平,两个阳平连在一起就不太自然。而且"长"与"早"不属于一个调群,前者不变成阳平。因此"厂"就承前启后,顺势而下,成为中降调的过渡调形。所以,"厂"与"长"虽属一个二字组,但也不按二字变调规律来变调。这

---

① 这里前调受后调的影响而变,是逆同化作用。
② 参看本书 162 页注①吴文,3.1(3)节。

是三字组中次字变调的特有形式。这个次字调常成为轻读。

过去关于三字变调的研究,常见的有赵元任先生在他的几种汉语著作中所举的例句和变调规律。除了一些尽人皆知的上声变阳平或半上,去声变半去之外,他还指出三字组中的阳平次字,如在阴平或阳平后面,就都变为阴平[①]。这个说法多年来已为各语音学者所引用[②]。我们的实验结果证明,这个次字的变调,在前后不同声调之中是有不同的变化的。特别是末字常常影响了次字的变调。所以如细加分析,还有补充的余地。

本文着重分析在一般平叙句中的三字变调,而不是用强调口气的调形。同时由于用单一的三字组,让发音人来读("诱读"),乃至由研究者自己来说,往往有主观成分在内,因此我们的材料尽量采自现成口语。本文所根据的材料有大约两千条的三字组例句,材料的来源如下:

1. 从收音机录下的北京广播材料,包括小说、广播剧(不收舞台话剧)、电影对话、广播员报告及对话等,选出三字组(以一个语义群或调群为标准,包括词、字组和短语),约占全部材料百分之五十。

2. 辞典中的三字词,包括《现代汉语词典》,选取若干三字词条[③]

[①] Y. R. Chao: *Mandarin Primer*, Harvard University Press, Cambridge, 1948, pp. 110-111. 又 Y. R. Chao: *A Grammar of Spoken Chinese*, University of California Press, California, 1948, p. 28.

[②] 例如: K. Pike: *Tone Language*, University of Michigan Press, Ann Arbor, 1948, pp. 25-26;罗常培、王均《普通语音学纲要》,科学出版社,北京,1957,133—135页。

[③] 《现代汉语词典》,中国社会科学院语言研究所词典编辑室编,商务印书馆,北京,1978。本文所选各三字词如:

　　首字为名词的有:水、花、天、地、海、人、马等。
　　首字为动词的有:打、开、出、做等。
　　首字为形容词的有:大、、小、老、热等。

和《现代汉语八百词》中有叠字的三字词①。这部分约占百分之三十。

3. 自拟的三字组，包括四个声调全部搭配的地名，各种语法结构的例句，以及次字或末字为轻声的字组等。这部分约占百分之二十。

三字组的四个声调相互搭配（4^3）就有64种组合，如再加末字为轻声②，还有在不同语法结构中的变调等，为数就更多了。这样看来，三字组的变调是相当复杂的。但是，如不从它的绝对调值、而只从调形的趋势上加以比较归纳，只看它在每一环境下的变化关系而不去执着于它的频率值，就还是可以归纳出一些规律的。

本文的声学实验是用语图仪的窄带滤波器分析声调③，给出的是音高的频率值。在每张语图的上端，同时用该仪器所附振幅显示装置给出音强的振幅值④。从这两种显示可以分析三字组的调型，在语句中的调形变化，以及它在不同声调中的强度。不过，仪器上的声学显示是轻重俱现、巨细不遗的，而听觉中的声调感知则是主观判断、有所详略的。说话人声带颤动起讫时的首、尾的调感，是被人们忽略的，而在仪器上却显示得很清楚。我们对声带起动后的一小段调形称为"弯头"，声带止动前的一小段调形称为"降尾"，这都不是调型的主要部分⑤。因此我们在根据声学分析的调形来转换成五度制调值时，对这些部分不予计入。

首字为方位词的有：上、下、内、外等。
首字为数量词的有：一、三、半、十等。
首字为助词的有：不、自、无、有等。
① 吕叔湘主编《现代汉语八百词》，商务印书馆，1980，444—653页，表一。
② 赵元任在三字例句中又加上末字为轻声的一套，因此有125个组合。见本书165页注①的第一种著作。
③ 本文所用实验仪器是美国Kay公司生产的661-A型语图仪（Sonagraph），关于此仪器的说明，参看《实验语音学知识讲话（三）》，《中国语文》，1979年4期，316页。
④ 参看《实验语音学知识讲话（四）》，《中国语文》1979年第5期，394页。
⑤ 参看林茂灿《音高显示器与普通话声调音高特性》，《声学学报》1965年2卷1期。

本文所用名词,除一般常见者外,有些是专用的或著者自拟的,在此应加解释:

调形 声调在语图上的曲线形状,指这些曲线的升、降、平、曲,起伏高低的形态。这属于语音范畴,是语音描写的依据。

调型 由各个调形归纳出来的成规律的声调模式。这属于音位范畴,是设定音系规则的依据。

调势 一个音节或几个音节随时间而变的走势,或者可以说是声调的轨迹或脉络,可以用山脉来相比。例如两字连读时,如后字是浊的辅音,前后调形就会连在一起;同样的调,如后字是清的辅音,调形就断开,但两者调势是相同的(如果后字的清辅音受连读时的同化作用而浊化了,调形又会连在一起而不断开,这在本文的有些插图中可以看到)。

调域 一个说话人的声调频率高低活动的范围。在说得强调时调域扩大,较随便时调域压缩(在正常速度的说话中都保持其原有调型)。[①]

调阈 一个说话人声调频率的最高值与最低值。

过渡调 一个字调在前后两个字调之间(这里特指次字在首字、末字之间),它每每受到前调调尾和后调调头的顺势影响而改变其原有调形。这个调形不属于任何调位,称为"过渡调"(tone glide)。

轻声 普通话里辨义的轻声或助词的轻声都属此类。

轻读 普通话里的轻重两可的轻声("可轻声"[②]),还有,在一个词、字组或语句中除轻声外的开头或结尾的字,只要不是意义的

---

① 参看本书 162 页注①吴文的附注[13]。

② 这种轻声是一个字轻读或不轻读、在语义上基本一样。赵元任称为"Optional neutral tone",见本书 165 页注①的第二种著作 1、3、6(5)节。吕叔湘译本《汉语口语语法》,商务印书馆 1979,27 页,此词译作"可轻声"。

重点,在连读时变成的轻声(它一般比重读的字短而弱,或者只是把声调降低一些)。

规律 指语音中一般出现的有规律的现象。一定的调位变体即属此类。

规则 指在音系分析中所定的模式,例如把四个声调定为"高"、"升"、"低"、"降"等[①]。

调符 根据通用五度制调值的规则,把横线或圆点标在竖标左边的为本调,右边的为变调。本文所用全部调符及其代表值如下:

本调: ˥55 ˧˥35 ˨˩˦214 ˥˩51

　　　˙高轻　˙中轻　˙低轻

变调: ˥→55 ˧˥→35 ˦→54 ˥˧→53 ˦˨→42 ˧˩→31
　　　　　　　　　　　　　　　　　　　　　　　(或21)

　　　˙→高轻　˙→中轻　˙→低轻

（→＝变）

下面我们将三字组的声调和变调,按阴、阳、上、去、轻挨次搭配,再按语法结构分为(a)双单格和(b)单双格两类,各举一例,列表如下:

表1　普通话三字组连读变调举例[②]

(a)　双单格　(b)　单双格　1.阴平　2.阳平　3.上声　4.去声　0.轻声

[①] 参看本书162页注[①]吴文的附注[9]。关于普通话声调在音系学(phonology)上的规则,对四个声调我们定为 H. R. L. F(高、升、低、降)。其中上声 L 有人定为 FR(降升)的,我们因为在每个说话人自己的调域内,上声无论是平是曲,和一切别的声调相比总是最低的,用 L(低)就足以代表了。参看本书162页注[①]Z. J. Wu 文,p. 97。

[②] 本表按三字组的首字和次字的四个声调(阴、阳、上、去)加上末字的五个声调(阴、阳、上、去、轻)每调互相搭配,依次排列。从赵元任例,按1、2、3、4、0代表这五个声调。

三字组的并列格变调规律与双单格同。次字为轻声的规律,下文另述,不列表内。

(1) 首字为阴平

	1 1 1	1 1 2	1 1 3	1 1 4	1 1 0	(4)
(a)	高中生	公安局	新街口	先锋队	新衣服	
(b)	开天窗	说英文	刚开始	新出现	说清楚	

	1 2 1	1 2 2	1 2 3	1 2 4	1 2 0	(5)
(a)	牵牛花	清华园	西洋景	三河县	经常的	
(b)	开房间	当农民	喝凉水儿	出洋相	发脾气	

	1 3 1	1 3 2	1 3 3	1 3 4	1 3 0	(6)
(a)	山海关	商品粮	公主岭	生产队	冲垮了	
(b)	开小差	他老来	一转手	花手绢儿	真感激	

	1 4 1	1 4 2	1 4 3	1 4 4	1 4 0	(7)
(a)	嘉峪关	炊事员	修配厂	天下事	拥抱着	
(b)	挖地边	翻麦田	张校长	新战线	三少爷	

(2) 首字为阳平

	2 1 1	2 1 2	2 1 3	2 1 4	2 1 0	(8)
(a)	石家庄	年轻人	独生子	长辛店	河沟里	
(b)	穷书生	迎新娘	忙生产	全公社	别摔着	

	2 2 1	2 2 2	2 2 3	2 2 4	2 2 0	(9)
(a)	同情心	圆明园	能言鸟	白杨树	桥头上	
(b)	回农村	别着急	奇男子	驮皮货	谁疼我	

	2 3 1	2 3 2	2 3 3	2 3 4	2 3 0	(10)
(a)	石景山	南马河	王府井	男子汉	头顶上	
(b)	刘巧珍	埋死人	锄野草	刘本义	寻女婿	

	2 4 1	2 4 2	2 4 3	2 4 4	2 4 0	(11)
(a)	文化宫	德胜门	十样锦	合作社	学校里	
(b)	前半天	王亚萍	红药水儿	白市布	急性子	

(3) 首字为上声

	3 1 1	3 1 2	3 1 3	3 1 4	3 1 0	(12)
(a)	牡丹江	广安门	洗衣粉	普通话	紧接着	
(b)	小秋收	老江湖	走西口	煮鸡蛋	傻姑娘	

	3 2 1	3 2 2	3 2 3	3 2 4	3 2 0	(13)
(a)	水银灯	火成岩	漂白粉	米黄色	嘴皮子	
(b)	写文章	老黄牛	马局长	有文化	好学生	

	3 3 1	3 3 2	3 3 3	3 3 4	3 3 0	(14)
(a)	五指山	马场坪	展览馆	保险柜	古老的	

| | (b) | 打冷枪 | 小女儿 | 老两口儿 | 老百姓 | 小老婆 |

---

		3 4 1	3 4 2	3 4 3	3 4 4	3 4 0	(15)
	(a)	火焰山	水蜜桃	履历表	小卖部	美丽的	
	(b)	讲卫生	走后门儿	老战友	打电话	老样子	

(4) 首字为去声

		4 1 1	4 1 2	4 1 3	4 1 4	4 1 0	(16)
	(a)	半边天	信天游	上甘岭	汽车站	叫花子	
	(b)	热加工	大兵团	暴风雨	逛商店	换衣服	

---

		4 2 1	4 2 2	4 2 3	4 2 4	4 2 0	(17)
	(a)	自行车	一群人	大门口	自留地	睡着了	
	(b)	大麻风	大黄鱼	半流体	不习惯	犟脾气	

---

		4 3 1	4 3 2	4 3 3	4 3 4	4 3 0	(18)
	(a)	二里沟	大马河	自己走	驻马店	最好的	
	(b)	这几天	这两年	热处理	睡好觉	二小子	

---

		4 4 1	4 4 2	4 4 3	4 4 4	4 4 0	(19)
	(a)	正式工	大渡河	岔路口	自动化	半旧的	
	(b)	大丈夫	大自然	大记者	旧社会	凑热闹	

二、三字连读的声调变化与语法结构关系

由上表可以看到，双单格和单双格两种语法结构的变调，除大部分没有区别外，在有些组合中是不同的。造成这种情况有多方面的原因，有些是由于这个字组常用或罕用的关系，有些就是由于说话人的习惯了。现在把三字组的首字、次字和末字在双单和单双两种结构中的变调规律，以及并列结构的变调规律分述如下：

1. 首字变调规律

在双单格中，首字一般按两字变调规律来变调。不过，在三字组中，首字一般读得短些。首字为上声时，也按两字变调规律视后一调之不同而变成半上或阳平。首字为去声时，一般读成半去。在单双格中，只有上声的首字有变化，其余大都与双单格相同。如果三个字都是上声，首字就变半上，如果强调了首字的意义，则也会变阳平。例如：

　　我要 买 好 酒　　　　　　　　　　　　　　(20)
　　…… ⸜ ⸝ ⸜

这句话是强调了"好"字，如果强调了"买"字，就变成这样：

　　…… ⸝ ⸝ ⸜[①]　　　　　　　　　　　　　　(21)

2. 次字变调规律

次字在三字组中，调势上起着承前启后的过渡作用，因此它和首字、末字的调势有密切关系。而且由于它自身声调的不同，而有不同的变调规律。次字的变调表现出三字组的变调特点。现在根据次字的四种声调分述其规律如下：

---

① 参看本书 162 页注①吴文 442—443 页。

(1) 次字为阴平。这一类比较稳定,在各种环境中一般不变调。不过如首字为阴平而末字的调头是低的(阳平与上声),次字调值就比前一调稍低一些。例如:

开天窗　新街口　公安局　　　　　　　　　　(22)
˥˥˥　　˥˥˧　　˥˥˧

这是因为如首末俱高,中间的调就保持了相当的高度。如首高末低("口"、"局"的调头都较低),中间的调形就顺势而降低一些。不过这并不影响调位的分类,在音系上仍定为阴平调。

(2) 次字为阳平。这一类变化较大。它不但受首字的影响,也受末字的影响。如果首末两调均高(首字的调尾、末字的调头均高,即首字是阴平或阳平,末字是阴平或去声),次字就变成类似阴平的调形,一般就把它归入阴平。[①] 例如:

高兰英　出洋相　梅兰芳　　　　　　　　　　(23)
˥˥˥　　˥˥˧　　˥˥˥

参看图 2:

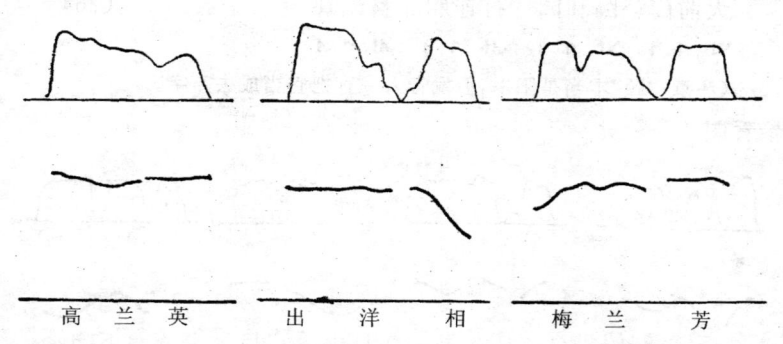

高　兰　英　　出　洋　相　　梅　兰　芳

如果首字高而末字低(首字的调尾高,但末字的调头低,即首字是阴平或阳平,末字是阳平或上声),在双单格中,次字是先高后低,

---

① 参看本书 162 页注①吴文 442—443 页。

成为高降的过渡。例如:

    清华园　鲜鱼口　前门牌儿　闸流管 (24)

参看图3:

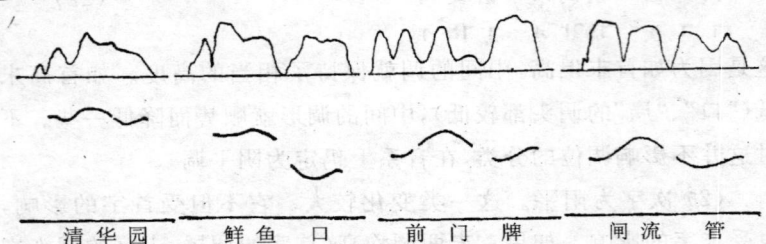

清华园　鲜鱼口　前门牌　闸流管

但在单双格中,次字仍维持阳平本调。例如:

    当农民　喝凉水　别着急　没合眼 (25)

首字的调尾如较低时(半上或去声),则次字的阳平多保持本调,它不受单双限制,也不受后面末字调的影响。例如:

    大前门　颐和园　打连厢　整流管 (26)

(注意:"颐"本当是阳平,但发音人一直把它当成去声字。)

参看图4:

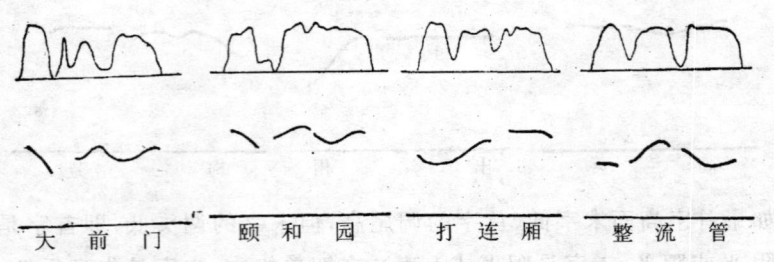

大　前　门　颐　和　园　打　连　厢　整　流　管

从以上各图可以比较一下"高兰英"与"梅兰芳"两组。由于末字都是高平调的阴平,次字就顺势而高、变成阴平。再将"前门牌"、"闸流管"与"大前门"、"整流管"两组中的次字来比较,可见由于首字调尾高低的不同,前一组的次字变高降而后一组不变。

现在再把首字、次字均同调而末字不同调的四个三字组来比较,更可清楚地看出次字阳平受末字调影响的程度。例如:

和平街　和平门　和平里　和平路　　　　　　　　(27)

参看图5:

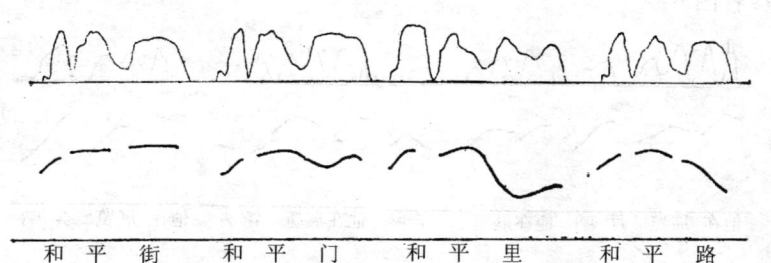

（3）次字为上声。如首字末字都不是上声,则次字变半上。例如:

商品粮　生产队　开小差儿　花手绢儿　　　　　(28)

如首字不是上声而末字为上声时,则次字的上声变阳平。例如:

公主岭　锄野草　自己走　　　　　　　　　　　(29)

如三个字都是上声时,则按语法结构的不同,可以出现两种情况:在单双格里,次字一般变阳平,而首字变半上。例如:

好领导　省美展　打死狗　　　　　　　　　　　(30)

但在双单格里,则首字变阳平而次字成中降的过渡调。例如:

展览馆　保险锁　打死你　　　　　　　　　　　(31)

这个过渡调视前后所接调势的不同,可以读得有些高低不同,但一般都是中降的调势,现在一律用 42 的调符代表。这种过渡调常被读快了成了轻读,但在正常速度下,它是和轻声不同的。

现在再把"展览馆"和"保险锁"的末字换成其它声调,嵌在语句中,用正常语气说出(即不加快、不强调的叙述句),可以看出这个次字过渡调除末字为上声外,一般不受末字调的影响。例如:

他在展览( )呐(括弧内换用"厅、台、馆、会"四字) (32)

参看图6:

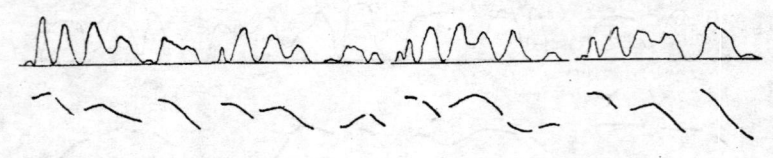

他在 展览 厅 呐　他在展览　台呐　他在展览　馆呐　他在展览 会 呐

又:

你做个保险( )吧(括弧内换用"箱、门、锁、柜"四字)(33)

参看图7:

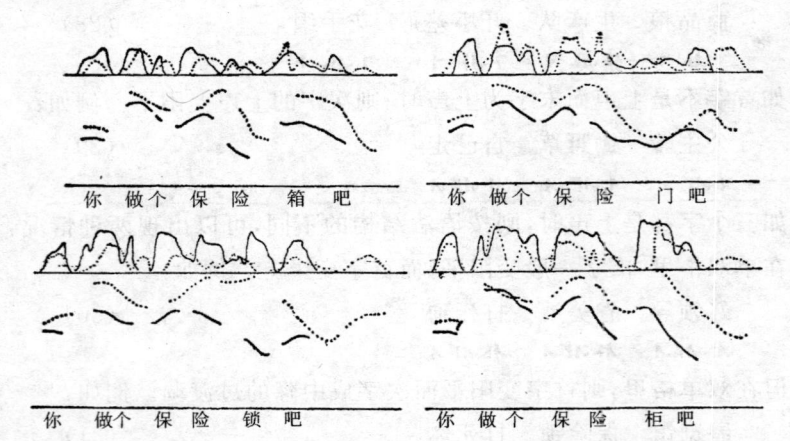

你 做个 保险　箱 吧　　　你 做个 保险　　门 吧

你 做个 保险　锁 吧　　　你 做个 保险　柜 吧

例(33)为男女两人的发音。图中的实线是男、虚线是女。图中第三组"保险锁"是三个上声连接,可看出两个发音人的歧异。男发音人按双单格规律变调,"保"读成阳平,而"险"是过渡调。女

发音人也把"保"读成阳平,而"险"读成高平调,结果如下:

……保险锁……　　　　　　　　　　　　　　　(34)

这个"险"字,本来应该受后面"锁"字的影响而变阳平的。但是前面还有一个"阳平"(这个阳平不问是否本调还是变来的调),次字就变成高平调,而为阳平的变体。试把此图和图3的"闸流管"、图5的"和平里"比较,便可看出他们相似之处。这类两级式的连锁反应的变调规律,恐怕也是"意在声先"的一种现象。因此如只从各调形式来看变化,似乎规律太多,但如推本溯源,根据本来调位及其变调规律来分析,就能说明问题。①

这种两个发音人的变调歧异,也会在同一发音人的前后口语中出现。有一句广播材料:"他的画连省美展都通不过。"我们请一位发音人单说"美展"和"省美展"两个字组,其中三字组因系单双格,前后两"美展"的变调就该相同。但结果是:

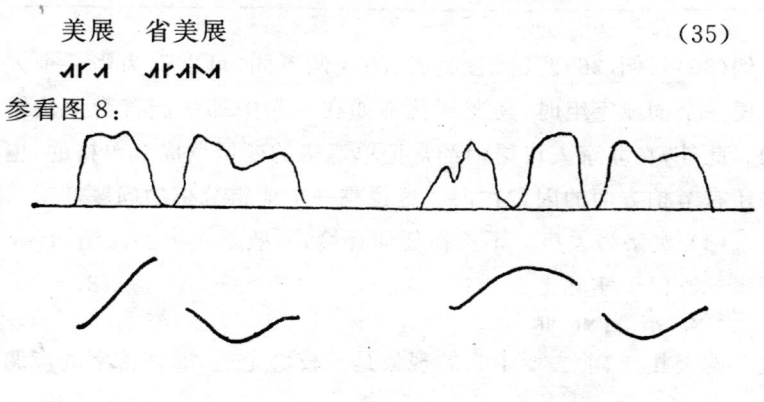

美展　省美展　　　　　　　　　　　　　　　　(35)

参看图8:

---

① 参看 Y. R. Chao: *Mandarin Primer* p. 110—113 各次字末字都是上声的例。在首字为阴、阳、上三声时,次字是上→阳→阴;但首字为去声时,则只是上→阳(首字为上声时,因上已变阳,按首字为阳平的规则处理)。

上例的三字组的次字成过渡调。证明这个三字组被说成双单格了。这在北京口语中是常见的现象。但是,当这位发音人把上述三字组嵌入语句中连读时,就不自觉地把它改正,仍读成单双格的规律,如:

他的画连省美展都通不过 (36)

参看图9:

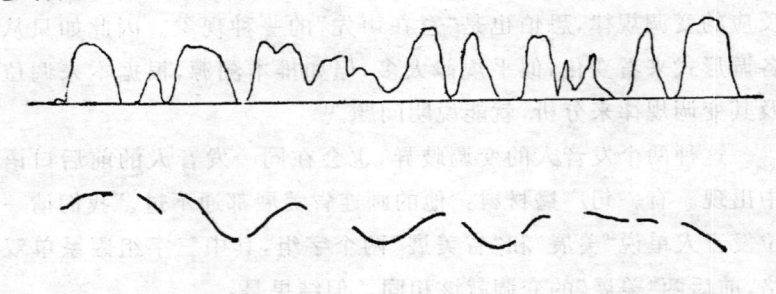

从例(35)与例(36)两组"省美展"的变调不同,可以认为当一个人单说一个词或字组时,其变调就不如在成句中那样能符合语法结构。此外,在北京人口语中经常把单双格的变调读成双单格的,也许还有节拍方面的因素在内。这也是一个值得分析的问题。①

(4) 次字为去声。不论在任何环境,一般是变半去。例如:

德胜门　实际上 (37)

这个两去相连、前去变半去的现象是比较稳定的,即使首字的声调

---

① 三字组的单双读成双单,可能是由于三字组的节拍一般是××　×,而不是×　××,如果说话时不注意语义(譬如不假思索地就说出一个词或字组)时,就会按节拍习惯读双单格,因而变调也服从了双单规律。这种节拍能影响声调的现象,汉语连读中是常见的。

参看图10：

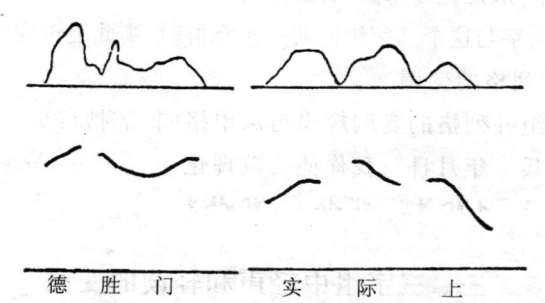

德 胜 门　　　实 际 上

不同，次字的半去调型总是不变的。例如：

听电话　来电话
┐ ㄦ ㄦ　┥ ㄦ ㄦ

打电话　去电话　　　　　　　　　　　　　　　　　(38)
ㄟㄦㄦ　ㄦㄦㄦ

参看图11：

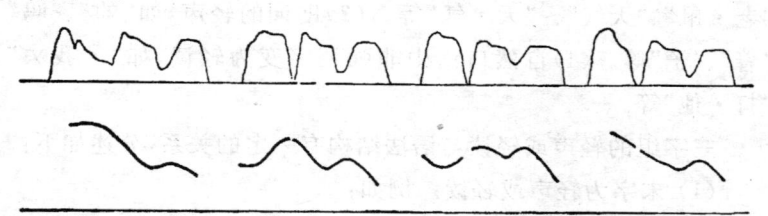

听 电 话　　来 电 话　　打 电 话　　去 电 话

这里值得注意的一个问题是，当首字也是去声时，三个去连成一个调势，次字就变成中降调了。

此外，在北京口语中也常常听到，三字组中的次字、末字都是去声时，则次字常变阳平（因此表1中的(7)(11)(15)(19)各例的第四列都可以有两种读法，它们可又作如下的变调：

自动化　打电话　　　　　　　　　　　　　　　　(39)
ㄦㄦㄥ　ㄟㄦㄥ

3. 末字变调规律

在本文表1中的一切组合，末字除轻声或轻读者外，基本上维持其本调,但一般是比原来的调值低,而调型不变。末字如为上声、而后面还有别的字与这个三字组同属一个意群时,则此上声变成半上。

4. 并列格的变调

三字组并列格的变调规律与双单格同。例如:

工农兵　年月日　我你他　数理化　　　　　　(40)

三、三字组中轻声和轻读的变调

轻声只有在次字或末字上出现,不能单独存在;而轻读则常在首字上出现。三字组在快读时或在句尾时,则次字、末字也会变成轻读。我们曾把轻声或轻读共分为四类①:(1) 有辨义作用的轻声,如"兄弟"≠"兄·弟"、"东西"≠"东·西"等。(2)"可轻声",如"老鼠"~"老·鼠"、"天气"~"天·气"等。(3) 助词的轻声,如"的"、"吗"、"着"、"子"等。(4) 自然口语中非强调字变为轻读,如"·我去"、"打·他"等。

三字组的轻声或轻读与语法结构有一定的关系,分述如下:

(1) 末字为轻声或轻读。例如:

双单格:　学校里　紧接着　嘴皮子　　　　　　(41)

单双格:　傻姑娘　新衣服　别冻着　　　　　　(42)

(2) 次字为轻声或轻读。例如:

双单格:　老鼠洞　土地庙　琉璃厂②　　　　　(43)

---

① 参看本书162页注①吴文的2、1、3节。

② "琉璃厂"的"璃"字在图12中可以看到它的曲线并不短,不过因为是急降势,所以在时间上仍是短的。还有因为末字较长,相对来说这个次字听起来就像轻声。

单双格： 下不来　李大妈　三姑娘
　　　　　　ˇˇˋ˙　ˇˋ˙　ˉ˙ˇ　　　　　　(44)

由上例可见,三字组中的轻声或轻读,在一般情况下还是以二字组的规律为基础的。只是在次字中轻读时较多。现在试把双单格中的末字去掉,变成二字组,则次字仍可读轻。如把单双格的首字去掉,次字就不能读轻了。这个次字读轻就是三字组的变调特点之一。次字的轻读有时也读成过渡调,视说话时的快慢及个人习惯而异。

例如：

　　琉·璃厂　　也可作　　琉璃厂　　　　　　(45)
　　ˉ˙ˇ　　　　　　　ˉˉˇ

参看图12:

|琉　璃　　厂|土　地　庙|

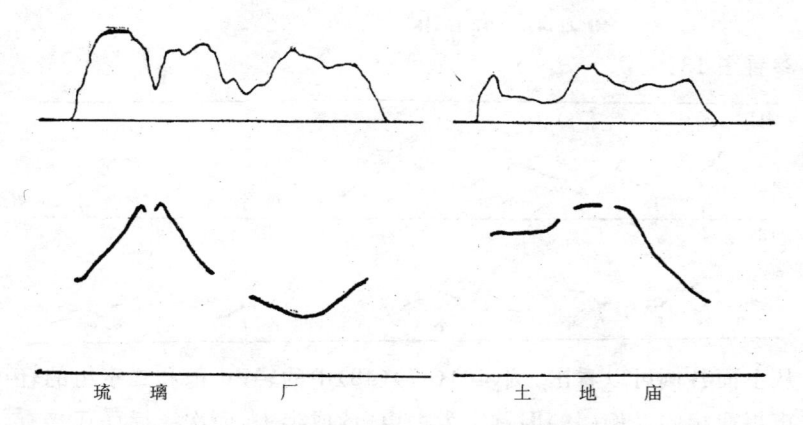

轻声的等级,有的文献把它定为二级到四级不等[1]。我们曾把二字组的轻声定为三级,就是:在阴平、阳平后读中轻调,在上声后读高轻调,在去声后读低轻调。这在二字组中而后面没有紧接意义的字(同一意群)时是这样的。但是在三字组中,次字有担任

---

① 参看本书162页注①吴文附注[11]。

过渡调势的作用,次字如是轻声,它的高低有时就要随前后调势而有所调整。

这里试举一例。把"一个厂"、"两个厂"到"十个厂"的十个三字组嵌在"他现在领导×个厂啦"的句中,作了实验分析,结果如下:

  首字阴平:三个厂   (46)

  首字阳平:一个厂 七个厂 八个厂 十个厂 (47)

  首字上声:两个厂 五个厂 九个厂   (48)

  首字去声:四个厂 六个厂   (49)

参看图 13:

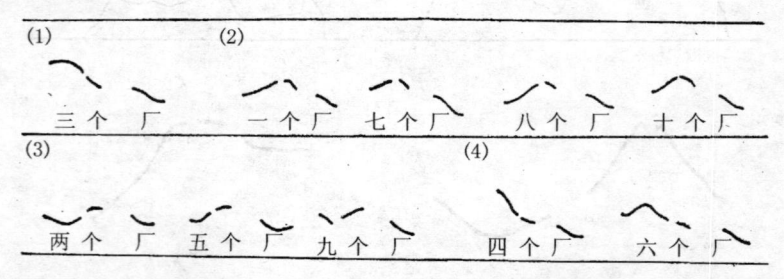

(1)   (2)

三 个 厂 一 个 厂 七 个 厂 八 个 厂 十 个 厂

(3)   (4)

两 个 厂 五 个 厂 九 个 厂 四 个 厂 六 个 厂

从上面各例可以看出,例(46)(47)(48)中的轻声,都和二字组的轻声规律相同。例(49)因首字为去声,读成半去,而次字后面还接有低降调,因此次字的轻声等级就不能太低、而变成中轻调。在图 13 中可以看出这一组中的顺势而下的调势。①

---

  ① R. G. Schuh:"Tone Rules"一文中曾论及北京话三字组中次字为轻声的变调规律,他说:轻声在二字组中随前调而分为两个等级,如"他的"、"谁的"、"你的",也就是轻声在低调后变高,而高调后变低。但在三字组中如"学得会"、"两个人"

现在如果再把以上四个组中的次字(轻声)全部取消,而只说成两字组,如"一厂"、"二厂"……,结果它们的调型就会和二字的基本调型相符合,但这些调型同原来的三字组基本相同(只有"一"、"七"、"八"三个字会变成阴平)。可以拿图1和图14的相应调型相互参照。这可以认为这个轻声"个"字本身并没有固定调位,而只是占用了首字调尾走势的一部分,然后再和末字的调头相接的。只是在音长上,三字组可以比二字组长一些。

此外还有三字组末字的儿化问题。有些三字组在北京口语中带儿化尾,而不一定影响意义。如例(5)中的"喝凉水儿"、例(6)中的"花手绢儿"等等。这类儿化只是音色上的问题,一般不占用时间。儿化的声调随末字而变,它基本上是末字调势的一部分。①

四、三字组中叠字的变调

三字组中的重叠字(二叠字)有前叠(首字与次字相同)、后叠(次字与末字相同)和跨叠(首字与末字相同)三种格式。前叠格都是双单结构,但次字变成轻读。例如:

⊥⋈,次字的轻声几乎与二字组相反,现在是轻声在低调后变低、在高调后变高了。他认为这是同化作用。(此文载入 V. Fromkin 编的"*Tone, a Linguistic Servey*", Academic Press, N.Y. 1978, p. 238).他这说法在一定的条件下是对的,但实际上轻声(特别是轻读)不完全单视前调而定,而是同时随看前后的调势来调整的。这在正文本节中已有说明。试将 Schuh 的例句"学得会"改为"学得好",其结果将是⋈⋈而不是⋈⊥⋈,这是因为后者末字的调头低,而前者末字的调头高,就影响了轻调的等级。同样,他的例句"两个人",如果改为"两个饼",其结果将是⋁⋁⋎或⋁⋎⋈,而不是⊥⊥⋈。这是因为后者末字的调头低,如果三字都是低调就不好读,于是就把次字轻调变高了。这种调势也与上上相连的变调相符合。所以次字轻声的等级不能孤立地只看前调而定。至于双单格的三字组,因为可以作为两个基本单元处理,次字的轻声等级就不一定会被末字所影响。

① 赵元任先生很早就指出儿化不占音节、只是给前面的元音添上 r 色彩。这也足以证明儿化的声调只是所属字调的一部分,而本身没有固定调型(至于北京老派方言中有把儿化读成完整的"儿"字的,则不在此例)。

步步高　天天穿　摇摇头　散散步　　　　　　　(50)

上例的"散散步"三字都是去声，除了上述规律外，还有把次字读成高轻调的，如。假如把去声的末字换成其它声调的字，例如："散散心"，则次字只能是中轻调而不会变高升。这可以看出，在前一例是次字调要和末字调头相应而变高，后一例则是次字调和首字调尾相应而变低。这又是一个属于韵律特征的问题。

　　前叠格还有一类是形容词的三字组，末字是助词，读轻声。例如：
　　轻轻的　冷冷的　甜甜的　辣辣的　　　　　　　(51)

在上面各例中，次字均读本调。但叠字是去声时，有时也会把次字读成阴平，而且是较长的调，不同于上述的"散散步"等例。

　　后叠格都是单双格结构①，次字不变调，但有时次字读得短些，有似轻声。例如：
　　凉悠悠儿　热烘烘　孤零零　软绵绵　　　　　　(52)

　　跨叠格是一种 XYX 式的组合，变调和例(52)的各组相同，次字一律读轻声或轻读。例如：
　　来不来　看一看　有没有　　　　　　　　　　　(53)

五、三字组调型在语句中的变化

　　如上所述，三字组的变调大多数服从双单或单双组合的变调规

---

① 吕叔湘先生主编《现代汉语八百词》表一中列有后叠三字词三百多个，叠字为阴平、阳平的占绝对多数，而上、去二调只占百分之一强。而且其中有的还读成阴平，如"硬朗朗"。

律,但也有自己的变调特点。同时三字组只要成为一个调群,它的起讫调势就也和一个短句相同。这样,三字调在语句中也就具备了作为基本单元的条件。它也和二字组一样,在不同语气的句子中(除快读句外),调型是基本上不变的,而只是在调域或调阈上有些变动。

在快读的语句中,三字组的调形也有较大的变动,它常常会失去原有调型而成为一连串调域很小的平顺的调势①。这里举一个例:

了解　　了解我　　　　　　　　　　　　　　　　(54)

把上面的三字组放在一个语句中,就成这样:

你怎么还不了解我?　　　　　　　　　　　　　　(55)

参看图 14:

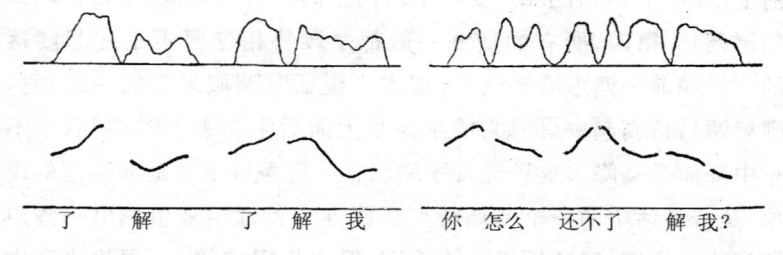

从图中可看出二字组的"了解","了"变阳平而"解"成半上。三字组的"了解我","了"与"解"都变阳平。到例(55)的语句中,这个三字组列在句尾,调域压缩,成了一连串顺势而下的调形。这里还可看出一个现象,它虽是一个疑问句,句尾调阈似应略高,但由于句中有了"怎么"这个疑问助词,句尾就和叙述句一般,调阈不再上升了。②

---

① 参看本书 162 页注①吴文 3.3 节。
② 参看本书 162 页注①吴文 3.2.2 节。

六、结语

　　从本文所举各例来看,三字组的变调情况所涉及的因素很多,如前后邻调的关系,语法结构的关系,口气强弱的关系,轻重、节拍的关系以及说话人的习惯等等,都足以影响调形。但是,如果我们不从调值的变化上去看,而只分析其调势,特别是在本文各有关语图中可以看到,三字的调势还是有规律可寻的。我们可以把三字调形的变化归纳为几点规律:第一,除上声外,三个字调相连时是有一条起伏平顺的调势的。第二,拿次字来说,它是随首字调尾的高低和末字调头的高低来决定自己的调型的。第三,两上相连时,前上低(半上)则后上高(变阳平),前上高则后上略低(变过渡调或句尾调)。第四,所有的变调一般都是顺势相连而不是陡起陡落的。但如前一调形降至最低(即本人说话时调域最低的一级)时,则后调另行高起。(例如:前字为半上而后字为去声时,则后字不是中降而是高降。)这种经常平顺而在一定条件下才陡起陡落的现象,是普通话中的一个变调特点。西方学者近年来想找出一些声调变化的规则,以适用于一切语言,但这是困难的[①]。因为语音中

　　[①] 近十年来西方语言学者在音系学研究的基础上,对非声调语言和声调语言中的变调问题,已有较深入的研究,而不限于传统的语音音变现象了。他们对世界各语言的声调、语调变化,创立了一些规则。除"同化"、"异化"外,还有其它若干现象如"延伸"(spreading)、"极化"(polarization)、"吸收"(absorption)、"简化"(simplification)等等。可参看 I. Maddisan:"Universals of Tone",载 *Universals of Human Language*, Vol. 2. Phonology, Stanford University Press, 1978, pp. 349—353;R. G. Schuh:"Tone Rules"(见本书182页注①;又 G. Brown 等:"*Questions of Intonation*", Croom Helm, London, 1980, p. 37. 他们一般认为,两调相连的同化作用的变调,是后音节每随前音节的调尾而变。又:一个非重音节在两个重音节(非轻读)之间时,受到前后的影响而变调的程度是不平衡的。这些规则可作为分析汉语变调的参考。

的有些变调属于生理现象的(如声带颤动的惯性与同化作用),还可以认为这是人类语音的共性(虽然实际还并不如此简单),但有些是属于历史演变的(如上上相连、前上变阳平之类)[①],以及属于偶然或社会原因的(如一时风尚的音变、外来借字的移植等),就没有什么共性可言。因此也就很难定出一套通用的规则了。

我们在声学实验的声调曲线上还可以注意到,一个音节的调形在仪器显示或记录纸上看到的是一个有升降曲折形状的调形,而人们从听觉上感知的却往往会听成平调或单向调(例如图2的"梅兰芳"、图3的"清华园"中的次字,在图上都是升降调形,但听起来却是高平调,因此过去就把这个次字定为阴平变调)。这是因为听觉上总是接收一个字的调头、中段而忽略了调尾,造成主观与客观上的差异[②]。同时在分析变调规律时,应该审度调势而不能执着于调值。这些都是声调分析上要注意的问题。

本文采用的例句(包括文中未列而已经收集的例句),虽然大部分是录自实际口语,但各例句中的声调搭配率并不平衡,不能符合作统计处理的要求。因此本文的分析一定不够全面,例证的遗漏和结论的错误在所难免。我们现在只是根据常见的三字组例句,用调势的概念来初步找出它们的一些变调规律,并给它设定几条音系规则,作为本文的结束。

[①] 上上相连的变调,也可以说是"极化作用"。过去我们曾试用韵律的抑扬作用来解释,但不能令人满意。因为现代汉语中许多北方方言大都有这个规律,上上相连,前上都变阳平,所变的是调类,而调值的变化在有些方言中是不能用抑扬的韵律来解释的(参看本书162页注①吴文的附注[14])。所以有的语音学家认为语音音变的原因是多方面的,不能强为之解,更不能用生理现象来概括(引 P. Ladefoged 语)。

[②] 赵元任先生把三字组中的阳平次字在首字为阴平或阳平时的变调定为阴平,这是听觉上的判断。这种在听觉上对一个字调重前不重后的特点,在其它语言中也是如此。参看 G. Brown:"Questions of Intonation" p. 37.

三字组变调规则

1. 三字组的首字、末字变调，与一个短句的首尾变调相似。首字如不是轻读，就按二字变调规律变调。如是轻读，就常成为随后一字而变的轻读调。

2. 三字组的次字，调形视前后调形而变。次字的调形头、尾分别与首字的调尾、末字的调头相邻接，在整个调势上相呼应，成为顺势的曲线（或直线）。这个次字调往往脱离本调而成为这一组调势的过渡。它一般受首字影响较大，受末字影响较小。这个过渡调在快读时成为轻读。

3. 在加速语句中，整个三字组的调域会被压缩，调形被"拉平"到一定程度，以致失去本调或变调后的调形。

4. 三字组变调与语法结构有一定关系，它主要是按单双或双单格的不同而决定首字和次字的变调。在日常口语中，单双格的变调也常变成与双单格的相同，而不受语法制约。

5. 三字组的变调主要是语音方面的关系，而不是音位变调，与词义变化关系不大。

下面举几个音系规则的表达式，所用符号除通用于现代音系学分析的以外，其余在此略加说明。

H　　高平调（阴平┐）

R　　高升调或中升调（阳平╱，╱）

L　　低降升调（上声∿）

L'　　低降、低平或低升调（半上╲，∟，╱）

F　　全降调或高降调（去声╲，╲）

F'　　中降调或低降调（半去╲）

N　　轻声或轻读

N_1　　高轻调（上声后的轻读·╎）

N_2　　中轻调（阴平、阳平后的轻声·╎）

N_3　低轻调(去声后的轻声 ↓)

G　过渡调(随前后调形而变的次字调)

X, Y　除轻声以外的任一声调

∅　不变调

⌣　二字组

(1) 次字为阳平的变调规则

$$\# \ R \rightarrow H / \begin{Bmatrix} H \\ R \end{Bmatrix} \_ X \ \# \qquad (1)$$

(2) 三上声相连与语法结构关系的变调规则

$$\# \ [L+L] \rightarrow \begin{bmatrix} R+G \\ L'+R \end{bmatrix} / \begin{bmatrix} \underline{\ \ }+\underline{\ \ }+L(双单格) \\ \underline{\ \ }+\underline{\ \ }+L(单双格) \end{bmatrix} \# \qquad (2)$$

(3) 末字为轻声或轻读的变调规则

$$\# \ N \rightarrow \begin{bmatrix} N_1 \\ N_2 \\ N_3 \end{bmatrix} / X \begin{bmatrix} L \\ H, R \\ F \end{bmatrix} \_ \ \# \qquad (3)$$

(4) 叠字的变调规则(三字中的次字)

a. 前叠格

$$\# \ X \rightarrow \begin{bmatrix} N \\ \emptyset \end{bmatrix} / X \_ \begin{bmatrix} Y \\ N \end{bmatrix} \# \qquad (4)$$

b. 后叠格

$$\# \ Y \rightarrow [\emptyset, N] / X \_ Y \ \# \qquad (5)$$

c. 跨叠格

$$\# \ Y \rightarrow N / X \_ X \ \# \qquad (6)$$

(原载《中国语言学报》1984年第2期)

普通话四字组韵律变量的处理规则

提要 普通话中构成语句的意群单元,除二字、三字的组合外,以四字组的用途为多。它的字数虽不算多,但已具备许多不同的语法结构。它在口语和行文中,配合语流节奏,表达成语词汇,其间协同发音的表现非常丰富。它以二字和三字的协同规律为基础,受语法、语音和音系三个平面的规则制约,有其自身的变化规律。把四字组的韵律变量分析好,就为研究成句的语调、轻重和时长奠定了基础。

一、前言

人机对话中普通话连读的音色变化和韵律变化可分为两类:一类是"固然的",另一类是"或然的"(吴宗济,1997c)。对于"固然的"变量,说话人为了要表达某些事物,可以不假思索地说出,其中的音段和韵律自动会随语音、语法、音系三平面的规律而变;而对于"或然的"变量,则为了还要表达某种情感、口气,就在固然变量的"小浪"上,再加上了一些"大浪"的成分(赵元任先生语)。这样的分类,在传统语音学上似乎没有什么地位,但在人机对话的语音处理上,却有了新的内容。

过去的二十多年来,人们在各种合成系统中,为了追求合成语言的自然度,对字组或短语的固然的变量,花了很大气力,还难于达到满意的程度。但在最近形势有了变化。有的科研单位或企业,投入大量的人力物力,扩大了语料库,存储的已不是单字,而是整个的词或短语了。这样,固然的变量已经很完善地包涵在录音材料之内,而无需另行编制程序了。如此说来,以前所订出来的这些连读音变规则,似乎已完成其历史使命,而可以归入档案了。

但是事实倒不尽然。在语料库中,二字组和三字组的连读样品,或可存储得较为完备;但到了四字组合,由于语法结构的多样化,库存的未必能如此完备;因此在一定阶段,四字的韵变规则还是有其价值的。特别是这些不同的语法模式,正好作为取样和分类的标准。关于普通话四字组的连读变调规则,以前已有论文叙述(吴宗济,1988b,c)。现在再从人机对话方面的需要,根据实验研究结果,从理论和应用方面,叙述一下四字韵律特征变量规则的建立及其处理问题。

四字的组合在普通话中,无论是成词或短语,由于它在口语以及行文中,都要根据口语的节奏来作韵变的界限,因此在语汇中应用甚为广泛。四字组中韵律特征的变量,往往和其中各单音节的韵律原型差别很大,以致常被人当做语调来处理,结果形式繁多,难定规则,给处理上增加了不少难题。

现在来看看四字组和语法的关系。由于它的字数已足够成为短语,多数具备了完整的句型结构,如:主谓、动宾、偏正、并列等等。使其中的韵律特征变化的规律与语法规则的印合,得到充分表现,这是二字、三字所办不到的。因此分析了四字语法,可以掌握它的韵律变化规律;而韵律变化规律又可为语法研究提供有力的佐证。可见两者关系的密切。

现在再看四字组和语音的关系。四字是把几个单音连在一起说出的,其中没有停顿的可能,因此就能充分表现多种形式的协同发音效应。还有,它既是语言的一个组成成分,就离不了所属语种的历时和共时的音系规则的制约。因此,四字组的韵变,都体现出语音学三平面:语音、语法、音系规则的影响。在每一四字组中,此三者的表现:或同现,或独现;其变化过程:或独变,或递变,都视需要而定。因此,四字组在语音上可以说,"麻雀虽小,肝胆俱全"。特别是它的声调变化,如不溯本清源,是很难给它订定规则的。如果摸清了这三者的相互关系和其功能,抽蕉剥茧,分析出整句调形的表层现象与底层原型的来龙去脉,逐层加以解剖,只要在分析上掌稳方向,在处理上就有了办法。

  人们对话语中声调的感知,并不是听辨其音高的绝对频率是多少,而是感知几组音高后,归纳出一套声调动程的走势,和音高变量在调域中的相对位置和边界,来给大脑中存储的文字或事物对上了号。对话语中长短、轻重的感知,也并不是计较其绝对值,而是听进几句话后,就得出了说话人全局的快慢和重点的概念。这个理解的过程,看似模糊,实际却是在许多细节的基础上凝练出的结果(吴宗济,1997c)。

二、四字组的语法结构

  四字组的结构是由单字、二字组、三字组的搭配所组成的(吴宗济,1982,1985)。一般按语法可分为:双双、并列、单三、三单 4 种格式,其中的三字组本身又各有单双和双单两格,现在用 10 个例句表示如下:

      四字组的不同语法结构示例

(1)(双双格) A. ‖鸟语‖花香‖ B. ‖红│白‖喜事‖
        2   2   2   2
      C. ‖不知‖好│歹‖
        2   2

(2)(并列格) A. ‖喜│怒‖哀│乐‖ B. ‖一‖二‖三‖四‖
        1 1 1 1   1 1 1 1

(3)（三单格） A. ‖圆明|园‖路‖ B. ‖白|葡萄‖酒‖
              　　　 3　 1　　　　　3　 1

(4)（单三格） A. ‖西‖太平|洋‖ B. ‖打‖死|老虎‖
              　　　 1　 3　　　　　1　 3

　　　　　　　C. ‖如‖鸟|兽|散‖
              　　　 1　 3

　　上面的例句分为4类,每类又因其细部结构稍有不同,再分A,B,C各类。例字中的符号:"‖"是直接成分的分界,"|"是直接成分中按语法最小成分的再分界(这个再分界的分或不分,在一般话音中是没有明显区别的,但在某种特殊情况下就有分别,下详)。在自然口语中,话音的节拍和语法的结构不一定完全相符,常常是语法服从语音节奏,而全按双双格的节奏来说出的。不过,在人机对话的语音处理中,首先分析语法还是必要的。尤其是四字的语法,它和二字、三字都是语句中的基本建筑单元。把这几种的语法关系理顺了,音变和韵变的现象也就有了头绪了。

　　四字组合的一般情况已详上述。但在汉语中有绝大多数的成语或一些短语,由于修辞的需要,而有很多的"叠字",此两字常有轻重不同的读音。因其在四字中的位置及分布情况的不同,而有不同模式,因而在协同韵变上、产生非常丰富的节律感。现在把四字组中可能出现的8种不同组合的叠字类型,各举两例如下:

　　1. 前　叠　　AABC　　井井有条　　洋洋得意
　　2. 后　叠　　BCAA　　生气勃勃　　逃之夭夭
　　3. 双　叠　　AABB　　来来往往　　勤勤恳恳
　　4. 前跨叠　　ABAC　　大手大脚　　患得患失
　　5. 后跨叠　　ABCB　　得过且过　　靠山吃山
　　6. 双跨叠　　ABAB　　方便方便　　研究研究
　　7. 首尾叠　　ABCA　　头痛医头　　痛定思痛

8. 中心叠　　ＢＡＡＣ　　吃泡泡糖　　说悄悄话

以上从 1 到 7 组大都按双双格的节奏来说出。8 组的读法和前述第 4 类的 A 型相同，3 组的双叠在口语句中常需在句尾加一个"的"字，成为五字组，如："硬硬朗朗的"，"大大咧咧的"，"顺顺当当的"，"别别扭扭的"。

三、四字组的韵律变化

在语音分析中，因其变调的调形脱离原调型甚远，不易找出规律，于是常被认为是属于语句的语调变化，而给它订出许多的所谓"语调模式"。我们通过实验，证明所有的变调型式如前章所述，都是属于语言学三个平面的规则所制约的，即音系的、语音的和语法的平面。语音平面决定其协同发音的规律（如两调连读的同化，句尾调形的下降等）；语法平面决定其调变类型，韵律的长短轻重等；而音系平面则是通过本语言系统的韵变规律，在音位、调位之上，再建立韵律位，一切都以较宏观的规正公式来表达，明确地把量得的韵变数据，纳入区别性特征的符号系统中。

为了摸清韵变数据的底层数据，下文将选两个例句的三种变量的来龙去脉，逐层用图解来说明（图 1，2A，2B）。这一系列的变调层次，我们称为"连锁反应"（或"多米诺效应"）。各层次的一串的反应，是在说话人脱口而出的一瞬间不自觉地（意在声先）完成的。但在语句中的四字组，调形又混进了语气的成分，造成了混合调形[①]。分析时却需要把变调的本源层层理清，从全句的调形中把四字本身的调变模式筛选出来。此后所剩的变量，就是语调

[①] 笔者曾将口语中变量的性质分为两类：必然的，其发出是不自觉的，短语连读变调属此；或然的，其发出是意控的，语句的表情语调属此（吴宗济，1997c）。

的成分了。否则将会对语调的研究舍本逐末,为表面的假象所迷惑,而探索不到语调的实质。

本文命题是研究韵变规律,但主要着重声调变化的规律。这是因为声调的变化有固然的,由语法来确定;又有或然的,由语气来调节(见上节)。音强在四字组中的变化,基本上是和调变同步,有时还是由调变来代替的(吴宗济,1997b)。至于时长,在四字组中随语法关系而有一定的长度,也是固然的;其变化则是属于语调的。此二者都比调变简单,将在下章合并叙述。

现在再谈谈调变与语法的关系。先说普通话的二字组。两字相连即具备了语法功能。其结构无论是主谓,是动宾,是词或字组,都按通用的二字变调规律变调。也就是说,除轻声外,二字组的变调与语法结构的类别关系不大(吴宗济,1982)。三字组的连读成一意群时,就产生了与语法有一定关系的变调规律。它是按一个大意群中的小意群的搭配而形成其变调的。三字组的语法分单双格和双单格两类。由双字的直接成分先变,一般是除上声组合外,次字都读得轻而短些。如为三上相连,就复杂些。例如"好厂长"和"厂长好"两个三字组的语法结构不同,前者是单双格,后者是双单格。它们虽同是三个上声连读,而变调却不相同。两组中的"厂长"都是二字词,是最小单元的直接成分,为一意群。其中的前上变为阳平(可称为"变阳",在连锁变调中,与真阳有别)。现在来看前一个三字组,首字为"好",因其后是变来的阳平,已不是上声,就按阳平的功能,而使"好"读成半上。再看后一个三字组,"好"为句尾。如在语句中,可有两种读法:如重读则为全上,如轻读则为半上(吴宗济,1990a)。

语句中的四字组合有的是成词,也有成语和短语,都是由如前所述的 4 种格式为组成成分的。变调规律的三平面中,主要以语法结构或意群为划分短语段的依据。因此,四字变调可以说是从"词组变调"发展到"语句变调"、从语音的低层面提高到语言的高层面的临界单位。因为它把语法上的种种结构差不多都能表达了。四字连读的音变和韵变,按协同发音规则,大都属于把单字的"底层的音型和调型"(单字的固有音色和调型)作"离格"(不到位)处理(例如边缘元音的趋央,连接调形的平滑等)。其中除上声和阳平,在某些连读中,需要订立各自的变量规则外,其余都可应用平滑、延伸及过渡(跳板规则,见吴宗济,1988)处理,就能得到一定的自然度。下节对上声和阳平两种比较特殊的变化规律作较详的叙述。由于两上连读后,前上会变阳平而服从阳平的规律,就先谈阳平的变调。

四、阳平的变调

普通话两个阳平连读,各成"离格"现象,前后调形在连接处各自"让步"(省略)一些,或可称为"半阳"(两去声相连,也是如此,通称为"半去"。见吴宗济,1982)。在三字组中,如次字是阳平而首字为阴平或阳平时,则另有变调规律。赵元任先生早期在其多种汉语语法和教材中曾提出:在三字组中,首字为阴平或阳平时,阳平的次字会变为阴平。按他所举的各组例字,末字多数为阴平或去声,如"梅兰芳"、"隆福寺"等,只少数为阳平或上声,如"还没完"、"葱油饼"等。但不言而喻,末字是不限调类的。这个规则一向被有些语音著作引用,我们现在从实验中发现,这个规则在现代普通话中是适用的;不过,同时也发现了另外一种变调形式,首字为阴平或阳平的三字组中,如末字为阴平或去声时,次字阳平是照此规则读成"阴平"的(实际是高平调);但是,如末字为阳平或上声时,则读成类似去声的高降调。这两种读法在北京人中占什么样的比例,未经统计,不能断定;但初步考察,读高平的多为"老北京";而读降调的则多为中青年,而且在同一说话人,两读是不会混用的。我们在实验中还发现一些有趣的现象：次字阳平在不同的末字调前，读成平势或降势，是由于被前后相邻的调势所影响而造成的，如前字尾和后字首的调阶都高，次字就读成高平；如前尾高而后首低，就读成高降。这可称之为服从"跳板规则"的过渡调，是"协同变调"的一个通则。那么，有些次字，不限何调一律读成高平的，又有何说呢？我们分析了许多调图，发现凡用"老派"读法的，由于次字成了高平，于是所有末字为上声的，调首就变成高起（214变成了514），末字为阳平的，也差不多都变为高平调型了。如再通盘研究一下，更发现这两种读法虽都是"搭跳板"式的同化作用，但变调规则却有所不同。试分析此三字中的变调性质：如次字读高平，首、次间和次、末间的变调都为顺同化；如次字读高降，首、次间的变调也为顺同化，而次、末间则为逆同化。在同一方言，同一字例，而不同人的变调规则不同，这也许是语言学中值得研究的一个现象？

四字组中的阳平：如在单三格的三字组中，一般也和上述规则相同。但在三单格的四字组中，如其中的三字组和上述的三字组相同，次字已变为阴平，而第三字为阳平时，则三字也要和末字同化而变为过渡调。

三字中次字阳平的变调，有一个有趣而值得研究的现象。如前述的首字为阴平或阳平，次字的阳平，视末字调头的高低，而变为高平或高降，这是属于语音平面的过渡规则（跳板规则）。但阳平的高升调形在三字、四字组中出现率相当多，这是因为其中有不少的阳平，本身并非阳平，而是由两上连读中，前上变来的高升调。我们可称之为"变阳"（本文在下节中用"*阳"表示由上声变来的阳平）。它在语流中，也照样按阳平的规则变成过渡调。这在平常口语中是可以鱼目混珠的。不过，当某一变阳的字在话语中需要特别强调时，它就不和真阳平一样（真阳平是变成全到位的高升调），而还原成为全上的低降升调了，这应该是属于音系学的规则

（我们试称之为返祖现象，将在下面详述）。因此，在动态语音中，真阳和变阳在音系学规则中是有区别的（这就留给我们一个尚待思考的问题：返祖现象与重读的关系）。

五、上声的变调

普通话上声的变调现象，我们试查一下中外学者对汉语声调的论著，会发现以上声的研究为多。而其中对"上上相连，前上变阳平"的规律，是众口一词的（只有徐世荣先生曾提出"直上"与"上"有别的说法）。但对两个以上的上声连读变调规律，就众说纷纭了。其主要原因之一，恐怕是由于变调规则未分语音平面和音系平面之故。在我们的研究中，实验证明，在两字组合中（除轻声）虽没有语法结构的限制，但是它要兼受音系平面和语音平面的约束。两上声连读，前上变"阳平"，是音系的变调；上声与非上连读，前上变"半上"，是语音的变调，已如上述。语音变调按前后相邻（有时是隔邻）的音境影响而变，或展延，或同化，或省略，都属于"声调协同发音"的作用。音系变调则自有其历时音变的根源，如果也把它算作语音学的一种变体，或可称作语音的"极化"（或"异化"）现象。

在普通话中的词或字组的变调，只有上声变调和语法结构的关系最为密切。四字的组合已具备了完整的语法结构；因此上声变调在四字组中的表现是非常充分的。以四个上声连读的词或短语为例，其中末尾的上声，不但影响了前接的上声，有时还能影响再前面的上声，使其或变阳平，或变半上，成为连锁式的变调。北京人说这个四字的时候，可以不假思索地立刻就从第一个字变调，变到末一字；但这种连锁变化是逆向的，可以说这是人类语言的一种"意在声先"的现象，人们在一个共同的特定语言中，是不自觉而很自然地说出的。

现在拿一个四上连读的短语"打死老虎"为例来说明：这句的语义

是打已死的老虎。"老虎"是词,是直接成分,使"老"最先变成"阳平"("变阳"),这是音系的逆向异化,也就起了阳平的作用,而使前面的"死"变成半上,这是语音的逆向同化(这也可澄清某些对前上是否真的变为阳平有怀疑的说法)。"半上"在语音上只是"全上"的调形省略的"调位变体",而不是"变"成了别的调,因此"死"的半上仍保持上声的个性,而影响了前面的又一上声"打",使它变阳。"虎"是句尾,在平叙句中,因着重点的不同而可读成"全上",也可由于句尾的降势而读成"半上"。于是这个四上连读的变调结果就成了"阳*-半上-阳-上尾"。这句的语法结构是前述的第4类B型,"单三(单双)格"。

现在另举一个四上连读的例:如果这四上是上述的第4类A型,"单三(双单)格"组合的变调结果就大不相同。例如"洗冷水澡"四字中,"冷水"是直接成分,应该首先变调,按音系逆异化规律,使"冷"变为"变阳",再按语音逆同化规律,使"洗"变为半上。"澡"是末字,可读全上,也可读半上。"水"为"冷水澡"的次字,按三字组双单格的语音顺延(协同发调)规律,次字服从"跳板规则",而变成过渡降调,句尾也由于顺同化而读成低降的半上,结果这四字就成为:半上-阳-降渡-上尾"。

但是,在普通话口语中还有另一种读法。如果前例中要着重"洗"字,就可以不先变直接成分的调而先变此着重字的调,由于它后接了上声而变阳平,然后再处理下面的三字组。如果"冷水澡"也要着重,"水"就受"澡"的影响而也变成阳平,这四个字就成了"*阳-*阳-上";再按前节所述三字组中的阳平变调规律,次字的阳平可变为阴平。于是这四字的最终变调结果就成为"*阳-*阴-*阴-上"(由协同发音关系变来的类似阴平的高平调,可称为"变阴",用"*阴"表示)。

前节例4B的变调,是由底层到表层经过了三个层次的连锁变调(图1),而例4A的变调则是经过了四个层次(句尾变调不计)

(图2)。这些程序看来似乎很复杂,但用图解来表达就清楚了。下面把上述两例句的三种读法,从底层到表层的连锁变调程序,加以解析,证明它们都是短语连读的有规则的自身变调模式,而并不是一般所认为是受外加影响的语调变调模式。

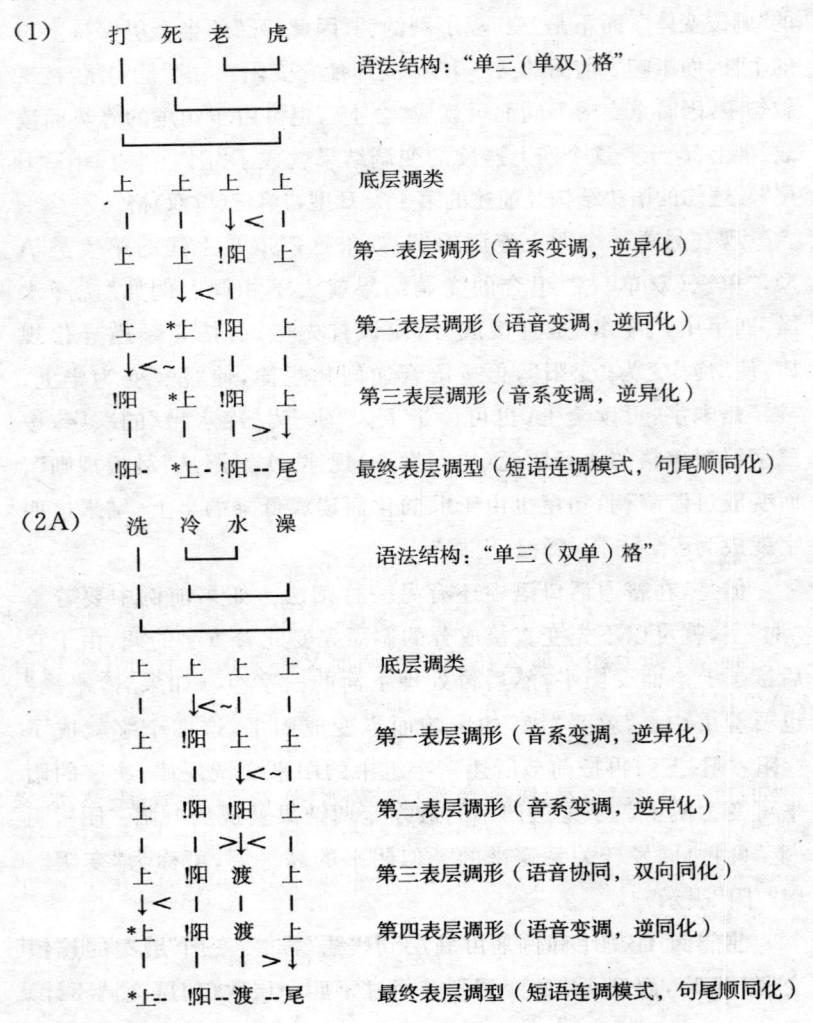

(1)　　打　死　老　虎　　　　语法结构:"单三(单双)格"

　　　　上　上　上　上　　　　底层调类

　　　　上　上　!阳　上　　　 第一表层调形(音系变调,逆异化)

　　　　上　*上　!阳　上　　　第二表层调形(语音变调,逆同化)

　　　　!阳　*上　!阳　上　　 第三表层调形(音系变调,逆异化)

　　　　!阳-　*上-　!阳--　尾　最终表层调型(短语连调模式,句尾顺同化)

(2A)　　洗　冷　水　澡　　　　语法结构:"单三(双单)格"

　　　　上　上　上　上　　　　底层调类

　　　　上　!阳　上　上　　　 第一表层调形(音系变调,逆异化)

　　　　上　!阳　!阳　上　　　第二表层调形(音系变调,逆异化)

　　　　上　!阳　渡　上　　　 第三表层调形(语音协同,双向同化)

　　　　*上　!阳　渡　上　　　第四表层调形(语音变调,逆同化)

　　　　*上--　!阳--　渡--　尾　最终表层调型(短语连调模式,句尾顺同化)

(2B)　　洗　冷　水　澡
　　　　｜　└─┘　｜　　　语法结构："单三（双单）格"
　　　　｜　　　　｜
　　　　└────┘

　　　　上　上　上　上　　　底层调类
　　　　↓<~｜　｜　｜
　　　！阳　上　上　上　　　第一表层调形（音系变调，重读上声的逆异化）
　　　　｜　↓<~｜　｜
　　　！阳 ！阳　上　上　　　第二表层调形（音系变调，逆异化）
　　　　｜　｜　↓<~｜
　　　！阳 ！阳 ！阳　上　　　第三表层调形（音系变调，逆异化）
　　　　｜　｜　>↓　｜
　　　！阳 ！阳 ！阴　上　　　第四表层调形（语音变调，顺同化）
　　　　｜　>　↓　｜
　　　！阳 -- ！阴 -- 阴 -- 上　最终表层调型（短语连调模式，顺同化）

（注）："｜"＝仍为；"↓"＝变成；">"＝顺同化；"<"＝逆同化；
　　　"<~"＝逆异化；*上＝半上；！阳＝变阳；！阴＝变阴；
　　　尾＝上尾；渡＝过渡；"—"＝连读；上＝全上

　　多字连读中的某一字需要重读时，除把调阶升高外，还有些调形上的变化。上声在"变阳"前本该读"半上"，但重读时就也变为"变阳"，已如上述。那么在其它声调前又将如何？下列几个短语可以比较一下：

　　　　　　　1　　　　　2　　　　　3　　　　4　　　　5
例句：　　洗 冷 水 澡（洗 冷 泉 澡）洗 凉 水 澡 洗 温 水 澡 洗 热 水 澡
原调：　　上 上 上 上　上 上 阳 上　上 阳 上 上　上 阴 上 上　上 去 上 上
常态变调：*上!阳渡尾 !阳*上阳尾　*上阳渡尾　*上阴渡尾　*上去渡尾
着重变调：!阳!阴!阴上 上 *上阳 上 阳渡 上 上 阴渡 上 上 去渡 上

　　由上面的例1和例3可见，上声"洗"后接"变阳"或"真阳"，其变调规律在常态语气时，两者相同，都变半上；但在着重语气时，就不同了。它在变阳的"冷"前读阳平;而在真阳平的"凉"前就得读全上。又从1,2两例可见:"洗"在同一"冷"字前,常态与着重的读法都不同,当"冷"为变阳时,"洗"的常读为半上,而重读为变阳;但当"冷"为半上时,则"洗"的常读为变阳;而重读为全上。由此也可说明一点:上声"冷"变成变阳时,其表层调形和真阳平并无差别,因而在常态时也按阳平的规律来影响邻音的变调;但它还是保持着底层上声的信息,一到重读时,它对前上的影响就和真阳平的不同,而按上声的规律来发挥变调作用了。结果是,"真阳"的前上读全上,而"变阳"的前上就仍读变阳。这种变调在一定条件下的"返祖"现象,在音系学中应该是一条重要规律。

以上所说,仅限于调变的格局规律。至于变量的规格,数据的量度,变量的限阈等等,则常因不同说话人而异。在处理前应进行一些规正办法,将在下文叙述。

六、轻声的变调

普通话的轻声,过去有人列为一个调位,事实上它只是两音节相连,后音的变调;它从来不单独存在于语音中。在连读中,它总是失去了本调,随前字调类的不同而定其调型(不过,它如为两上相连的次字,就会表现出一种"顽强不屈"的性格。它能"执法如山",按音系学的"守则",把前面的上声变成阳平("变阳"),自己却又服从语法的规则,把自己变成轻声,或服从语音学规则,变成轻读。如:等·等我,打·打球)。轻声调按其作用的不同,可以分为三类:1. 轻声,2. 轻读,3. 轻尾。在四字组中,居于短读位置的字,常为轻声字。这三类的性质及功能如下:

(1) 轻声:语法上通称的轻声,是辨义轻声,一个词或短语的末字,读成轻声后意义就和原义不同。其特点是

A. 它只在直接成分的末字上出现,从不在首字上出现。

B. 一切轻声字除上声外,都失去本调调型,而其调形都随前字的调型而定,在合成系统中为了简化起见,只定为三种调型:a. 前字为阴平、阳平,或变来的!阴、!阳,都作"中降"(32);b. 前字为上声时,作"半高"(44)或"高降"(54);c. 前字为去声时,作"低降"(21)。

C. 前字为上声字,如后字为非上声字的轻声,则前字亦按常规变"半上";如后字为上声字的轻声,则前字亦按常规变阳平。上变阳平之后,就也照真阳平的规则,而使后面的轻声作"中降"。此为"连锁变调"之一例,演变过程如下:

$$上 < 上(轻) \rightarrow !阳 > 上(轻) \rightarrow !阳轻$$

(注) "<~"=逆异化;">"=顺同化;"!阳"=从上声变来的调;"→"=变为

(2) 轻读:轻读原名可轻声(此名为赵元任先生所订,现简化为轻读)。因为其调型虽和轻声相同,但变调规则不同,在语句中可以读轻,也可不读轻,其词义不变,只是为了语调自然度的需要而读的较轻。在语流中承担着抑扬节奏之一的任务。同一字读轻与否,词义相同,只是语气不同。轻读和自然度有很大关系。它经常在句尾表达结束语气,而在句首作为节拍(音步)的衬字。它们无论在短语尾或句尾作为末字时,变调规则都和轻声相同,只是在句尾时的调阶都特别低些。但它们在词或句子的起点作为首字时,就不按常规轻声变调。除上声外,一般保持原有调型,但调阶每每落低,强度不一定减弱,而长度则一定缩短。兹分述变调规律如下:

A. 它在首字、末字上都可出现。在末字时,变调规则与轻声同。

B. 它在首字为非上声字时,各调都按本调保持其原调型,但作不同程度的移调。其高低和后调起点有协同调联关系。(如:没看过,首字阳平的"没"轻读,调尾与后面去声"看"的高起调头相接,就成了高升型;又:没什么,首字也是"没"为轻读,但调尾要与后面阳平"什"的中起调头相接,就不得不把自身的调型下移,而成了低升型。)

C. 它在首字为上声字时,如后接非上声,就成半上,其高低和后接调头无联调关系。而保持其作为此短语调域中的下限(如:"我在南京"的"我",不因后接去声"在"的高起而移调)。如后接为上声(后字多为"半上"),就变为阳平,而常常读得很到位为高尾,以致造成顺同化的联调作用,把后面的低起调型变成高降升调形(如:"你想的","你"为轻读的阳平,其高尾与后面低起的"半上"联调而使它成为高降升)。

D. 轻读调在语句中的出现率很高,与轻声互相呼应,调节着各个短语的节奏,使其在全句中起平衡作用。在合成中处理好这"两轻"的分布比例,必然会把自然度提高不少。

E. 短语首字的轻读,在二字组多为动名、偏正、代词、方位词等结构;在三字组多为"单双格"结构;在四字组多为"单三格"结构。

(3) 轻尾

A. 句尾的轻声字一定同时担任轻尾作用。《现代汉语词典》中规定的轻声字都是轻尾。

a. 辨义轻声,都是实词,如:"莲子"与"帘·子"(轻),"火烧"与"火·烧"(轻,一种烧饼);

b. 习惯性轻声,如:"葡·萄"、"琵·琶"、"篱·笆"、"窗·户"、"棉·花"等,北京口语,此类词的次字只能读轻声。

c. 助词,如:"的"、"吗"、"呢"、"啦"、"么"等,口语中都只能读轻声。

B. 轻读字作为轻尾,大都出现在下列几类的词中:

a. 处所词,如:"上哪儿·去"、"到这儿·来"、"望前·走"。
　　b. 位置词,如:"外·头"、"地·下"、"桌·上"、"屋·里"等。
　　c. 时间词,如:"夏·天"、"冬·天"、"早·晨"、"前·年"、"正·月"等。

七、音长与音强的变量

　　四字组的时长变量,在双双、单单双、双单单、并列格等结构中,一般都按双双格的常态读法:次字和第三字读得较短,约等于单音节原长度之半(用符号 b 代表"半"),形成"长短短长"的节奏,如:

　　　鸟 b 语 b 花 香　　　红 b 白 b 喜 事
　　　不 b 知 b 好 歹　　　喜 怒 b 哀 乐

在三单格中,也可照双双格的读法,如:

　　　圆 b 明 b 园 路　　　大 b 总 b 统 府

但在单三格中就有不同。在此类型中,首字多为动词或虚词,后三字多为一个三字组的词或短语,自成一个整体,因而次字是三字的首字,不能读短了,于是此四字组中,让首字变短,次字读长;而第三字是三字组的次字,也得变短,形成"短长短长"的节奏。如:

　　　b 西 太 b 平 洋　　　b 洗 凉 b 水 澡

有叠字的四字组,按前述的 8 种类型,其中除第 6 的双跨叠和第 8 的中心叠两类外,其余 6 类都可照双双格的读法,如:

　　　井 b 井 b 有 条　　　来 b 来 b 往 往
　　　痛 b 定 b 思 痛　　　靠 b 山 b 吃 山

第 6 类双跨叠是二字组的重复,此类的二字组,其次字常为轻声或读得轻而短的"轻读",两组连读,形成"长短长短"的节奏,如:

　　　方 b 便 方 b 便　　　研 b 究 研 b 究

以上所列各例,都是以平叙句为根据的。在四字组中,如上文例句所列,在不同字调的四字组中,其长度只随语法结构的节奏而定,基本上和声调高低的变化无关。在不同语气的语调中,音长的增减,也承担听觉上的加强或减弱的功能。有时音长的延长或缩短是和声调的提高或降低同时出现,有时声调不变,它还能代替声调而单独承担加强或减弱语气的任务。这将在语调的文章中讨论,不在本文范围之内。

四字组的音强变量,一般是在平叙情况下,随声调的高低和调域的宽窄,而有自定的强度值。调高则强,调低则弱。域宽也与强度有些关系,其间差不多都有一定的、非线性比例(尚待统计证明)。如在不同语调中,则视需要,或随声调的提高而加强,或单独由声调提高而不改变音强。因此,音强在平叙句的四字组中,只需订定其自然的强度,可不考虑其变量。如在语调中,则以平叙句的强度值为基础,而按比例予以增强或减弱。

上文将四字组韵律变量的规律,举例叙述。至于韵律三特征的变量在四字组中的相互关系,及其在四字中的搭配,初步有了一些研究结果(吴宗济,1997b),归纳如下:

1. 声调的高低 →← 时长的长短(二者可各自独变,亦可同变)
2. 声调的高低 →　 音强的强弱(音强多随声调而变,甚少独变)
3. 时长的长短 →← 音强的强弱(二者可各自独变,亦可同变)

八、韵律变量数据的规正

韵律变量的数据,在目前的常用分析仪器中,所定的标准及给出的单位为:

音高标准:频率　音高单位:**赫兹**　用于声调和语调分析
音长标准:时长　音长单位:**毫秒**　用于长短和快慢分析

音强标准:振幅　　音强单位:分贝　　用于重读和轻读分析

上面所给的都是物理声学的单位,除音强外,音高和音长的数据都是线性的。他们都是声波的可见记录,在语言交际的话音感知上,其变量不是一对一的。因此,声学家常以"对数""美"或"巴克",有的还用乐谱音符来记录声调;用测听的响度来分析轻重。用于语音的分析仪器,其精密度在频率可达几个赫兹,在长度可达千分之一秒(毫秒),在强度可达几个分贝。这些仪器测出的数据固然可靠(仪器的使用及工作的环境合乎规范的话),但在多变的语音上所得的数据是太琐细繁复了。因此用一些办法来简化数据就有必要了。这种简化工作在目前的计算机上是有可能使其自动化的,但程序是要人去订的。我们面向简化程序的目的,对普通话音段变量和韵律变量数据的规正方案,都作了些探索,有些并已通过合成上的验证,认为是可行的,有的方案正在验证中。

(1) 音高数据的规正

上文述及音高数据的单位有多种规格,我们根据我国传统音韵学资料和现代语言学界的动向,认为用乐律感知的理论来分析声调,是有其优点的。在一系列的从电视剧和电影中的对话取样,选出不同语气的语句,从语调中分成短语,作了分析比较,证明语句中各短语调域的宽窄和调阈的高低变动尽管很大,其间测得的频率差数可以大到几百赫兹。但如将赫兹单位转换为乐律的半音阶单位来比较,则其差别很小,几乎全是守恒的(吴宗济,1993,1996a)。为了探明这个事实,我们编了几十组包括四声的例字,让男女北京人用不同的基调来说出。以阴平为基调,给几个相差很大的参考音阶来定音,发音人照此音发阴平的音节,其余三声由发音人自行任意发出,并换用多种音节,打乱四调次序来说。经过几百个调值的测量,各短语调域的频差可以大到几百赫兹,但换算为半音阶后,其调域之差全是相等的

(吴宗济,1994)。关于记调单位用乐律音阶,几十年前赵元任先生在吴语的调查报告中就用过,后来量调仪器有了进步,以频率来记调就通行至今。我们现在发现用 12 个半音来作声调坐标当然比用赫兹粗略,但在声调的听感上差别不大。而且把频差变量很多的复杂数据在每一倍频程内只分 12 个半音阶,本身已完成了规正简化的作用。现在已有人再度用于吴语记调了(朱晓农,1994)。

至于用多大的范围来选用音阶或定级,据目前的常态话语:声调所占用的频域。大约男声频域为 60—500 Hz;女声为 130—990 Hz,都是 3 个倍频程,就各能覆盖二者的全声区了。事实上男女的话语的调域都不超过一个倍频程(俗称"八度"),也即 12 个半音就够用了。换成音阶:男声为 C2—B4,女声为 C3—B5,全部共 48 个数据,编入程序中,每音之差,都可用"2 的 12 次开方"来生成。因此,合成声调的数据时,只要给定一个基调,其余的变调,都可从基调乘上若干次半音的差数就行。

从频率换算为音阶数据,音乐界有几种标准,一般用物理标准。在较高级的音乐教材中多有附表。现在为了本文读者便于理解两者的关系,及用以简化规正的效果,特将语言声区部分的换算数据,节要列表于下,以供参考(表中每栏的左列为基频,右列为音阶。从 209 页表可见,频率数据和音阶的对应不可能恰巧相合,可用四舍五入法选用最近的数据,这样也就同时起了规正作用。这点差异,在音乐方面要求较高,可能听得出来;但在语音的感知上是可以不计的)。

(2) 音长和音强数据的规正

普通话语音的时长,中外已有很多文献,大都实测语句中的每个词或短语的长度,以毫秒为单位。本文对四字组内各字的长度比已作说明。有人为普通话作过统计,平叙句的速度,每秒约为

基频与音阶换算表

65.41	C2	130.81	C3	261.63	C4	523.25	C5
69.29	C#2	138.59	C#3	217.18	C#4	554.37	C#5
73.42	D2	146.84	D3	293.67	D4	587.33	D5
77.78	D#2	155.56	D#3	311.13	D#4	622.25	D#5
82.40	E2	164.81	E3	329.63	E4	659.25	E5
87.31	F2	174.61	F3	349.23	F4	698.46	F5
92.50	F#2	185.00	F#3	369.99	F#4	739.98	F#5
98.00	G2	196.00	G3	392.00	G4	783.99	G5
103.83	G#2	207.65	G#3	415.30	G#4	830.61	G#5
110.00	A2	220.00	A3	440.00	A4	880.00	A5
116.54	A#2	233.08	A#3	466.16	A#4	923.33	A#5
123.47	B2	246.94	B3	493.88	B4	987.77	B5

男声 　　　　　　　　　　　　　　　　　　　　　　　　女声

7—9个音节。实际上此数是因人而异的。实验证明（未作统计），每个人的语速在平叙句的不同短语中，基本上是守恒的。只有在改变语气时才有变动。因此，我们在处理音长时，先对说话人的几十句平叙句的相同语法结构的多字组（例如，同类型的各四字组的每个字），作出长度统计，按语法结构的位置给予分级规正（例如，以若干毫秒为一级）。作为基数，然后在语调中用百分比来加权。因此，只用一个平叙基数作标准，其余全由此基数逐级来生成。并用分级办法来简化。

普通话的音强，因其是随声调而变的，就可以把某一人平叙的多字组中的声调与强度的关系，作出分级数据存库，调用时只调级数值，在初级短语中定值，在逐级语调中生成。

长度的定值，以各说话人的平均音节长度为基数，用 $1/4$，$1/2$，1，$1-1/4$，$1-1/2$，2，几个倍数来乘基数，就足够表达各级的长度。音强也是这样,以一套四声的平叙强度为基数,乘以 1/4 到 2 倍,每级差 1/4 的指数。以 1 为基数,上下各分三级就够用,不需要那些烦琐的数据了。

九、韵律变量的音系表达公式

普通话四字组韵律变量,是以二字和三字的韵变为基础的。先明确了二、三字韵变的音系表达方式,才能表达四字的韵变。兹先将韵变所用的音系表达符号,由少到多,由简到繁,介绍于下:

符号说明:

"H"=阴平; "R"=阳平; "L"=上声; "F"=去声;
"X"=任一调; "(X—L)"=非上声之调; "*H"=半阴;
"*R"=半阳; "*L"=半上; "*F"=半去;
"—"=被改变的调; "!R"=由上声变来的阳平;
"G"=过渡调; "→"=改变为; "/"=由于;
"+"=前后连读; "#"=后面无连读音节;
"z"=轻声或轻读; "E"=尾调。

[ ]=此型括号中的上下符号,与其它同型括号中的上下符号必须对应。

{ }=此型括号中的任一符号,与其它任一符号均能对应。

(1) 声调变量表达式举例

A 二字组

[规则1] L → !R/__ +{$\genfrac{}{}{0pt}{}{L}{*L}$}# (上加上)

[规则2] L → *L/__ +{X—L}# (上加非上)

[规则3] F → *F/__ +{$\genfrac{}{}{0pt}{}{H}{F}$}# (去加阴或去)

[规则 4]　　L＋zL → !R+zL♯　（上加轻上）

B 三字组

[规则 5a]　　R → $\begin{bmatrix}!H\\!F\end{bmatrix}$ / $\{\begin{smallmatrix}H\\R\end{smallmatrix}\}$ + ＿ + $\begin{bmatrix}H,F\\R,L\end{bmatrix}$ ♯　（次字阳渡 a）

[规则 5b]　　R → !H / $\{\begin{smallmatrix}H\\R\end{smallmatrix}\}$ + ＿ + X♯　（次字阳渡 b）

[规则 6a]　　L+L+L → L+!R+L → *L+!R+L♯　（a 单双）

[规则 6b]　　L+L+L → !R+L+L → !R+G+L♯　（b 双单）

C 四字组

[规则 7a]　L+L+L+L → L+*L+!R+L → !R+*L+!R+L　（单三 a）

[规则 7b]　L+L+L+L → L+!R+G+L → *L+!R+G+L　（单三 b）

[规则 8a]　L+L+L+L → *L+!R+G+L → *L+!R+G+E　（三 a 单）

[规则 8b]　L+L+L+L → !R+G+L+L → !R+G+G+E　（三 b 单）

（2）四字时长变量表达式举例

符号说明："S~"=单音节平均长度；"1/2×S~"=均长之半（此乘数可按实际调节）

（双双格）　S+1/2×S+1/2×S+S

（单三格）　1/2×S+S+S+S

（三单格）　S+1/2×S+1/2×S+S

（双叠格）　S+1/2×S+1/2×S+S

（双跨叠）　S+1/2×S+S+1/2×S
（中心叠）　1/2×S+S+1/2×S+S

以上略举数例，其余组合一般都按双双格变化。此为语句中的速度，如四字单独来说出，末字可稍长，约为 1-1/2×S。

(3) 四字重音变量表达式举例

四字的重音基本上是随声调的高低而改变强度的。声调既然规正为半音音阶，而且一般平叙句的调域不超过一个倍频程。例如，某男发音人的平均调域为 9 个半音阶，其重音可分为三级。如以 1/4 的倍数差为一级，则每提高三个半音，强度就加一级，则其最强的一级（与最高调值对应的一级），应为 1/4×3=3/4，也就是，这个重音的强度最高限阈，为其平均强度的 1-3/4 倍。以此为例，此发音人的声调与重音的比例，可得出下式：

$$3\ ST \equiv 1\text{-}1/4\hat{S} \qquad 6\ ST \equiv 1\text{-}1/2\hat{S} \qquad 9\ ST \equiv 1\text{-}3/4\hat{S}$$

符号说明："S^"=单音节平均强度； "ST"为 semitone（半音阶）

参考文献

吴宗济(1982a),《普通话语调规则》,第 13 届国际语言学家会议语调专题研究专刊,东京。

吴宗济(1982b),《普通话语句中的声调变化》,《中国语文》第 6 期。

吴宗济(1985),《普通话三字组变调规律》,《中国语言学报》第 2 期,商务印书馆。

吴宗济(1988),《普通话四字组变调模式（英文）》,载《语音研究报告》,中国社会科学院语言研究所。

吴宗济(1990a),《汉语普通话语调的基本调型》,载《王力先生纪念论文集》,商务印书馆。

吴宗济(1990b),《普通话多字组变调模式能否成为语调中的不变量单元?》,国际口语处理会议论文集,神户。

吴宗济(1993),《普通话语调分析的一种新方法:语句中基本调群单元的移调处理》,载《语音研究报告》,中国社会科学院语言研究所。

吴宗济(1994),《普通话语调的短语调群在不同音阶调域下的调型分布》,第1届国际韵律特征研讨会议论文集,横滨。
吴宗济(1996a),同(1993),G.方特编:《分析、感知与处理》,爱尔西维尔科学出版社,荷兰,阿姆斯特丹。
吴宗济(1996b),《为改进合成普通话口语自然度所需韵律特征规则的设计》,载《计算机时代的汉语和汉字研究》,清华大学出版社。
吴宗济(1996c),《用于普通话语音合成的,〈韵律标记文本〉的设计》,第3届全国语音学研讨会论文集,北京广播学院。
吴宗济(1997a),《面向汉语文语合成的〈全语音标记文本〉设计方案》,第2届中日先进信息技术研讨会议论文集,黄山。
吴宗济(1997b),《从声调与乐律的关系提出普通话语调处理的新方法》,载《庆祝中国社会科学院语言研究所建所45周年学术论文集》,商务印书馆。
吴宗济(1997c),试论人机对话中的汉语语音学,《世界汉语教学》第4期。
朱晓农(1994),《上海声调研究》,澳大利亚国立大学博士论文。

(原载《语音研究报告》,1998年)

为改进合成普通话口语自然度所需韵律特征规则的设计

提要 合成语音的自然度,一般是指合成语音与人们所说自然口语的仿真程度。为使合成的普通话语音达到可接受的自然度,除了必须具备的清晰度与可懂度外,更要服从连续语句乃至语境情态等所造成的音变规律,对三种韵律特征:声调或/和时长、重音,作适当的增减处理。本文根据目前语音分析和合成的结果,提出旨在改进合成普通话自然度所必需的一些韵律特征的变化规则。内容有:

(1) 语句中词语(词或短语)局部的连读音变(包括普通话二字、三字、四字的连读变调,及长短、轻重的变化)规则;

(2) 语句中各词语间联接的过渡音变(包括词语起首和末尾的音变,词语间的过渡音变,全句结尾的音变)规则;

(3) 平叙句的整体音高递降规则;

(4) 平叙句中遇有着重词语的基调变化规则,及其移调处理方法;

(5) 不同语气语句中的词语局部,或语句整体的基调变化(语调变化)规则,及其移调处理方法。

引　言

普通话口语语音合成中的自然度处理,是合成语音的清晰度与可懂度质量已达到一定程度的更高阶段。要根据自然语言中的协同发音规律,把音高、音长和音强三项韵律特征,在各音节间和各短语间的变化处理好。这些变化,有的是属于语调性质,但更多的是词或短语中的连读变化,它们是有规律可循的。韵律方面协同发音质量的提高,一向被认为是个复杂难题。因为它既需要对语句中音变的每一细节,作必要的调整,更要顾及经济上的可行性。因此,数据的如何规正,程序的如何简化,都是在设计处理方案时应该考虑的问题。以往的合成每每在这方面难于有大的进展。在半个多世纪之前,语言学大师赵元任根据方言调查的经验,早就指出分析处理自然语调的困难之点是:

(1) 发音者的"字调的绝对音高往往跟着人的嗓子跟精神变的",难于取得"平均音高";

(2) 发音者"音程的绝对大小也看发音者的精神跟脾气变的,暂时还没有想到好法子把材料改成一致的"。按现在的话说:前者是词调(调形)的连读变调难于规正;后者是语调(调域)的伸缩多变难于平均,我们过去在连读变调方面的研究,已经找出一些规律,归纳出普通话的二字、三字、四字等组合中连读变调的一系列的规则。最近对语调和调域的实验研究,也有了规律可寻。同时,现在由于实验语音学的发展,又有更多的分析与合成的结果证明,语句中的语调变化,虽以音高的特征为主,但实际是以韵律三特征的搭配来表达语气的。根据这些基础,我们就有可能设计出一系列协同发音中的韵律特征变化规则,来改进合成语音的自然度,下文将对这些规则择要介绍。

一、语句中词语的连读音变规则

在语句中,词或短语中间的音变,主要是由于前后音的协同发音以及语法制约等所形成的影响。协同发音的变量:按"音段"来说,有辅音的发音部位,发音方法;元音的舌位,唇位等。按"超音段"来说:有声调的高低;时间的长短;音强的轻重等。多字组合而未加表情语气的连读语音在发音过程中产生的变化,无论在音色上,在韵律特征上,都和单发的音有不同程度的差异。过去一段时期,语言学者总觉得这些变量因人、因境而异,很难找出规律;除了有赵元任先生早年所指出的几个规则,如:两上声连读,前上变阳平;上声在非上前变"半上";以及两去连读,前去变半去等,已被广泛应用于语音处理外,其余的许多变化,都还没有深入的分析,以致在语音处理时,常被人认为这些就是语调的变化。事实上是词或短语局部连读中的音变,和语句中各短语间的协同音变,虽然语音规律相同,但表现是有分别的。现在将普通话二字、三字、四字组连读变调的一些主要规则,用音系表达式列下:

符号说明:

"阴"=阴平　　"阳"=阳平　"上"=上声　　"去"=去声

调符加"＊"号=半调,如:半上,半去……

调符加"!"号=此调符所代表的不是本调,而是从某调变来的调。

"→"=改变为……　　"/"=由于……　　"一"=被改变的调。

"＋"=前后的调连读,　　"♯"=后面无连读的音节。

"{ }"此括弧中的上、下调可以互换。

"[ ]"此括弧中的上、下调不能互换。

"高渡"、"升渡"、"降渡"=调形为高平、上升、下降的协同发音过渡。

1. 二字组:二字的组合,在声调方面,一般是次字比首字低而短。两"上"连读,前上变阳平;上声在非上声前,变"半上";两"去"连读,前去变半去;去声在阴平前,也变半去。在长短、轻重方面,一般是次字比首字短而轻。特别是在语句中,常要服从两字的词性或语法结构,如为"实+虚",则次字轻而短;如为"虚+实",则次字重而长(有些实验中,两字作为一个词单读时,次字会比首字长,但在成句的口语中不是这样)。现将各变调的表达式举例如下:

[式1]	上 → 阳! / ＿＿＿ +{上/上＊}♯
[式2]	上 → 上＊ / ＿＿＿ +(-上)♯
[式3]	去 → 去＊ / ＿＿＿ +{阴/去}♯

2. 三字组:三字的组合,由于其语法结构有二字"直接成分"

(immediate constituent,IC)居前居后的不同,而有双单格和单双格之别,在连读音变上有所反映。在声调方面,在一般声调组合中变化不大,但在几个上声连读时就有区别。此外,三字组中还有次字为阳平的特殊规律,即阳平次字在首字为阴平或阳平(即高调尾)之后时,它就轻化而成为首字与末字之间的过渡调形,多随末字调头的高或低而变成高平渡或高降渡(此即一般过渡调形的"跳板规则",如[式 4]。但在相当多的口语中,次字也有不受末字调头的影响,只随首字的调尾而变成高平的(如[式 4a])。在轻重、长短方面,一般的规则是:在双单格中,次字多为轻而短;在单双格中,则末字轻而短。

[式 4]	阳 → [高平/高降]/{阴/阳} + _____ + [阴,去/阳,上]#
[式 4a]	阳 → 高平/{阴/阳} + _____ + (任一调)#
[式 5]	上 +(上+上)　　　　单双格,底层调型 ↓ 上 +阳!+上　　　　初级表层调形(第一步变调) ↓ 上⁺+阳!+上　　　　末级表层调形(第二步变调)
[式 6]	(上+上) +上　　　　双单格,底层调型 ↓ 阳!+上　+上　　　　初级表层调形(第一步变调) ↓ 阳!+阳!+上　　　　二级表层调形(第二步变调) ↓ 阳!+高降+上　　　　三级表层调形(第三步变调)

3. 四字组:四字组合的词或短语,按语法可以有双双格、三单格、单三格等不同结构。其中三字组又可分成双单、单双两类,因此音变形式比较复杂。不过,在声调方面,除少数声调组合及叠字

结构,具有个别的变调规则外,其余大多数都可按照双双格,或两个二字组的连读处理。在轻重、长短方面,是次字、三字较轻而短,首末两字较长。现把四字组的几个特殊的变调规则列下:

[式7]	(阳＋阳)＋(阳　＋阳) ↓ 阳＋高平＋阳　＋阳 ↓ 阳＋高平＋高降＋阳	双双格,底层调型 初级表层调形(第一步变调) 末级表层调形(第二步变调)
[式8]	(上＋上)＋(上＋上) ↓　　　　↓ 阳！＋上＋阳！＋上 ↓ 阳！＋上˙＋阳！＋上	双双格,底层调型 初级表层调形(第一步变调) 末级表层调形(第二步变调)
[式9]	上＋{(上＋上)　＋上} ↓ 上＋阳！＋上　＋上 ↓ 上＋阳！＋阳！＋上 ↓ 上˙＋阳！＋高降＋上	单三格(三为双单),底层调型 初级表层调形(第一步变调) 二级表层调形(第二步变调) 末级表层调形(第三步变调)
[式10]	上＋{上＋(上＋上)} ↓ 上＋上＋阳！＋上 ↓ 上＋上˙＋阳！＋上 ↓ 阳！＋上˙＋阳！＋上	单三格(三为单双),底层调型 初级表层调形(第一步变调) 二级表层调形(第二步变调) 三级表层调形(第三步变调)

二、语句中各词语间过渡的协同发音规则

在一般的一口气说出而不停顿的语句中,由于要保持语流的自然度,各词语之间的连接为取得听感上的连贯性,词语中的起头和结尾的音节,就会有过渡性质的韵律音变。它主要表现在声调及长短、轻重方面。兹将过渡的协同发音规则概述如下:

1. 声调的过渡:在两组词或短语之间,前面的调尾和后面的调头,按理彼此都为求与对方适应而各自应该起一些协同作用的变化;但事实一般是前调尾变而后调头不变,这相当于语音学所谓的"逆同化现象",它们的声调变化服从"跳板规则",即:

(1) 前调尾低而后调首高,就变成升势。

(2) 前调尾高而后调首低,就变成降势。

(3) 前尾与后首的高低相同或相近,就成平势,或稍作顺延性的调整。

不过,在合成语句中为了简化程序,可以对后字的某种音节,如辅音是闭塞音时,可以不作变调处理。这类闭塞音是:

(1) 清辅音在成阻时要关闭一下发音器官的某部位的,如:清塞音,清塞擦音。

(2) 浊辅音的成阻也或多或少要关闭一下器官的,如:鼻音,喉塞音,带有喉塞的半元音。

(3) 在合成中,两音相接,如后音为清声母,调形就必须断开;如为浊声母,就必须紧接;同时,前字的韵尾音色应该按后音的辅音音色作协同的处理;否则听起来会有切断感。

2. 音长的过渡:两词语之间,在语气上如有应停顿时(例如文本有逗号或顿号等),则前一词语之尾应加长些,如无停顿,就缩短些。

3. 音强的过渡:在两词语间的过渡调中,一般是,前调尾应予减轻。音强与音高的关系是,调高了就自然加强,调低自然减弱。有时为加强语气,也可把音强再增大一些。

三、平叙句的整体调形递降规则

语句的全句调势从句首向句尾逐渐下降,这在世界诸语言都有共性,语音学中称为"降势",有些分析汉语声调就用英语的语调降势(intonation declination)的底线或中线来套用在汉语的句调上,由于汉语自身有调形格局,也就难以"就范"。赵元任先生早在30年代初期就曾指出汉语的声调与语调的叠加关系。虽有代数和的比喻,但声调(字调)在语句中仍要保持其原有的调形的。当时他在汉英语调对比的论文中明确地指出:

(汉语的)任一词在任一语调中说出时,都不会丧失它的词义的区别性,语调只能表达语气、情调、用途……,等等。

此后他在60年代末期就把汉语语调与西方语调的不同之处说得更为清楚,他说:

"句首的短语或小句的语调略高于结尾的短语或小句。这种语调的差别不同于英语:第一,汉语两部分之间的差别不大;其次,汉语只是基调的差别,而不是像英语那样上升或下降的曲线。"(赵元任,1968)

这就清楚地表明:汉语平叙句的整体调形下倾的程度不大,更重要的是指出:汉语的声调升降曲线,是属于词性的,而不是语气情调的;汉语的语气是用"基调"的高低变化来表达的。词语的连读变调曲线,被语调的语气表情基调托高或落低,就可以用赵先生的小浪加在大浪上的比喻来解释。这就说明,用西方语调的任何底线或中线,来表达汉语语调,是徒劳的。

我们在合成的实验中也证实:平叙句的首尾之差,降度是不大的,降势每每并不明显。不过句尾的一两个音节属于收尾的变调,其降度往往很大,有时会出了"格"(低于全句中最低词调的下限)。这是普通话口语的特点,全句的首尾之差在平叙句中虽然差别不大,但如句尾的一两个音节,特别是轻读的音节,降落得不够低,就会影响自然度。

四、语句中着重词语的基调变化规则及"移调"处理方法

平叙句一般只有局部词语的变调,而没有大的调势升降。但有时在表达几种事物或动作时,其中总有一项(或多于一项)是需要强调一点的,过去总被认为是调域加宽了(也即四个声调音高之差变大了);我们在语调的分析与合成中证明,说话人在同一语境或同一句话里,其调域在听感上是守恒的,而所感到的强调语气是由于基调的抬高所致。但是,一般分析声调的常规方法是,量出每一点音高的基频(以线性的赫兹为单位)绝对值,和高低的频差。这样,调门(基调)越高,调域的频差就越大,以致成为难于规正的变量。

从文献中和我们的实验中证明,汉语声调的感知与音乐的感知相同。如果对汉语声调的测量改用音乐的音程(interval,例如:半音阶音程)为单位,就符合听觉生理。更有价值的是,所有语句中着重词语的合成,只需处理一个基调的变量,而且许多不同的变量,都能用同一函数来"生成"(generating)。这个函数就是乐律中每两个半音音程之差为:"2"的 12 次开方,或"1.05946"的差。基调的改变,也等于音乐中主调的移调。因此,着重词语的基调抬高多少,都可以用移调方法来完成。

五、不同情态语句中局部和整体的移调规则

语句的语调变化是基调的变化,已如上述。因此,语句中不同的情态的语调,就都能用移调方法在不同词语间高低搭配的比例,以及所移音程(半音)的多少来生成。例如:一个平叙句中的结尾短语,上移一两度音程,就可能成为疑问句;而同一语句中某一含有关键动词的短语,上移三四度音程,就可能成为惊叹句等等,根据目前的合成实验,证明这是能够实现的。至于哪些语调该用哪种程度的移调来"生成",那就有待于从现实口语语调的调查资料中来统计,找出一套移调规则来提供应用了。

六、结语

普通话语音合成的自然度,主要由于韵律特征的处理是不是理想。近年来各语言信息处理方面,对普通话的单字和短语的合成质量,在清晰度、可懂度方面,都有不同程度的进展。但对连读的韵律特征及成句的语调的处理,由于自然口语中音变程度的复杂性,以及语音知识与言语工程的不配套,以致还难有比较满意的结果。

赵元任先生早年对口语变调的复杂性,指出分析语调的两个难于规正的问题,以及汉语语调与英语语调的根本不同,在上文中已经介绍。这个问题在我们今天的语调处理中还有其现实意义。我们近十年来对普通话声调和语调的实验,虽有许多问题还要进一步去探索,但至少得出两点结论:

(1)连词或短语单元的调型,在不同的语调中总是稳定的。

(2)语调的变化,是由于连词或短语基调的变化;而不是调形

曲线的变化。

事实上是,韵律的三特征:音高、音长和音强,都对口语的自然度起作用,而以声调(包括字调、词调、句调)为主。根据这些结果,我们已经发表了一系列的短语连读变调的守恒规则。近来的语调分析、合成实验,又对语调中的基调作移调处理,以及对语调高低,和调域宽度,改用半音音程计量,都取得了一致性的规正结果。本文就是在前述的基础上,对普通话合成中与自然度有关的短语单元,和语句的韵律特征的处理规则,作扼要的叙述;试图对合成自然度质量的改进,从语音学的范围提出一些建议。

目前通行的两种合成系统:一种是参数合成系统,音色和韵律都能自由处理。但因语音的每一细节都需由程序产生,规则非常繁复;设计稍有粗疏,自然度就差,而且成本也高。另一种是音节编辑系统(或称基频叠加系统),由于是调用说话人的录音材料来拼接成语句,这样单字和两字组的自然度就高,连读变调也可按规则得到一定程度的满意,成本也比较经济。但因其是把波形直接拼接,各音节间的协同发音,需要调节音色时,就很困难。不过据闻此点在最近已有较好的处理方法,如能成功,将把这个系统的质量提高到一个新的水平。

参考文献

吕叔湘节译,《汉语口语语法》,商务印书馆,1979。

吴宗济(1982),Rules of intonation in Standard Chinese(《普通话语调规则》),*Preprints of Papers for the Working Group on Intonation*, 13th Inter. Cong. of Linguists, Tokyo, 1982.

吴宗济(1982),《普通话语句中的声调变化》,《中国语文》第6期。

吴宗济(1985),《普通话三字组变调规律》,《中国语言学报》第二期。

吴宗济(1988),《普通话四字组变调模式》,载《语音研究报告》。

吴宗济(1988),《汉语普通话语调的基本调型》,载《王力先生纪念论文集》,商务印书馆。

吴宗济(1995),《试论普通话口语合成自然度所需的韵律特征规则》,载《语音研究报告》。

袁毓林主编(1992),《中国现代语言学的开拓和发展——赵元任语言学论文选》,清华大学出版社。

赵元任(1968),《现代吴语的研究》,新一版,科学出版社。

(原载《计算机时代的汉语和汉字研究》,
清华大学出版社,1996年)

汉语声调研究的两个发展阶段：
一千四百年/七十年[*]

——为刘复大师百年诞辰纪念而作

一、一千四百年来中国学者对汉语声调的认识

自古以来,我国学人谈到汉语声调的,总名为"四声"。何谓四声,也就是"平上去入"。史书相传,创自梁朝沈约,距今已一千四百多年。至于这四个声调究竟是什么调值,当时缺乏音高频率知识,只凭听觉上高低长短的概念,来区别四声。若干年来,中国的学者遇到四声的描写,总是引用《康熙字典》中所列的"分四声法"：

"平声平道莫低昂,上声高呼猛烈强,
去声分明哀远道,入声短促急收藏。"

这四句是抄录的明代和尚真空的《玉钥匙歌诀》,时代已经很晚,很难断定这就是梁沈约时代的四声调值。其实这四句可以说是来源于唐代和尚处忠的《元和韵谱》的。他也有四句诀是：

"平声哀而安；上声厉而举,
去声清而远,入声直而促。"

这里总算透露了一点关于唐代某地四声的调值情况,但还是比较

---

[*] 本文为"刘半农及其文化遗产国际学术讨论会"(1991)论文。

模糊的标准。如：平声的"哀"、"安"加上"平道"和"莫低昂"，可知它是个平调，可能不是高平或低平而是中平。上声的"高呼"、"猛烈"、"厉而举"，都说明是比较强而高起的调。这是合乎发音生理的，高起就要用力。但究竟是高平或高降，就不清楚。去声的描写更为模糊，"哀"、"远"、"清"是升还是降？入声则只指出是比较短的调。这个"急收藏"，比较具体地说明是有闭塞音收尾的(-p、-t、-k 或 -?)。但是它的调值是高还是低，也不清楚。

这里倒是反映了一个值得注意的问题。千百年来，这两首仅有的声调歌诀是出自唐代和明代两位和尚之口，而不是传自深通小学、训诂和音韵的文人学士之笔的，而且连方言地域都不提。这不能不说是一个特殊现象。我们根据近来的有关资料①，有理由认为这是中国和尚学习吟诵梵僧的经咒梵呗，因为要学得像，就不得不用当时的汉语声调与梵音相近的字来摹拟，从而记下了调值。我们试看《一切经音义》一类的译经音韵学著作中，对声母韵母的分类相当详尽，而对声调的描写就毫无记录；而僧人则代代相传，口授声调，大致还可猜拟隋唐时代的四声情况。

现在再看中国文人学士是怎样描写声调的。过去文献中这类材料极少。最早的常被引用的是《南史·沈约传》中的一段记载：

> （约）又撰《四声谱》，以为"在昔词人累千载而不悟，而独得胸衿，穷其妙旨。"自谓入神之作。（梁）武帝雅不好焉，尝问周舍曰："何谓四声？"舍曰："'天子圣哲'是也。"

梁武帝是公元 523—548 年间的人，这里只举了四个字的例句，代表平上去入四声，而不能提出调值的标准。以后像刘勰的《文心雕龙》，钟嵘的《诗品》等都谈到了四声，但都局限于以例句代替平上去入的范围。他们的认识是：

---

① 据《日本新修大藏经》所载日僧了尊和安然的资料。见本书 230 页注①②。

"平上去入,四声之总名也。'征整正只'者,四声之实际也"。①

这是日本空海和尚所著《文镜秘府论》中引刘善经的话。空海是公元 774—835 时人,刘善经是隋时人(隋代公元 581—618)。《隋书·经籍志》著录有刘善经的《四声指归》一书,可见在当时他是熟谙声调的,可是也只能用一些例句如"征整正只"来解释四声。再看《文镜秘府论》所收录了不少当时中国学者的声调论说,在其《调四声谱》一节内,引了"诸家调四声谱",如:

"平上去入配四方
东方平声(平伻病别)
南方上声(常上尚杓)
西方去声(祛麮去刻)
北方入声(壬衽任人)"

这种用四方来配四声,与还有一些人用宫商等五音或金木等五行来配四声,都是故弄玄虚。因此可以说,自六朝以来,文人谈四声的都超不过这一类水平,只能用若干例句来"调"出四声来。他们和周舍的"天子圣哲"没有什么不同,只是聊胜于彼者,声韵排列比较整齐而已。

不过这本空海的书确是很有价值的,他保存了隋唐以前的许多诗人、文人迄今已失传的材料,对声调还透露了一件不大为人知的消息。在他所引刘善经的《四声论》中,也记载了一节梁武帝问四声的故事,可是对话人不是周舍,而是朱异。原文说:

"经(刘善经)数闻江表人士说,梁王萧衍不知四声,尝从容谓中领军朱异曰:'何者名为四声?'异答云:''天子万福'即是四声。'衍谓异:''天子寿考'岂不是四声也!'以萧主之博洽通识,而竟不能辨之。时人咸美朱异之能言,叹萧主之不悟。故知心有通塞,不可以一概论也。"

---

① 日本遍照金刚(空海):《文镜秘府论》,人民文学出版社,1975,31 页。

这一段记载，却给我们在研究声调发展史上提供了一个有力证据：(1) 梁武帝萧衍称梁王，可见问朱异在问周舍之先。这一件事在《梁书》中梁武帝和朱异传中都未载，而是由和他们时代很近的刘善经记载的，应该不是张冠李戴，而确实是各有其人。(2) 周舍所答的"天子圣哲"和朱异所答的"天子万福"，只差两个字，却道出天机。周答的四字都是清声母，而朱答的第三字是浊声母（不过不是全浊），这反映了当时四声在声母上是清浊通用的。这一点王力先生在他的《汉语音韵学》中曾提到：

"'天子圣哲'四字恰巧都是清音字，令人疑猜到清浊问题与四声的关系。但这只是一个孤证，不好下断语。"①

王先生此书印于 1935 年，属稿当更早，而且他刚从法国归来。空海的书那时在中国尚未流传，所以王先生不可能见到朱异这一条问答，而认为周舍的四字是孤证。其实这种清浊互用的例，在空海所举诸四字例，就有不少。(3) 当时讨论四声的确实有不少人，成为一时风尚，而且很有通晓四声的②，不像梁武帝那样"雅不好"和"不悟"。不过这也不能责备梁武帝的不开窍（不悟），即如大名鼎鼎的评诗专家钟嵘，也不免自愧地说：

"但使清浊同流，口吻调和，斯为足矣。至于平上去入，余病未能。"③

这种认识声调的水平，从周颙、沈约等算起，大约持续了一千四百年之久，直到 20 世纪 20 年代，有了刘复、赵元任、王力诸位大

---

① 王力：《汉语音韵学》，中华书局，1956，95 页（注[6]）。
② 《南史·陆厥传》："吴兴沈约、陈群谢朓、琅琊王融以气类相推毂，时海南周颙善识声韵，约等皆用宫商，以平上去入为四声，以此制韵，不可增减，世呼为'永明体'。"又，《文镜秘府论》载刘善经说："宋末以来，始有四声之目，沈氏（约）乃着其谱论，元起自周颙……"可见当时善谈四声的文人，已成为一流派，他们的文章称"永明体"。
③ 《文镜秘府论》，29 页。

师，道出了声调的原理，奠定了汉语四声的测量方法，这个对四声的认识模糊不清的局面，才告结束。

屈指算来，近代国内外不乏精通汉语音韵之士，他们对音韵或方言研究，都有不小的贡献。清代的许多音韵学家如顾炎武、江永、江有浩、劳乃宣，乃至较晚的语言学家卢戆章、王照等，以及瑞典的著名汉学家高本汉，他们对音韵或语音都很有研究，但就是对声调没有怎样涉及。即使在清季西学东渐之后，西方早已周知的声学理论，也未有人用到语音研究上来。倒是在千年前，有几位日本和尚，因来中国为了学习梵音的需要，就把汉语的声调，开始用比较具体的描写方法记录下来。这就是在空海之后约五百年，日本有位了尊和尚，撰有《悉昙轮略图抄》。他对以前的日本僧人在中国所学汉语声调的具体描述，抄录整理了。他按四声的声母各分轻重（清浊），分为八声。在他的"四声事"中，引用了一些汉人如陆法言等的传统说法，但在"八声事"一节中，就指出要"先明四声轻重"，引了《私颂》对四声分成八声的描述：

"平声重，初后俱低；
平声轻，初昂后低。
上声重，初低后昂；
上声轻，初后俱昂。
去声重，初低后偃；
去声轻，初昂后偃。
入声重，初后俱低；
入声轻，初后俱昂。"

上述的八声调值，所以优于中土所传真空、处忠等歌诀之处，最重要的一点，在于他有了时空观念的描写，对每一调值，既有初、后（时间）又有低、昂（空间），就给出每个声调的二维标准。例如：他用"初"、"后"表示调头、调尾（这就相当于现代语言实验中的时长轴);用"低"、"昂"表示声调的低、高,还用一个"偃"表示降调(这就相当于现代语音实验中的频率轴)。这种描写虽然还不够精密,但至少从这些条件已可推知这些调值的轮廓了。不过他对入声的长短未提,而且也未说明是何处方言,是一憾事。① 在此之前还有一位日僧安然,著《悉昙藏》,约成于公元800年。他历举前后数十年的几位日本僧人以及汉人、高丽人所学汉语声调的情形。指明所学调值是来自"长安"、"太原"或"洛阳"等地的方音。他们有的"熟知南北风音",辨出某人所传的调是来自"吴音"(当时的汉语吴方言),或是来自"汉音"(当时的"官话",可能是长安音)。他们还把八个声调和梵音的"中天"、"南天"、"北天"等不同方音来对比,指出所传的梵音与吴、汉音的差异,所谓:"吴汉音声互相摶"。这比陆法言等《切韵》序中的"吴楚则时伤轻浅,燕赵则多涉重浊。秦陇则平声为入,梁益则平声似去"要严密得多了。② 由于这些调值的描述,是分清了清浊、首尾;指出是"昂"(高频),是"低"(低频),还是"偃"(降调)。今日对此材料,如按照现代语音生理实验所得的规律(如浊声母的调起点低,清声母的起点高),和相关声调语言的声调现象如(泰语和我国的壮语),仔细推敲,十之八九可以用现代常用的五度调标把当时的调值(吴或汉)拟定出来。这就比中国和尚的歌诀要清楚得多了(笔者将另有论述)。这些资料可惜传到中国较晚;即使传来,也很少有人去研究。据眼前资料,对此作过介绍和评述者,国内有罗常培③、周祖谟④,国外有美国的梅祖麟⑤。

---

① 《日本新修大藏经》2709,《悉昙轮略图抄》卷一,"四声事"。
② 《同上》2702,《悉昙藏》卷五。
③ 罗常培:《汉语音韵学导论》,中华书局,1956,80页。
④ 周祖谟:《问学集》上册:《关于唐代方言中四声读法的一些资料》,中华书局1966,494—500页。
⑤ 梅祖麟:《中古声调和韵律及阳平调的起源》,《哈佛大学亚洲研究杂志》,卷30,1970,86—110页。(英文)

本文所以不惮辞费,在此把我国千余年来对声调研究的材料、择要简述,其目的就是想说明,在这样长的历史进程中,在20世纪20年代以前,对汉语声调的认识,是陈陈相因,人云亦云,非常守旧的,直到1920年以后,才有转折点,而这个转折点的关键人物,前述的赵、刘、王三位中,尤以刘复先生的功绩最为突出。他不但阐明了声调的音理,实际测量了多处汉语方言字调的频率,还发明创制了实验和测算的精密仪器,使不少同道和后学者受益匪浅,成为划时代的汉语声调研究科学化的奠基人。

二、七十年来现代化的汉语声调研究的奠基人
——刘复先生对汉语声调分析的成就

据蔡元培先生所撰的《故国立北京大学教授刘君碑铭》,刘复先生于1920年赴英国伦敦大学院攻读,1921年赴法国,入巴黎大学,专攻语音学。1925年写出博士论文《汉语字声实验录》及《国语运动史纲》两篇论文,取得博士学位后回国,任北京大学中文系教授,创立《语音乐律实验室》,1931年创制刘氏音鼓及"乙一"和"乙二"两种声调推断尺,以及《调查中国方音用音标符号表》。他的声调测算仪器和标音表,可以称得上是既辨析毫厘,又方便实用。即使在今日这类仪器已超过以前的百倍,但他的仪器和测算原理至今仍是分析声调的基础。

刘先生关于汉语声调的著作,在巴黎出版(1925),是用法文写的《汉语字声实验录》,也是我国第一位用当时的在欧洲是最先进的"浪纹计",对12处汉语方言的"四声"(事实上有的不止四声)进行测算和画出调形的。他的中文本同时于1924年在上海出版,名为《四声实验录》。[①] 本书所载方言计有:北京、南京、武昌、长沙、成

---

① 刘复:《四声实验录》,上海群益书社,1924。

都、福州、广州、潮州、江阴、江山、旌德、腾越(腾冲)等12地的方言。内容分7部分。前3部分说明声音的物质本质,指出"四声",只是"频率高低的差别"。第4、5部分是声调浪纹(声波)的测量、换算和作图的方法。第6部分是12处方言的声调实验记录和曲线图。第7部分综述以前的四声论述。这本著作在当时确实是起到领先作用的。在三四十年代间,王力的《广西博白方音实验录》,罗常培的《临川音系》以及其它一些声调实验著作,其中的声调分析都是用这种量算方法,在刘先生发表《四声实验录》之后完成的。

刘复先生的这项成就,比起现代的声调分析技术来,自然不可同日而语。但他那时所用的方法和工具,也正是当时欧美先进国家所用的工具。而这种方法直到第二次世界大战还在各著名的语音实验室中通用。20世纪50年代前后的英、日等语音学家,也还出版应用这种方法分析声调的著作。笔者1957年去捷克斯洛伐克的科学院语言研究所进修时,访问了布拉格的卡洛瓦大学语音系,得会见系主任哈拉(B. Hala)教授。他是刘复先生在巴黎大学的同学,同受业于著名语音学家保尔·巴西。[1] 哈拉教授同我谈起刘先生来,还非常佩服他的勤学,并惋惜他的早逝。这所大学是捷克最古老的学府,以卡洛瓦(即查理斯)王的名字命名,相当于我国的北京大学。那里的语音实验室中所有的分析仪器,和刘先生在北大创立的"语音乐律实验室"所用仪器完全相同,都出自同一厂家。可见他们两位在学成归国时,同样"引进"了这批设备。但哈拉的实验员量测音调时还得用放大镜和米尺来量浪纹,他们没有刘先生发明的"刘氏声调推断尺"。[2] 可见当时刘先生作实验的

---

[1] 保尔·巴西的《比较语音学概要》,由刘先生译出,上海商务印书馆作为《大学丛书》出版。此书在当时是学习语言的学者必读的。

[2] 刘复先生设计的"乙—声调推断尺",是在巴黎一个厂家制造的,尺上刻有"LIUGRAPH"字样,译为"刘氏测量尺"。

效率有些还超过他们。

刘先生的这批仪器和研究资料,大部分还保存着,幸免于历次的动乱中。[①]不过在今日的电子仪器时代,这些老古董可能被人轻视了。其实这是不公平的。七十年来,世界和我国的语言学家和生理、声学家,在声调研究上推进到前所未料的水平。使人们对声调由笼统的类比概念进步到频率概念,现在又根据语音的感知理论和实验,使声调感知从单纯的频率变化扩充到多层面如强弱、长短及音色等变化,以及连续语言中声调多种变化的协同发音现象,从而逐渐找出各种语言的变调规律。这七十年来声调研究的进展,有如交通工具经历了蒸汽机、内燃机、电动机乃至电子控制的过程。但在蒸汽机年代,我国有了第一列火车是天翻地覆的事,许多保守者为了"风水被破"而极力反对,甚至闹出人命。所以刘先生当年把这些洋玩意儿连同声调的理论从国外带回来,并公开发表了,在那时对传统音韵学是一个冲击,是震动了国内学术界的。

还有一点在这里应该补充几句的是,刘先生那时用的"浪纹计"的构造原理,是凭人的声带颤动的气流,激动音鼓薄膜,传振到鼓针尖端,在滚动着的烟薰纸上划出浪纹的。那时没有电声扩大的发明,声流太弱,须用口罩通过橡胶管传到音鼓,又需用力大声发音,这就一定比平常口语失真,测量换算后会产生多余的调头或调尾曲线。又因鼓针是用细麦管做的,极轻而软,它受声带音传振终止后,常常会继续自颤(惯性作用),而划出并非真实声调的浪纹,实验者无法分辨而一并计入调值,造成调图与听觉的差异。至于因发音人生理不同而有时声带气流太弱,画不出浪纹来,尤其常

[①] 刘先生的"语音乐律实验室"所有的仪器和资料,现在大部分还珍藏于中国社会科学院语言研究所的语音研究室,成为语音研究的历史见证。

见。这是那个年代一般机械振动仪器的通病。这类现象,笔者就曾亲身经历过。即使在电子仪器的今日,由于波形转换成调高的设计原理所限,记录出来的声调频率值,有时会比实际高出八度(一个倍频程)。这是要用现代语音学知识来加以修正的。这在当时二三十年代是无法解决的。近来有人评述《四声实验录》认为:"本书理论方面,特别是对乐理讲得很透彻,在实践方面存在一些问题:从调值来看,有许多声调曲线都不能反映真实情况……"① 这完全属于仪器性能的问题,而不是实验人的错误,应该在此为刘先生声辩的。

总之,刘先生在20世纪20年代初宣布了:"四声只是频率高低的差别",这个定义成为声调研究一千四百年与七十年……之间的"分水岭",使人们告别了旧的声调知识,而跃进到新的知识水平。这就有如我国某些闭处深山与社会隔绝的少数民族,他们的生活制度,在解放后,就从奴隶社会,不经过封建社会和资本主义社会,一跃而进入到社会主义社会,其间在思想上和习惯上所受的冲击,是可以想象的。刘先生声调研究的成就在科学上的意义,如同他在乐律研究上的成就一样,在近代中国科学发展史中是有其应得的地位的。②

---

① 《中国大百科全书》(语言文字卷),中国大百科全书出版社,1988,《四声实验录》条。
② 刘先生关于研究乐律的成就,另有戴念祖先生的文章,将在此次纪念会上宣读。

赵元任先生在汉语声调研究上的贡献^{*}

一、前言

赵元任先生(1892—1982),在1910年由当时的清华留美预备学校毕业去美国留学时,才十八岁。四年后,在康奈尔大学得物理学硕士;又四年,在哈佛大学得哲学博士。但是,此后他蜚声于国际上的,却是他业余所感兴趣的语言学和音乐理论与作曲。据最近他的两位女公子所辛勤搜集的遗著来统计,如兰的《赵元任音乐作品全集》有创作、合唱、伴奏、配乐等大小共132首;新那的《赵元任著作目录》(是作为编辑全集的预备工作的)计收有自1915年至逝世前不久止,共三百多种;其中主要的是语言学论著,内容几乎包括了当时语言学界关心的一切项目。今日的语言学研究虽已有了很先进的仪器和有价值的文献,但某些在目前尚在争论的问题,例如音位学的范围,几十年前赵先生早已有了言简意赅的说法;还有一些在当时尚在萌芽中的新兴学说,如"区别特征"理论,他也有独到的见解。在今日看来,这些仍是具有指导意义的。赵先生的语言学论著中,诸如语法、语音、语用,以及传统音韵学、方言调查、"国音"的标音和教学等等,都已在国内外享有崇高的地位,他在作曲中,把汉语声调和歌曲旋律密切配合尤为独创;而语音中关于汉

---

* 本文为1995年提交"纪念清华国学研究院成立七十周年国际学术讨论会"的论文,载入该会论文集,1996。

语声调的研究方法和记录手段,至今犹不减其生命力,仍为中外学者所乐用。笔者在抗战前几年,虽曾在中央研究院历史语言研究所,作他的学生和研究助理,但因战争年代的影响,追随时日较短,只有三年左右,未能多事请益,对他的博学多闻,无法作较为详实的传述;但从他当年对我们的循循善诱、诲人不倦的培训中,以及历年来自己在研究岗位上,从他的有关著述中,边用边学,也多少得到若干体会。现在际此清华国学研究院七十周年纪念会讨论四位大导师的学说之际,愿把赵先生对汉语声调研究的卓越贡献,提出几点,以供讨论。

二、开创汉语声调的记调方法

在 20 世纪前,由于物理知识的不够普及,人们对言语声的认识比较模糊。我国自齐梁时代(公元 500 年左右)开始有了"四声"的说法起,一直是用"读若"或"以类相从"的办法来解释声调的。例如梁武帝问他的臣子们:"何谓四声?"回答是:"天子圣哲"或"天子万福"。只能用同样四个声调的字来"互训"。关于调值的描写,千百年来只有唐代和尚处忠的四句口诀:"平声哀而安,上声厉而举,去声清而远,入声直而促"及明代和尚真空的《玉钥匙歌诀》:"平声平道莫低昂,上声高呼猛烈强,去声分明哀远道,入声短促急收藏"的描述,但究竟所记调值多高多低,声调是何处方言,都使人无从捉摸。直到 20 世纪的 20 年代,才由刘复和赵元任两位大师,各自从西方引进了新技术,几乎同时用实验说明了声调的高低是声带振动频率的变化现象,是可以用仪器测量出数据的。刘先生当时从法国带回来测量声波的"浪纹计",并改进创制了"刘氏声调推断尺",使从声调频率对数值描绘调线得到很大的便利,并由此测得了几十处汉语方言单字调的音高数据。可惜他逝世较早,未能有更多的进展。赵先生则除调查多种方言的单字调之外,更注意到连续语言中的声调变化。他的天赋的音乐感和细致的分析,使他凭简单的音高管和耳听来定调,就能测定并绘出各方言中多变的调型。

赵先生还经常注意如何改进分析声调的仪器。他指导我设计改装电动浪纹计;并请上海中央研究院物理所的丁西林所长帮助研制一套"自动音调记录仪",打算较好地分析和描记声调。可惜工作进行得差不多时,即值"七七事变",各所西迁,只得停下来,直到解放后才由中国科学院语言研究所完成这项任务。

三、创制五度制的声调符号

语言的声调绝对值的记调手段,在研究或调查报告中,必须能做到简单明了,而且要形象化,一望而知,并能令读者迅速准确地看图识调,能读出与原音很像的音。用上述的频率记调方法,既费力耗时,而又缺乏直观,在研究个别音例是可以的,如作大量的语言调查则失效了。赵先生于 1930 年在巴黎的国际语音协会 IPA 会刊《语音学大师》上发表了一篇"A System of Tone Letters"("声调字母",亦称"调符")的文章,对汉语字调,不论其绝对频率高低,调域宽窄,人身区别,情绪紧松,都能把它"一致化"(规正化)为五个等级。调符以直杆为标,在右边画上横线,走势平曲不等,来代表声调的高低起伏。据原作者的解释:

> "(声调的)某一声所以为那一声,它是相对的,不是绝对的,……如果把音高的程度分成'低、半低、中、半高、高'五度就够了,很少有时候儿得分到五度以上的这么详细。……声调这种东西是一种音位,音位最要紧的条件就是这个音位跟那个音位不混就够。"

这个五度符号还可以用数目来表达,由低到高为"1,2,3,4,5"。用几个数字表达调势,如北京话的四声:"55"为高平的阴平,"35"为高升的阳平,"214"为低降升的上声,"51"为高降的去声。这样,在调查记音时,可以不用仪器,凭耳听判断来定出调级和调型,非常便利。这对于一般语言工作者来说是足够准确了,而且在印刷中刻就一套调符的铅字,与汉字同排,也很方便经济。这套调符是个革命性的发明,把前此西方人记汉字声调用各种记号加在字顶、用数字缀在字尾,要高明多了。所以此法一出就不胫而走,国内外的文章中不但用于汉语研究,即在有些少数民族的语言调查中也有采用的了。

用五度值记声调是否够用?不一定给与限制,有些场合用三度、四度也都行。最近有美国学者对世界上几百种语言作过统计,得出的结果是,人类所有的语言其调位的等级没有超过五度的。这更足以说明"赵氏调符"是放之四海而皆能应用的。

四、归纳出北京话连读变调的规则和字调与语调的关系

一般汉语方言在几个字连着说出时,原来的字调往往彼此影响而变了调形,称为连读变调。这是语音的同化作用,近来叫做"协同发音"。赵先生很早就指出,"官话"中最常见的两字连读变调是,上声后接有非上声,变半上;两上相连,前上变阳平;两去声相连,前字变半去等等。这些现在已成为一般普通话语音教材中必备的内容了。此外,三字相连,又有若干变调规则。这在赵先生的著作中,特别提到了三字中首字为阴平或阳平,次字为阳平,则次字变阴平。这一类的连读变调规则,虽然现在看来还不够全面,但在当时却是最先提出的。它对后来的语音教学和研究,是起开创作用的。至于北京音的单字调和多字连读变调,在语句中受到语气的影响而又有许多变化。它们有无规律可循?这个问题困扰

了语言学界多年,至今还不能说得到满意的解决,已成为汉语语音处理中的一大障碍。赵先生早在半世纪前就十分注意这个问题了。他在1928年的《现代吴语的研究》中,对声调的多变问题有如下的一段叙述:

"……字调的绝对音高往往跟着人的嗓子,跟临时的精神变的。这种变化于字在语音上的地位不发生意义的,所以要作比较的时候,得要取发音者当时平均的音高做水平线来量他字调的相对音高。有一样难处是读者假如前后不是在同等精神,假如不一贯,所读出来的就会不在同一个调(key),那就取平均音高也没有用了。

"还有一层是非但绝对音高,连音程(interval)的绝对大小,也看发音者的精神跟脾气变的。高兴的时候或是不怕难为情的人容易用大一点的音程,不起劲或是怕难为情的时候就会把音程减小(曲线上下挤扁)。关于这层暂时没有想到好法子把材料改成一致的。"

这两段话把汉语声调的性质及其变化的复杂性全都概括了。前一段是说字调调形的变化,后一段是说语调调阶的变化。当时赵先生还比较谨慎地说暂时无法把它平均出一套规则,但到后来在他的其他论著中就把这个问题解决了。可是这两个问题至今还是汉语语调处理中的难题,这将在下文详述。

汉语普通话及多数方言的每个句子都是由若干短语组成,它们各包含多寡不同的单词、复词、直接成分和联结词、语气词等结构。在成句的语调中,除少数还能保留原有的调型外,大部分受连读变调的制约及语气韵律的影响,而产生不同的语调模式。因此,一句语调中,既有表层的语气成分,又有底层的单字、连字变调成分。它们混合乃至化合在一起,调形十分繁复,很难分析清楚,以致今日还有人把表里调形都当成语调的模型来处理。这在国外学者把他们的语调模型拿来套用在汉语语调上尤为常见。在当时很少有人研究语调、而且即有研究认识也还很模糊的年代,赵先生已给汉语的字调与语调关系明确地下了定义:汉语的字调是表义的,而语调是表情的;它们之间的关系:一是"代数和",二是"小浪加大浪",三是字调调域受语气的影响,犹如画在橡皮上面的声调线,可以伸缩的。他的这种深入浅出的比喻是非常形象化的。

关于汉语的字调与语调的关系,赵先生早在他的1932年用英文写的《英语语调(附美语变体)与汉语对应语调初探》论文中就已指出:

> "(汉语的)任一词(any word)在任一语调(any intonation)中说出时,都不会丧失它的词义区别功能,语调只能(only)表达语气、情调、用途……"

他用那"任一"和"只能"的字眼,都是十分肯定的语气,说明字调在语调中是仍旧保持其区别词义的作用的;换言之,也就是仍旧保持其有区别性的调型(包括其变体)的。

赵先生所说字调与语调的区别,简而言之,字调(按今日的更为确切的说法,应该还包括连读变调)是表义的;而语调是表情的。这个问题非常清楚。字调与语调的关系是"代数和",这个说法一再出现在他的著作中。现在引一段他在1959年的《语言问题》中的一段话:

> "我讲各国有各种语调,现在就有一个问题,就是:如果一个语言它自己有字调(阴、阳、上、去或平、上、去、入之类),那么怎么能再有语调呐?比方外国人学了中国话,他学了'买'升,'卖'降,可是他平常用惯了肯定的调是望下,'这个东西我要买'的'买',就变成了'卖'了。同样,问话他要望上升,所以他要说'这个东西我要买,你卖不卖?'就说的像'这个东西我要卖,你买不买?'了。这就是因为语调把字调给盖掉了。那么语调、字调这两个东西,怎么能够给它合起来呐?就是:语调跟字调可以并存,它们两者的关系,是个代数和。怎么叫代数和呐?因为代数里有正有负,正的加正的越加越大,负的加负的越加越负;正的加负的,它就相消了,看是哪一个多一点儿,它就望哪一边儿。"

这一个说法给学过代数的人可能有这样的理解:如果句尾是个降

调的去声字，在疑问句里句尾要上升（一般是这样认为），两下里一抵消，或升过了头，那么，这个去声岂不变成阴平、甚至是阳平了吗？反之，如句尾是升调的阳平字，在平叙句里句尾要下降，也会抵消甚至变成去声。这是结论下得太早了。因为下面还有一大段补充的话，却很重要。（这些话最早写在教外国学生学北京话的国语课本里，是针对外国人容易犯的毛病来说的。）原文较长，现在举要介绍。他以说姓"陆"和姓"何"两个字为例（有的文章里用姓"陆"与姓"王"），这两个字在语调中再有变化，也不能说成姓"卢"和姓"贺"。他在早些时候的《中国字调跟语调》中已提出，学汉语的西方学生说一个句子，句尾的字如为去声，说成降调，就容易说得正确；如此字为上声，他也说成降调，就错了。这些都是再三说明，"语调和字调"虽然局部相消，可是"你还听得出字来"，也即上文所引的，字调在语调中是不会丧失其词义区别功能的。

赵先生对字调跟语调的关系，还有一个很生动的"小浪加大浪"的比喻。原文是：

"再有一比喻，就是你拿字调跟语调比小浪跟大浪。大浪在那儿起伏，每一个浪上头仍旧可以有小波儿。所以字调在语调上，就仿佛小波在大浪上似的，都可以并存的。"

这段话如果让懂点物理的人来理解，就能得到正确的答案。我们可以想像，投掷一块小石到平静的水面，就造成一圈一圈的波浪纹，不断地由中心向外扩散。这时附近如有什么原因激起了大浪（例如有一条船过去），一个浪头（注意，不是浪花）打来，浪峰就把那个浪圈托高了（随着浪谷的到来，这个浪圈又会落下）。所以字调的"小浪圈"在语调里被语气的"大浪头"托高了，于是起了近似"代数和"的结果。不过，所改变的是调阶，而不是改变其调形；正如小浪圈"骑"在大浪峰上面，其浪纹模式在一定时间内还是保持不变的。所以如把小浪加大浪的"代数和"理解为字调的平均调高与语调的平均调高的代数和,而字调调型基本上没有甚么变化,这就证明了字调的"不会丧失词义的区别功能",语调的大浪把字调的小浪托高,"只是"起了"表达语气、情调……等"的作用。

字调与语调的关系已经清楚,但二者变量的表达方式是否相同,赵先生在另一个著作中有很精辟的几句话说明两者是不同的;但因字数不多,就不大为人注意了。他在1968年的《中国话的文法》中的《语音》一章列举了北京话的13种语调,在"先扬后抑语调"一条中的一段话是前所未谈的。他说:

> "句首的短语或小句的语调略高于结尾的短语或小句。这种语调的差别不同于英语:第一,汉语两部分之间的差别不大;其次,汉语只是基调的差别,而不是像英语那样上升或下降的曲线。"

这几句话可以说是总结了他以前关于语调的许多描述,给出了明确的定义。就是:字调的表达方式是调形(曲线),功能是表义的;语调的表达方式是调阶(基调),功能是表情的。按现在的实验结果,"字调"的范畴还应该包括词调及短语的连读变调,在语句中其调型基本上是保持不变的;而语调只是基调(嗓门)的变化,一般对调型是没有太大的影响的。

至于基调的起伏对调域的大小有无限制,也是个重要问题。关于调域的伸缩,赵先生的解释是:如果语调的调域宽了,字调的调域也就跟着展宽,反之亦反是。他的橡皮上画调的比喻是很生动的。但两者展宽或缩小的比例怎样?不同的语调,调域该展缩多少?这在当时的实验条件下,要解决这个相当复杂的问题是困难的。不过他的解释是合理的。由于调阶的抬高,字调(譬如"四声")的五度值也跟着抬高和拉宽了。因为四声调值之间的关系,不是线性的绝对值,而是对数的相对值,更确切一些说,是音乐性的旋律值。至于多高的调阶该有多宽的调域,他并没有详细地说。现已有实验证明,语句中的调域大小是因人而异、因语气而异的,但是其规则是可预知的(另文讨论)。所以,赵先生1925年在清华国学研究院时调查吴语方言,就不用频率记调而凭耳听、用十二平均律的半音音程来记调,并加以平均。两三年后,他的五度调符问世,对声调的记录就更为便捷了。

五、提倡写作歌曲或歌词要照顾字调与旋律的配合关系

我国旧时作词谱曲,常有两种规则:一是先有词而后配曲的"度曲",一是先有曲而后填词的"倚声"。文士艺人对词调与曲调的配合是有许多讲究的。近年来作词的文人已不计较曲调为何,而只是按词牌规定的四声平仄往里填字。比较有传统的戏曲艺人,在填词或配谱中,还能考虑到字调与曲调的"合辙"而避免"倒字儿",而现代的歌唱就几乎根本不理会这一套了。但是这与歌声的和谐悦耳是有关系的,与听者对歌词的理解就更有关系。这个问题由来已久。赵先生早在1928年出版的《新诗歌集》的自序中就谈论了语音与音乐的关系,如:"吟跟唱"、"诗跟歌"的关系等。他对自己为诗歌配谱作了不少开创性的试验。在"本集的音乐"一章有一段说明:

> "在字音跟乐调的关系上我也做了一点试验。在外国没有平上去入的语言,什么字音可以怎么唱。只有一个很严格的条件,就是字的轻重音(stress accent)须得跟音乐的轻重音相合。在中国,轻重音固然也须讲求,但不必像外国那么严格;可是字的平上去入,要是配得不得法,在唱时不免被歌调儿盖没了,怕听者一方面不容易懂,一方面就是懂了,听了也觉得不自然。……所以中国填曲子有一定的规律,非但要讲平上去入,并且还要讲声纽的清浊。可是这种规律有两种定法,一种是积极的定法,就是说逢甚么声(四声)唱甚么乐音,或是有限几种可选的唱法,那样一来就把音乐弄得太死了,简直没有创作歌调儿的余地了,结果就还是吟词而不是唱曲。……要是只用一种消极的规律——那也无所谓规

律——只是定一个很笼统的范围。在这范围之内仍旧有无穷变化的可能,那就又可以保存原来的字调,又可以自由作曲了。"

从上述可知,赵先生作曲是既保存了字调,又不妨碍作曲的自由的。他把乐调配字调的原则归纳为如下的几条:

"1.平声字用平音,平音又以1,3,5为合宜,但也不一定用它们。如用变化音,当以先高后低为宜,但花音不在此例。

2.仄声字用变化音(一字先后几音,或用2,4,6,7平音,但也不一定用它们)。

3.平仄相连,平低仄高(这样仄声就不必用变度音或2,4,6,7了)。

4.以上三条只用在一句的重要的字上,尤其是韵字,其余的字可以毫无规则。"

赵先生按他的作曲规则写了很多轻松的或严肃的歌曲和乐章。他也仿民歌风格写了一些按方言字音和声调来唱的曲子,如:苏州音和北方音的《船夫号子》,无锡音的《卖布谣》,以及天津音的《教我如何不想他》。赵先生写歌曲也和他写学术论文一样,快速而认真,而且富于研究精神,有时为一个主旋律会写成好几种变奏。这和他语音的研究兴趣和修养是分不开的。

附:赵元任先生声调研究主要论著目录:

1922 《中国言语字调的实验研究法》,载《科学》7(9)。

1928 《现代吴语的研究》,《清华学校研究院丛书》第四种。又:1968年新一版,科学出版社。

1930 A System of Tone Letters,*Le Maitre Phonetique*,serie 3,30。又:1980年以《一套标调的字母》为题,在《方言》2期重新发表,并征得作者同意略有订正。

1932 A Preliminary Study of English Intonation (with American Varients) and its Chinese Equivalent,《中研院史语所集刊外编,蔡元培先生六十五岁庆祝论文集》。

1933　Tone and Intonation in Chinese(《中国字调跟语调》),《中研院史语所集刊》4(3)。又:1992年,陈保亚译,题为:《汉语的字调跟语调》,载于《清华文丛》之四,袁毓林主编:《中国现代语言学的开拓和发展——赵元任语言学论文选》,清华大学出版社。

1934　The Non-uniqueness of Phonemic Solutions of Phonetic System(《音位标音法的多能性》),《中研院史语所集刊》4(4)。又:1985年,叶蜚声译,载于《赵元任语言学论文选》,中国社会科学出版社。

1956　Tone, Intonation, Singsong, Chanting, Recitative, Tonal Composition, and Atonal Composition in Chinese, *For Roman Jakobson*, North-Holland Pub. Co.

1959　《语言问题》,台湾大学文学院印行。1980年新一版,商务印书馆。

1968a　*A Grammar of Spoken Chinese*(《中国话的文法》),Berkeley, University of California Press. 又:1979年,吕叔湘节译为《汉语口语语法》,商务印书馆。

1968b　*Language and Symbolic Systems*, Cambridge University Press.

(原载《清华大学学报》(哲社版),1996年第3期)

试论汉语的声调和节奏
——从胡乔木的提问谈起*

1981年6月,语言学大师赵元任先生从美国回来探亲,在京访问几处院校和中国社会科学院语言研究所。中科院前院长胡乔木同志为其饯行,席中向赵先生请教有关汉语声调分类及诗歌结构等问题,匆匆未及细谈。次日又专人送达一信,希望赵先生回去后能便中解答。但不久赵先生和乔木同志均因病谢世,此信遂成悬案。原信全文如下:

"赵老:

昨天向您提出的问题,因限于时间,说得太简略,很难表达出我为什么要重视这个似乎不那么重要的问题。因此再多说几句,请您原谅。

(一)平仄如果只是一种人为的分类,而没有某种客观的依据,很难理解它为什么能在一千几百年间被全民族所自然接受,成为"习惯"。

(二)这种习惯远不限于诗人文人所写的诗词骈文联语,而且深入民间。过去私塾里蒙童的对对并不需要长时间的训练,巧对的故事也并不限于文人。民歌中常有大致依照平仄规律的,如著名的"山歌好唱口难开","桃红柳绿是新春","赤日炎炎似火烧",

---

*本文原为2002年10月在中国第9届当代语言学研讨会(北京)宣读的论文,此处有所增订。

"月儿弯弯照九州"(后二者可能出于民间文人)等。甚至新诗中也有"教我如何不想他"，"太阳照着洞庭波"这样的名句。

（三）平仄之分，至少在周代即已开始被人们所意识到，所以诗经楚辞中用平韵的作品，远远超出用仄韵的，这绝不是一个偶然的现象。后来历代诗赋词曲和现代的歌谣、歌曲、新诗，一直没有什么改变。这个事实，有力地说明平声和仄声确有明显的虽然是不容易讲清楚的区别，无论各自的实际调值在各时期和各方言有多大不同。而且这个现象也包括北京话地区在内。平声字多似乎是一个理由，但是是一个不充足的和不能令人信服的理由。它还引出另一个不容易答复的问题：为什么汉语里平声字多！

因为这些，我想平仄的区别仍是一个值得深入研究的问题。

此外，还有一个问题也是我久已思考而未见有人解答的，即中国诗歌何以由诗经楚辞的偶数字句型为主变为两汉以后的奇数字句型为主？偶数字句诗除辞赋体外，六言诗始终不流行，八言诗根本没有(当然不算新诗)，奇数字句诗基本上也只限于五七言(不包括词曲)，在民歌中大多数是七言。新诗出现以后，情况再变，基本上以偶数字句型为主，而且一般句子的字数也多在八言以上(这里没有考虑自由诗)。这个新起的变化因为是现代的，可能比较容易解释，但是四六言变为五七言的语言学上的原因就比较不清楚。是否古汉语的发展在此期间出现了某种重要变化？

向您这样高龄的前辈提出这些问题，于心很觉不安。不过我终于不肯放过这个求教的机会。您在返美以后，如能把您的一些想法告诉赵如兰教授(我所提的问题我想她也会感兴趣的)，请她给我回一封信，我就感谢不尽了。

祝您和如兰女士一路平安，健康长寿！

胡乔木

六月十二日(一九八一年)"

最近我因参加赵师全集的编订,得见此信。深感乔木同志的关心语言学,能连夜写出如此条理清楚、引证详实的一系列问题,这些在语言学界看似浅近平易、少有叙述的问题,实际上却指出了汉语诗歌声调的主要特征及其句法演变。但由于科学知识在历史长河中是逐渐发展的,不要说我国,即使在西方的先进国家,对这类问题直到一个多世纪之前,还仍如乔木同志所强调的"不容易讲清楚",有些解释还是"一个不充足和不能令人信服的理由"。如今为了不忍使这件在语音学研究上可称为历史文献的书信湮没无闻,亟应予以发表,并希望能引起跨学科的语言学家的探索兴趣,庶可为赵师代答。笔者不揣浅陋,也打算补充一点"不充足的解释",借以抛砖引玉。

一、平仄的分类有无客观依据问题

原信提出:平仄的分类"为什么能在一千几百年来为人们所自然接受、成为习惯?"是人为的,还是有客观的依据的?

要研究平仄分类的客观依据,就得先研究声调分类的客观依据。汉语声调的形成和具有类别,是声调语言本身必然存在的特征。汉语最早的每一个单音节在文字上是一个单字,用不同的声调调值说出,代表不同的意义。汉语声调的产生,由于在古文献中有梁代沈约撰《四声谱》、又同周颙等研讨四声、世称"永明体"的记载,每被后人误解为语言的声调是从那时开始的。其实汉语早已有了声调。为什么会有不同的声调,周代《礼记》的《乐记》篇,就有一段叙述:

"凡音之起,由人心生也。人心之动,物使之然也。感于物而动,故形于声;声相应,故生变;变成方,谓之音;比音而乐之,及干戚羽旄,谓之乐。①"

这可能是我国最早的关于声调描述的文献。此文的三个"音"和一个"声",是同义还是歧义,就不太清楚。如按文理,第一句的"音"和"形于声"的"声"应该都是指语音;而后面的两个"音",又应该是指"声调"。"物"指事物,"变"指高低变化,"方"指规律或等级,"比音"指声调组合,"乐"指音乐与旋律,"干戚羽旄"指舞蹈。这就是说:语音是由人的思维产生的。思维反映万物用语音来表达;语音相应(连续)而产生高低变化,有了规律,成为声调;声调组合而成为音乐和舞蹈,总名之为"乐"。它虽然没有调值的描写,但已说明语言的声调是有高低类别,而且声调的变化和音乐的旋律是有关系的。

不过关于"声"与"音"有无分别,照《乐记》的这段话理解,声与音的定义就有时同、有时异。据汉许慎《说文解字》"音"部:"音,声也",似是同义。但下文又说:"宫、商、角、徵、羽,声;金、石、丝、竹、匏、土、革、木,音也。"这就有了明确的区别:"声"是声调而"音"是音质。沈约等把四个声调叫做"四声"而不是"四音",或者也是这个原故。

一个声调语言集体中的口语,由于每个音节可说成几个声调,就可以用少数音节表达多数意义,于是不同的声调在不同语言或方言中,各自形成了"调位",具有音系学的区别特征的功能,它就比"非声调语言"要用多数音节的拼合来表达意义经济得多。这是

---

① 汉语之有声调,早在秦汉,至齐梁才有四声之说。据清段玉裁《六书音均表》中的"古四声说"指出:"考周秦汉初之文,有平上入而无去。洎乎魏晋,上入声多转而为去声,平声多转为仄声。于是四声大备,与古不侔。"古籍可考者,有萧子显《齐书》云:沈约、谢朓、王融以气类相推,文用宫商、平上去入为四声,世呼为"永明体"。近年传来的日本遣唐僧人空海(一名遍照金刚,殁后封弘法大师,公元 774—835,相当于中唐时代。)所著《文镜秘府论》,录有刘善经《四声论》的说法:"宋末以来,始有四声之目。沈氏乃著其谱论,云起自周颙",该书 1975 年由人民文学出版社出版,4—34 页。

世界上所有"声调语言"的共同特点（但因此也产生了"异字同音"的缺点，这是另一问题）。至于一种语言或方言该有多少个声调，那就随不同语种或方音而异了。因此这种分类是完全根据该语言所用不同调值的调位来定的。

汉语声调的类别，自古以来考据家的论点不同，古有三声、四声等说法。传统文献对"平上去入"四声的分类有较多的叙述，但对调值的描写则语焉不详。一种语言的语音为何有不同声调？该分多少调类？声调的调域有没有限阈？它的发音和听音的生理机制是怎样的？这些问题到了 20 世纪的中期，由于声学仪器的先进、实验语音学的发展，才能说得比较清楚，从而能找出语言声调的产生和分类的"客观依据"[①]。

汉语的声调既有区别意义的作用，其两调之间的区别程度与听感上的清晰度是成正比的。两者的区别越大，就听辨得越清楚；反之，区别越小，就听辨得越模糊。人们在日常口语中，为了要在有限宽度的调域内，划分成若干个声调，来表达生活中的众多事物，二者的矛盾必须统一。由于世界上各声调语种的社会背景及音系结构种种因素的不同，就有不同的分类标准。一般说来，各声调语言或方言中，平调调阶的高低等级最多不超过 5 等，亦即平调不超过 5 个调类[②]。赵元任先生在汉语方言调查中一律用 5 度制的调符来记录一切声调调值[③]。这个 5 度的分等是有世界共性的。把汉语的声调除了平调，还可以用升降调和曲折调来补充，因

[①] 吴宗济、林茂灿编(1989)：《实验语音学概要》，二—四章。高等教育出版社，13—72 页。

[②] 这是指平调的高低调阶而言，加上升降、曲折的变化，调类数目就不止此。

[③] 赵元任(1930)：《一套标调的字母》，原用国际音标写出，发表于《语音学大师》第三集，巴黎，24—27 页；《方言》1980 年第 2 期转译为英文；袁毓林(1992)转译为中文，载《中国现代语言学的开拓和发展——赵元任语言学论文选》，清华大学出版社，82—86 页。

此声调区别意义的功能就大为扩充。

中国的声调在文献中只有调类的叙述,从无明确的调值分析。梁沈约的《四声谱》已失传,文献中只有唐代和尚处忠《元和韵谱》的四句歌诀:"平声哀而安,上声厉而举,去声清而远,入声急而促。"这四句在唐代日僧了尊的《悉昙轮略图抄》中也有记载,说是引自《元和新声韵谱》的①。它只说明汉语有四个声调,但既未别高低,更不明地区。中国韵书种类虽多,但大都对声调只有分类而无调值。

综上所述,说明汉语的声调分类,是有其生理和音系等规则的客观依据的。至于汉语的四声为什么要分平仄两类,可作更多的探索。古代有关汉语声调的文献中,声调的分类既有"平仄"之分,还有"舒促"之别。各种论著对这二者的分法,大都只说明平仄是长短的调类,而很少说明原因②。

"平仄"的说法是以平声为"平",上、去、入为"仄",把平声(包括后代的阴平和阳平)从四声中分出,与其它三声对立。按字面就可以理解为"平直"与"不平直",于是可以认为平声的调型是平的,而上、去、入三声的调型是不平的。"舒促"的说法是以入声为"促",平、上、去为"舒",把入声从四声中分出,与其它三声对立。"舒"与"促"在字面可理解为"长"与"短",于是可以

---

① 唐代和尚处忠的《元和韵谱》已失传,此歌诀见于日本《大正新修大藏经》84卷,了尊:《悉昙轮略图抄》卷一:"四声事"2709。此后关于声调描述常被人引用的,尚有明代和尚真空的《玉钥匙歌诀》:"平声平道莫低昂,上声高呼猛烈强,去声分明哀远道,入声短促急收藏。"载于《康熙字典》《等韵》章。

② "平仄"二元之分类:近人有周法高(1948):《论平仄》,《中研院史语所集刊》第13本,商务印书馆,上海,158—162页。丁邦新(1975):《平仄新考》,同上《集刊》第47本1分,台北。两文都从唐代梵汉对译的资料论平仄的长短,并证明平声是长的。"舒促"之分类:春秋《公羊传》"庄公二十八年"何休的注,把汉语声调分为"长言"、"短言"两类;南北朝颜之推《颜氏家训》"音辞篇"就有语音的急言、徐言之说。这都是以长短来区别声调的。

认为平、上、去三声是长的,而入声是短的。因此用舒、促分类的条件是明确的。在今日不少汉语方言中,还可得到入声短读的例证。至于"平仄"(或作"平侧"),由于历来文献缺乏调值的描述,现代方言调查所得各种方言的平声不一定都是平直的调型,其它三声也有平的,因此分类的根据就比较复杂。但是为什么在古今诗词歌曲中,却大都成为自然遵守的规律,这个问题在一般语音学著作中很少有满意的解释。不过语言学大师王力先生在他论汉语诗律的著作中,有一段关于平仄问题的讨论,或可基本上回答这个问题。王力先生认为,平声跟上、去、入三声的对立,可以考虑两个问题:"第一,为什么上、去、入三声合成一类(仄声),而平声自成一类?第二,为什么平仄递用可以构成诗的节奏?"兹摘引其说如下:

> 第一个问题,声调自然是以音高为主要特征,但是长短和升降也有关系。依中古声调的情形看来,上古的声调大约只有两大类,就是平声和入声。中古的上声最大部分是平声变来的,极小部分是入声变来的。中古的去声大部分是入声变来的,小部分是平声变来的(或由平经上变入)。依我们的设想,平声是长而不升不降的,上去入三声都是短的,这样,自然分为平仄两类了。平仄递用就是长短递用,平调与升降调或促调递用。
>
> 第二个问题是和长短递用有密切关系的。英语是以轻重音为要素的语言,英语的诗有所谓"轻重律"和"重轻律",以轻重递用为节奏。希腊语和拉丁语是以长短音为要素的,诗歌就不讲究"轻重律"、"重轻律",而以"长短律"和"短长律"为节奏。汉语近体诗中的"仄仄平平"乃是一种"短长律","平平仄仄"乃是一种"长短律"[①]。

上述王先生对平长仄短的认定,用了"设想"、"大约"的字眼,

[①] 王力(1962/1968):《汉语诗律学》"导言"2.3、2.4、2.5 节,上海教育出版社,6—7页。

表现出治学谨严的学风。但是,仄声中除入声是短的,可以从现代汉语方言中的"古化石"入声来证明外,上、去两声是否都比平声短,在方言中已难于确认,历来还缺少第一手资料。我国直到近半个世纪才引进了一批可靠的文献,揭示了中古"汉音"(长安音)的调值,已可解答这个平仄分类的问题。这就是日本古代遣唐僧人所传的一批记载,包括上述空海的《文镜秘府论》和安然、了尊等的记录。

远在我国唐代,有多批的日本遣唐僧人来到中国,在中唐时期对汉语和梵文经咒对译的读音,作了认真的记录。其中空海的《文镜秘府论》,把平声为一类,而上、去、入三声归为一类、称为仄声。稍后又有日僧了尊所著《悉昙轮略图抄》,其卷七"文笔事",把"平、仄"注作"平、他"。可见当时对诗文声调都以平声为中心,而对其它三声称之为"他"。至于为什么平声会如此被重视,它的调值究竟为何,在《图抄》卷一的"八声事"中,却有对当时长安音的四声、声调高低所作的完整记录。这些材料载于日本的《大正新修大藏经》,它与《文镜秘府论》,都是在近几十年才在我国出现的,王力先生写书时尚未见到此资料,不过他的"设想"已基本与事实相符了。"八声事"所记唐长安音的原文如下:

"右先明四声轻重者,《私颂》云:
平声重,初后俱低;平声轻,初昂后低。
上声重,初低后昂;上声轻,初后俱昂。
去声重,初低后偃;去声轻,初昂后偃。
入声重,初后俱低;入声轻,初后俱昂。"

此文的解释:"重"是音节的声母为浊音(带音),"轻"是音节的声母为清音(不带音)。"初"是指"调头","后"是指"调腹"和"调尾"。"低"是低调,"昂"是高调,"偃"是降调。所记的长安的"平上去入"

四个声调各分"轻、重"(清、浊或阴、阳)两类,成为"八声"。"八声事"中对调型的记录,完全可以根据现代的语音实验作如下的解析:

(1) 凡浊辅音的音节:一开始声带就颤动,由于它有由静到动的惯性,起点频率较低。如果调腹的频率不是太低的,则服从辅—元的"协同发音"(coarticulation)规则,而使调头低于调腹,成为升势(如"八声事"的"初低后昂")。如果调腹的频率已是相当低的,则调头可能与调腹持平,调型就成为"全低平"(如"八声事"的"初后俱低"。)

(2) 凡清辅音的音节:一开始时声带没有颤动,其起点为清辅音的"强频集中区"(concentration area),在声谱上,其噪声的强区都比较高。如果调腹的频率不是太高的,则服从辅—元的"协同发音"规则,而使调头高于调腹,成为降势(如"八声事"的"初昂后低")。如果调腹的频率已是相当高的,则调头也可能与调腹持平,调型就成为"全高平"(如"八声事"的"初后俱昂")。

了尊所引《私颂》的"八声事",浊声母(重音)音节的起调低而清声母(轻音)音节的起调高,是完全合乎发音生理的。它非常形象地描写了各种音节的调腹高低、调头升降。(这应该是"阴、阳调类"在历时中分化的主要原因。)不过"八声事"中的"入声重"与"平声重"的调型重复,"入声轻"又与"上声轻"重复,这又怎么解释呢?据另一较早的遣唐日僧安然所著《悉昙藏》,有云:

"我日本国元传二音:表(传者名)则平声直低,有轻与重;上声直昂,有轻无重;去声稍引,无轻无重;入声径止,无内无外。"

这里"表"所记的声调为六声。平声的"直低"是低平调,上声的"直高"是高平调,分别和了尊八声的重平、轻上相符。去声的"稍引"是稍长,入声的"径止"是短调。"无内无外"比较费解,似可解释为因短而无曲折。又日僧静严的《悉昙三密钞》说:入声者、直而促之也①。前述《图抄》所引《元和新声韵谱》中的"入声直而促",都说明入声是短的。此外,根据入声音节的发音还可证明入声的短促发音方法。古代的入声韵尾都有 p、t、k 三种闭塞的动作,既不能延长,也没有送气,而且只有成阻而无持阻和除阻,因此都比其它三声来得短,但是其声母仍分清、浊。调型是没有升降走势的短高平或短低平调,而和轻上或重平同调了。这些足以说明在调型上,浊入同浊平,清入同清上,但长短有异。在今日有些保留入声的方言中还是如此。又近日刘广和据日僧不空的资料,考得唐长安音的声调长度,以平声为最长,去声稍长,上声较短,入声最短②。所以平仄的分类根据是以最长的平声为一类,称为"平";次长和较短、最短的三声为一类,称为"仄"。因此这个分类仍是以长短为依据,只是程度上的差异。

了尊的声调记录,既明确了是长安方言,更描述了调头、调腹的高低。他虽未记录明确调值(中国过去也只能用"宫、商"来记录相对调值),但今日根据其所述"低昂"的调型和"初后"的走势,已具备了声调的二维条件,我们据此就可比较合理地构拟出当日长安语音的调型和相对调值了③。

平仄之分起自何时,起何作用,可从《文镜秘府论》中找到线索。郭绍虞在此书的"前言"中说:

---

① 参考日本遍照金刚《文镜秘府论》中郭绍虞的"前言"1—8 页;又,同书:"四声论"4—34 页。又,日本《大正新修大藏经》84 卷,了尊:《悉昙轮略图抄》,卷一,"八声事"2709;又:安然《悉昙藏》2702;又:净严:《悉昙三密钞》,卷上,末节 2710。

② 刘广和(1991):《唐代八世纪长安音的韵系和声调》,《河北大学学报》第 3 期,32—39 页。

③ 吴宗济(1998):《隋唐长安四声调值试拟》,北京语言学会第五届年会论文集,北京。

> "从永明体到律体,一方面是消极病犯到积极规律的演进,另一方面是从四声律到平仄律的演进。"
>
> "四声的二元化,在永明体的时代就已经有人朦胧地提到了。但由于四声(说)初起,不可能讲得具体,故明而未融。沈约只约略知道'宫羽相变,低昂舛节'的情况,模糊地提出'前有浮声,后须切响'的要求,并不曾把四声归为平仄二类。归为平仄二类当始于周、齐、陈、隋之间,而定于唐初。"

他根据《文镜秘府论》中所列五言诗中上下联的平仄相对而着重平声的例证,得出结论:

> "四声的二元化向平仄方面演进,已成为无可否认的事实了。所以永明体的声律是颠倒相配四声的问题,而律体的声律则进展到平仄相配的问题。这是从消极病犯到积极规律,从四声律到平仄律发展的概况,也可说是形成律诗的主要基础之一。"

《文镜秘府论》中还有刘滔的几句话,说明平仄二分的理由:

> "平声赊缓,有用处最多。参彼三声,殆为大半。"

综上所述,平仄之分是发展于永明之后,成熟于隋唐之际,而成为律诗的主要规则的。

关于平仄的按长短来分,众说比较一致;至于为什么平长而仄短,前人似乏的论。近年来有丁邦新的"平仄新考",指出平声由于是平调,其自然发音能够拖长,故较其它三声为长。兹摘引如下:

> "平仄的对立是平调与非平调的对立。非平调包括升调、降调及促调,从四声到平仄只是自然的分类,不见得有演变的过程。平声因为是平调,易于曼声延长,仄声则不易延长。"(《丁邦新语言学论文集》,商务印书馆,1998)

二、民歌为何多按平仄规律问题

我国古代的诗歌都是唱的。为了表达情感,用语言还不够,就

用歌唱来达意。《礼记·乐记》又云:

> "故歌之为言也,长言之也。说之,故言之;言之不足,故长言之;长言之不足,故嗟叹之;嗟叹之不足,故不知手之舞之,足之蹈之。"

这里又再三说明语言、歌唱和舞蹈的连带关系,而强调一个"长"字。在节奏上,长短是抑扬顿挫节奏的基础。平仄在语言中既有区别意义的作用,更有划分长短的作用。现代音系学中区别特征的十二项对立面,有两项对立法则是关于长/短的:一是"延续性/不延续性"(continuant/discontinuous);一是"无立止性/立止性"(unchecked/checked)[①],"立止"即日僧所说的"径止",这就更分别出音节尾的"无闭塞/有闭塞(或喉塞)"的对立。这些都是"舒/促"的对立。梁沈约对文章的节奏有一段古今传诵的话:

> "夫五色相宣,八音协畅;由乎玄黄律吕,各适物宜。欲使宫羽相变,低昂舛节;若前有浮声,则后须切响。一简之内,音韵尽殊;两句之中,轻重悉异。妙达此旨,始可言文。"[②]

这里是说,适于诵读的文章词句必须具有声调高低、节奏长短和有音乐感的变化(他自己的这一段文字,读来就是符合这个条件的)。诗歌的用词更是如此。春秋时代《诗经》的十五《国风》完全是民歌,《楚辞》中也大部分采自民歌,当时对平仄的搭配都还不太严格;汉赋、唐诗就比较能分平仄,到了律诗和词曲就更为遵守平仄的搭配和韵律的错综了。

民歌代替语言,是语言的延伸。言之不足,故长言而歌唱。今日少数民族的对歌,更成为集体的活动。现代的声调虽和古代的大有差异,但平仄之分在诗歌中的作用是相同的。历代所传的民

---

① 参阅吴宗济、林茂灿主编(1989):《实验语音学概要》第十章,高等教育出版社,250—273页。

② 梁沈约:《宋书·谢灵运传论》,《文选》卷50,中华书局,702—704页。

歌,编者和唱者即使不懂声律,但歌词的平仄是自然交互分布的。

现代各种方言的声调跟中古长安声调的调值和调类已有很大的变化,但诗歌的节奏,按各地方言声调的长短和高低、平曲,仍旧可以分成平仄两类来吟诵歌唱。汉语中吴语的辅音仍分清浊,声调仍有入声,多半保持了古音的一些特点。近来有江苏常州的好几位七十左右的老先生,用家传的诵读法吟诗,其词句声调的平仄跟吟诵的节奏有密切关系。语言学和音乐学大师赵元任先生是常州籍,他曾用母语吟诵唐宋诗词,写成五线谱录了音。他在为诗歌谱曲时,非常注意保持歌词字调的语音特点,定出作曲的法则:"1. 平声字用平音(do,mi,so);2. 仄声字用变读音(le,fa,la,si);3. 平仄相连,平低仄高。"常州音乐家秦德祥总结出的规律为:"吟诵音调,平长仄短,平低仄高,平直仄曲"。[①] 这些资料加上乔木同志原信(二)所提民歌、新诗等几个例子,都足以说明诗歌与平仄的关系是今古相同的[②]。

三、古今诗歌为何多用平韵,汉语中为何平声字多的问题

古往今来、诗歌的句尾多用平声字押韵,理由可能不止一个方面。唐以前的诗歌作品,多是先有词再有唱,然后有选择地被人"被之管弦"的,而不是如后来的先有曲谱,再"填词"或"倚声",因此用字比较自由。但唱时每句结束时句尾要换气,这时声带就停

[①] 赵元任(1994):《中国语言里的声调、语调、唱读、吟诗、韵白、依声调作曲和不依声调作曲》(1—13页);又,《常州吟诗的十七例》,31—42页;又,《吟诗谱》4首,151—152页,均载于《赵元任音乐论文集》,中国文联出版公司。秦德祥:《吟诵音调与平仄声调》,38—45页;《赵元任的〈小诗〉与中国吟诗调》,52—57页;及诸常州老人古诗"吟谱",73—178页;均载于秦德祥(2002)编著的《吟诵音乐》,中国文艺出版社。

[②] 同上。

止颤动,如不用喉塞动作来遏止,则由于从动到静的惯性而逐渐慢下来,成为听得到的"降尾",这在乐谱中常用延长符号来表示。自然语言在句尾的声调变调,多半也是要拖长而成降势的,因此句尾的字以用长而低的平声字为适宜,自然就多以平声字来押韵。这是从发音生理方面来解释平韵多用。

各地方言经过历时、共时的音变,平声就有高、低或平、曲的不同;但一些比较保持古音方言的平声,还是保留或接近平声的平势的。兹选取南北几处方言的平声的五度调值为例(未经统计,只见一斑)①:

	北京	太原	成都	苏州	常州	长沙	南昌	广州	梅县	福州
阴平	55	11	44	44	44	33	42	55	44	44
阳平	35	11	31	24	13	13	24	21	11	52

从上列各调值,可见其阴平多为平调,阳平则有平、升、降的不同;而苏州、常州、长沙、南昌四处方言的阳平一致都是升调。这是因为它们的阳平都是浊声母(零声母除外),符合"初低后昂"的发音生理的。(由此也许可以推测,了尊所记"初低后昂"的"昂",不一定全是最高而有些是中高,与"初后俱昂"的"昂"不同。)而且诗歌的句尾唱时需要拖长,自然以平声为宜。所以现代的民歌也以平调的平声韵脚为多。

还有,平声字在字库中占多数,也可作为多用平韵理由之一。代表中古时代汉字记录的《广韵》,206韵中,平声57韵,上声55韵,去声66韵,入声34韵,平声的韵部数似不占优势;但从宋本的《广韵》来统计,全书526页,共26194字,除每韵的首页目录不计,平均每页50字;全书5册中,上、下平声共约200页,上、去、入三

---

① 各地调值据赵元任(1956):《现代吴语的研究》,科学出版社,73—79页;又:袁家骅(1983):《汉语方言概要》,文字改革出版社,29,65,103,128,149,185页。

声各约100页,平声页数占绝对多数。因为平声字多了,可能备选的概率也就大了。编歌用字常常不烦细索、随想随唱,用平韵的次数也就多了。

四、中国诗歌字数与奇偶句型问题

乔木同志提的这个问题,内容包罗较广,可分为几个小题目来讨论。

(一)中国诗歌何以由《诗经》《楚辞》的偶数字句型为主,变为两汉以后的奇数字句型为主?

(二)偶数字句诗除辞赋外,六言诗不流行,八言诗根本没有。

(三)奇数字句诗基本上也只限于五、七言。四、六言变为五、七言的语言学上的原因就比较不清楚。是否古汉语的发展在此期间出现了某种重要变化?

诗歌字数和奇偶问题看似简单,却不是一两句话可以说清楚的。现代有施蛰存先生,在其《唐诗百话》中的"六言诗"一章,长达十页,引证经史,举例甚详。本文但引几则较早的资料,以见一斑。

> 梁刘勰:《文心雕龙》"章句"章:"若夫章句无常,而字有条数:四字密而不促,六字格而非缓;或变之以三五,盖应机之权节也。至于《诗》《颂》大体,以四言为正;唯《祁父》、'肇禋',以二言为句。寻二言肇于黄世,《竹弹》之谣是也;三言兴于虞时,《元首》之诗是也;四言广于夏年,《洛汭》之歌是也;五言见于周代,《行路》之章是也。六言七言,杂出《诗》、《骚》两体之篇,成于两汉。情数运周,随时代用矣。"[1]

> 梁钟嵘:《诗品》:"昔《南风》之辞,《卿云》之颂,厥义夐矣。《夏歌》曰:'郁陶乎予心'。《楚谣》曰:'名余曰正则'。虽诗体未全,然是五言之滥觞也。逮汉李陵,始著五言之目。古诗眇邈,人世难详,推其文体,固

---

[1] 周振甫(1985):《文心雕龙今译》,"章句"34.4,中华书局,308—309页。

是炎汉之制,非衰周之倡也。""夫四言,文约意广,取效《风》《骚》,便可多得。每苦文繁而意少,故世罕习焉。五言居文词之要,是众作之有滋味者也,故云会于流俗。岂不以指事造形,穷情写物,最为详切者邪?"①

按:诗歌是吟诵或歌唱给人听的,而不是只写出来给人看的。因此既要服从说者唱者的发音能力,也要适应听者的承受能力。上述的两位作者都是公元4世纪齐、梁之际的人,正当汉、唐之间,诗歌由四言的主流变到五言的主流之时,于诗歌字数在句中的影响有所评述。大致说来,远古的诗歌,二、三言不等;四言始于夏代,已有五言的迹象;五言始于周代,到汉代才为主流。四言由于字少而不能达意,"密而不促","文约意少",到了五言方始能够"指事穷情","最为详切"。例如汉高祖刘邦的《大风歌》:

"大风起兮云飞扬,威加海内兮归故乡,安得猛士兮守四方。"

每句在句中加一个语气词的"兮"作衬字,全篇的语法结构基本上是当时最通行的"四三"结构的"七言"(首句"三三"的"六言"应该是变体)。刘邦以一介贫民百战而得天下,还乡与乡亲父老痛饮,那时初得统一,四方未靖,他既有扬威海内之雄心,更有一将难求之渴望,用五言已难抒发其慷慨激情,就用了七言而加入"兮"的感叹词,仍有楚辞的余韵。到他的孙子武帝刘彻,有传世的"秋风辞"。全诗共九句,其中七句都是"三三"而句中加"兮"的"六言",只有两句是句中加"兮"的"四三"结构,气派就较为沉郁了。这样看来,"兮"字在古诗中都是用来作为句中短语的停顿(或全句收尾的语气),似乎不能算作诗文句法的结构②。关于章句中"兮"字的成分,《文心雕龙·章句》还有一段话值得参考:

---

① 许文雨编著(1983):《钟嵘〈诗品〉讲疏、〈人间词话〉讲疏》,成都古籍书店,1—3页。

② 《文心雕龙今译》,"章句"34.6,310页。

> "又《诗》人以'兮'字入于句限,《楚辞》用之,字出句外。寻'兮'字成句,乃语助馀声。"

这里可见刘勰是把"兮"字作为"句外"的语助词的[①]。但以后汉晋六朝,直到初唐,就不大用"兮"字作语助,而以五言为主流。唐初的七绝,如王昌龄等的诗,还是便于歌唱的;盛唐以后始有五、七言的律诗,但已和歌唱分家,成为诗人雅士的作品。

句型字数由上古到中古,随着社会的发达,事物的增多,一句的字数少了不够达意,多了又有语气的限制,因此无论诗或民歌,基本上以五言、七言为度。今日人们在说出平叙的口语,以普通话为例,每句多以七个到九个音节为度,词汇以二字组合为最多。按语法的结构,其中由单字、"直接成分"的词和短语来组合,有时句中还用轻声或轻读来起着"浮声切响"的抑扬效果,再加上表达语气的句尾。这样就既能抒发感情,还能保持节奏。

偶数和奇数的问题。如按民歌(包括少数民族的对歌)的唱法,一般是每句的音步(一般是一拍)多为偶数。如为两个字占一拍,则句尾的一字就占一拍,然后换气而接下句;如一字一拍,则句尾占两拍。这样,奇数字也等于偶数的音步了,听来就比较自然;如用偶数字,在结尾时如不拖长,换接下句就比较费劲而不自然。所以一句的字数是偶数还是奇数,要看吟诵或歌唱的节奏需要而定。民歌和戏曲中如有衬字("的"或"了"之类),一般都不占拍子,在词前或词后轻轻带过;如有语气词,如古代为"兮"、现代为"啊"之类,就得增加拍子。兹举多年前流行而至今仍传唱的"苏武牧羊"民歌为例:

> "苏武,留胡节不辱!雪地又冰天,苦忍十九年。渴饮雪,饥吞毡,牧羊北海边。……"

[①] 《文心雕龙今译》,"章句"34.6,310页。

"苏武",偶数,一字一拍。以后为奇数的三字或五字,都是两字一拍,而句末一字一拍。说明凡奇数字句的尾都会拖长而补足偶数的听感。

论声调者说到古诗,大都用《诗经》《离骚》的材料,因为世所传远古的诗歌,秦火之后,古书多成灰烬,而后来由汉儒记授流传的,有些还未必可信。《诗》《骚》是比较完整的。《诗经》中的《雅》、《颂》大都是庙堂之歌,只有十五《国风》是民歌,以四言占大多数。其中有"兮"字的仍属四言之内;除极少数如"叔兮伯兮"、"绿兮衣兮"等句外,全部都加在句尾。和《楚辞》的加在句中或句尾,有所不同。五经中《周易》的"筮辞"用韵很乱,是向来不作为诗歌看待的。近来黄玉顺作《易经》考证,发现凡用韵的多为生动的描写;不用韵的为祸福的判断。用韵的部分,竟与《诗经》的《国风》相似,认为这都是引用的民歌,时代比《诗经》的还古,字数是以二言、三言和四言为主,说明远古的歌谣是以二、三、四字并用的[①]。这也可作为《文心雕龙》所引三代以前古歌字数的旁证。至于"古诗歌的六言不流行,八言根本没有"的问题,如用歌唱的节奏来解释就比较清楚。上文说过,一句的偶数唱出时句尾还要拖长,而且六言在古诗中的句法多是三三格,中间加一个"兮",或加在句尾。因此六言的结构多为三三或有时为二四、四二,而无三个两字的结构。至于八言,在口语中一口气要说八个字而不中断的机会就很少,在歌唱中如句尾再拖长,就更不便了。

上述各古代学者论及诗歌的字数和奇偶问题多胪列沿革而少说明其故,《文心雕龙》始指出构成奇数句的"兮"字作用为"句外"。但后来在唐以后的五、七言诗中为何又消失了。最近读到施蛰存先生论"六言诗"(《唐诗百话》,上海古籍出版社,1987,第96章),

---

① 黄玉顺(1995):《易经古歌考释》"绪论"三,1—4,巴蜀书社,7—11。

列举了早期奇数句的五、七言诗,是由偶数句加"兮"后演化而来的,并对六言诗的源流有所论断,征引了许多古代六言诗例。兹摘要引录如下:

"我国初民时代的诗歌都是四字一句,……诗经是周代诗的结集,全是四言诗。战国后期,南方的楚国人歌唱四言诗时,在句中或句尾加上一个和声'兮',于是开始出现了五言句。……'兮'字的作用是一个音符,用以表示它上面那个字应当曼声吟唱,……到后来被换上一个有意义的实字,于是才成为五言诗句。……五言句既然比四言句多了一个字,它的思想内容也应该多一些。……其实不但是五言诗,七言诗何尝不是这样。……"

"诗经里的四言句,多数是以二字为一个音节(按:施文的"音节"今通称"音步"),两个音节构成一句。诗歌句法的音节结构用偶数,不用奇数。……但同时人民的语言中复音词逐渐多起来,在音乐方面,以四言诗合乐又觉得呆板,于是兴起了新的诗歌句式——五言。从此以后,诗句字数不从偶数发展而从奇数发展,故五言诗变而为七言诗。"

"六言诗是四言诗向偶数发展的一支细流。它最初也起源于楚歌,在五言句中加上一个衬字:'望夫君兮未来,吹参差兮谁思。……'(《楚辞·九歌》)。每句六字,是偶数;但音节是每句三个,是奇数。……六言诗是五言诗的曼声改为实字。不过……句子结构必须是整齐的三个音节。……'和风习习薄林,柔条布叶垂阴。……'(晋陆机《乐府诗》)。"

"汉魏以来直到初唐,六言诗作者虽不多,但也未尝绝迹。……六言诗从古代乐府歌曲中解放出来,成为不合乐的诗的形式。……"

五、乔木同志所提问题对现代语音学研究的意义

我们对古音声韵的分合,固然已经过历代学者根据典籍穷搜冥索,而有了大量的考证;但是研究语音,无论哪种语言和方言,有声调的和无声调的,先决问题是先要确定其时、空背景。异时异地的语音,特别是声调的调类和调值,如不能指出其时、地(如明代和

尚真空的"歌诀"那一类的材料),就不能轻易下结论。陆法言的《切韵》序早就提出：

> "吴楚则时伤轻浅,燕赵则多伤重浊。秦陇则去声为入,梁益则平声似去。"

可见当年各地方言已有较大的分歧。例如《诗经》的十五《国风》所收集的诗歌,就至少不止属于十五种方言吧,各国风的押韵是否都能互通,就难于断定。日僧了尊等的声调记录,时代是中唐,地方是长安,(他们把长安音称为"汉音",另外还有当时"吴音"声调的记录。)是合乎科学条件的。因此他们的记录是可信的。现代汉语方言调查就都达到这种要求了。

乔木同志致元任先生信中所提的问题,主要是要弄清汉语分四声、诗歌分平仄、押韵多用平声、字数有奇有偶等的理由。这些问题看似属于中国音韵学中的语音常识,但以往的文献还多是知其然而不知其所以然,在今日应该用现代语音学的研究方法来给出更多、更好的答案了。因为他还提到新诗的句型在八言以上的问题,这就使我们连带想到新诗(包括朗读文)的写作向何处去？每句以多少字为宜？要不要押韵？要不要音韵有殊、平仄搭配？……

从古以来,语言与音乐就有密切关系。汉语的声调就有音乐性。沈约《答陆厥书》中就说："文章之音韵,同于弦管之声曲"。自古以来,诗歌和音乐是"融合"的[①]。旧时儿童读书,凡韵文就容易背诵。新诗(包括朗读文)的规则和发展如何,我对此外行,不敢妄

[①] 参阅吴宗济(1997):《从声调与乐律的关系提出普通话语调处理的新方法》,载《庆祝中国社会科学院语言研究所建所45周年学术论文集》,商务印书馆,243—258页。又,林奇光(1994):《古代声韵探索与诗歌语言艺术》,载《纪念张世禄先生学术论文集:语苑新论》,上海教育出版社,530—538页。

议。不过我以为现代文学作品即使不为了吟诵或歌唱,而为了美化语音,或便于记忆和传播,在声调韵律、句型字数上多下些工夫,还是切要的。

复次,目前人机对话的言语工程中,提高语音识别的准确度和语音合成的自然度,已达到迫切的需要。语音的韵律规则问题,尤为当前攻关的目标。声调变化的规律和"韵律词"的切分,都是其中的研究重点。用科学方法来整理和利用我国传统的文化成果,使其能为现代的生产服务,应该是这一代人的任务[①]。

2003,4,26,再加校订
(原载《语言学论丛》第二十八辑)

[①] 参阅吴宗济(1997):《试论人-机对话中的汉语语音学》,《世界汉语教学》第4期。又,(2002),《中国音韵学和语音学在汉语言语合成中的应用》,《语言教学与研究》第1期。

普通话语调规则[*]

一、前言

语言学界已经有不少文献研究汉语语调,特别是北京话的话调。在 20 世纪的早些时候语调似乎不仅指的是音高变化,而且也包括别的特征,诸如重音、时长以及其他韵律特征。但是近年来这一术语已经专指语句中的音高变化了。

对于汉语的语调,许多研究者通过罗列大量的例句提出了各种各样的拱度(contour)模型。这些模型中包含了许多的变化规则,但是在形式上往往区别不够明显。丰富的调形变化很难归纳出简单的规则来。

我们知道,作为一种声调语言,汉语音节的声调[①]具有同元、辅音一样的辨义功能,在区别特征上跟音段的地位是相等的。这是一个很重要的概念:在声调语言,尤其是汉语的感知中,声调特征要负载一定量的词汇信息。因此,即使出现在不同类型的句调当中,它们不会变化得太大,否则语义就可能被误解。基于这个原因,把字调和连读变调作为基本单元,研究它们的底层特征、变化规则及其在语音学和音系学中典型的变体模式,这也许是揭示语

---

* 原文为英文 Rules of Intonation in Standard Chinese,载于 *Papers for the Working Group on Intonation*,13th Int. Cong. Linguists, Tokyo, 1982. 曹文译。

① 本文中的"声调"原文为 tone,是有别于"句调"intonation 的"字调"。

调规则的津梁。

故而,本文不会列举很多语调类型或者句子音高的频率测量值。我们只提出一些简单(但不是固定不变)的规则,它们既反映了字调的变异,也反映了我们在实验句子中所见到的语调关系。

为印刷方便,本文使用拼音字母而不是国际音标来标记语音。

二、普通话中的二字调位

众所周知,普通话有 4 个声调(单字调),可以用传统的五度制把它们作如下描写:

第一声(阴平)　第二声(阳平)　第三声(上声)　第四声(去声)

　　55　　　　　35　　　　　　214　　　　　　51

还可以用 4 个音系学的符号表示如下:

　　H(高)　　R(升)　　　L(低)　　　　F(降)

人们可能注意到,这里的第二、四声分别用 R、F 来表示,而不是近来许多有关汉语声调研究的文章中普遍使用的 MH 和 HL。其中的理由是:一方面,这两个声调理想中的起止点不总是与实际的起止点相符。例如,阳平/35/的实际调值经常是[25][34]等等,而去声/51/则经常是[53][54]等等。另外一方面,不管实际的起止点音高值是多少,升或降都不会受到影响;而且在普通话的音系层中只有一个升调和一个降调,无论从音位的系统性还是人们的感知上来说,相互之间都不会混淆。

至于第三声,它只是在音节单念或强调时表现为降升调(或如有些学者所说的凹凸调、下沉调)。当它在句中(两个上声连读时除外)出现时,一般有 3 种变体:[21](低降)、[211](低降-平)、

[11](低平),都分布在音高调阶的最低层。因此,简单地标记为 L 也许最符合实际。

当普通话的单字调进入组合后,二字组的连读变调构成一套拱度模型。这些模式成为言语中很重要的单位。汉语中,绝大多数名词性短语和谓词性短语是由单音节和双音节组(词)构成的。在词汇表达中,二字调比单字调起着更重要的作用。单字调与二字调构成了普通话的基本单元。

4 个声调两两组合共有 16 种组合,其中上上相连并不是有两个第三声的调形拱度,而是第一个音节变成和阳平相同的声调。所以普通话中只有 15 种有区别性的二字调型。

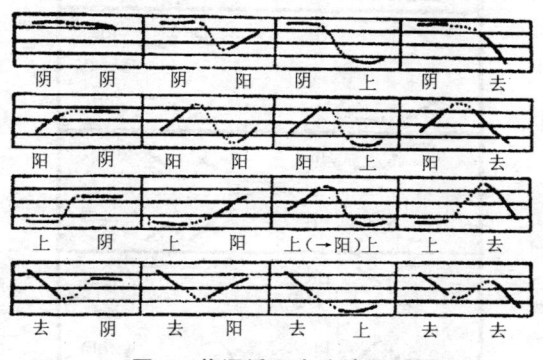

图 1　普通话两字连读调型

在对数百个包含各种可能的声韵组合的两字组进行考察的基础上,我们概括出如图 1 所示的结果。

在两字组中,如果第二个音节的声母是清辅音,那么两音节间将是一个断开的音渡;如果第二音节的声母是浊辅音或半元音,二音节间将是一个连续的音渡。图 1 所示实线中的点线代表以上的两种音渡。

图中所示调形的调域可能并不能与自然言语中的实际调域相符,可能有许多变体。但是,15 种模式的音位特征可以表示如下：

11	12	13	14	21	22	23	24
HH	HR	HL	HF	RH	RR	RL	RF
31	32	33	34	41	42	43	44
LH	LR	(L)L	LF	FH	FR	FL	FF

有趣的是，这 15 种二字调型都可以找到各自的镜像（上上相连例外，它变成了"RL"，使"HH"落单），见图 2。

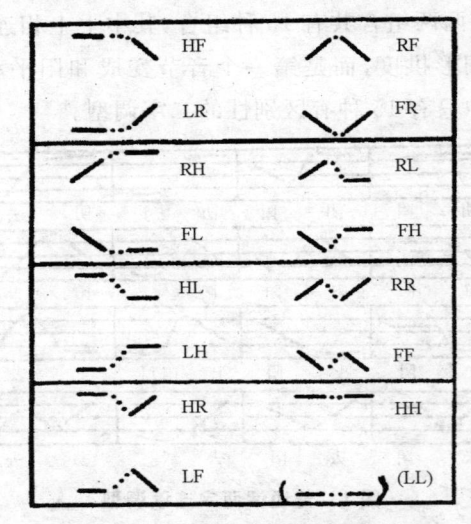

图 2 双音节组合声调模式镜像

多音节词或字组的调型，笔者认为是由单字调和/或两字调构成的，它们相互组合的方式要受所在的语法结构影响。

至于轻声，可以分为四类：(1) 第二音节变轻、有辨义作用的音节称为"轻声"；(2) 第二音节无辨义作用的轻音称为"轻读"；(3) 助词轻声，常常出现于短语或句子的末尾；(4) 快速言语中的轻读，常发生在非关键性的音节或两个音节之间，这种轻读情况常被误解为是连读变调。

三、声调和语调的关系

已有许多文献涉及声调、语调的相互关系,其中大多数是想找到影响底层声调的语气或情态语调类型,所以他们列举了大量例句,然而并没有得出简单的规则。

人们都知道汉语的单音节词或双音节词,如果只用一个声调说出来就会引起误解。所以声调的"小波浪"即使它们被淹没在句调的"大波浪"中,也必须保持它们的区别性拱度,否则它们将无法传递准确的信息。这些区别性拱度构成了句调的基本单元(或"组块")。

下面是四个声调的二字非轻声词的调形曲线,它们由两位发音人在三种语气句——陈述句、疑问句和感叹句中发出。为简便起见,图3只给出了二音节的调形。

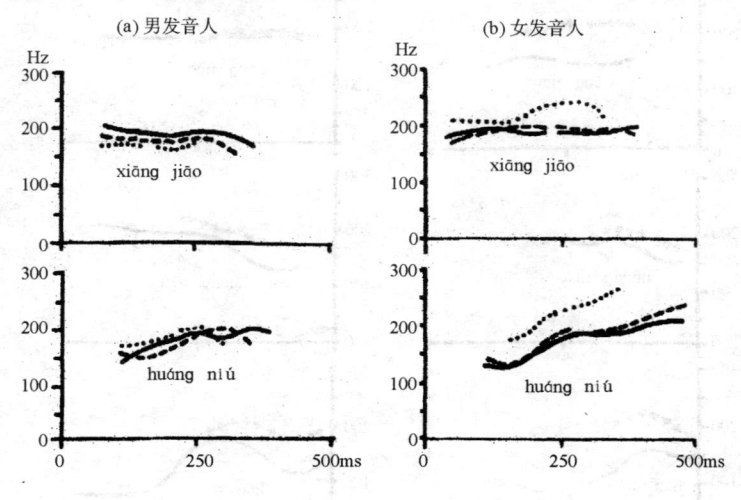

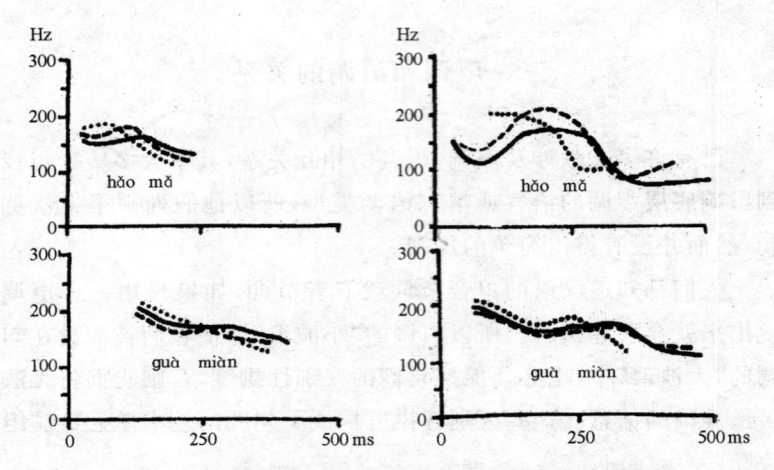

图 3 普通话二字连读变调在不同语气句中的调形

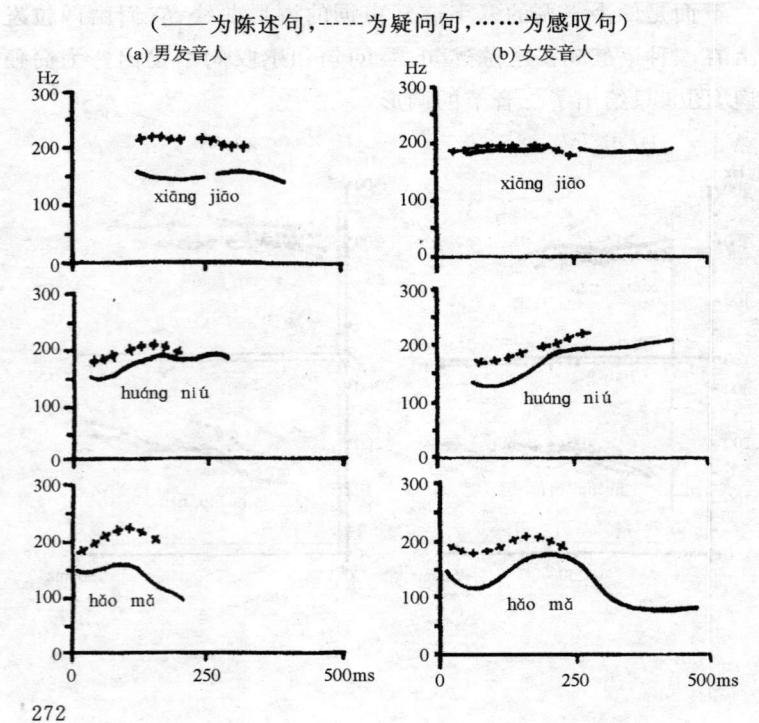

(──为陈述句，------为疑问句，……为感叹句)

(a) 男发音人　　　　　　(b) 女发音人

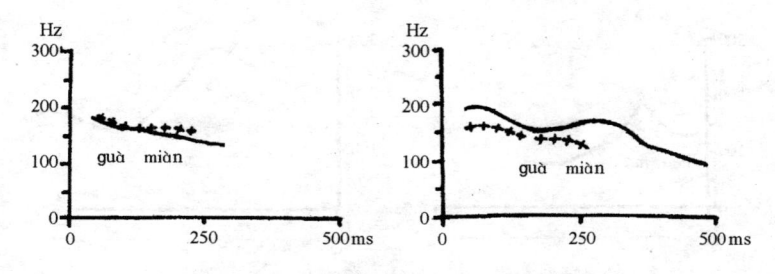

图 4　叙述句和加速句中的二字连读调形

（——为正常语速，+++为加快语速）

从图 3 可以看出，二字组调形在一定范围内，不管其所在的语调环境如何，仍然保持着它们的拱度形状。正是这些拱度类型传递着它们的词汇信息。

图 4 是图 3 中的字组及句子快说时的拱度。不难看出，加速说出的音节与正常叙述时相比，尽管时长明显缩短，仍保持了它们的拱度位形。

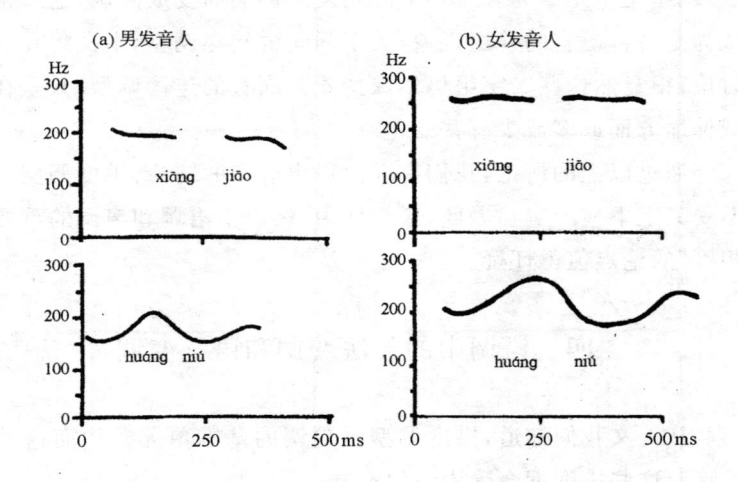

图 5 句尾的二字连读调形

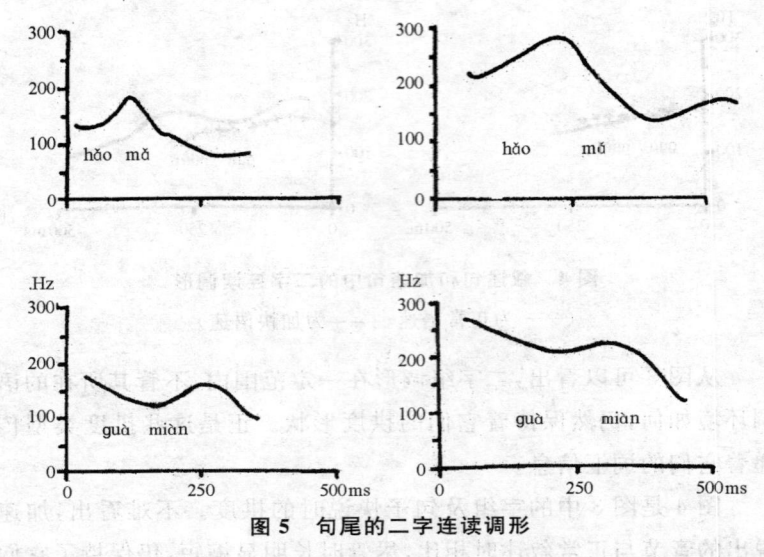

图 5 是这些二字组出现在句尾时的拱度。从图中我们可以判断,调型是不是因为陈述句下降句尾的影响而变成降调(这通常被认为是各种语言的普遍现象;关于问句的句尾调型,本文将在后面讨论,很显然这些二字组仍然保持着其固有的连读调型,只是在调域伸缩方面或多或少有些变化。

通过以上的讨论,我们有理由得出这样的结论:拱度调型一般不受其上下文影响。因此,通常认为"汉语中语调和声调的重要性相等"的论点值得怀疑。

四、语调中的句法变调和语气变调

从上文我们知道,拱度调型是句调的基本单元。然而这并不意味着这些拱度不会受语法的影响。

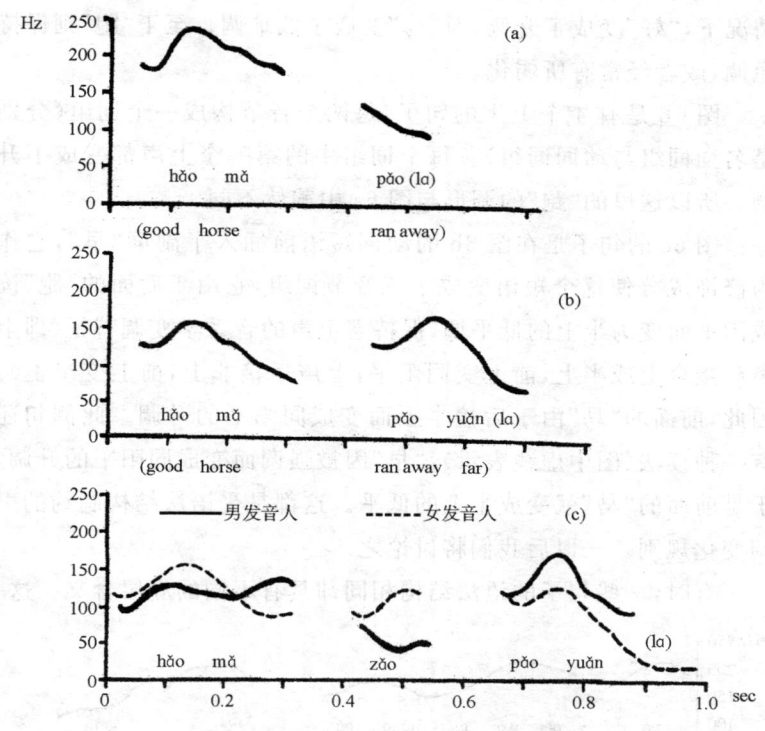

图 6 二字组"好马"在三个句子里的调形

(后面分别接一个动词或动词组。a 是一个单词"跑";b 同 a,但加一个副词作"跑远";c 同 b,但前面再加一副词作"早跑远"。这样在 c 例中,就有两个不同调形的二字组和一个单字调,而产生不同的语调。发音时每句尾都加一个完成词"啦",在图中未画出。)

图 6 是三个句子,分别由 3、4、5 个上声音节组成[①],结尾加一个表示完成的语气词"啦"。

图 6a 是有 3 个上声的句子,其中"好马"是一个词组。在这种

---

① 在普通话中,第三声对其后接音节的声调最为敏感,因此可以用作"试纸",来测验短语中或句子中的字调和语调的关系。

情况下,"好"变成了升调,而"马"变成了低平调。至于"跑"则保持原调,或者经常有所弱化。

图 6b 是有 4 个上声的句子,每两个音节构成一个词组(分别是名词词组与动词词组)。每个词组中的第一个上声都变成了升调。所以这里的"跑"的调形与图 6a 中截然不同。

图 6c 的句子是在图 6b 的动词短语前插入了副词"早",它作为修饰成分使这个短语变成了三音节词组,它由于后面的"跑"读成阳平而变为半上的低平调,保持着上声的音系学变调特征(即上声后接全上或半上,前上变同阳平;上声后接非上,前上变半上)。因此,前面的"马"由于后接半上而变成同阳平的升调。此例句还有一种读法(图中虚线表示):"早"因被强调而变成同阳平的升调,于是前面的"马"就变成半上的低平。这都是受语法结构制约的声调变化规则——以后我们将讨论之。

有时,一些句子的语法结构相同却具有不同的底层含义。这

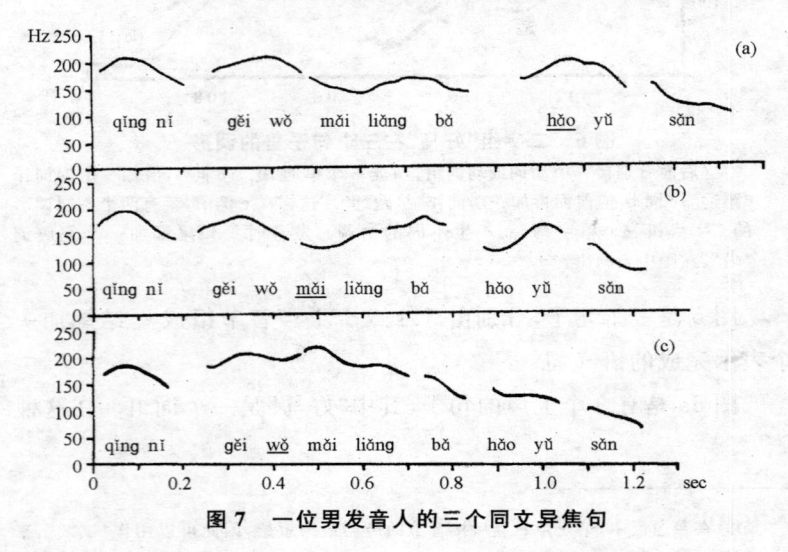

图 7 一位男发音人的三个同文异焦句

种情况下,某些音节的调型将随底层意义而变。

图 7 显示了三个句调调形。这三个句子内容相同,但分别有一个从属句相随,起提示作用:(a)"不要等外品",因而主句中的"好"得到了强调;(b)"要买,不是借","买"得以加强;(c)"别给他买","我"于是成为焦点。这些得到了强调的音节,根据语法结构来看,皆不属于两字组的前字,但都变成了升调而不是低降或低平调。

从上面的例句我们看到,发生变调的都是单音节。由此可以得出一个初步的结论:单字调位的表现不同于二字调,前者通常要受语音条件、句法环境和底层含义的影响发生变化,而后者的调型则相当稳定。

但是在加速句中,大多数音节的拱度趋向平调。图 8 与图 7 中的句子是一样的,只不过速度提高了一倍。图中大多数的调形明显趋平。此外,值得注意的是句首的两字和句尾的音节调形几乎保持不变(图 4 所示例句的加速句中的两字调形也未变,但那是因为它们是句子的焦点)。

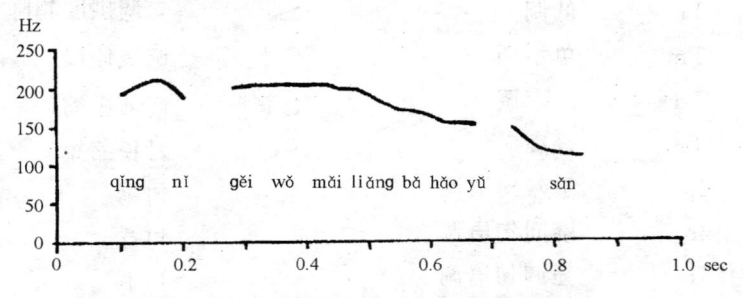

图 8 加速句"请你给我买两把好雨伞"的调形

总而言之,普通话的句调由不同的因素决定,每种因素都与其他因素相互影响。大多数情况下,这些影响是连续的而不是平行的。下图粗略地显示了这些影响句调拱度的因素及其相互之间的关系。(>受后列影响而变)

{(语音学或音系学范畴的连读变调) ＞ 语法调节) ＞ 语气调节}
＞ 言语节奏

正是它们的相互作用铸成了普通话的语调调形。

五、普通话语调规则的音系学表达

根据我们前面讨论发现的一些关系，可以运用音系学的公式来表示普通话的语调变化规则。这对言语工程可能也会有用。

这些公式只是一种定性的规则，揭示声调变化的各种关系，它们不代表任何具体的量值。

下文所用的符号和记号，部分是常见的，部分是笔者自创的。现将后者说明如下——

TM	中调	↑	音阶抬高
TH	高调	↓	音阶下降
TL	低调	⩾	句调拱度趋降
Tm	单字调	C↕	调域伸展
Td	二字调	C⩗	调域压缩
Tn	轻声	⋈	时长缩短
Ip	平叙句语调	⌐	句尾
Iq	疑问句语调	∟	句首
Ir	强调句语调	∟⌐	句中
Is	加速句语调	∞	叠音
A	助词		
n	否定连词		

1. 二字连读变调规则

规则 1　上声以外的任何一个声调，当后面有另一个声调时，

时长相对变短

$$\text{Tm} \atop (-L) \longrightarrow \text{Tm}_{\succ} / \underline{\quad} + \text{Tm} \#$$

规则2　上声以外的任何一个声调,当它跟在别的声调后面时,音阶有所降低

$$\text{Tm} \atop (-L) \longrightarrow \text{Tm}\downarrow / \text{Tm} + \underline{\quad} \#$$

规则3　上上相连,前上变阳平

$$L \longrightarrow R / \underline{\quad} + L \#$$

规则4　重读声调后的轻声(原调是上声的除外)有3个变体

$$\text{Tn} \atop (-L) \longrightarrow \begin{Bmatrix} \text{TM}_{\succ} \\ \text{TH}_{\succ} \\ \text{TL}_{\succ} \end{Bmatrix} / \begin{Bmatrix} \text{H, R} \\ \text{L} \\ \text{F} \end{Bmatrix} + \underline{\quad} \#$$

规则5　当一个上声后接一个轻声化的上声时,如后者是语助词或叠音亲属称谓,前者不变调;否则,前者如规则3一样,变阳平

$$L \longrightarrow \begin{Bmatrix} R \\ L \end{Bmatrix} / \underline{\quad} + \begin{Bmatrix} \text{LN} \\ \text{LN(A 或亲属称谓)} \end{Bmatrix} \#$$

2. 语调变化规则

规则6　平叙句尾音节的音高随着全句音节渐低而趋降

$$\underline{\text{Tm}\rfloor} \longrightarrow \text{Tm}\downarrow / \underline{\quad} {\text{Tm} \atop (-L)} \overset{\text{(Ip)}}{\searrow} \#$$

规则7　一个没有疑问助词的疑问句中,尾音节的音阶将抬高;当其后有语气助词或句中有表疑问的动词短语,如"是吗?"、"有没有"时,该音节音阶下降

279

$$Tm\underline{} \longrightarrow \begin{Bmatrix} Tm\uparrow \\ Tm\downarrow \end{Bmatrix} / \underline{} \begin{Bmatrix} (Iq) \\ (-A) \\ (Iq) \\ +\underline{A}, \underline{AnA}, \underline{A}, nA \end{Bmatrix} \#$$

规则 8　当一个句子的语气加强时，句中单字调和二字调的音阶将要提高，或者调域有所扩展（疑问句同样如此）

$$Tm, Td \longrightarrow \begin{Bmatrix} T\uparrow \\ C\updownarrow \end{Bmatrix} / \underline{} \begin{Bmatrix} (Ir) \\ (Iq) \\ +r \end{Bmatrix} \#$$

规则 9　在一个加速句中的次要音节（语素），如果不重读，调域将被压缩；如果语速足够快，调形拱度将趋平（但当此音节得到强调，尽管语速较快，调域仍然保持不变）

$$Tm, Td \longrightarrow \begin{Bmatrix} C\asymp \\ \underrightarrow{C\frown}_O \end{Bmatrix} / \underline{} \begin{Bmatrix} (Is) \\ (-r) \\ \underline{(Is)} \\ (-r) \end{Bmatrix} \#$$

规则 10　语调基本单元的调域跟语速成反比；语速越快，调域越窄（在非强调句中）

$$C\updownarrow \alpha \frac{1}{\alpha \frac{Is}{(-r)}}$$

规则 11　在一定的时间内，音节数量与调域成反比——音节越多，调域越窄；这表明当调型失去时，言语信息是由上下文来弥补的

$$C\updownarrow \alpha \frac{1}{\beta \Delta \begin{pmatrix} Tm \\ Td \end{pmatrix}}$$

汉语普通话语调的基本调型

一、引言

  汉语普通话语句中的声调形式,在不同语句中是多种多样的。一个句子的语调中,包含了若干个单字调和几个字组合在一起的连读变调,再加上受不同语气所影响而再变的调,可以说这是一个混合体。语句中单字的调值较易辨别,二字以上的词或字组的连读变调,除了众所周知的上上相连前上变阳平,以及半上、半去等调形也还可以辨认若干外,再复杂些的就分不清哪些是连读的调形、哪些是语调的调形了。目前有关汉语普通话声调研究的论著很多,但能把字调与语调的关系分析清楚,从而归纳出若干有系统的变调规则的则尚少,其原因是多方面的。有的是在不同语气的语句中发现许多单字都已改变了原有的调型,而认为这就是语调的成分,便从而据此来拟订语调的型式;有的是在同样语气,例如都是陈述或都是疑问的语句中,发现同样调类的单字,但变成不同的调形,就认为这又是属于语调的调形;有的还因为遇到不同的人所说同一语句,其中的单字调形有所不同,就怀疑这是由于不同语调所造成的……。种种原因,不一而足,以致对语调的分析极其烦琐,而所得出语调的调形又多得难以找出简明的规律。这不但对汉语研究和教学感到困难,在今日言语工程中的声调处理上更是很难定出规则,以致编不出理想的程序来。因此目前许多语音合成的结果,在单字方面的声调质量还不错,但一遇连读变调,就不太自然,更勿论成句的语调了。至于语音的自动识别,因成词、成句的调形五花八门,就更有难于着手之感。

近年来国内对此项研究,通过声学实验,已认识到:普通话语句中的单字调固然重要,而多字连读变调在语句的调形构成上,更承担着基本单元的任务。同时,从许多口语实例中,也发现不同的语调对这些基本单元确实是有一定影响的,不过实际上一般只影响它的调域而不是它的调型(这里的"调域"是指音高频率变动的幅度,而调形指音高频率变动的走势。例如它们的调形有平、有升、有降或有曲折等)。①②

普通话口语中的两字组合的词,和形成意群的二字组,占全部语句结构成分的绝大多数。对于说话的节奏而言,两字组合成为一拍的趋势,也是由说话人不自觉地造成的。这些现象在早些年已为人所注意了③。这种二字结构的变调型式是语句声调中的最主要的构成单元。但是如果稍加注意,就会发现语句中除了两字组合外,还有相当数量的三字、四字乃至五字以上的词或字组,它们的调形虽然多半是按两字的或单字的调型互相搭配而成,但它往往与单纯的双加单、双加双等有所差别、而自有一套变调规律。著者对此曾有论述,并认为这些三字以上的连读变调,在三字组和四字组中,也有其连读调型,它们同样是语调的构成单元。至于五字以上的组合,一般就可按若干个双单组合及短句的变调规律来

---

① 吴宗济:《普通话语句中的声调变化》,《中国语文》1982 年第 6 期,439—450 页。

② 沈炯:《北京话声调的音域和语调》,载《北京语音实验录》,北京大学出版社,1985,73—130 页。

③ 注①已对此有所叙述,最近更有人作了比较细致的实验,可参看:Chilin Shih, The Phonetics of the Chinese Tonal System, AT & T, Bell Laboratories, Technical Memorandom(1986),4 页。

分析。[①]

如上所述,语调的调形是以二字、三字、四字组合的连读调型为基本单元的。这些连读调型各有其模式,搞清楚这些基本单元的模式,应该可以用来合成一套语句的调了(本文中的"调形"是指各种声调曲线的形状,而"调型"则指已有定型的声调模式)。如此说来,语调的规则岂不也就定出来了? 但是,事实并不这样简单。字调或词调之于语调,打个比喻,就好似化学元素之于化学合成物。不同的元素构成某种化合物(如氢加氧成为水),而化合物中的元素在不同条件的影响下有时又会改变其性质。同样,语调在不同的语境、语势、目标(target,即一句中语义的侧重点,或作 nucleus,核心)的条件下,会反过来给予语句中的某些基本单元的原有调型以一定的影响,而使其再度变调。这样,在一个语句中,根据其基本单元的本调、变调、再变调等现象,就可以推知这句话的实际语义和情态,同时还有助于研究语句语法的深层结构。

由此可见,如果对基本调型还没有充分认识,而就去笼统地分析语调的调形,其结果也就很难弄清它的本质,归纳不出它们的规则。

本文根据历来实验结果,对普通话语句中各基本调型的变调规律及其与语调的关系,作一简明叙述。旨在强调各基本单元变调规律对语调研究的重要性。

[①] 吴宗济:《普通话三字组变调规律》,《中国语言学报》第 2 期,1984 年,70—92 页。关于四字组的变调,在吴宗济《再论汉语普通话声调变化的若干规律》(1987 年 12 月广州召开的中国语言学会第四届年会中的学术报告)中略有叙述,详见吴宗济:《普通话四字组变调模式》,载《语音研究报告》(1988),语言研究所,1—14 页(英文)。

二、多字组连读变调调型

多字组连读变调的调型作为构成语调的成分的,一般限于二字、三字和四字所组合的词或字组。语法学家对词和字组的区别,有严格的定义,但我们发现,在连读变调上,只要这些字在意义上接合得较为紧凑,就不论是词或非词,它们的变调是相同的。以几组上上相连的为例,如:"老虎"是词,而"小虎"是偏正结构,"打虎"是动宾结构,它们的变调是相同的,即前一上声都会变成阳平。

(1)二字组　普通话单字的调值,人所共知,不必多叙了。二字的组合按阴、阳、上、去四个声调的搭配,可以有16种组合。除前字为上声外,其它的组合都成为两个单字调顺势连接的趋势,而后字的调形比本调稍低。也就是首字的调尾与次字的调头相连接,而致两调本来的拱度(调型曲线)有所迁就。例如两个阴平相连,前字为55,而后字的尾部低于5。两个去声相连,前字成为熟为人知的"半去",后字则起点低于5。两个阳平相连,阳平本调为35,但前字的调尾如读成5则与后字调头的3相距较远,于是前一阳平尾部每每读得稍低而与后一阳平顺势相接。上声在二字连读中有两种变调。上声与非上声连读时,前上变为低降的221或21,而不作低降升的214或213,通称为"半上"。但两个上声连读时,前上就变成中升调而和阳平调型相同。因此前述16种组合调型实际上只有15种模式。这一套二字连读调型是各种连读变调的基础。(图1)

二字组无论其语法结构怎样,是动名、偏正,还是主谓或并列,只要在语句中这两个字可以成为一个意群,都按二字连读变调的规则变调。

(2)三字组　三字组合的情况比二字的复杂得多。由于三字在意义上可以是双字加单字或单字加双字的组合,这就产生词义上的前连后断或前断后连的不同,也就是对应于语法结构的双单格或单双格。双单格是前两字结合得紧而后字较为独立,而单双格则前松后紧。现以三个上声组合为例,如:"厂长好","厂长"是

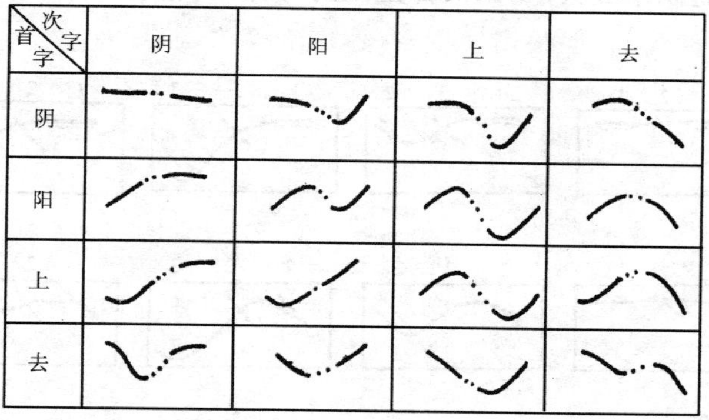

次字 首字	阴	阳	上	去
阴				
阳				
上				
去				

图 1

一个二字组,因此"厂"的上声因后面的"长"也是上声而变为阳平,但"长"不因后面的"好"也是上声而变阳平,反而常常因"好"的起点较低而使"长"字读成降调。又如:"好厂长","好"作为"厂长"的修饰词而较为独立。结果是,"厂"因"长"而变为阳平,"好"则因后面有了"阳平"的"厂"又使前上变成"半上"。这两个例子很简单,人所熟知,但却是连读变调受语法结构所制约的一个重要规律。一切多字组中的上声字,除少数例外,都服从这个规律。[①] （图2(c)）

[①] 这个规律在北京口语中是常见的。但如说得较为强调时,则"好厂长"的"好"也可以变成阳平,把单双格按双单格的变调规律来读。这种现象有时也属于说话的习惯。我们的实验中就发现过这种变例,不过即使是同一人的几次发音,自己也会有两歧的。

除三字组中上声的变调外,还有一类应注意的现象,即三字组中首字为阴平或阳平时中字为阳平的变调规律。中字的单读调是升调35,因首字的调尾高,中字的调形起点就被同化而变高。但末字的调值可能出现如下的两种情况,又影响了中字的变调。(1)如末字是阴平或去声,调头都是高的(如55或51),中字就变成高

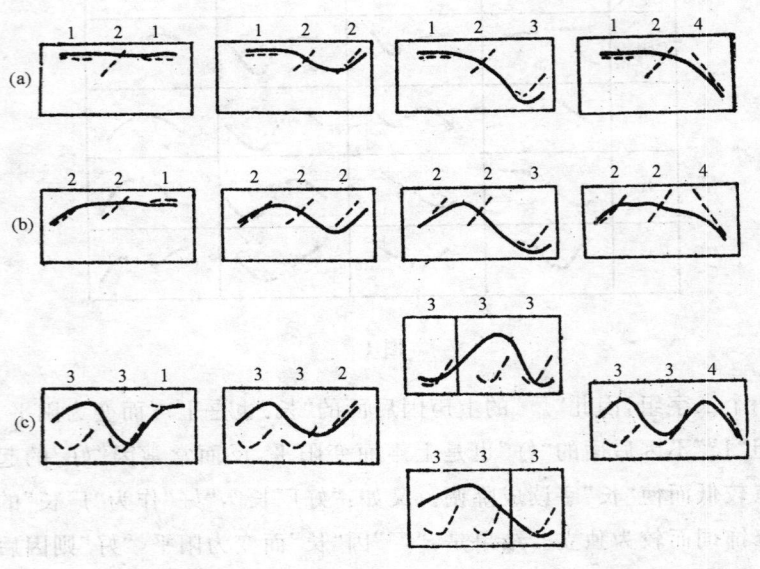

图2
(虚线是本调调型)

平调。(2)如末字是阳平或上声,调头都是较低的(如35或214),中字就变成降调(图2(a),(b))。这可以拿一条独木桥来作比喻。木桥的两头桥桩好比首字的调尾与末字的调头。桥板好比中字的调形。如两边的桥桩都是一般高,则中间的板面是平的,如两桩是一高一低,则板面自然就倾斜了。现举一组三字组为例,如:"和平街"、"和平路"、"和平门"、"和平里"。前二者的"平"字变高平调,

后二者的"平"字变高降调,都不是阳平原来的升调了。① (图3)

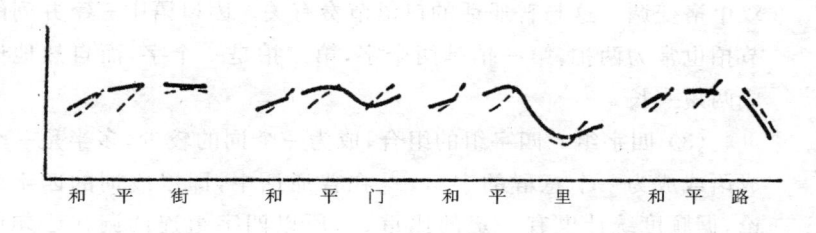

和平街　　和平门　　和平里　　和平路

图 3

(虚线是本调调型)

现在归纳一下。三字组的变调按语法组合的不同而有变化。一般是,双单格的中字读得短一些,单双格的末字读得长一些。但是,还有两种情形:(1) 遇到上上相连时,因语法组合的不同,就又有一些变体。如上述。(2) 遇到中字为阳平时,就看首字的调尾和末字的调头的高低,而使中字读本调,或变成平调,甚至变成降调。

三字组的中字一般读得较短,具有承前启后的过渡性质,因此除上述中字为上声或阳平的变调规律外,中字为阴平或去声时,末字的调头对它也有影响。中字为阴平:如末字调头高,则中字读高平自无问题;如调头低,则顺势而下读成微降。中字为去声:如末字调头高,则读半去(甚至有时也变成升调或高平调。如北京口语中"打电话"说成"打颠话")。如末字调头低,则中字调尾与末字调头连接成为一气(如"看电影")。

---

① 赵元任先生在早年的国语读本中曾举过这一类的例句。他说:"在三音节组中第二声变成第一声。如在三音节词或词组 ABC 中,A 是第一声或第二声,B 是第二声,C 是轻声之外的任何声调,那么在一般会话速度的语流中不会改变。如'梅兰芳',慢速是⫠⫠⫠,会话速度是⫠⫠⫠。以下三音节词都有可能发生同样的变化。"他举了11个例句,其中末字为阴平的两例,为去声的两例,中字变第一声,与本节所述的现象相同。此外末字为阳平的两例,为上声的5例,中字也都变第一声,与我们的实验有出入。这也可能是北京人有两种可能的变调,或者是强调读出的结果,尚待更多的实验来证明。

至于三字组为并列格时,例如"工农兵"或"上中下"等,一般按双单格变调。这与普通话的口语节奏有关。因口语中三字并列的节拍也常为两拍,第一拍是两个字,第二拍是一个字,而自然地读成两短一长。

(3) 四字组　　四字组的组合,成为一个词的较少,多半是一个成语或成为一个意群的字组。[①] 在普通话中,即以成词的四字而论,据频度统计也有一定的比重。[②] 所以四字组连读调在语句中也具备了基本单元的条件。

四字组的声调如按四声搭配,仅以双双格语法结构的四字组来计算,就有256种组合,如果把不同的语法结构以及轻声都计在内,为数还远不止此,其变调形式的繁复可以想见。所幸的是四字调型不论它是什么样的语法结构,按照一般口语习惯和节奏感,绝大多数是可以按双双格来处理的。不过在日常自然口语中,只是第二字读得稍短,第三、第四字读得稍长一些(如是单三格,则第三字也短一些)。因此变调规则也就可以归纳得较为简化了。

我们试拿不同语法结构的四字组来看,可以分成7类(图4),各附一例(图5):

1. 单单双格　　　　"红白喜事"

---

① 四字的成语、无论是历史的或现代的,在日常行文和口语中,都占很大的比重。据一本《汉语成语小词典》,收词共3013条,而四字成语有2891条,竟占96%。至于日常文章中,四字的组合也俯拾即是。以吕叔湘先生的一本小书《语文杂记》中的几段为例:《语句次序(一)》的一节约500字,就有四字组16组,《语句次序(二)》约400字,有四字组14组,《语句次序(三)》约300字,有四字组9组,这三段的四字组占全文12%—18%。吕先生行文向以流畅通俗、不事堆砌著称(邵敬敏:《吕叔湘语言风格初探》对此有评述,见《语文教学与研究》1987年第1期,96—101页),而信手拈来的四字组竟占如此比重,可见四字组在语句中自然出现的机会是很多的。

② 据国家鉴定的现汉词频统计,在3亿汉字中抽样2500万字,作综合频度统计,四字词与二字词相比约为1比5。见《语文建设通讯》1986年第5期。

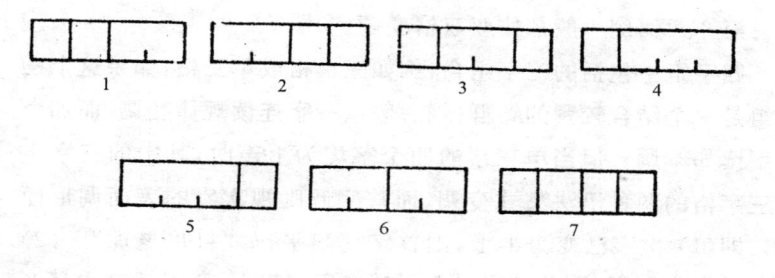

图 4

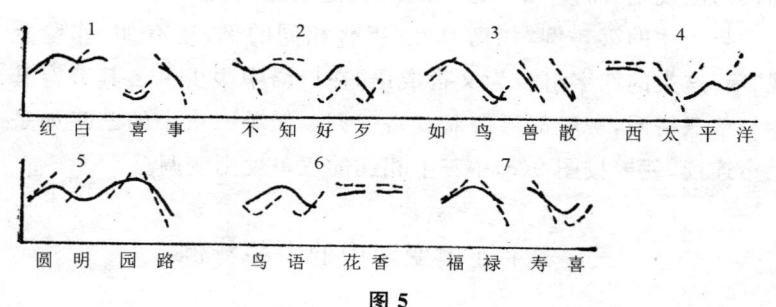

图 5

（虚线是本调调型）

2. 双单单格　　"不知好歹"
3. 单双单格　　"如鸟兽散"
4. 单三格　　　"西太平洋"
5. 三单格　　　"圆明园路"
6. 双双格　　　"鸟语花香"
7. 并列格　　　"福禄寿喜"

以上各例按口语的读法，都很自然地成为两拍子，每拍两个字，各按二字组变调。第 2 例的"好歹"虽是并列格，但按上上相连规律变调，"好"变阳平。第 3 例虽是单双单格，但此种例句在口语中不常见，一般按双双格变调。第 4 例的"太平洋"和第 5 例的"圆明园"，都是三字组，按三字规律变调，"西"与"路"都读得稍长一些。第6、7两例一般都按双双格变调(参图5)。

四字组中包括的三字组合,例如三单格或单三格,如果这个三字组是一个结合较紧的意群,则一般按三字连读规律变调,而那个单字读如本调。但当单三格的四个字均为上声时,其中的三字组按三字格的两种语法型式变调,而首字调则视次字的表面调形而变。即(1)次字已变为半上,则首字变阳平,如"打母老虎"。(2)次字已变为阳平,则首字变半上,如"老展览馆"。不过后者也每有不按语法规则,而按前者规律来读的,这是变例。

与上述的第3例"如鸟兽散"组合相同的例,还有如"作壁上观"等,这类的四字组多为文言成语,在口语中很少见。其节奏基本与单三格同,一般都可按双双格变调。但单三格中的三字如是上声连读,就要按图2(c)中三上相连的双单规则变调。

三、多字连读变调中的一些特例

多字连读中常有轻声和叠字出现。它们的变调另有规律。

(1)轻声 轻声本身是在连读中失去本调的变体。轻声一般比其他的字读得短些,按语法结构可分为:1.辨义轻声,2.可轻声,[①]3.助词轻声,4.快读语句中非核心字的轻读。这些轻声或轻读都随前一字的调值而变调,按五度制,一般读成半高、中、半低而且都是较短的三种不同调值。即前字调尾如是高(例如阴平和阳平)时,读中短调;前字调尾是中(例如上声)时读半高短调;前字调尾是低(例如去声)时读半低短调。这些短调有时是平调,有时

[①] 有些词的次字读成轻声或不读轻声,意义没有什么改变。如"老鼠","鼠"可读成轻声,或不读轻声,意义相同。赵元任先生称此为"可轻声"。轻声与重读在声学实验中证明主要是长短之别。轻声因为读得短,在听觉音量上就觉得轻些,在音强上不一定都比其它的字读得弱。下文说到轻重问题,都是这个情况。

是微升或微降调。① （图6）

这些轻声字如果本调是上声，而前字也是上声时，情况就不同了。它自己虽失去本调，但其潜伏的"本性"会影响前面的上声字，使其变成阳平。前上变阳平后，这个轻声并不因前字本来是上声应读短半高调，反而因为前字已明显地变成阳平而自己也改读作短中调了。例如"风里雨里"的"里"是轻声方位助词。前一"里"在阴平"风"之后读成中短调；后一"里"字在上声"雨"之后本该读成半高短调，但却因"雨"受后面"里"的影响（尽管"里"已经不读成上声）而读成阳平，这后一"里"字于是作为阳平后面的轻声而改读成中短调了。这种前重后轻的二字组合，后者尚未读出声来时竟使前者变调，而这个变调又决定了后者的轻声调值。这些变化既是"意在声先"，又是变从声后。如果要给它定出规律，（除少数例外）可以说，前字是按后字的"潜调"（底层）而变，而后字是随着前字的"显调"（表层）而变的。

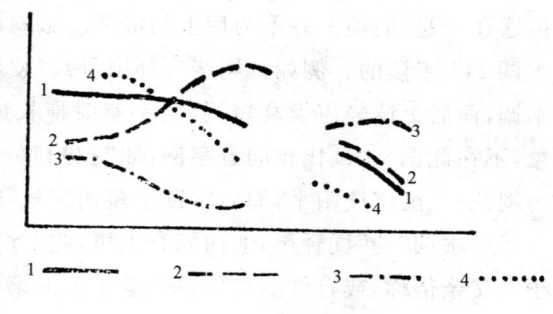

上述轻声的变调规律，在二、三、四字连读中都能适用，但却有

---

① 轻声不问其本调是什么，都随前字的调值不同而变成新的调值（上上相连时与阳上相连的变调同）。轻声的调位究竟有几类，过去已有一些材料。赵元任定为（按前字为阴、阳、上、去的顺序）：半低、中、半高、低四级（赵元任：《汉语口语语法》，吕叔湘译，商务印书馆，1979）。徐世荣定为：2、3、4、1四级（徐世荣：《普通话语音知识》，文字改革出版社，1980）。这都是凭耳听的。林茂灿等定为：41、51、44、21四类（林茂灿、颜景助：《北京话轻声的声学性质》，《方言》1980，3期），这是凭声学实验的。我们现将阴平、阳平后的轻声归纳为半高、中、半低三级，这样的分类已足够表达轻声的区别了。

一种例外。即遇到二字叠用的亲属称谓词是上声时,这两个上声虽连在一起,但前上并不为后上的潜调所影响读成阳平,而是仍用本调 214 来读的。例如:"姥姥"(外祖母)、"嫂嫂"、"姐姐",前上读本调,而后上读轻声半高短调(后字有时拖长成高降,是呼叫时现象,不在此例)。试比较同音字例:如"扫扫"(〜〜地)、"解解"(〜〜闷儿)。前字读阳平,而后字读中短调。与"嫂嫂"、"姐姐"不同。

后缀词"子"读轻声,前面如有上声,此上声读本调。例如:"老子"(父亲俗称,或自傲的自称,如"老子天下第一"),"老"读本调上声,"子"读半高短调轻声。其它如"毯子""椅子""李子"等也是如此(比较"老子"、春秋时人名,"老"读阳平,"子"不读轻声而读本调)。语助词"了"读轻声时也同此例。

轻声的调,一般常被当成是一个音位(调位),我们觉得它永远不能单读,实际上是依赖前字的调值而成调的,它只能在连读变调中出现,而且失去本调,同其他四声都具有本调调位的不是一回事。还有认为轻声既然不成调位,就不算一个调,这也不妥,因为轻声的调型仍是有规律的。

关于讨论轻声的文献较多,这里不拟详举,只是要指出一点,轻声(或轻读)在语调中也是一项构成成分,它具有突出语句核心的重点,作成与重读的强烈对比;并且在节拍上也常作为衬字,起到抑扬顿挫的效果,使不同字数的多音节字组能匀称分布于各音步中。①

(2) 叠字　叠字在多字连读变调中具有特殊的变调规律。它的次字多数读得轻而短,并按轻声规则变调。但有时要看它在字

---

① 音步(foot),借用诗律的名词,在此是指语的节拍。例如:"<u>他们</u> <u>今天</u> <u>不一定</u> <u>去逛</u> <u>颐和园</u>",这句话由二字、三字组相间组成,各组的时长并非绝对相等,但听感上可分为五个大致相同的音步。每音步中都有一个轻声或轻读,这样听起来抑扬有致,字义上也分出轻重。每组中有了轻声又可使不同字数的组合取得平衡(例如,三字组和两字组听起来节拍相似)。

组中的位置或它的语法功能而另有变化。叠字在普通话口语中出现频繁,它承担着非常生动地表达意义的功能。由于它的变调和一般二字连读变调规律有所不同,而且往往以"潜调"方式影响了前面的调值,因此每被人们认为这也是一种语调现象,这就对分析语调的真正型式产生混淆。因此这里不惮辞费,要把叠字变调也属于基本单元性质的情况,叙述得较详一些。

① 二字组的叠字除上述称谓词外,一般都按次字轻读的规律变调,如北京旧时儿歌:"冷冷,小狗等等",六个字全为上声。(大人给小孩喂汤水时,如汤水太烫,怕小孩等不及而吵闹,就一面吹凉它,一面教小孩念这句顺口溜儿。)这里的上声叠字,首字变阳平,而次字读轻声的中短调。这也是一个"潜调"的例和一般轻声变调规律相同。

② 三字组中的叠字,可分为前叠(首字中字相同)、后叠(中字末字相同)和跨叠(首字末字相同)三种格式。

前叠格在语法结构上可当作双单格,次字轻读,例如:"步步高"、"摇摇头"、"散散步"。① 但另有一种双单格,末字为助词"的",次字就不读轻声而读本调,如"轻轻的","甜甜的"。(但北京口语,叠字为上声或去声时,次字常读成阴平儿化,如"好好儿的"、"快快儿的"。)

后叠格都是单双格结构,次字常读得短而轻,此类后叠词多系形容词,而且把非阴平的叠字读成阴平调。例如:"凉悠悠""热烘烘"、"软绵绵""孤零零"(后二例中叠字是阳平,但在口语中常读成阴平)。

---

① "散散步"的三字都是去声,中字为过渡调。中字本调原为高降,但因末字的调头是高的,于是在口语中也常把中字改读成升调或高平调,以同末字的调头相接。这类的例如"自动化"也是如此,"动"字常读成升调。还有,首字如不是去声,后两字是去声,也有此现象。如"打电话","电"也可读成升调。

跨叠格是一种"XAX"组合①,变调与前叠格相似。如:"来不来"、"看一看"等,中字均作轻读。

③ 四字组的叠字比三字组的复杂,因为可以容纳两对叠字出现,又因叠字的位置除了可前可后,还可以位于中心、分列两端、或者以间隔跨叠出现,因此归纳起来可以出现 8 种不同的格式。如下例:

1. 前叠　　　　XXAB　　　"井井有条"
2. 后叠　　　　ABXX　　　"生气勃勃"
3. 双叠　　　　XXYY　　　"来来往往"
4. 前跨叠　　　XAXB　　　"大手大脚"
5. 后跨叠　　　AXBX　　　"得过且过"
6. 双跨叠　　　XYXY　　　"方便方便"
7. 首尾叠　　　XABX　　　"头痛医头"
8. 中心叠　　　AXXB　　　"说悄悄话"

这些叠字组的变调,各个格式不尽相同。凡叠字在前的,第二字多作轻读,可按双双格处理。但遇较生僻的字组需要读得清楚些的,次字就反而变成重读。例如例 1 的"井井有条",前三字均上声。前二"井"字都是上声,首字变阳平;次字因后面的"有"也是上声,也可能变成阳平,而第三字"有"成为半上;也可能次字和第三字均为过渡的低平调而只强调首末两字,首字变为阳平而末字"条"读本调也是阳平,但因在词尾,调阶就低一些。后叠格的叠字常常读得并重,以示强调。双叠格一般是前二字一重一轻而后二字并重。

跨叠格有前跨、后跨、双跨三类。前两类与双叠格同,也都是读得前两字一重一轻而后两字并重,而双跨叠则是前后均读成一

---

① 这里用 X 和 Y 代表叠字,AB 代表非叠字,下同。

重—轻格式,表示后二字是前二字的重现,不但语音的声母韵母重现,即声调也重现。

最后两例:叠字相距最远或距离最近,都把叠字读得较重,而其余的字较轻,但不是轻读。这类词在口语上不常见,且多为成语,所以常按单读字音的声调读法,而无口语那样流利,因此也不大会出现过渡调形。(图7)

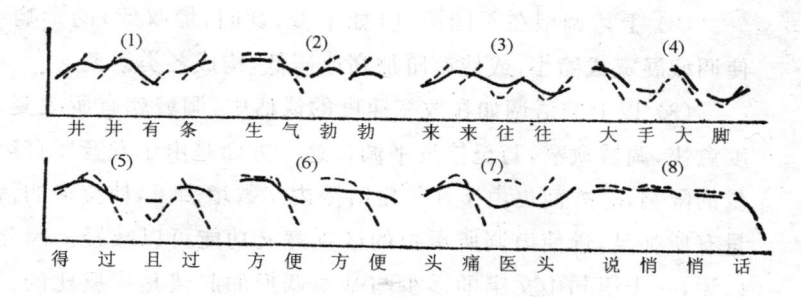

图 7

(虚线为本调调型)

在北京口语中,双叠格的四字组变调还有一种特例,即后面可加"的"的轻声字作为形容词或副词时,后叠二字不论原调为何都变成高平的阴平调,这也和三字组的后叠格相似。例如:"顺顺当当(的)"、"硬硬朗朗(的)"、"痛痛快快(的)"、"热热闹闹(的)",各组的后叠读成阴平,而且其末字多成儿化(如"硬硬朗朗儿的"等等)。

四、基本调型与语调的关系

单字及二字、三字、四字各组的连读调型,是构成语调的基本成分,已如引言所述。二字组调型在不同语调中基本上不受语气的影响,最多是视语气的强调与否或目标的着重与否,而使调域展

宽、缩小或调阶加高、压低(注意！不是调形升降)而已。著者对此曾有叙述,并将其与语调的关系简化为公式如下:①

语调＝{(基本调型←语法制约)←语态影响}←说话速度

其要点为:

(1) 基本调型受语法制约(包括双单、单双等组合及轻读、轻声等)而决定调型,例如上声连读的变化以及词尾的变调等。

(2) 上述调型在不同语气(如平叙、疑问、惊叹等)的影响下,使调域展宽或缩小,或使调阶加高或压低,构成各类语调。

(3) 以上的语调如在改变速度的谈话中,调域就有所改变,速度愈快,调域愈窄,乃至接近平调。这一方面是由于发音器官运动量的限制,一方面也由于在一定时限内字数增多了,使交谈的信息量有所补足,遂使声调所承担的区别意义功能可以减轻。因此可以说,一个语句中文字的多少与基本调形的起伏是成反比的。换言之,一句话的字数越少,调形越需要完整。因此,说一个单字,必须声调正确,才被人听懂;而一个长句可以压缩调域,甚至拉平。

三字调和四字调在语句中受语气(态)的影响,基本上和二字组相同,也按上列的公式而有所调整。三字调中有一个特例须说明一下。一般的非上声连读时,调域受语气等影响而有所伸缩。三字组如为三个上声连读,在双单格中首字上声变阳平,在不同语态下亦按常规调整。在单双格则有两种变调可能。当此三字组处于非核心地位时,首字读半上(例如:"老厂长"的"老"字读半上)。但当此三字如在语句中处于重要地位,成为核心(或此语句的语态着重突出此三字)时,则此单双格就突破语法规则而变为双单格型的变调,即首字改读阳平而次字读成过渡降调(例如:问:"你认为

---

① 参看本书 283 页注①,又 Wu Zongji, "Rules of Intonation in Standard Chinese", *Preprints of Working Group on Intonation*, The XIIIth ICL, 1982, Tokyo.

是新厂长好还是老厂长好?"回答:"我认为是老厂长好。"这个"老"字就可能读成阳平)。

现在用几组实验来说明上述各项情形。图8是把"飞机"、"轮船"、"好马"、"电话"四个二字组各嵌入平叙、疑问、惊叹三种不同语气的句子,让发音人(北京男性)来说,分析的结果是,每组在不同语气中,调型基本相同,只是在频率高低上或升降幅度上有些差别。一般是疑问句和惊叹句的调阶比平叙句高,升降幅度也较大。说明语调对字调的影响主要是调阶和调域,而很少影响调型。(图8)

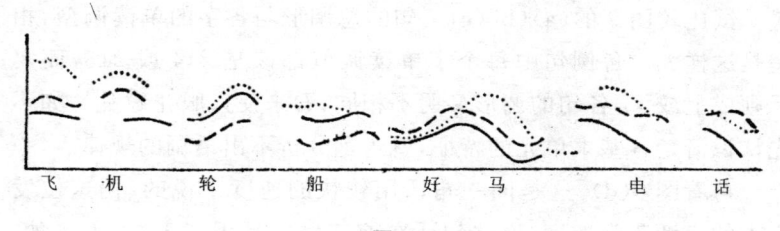

图 8

(实线是平叙,虚线是疑问,点线是惊叹)

图9是用全上声字造成的一句话:"请你给我买两把好雨伞",后加三种不同的补充句:(a)"不要次货",(b)"不要去借",(c)"不要给他买"。这样让发音人用自然口语来说。在说(a)句时,心目中就着重了"好"字;说(b)句时,着重了"买"字;说(c)句时,着重了"我"字。(我们并未暗示发音人该着重什么字,而是他根据附加句自己的体会)结果是在这三次发音中出现了不同的调形。如图9(a)"好雨伞"是个三字组,是单双格,按标准模式是,"好"读半上而"雨"读阳平。但结果因注意了是好是坏问题,于是强调了"好"字把"好"读成阳平,而"雨"成为过渡降调,不同于其他两组。图9(b),"买两把"是个三字短句,属一个意群,结构是单双格。"买"应读半上而"两"应读阳平。但说话人因注意了是借还是买的问

题,于是强调了"买"字而读成阳平。同时,"把"因受后面"好"为半上的影响而也读成阳平,而使"两"成为中间过渡升调。与其他两组很不相同。再看图 9(c),"给我买"又是个三字组,"我"作为"给"的宾语,一般是读成轻而短的低调的,但发音人因注意了"他"或"我"的问题而强调了"我",于是把"我"读成阳平。这里告诉我们一个规律,在语句中的某一个上声字,本该读半上时,如被强调,就立刻变为升调(如非上声字,则被强调时就用提高调阶来表现)。还有,它又告诉我们一个重要的事实,即这些变化全是由多字组的连读变调模式,也就是由这些基本单元来形成的,而不是语调的模式。试比较图 9 的(a)(b)(c)三句的总调形与各字的单读调型,相差是这样大。各例句中每个字单读调值都该是 214 或 213,而实际则或上或下,各句的调形又迥不相同,看来使人眼花缭乱。如不先认识清楚各基本单元的特征,就永远分析不出语调的规律。

再看图 9(d),这是同一句话用较快的速度来说的(据这位发音人的说话正常速度,说这句话在前三例中是用了 1.2—1.4 秒,加速后是 0.7 秒,几乎快了一倍),图中可看到除"请你"两字还保持上上相连的轻重调型外,其余八个字,有七个字几乎被拉平而分不出调形,第八个字在句尾,变成低降,说明语句一经加速就可能失去原来的调型而缩小了调域,乃至变为平调。这才可以说是一种属于语调范围的变调。

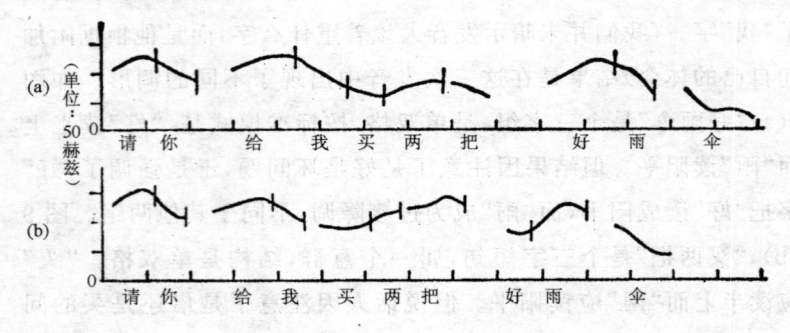

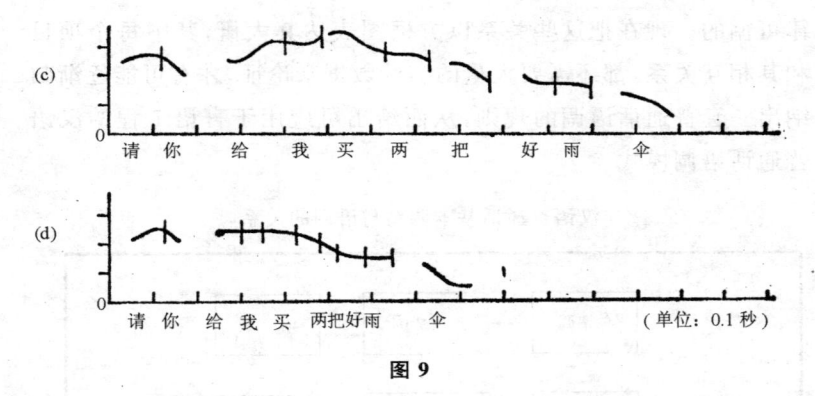

(c) 请 你 给 我 买 两 把 好 雨 伞

(d) 请 你 给 我 买 两把好 雨 伞　　　　　（单位：0.1秒）

图 9

如上所述,本文说明了单字调及二、三、四字连读调的调型在语调中成为基本单元,各有其变调规律。这些变化有的是由语调所引起,也就是语势所影响的(如调域的展开或拉平、调阶的抬高或压低等);但有些却是本身的连读调型,是与语调无关的。不过因为它们的调形与其本调不同,于是常被认为是属于语调的变化,这就使本末不分,很难归纳出规则来了。

本文着重在对各基本调型的综述,而非实验报告,关于不同语气对各基本单元的影响所产生不同语调形式的研究分析,非本文篇幅所能包括。以上所述的各连读变调规律,有的纯属区别字义的,如单字调及为数甚少的辨义轻声;有的则属于语言习惯以及区别语义和语法规律的,如二字、三字、四字的连读变调;这几项构成基本单元调型。语调包括语气类型、快慢节奏及语境所产生的语句核心,这些都以基本单元为基础,又从而加以变形、增减、而造成各基本单元在调域上、调阶上及节奏上的变化。因此,根据各基本单元固有的变调调型和再变调形的差别,弄清各单元的潜调和显调,就可以推知语调的类型(例如属于什么语境,什么节奏等);而从语句的环境或上下文的内容,也可寻绎出各基本单元的原始模式。这一套关系虽然复杂,但却可以顺藤摸瓜、寻根究底,是有规律可循的。现在把这些关系以方框图表达其大概,其中每个项目和其相互关系,都还需要大量的实验数据来论证,才有可能逐渐归纳出一套普通话语调的规则,从而给出可应用于言语工程的汉语普通话语调模式。

汉语普通话基本调型与语调的关系

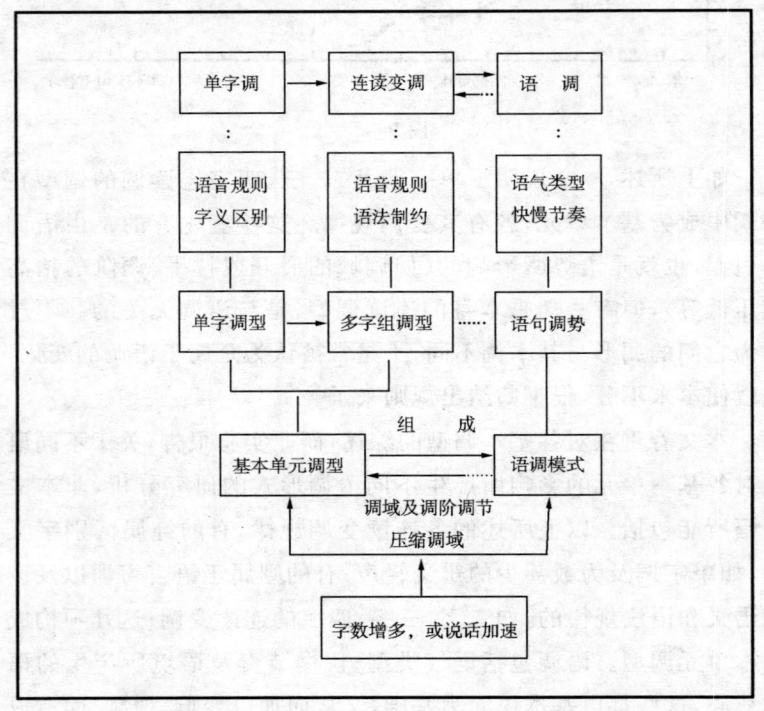

```
┌─────────────────────────────────────────────────┐
│   ┌──────┐    ┌──────┐    ┌──────┐              │
│   │单字调│───▶│连读变调│───▶│ 语调 │             │
│   └──────┘    └──────┘    └──────┘              │
│      :           :           :                   │
│   ┌──────┐   ┌──────┐    ┌──────┐               │
│   │语音规则│  │语音规则│   │语气类型│              │
│   │字义区别│  │语法制约│   │快慢节奏│              │
│   └──────┘   └──────┘    └──────┘               │
│                                                  │
│   ┌──────┐   ┌───────┐   ┌──────┐               │
│   │单字调型│─▶│多字组调型│──│语句调势│            │
│   └──────┘   └───────┘   └──────┘               │
│                  │   组 成    │                  │
│              ┌───────┐    ┌──────┐              │
│              │基本单元│◀──│语调模式│              │
│              │ 调型  │    └──────┘              │
│              └───────┘                           │
│                  ▲    调域及调阶调节              │
│                  │    压缩调域                   │
│              ┌──────────────┐                   │
│              │字数增多,或说话加速│                │
│              └──────────────┘                   │
└─────────────────────────────────────────────────┘
```

(原载《王力先生纪念论文集》,商务印书馆,1988年)

普通话语调分析的一种新方法：
语句中基本调群单元的移调处理[*]

提要 受不同的韵律和语气的影响，普通话口语的局部调形和全句调形的调域及调阈，可能偏离原始形式甚远。这些变化的因素很难用传统的方法分析，如顶线—底线模式（top-and-base-line model）、声学模式等。由于汉语声调的不同模式是靠相对旋律而不是靠绝对频率来识别的，故可把整个句调看作乐谱的旋律，把句中短语的调形看作乐曲短句的主题。因而，局部调形的调域变化，也就可以看作是乐曲旋律的移调或转调。

本文采用移调法以半音标度来分析一组普通话口语的语调类型。

文中将使用如下符号：

H："高"，阴平或第1声	G:过渡或跳板型拱度
R："升"，阳平或第2声	SI:句调
L："低"，上声或第3声	PC:短语调形或小句调形
F："降"，去声或第4声	ED:句尾变调
H*："半1声"（不到位的1声）	K:旋律调阶
R*："半2声"（不到位的2声）	ST:半音
L*："半3声"（半上）	MS:单音节
F*："半4声"（半去）	DS:二字组
N:辨义轻声或零声调	TS:三字组
N*:可轻声或轻读	QS:四字组
R!:从上声或阴平变来的升调	

---

[*] 原文为英文 A New Method of Intonation analysis for Standard Chinese: Frequency transposition processing of phrasal contours in a sentence，载于《语音研究报告》(1993)和1996年G. Fant等人所编的 *Analysis, Perception and processing* 一书。曹文译。

前　　言

　　普通话语句的调形由一些基本的含有连读变调的短语调群构成。这些基本的调群单元对应于一个个的意群,并可增加它们的可懂度。英语语调中也有一些韵律特征,如过渡调、音调重音和短语重音,因而也可生成一套语调完整的短语序列,但其中只有高、低两个调级构成双音高重音(Lindsey 1983)。与英语语调相比,普通话语调的构成成分比较复杂,如四个单音节调位(高、升、低、降),多音节连读变调类型(二、三、四字组形成固有的连读变调模式),轻声(包括辨义轻声和可轻声),过渡调(协同发音或音联)和尾部变调(短语的和句子的)等等。这些组成基本调群单元的成分,可能或多或少地受到句调的影响。语音学家和技术人员提出许多分析语调的原则和方法,但是绝大多数用于处理短的陈述句。也有一些人研究语气语调,并尝试建构新的规则和模型(Fujisaki 1990,1992；Garding 1983,1993；Lindau 1986；Shi 1992等)。

　　事实上,普通话的句调是由一些局部模式和整体特征混合而成的。口语的表层形式因而得以多样化。在过去的半个世纪里,许多中国语音学家试图把官话或普通话的语调归纳为有限的语气类型或模式,少则十三种(Chao 1968),多则四十五种(Jing 1992)。关于这方面的文献数以百计,但结论却大相径庭。主要原因是没有把短语的连读变调从句子的调形中分离出来,因此使得句调的研究变得十分复杂。

　　普通话中单字调位和多音节连读变调位同元音和辅音音位一样,起着重要的区别意义的作用,它们保持着一定量的、完整的、可定性定量进行研究与分析的固定模式。根据对从双音节到四音节连读变调进行的一系列系统的调查,我们已经发现了一些规则(Wu 1982a, 1982b, 1983, 1985, 1988, 1989a, 1989b; Lin 1991)。可以说,不论表层形式(不到位或超位)偏离它们的原始形式多远,基本单元中的各种调形都可以被识别。很明显,这些底层形式通过规则生成表层形式,该过程出现在意群中或通过不同的声调组合来实现。例如,在三个上声字组中,中间的一个上声,可能通过两个阶段把原来的"L"改变成"H"或"G"而不是"R",即L→R!→H(或G),其中第一个阶段属于音系层面的连读变调,而第二个阶段是属于语音层面的连读变调。因此,语调的分析可以根据不同的层面逐步进行,如语音学层面,音系学层面或语言学(语法)层面(Wu 1989)。

赵元任先生曾这样描写官话中声调和语调的关系:"常有人问汉语既有字调,句子如何能有语调。最好的回答是可将字调和语调比作小波浪跨在大波浪上(虽然有时小波浪可能比大波浪大)。"(Chao 1968)。"用任何语调说的字,都不会丢掉其词汇的同一性,语调只表达态度,语气,寓意等"(Chao 1933)。我们的研究结果支持这一论断,即任何语调中的词(或词组),虽然可能或多或少地受语调的影响,却不会失去其固有的词义。正是调群单元形成了这些恒定模式。

毫无疑问,调群单元从句调中"过滤"出去后,剩下的、调群单元以外的调形表现,便可看作是语调本身的作用。然而需要注意的是这些剩余部分并不只是由语气变化引起的。众所周知,频率范围的伸缩和音阶的变化是受语气语调影响的。除此之外,一些附加特征,如过渡调,短语里顺向或逆向的首尾轻化及短语或句中的尾部变调,都是由言语过程中节奏性的停顿或发音省力原则造成的。

本文仅就句调基本调群单元的调域和音阶进行集中分析。样本取自正常语速的自然口语。传统的语调分析法采用画顶线与底线的方法来分析 F0 曲线———一般认为它是频率—时间的函数曲线——并常常以实验室里的录音样本为测试对象。这无法包容自然话语中基频曲线广泛的变化和峰·谷的移动。我们的测量结果表明如果我们采用半音标度,句中不同短语调群的调域基本守恒,其变化主要是音阶移动引起的,也就是说,句子中短语的调形可以在不同的音阶条件下实现而不失其一致性。就像乐曲中乐句的旋律可以用不同的基调来演奏却仍然保持着主旋律。因此,我们用"移调"或"转调"的试验方法来量化短语调形(构成句调的基本单元)调域的音阶变化。

测 量 与 分 析

在声调语言的连续言语中,声调调形的感知和辨别,在很大程度上,取决于旋律调型而不是基频曲线的移位。例如,不同说话人的调域不同,但是听者仍然可根据他们的调型来感知。感知需考虑每个发音人在其音高范围内调形的空间关系和生理动程。已有许多方法被用于描写汉语方言的调值,特别是普通话的调值。著名的五度值记调系统(Chao 1930)是一个为语音学家广泛采用的方法。近些年来,还出现了一些其他的声调测量系统,如"D 值"系统(Shen 1985),"T 值"系统(Shi 1990)等。大家的目的都是想创立一套可用于对调形进行定性、定量分析的通用系统。

由于汉语音韵学常用音阶来描写声调,调形的识别就如同音乐旋律的识别。在音乐中,"同样的调子可以用不同的音高来演奏,因此,某个基调的旋律或和声也可以用另一个基调来演奏。除音高不同外,其结果完全相同"(Scholes 1955)。言语也是如此。在句子的语调中,某个调域中的任一短语调型或调位都可以在另一个调域中使用,音阶虽然改变了,但词汇意义并不改变。因此,言语中基本调群和语调之间的关系,也可看作乐曲中乐句的主旋律和音阶的关系。说话人可以在不改变词汇意义的情况下,改变基本调群的音阶,如同在不改变调式(mood)的情况下,曲作者可以调节或变换旋律的音调。至于基本调群单元之外的声调变体,如言语中的顺向或逆向连读变调,也可比作音乐中的装饰连接音或切分音。此外,超出通常范围的尾部变调的升与降,可比作乐谱中超出音阶的收束调(Cadenzas)。

  本研究先用语图基频测量被测句的调形,然后,根据 A=440 的标准表,将频率转化成与近似音高相对应的半音值(Hirano 1981)。用调域的上限和下限确定每一个基本调群的调域,上限是1声或4声的起点,下限是3声的终点或折点。基本调群以外的那些声调将另行处理。结果表明句中用半音标度的基本调群的调域,尽管音阶不同,却彼此相近。如,句中一个基本调群的频率范围可能大于或小于邻近基本调群的频率范围,但是,当将 F0 转换成半音时,彼此间差别就不大了。这有力地证明,人们所感知到的短语调域的变化,是转调而不是变阈。

  普通话句子语调的表层形式由一些前面提到的含有过渡调的基本调群构成。在分析中,这些基本调群单元也许不会严格地和语言学家们定义的语法单位相重合。这些单位的切分要考虑到诸多事实,如语法结构的连续性和一致性,词义的显著性和逻辑性,调形的平滑性和连读变调原则的解释性。这些单元可以是直接成分、短语或小句。

  至于语调的全句调形,尽管已有人提出用某些衰减规则来分析,但短语调形中存在的峰·谷无法简单地用一根衰减线覆盖,故还是应当逐单元分别处理。

表 1　不同的普通话发音人多种语气语句基本调群调域的频率值、旋律数值转换表

语气		平叙	疑问	祈使	平叙	疑问	疑问	惊叹	惊叹
旋律（半音）	ED	—	—	—	G#3—B2 9	G2—E2 4	—	E3—D3 2	G4—D4 5
	PC4	—	—	—	E4—A3 7	—	—	—	D#4—D#3 12
	PC3	C#3—G#2 5	—	—	B3—E3 7	—	C4—F3 7	—	G4—G3 12
	PC2	D3—A2 5	D3—G2 6	F#3—A2 8	B3—E3 7	F3—G2 9	F4—B3 7	B#3—C#3 9	F4—F3 12
	PC1	E3—B2 5	F3—B2 6	G3—B2 8	D4—G3 7	B3—D3 9	G4—F3 7	A3—C#3 9	B3—B2 12
基频（赫兹）	ED	—	—	—	210—120 90	100—80 20	—	170—150 20	400—290 110
	PC4	—	—	—	320—220 100	—	—	—	270—140 130
	PC3	140—100 40	—	—	230—150 80	—	270—170 100	—	390—200 190
	PC2	150—110 40	150—100 50	180—110 70	250—160 90	170—100 70	350—230 120	230—140 90	350—180 170
	PC1	170—120 50	170—120 50	190—120 70	300—200 100	250—150 100	260—170 90	220—130 90	250—120 130
图		1a	1b	1c	2	3	4	5	6

注：每一基本调群单元(PC)或句尾变调(ED)的基频值（赫兹）都已测量出来并进而被换算为旋律值（半音）。表中每格的上行是调域的上下限，下行是调域的宽度。表中第一列为附图的编号，最后一列为语气类型。注意表中的调域宽度，在各基本调群中，其频率值差别很大，但旋律基本上相等。

在我们的测试句中,不同调群的调域(除那些过渡调外),是随着旋律音阶的移动而产生的,不是随着宽度的等距伸缩产生的。所以,可把短语调群的基频转化成半音,并把最低的半音值作为基调。

图1—图6给出了几个带不同语气的测试句,每句的基本调群单元已经切分好。它们将作为描写和讨论的依据。

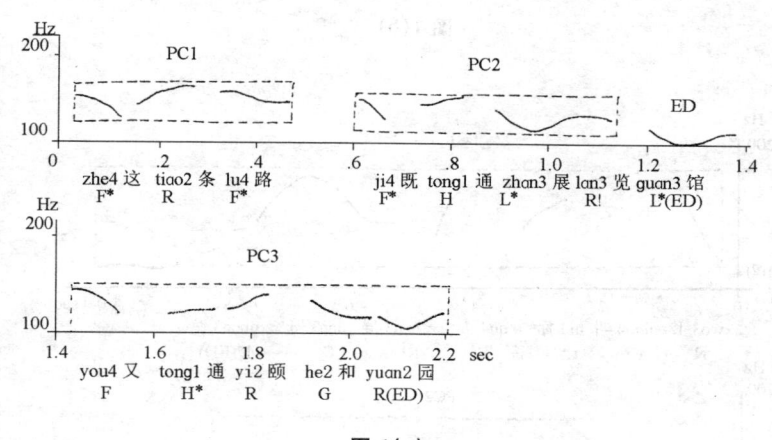

图 1(a)

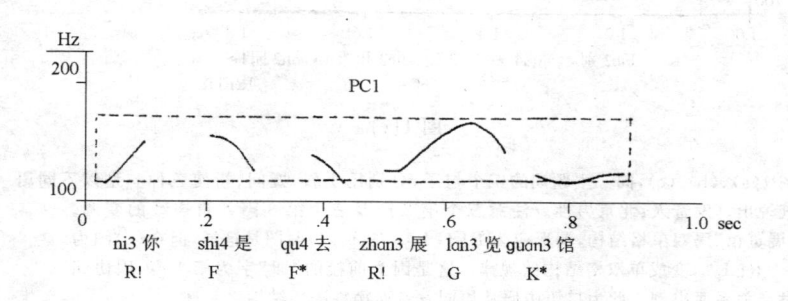

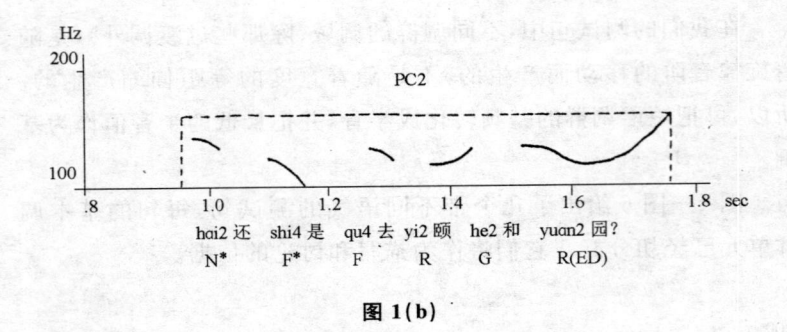

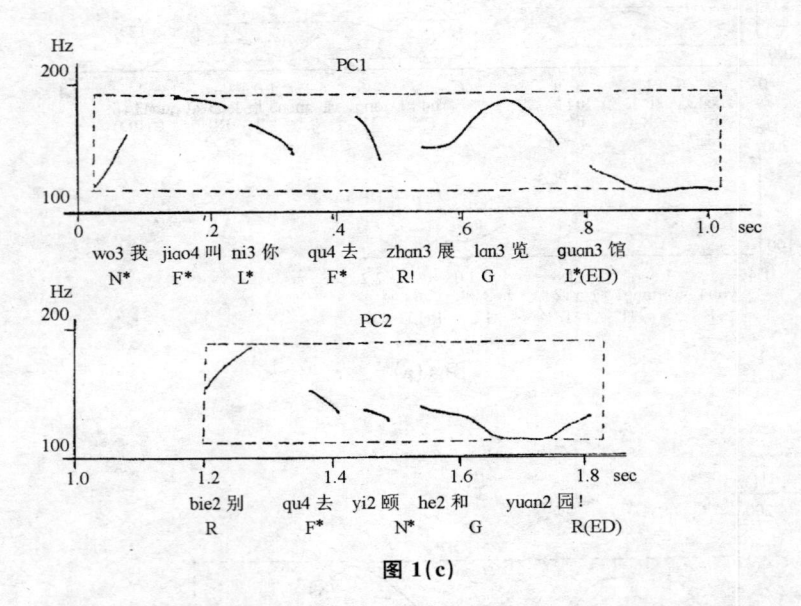

hai2 还 shi4 是 qu4 去 yi2 颐 he2 和 yuan2 园?
N*　　F*　　F　　R　　G　　R(ED)

图 1(b)

wo3 我 jiao4 叫 ni3 你 qu4 去 zhan3 展 lan3 览 guan3 馆
N*　F*　L*　F*　R!　G　L*(ED)

bie2 别 qu4 去 yi2 颐 he2 和 yuan2 园!
R　　F*　　N*　　G　　R(ED)

图 1(c)

图 1(a)、(b)、(c),同一主题词的三个句子,分别用平叙、疑问、祈使三种句型以不同语气说出。发音人:北京男性。注意三个第 2 声及三个第 3 声各自连续的变调。"展览馆"属双单格结构,调形应为 R! G L*,在(b)(c)两图是这样,但在(a)图为 L* R! L*,变成单双格结构的规律。这是因为前接的"通"字为第 1 声,因协同发音关系而出例。此为口语中服从协同发音而牺牲语法结构之一例。

308

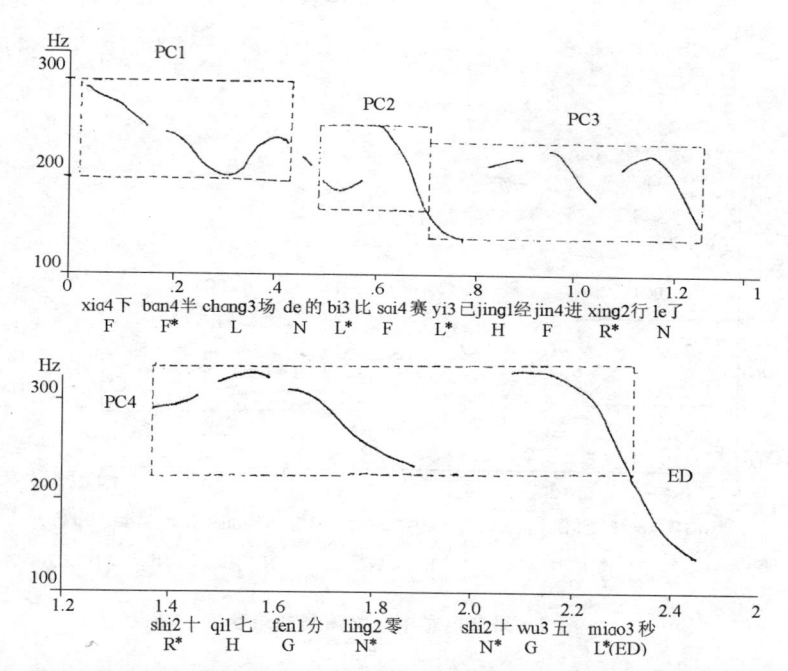

图 2　采自一次国际足球比赛中解说员的录音。以高速度（每秒 9 音节）说出，仍保持完满调型。发音人，北京男性。

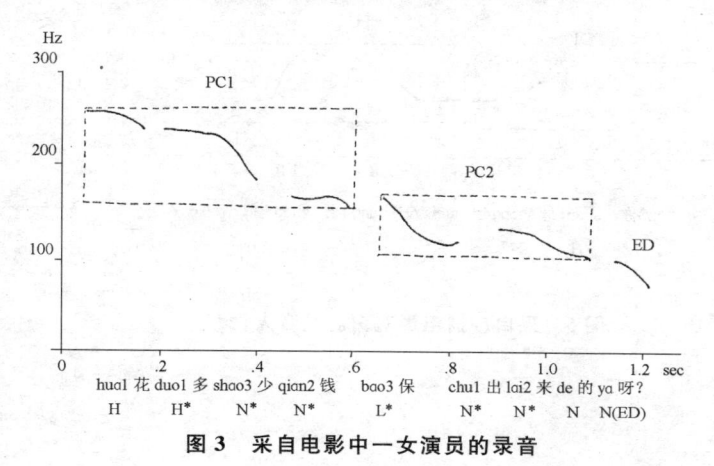

图 3　采自电影中一女演员的录音

Hz
400

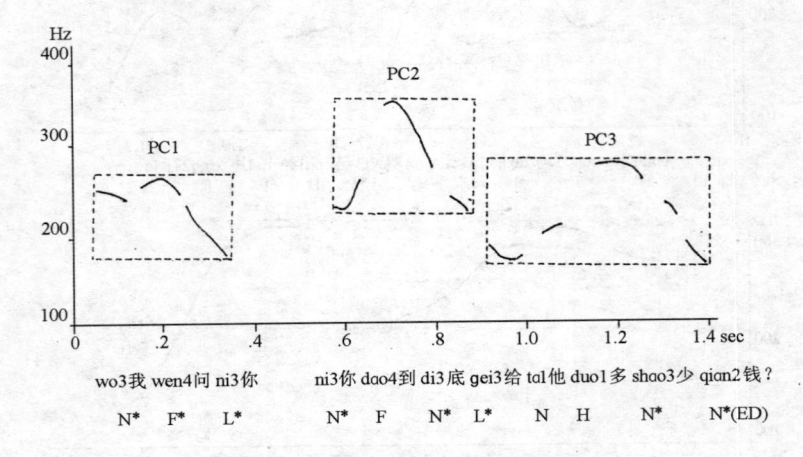

PC2

PC1   PC3

300

200

100
 0   .2   .4   .6   .8   1.0   1.2   1.4 sec

wo3我 wen4问 ni3你   ni3你 dao4到 di3底 gei3给 ta1他 duo1多 shao3少 qian2钱？
N* F*   L*   N*   F   N*   L*   N   H   N*   N*(ED)

图 4　采自电影中一女演员的录音

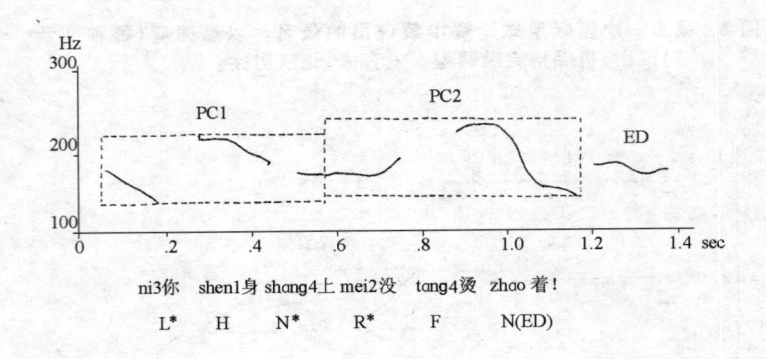

Hz
300

PC1   PC2

200   ED

100
 0   .2   .4   .6   .8   1.0   1.2   1.4 sec

ni3你 shen1身 shang4上 mei2没 tang4烫 zhao着！
L*   H   N*   R*   F   N(ED)

图 5　采自广播电影对白。发音人，女

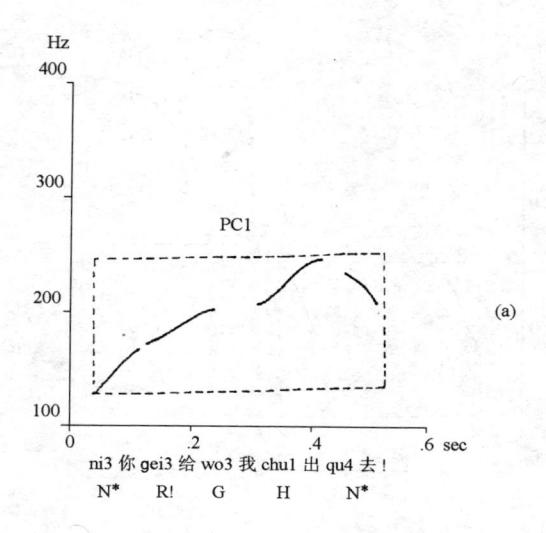

Hz
400

300

PC1
200

100

0   .2   .4   .6 sec
ni3 你 gei3 给 wo3 我 chu1 出 qu4 去 !
N*   R!   G   H   N*

(a)

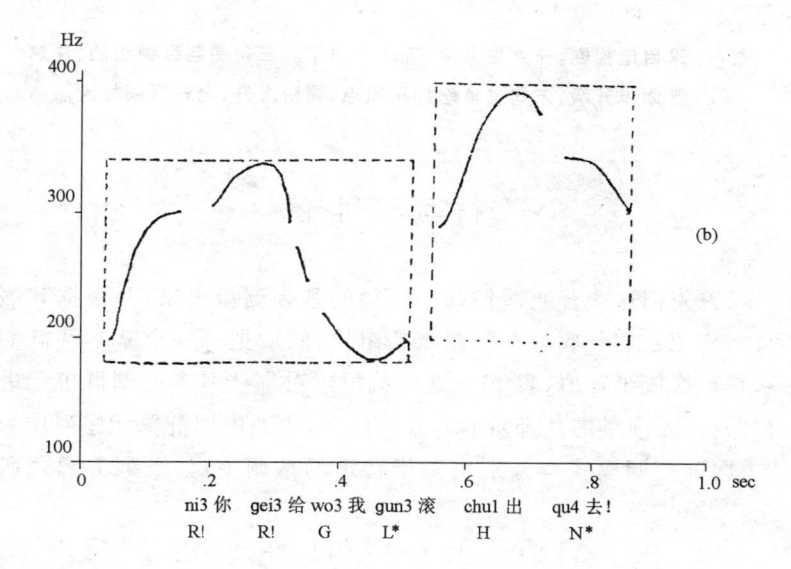

Hz
400

300

200

100

0   .2   .4   .6   .8   1.0 sec
ni3 你 gei3 给 wo3 我 gun3 滚   chu1 出   qu4 去 !
R!   R!   G   L*   H   N*

(b)

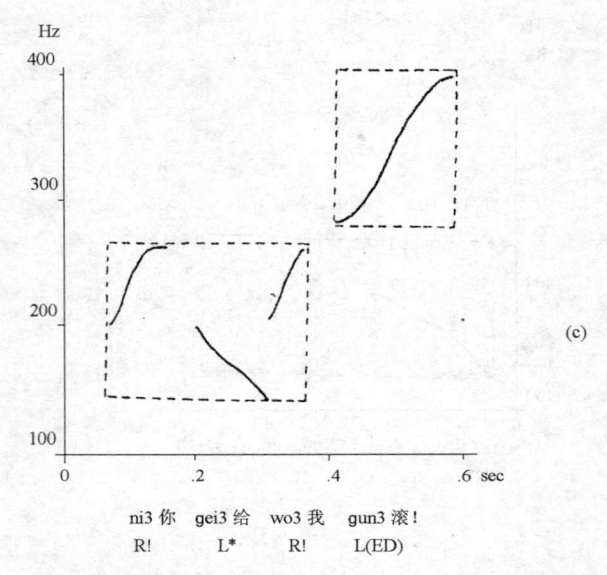

```
Hz
400

300

200                                    (c)

100
   0        .2       .4       .6 sec
        ni3你  gei3给  wo3我  gun3滚!
        R!     L*     R!    L(ED)
```

图 6 采自电视剧,一女性命令,赶走一男子。三句是连续说出的,注意其逐步升级,末句是愤怒到了顶点,调阶上升,全句调阈加大。

描写与讨论

首先把这些普通话句调(调形)的基频测量出来,并根据其语义结构把它们分成有不同调域的组块,然后把每一个基本调群的基频转换成半音值(表1)。这样就可以对那些基本的调群单元进行分析,无须考虑其音阶的差异。因此,语调中调群单元序列作为"主题"(变调模式),分别出现于特定的基调中,如下列方程式所示:

$$SI = PC_1(K_1) + PC_2(K_2) + \cdots + PC_n(K_n) + ED$$
$$= \sum_{i=1}^{n} PC_i(K_i) + ED$$

SI代表句子的语调,PC代表基本调群,K代表基调,ED代表尾部变调。基本调群的局部调形可用多音节连读变调模式的规则来分析(Wu 1990)。这些将在下面的描述中分别提到。

图1(a)、1(b)和1(c)是一组带不同语气的三个句子,它们分别为平叙句、疑问句和祈使句。相同的短语——三个上声"展览馆"和三个阳平"颐和园",分别包含在具有不同语境的句子中。这些句子由一位男性北京人在实验室里录制。样本如此安排旨在研究相同的基本调群在不同的语境中是否会产生变化。

在每张图下,第一行给出各音节单念时的拼音,第二行给出依据规则发生连读变调后的表层形式的声调符号。基本调群的调域确定后,用虚线框起。框起部分可显示调域的移动变化。调域的基频数据及其旋律音阶的转换已在表1中给出。

图1(a)中,三个基本调群形成各自下降两个半音的衰减形式。这是温和语气的平叙句,其基本调群的调域相当窄,只相当于5个半音。

图1(b)中,带连接词"是还是"的疑问,既没有上升的句尾变调,也没有疑问句中常见的疑问助词。

图1(c)中,微带恼怒语气的祈使,用动词短语"我叫你去",引出目标短语。句中前半部是肯定语气,与后半部"别去"引出的否定语气形成对立。前半部呈强调调形,后半部呈非强调调形(或平缓形)。

有趣的是,我们发现:图1(a)中目标短语"展览馆"的调型不同于1(b)和1(c)。本来这个三字组的语法结构是双单格结构,三个上声根据规则经过两次连读变调:

$$(L+L)+L \rightarrow (R! +R!)+L \rightarrow (R! +G)+L$$

图1(b)和1(c)就是这样,但图1(a)短语的表层形式变成了另外一种模型,其中目标短语变成单双格结构,这一点与语义制约不相

符。这种情况下,其变调规则为:

$$L+(L+L)\to L+(R!+L)\to L^*+(R!+L)$$

事实上这是目标短语的首字和前接字协同发音的作用。因为,在这种情况下,图 1(a)的前接字是"tongl"(通),带有高尾部、略微衰减的调形,可以与降升调形平滑连接;而图 1(b)和 1(c)的前接字是"qu4"(去),呈下降调形,易与上升调形连接,形成回转·颠倒效应。这是汉语口语中重要的韵律特征。这也是句中节奏变化牺牲语法制约的一个例子。

三句话中共享的另一目标短语是双单结构的"颐和园",其调形在三句中相似,遵循阳平三字组的连读变调规则:

$$R\to G/R+\underline{\quad}+R$$

然而,由于前面所提到的协同发音的事实,目标字组中的第一个阳平"yi2",应该与前字调相协调。因此,它在图 1(a)中保持上升,而在图 1(b)中变成下降。

从另一方面来看,在图 1(b)中,它并不是呼应去声"qu4"成为 F^*,而是保持 R 调位特征来加强提问。至于三句中最后一个阳平"yuan2",它们的调形互不相同。平叙句和祈使句的句尾变调向下,接近调阈的下限,但后者的时长较前者要长,带有强调信息。疑问句的句尾变调向上,接近调阈的上限,呈疑问型。应注意的是如果不轻化,阳平为句尾时,无论是下延还是上敛,阳平要求的上升轨道应保持完整,以显示其特性。

图 2 的快速、强调型平叙句,采自一次国际足球比赛中解说员的录音。请注意句中有两个轻声字"的"和"了",一个轻化的阳平"零"和一个下降句尾"秒"。所有轻声调形都起着过渡调协同发音的作用。在最后 TS 中的第一个音节"十"变成高降,最后一个"秒"变成句尾变调的 L^*,二者之间的第二个音节"五"变成协同发音的过渡调 L^*。句中基本调群的调域,从 PC1 到 PC3,表现为

瀑布型衰退,PC4又向上,强调后半场记时,这是足球迷们最关心的。所以,最后的PC升高一级。尽管调域基频的宽度从80Hz到100Hz不等,但它们都占约7个半音的跨度。

图3是带两个PC的疑问句,其测试对象集中在PC1上,强调动词短语的量词限定"多少",它本身也是疑问限定词。ED"呀"是一个带降尾调形的疑问助词,与图1(b)中带上升调形的句尾正好相反。这是基频与半音音阶关系的一个典型范例,PC1和PC2之间F0的范围宽度差别较大,其比例为100∶70,而旋律的比例为10∶10。

图4的疑问"给他多少钱"与图3相似,但其焦点是一个修饰动词短语的副词"到底"。三个PC的F0范围不同,但其半音跨度相近(约6个)。句中最后的音节是一个阳平字"钱",尽管轻化仍保持升的趋势。

图5是一个带感叹语气的疑问句,其中否定副词"没"带有疑问功能。焦点是带词尾"着"的动词"烫"。"着"这个字常用于动词之后并伴有轻化,读作"zhe"。现在它却被延长成为波形曲线。这种句尾助词的波形曲线暗示了说话人对某件事情的关心。

图6(a)、(b)和(c)是一位北京女性连着说出的三个短句,录自电视节目。这些句子连续发出,间隔很小,以逐步升级的方式喊出,是极其愤怒的感叹句。为了便于描述,分别用PC1到PC4来标记图形中的三个句子。图6(a)中,焦点是"出去";三字组动词短语"你给我",起衬托作用,其调形曲线上升,与焦点的调形相衔接。在图6(b)显示的第二句(PC3和PC4)中,焦点也是"出去";在此之前还有一个音节"滚",和"你给我"一起构成四个上声组合,即MS+TS(DS+MS)。随后,曲线变成R!+R!+G+L*。PC3的调域大于PC2,可以用调域上限的估计值来勾勒出框架(此框架中缺少调域的下限)。图6(c)显示的是一个上声的四字组

"你给我滚",其焦点集中在最后一个音节"滚"上,句尾升至顶点,远远超出前一PC调域的上限。总之,这四个调域展示了强感叹句完整的句调。其调域从130Hz到190Hz不等,但旋律值相等,即相当于四个不同基调的乐律调阶。

结　论

本论文旨在找出一些规则,用于分析普通话的语调。但是不同的人在不同的语境里说出的句子,语调模型常常显示出许多的变化。因此,研究人员面临两个问题:(1)远离原始调型的语调表层调形,是否可以全部看作是语调变化的结果?(2)句中各基本调群的不同调域应该用音阶变化还是域宽的变化来解释?

就第一个问题而言,有研究显示,句中多音节的表层调形,可以用规则的连读调形局部地、系统地进行区别,这些规则已经确定(Wu 1990),并应用于本篇论文中。至于第二个问题,F0—半音转换也许是解决问题的关键所在。正如图3至图6所示,不同调群单元调域宽度的频率标度值大不相同,但其半音标度值基本守恒。再者,不同语句中,表达相同语义的目标词或目标短语,并不总是出现在相同的位置上。例如,图3和图4的句子都是疑问句,前句的焦点集中在动词短语上,而后句的焦点集中在副词短语上。

所以,语调可以首先进行PC的处理,用连读变调的规则进行分析,然后单独考虑剩余的协同发音的调形。

普通话句子语调的分析步骤可总结如下:

(1)对句中PC进行单元切分、框架勾勒,对多音节连读变调进行测量。

(2)将测量得到的基频值转换成半音,考察其半音范围是否一致。

(3) 如有 PC 之间的过渡调形,或 PC 尾部变调、句子尾部变调,测量之。

(4) 用调域的下限半音确定 PC 的基调。

(5) 累加 SI 调形的数据:(a) PC 的调值;(b) 临界过渡调值和尾部变调值;(c) 域宽值和基本调群单元的基调值。

事实上,本研究项目所收集的有限资料和文中的例句,可能并不满足统计要求,因而可能达不到更高的科学水平。但是,表 1 显示的结果,即句中 PC 调域的宽度非常一致,似乎多少能说明问题。毫无疑问,在大量的例句中,有可能发生变体或例外,然而,这些数据是从有不同来源的例句中测得的,这种一致性大概不是巧合。总之,本文的发现也许预示着实现"规则合成语调"(ISBR)系统的可能性,在该系统中运用移调法,可从一个平叙句的 PC 模型中,生成出各种具有不同语气的基本调群。

参考文献

Chao, Y. R. (1930), "A system of tone letters", *Le Maitre Phonetique*, Vol. 45, pp. 24-27.

Chao, Y. R. (1933), "A preliminary study of English intonation (with American variants) and its Chinese equivalents", in *Studies Presented to Ts'ai Yuan P'ei on His Sixty-Fifth Birthday*, Part one, (Inst. Hist. and Phil., Academia Sinica), pp. 105-186.

Chao, Y. R. (1968), *A Grammar of Spoken Chinese*, Univ. of California Press, §1、3、7, p. 39.

Fujisaki, H. et al, (1990), "Analysis and modelling of tonal features in polysyllabic words and sentences of the Standard Chinese", Proc. ICSLP'90, (Kobe), pp. 841-844.

Fujisaki, H. et al, (1992), "Analysis and synthesis of fundamental frequency contours of connected speech in Standard Chinese", Proc. 14th Internat. Cong. Acoust., (Beijing). Invited paper, G1-1.

Garding, E. et al (1983), "A sentence model for tone and intonation in Standard Chinese", Working papers, Vol. 25: *Linguistics-Phonetics*,

(Lund Univ.), pp. 53-65.

Garding, E. (1993), "On parameters and principles in intonation analysis", Working papers, Vol. 40: *General Linguistics Phonetics*, (Lund Univ.), pp. 25-47.

Hirano, M (1981), *Clinical Examination of Voice*, (Springer-Verlage, Wien), p. 88.

Jing, S. (1992),"The attitudes and intonations in Mandarin", *Zhongguo Yuwen*, No. 2, pp. 113-128.

Lin, M. C. et al (1991), "Tonal coarticulation patterns in quadrosyllabic words and phrases of Mandarin", Proc. 12th Internat. Cong. Phon. Sc., Vol. 3, Aix-en-Provence, pp. 242-245.

Lindau, M. C. (1986), "Testing a model of intonation in a tone language", *J. Acoust. Soc. Amer.* Vol. 80, No. 3, pp. 757-764.

Lindsay, G. A. (1983), Units of English Intonation, MA Thesis, (UCLA).

Scholer, P. A. (1955), *The Oxford Companion to Music*, Oxford Univ. Press, London, p. 154.

Shen, J. (1985), "The range and intonation of Mandarin tones", in *Experimental Pekinese Phonetics*, ed. by T. Lin and L. J. Wang, Beijing Univ. Press, pp. 27-52.

Shi, B. (1992), "A generative model for Chinese speech synthesis-by-rule", Proc. 14th Internat. Cong. Acoustic, G7-1.

Shi, F. (1990), "On the five-leveled tone letters, in *Studies in Tone and Stops*", ed. by F. Shi, Beijing Univ. Press, pp. 27-52.

Wu, Z. J. (1982a), "Rules of intonation in Standard Chinese", Preprints of Working Group in Intonation, 13th Internat. Cong. Linguists, (Tokyo), pp. 95-119.

Wu, Z. J. (1982b), "Tone-sandhi in Standard Chinese sentences", *Zhongguo Yuwen*, No. 6, pp. 419-450.

Wu, Z. J. (1983), "A tentative investigation on the tone-sandhi of trisyllabic word combination in Standard Chinese", abstract, Proe. 10th Internat. Cong. Phon. Sc., (Forris Pub., Holland), p. 716.

Wu, Z. J. (1985), "The rules of trisyllabic tone-sandhi in Standard Chinese", *Bull. of Chinese Linguistics*, Vol. 2, The Commercial Press, Beijing, pp. 70-92.

Wu, Z. J. (1988), "Tone-sandhi patterns of quadro-syllabic combinations in

Standard Chinese", *PL-ARPR*, (Inst. Ling. CASS, Beijing), pp. 1-13.

Wu, Z. J. (1989a), "The basic tone-sandhi patterns in Standard Chinese intonation", Essays on Linguistics, *Festschrift for Professor Wang Li*, The Commercial Press, Beijing, pp. 54-73.

Wu, Z. J. (1989b), "Further study on the quadro-syllabic tone-sandhi: Phonlogical, phonetical and linguistic levels, and the Domino effects", Paper presented to 4th Conf. China Ling. Soc., (unpublished).

Wu, Z. J. (1990), "Can poly-syllabic tone-sandhi patterns be the invariant units of intonation in spoken Chinese?" Proc. ICSLP'90, Section, 12.10.1.

普通话语调中短语调群在不同音阶的调域分布新探

提要 不久前笔者曾著文论述普通话语句中基本调群单元的移调分析方法,本文是对这个问题的进一步探讨。通过四声在不同音阶移调的实验,证明在平叙句中的短语调群,即使经过不同音阶的移调,其调域宽度及声调分布的数据是守恒的。

引 言

普通话的语调包括许多特征:(1)单字调;(2)多字连读变调;(3)基本短语调群;(4)短语调群间的调形过渡;(5)句子首尾调形的升降以及由于情感语气等引起的短语调群音阶的变化。这些使得自然语调的表层形式往往与原来的声调调型大相径庭。目前还没有一种简单的定性或定量的分析,能阐明语调中那么复杂多样的变化。因此,为了适应言语工程的需要,我们的分析应当另辟蹊径。

我们知道,普通话的一个句子往往由许多意群组成,这些意群又形成了诸如短语调群这样的基本的语调单元。每一个短语调群的类型都是由各种连读变调模式融合而成的。这些变调模式可以

---

* 原文为英文 Further Experiments on Spatial Distribution of Phrasal Contours under Different Range Registers in Chinese Intonation,载于《第一届国际韵律特征研讨会(横滨)会议论文集》(1994年)。曹文译,并由作者略加修订。

用一系列多音节变调规则来分析。当然这些规则可能受到句子语气的影响,不过它们主要只是影响短语调群的音阶,而对调型影响较小。

中国公元 7 世纪时的人们多不知晓言语的声调是由音高频率决定的。只有少数学者,如沈约等,开始用传统音乐中的五声音阶来描写"平上去入"四个声调,并提出韵律的规则。现代的研究也同样发现:人们感知声调和语调,主要是感知它的相对的音阶分布或调阶差别;而不是它绝对频率值。因此,短语调群的调型可以看作是乐曲中的主旋律,而它的音阶变化可以看作是用不同基调演唱出的旋律。一个含有变调模式的短语调群,用主旋律把区别性的信息完整地传递给听者。事实上,主旋律是相当稳定的,并可归纳出一些模式。

基于以上认识,笔者前不久发表了一篇文章,提出了一种新的语调分析方法。该文用"半音"的而不是"赫兹"的单位,测量与分析了一些疑问句和感叹句的短语调型。

实验研究表明、在语调的分析中,除了有些附加的调节项目:

表 1　在一口语疑问句和感叹句中不同短语调域的上下限阈及域宽值

句型	短语调群(PC)	基频范围(Hz)			半音程值(ST)		
		上限	下限	调域	上限	下限	调域
疑问句	PC1	260	170	90	C4	F3	7
	PC2	350	230	120	F4	B3	7
	PC3	270	170	100	C4	F3	7
感叹句	PC1	250	120	130	B3	B2	12
	PC2	350	180	170	F4	F3	12
	PC3	390	200	190	G4	G3	12
	PC4	270	140	130	C4	C3	12

诸如短语调群间的调形过渡、句子首尾的调形升降等（它们有时会超出常规调域,应当另行处理）之外,凡是语句中短语调域的调阶移动(限于逻辑重音的而不是感情的),其各调域的赫兹数大有差异;但如以半音为单位,其音程数就都相等——尽管发音人并不相同,但各自的调域都是守恒的。(表1)

表1简要列举了摘自那篇文章的统计结果。用"赫兹"单位计量的调域的高低音阶和域宽变化很大。换算为"半音"单位以后,调域显得非常一致。也就是说,在改变了调域音阶的频率(或基调)之后,人们可以预测每个发音人所说的语句中具有不同音阶的短语调群的半音值调域。这个调域一般就是第一声的起点和第三声的转折点调值之差。

现在的这项研究进行了一些新的实验,目的在于考察调高和调型的分布到底是由生理因素来控制,还是由音系规则来决定——进而给出发音人在不同音阶条件下的固定调域。实验过程与结果详见下文。

实 验 过 程

本文的实验是为研究普通话的四个调位在不同音阶序列中的调型分布(或调域范围)而设计的。由两位说北京话的发音人(男女各一)单读四个声调(第一、二、三、四声)、三种元音(周边元音i,a,u)的三组汉字。它们是:

妈麻马骂　批皮匹譬　秃图土兔

每组的四个汉字按四种次序排列——(1)顺序,即从第一声的字为首,到二、三、四声;(2)逆序,即从第四声的字为首,到三、二、一声;(3)以第二声的字为首,其余随机排列;(4)以第三声的字为首,其余随机排列。(2)的次序是(1)的镜像,它可能会受到人脑中顺序的对称模式影响。但是另两种随机的排列则不会受到这些模式的干扰,因为发音人的口语中并不熟悉这样的排列次序。

全部样本共12组。每组用三种不同的基调来说三遍。录音时以三个不同音高的音叉发出的音为参考,要求发音人尽量按照所提示的音高来读第一声的字,然后按照其口语(北京话)习惯自由地来读同组的其他声调的字。参考音叉是根据发音人的音域来选定的。为男发音人提供的是男中音部(baritone)的C3、G3、C4的音叉;为女发音人提供的是女低音部(alto)的E4、B4、E5的音叉。每次读出的四个字必须有间隔地、一字一字地发出。这样做是为了避免协同发音与连读变调的影响。

朗读材料录音后用窄带频谱进行分析。首先精确测量样本的赫兹值,然后根据一种《频率—音程对照表》把赫兹值转换成相对应(或近似)的半音音名。(表2)

表2 男女两发音人各说三种四声调域的上下限阈及域宽值

发音人	参考音调*	F0 平均值(Hz)			乐符及半音值(ST)**		
		上限	下限	调域	上限	下限	调域
男	C3 128	120	60	60	B2	B1	12
	G3 192	200	100	100	G3	G2	12
	C4 256	250	130	120	C4	C3	12
女	E4 320	320	160	160	E4	E3	12
	B4 480	500	250	250	B4	B3	12
	E5 640	550	260	290	C#5	C4	13

[注]* 音叉的参考音调标准是"物理标度"。
** ST 即 semitone,半音程是"乐律标度"。

表2显示了每个发音人36组字调的统计数据。这些数据包括用赫兹标度的频率值和经换算得到的半音标度的最近似值。从表中可以看出,用赫兹标度的每位发音人的调域随着参考音高的不同而发生差值,但是半音标度的调域却基本保持一致,并不随参

考音高的不同而有差别。我们发现,两位发音人发出的各组第一声的频率有个别并不与参考音高值完全吻合,但这些微小的差异并不影响统计的正确性。表中女发音人第三行第一声的F0平均值与参考音高差距较大,这是因为参考音调较高,她的自然发音没有跟上。而且这组的调域达到13半音,比其他组的12半音大,这也说明人们的口语在音阶很高的时候,调域容易超出平均范围,这恰恰是感情语调的一项变调规律。

实验结果与讨论

语音学家对计量普通话声调的方法,除用线性频率标度外,还有采用其他标度的,例如像五线谱这样的标度。线性频率的标度大都只能计量单字调,对分析语调并不适用。赵元任先生提出的与实际音程和绝对音高有区别的"声调字母"和"五度调型",一直被用来进行这样的测量和标记。赵先生对这套系统还有一个形象的比喻,即声调音高范围的变化,如同画在一个可伸缩的橡皮带上的五度制调型:横向代表时长,纵向代表音阶的变化;将橡皮带拉长或缩短,就相当于歌唱的不同旋律;将橡皮带作上下移动,等于把整个调形抬高或降低,就相当于旋律的移调。这确实可以用来解释调型分布和语调变化的情况。不过,如果只根据线性频率计量,还应当补充一些说明——调域伸缩的范围是有限的,而上下限位移的频差值是不对称的。音阶越高,调域的频率值就越大;越低就越小。一般解释音系层面的调型分布是如此的。

但是,表1的半音数据证明,自然言语序列中的短语调群,在同一语气的语调中,调域范围是稳定的;语气不同,调域才有变动。例如:疑问句的调域为7半音;而惊叹句的调域则为12半音。表2的结果则揭示出问题的另一个方面。以第一声按参考音调发出的各组四声,在分读条件下的调域范围也基本相同。当然这有一个前提:有关数据只能用半音标度,而不是频率标度。

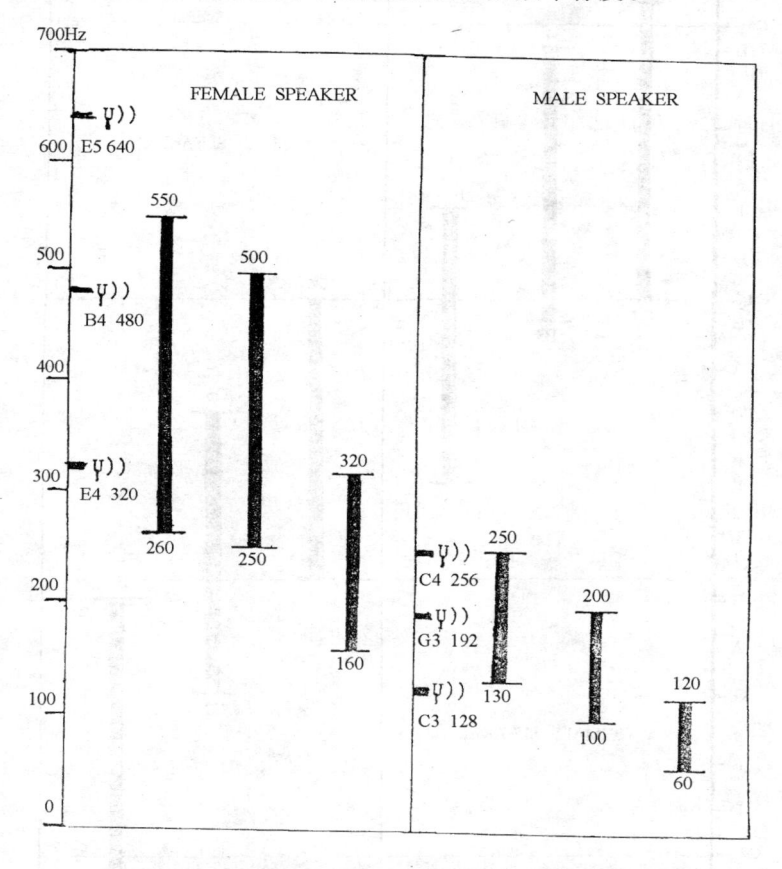

图1 图中的直线,是根据普通话3组四声字的第一声的起点(上限,分别模仿3个参考音调)和第三声转折点(下限)的F0的频率值画出的,用线性的赫兹值标度的男女两位发音人的调域范围示意图。"Y))"代表音叉发出的参考音调。注意直线的长度都不相等。

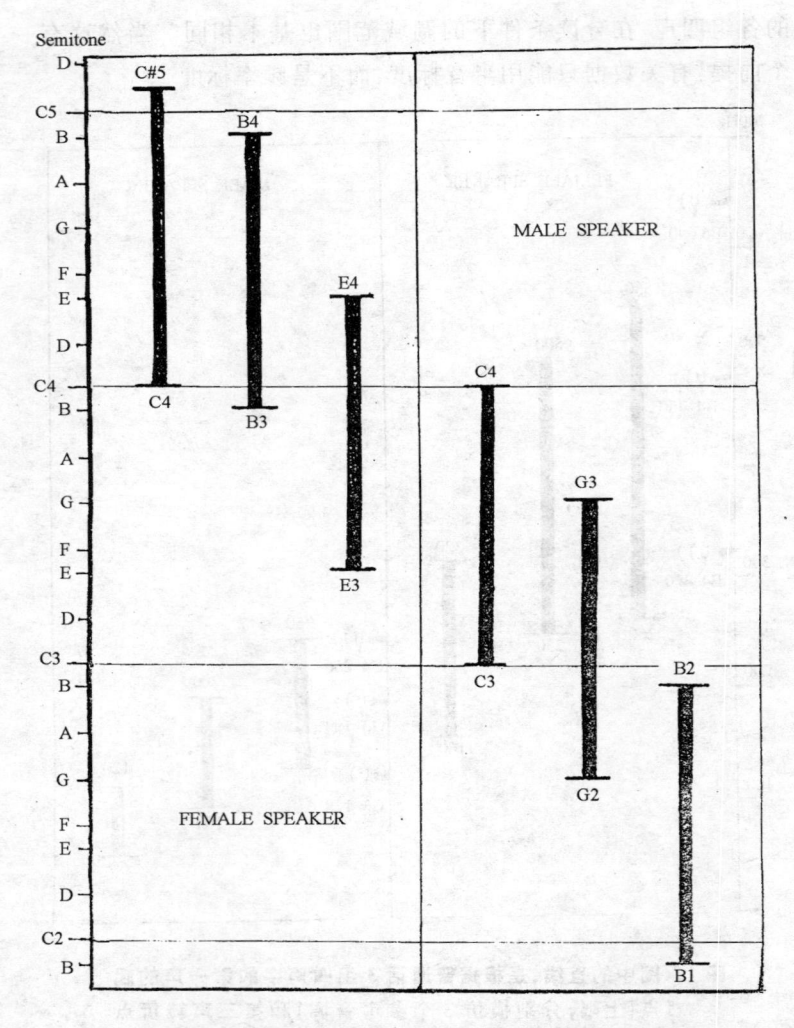

图 2　将图 1 的频率值换算为半音程的标度。其他的图例同图 1

图 1 和图 2 是根据表 2 的数据画出的第一声起点和第三声转折点的 F0 频率示意图,图中的垂直线是调域值。图 1 显示的是

用赫兹值计算的结果,图 2 是用半音值换算的结果。图 1 中各调域值互不相同,在图 2 中它们的半音音程却是相同的。"Ψ))"这个符号代表音叉发出的参考音调。

发音人不同,普通话声调的域宽可能不一样。但是,在我们的实验中,普通话自然口语的总调域(见表 1),和各不同音阶的四个声调的调域(见表 2)都非常相似,即音程最多只达到两个倍频程。也许这在说普通话的人中是一种共性。当然,仅依靠一些有限的数据,不可能对这些复杂的现象作出完备的结论。但是大致可以说,基本短语单元的调型分布在具有区别特征的音系层受到制约;而全句的移调和调域则按照语音学和语言学层面的功能而有了变化。

在自然语句中,受一些次要特征和诸如快说引起的调型衰减等因素的影响,短语调群的调域可能不到一个倍频程(比如表 1 中疑问句的调域只有 7 个半音的跨度);而在语气加强时,除了音阶提高以外,调型分布也达到调域极限——一个倍频程(比如表 1 中感叹句的调域达到 12 个半音的跨度)。四声单念时的调域也是一样的(参见表 2、图 2),每个四声字组的调域都达到一个倍频程的跨度。这也许说明了一条规则:语句中被强调的短语调群(逻辑性的而非感情性的)具有与认真读出单字调相同的分布范围。

附记:此文于 1994 年发表后,近年来通过更多的普通话语调实验,发现在语句中:逻辑重音的短语调形,通过调阶的移调,调域一般不超过一个倍频程;但特别加强的感情重音,除移调外,调域还可能更加扩展而超过此限,有些竟达到两个倍频程。其规律正在继续探索中。

参考文献

Z. J. Wu (1982), "Rules of intonation in Standard Chinese," *Preprints of*

Working Group on Intonation, *13th Internat. Cong. Linguists*, (Tokyo),pp. 95-119.

Z. J. Wu(1982),"Tone-sandhi in Standard Chinese sentences," *Zhongguo Yuwen*, Vol. 8,pp. 419-450,(in Chinese).

Z. J. Wu(1983),"A tentative investigation on the tone-sandhi of trisyllabic word combination in Standard Chinese," *Abstract, Proc. 10th Internat. Cong. Phon. Sc.*, (Forris Pub., Holland),p. 716.

Z. J. Wu(1985),"The rules of trisyllabic tone-sandhi in Standard Chinese," *Bull. of Chinese Linguistics*, Vol. 2, The Commercial Press, Beijing,pp. 70-92, (in Chinese).

普通话不同语气语调的可预测性

提要 在普通话的句调中,基本短语调群单元的调域音阶会因不同的语气而产生不同程度的变化。采用移调法规整,即将F0转换成半音后,短语调群的值变得非常一致,进而可以根据已知的调型作出预测。

前 言

普通话句子的调形是调位连续体与多音节变调类型的有机组合;其中也包括语气变化引起的短语间的过渡调形以及全句调形中的首尾升降。多数因素的表层形式与它们的原形相距甚远。在我们过去的工作中,关于短语调群连读变调的基础研究已经完成。通过这些研究,建立了多字连读变调规则,并在合成中得到检验。

至于对普通话的语调研究,存在着一大障碍,即绝对音高和频率范围因句子的语气改变而引起的巨大差异。这个难题困扰语音学家和工程研究人员已经很久了。现在可以运用基频/半音的转换与移调的方法来分析。在不久的将来,我们也许能够实现对普通话语调的预测。

测量与分析

我们从不同的语境中选择了一些具有不同语气的语句进行分析,

---

* 原文为英文Predictability of Different Attitudinal Intonation in Standard Chinese,载于《第十三届国际语音科学会议论文集》(斯德哥尔摩,1995)。曹文译。

目的是为了解决绝对音阶和频域的问题。测量时,先根据意群划分出短语调群。我们发现有些调群的调形曲线随着语句表达的变化而上升或下降,然而其调形模式却与正常状态时的形式差不多。另外,如果线性的 F0 标度转换成乐律的半音标度后,所有调群的调域相互之间非常一致。因此具有不同音阶的任一调群都可以用移调的方法规整为一种特定的模式。这意味着同一发音人尽管是用不同的语气说话,其所有调群的旋律调域却非常稳定。表1是语气不同的两个句子用 F0 标度和半音标度测量的结果。F0 的绝对值和它们的调域在所有的调群中都不一样,调群的调值不同程度地发生了变化。但是,它们的半音调域却很稳定,除了句尾的走调。

表1 询问句和感叹句中不同调群的上下域限和域宽

语气	调群	基频调域(赫兹)			旋律音阶(半音)		
		上限	下限	域宽	上限	下限	域宽
询问句	1	260	170	90	C4	F3	7
	2	350	230	20	F4	B3	7
	3	270	170	100	C4	F3	7
感叹句	1	250	120	130	B3	B2	12
	2	350	180	170	F4	F3	12
	3	390	200	190	G4	G3	12
	4	270	140	130	C4	C3	12

我们还进行了另一项实验。在这个实验中,数百组普通话四声音节请男女两位北京人来念。他们被要求一组字一组字地分开念,而且还需要依照三个不同的提示调阶来发阴平。结果显示虽然四个声调的调域上限互不相同,但其下限所构成的调域以半音标度的调宽却都相同。

讨 论

对于句子的短语调群来说,即使它们的表层形式与底层形式差别很大,仍可根据规则描写出来。至于对全句调形的分析(包括受语调影响的短语调形与调群间的过渡调形)则可通过划分短语调群、半音转换和移调的方法来进行。受句调调节的首尾调形显现出不同的表层形式,诸如上升调形,下降调形,短语调群首/尾音节的轻读等等。这些常常受不同的语气和说话人的影响,很难规整,需要作进一步的研究。

分析普通话的语调还会面临另一个问题就是除声调以外的韵律特征是如何起作用的?值得一提的是,在横滨召开的韵律学大会上,没有多少文章谈论语调同三个韵律特征的关系。Lehiste 说过,韵律特征的感知因语言背景不同而不同。例如,重音在英语中表现为着重音征(prominent cue),在爱沙尼亚语中表现为时长加大。Ohala 认为,在"清楚"的话语跟重说的话语间不存在明显的差别。将这些结果与普通话进行比较是一件很有意义的事。

汉语中,声调的音高确实是语调最主要的征兆。许多言语合成的试验显示,在感叹句(合成)中,一个着重的短语调群,其绝对音阶上升到某种程度,响度上并不显著——除非将振幅与/或时长增加到一定的比例。

经过对更多的样本进行测量,我们发现,在不同的情况下,三个韵律特征的比例是不一样的。下图显示的是普通话句子的三个样本,其短语调群中的突显音征有不同的韵律表现:(a)第一个短语调群的时长加大;(b)最后被重复的短语调群中,三种韵律特征的值都增大;(c)"万岁"的三次欢呼随着时长增加变得越来越响。这说明,在普通话的语调中,着重音征可以表现为任何一种或者两种韵律特征,甚至有可能用到全部的韵律特征。三个韵律特征在着重音征里的比例关系将是当前普通话语调研究中的一个课题。

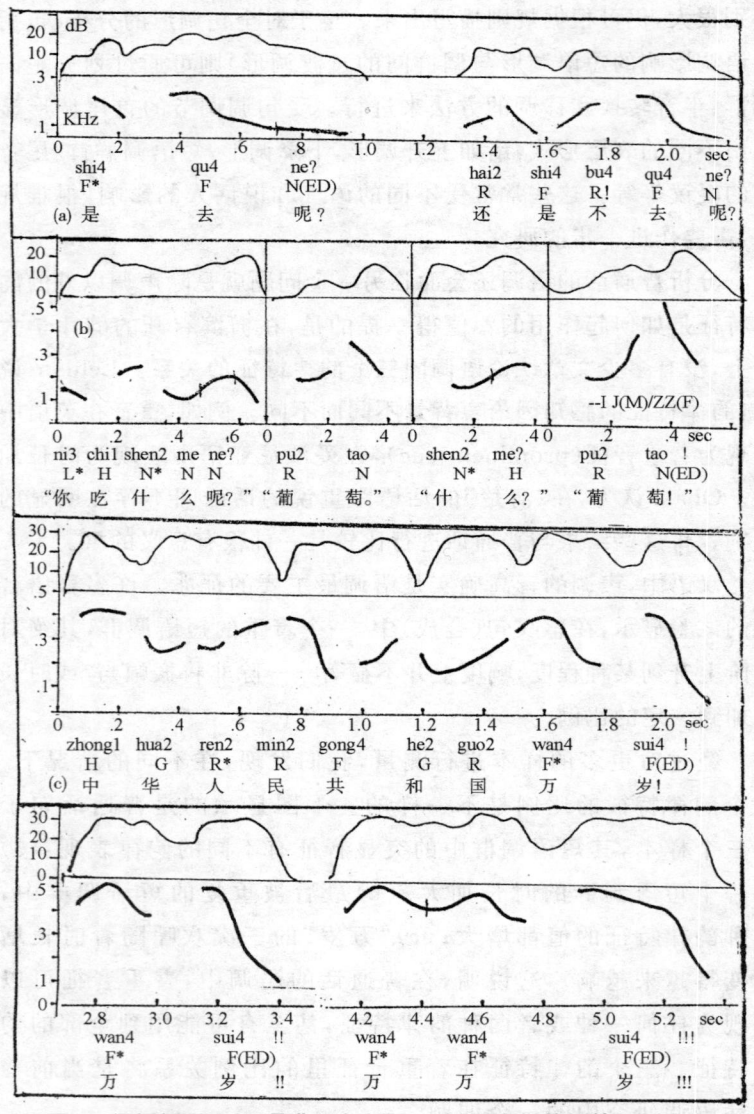

图 1 语调调形。(a)是非问句(男)。(b)两人间的问答(男/女)。(c)国庆节喊的口号(女)。

从声调与乐律的关系提出普通话语调处理的新方法[*]

提要 普通话语句的语调中,涵盖有单字调,连读变调,轻读变调等多项局部调型,而且受不同语气的影响,使原有调型产生更多的变化;如但凭语调的表层调形来处理,虽应用了各种先进的计算和技术,也难得到满意的结果。当前语调处理的主要困难是:调形和调域的变量,在语句中由于不同人身和不同语境的多变,以致很难加以规正来建立模型。本文针对语言声调的乐律性及其感知功能,在多字连读变调规则的基础上,对语调的处理方案另辟蹊径,提出一系列新方法:普通话字调和语调调值高低升降的计量,不用绝对频率而改用"半音音程"为单位;语调中短语调域展缩起落的程度,不计较繁琐数据而统用"移调处理"来规正。这些都通过合成实验取得了初步成果。此外还对音高、音长、音强三种韵律特征在语调中的分布作了探索。本文征引了古今文献中关于汉语声调本质的重要记述,说明本方法的概念渊源及其理论依据。最后,并对语调处理的一个主要目标"语调规则合成"的前景,提出一些展望。

一、前言

我国历史上文人学士们对汉语声调的描述,一向是用四声类比的方法,很少发现有什么描写四声调值或调型的资料。虽然后来清代《康熙字典》(1716)卷首"等韵"说明中,录有明释真空《玉钥匙歌诀》的四句"分四声法":"平声平道莫低昂,上声高呼猛烈强,去声分明哀远道,入声短促急收藏",通行于世而常为学者所引用;但这显然是根据唐释处忠《元和韵谱》:"平声哀而安,上声厉而举,

---

[*] 本文得到国家自然科学基金项目资助(编号 69575016)。

去声清而远,入声急而促"四句的翻版;而且两者都未说清楚是何地的方音、调值的高低或调型的升降、直曲。直到二十世纪二十年代初期,才有人开始用频率标准来分析汉语声调,那时有刘复、王力、赵元任、罗常培诸先生,先后用浪纹计测算了许多方言的声调。他们都是根据仪器画出的声波,量得频率,查表换算;或用刘复创制的"刘氏声调推断尺"转换为对数的坐标,再描出音高曲线的。(吴宗济 1991)由彼到今,尽管研究工具已经更新换代,达到相当自动化的程度,但在一般言语工程上,对声调的计量仍多以频率为单位。这种标准应用于单字调和简单变调的处理,还是可行的;但对成句语调的处理就困难了。目前汉语成句的乃至口语的语调处理已经提到日程上来,而语调的复杂性,远远超过字调或简单变调,用原来的绝对频标来处理语调,既过于繁复,又难于规正。

我们知道,普通话及多数汉语方言的每个句子,都是由若干个单元组成;这些单元可以包括多寡不同的单词、复词、直接成分,和连结词、语气词等,成为短语结构。在成句的语调中,它们除少数能保留原来单读的调型外,大部分要受连读变调规律的制约,及语气韵律的影响,而产生多种调形的语调。因此,一句语调的表层调形中,既有各短语单元连读变调成分,又有语气调节的叠加成分,而成为综合调形。如果不深究其底层调型,而仅按表面调形来设定模式,"不揣其本,而齐其末",必然层次纷繁而无法规正。(吴宗济 1988b)而且,这些底层调型的形成原因不一,有的是属于语音学规则,有的则是语言学或历史音系学的规则。就须先把这些底层的规律研究清楚。因此,处理语调的根本问题是要搞清字调与语调的关系;其先决条件是:要在语句中划分一系列的短语单元,建立这些短语中的音节的及各短语间的音联的变调规则。在技术上说,目前感到困难的是:(1)短语中各字调和连读变调多变调形的绝对音高值的如何规正;(2)各短语调域的多变高度和宽度如何找出规律。简言之,语调处理的当前关键性问题就是要建立连读变调和短语调域的变量规则;而建立规则之前,就得先把字调与语调的关系搞清楚。以下两章将对这些问题以及有关的理论,作一些评述。

二、语句中短语单元连读变调的规则及量化问题

语句中的短语包含了单字和多字的组合,已如上述。这些组合在语法上可以是一个词、一个成语或一个短句;但它们在口语的连读中就不完全跟语法结构相符,而是更多地服从口语的节奏规律。它们一般相当于一个意群,其间的连读变调的原因,除了受语法和音系规则的制约外,在语音规则方面,几乎涉及到诸如同化、异化、省略、展延,以及轻读等一切规律。例如:一般北京语音教材中,多有关于两字连读的变调规律,如上声的变调,有"半上"、"变阳",去声的有"半去"等,已成为众所周知的规则。其中半上和半去都属于共时语音学的协同发音作用,而变阳则属于历时音系学的音变范畴。这些还只是两字连读中的简单变调现象,它们是语句中的最基本的单元,其调型在语调中一般不会有大的变化,是比较容易建立规则的。(吴宗济 1982a,1982b)至于三字组的结构,就另有各自的变调规律,而比较复杂了。在三字组中,按语法结构就有单双格、双单格、并列格之分,而且遇到两上跟阴平或阳平相连时,还有逐级连锁变调现象。(吴宗济 1985)在四字以上的组合中,除出现上述现象外,还有单三格、三单格和并列格等更多的变化;至于叠字的组合就更为复杂。(吴宗济 1988a,1988b,1989,1990)这些都是语句中基本调型的组织成分。这些调型按意群构成短语,混合在语句中时,受语气的影响,就又有更多的变化。诸如,短语中的首尾变调,短语间的过渡调联,全句结尾的超常规变

调,以及短语调群的绝对音阶的抬高或落低等等。这些变化,有的属于短语单元之中的局部规律的,有的则是属于语调的语气调节的。此外如,一句中的短语如何切分?是根据语法结构,还是根据语音节奏?虽然二者是相互关联的,如果发音的人数或实验材料的统计量不足,其结论都仍将徘徊于定性的范围内;而言语工程方面所需要的是定量,是绝对值。于是,声调分析的量化问题就成为当前的问题焦点。

言语工程上语音的处理,在 20 世纪中叶多半是在技术上下工夫,跟语言学打的交道是不多的。到了 20 世纪后期,语音处理工程面临着要提高合成语音的质量和自然度,以及语音识别的全自动化的要求,于是国内外有关方面,在最近就都在呼吁需要语言学的帮助了。但是,现阶段的国内外语言学、语音学及音系学的理论水平和拥有的资料,虽已达到相当高的程度,而要配合言语工程上所需的规格,还是个瓶颈。因为他们最需要的是能够代表一切语音变量的规正数据;没有可靠的数据,再有现代化的设备也无用武之地。因此在前几年的一次国际语音科学会议上大会的中心发言就强调,"我们现在有了第五代的计算机,但我们更需要有第五代的语言学家"。明确地说,也就是要有能提供言语工程上所需方案的语言学家。(杨顺安、许毅译,方特,1984)这半个世纪以来,在国内的一些语音研究单位,对汉语语音分析就已提出许多有益的方案,并积累了大量的数据,而且有的已能付诸应用了。在言语声学方面:诸如元音的共振峰、辅音的强频区、发音方法的区别特征以及声调的模型等;它们在声学参数中,表达了音高的频率(单位:赫兹),音强的振幅(单位:分贝)和音长的时间(单位:毫秒)等模型;其中对声调单读及连读变调的处理,多着重在声调模型和其动态的调域和调阈的变量,其声调的数据一般都是从声波的周期换算得来的绝对频率值。不过,语音是多变的,声调尤其如此。由于大量的测出的数据难于规正,如果都用频率的绝对值来表达这些特征(尤其是用线性的频值),将不胜其烦。近来有的学者也已注意到此,而改进量算音高的单位。或把线性值换算成对数,更进一步的是另订量测单位。如:北京大学中文系的沈炯教授用"D值",南开大学中文系的石锋教授用"T值"。都是把音高的绝对频率换算成对数值,再根据赵元任先生"五度调符"的定调原则,来作规正处理的。(沈炯 1985,石锋 1984)

我国早在20世纪20年代初期,刘复、赵元任、王力诸语言学大师分析声调所用的原理和方法也如上述,所用仪器还非常简单。不过当时能从"口耳"辨音进步到频率分析已是很先进的了。当时语言学界对汉语声调的研究只限于描写单字调,对句调的研究还未提到日程上来,问题还不突出。赵先生在1927年去南方调查吴语方言,就不用浪纹计去测绝对频率,而是用以音阶标度的"渐变音高管"来测定发音人声调的音阶、再用半音音程作计量单位来描绘出声调曲线的(赵元任:《现代吴语的研究》,1928)。随后他在巴黎的国际语音协会会刊上,又发表了用五度制标定汉语声调相对调值的方法。他创制发表的"标调符号"(Y. R. Chao:A System of Tone Letters,1930),已被中外语言学界广泛采用,这样就免去了绝对频率的繁琐描写,而且可以表达任何语调的调阶和调域,也就起到了数据规正的作用。不过当时这种方法多用于调查方言时凭耳听来定调,当然比不上用仪器分析来得准确,因此,在目前的言语工程中,仍都是用绝对频率值或其对数值来计量,还很少有用音阶或五度值来处理声调的。在20年代,赵元任先生早就用五线谱音符来记录吴语声调。西方也有用五线谱记录声调的,但大都是用作记录而不是用来规正,而且还不够普及。国内则至今似尚无人用于汉语声调。

三、根据声调的乐律性对语调中调域变量作移调处理

语句中每个短语的调群,都有局部的连读变调规则,已如上述,它们是构成语调的"建筑单元"。但是,如果把这些单元拼接起来,并不能成为完美的语调,还得加上语气的调节,和各单元之间的过渡调联等数据来合成语调,听来才比较能接近自然度。因此从事语调处理,就不能不首先把局部的短语连读变调分析好,然后再处理全盘的语调成分。首先我们要建立短语的连读变调规则。根据汉语声调的乐律性,以及被听者感知的功能,我们可以知道,语音是人类语言的工具,在对话中听者既能够听得懂,就必然有一定的规律存在。语调尽管有多种变调的复杂,语气情感的不定,但说听双方,除开语言环境及社会因素的成份不计,单从声调本声来说,如前章所述,就同时受到三个平面的规则所制约,而都是有法可依的。它们是:

(1) 语音学平面:如生理、声学、感知三方面对声调的控制。

(2) 音系学平面:如历时的纵向演变和共时的横向融合对声调的形成和变化的影响。

(3) 语言学平面:如语法、语义、语用等规范对声调的调节。
(吴宗济 1989)

在世界诸语言和诸方言中,声调变化受这三平面制约的比例和程度各有不同。汉语是声调语言,自有其深远的传统,我们就不能忽视前人在这方面的知识遗产,而应加以整理和吸收。汉语的声调从狭义上来说,是音高的变化,一般语音学教材中也是这样定义的。但从广义上、同时也从传统音韵学的角度上来说,举凡语音中的"清浊"、"阴阳"、"高低"、"强弱"、"缓急"、"舒促"(平上去/入),等等特征,都不同程度地跟声调、语调有着相互关联。现代国外的

分析声调的理论和方法应当借鉴,但不能完全照搬。汉语的成句语调中,还包含有若干个决定词义的局部字调和词调;不管语气怎样变化,这些局部调形还得保留一定的模型或格局,听者不致于因语气影响而"串"了调,或产生歧义。这跟西方语言学者们所谓的语调,类型是完全不同的,因此,汉语语调在处理方案上自然也跟他们不同,处理程序也比他们的更为复杂。但这种单元调形的能够格局化,倒是对规正变调模型的一个有利因素。

在语调处理方面,我们过去已对普通话两字、三字、四字的连读变调规则大致建立起来,并应用于语音合成了。目前是再来解决语调问题。我们在语调的分析实验中证实,语调的表层形式,无论它离原始调型多远,必然受其底层调型及连读变调的规律制约。它们在多字组合的影响下,而产生第二级、乃至第三级的"连锁变调"(类似"多米诺效应")。(吴宗济 1988a,1988b,1989)如上所述,这些多字变调仍属短语单元的局部变调,而并非语调模式。认清这一问题,处理起语调来,就该先从表层的语调中清理出其局部变调成分,然后再来分析语调。不过,如何把它们二者分析清楚,却不是一件容易的事。

赵元任先生早在 1932 年的《英语语调(附美语变体)与汉语对应语调初探》论文中就曾明确地指出汉语的"任一词在任一语调中说出时,都不会丧失它的词义区别功能,语调只能表达语气、情调、用途,……等等。"(中央研究院历史语言研究所:《庆祝蔡元培先生 65 岁论文集》,英文)简言之:字调是表义的,而语调是表情的。赵先生更屡次在其著作中,对字调与语调的性质作出很生动的比喻,诸如:语调现象是"小浪加大浪",是"代数和",是"画在透明橡皮上的、可伸缩的调形曲线",这些都说明了字调在语调中的关系。当时他还没有理想的工具作这方面的精密分析,不过已是掌握了字调与语调的区别了。若干年来,有些外国学者对汉语语调的分析,认为只要设计出一套汉语调的"模型"(例如平叙句尾下降,疑问句尾上升等等),其中的单字和连字调形,就都会纳入规定的全句调形而"脱胎换骨"。虽然在实验时,可以在一些拟订的例句(国外称为"实验室的句子")中得到预期的结果;但用于不同场合或在生活语言中,就不得不"削足适履"了,在一些早期研究报告中,往往按照处理印欧语言中语调 intonation 的规则,给汉语(主要是北京话)的句调调形也定出一些中线、底线、顶线的模型:这些中线的走势多为先高后低;顶线与底线的有首宽尾窄、或首尾平行的。近期的研究已有了些改进,或者把中线定得逐段升降、有似一连串"尺蠖"的,或有的已能照顾到诸如"半上"、"半去"等众所周知的变调。但对更多的连词或短语的连读变调及其过渡,就无法解释,而都笼统地定为语调了。可是他们大都忽视了这一点,就是汉字无论在什么样的语气中,其声调格局(模式)仍具有一定程度的辨义功能;即使会有较大的畸变,但是仍有规律可寻的。至于"代数和"的说法,现在我们同行之中还有一些人对此有所怀疑,认为既然是代数关系,那么降调的词在升势的语调中会不会变成平调,甚至升调?反之,升调词在降势语调中会不会变成平调甚至降调? 这是未曾细读原文的误解。其实在赵先生的著述中,不止一次提出这样的比喻,兹举他在《中国话的文法》(Y. R. Chao: *A Grammar of Spoken Chinese*, Univ. Berkeley, Univ. of California Press, 1968)中的一段话(据吕叔湘节译:《汉语口语语法》,1979,商务印书馆):

> 常有人提出问题:汉语既有字调,句子如何能有语调? 回答是可将音节的声调和句子的语调比作小波浪跨在大波浪上面。实际结果是两种波浪的代数和。正加正则数值增大,正加负则数值减少。如你姓王,我姓陆,前一小句升调,"王"字的第二声升得比平常更高;第二小句降调,"陆"字的第四声降得比平常更低。

如果有人只按这几句来理解,可能会有误会,认为这就是正加正等于更正,负加负等于更负的代数和的关系了。但再读下文:

> 但在"我姓陆,你姓王"中,"陆"字的语调整个提高,但仍保持第四声的降调,"王"字的语调整个降低,但仍保持第二声的升调。

这就明白指出,字调可以随语调的高低而提高或落低,但不改变其固有的升降调型。特别是下面还有一句:

> 外国人有时就用语调代替了字调,说成"我姓卢,你姓望"了。

这就更清楚地表明,语调是不能强加于字调之上而改变其调型的。

赵先生早在1928年《现代吴语的研究》中,就对声调的分析提出有两个变量难于处理:一是"字调的绝对音高",二是"调域的绝对大小"。他说声调是"往往跟着人的嗓子、跟着发音者的精神跟脾气变的。……关于这层暂时没有想到好法子把材料改成一致的。"当时赵先生是"暂时"无法把它们处理好,所以没有详细的描述。到了1968年,在《中国话的文法》"叙论"的"1.3.7语调"里,除简单地重述汉语字调与语调的"小浪加大浪"等关系外,更列出了"汉语语调的简单描写"十三条。其中除(1)条"正常语调"说:"三四个音节的短句没有特殊的语调变化;较长的句子有句末略微降低的趋势"外,其余十二种语调各有长短轻重等不同特点。他在第(2)条:"先扬后抑语调"中说:

> 句首的短语或小句的语调略高于结尾的短语或小句。这种语调的差别不同于英语:第一,汉语两部分之间的差别不大;其次,汉语只是基调的差别,而不是像英语那样上升或下降的曲线。

这里他明确指出汉语的语调与英语不同。更重要的是,终于把四十年前的"暂时"不能解决的问题给出了明确的答案:汉语语调的那些变量"只是基调的差别"。这把他以前的字调与语调关系的论点推进了一大步,定义了汉语语调的变化在"基调"(调阶);而英语语调的变化在曲线（调形）。使我们更该注意的是：他在第(11—12)条："句末的升调和降调"中说：

> 我以前把它作为语调形式处理，但它们只影响句子的最末一音节，对句子的其他任何部分都无关；而且是加在末一个音节的字调之后。现在我处理为助词。

他把句尾的变调看作是助词性的表达形式，也即把句尾变调作为词调而非语调，这点或许会有人提出商榷。不过在我们的实验中，发现句尾变调是有两种不同的类型的：一种确如上引赵文所说，那都是在平叙句中的最后一个短语尾，由于调势惯性而有一些升降，是与语气无关的。这也属于短语或词的局部变调，可以不作为语调而作为助词处理。但另一种则是与语气有关的句尾变调。赵先生在同书第 8 章 8.5.5"助词列举"中 27、28 页："上升尾音"与"下降尾音"两条下的很多例句，其性质诸如："不耐烦"，"急迫的命令"，"纠正错误"，"招呼"……等例，就都是带感情的句子，这些句尾变调就该属于语调了。不过，他这一个"汉语语调变化在基调"的启示，发前人所未发，正是打开今日语调处理困境的一把钥匙。今后如不从基调变化的规律去设计语调规则，其结果恐怕会劳而无功。

赵先生的"代数和"的精义，于今既已明了这"和"是基调调阶之和，而非调形曲线之和。那么，让我们回顾一下他那"小浪加大浪"的比喻是否恰当？所用的比喻既然是浪，我们就来分析一下"浪"。《物理学》讲"浪"的部分告诉我们：投石于平静的水面就起了波纹，波纹由中心一圈圈地向外围扩散；这时如果外界有某个原因（例如驶过一条大船）激起一个起伏的大浪。浪头打来，其波峰就把这小浪圈抬高了；反之，继之而来的波谷又把它落低了。实际上小浪和大浪是会互相干涉的；但在一个短时间内，小浪圈仍能维持其原有波型，只是整个浪圈被抬高或落低。

同理，在语调中，词或短语的局部变调"小浪"有一定的调型，受到整体语调"大浪"的冲激而使其基调抬高或落低，但在一定的范围内是仍能保持其原有调型的。可见他这个比喻是相当贴切的。（吴宗济 1996b）

关于语调对短语调型的干涉，是否会影响了词义？这也是值得探讨的问题。根据声调与乐律的关系，人们所以能感知不同语调的信息，除了还有其他韵律特征如音长、音强外，主要的是根据音高。但这个音高不是绝对频率，而是它在旋律中的变量。在音乐和歌唱中的旋律，是可用不同的基调（调门儿）来演唱而不改变其调式的。语句的短语调群受语气的调节也是由不同的基调（嗓门儿）来说出的。说话人可以用高低不同的嗓门儿来说同一句话，而听者不会听错。因为，我们所听到的语音，其语义是由短语的连读调型来传达，而其语气则是由短语的基调起落来表示的。但是，后者是否会影响前者？例如语气使音阶提高或落低了，会不会影响调形的格局，使调域如在橡皮上的可伸可缩而变得太宽或太窄呢？我们作了一系列实验。从发音人在实验室的发音，及从广播、电视节目中，采录了若干不同人、不同口气的语句，按意群划分出若干短语，测量出各调群的频率。由于语气的不同，各调群中基调（在这里是阴平或去声的上限；或上声转折点的下限）的绝对频率值就有差别，因此其调域宽度（频差大小）也就相应地伸缩而变宽变窄。如用频率的赫兹单位去测量，其数据之差是不小的，就会造成规正上的困难。但是，如果把这些数据转换为音乐的半音音程，就会发现其数值基本上是相等的。下面表 1 和表 2 列出从若干录音实验中选出不同来源的、不同语气的八个句子。各句的基调频率在各发音人之间，以及各人语句中的各短语之间，都有不同程度的差别，如表 1 所示。但是把这些频率转换为半音之后，同一人的句子中各短语之间的基调绝对值虽有不同,但其调域的音程数值(半音域)却基本上都"一致"了,而且不同人之间同一性质语气的调域之差也都减小了,如表 2 所示。我们在实验中注意到,这些句子的语气,从平叙、疑问到惊叹(甚至是责骂,如第 8 句),说话人的"精神"和"脾气"是逐级升高的,这当然会导致调阈上限的抬高;但其下限并未任意升降而是在一定域宽范围内作有比例的上升,这样就让半音音程宽度取得了"一致",也就是达到了规正的作用。(吴宗济 1992)

表 1 普通话由不同人用不同语气所说语句中基本调群调域的频值

语句	基频(赫兹)					语气
	PC1	PC2	PC3	PC4	ED	
1	170－120 50	150－110 40	140－100 40	——	——	平叙
2	170－120 50	150－100 50				疑问
3	180－110 70	150－110 70				祈使
4	300－200 100	250－100 90	250－160 90	320－220 100	210－120 90	平叙
5	250－150 100	170－100 70			100－80 20	疑问
6	260－170 90	350－230 120	270－170 100	——		疑问
7	220－130 90	230－140 90			170－150 20	惊叹
8	250－120 130	350－180 170	390－200 190	270－140 130	400－290 110	惊叹

表2 表1的频率数据转换为旋律的半音

语句	旋律(半音)					语气
	PC1	PC2	PC3	PC4	ED	
1	E3—B2 5	D3—A2 5	C#3—G#2 5	—	—	平叙
2	F3—B2 6	D3—G2 6	—	—	—	疑问
3	G3—B2 8	F3—A2 8	—	—	—	祈使
4	D4—G3 7	B3—E3 7	B3—E3 7	E4—A3 7	G#3—B2 9	平叙
5	B3—D3 9	E3—G2 9	—	—	G2—E2 3	疑问
6	C4—F3 7	F4—B3 7	C4—F3 8	—	—	疑问
7	A3—C3 9	A#3—C#3 9	—	—	E3—D3 2	惊叹
8	B3—B2 12	F4—F3 12	G4—G3 12	C#4—C#3 12	G4—D4 5	惊叹

表注:PC=短语调群,ED=句尾变调。每栏的上行为调域的上下限,下行为调域的宽度,表中八个语句的原文如下:

1. 这条路既通展览馆,又通颐和园。(平叙句,实验室发音)
2. 你是去展览馆,还是去颐和园?(疑问句,同上)
3. 我叫你去展览馆,别去颐和园!(祈使句,同上)
4. 下半场的比赛已经进行了十七分零十五秒。(解说的平叙句,国际足球赛场广播)
5. 花多少钱保出来的呀?(疑问句)
6. 我问你,你到底给他多少钱?(责备的疑问句)
7. 你身上没烫着!(担心的惊叹句)
8. 你给我出去!你给我滚出去!!你给我滚!!!(愤怒的惊叹句)

我们为了进一步明确这个事实:究竟一个人在不同基调的情况下,说出来的调群域宽是否总是相等?其上下限阈的宽窄("橡皮带上调线的伸缩")有无限制?它们跟四声的格局有无联系?我们设计了另一组实验:用"阴、阳、上、去"四个异调同音的字为一组,编成36个各不同音的四字组,每组的四调打乱次序,写成卡片,由男女两发音人用北京音来读。发音时(用音叉或其它定音器)给定一个参考基调作为阴平字调的标准,其余三调的字由发音人按其口语习惯自由说出。给定的阴平基调变换三种不同的音阶,但不超出发音人"语音声区"的域限(相当于唱歌的"中音声区",男中音为90-400赫,女中音为160-600赫)。四字组中的基调变换后,四声调域就不同。表3给出同一实验用两种单位量测的数据,结果是,表中的最高基调组跟最低基调组的域宽之差,其赫兹数可以相差到一个倍频程(八度),而转换成半音音程后,其域宽的音程数据却完全一致。这证明一个人说话的语调,无论语气如何,嗓门高低,同一句话中的四声格局在听感上是持恒的;也就是说,他说出的任何语调的域宽,是可以推知而起到规正作用的。(吴宗济 1994a)

表3　男女两人按三种定调说出三十六组普通话四声的平均调值

发音人	定调	平均基频(赫兹)			平均调阶(半音)		
		阴平	上声	调域	阴平	上声	调域
男	C3 128	120	60	60	B2	B1	12
	G3 192	200	100	100	G3	G2	12
	C4 256	250	130	120	C4	C3	12
女	E4 320	320	160	160	E4	E3	12
	B4 480	500	250	250	B4	B3	12
	E5 640	550	260	290	C#5	C4	13

*本表中赫兹换算半音的数据为"物理标准"。

不过,这里应该说明一点:既然实验的结果,基频的赫兹数据换算为半音后,各个短语调域按音程的数目应该彼此完全一致;但有时在同一语句中,会有个别短语调域的音程数比其他的大一些,如表2中第6句的PC3比PC1,PC2的多一个半音。又:表3的女发音人定调最高的一组,比男女其他各组多一个半音。其原因是有几方面的:一是发音人情绪的变动,如表2的第6句;再就是"物理标准"与"感知标准"的差异。本实验中的音程数据,是根据物理标准的乐律换算表取得的,按此标准,每相差一个八度音程就整差一个倍频程;而如按感知的标准,则由于耳蜗基底膜的频率响应和音调高低的非线性关系,基调升高了,人耳就需要听到比物理标准比例更大的频率数,才能"合调"。按物理声学,人耳对音调的感知单位叫做"美",它每增加一倍,其频率之差就比一倍大些。基调越高,差数越大。将上述表3的数据与"美"的换算表查对,上声频率的260赫兹约等于358"美",阴平高8度约为690"美",其频率应为600赫兹,比260的一倍大了许多,方能合调。查表3的阴平为550赫兹,比260的一倍大,正是此理,故如不按物理标准而按听觉单位,则其域宽仍会取得一致(参阅马大猷等编:《声学手册》科学出版社,1983,445页)。这种差异在歌唱合成中是会听出走调的;但在语音合成中,只应用男女言语声区范围内的频率,非线性之差只是一两个半音程,不致影响声调格局,用物理标准换算是可以的。

我们知道,嗓音的最高和最低的范围,是由说话人的声带动能和气压、流速来决定的,也即每个人的生理"声区"(音乐名词,相当于调域),是有极限的,而且各人的声区的范围也有不同。例如某个人的声区下限是100赫兹,声区上限为400赫兹,域宽就有300赫兹。如果让他来说四声组的阴平,上限基调是300赫兹,上声(转折点)的下限是否会低到100赫兹呢?实际不然。他的下限并没有达到这样的低,而是最多只低到上限的一半,150赫兹。此例说明他的嗓音本能是有300赫兹的宽度,但他在口语中所发出每组四声的格局无需占用他的调域极限,而是只需150赫兹,就足够满足他所要表意或表情的"区别性"功能了。这个事实说明,说话人嗓音的限阈是由生理的本能来决定;而言语中调域的宽度,则是由音系的格局来安排的。也就是说,语调中短语单元的调型,是服从音系学规则的一个例证。这个事实可以对赵先生的"橡皮上面调形伸缩"的比喻作一补充。因为不久前曾有一位言语工程师问我:赵先生说,画在橡皮上面的声调曲线是可以伸缩的。在声调合成中,假如调域上限数据被设定了,下限应该定到什么程度才合理?他所问的"下限数据如何设定"这一点,却是语调合成中的一个关键性问题,我当时还无法给他满意的回答。后来有了这项实验结果,证明了在一般语境下,说话人的语调上限可由意识的语气强弱来定,而下限则是由不自觉的本语系的音系规则来安排的,这也许可以回答他的问题了。

以上是以调阈上限为基调的说法;如果以下限为基调,则上限也可由音系规则来安排。换言之,也就是在通常情况下,调阈高度由语气强弱决定,而调域宽度则由音系规则安排。这种安排,是由一个语种或一个方言的历时和共时的群体约定俗成所决定的。如说话人不是用特殊口气来说的话,其语调调形就会服从这套规则。(但是,在特殊情况下,例如:说话人为了表达某种情感,对句中的某个词或短语,需要特别强调或/和延长时,也会不照此规则,而把调域加倍展宽;反之,如需弱化或/和缩短时,也会把调域加倍压缩。不过,这种现象在日常口语中是不多的,将另有实验来论证。)根据我们对声调的研究实验,同时参照赵先生的理论,就可以定出一套比较能实用的处理语调的方案。简言之,从声调的实质来说:字调的变化在调型(曲线);语调的变化在调阶(基调)。从声调的功能来说:字调的作用在辨义;语调的作用在表情。从声调的处理来说:短语的变调在调型,语调的变调在调域。

上述的实验结果可以说,是对赵先生所提出的、无法确定调阈和调域的两个难题,初步有了解决办法;同时也对今后的处理方案开辟了道路。既然在不同语气的语调中,其短语调群的基调可抬高或落低而不影响其变调模式,调域的音程又基本相同,正如音乐家作曲,对主旋律常用不同基调的"移调"方法来变奏(transposition,即中国乐律中的"旋相为宫"),听来并未觉得走了调,反而丰富了情感。我们可把这种方法用于语调处理,例如:我们可以先根据一位发音人的平叙句的平均基调(根据此发音人平叙句语调统计定值,相当于作曲的旋律基调),设定一系列短语变调模式。然后以此作为基础,对语句中某些需要着重或减轻的短语调群,增减其调值(以半音音程为单位,各音程之间的相差系数为:"2"的开12次方),使其达到目标语调的要求。这样,一切语调就都可以从一个平叙句的基础调型来"生成"了。这对今后声调处理程度的简化,应该是具有一定意义的。

四、我国文献中关于声调与乐律关系的记载及其意义

我们以上所提出一系列的方法,目前初步通过一些语调处理实验,证明是有可行性的。那么,在我们千百年来的前人声调文献中,有没有传统的渊源呢？我们应该数典而莫忘祖。约在公元500年左右,世传四声之说始于沈约、周颙等文人。当时对四声调值的描写资料,千百年来常被引用的,只有梁武帝问周舍:"何谓四声？"答以"天子圣哲是也"的几句话。日本空海法师的《文镜秘府论》(人民文学出版社,1975)所载刘善经的《四声论》,记有与上述问答相类似的一段话,却是梁王衍问中领军朱异:"何者名四声？"答以:"天子万福即是四声"。此两个所答四声的第三字各为一清一浊,倒是一条很重要的资料,可说明当时人们还认为声调的声母虽分清浊,但二者仍属同一调类。因为我国在中古时代还没有声

调值的概念,描述四声的特性只能用"读若"式的以类相从的方法。倒是唐代初期,有日本遣唐僧人到长安等地从梵汉对音学习汉语,记录了声调;他们的调值描写却比较进步。现据日本《大正新修大藏经》载有了尊的《悉昙轮略图抄》中的《八声事》,所记长安的八声调值如下:

> 平声重、初后俱低;平声轻、初昂后低。
> 上声重、初低后昂;上声轻、初后俱昂。
> 去声重、初低后偃;去声轻、初昂后偃。
> 入声重、初后俱低;入声轻、初后俱昂。

可见当时的汉音按调类虽仍为四声,而按听感上的单字调值,由于受声母轻重(清浊)的影响,已逐渐分化而可分成八声了。所谓"初",应该解释为一个音节中的调头;所谓"后",应该解释为调腹与调尾。"昂"是高平调,"低"是低平调,"偃"可能是降或屈折调("偃"的词义,按古义如《论语》:"草上之风必偃",又《辞源》引《三国志》:"偃旗"一作"卧旗",都有下倾的意义)。在了尊的八声中,可以清楚地看到,平上去三个舒声各自的调腹是清浊同调的,只有调头因声母的清浊不同而分高低。(按现代语音学的发音生理规律,不带音的清(轻)辅音,其强频集中区的频率必然高,因而由于辅元间的协同发音关系,就把后接元音的调头带高(昂)了。同理,带音的浊(重)辅音,其声带起动由于惯性关系,频率必然低,就把后接元音的调头带低(低)了。这个辅音清高而浊低的原则,无论古今中外,任何语种,都没有例外。)入声按调型:入重等于平重,入轻等于上轻;按时长:则入声比平上短,是"促"声。(《大正大藏经》、《悉昙三密钞》:"入声者,……直而促之声。")我们知道,在音调感知上,如果调头短而调腹长,则调腹占优势,因此听来清浊仍认为是同调。(现在已有实验证明,调头在声调听辨上并不重要。)这段记录在汉语音韵史上的价值是:一来日僧的声调描述,已注意到调形与时变的时空二维现象,在时维上有"初、后"的首尾动程,在空维上有"昂、低、偃"的相对调值。他比起中国的处忠和真空的四声描写已先进许多;二来它透露了从齐梁到唐代四声演变为八声的轨迹。由此也更可证明汉语四声的调值跟声母的清浊的密切关系。(吴宗济 1993)

声调在听感上既以优势的调腹为主,这段调腹的感知就有可能跟音乐旋律的感知相联系。"调腹"相当于乐谱中旋律的"本音",而调头相当于乐谱中装饰音的"滑音"。在本音之前的装饰滑音,是由起点不定的较高的音或较低的音滑入本音的。在听觉上,这种高滑音就等于了尊所记的"初昂"段的调形,而低滑音就等于"初低"段。人们在倾听唱奏时所感知的,主要是本音段;在听声调时是调腹段。滑音在乐谱上是用连音线为记的,所占时间是从被装饰的本音中抽出的,重音落在本音上。(参看缪天瑞:《基本乐理》,人民音乐出版社,1985)也和声调的听感相似,调头不显而重音在调腹上。因此,用音乐理论来解释声调现象是有帮助的。

如上所述,虽然我国文献中对声调的描写多只限于调类而不是调值,但有些研究四声的学者,还是能把听感上的调值作出一定程度的描述的。我国古代对调值固然还没有频率一类的知识,但对音乐和歌唱的旋律标准,也即乐律,却是很早就有非常高明的研究;而且也是经常就用旋律的标准来描述声调的。前述梁沈约诸人对四声的描述,固然没有频率高低的概念,但他们用乐律标准来描述四声却是普遍的。当时盛行的"永明体"律诗和骈文,在写读过程中都需要吟诵,也就离不开声调的安排。一些歌行、乐府等的写作因为要"被之管弦",就更需要注意文词声调的配合。因此,语言声调跟诗文的韵律是相互依存的。沈约在《宋书·谢灵运传论》中说得清楚:

> 夫五色相宣，八音协畅，由乎玄黄律吕，各适物宜。欲使宫羽相变，低昂舛节；若前有浮声，则后须切响，一简之内，音韵尽殊；两句之中，轻重悉异。妙达此旨，始可言文。

这里所谓"五色"，古时一般是指"青黄赤白黑"的色彩，以喻文字之美。"八音"，指"金石丝竹匏土革木"的不同音色，以拟音韵之和。文章要做到玄黄律吕，各适物宜，也就可以"极视听之娱"了。下文"宫羽"、"低昂"、"浮声"、"切响"等，都是乐律标准；但也可以与语音的声调联系。前二者是调值的高低（四声），后二者是调势的舒促（"浮声"为舒声，"切响"为入声）。"音韵"指声母韵母；"轻重"指清音浊音，更都是语音特性。从听感来说，他们是把声调跟旋律紧密联系的。《传论》又说，曹子建、王仲宣等人的文采是"正以音律调韵，取高前式。……高言妙语，音韵天成。"说明文章中声调的安排（包括清浊等），无论低昂、舒促，在文章的一篇中或两句间，都要有音色和音高变化的适宜搭配（"相宣"，"协畅"），才算得好文章。古文献中还有一些关于这方面的资料，如沈约《答陆厥书》：

> 宫商之声有五，文字之别累万。以累万之繁，配五声之约；高下低昂，非思力所举。又非止若斯而已也。……自古词人岂不知宫羽之殊、商徵之变？虽知五音之异，而其中参差变动，所昧实多。……若以文章之音韵，同弦管之声曲，则美恶妍媸，不得顿相乖反。

《南史·陆厥传》就更明白指出：

> （永明）时盛为文章。……（沈）约等文章皆用宫商将平上去入四声，以此制韵。……五字之中，音韵悉异；二句之内，角徵不同。

这些资料已足证明，字调与乐调在人们听感中的密切关系了。总的说来，当时所谓"五音"是指乐律的"宫商角徵羽"五音阶，"四声"是指"平上去入"四调类。《陆厥传》中明说沈约等都是用宫商等音阶，来作为四声在文章中的搭配标准的（陈澧、陈寅恪都有四声与五声的解释,与此说不同)。

我国古文献中,"声"与"音"常常混用,如《说文解字》"声"下注"声,音也"。但是《礼记》的《乐记》有:"审声以知音,审音以知乐",则二者又有区别。又,《说文解字》"音"下注:"生于心,有节于外,谓之音",随即明指:"宫商角徵羽,声;丝竹金石匏土革木,音也。"这就把两者分得很清楚。用现代术语说,"声"是音高,而"音"是音色。《说文》所说"音"是"生于心,有节于外"的。我们如果不是牵强附会去解,也许可以这样理解言语的音是由心(脑)先起了意念,然后调节发音器官的动作而产生的。这同现代的发音机理何其相近。"声"跟"音"既然有区别,似乎可以这样理解,为何古文献中都是把四个声调叫作"四声"而不是"四音"。

关于这类文献不多,但我们至少可以知道,古代是用乐律的五声音阶来模拟调值的。不过我们应该清楚,这里的"宫商角徵羽"的实际调值并不是同某一套编钟或律管等乐器合律,而是其"宫"调(基调)由说话人自由定调。而且四声各调值之间的相对关系(格局)也是因人、因境而异的。这样,语言声调的相对调值跟五声的绝对音阶是有区别的。我们可以用音程听感来说明四声听感也是有音乐性的,但不能用五声音阶来标定一切语音中的四声调值。因为声调格局之间的变量等级比五声的等级要细密得多。不过如果改用"十二平均律"(相当于现代五线谱的半音阶)作标准,就比较准确了。我们现在可以把测得的声调绝对频率转换为乐律的半音阶来标定调值(可查通行的"基频与半音阶对照表",实测的声调频率值与表中相对应的半音阶值彼此数据并不一定吻合,可用四舍五入法来规正),就可以给一切声调定出半音阶值。(吴宗济1992)前人当然只能是用"宫商"的概念来模拟相对的调值,而不是标定它的绝对值。但这已经让我们相信,根据乐律来分析声调是合理的,也是有传统的。

五、语调的"规则合成"及未来展望

上文所介绍的一些处理方案——变调与移调,虽然在实验室中已获有成果,但还只是个开端。因为语调的复杂性不只限于声调上的问题,还有更多的语音参数都跟语调有或多或少的关系。诸如在"音段特征"中:就有音节中、音节间的协同发音;如音节在不同语气中发出时的"不到位"或"超位"。此外在韵律的各特征中,还有除声调以外的音长、音强,以及节奏、停顿等等参数,这些都跟语调感知的可懂度和自然度起着不同程度的作用,因此在语调处理上还有更多的工作要做。由于语气随人别和境别而有千变万化,"刻舟求剑"式的处理是不行的。眼前待解决的问题是:短语之中、之间的"调联",语句首尾的变调,句子中的轻声和轻读(赵元任:"可轻声")等的研究分析和数量化、模式化,这些都是语调处理中的重要课题,也是迈进语调"规则合成"领域的必由之路。

复次,在我们最近的实验中发现,即使应用了现有的变调规则和移调方法,并对句子中的短语调联及首尾变调等作了相应的处理来合成语调,但听来语气还是不够"味儿"。这就提醒了我们还要注意另一个问题。这个问题也许是语调处理更高层次的、而又是更不该小觑的问题。合成实验证明,语调对听者的感知,不能单凭声调,还有另外两个韵律特征也在起作用,一是音长,二是音强。它们有时还能撇开声调的参数,而各自承担调节语气的任务。赵先生在他的《语言问题》里曾指出:"逻辑的加重就是不但音程加大,而且时间加长。"这两句话简单明了地说明音高跟音长在语调中的重要作用。我们在最近的一组合成实验中证明,在语调合成中加强语气(逻辑重音)时,就要用移调法提高一些重心短语的调域;也可单独移高基调;也可伴随一定比例的音长加长或/和重音加强;但如只需加大音强,就必须同时提高声调,不能单独发出重音。这样听来才自然。因此分析有些录音中的强调语句时,认为只是频率高了,但量测的结果却是同时把某一重心词或短语(prominance)加长了。韵律三特征在语调中分布的比例,是随人别和境别而变的,但其规律如上所述,是可以预测的。(吴宗济1994,1995,1996b)

综上所述,语调的分析和合成必须先把组成语调的基本单元——短语的连读变调的模式搞清楚,然后再处理语调。短语的变调模式从二字、三字到四字组,都有各自的变调规则。五字以上组合的短语在直接成分上,基本上是二、三或三、二的组合,就可应用短语间调联规则。语调只要把各短语的变调模式和调联掌握了,用移调方法表达了感情;除声调外,再以韵律特征的长短和轻重按不同语气,订定其比例等级加以搭配,自然度自然就会提高了。我们把普通话的语调处理过程作一简明的总结,图(见文后)分三部分:(一)从最初层次的底层调型,通过一系列的处理规则,如:短语变调,短语调联,重心移调,句尾变调,最终按环境语气生成各式语调,而成为全句的表层调型。(二)处理的手段:既要应用变调、移调等规则,更要服从语音、音系和语法三平面的制约。(三)韵律三特征在语调中的搭配关系及其比例,如上节所述。

图中的符号:

"T↑":基调的移高; "D→":时长的加长; "S^":重音的加强。
"+":必须搭配;   "±":可搭配,也可不搭配;
"%":相互搭配的百分比。

在短语移高基调时,可由如下的各种组合之一来生成:

(T↑) (D→) (T↑+D→/S^) (T↑+D→+S^)

此图说明:基调升高或时长加长,都能单独承担加重语气的任务;也可联合其它两特征或两者之一来共同达成任务。但音强则必须联合声调的共同提高,方起作用。

科学的进展总是螺旋性地上升的。也是合而又分,分而又合的。远古时哲学与自然科学是不分家的,后来发展成为自然科学与社会科学两家人;现在有许多宇宙间的疑难问题,又不能不请他们两家共同研究了。早期语言学中的语音学与音位学不分,后来音位学发展成为音系学,就渐与语音学"分道扬镳",最近在一次国际语音学会议上,中心发言人为今后语音学的方向定调子说:目前的语音研究还远远不能解决问题。为了今后语音科学的健康发展,就必须赶快让他们"复婚"。同样,声调与乐律的关系在我国早期是紧密联系的。自从西方的频率分析方法被引进后,似乎已各不相谋;今后为了有效地解决语音处理中的难题,也该让他们紧密结合了。

普通话语调底层调型与表层调形的关系及处理方法

(一) 从语调的底层到表层的处理规则进程示意图

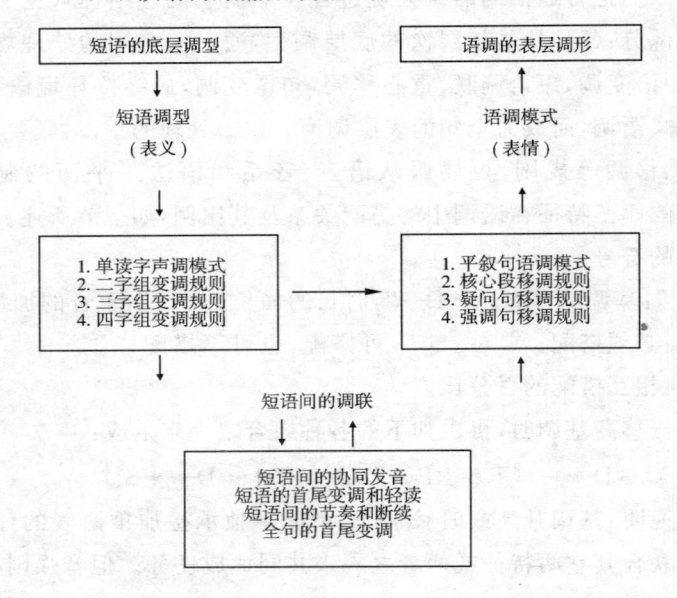

```
┌─────────────────┐                    ┌─────────────────┐
│  短语的底层调型  │                    │  语调的表层调形  │
└─────────────────┘                    └─────────────────┘
         │                                      
      短语调型                               语调模式
      (表义)                                 (表情)
         │                                      ↑
         ↓                                      │
┌─────────────────┐                    ┌─────────────────┐
│ 1. 单读字声调模式│                    │ 1. 平叙句语调模式│
│ 2. 二字组变调规则│ ────────────────→  │ 2. 核心段移调规则│
│ 3. 三字组变调规则│                    │ 3. 疑问句移调规则│
│ 4. 四字组变调规则│                    │ 4. 强调句移调规则│
└─────────────────┘                    └─────────────────┘
                        短语间的调联              ↑
                            │                    │
                            ↓                    │
                    ┌─────────────────────────────┐
                    │    短语间的协同发音         │
                    │    短语的首尾变调和轻读     │
                    │    短语间的节奏和断续       │
                    │    全句的首尾变调           │
                    └─────────────────────────────┘
```

（二）处理方法语音

音系、语法～连锁变调～短语移调
（三平面）（多米诺效应）

（三）核心短语移调中韵律三特征的相互搭配关系及其比例

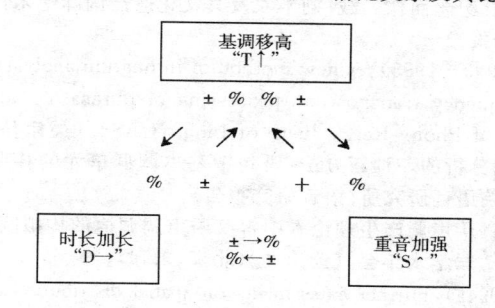

```
                    ┌─────────────┐
                    │   基调移高   │
                    │   "T↑"      │
                    └─────────────┘
                       ± % % ±
                    ↙   ↖ ↗   ↘
                  %   ±   +   %
    ┌─────────┐                    ┌─────────┐
    │ 时长加长 │      ±→%           │ 重音加强 │
    │  "D→"   │      %←±           │  "S ^"  │
    └─────────┘                    └─────────┘
```

参考文献

沈炯(1985)，《北京话声调的音域和语调》，载林焘、王理嘉编：《北京语音实验录》，北京大学出版社。

石锋(1994)，《北京话的声调格局》，载石锋、廖荣蓉：《语音丛稿》，北京语言学院出版社。

Wu, Zong-ji (1982a), Rules of Intonation in Standard Chinese, Preprints of Working Group on Intonation, XIII th International Congress of Linguists, 1982, Tokyo.（吴宗济 1982a《普通话语调规则》，载《第13届国际语言学家会议：语调专题组论文集》，东京。）

吴宗济(1982b)，《普通话语句中的声调变化》，《中国语文》第6期。

吴宗济(1985)，《普通话三字组的变调规律》，《中国语言学报》第2期。

Wu, Zong-ji (1988a), Tone-sandhi patterns of quadro-syllabic combinations in Standard Chinese, Phonetic Laboratory, Institute of Linguistics, CASS, 1988.（吴宗济 1988a《普通话四字组的变调规则》，载中国社会科学院语言研究所《语音研究报告》。）

吴宗济(1988b)，《汉语普通话语调的基本调型》，载《王力先生纪念论文集》，商务印书馆。

吴宗济(1989)，《再论普通话四字组变调——音系、语音、语法三平面的制约及其连锁变调现象》，载《第4届中国语言学会学术年会宣读论文》，广州，未刊。

Wu, Zong-ji (1990), Can poly-syllabic tone-sandhi patterns be the invariant units of intonation in Spoken Standard Chinese? Proc. of Inter. Conf. on Spoken Language Processing, 1990, Kobe, Japan. (吴宗济 1990《普通话四字组变调模式能否成为语调中的不变量单元?》,载《第 1 届国际口语处理会议论文集》,神户。)

吴宗济(1991),《汉语声调研究的两个阶段:一千四百年/七十年——为刘复大师百年诞辰纪念而作》,载《刘半农及其文化遗产国际学术讨论会交流论文》(江阴,印发)。

Wu, Zong-ji (1992—1993), A new method of intonation analysis for Standard Chinese: Frequency transposition processing of phrasal contours in a sentence, Rep. of Phon. Res., Inst. of Ling., CASS. (吴宗济 1992—1993《普通话语调分析的一种新方法:语句中基本调群单元的移调处理》,载中国社会科学院语言研究所《语音研究报告》。)

吴宗济(1993),《从声调产生理论看中古汉语声调调值的构拟问题》,载《中国语言学会第 7 届学术年会宣读论文》(北京,未刊)。

Wu, Zong-ji (1994a), Further experiments on spatial distribution contours under different range registers in Chinese intonation, Proc. of Inter. Symp. on Prosody, 3rd Conf. on Spoken Language Processing, 1994, Yokohams, Japan. (吴宗济 1994《普通话语调的短语调群在不同音阶调域下的调型分布》,载《第 3 届国际口语处理会议:国际韵律特征研讨会议论文集》,横滨。)

Wu, Zong-ji (1994—1995), Tantative planning of prosodic rules for the naturalness of synthetic Spoken Chinese, Rep. of Phon. Res., Inst. of Ling., CASS. (吴宗济 1994—1995《试论合成普通话口语自然度所需的韵律特征规则》,载中国社会科学院语言研究所《语音研究报告》)

Wu, Zong-ji (1995), Predictability of different attitudinal intonation in Standard Chinese, Proc. of XIIIth inter. Cong. of Phon. Sci. 1995, Stockholm, Sweden. (吴宗济 1995《普通话不同语气语调的可预测性》,载《第 13 届国际语音科学会议论文集》,斯德哥尔摩。)

吴宗济(1996a),《为改进合成普通话口语自然度所需韵律特征规则的设计》,载《计算机时代的汉语和汉字研究》,清华大学出版社。

吴宗济(1996b),《赵元任先生在汉语声调研究上的贡献》,《清华大学学报》(哲学社会科学版),第 3 期。

杨顺安、许毅(译)(1984),方特:《语音学和言语工程学》,《国外语言学》第 3 期。

(原载《中国社会科学院语言研究所建所 45 周年纪念文集》,商务印书馆,1996 年)

书话同源

——试论草书书法与语调规则的关系

〇、楔子

我自孩提之时就入了私塾，天天练习写毛笔字，约有五六年，什么真草篆隶都学过，可是至今写的字仍似涂鸦，字没练好，可对书法特别是对草书发生了兴趣，光欣赏而不练。自己的专业是语音学，对汉语的声调变化作过几十年的实验研究，最近在研究言语工程上所需的口语语调规则中，越来越发现语调规律与口语语法的紧密关系。又联想到古代草书，特别是狂草名家，其运笔时的横肆自然、不假思索，必然与言语有一定的关系。草书的笔法和行、楷的不同，除变形外，主要还在于有牵丝连笔。至于草书运笔于字里行间，对哪些字句该连该断，怎样连、断，与文字的语法结构有无关系，倒是一个值得探讨的问题。世传的草书名作多为碑拓，连笔精神尽失，手书真迹流传而可信者寥寥。要找草书的可靠资料，我们只能拿少数几种公认为古代草书真迹的影印本以及近代的草书印本来分析。结果发现草书的书法跟汉语声调的规律，在语法关系上几乎完全一致。本文试把两者的分析例子加以比较，并举事例。

一、引言

我国文化的传统，书有"书法"，画有"画法"，其运笔笔法和工具大都相同，书画一向号称同源。人们的语言有语法，有语音，虽然有千变万化,但仔细分析都是有规律的,因此语音的变化也是有其"话法"的。不过,它同书画是否也是同源呢?人类思想的启动和变化有快慢,有大小,有静态,有动态。其静态的模式在书法为字形的点画、间架,在话法为字音的音位、调形。其动态的模式在字形为连笔、走势,在字音为同化、变调。书写与发音尽管动作的机制不同,例如在书写为手腕的运动,在发音为喉舌的运动,但都是源于思想的律动,而且彼此在启动、过程和结束的规律上,也有很多相似之处,它们都是源自思维。所以说,书法与话法也应该是同源的。

由于人们话语是随时说出,在心理学认为是由于习得的记忆或经验的复制。记忆在特定环境中,如果需要一再考虑或仔细端详,或者受到环境的影响而反馈,就常会把原来的想法加以修饰或竟改辙,甚至还会改变本来的想法,说出时也可能会吞吞吐吐而不自然。反之,如果说话的环境不需要拖延,而是痛痛快快地一口气说出,也就是不假思索地说出来,其自然度、真实度也就比较高。在书写时如果也是不假思索,如草书的随想随写、流利挥毫,其自然度也是高的。因此,能够高度自然表达思想的媒体在书法为"草书",尤其是"狂草";在画法为"水墨",尤其是"写意";在话法则为口语,尤其是表情的语调(广义的语调就是"韵律",也即"高低"、"轻重"和"长短"三种特征的综合)。

以下把草书书法和言语声调有关的法则,各按其文献资料和实验材料,略予介绍举例。两相比较,就足以证明二者与"话法"的关系竟是何等的相同。

二、草书的"书法"和"语法"的关系

汉字的书法在世界上是独一的。从中华的土地上,可考的、最早成为有系统文字的是甲骨文,以后是篆书、隶书,而发展为楷书、

行书和草书。草书的发展过程,古代认为从"章草"、"今草"到"狂草",有三阶段;其字形也是从严整分写到活泼连写,再进一步到笔飞墨舞的充分流利自然。书写的形式到了狂草就达到自然度的顶峰,对真实思维的语义和语气,也就表达得更为真率而充分。

草书的书法,历代论者很多,但最多只说到如何心手相应、如何运笔布局,而从来没有人谈到书法与语法的关系(当然在我国古代,有系统的"语法"体系也还未建立)。不过从那些文献中有关书法的语录,不难寻绎出若干能用现代语法来分析、对照的材料。现把历史上著称的一些书法论著中有关本文论点的片段,略举于下:

晋·王僧虔:"书之妙道,神采为上,形质次之,兼之者方可绍于古人。……必使心忘于笔,手忘于书,心手达情,书不忘想……。"①

唐·孙过庭:"夫心之所达,不易尽于名言;言之所通,尚难行于纸墨。……今撰'执'、'使'、'转'、'用'之由,以祛未悟:'执'谓'深浅长短'之类;'使'谓'纵横牵掣'之类;'转'谓'钩环盘纡'之类;'用'谓'点画向背'之类是也。方复会其数法,归于一途;遍列众工,错综群妙。""'真'以'点画'为形质,'使转'为情性;'草'以'点画'为情性,'使转'为形质。"②

唐·张怀瓘:"字之体势,一笔而成。偶有不连,而血脉不断。及其连者,气候通其隔行。唯王子敬明其深诣;故行首之字,往往继前行之末。"③

宋·姜夔:"草书之体,如人坐卧行立。……一切变态,非苟然者。……又一字之体,率有多变,有起有应。如此起者,当如此应,各有义理。""自唐以前多是'独草',不过两字属连。累数十字而不断,号曰'连绵'、'游丝'。……古人作草,其相连处,特是'引带'。尝考其字,是点画处皆重,非点画处偶相映带,其笔皆轻。虽复变化多端,而未尝乱其法度。张颠、怀素规矩最号野逸,而不失此法。""大抵用笔有缓有急,有

---

① 摘自晋·王僧虔《笔意赞》,引自程祥章等编著《书画同源》,武汉测绘科技大学出版社,1999年。

② 摘自唐·孙过庭《书谱》,同上。

③ 摘自唐·张怀瓘《书断》,《法书要录》本,引自潘运告编著《张怀瓘书论》,湖南美术出版社,1997年。

锋,有无锋;有承接上文,有牵引下字。乍徐还急,忽往复收。缓以效古,急以出奇;有锋以耀其精神,无锋以含其气味;横斜盘纡,皆以势为主。……意尽则用'悬针',意未尽须再生笔意。"①

欧阳中石:"今草的笔画可以连绵、可以约简;结字可以变形、可以移位;字与字可以萦带、可以呼应、可以跌宕、可以交错、可以参差、可以间插……。"②

王涣林:"'使转'可谓草书之灵魂。……牵丝映带,气血一脉。晋唐小草、章草独立成字,但狂草须以牵丝、映带。此帖牵丝处理已达顶峰,连绵缭绕,生动多姿,尤其是某些'借笔'牵丝——一字之末,成次字之首。浑然天成,叹为观止。……大小错综,虚实互见;狂草强调制造矛盾,又解决矛盾,故字形大小之错综,亦成为得力武器。"③

韩嘉祥:"'今草'与'章草'相比,有很大的区别。首先,今草往往上下字相连,与章草之字字独立,不相连属,有所不同。章草每字大小均匀,而今草却小大相间,粗细相杂。今草还将章草偏于扁平的字形变得狭长了。……唐朝的中期,出现了'狂草'。狂草是在今草的基础之上更加潦草、夸张和奔放,甚至很癫狂,故名'狂草'。"④

从以上所论草书(今草和狂草)的笔法,可以简单归纳为三种模式:(1)草书的上字尾笔与下字起笔连写,为不断的笔法,为"连绵式";(2)草书的上字尾笔与下字起笔断开,为呼应的笔法,为"映带式";(3)草书的字形有缩放的变化,或行款有离格的安排,为"错综式"。

试拿草书名家的作品来分析,就可发现草书在字与字之间的连笔,出不了这三种模式。至于书写形式为什么会发展到草书,论者多认为其故有二:一是节省书写时间,二是抒发自然心情,这都不错。最近蒋勋在其《艺术概论》中认为:人们久被楷、隶等书法束

---

① 摘自宋·姜夔《续书谱》,《百川学海》本,引自潘运告主编、水采田译注《宋代书论》,湖南美术出版社,1999年。
② 摘自欧阳中石《书法》,高等教育出版社,1992年。
③ 摘自王涣林《唐怀素自叙帖》解说,吉林文史出版社,1997年。
④ 摘自韩嘉祥《历代草书大典》前言,天津古籍出版社,1998年。

缚,而求解放,就发展为草书。"唐代的楷书,如果是一种对称、平衡、工整的极致;那么,张旭、怀素的'狂草'则恰好是叛逆对称、叛逆平衡、叛逆工整的另一种形式美的追求"(三联书店,2000年版)。这种倾向不是没有可能。不过,如果细察这些狂草家流传的笔迹,就可发现他们在奔放挥毫之时,对词句或短语,除了由于纸幅所限而必须换行外(但即使隔行,如张怀瓘所说:也能"通气","故行首之字往往继前行之末"),就都用连笔。这足以证明他们的笔法还没有叛逆语法,而语法的规则和自然流露的思维是一致的。

由诸家草书中可以明显看出草书的"书法"和"话法"的关系,其规则有三种:

规则1:草书(特别是狂草)中凡遇到语法上的"直接成分"(词或短语),少则两字,多则整句(只要不受纸张轮廓的限制),基本上都用连绵或映带的笔法;而且上下字相接时的字形过渡,主要是逆向的同化。(即上字尾笔多半为了"俯就"下字的起笔而变形、移位,并加上一段过渡的笔画;但下字的间架基本保持稳态,只是为了"仰接"过渡段而使起笔有了一些变化。所谓"一字之末,成次字之首"。)①

规则2:狂草运笔中,凡是遇有"逻辑"上或"感情"上需要强调或弱化某些短语或词句时,就常用"跌宕"或"错综"的笔法来表达。(即强调时将字形放大或再将行款作倾斜或出格的移动;弱化时把间架缩小,或把点画简化。)②

---

① 语音中两音节连读时的调形,前音节的调尾和后音节的调头相接,无论是否顺势,中间总有一段承上启下的过渡调形。
② 草书笔法中跌宕错综的变化,正如口语语调中抑扬顿挫的变化。语句中如果对某些短语需要作逻辑上或感情上的强调,短语的原来调形和调域基本不变,但使基调抬高("移调"如草书的"移位"),就如同歌唱的换个高调来唱,而旋律不变,但如还要再加强时,就再把调域扩大。反之,如果需要弱化,同理使基调降低,如歌唱的换个低调来唱,但如再要减弱,就再把调域压缩。

规则 3：上述规则在两字连接时，下字的点画和间架基本上是稳定的。但如遇有多字需要一气连接时，中间的字形就有可能因承上启下，而把点画间架用轻笔加以简化或变形。（正如姜夔《续书谱》所说："特是'引带'，是点画处皆重，非点画处偶相映带，其笔皆轻。……有承接上文；有牵引下字。"）[①]

书法上楷书的笔法，在有些书法教材中常有所谓《永字八法》。现据欧阳中石的《书法》，列出"基本笔法"八种："点、横、竖、撇、捺、钩、挑、折"。但在草书，笔法就有很大的简化。如根据怀素《自叙帖》中的全部字形，把所有的起笔和尾笔模式加以归纳，则上字尾笔可并为："横、撇、捺、挑"四种；下字起笔可并为："点、横、竖"三种，上下连笔（包括连绵与映带）的过渡模式就可能有二十七种（如把连绵与映带分开，就再加一倍）。不过，如按照前述的逆同化规则，下字起笔可以不变，而上字尾的"横、撇、捺"都是向"左下方"过渡，则笔画虽有长短、斜率的差异，但基本都是一种走势。剩下的"挑"，其点画一般都是往上挑的，要往下过渡好像矛盾就大了；但怀素自有办法，无论左挑（如"了"字）、右挑（如"七"字），都是各将尾笔延长，画成左旋或右旋的圈，再往左下方过渡，这就又会流利自如了。汉字的笔顺写法都是从左上到右下，转折都是"顺时针"方向；怀素的左旋是"逆时针"方向。启功先生曾戏说，怀素的狂草有时行笔作逆时针方向的反圈，是得拉丁笔法[②]。因此我们可以这样认为，狂草的过渡走势只需一律用一种模式："向下左"，就足够了。（这样的归纳法可能会被保守一些的书法家斥为野狐禅。但是如果从将"书法"与"话法"作宏观比较的角度来看，就不是没有道理了。）

[①] 摘自宋·姜夔《续书谱》，《百川学海》本，引自潘运告主编、水采田译注《宋代书论》，湖南美术出版社，1999 年。

[②] 启功《论书绝句》95，三联书店，1990 年。

现选录怀素、张旭(伯高)、黄庭坚(山谷)、毛泽东四家的草书为例,来探索书法与语法的关系。(图1至图6见附录)

图1首行"怀素家长沙"是五字句,但"怀素"和"长沙"的语法结构都属"直接成分",就都用连绵笔法,而与"家"字断开。左边三行是四字、五字乃至七字的短语组合,都是用连绵笔法。(属于上述的规则1。)[1]下同。

图2是怀素狂草的典型书法。"固非虚荡之所敢当"是感情重读;"戴公"是逻辑重读,都放大而离格,有的竟是两字就占一行。(属于上述的规则2。)

图3"尤擅"是"助动"短语,"尤"字末笔的"点"虽在最高最远的右上角,仍不辞过渡到最低的左下方,与下字起笔连接。(此类例子在怀素帖中极多,如图1中的"则"字,图2中的"非"字。)"电流"是词,"电"字的尾笔是该往右上挑,就左旋画成一圈而与下字接。(图1中"张旭"的"张"字,也是画圈的例子。)

图4张旭的狂草《古诗四首》,这是五言诗,在全卷中基本上都是用每行五字的连绵笔法。如果这句的前四字写得大了,第五字的地位不够,也不肯换行而将第五字硬塞进去,以保持句法上的完整性(如图中的头三行)。(他是出名的"张颠",但在书法中严守语法而并不颠。)但如遇到逻辑上需要强调时(如最后两句),就不惜破例而把字形放大了。[2]

图5黄山谷的草书,一向被认为可上追素、旭的,从他的连笔上看也的确如此。这里有两类例子。图右是写李白的诗,可能是带着

---

[1] 怀素草书各例取自《唐怀素自叙帖》,吉林文史出版社,1997年。原帖纸本、墨迹。总计126行、698字。每行最多8字,最少2字,平均5.5字。其中的短语,除必须换行而分开的,全都连笔。

[2] 张旭草书各例取自《张旭草书古诗四帖》,上海书画出版社,1978年。原卷所书都是五言诗,连题共计40行,平均每行5字,基本都作连笔。

诗仙的潇洒情调来下笔的。其中的二字、三字短语,有的用连绵,有的用映带。四字的"餐霞楼上"的"楼"字特别放大,可以作为逻辑重读的例子。(这里附带提一下:当时社会上对名书家都是并称"苏黄",但从书法的自然奔放来看,则苏东坡的草书要拘谨得多,语法上的连笔甚少。这和书家下笔时的心情是否洒脱乃至忘我,应该是有关系的。)①图左是一篇佛学的语录《诸上座帖》,应该是比较严谨的。但其中"执着"两字一再出现,而且大得出格。可能认为此两字在逻辑上是要加强的,这是服从语法的又一例。②

图6毛泽东的书法,评家称之为天才而与素书、黄书媲美:"黄山谷、毛泽东学狂草有成,黄山谷得之于禅悦;毛泽东得之于天才。……毛泽东以天纵奇秉,超越了笔墨字形之羁绊,径与狂僧神游。笔法上虽略逊一筹,气局意象之高,似有过之。"③试看图6(1)的诗句。二字、三字、四字都是连绵笔法。"月明"一句的七个字,有四个字都放大了,与图6(2)的书法,都错综得淋漓尽致(属于规则3的例子);而"几回开"三字姿态奇横,"回字"的"画圈"笔法,尤得怀素书法三昧。但他在这样奔放走笔的情绪之下,对"美人来"、"东风"等短语仍用连笔、保持语法的关系,这就不是偶然了。(毛泽东自作诗词的书法,也与此相类。因印本比较易得,读者可以参看,此处限于篇幅,就不多选了。)④

三、口语的"话法"

人类言语的语音规则,本应该叫做"语法",但因旧时的"文法"

---

① 《黄庭坚集》,吉林文史出版社,1997年。
② 《黄庭坚草书诸上座帖》,天津人民美术出版社,2000年。
③ 摘自欧阳中石《书法》,高等教育出版社,1992年。
④ 中央档案馆编《毛泽东手书古诗词选》,文物出版社,1984年。

一词今日都改用了"语法",而且都用于文字的法则;而本文是专谈草书笔法与口语声调的,本题就改用与"画法"谐音的"话法"一词。普通话语音的分析对象在音质("音段")为声母和韵母(或辅音和元音),在韵律("超音段")为声调、重音和时长。现在要与书法比较,草书的精神在自然思维的发挥;自然的口语语音基本上也是按自由思想的韵律来表达的。韵律中最起作用的是声调。普通话声调有字调和语调,而表现自然语义的是"语调"。为便于和草书比较,本节就专谈普通话的语调,并随时将其规则和草书书法作比较。(图7至图14见附录)

图7是普通话四声的基本调形。语调的基本单位是单字的"字调",普通话的字调有"阴平、阳平、上声、去声"四声,图七是用实验仪器画出的字调曲线归纳出来的四声调形,这就相当于楷书笔法的基本"点画"或"间架",如前述的"八法"。[①]

图8是普通话两字连读的变调,是由多数实验的调形归纳出来的二字调模式。普通话在口语中无论短语或句子,只要连着说出,就产生"变调",它们都是基本调形的变体。四声与四声相配就有了十六种的连读变调形式。普通话上声的变调因后接的声调不同而有两种变调:"上+上"时,前上要变成阳平的调形(这是音系学的规则);"上+非上"时,就变成低平或低降的"半上"。(由于"上+上"和"阳+上"的调形相同,实际上就只有十五种变调模式。)图中的实线是调形,虚线是过渡段,它相当于草书的"连笔",

---

[①] 关于普通话的声调、变调和语调的实验报告及其图例,可参看笔者的中、英文有关著作,兹略举中文的几种如下:《普通话语句中的声调变化》,载《中国语文》1982年第6期;《普通话三字组变调规律》,载《中国语言学报》第2期,1985年;《汉语普通话语调的基本调形》,载《王力先生纪念论文集》,商务印书馆,1990年;《普通话四字组中韵律变量的处理规则》,载《语音研究报告》,中国社会科学院语言研究所,1998年;《中国音韵学和语音学在汉语言语合成中的应用》,载《语言教学与研究》2002年第1期。

实际也有"断开"和"连接"两种形式（两字的下字：如为清声母，过渡段就断开；如为浊声母，就连接），断开的上字调尾与下字调首仍互相呼应，它相当于草书的"映带"；连接的上字尾与下字首就连在一起，它相当于草书的"连绵"。注意两字连读后，无论断或连，每字的调形也就起了些变化，而且有时位置也移动了，这种情形都和草书的连笔相同。

图 9 是普通话部分三字组合的变调模式（录音实例），图中用 1、2、3、4 表示四声。普通话的两字组，无论其语法结构如何（下字如是轻声除外），变调规则都是一样；三字以上的多字组变调就比较多样化了。图中的实线为变调调形，虚线为这个字的单读时的基本调形，作为参考。本图分为 a、b、c 三行；a、b 两行都是"以阳平为次字"的三字组变调模式。除 a 行的首字为阴平、b 行的首字为阳平外，两行的第三字各用四声递接。图中可见除两行的首字调形有不同：在 a 行是高平调，在 b 行是高升调；其次字、三字的调形都相同。

图 9 的 c 行是"首、次两字都为上声"的三字组变调，第三字也是用四声递接。由于前两字都是"上＋上"，照两字组的规则，前上应该变阳平；图中可见在第三字为阴、阳和去（非上）声时，首字变成跟阳平相同的高升调；但是当第三字也是上声时（"上＋上＋上"），图中就出现了两种变调模式。这是因为三字连读就因语法的制约而产生"单＋双"格和"双＋单"格两种结构。"单＋双"格的例如"买老酒"。"老酒"是"直接成分"，在语法上结合得紧些，"老"字就得变为"阳平"调形。"买"字的后面既然遇到的是"阳平"了，就只能变成"半上"。"双＋单"格的例如"老酒好"，"老"变了高升调的"阳平"而"好"是低起的上声，"酒"字夹在中间，承上启下，就失去本来的调式，而成为"过渡跳板"的高降调了。这和书法的三字连笔何其相似（参看图 6 的"美人来"三字的连笔）。三字组的语

法结构还有一种形式:"单+单+单"的并列格,例如:"工、农、兵",连读时一般按照"双+单"格的规则,这是由语言的节奏决定的。在草书中也是如此。书法的节奏和语法的节奏是相通的。

图10是四个"三字组"的连读变调(录音实例)。实线是变调,虚线是作参考的本调。前两个字都是"和平"二字,只是末字由四个不同声调递接,由于"逆同化"作用,就影响了次字的变调,使"平"字成为过渡。这也和书法的"一字之末,成次字之首"的规律是相同的。

图11是"四字组"的变调模式(发音人录音实例),包括七种不同的语法结构,依次是:"单、单、双","双、单、单","单、双、单","三(单、双)、单","三(双、单)、单","双、双","单、单、单、单"。四字的变调,基本上是两字的结构按二字变调模式先变调,然后再变其余的调(称为"连锁变调")。如"西太平洋"和"圆明园路"都是"三+单",但这两个三字组的语法结构就有不同:"西太平"是"单+双",而"圆明园"是"双+单"。变调的进程是一瞬间就完成,但分析起来,就要分先后。变调由双字组先变,然后剩下的两个字再按与双字的关系来变。

图12是另外一种语法结构的四字组,每组中都有两字重叠,但叠字的分布不同。本图的叠字格式依次是:"前连叠、后连叠、双连叠、前跨叠、后跨叠、双跨叠、中连叠、首尾叠"。各组中的叠字有连叠和跨叠。连读的叠字一般是次字"轻读"。(在草书中如果遇有连叠的字,下字就写成"两点"。)对跨叠的四字句,按"双+双"格读,但第二字和第三字读得较短。

图13是由一发音人用不同语调说出四句话的调形。(前三句的文字完全相同,第四句少一个"两"字。)文本是:"请你 给我 买两把 好雨伞"。此文有四个短语,因各句的短语重点不同而有不同的变调。发音人发音之前,由实验者给他说一引导句来示意。

第一句的引导句是:"要买好的伞,不要买次的"。"好雨伞"三字的连读变调,本来应该按图九 c 行的三上连读的"单+双"格变调:"好"字读"半上";但因有了"要买好的"先入为主的意图,说出的结果就把"好"字强调而变成阳平了。

第二句的引导句是:"要去买,不要去借"。"买雨伞"三字按图 9:"单+双"格的三上连读,首字本该读半上的低调。但因强调了"买",于是变成升调。

第三句的引导句是:"要给我买,不要给他买","给我"二字的"我",与图 6"上+上"的次字变调相同,应该读低平调,但因要强调"我",就变成高升调。

第四句是要求发音人加快来说,速度比前三句几乎快了一倍。于是中间各字都成了过渡,各字无法说得完整。除第一短语虽有缩短,但多少还维持原来的调形,其余各字调形全被拉平,急转直下而成了全降的语调。这在草书中是如同长句连写,如图 1 中四字以上的连笔以及图 4 中的各五字句连笔的例子。

图 14 是从电视的影剧中转录的"感情语调",这是一个妇女骂她丈夫的三句话,一句强过一句。第一句还比较平稳,第二、第三句的调域就扩大到超过两个倍频程。(普通话在常态话音中的调域,无论男女,一般不超过一个倍频程。此例的强调程度竟如此出格,其"跌宕错综"的程度,真可比得上怀素、张旭的狂草笔法。)(参考图 2 及图 6 之(2))

四、书话同源

从上述草书书法与口语话法各例的比较,可证草书的运笔和口语的发音都是动机起于内心,而发挥形诸笔、舌。草书中短语的连笔和口语中短语的连调,都合乎语法或"话法";笔法的夸张离格和语音的强调离谱也都出自激情。而且连笔与连调的规则又都属于逆向的同化作用。在书法是：笔未到而走势先成，书画家称之为"意在笔先"；在话法是：声未出而口形先备，我们也可称之为"意在声先"。① 书法、话法的同源，在一切艺术中也大都有同源之处。现在把草书的连写运笔规则和语调的连读变调规则作一总结对照：

草书	语调
"执"：字形的深浅长短	调形的高低升降
"使"：走势的纵横牵掣	过渡的同化异化
"转"：连笔的钩环盘纡	连调的断续蜿蜒
"用"：气韵的点画向背	韵律的轻重疾徐

附录

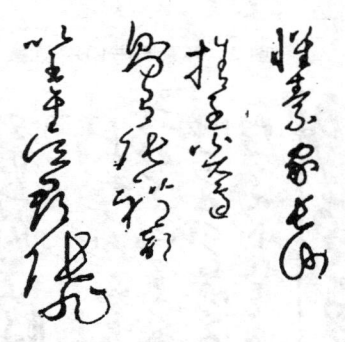

图1　怀素草书(1)

怀素家长沙。/捨子奚適。/则有张禮部。/以至于吴郡张旭。

---

① 关于"意在声先"，参看作者的《补听缺斋语音杂记》，载《中国语文》1989年第6期。

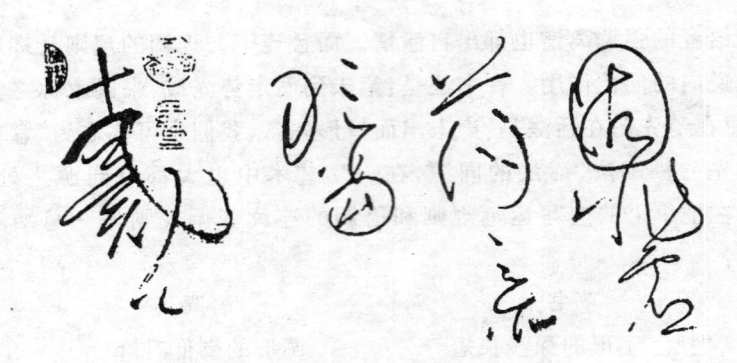

图2　怀素草书(2)　　固非虚荡之所敢当　戴公

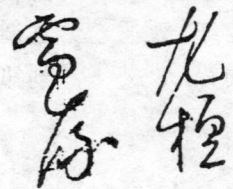

图3　怀素草书(3)　　尤擅　電流

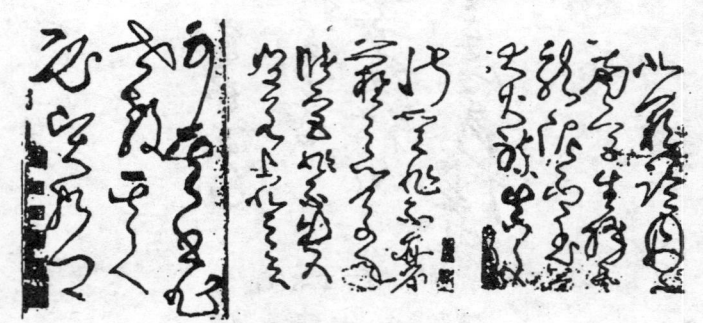

图4　张旭草书

北阙临丹水:/南宫生绛雲。/龍泥印玉筒;/
大火炼真文。/淑质非不麗,/難之以萬年。/
储宫非不贵,/岂若上登天/(可。)其书非/
世教,其人/必贤哲。

图 5　黄庭坚草书

動仙乐，嘈然宛似/鸾凤鸣。长袖/滄霞樓上/恐伊执着，
且/执着甚麽？为/復执着理;/执着事;执/着色;执着/

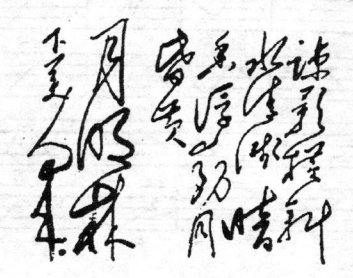

图 6　毛泽东草书（1）

疏影横斜/水清浅：暗/香浮
动月/昏黄。月明林/下美
人来。

（2）何郎無/好詠，东风/愁寂幾/
回開/毛泽东

图 7　普通话单字阴阳上去四声调型

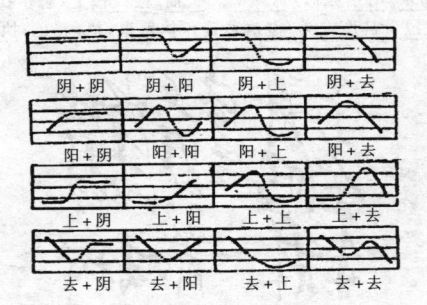

图 8　普通话二字连读变调模式

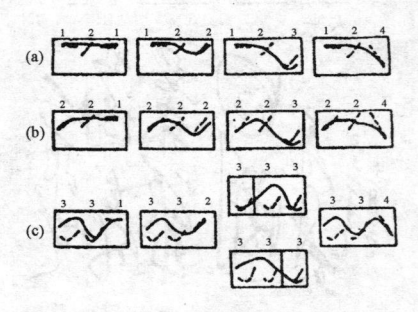

图 9　普通话三字组连读变调的特定规则举例

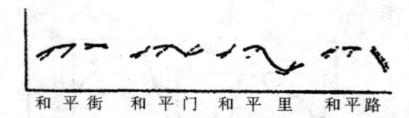

图 10 普通话三字组受末字调同化的变调实例

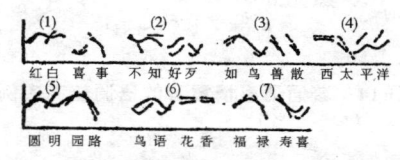

图 11 普通话四字组连读变调实例(1)

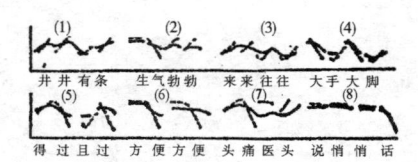

(1) 红白喜事 (2) 不知好歹 (3) 如鸟兽散 (4) 西太平洋
(5) 圆明园路 (6) 鸟语花香 (7) 福禄寿喜

图 12 普通话四字组连读变调实例

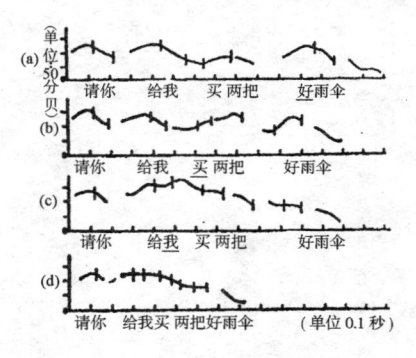

(1) 井井有条 (2) 生气勃勃 (3) 来来往往 (4) 大手大脚
(5) 得过且过 (6) 方便方便 (7) 头痛医头 (8) 说悄悄话

(a) 请你 给我 买 两把 好雨伞
(b) 请你 给我 买 两把 好雨伞
(c) 请你 给我 买 两把 好雨伞
(d) 请你 给我买 两把好雨伞 (单位 0.1 秒)

（单位 50 分贝）

图 13 普通话逻辑重音的语调变调实例

375

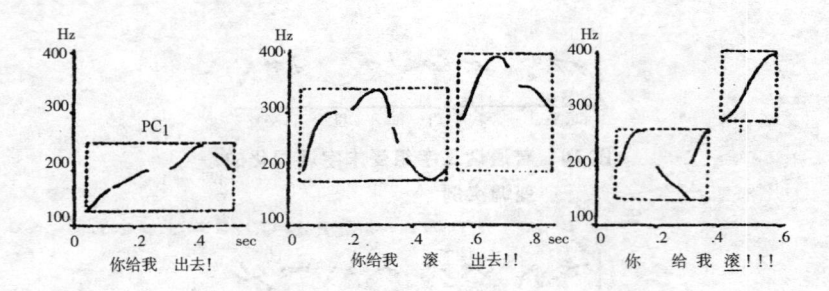

图 14　普通话感情重音的语调变调实例

（原载《世界汉语教学》2003 年第 1 期）

试论普通话中韵律规则与其他若干学科中韵律规则的共性

摘要 语音是思维的媒体之一,口语中的抑扬顿挫、顺逆同化等韵律变化都是由思维控制的。我国的传统艺术中如诗文的格律、书画的笔法、音乐歌舞的节奏等,也都是思维的媒体,各有其韵律,它们同属汉语的思维系统,因此彼此之间的韵律规则自有许多共性值得探索。此外,现代物理学中关于相对论的理论以及生理学中关于言语神经的一些活动,也都有其韵律规则。本文选出普通话的若干连续口语中韵律变化的规则,与我国几种传统文学、艺术的韵律规则试作比较,寻绎其间的共性,并以物理、生理的有关韵律规则加以印证,或可作为今后建立汉语语音韵律规则的参考。

一、引言

人们要传递和表达自己的思维,就得转换成一些信息或媒体,使接收者能够感知。人类常用的感知渠道是视觉与听觉。视觉感知的信息有文字、图画以及表情,听觉的有语言、歌唱以及拟声。视觉信息的艺术化有舞蹈,听觉的有音乐(当然,还有戏剧,是二者得兼的)。这些信息的质与量都由思维产生和控制。因而信息的活动和节奏与思维的是同步的。以语言来说,传统的语言学和语音学的研究,都只属于"人—人对话"的范围,新兴的"人—机对话"的语言学、语音学还没有有系统地问世。语音动态的高层次规则是"韵律规则",它包括语音的三项特征:高低、轻重和快慢。三者的搭配和变化,随思维活动而极其繁复,成为今日"人—机对话"中提高语音自然度的

"瓶颈"。(吴宗济,1997)

今日"人—机对话"中的一项主要任务,是普通话语音合成与识别质量的提高。目前,在我国的言语工程方面,通过二十来年文理的合作,针对汉语的特点,从字到词、从词到句,成果已从实验室走向市场,取得了前所未有的成就。只是过去的研究,对普通话短语连读的音段和超音段的处理,虽已达到较为满意的程度,而对有关成句和成篇自然度的韵律的处理,却还有不小的差距。

究其原因,表达语句自然度的载体,除上述的特征外,还有连续语音的韵律三特征的搭配。它们的相互依存和制约的关系,因人别、因语境而异,其多变规则的分析处理还达不到应有的水平。语言学者可套用当年梁沈约论声调的说法,现在韵律的研究是:"程序之法有限,韵律之变累万;以累万之繁,配程序之约,韵律变化,非思力所举。……"况且"人—机对话"中的语音韵律的授受,和"人—人对话"中的大有不同。后者是单凭口耳就能随机应变;前者就必须把表达思维的一切韵律变量的细节,准确无误地编成数码,再通过相当复杂的程序来运行。

语音动态的"韵律规则"的探索成为今日"人—机对话"中提高语音自然度的关键。韵律既是思维的媒体,我们在进一步探索语音韵律规则、从事大量取样和编码之外,似乎还应该扩大一番视野,看看同属思维媒体的其他学科中,有没有可供借鉴的韵律规则。最为接近汉语思维的其他学科,要数中国传统的文学和艺术了。本文对此作些尝试,选取文学中的诗、文和赋,艺术中的书画和乐曲,简略地介绍其中的韵律理论和分析方法,来作为建立普通话语音韵律规则的借鉴;关于处理方案,还介绍一些近来物理学和生理学研究中有关韵律的新资料来扩大思路,作为研究分析语音韵律的参考。

二、中国文学中的韵律规则

2.1 诗

现代中国语文学课程中关于韵律的叙述,多属于诗、词、曲、赋,以及文章的节奏,其中也有一些是属于中国音韵学和普通语音学的。传统音韵学中关于语音的资料,多数是声母与韵母的考据和分类,关于声调的也只限于调位的分类而缺乏调值的描写。(吴宗济,2002)古代的诗与歌是一体的,古诗的体由四言而发展为五言、七言,都是能吟唱的。律诗讲究平仄搭配,就完全属于韵律规则的要求。(吴宗济,2003a)语言学大师王力先生在论汉语律诗的平仄与长短关系问题,正是与吟诵的韵律有关。他说:

"声调自然是以音高为主要特征,但是长短和升降也有关系。依中古声调的情形看来,上古的声调大约只有两大类,就是平声和入声。中古的上声最大部分是平声变来的,极小部分是入声变来的。中古的去声大部分是入声变来的,小部分是平声变来的。(或由平经上变入。)依我们的设想:平声是长而不升不降的,上去入三声都是短的。这样,自然分为平仄两类了。平仄递用就是长短递用,平调与升降调或促调递用。"(王力,1962)

梁代文学评论家钟嵘的论诗:"人秉七情,应物斯感,感物吟志,莫非自然。"古诗中有以诗配乐的体裁,称为"乐府"。钟嵘说:"乐府者,声依永,律和声也。""故知诗为乐心,声为乐体。乐体在声,瞽师务调其器;乐心在诗,君子宜正其文。"(周振甫,1985)说明诗与乐是不可分的。诗不协乐,就是不正。因此其韵律是严格的。早期的乐府诗是配乐的,至唐以后的乐府就脱离乐律而徒有其名,成为诗的一种体裁了。

2.2 文

古代文人的文章,到汉、魏以后齐、梁之际,就开始讲求声律,用乐律来描写声调的相对值。而且古代文章多主张要合乎吟诵，那就也与声调的音乐感有密切关系.梁代"永明体"的一派文人讲究四声，其中的沈约是代表。他论文章的音乐化和韵律的规则：

"夫五色相宜，八音协畅；由乎玄黄律吕，各适物宜。欲使宫羽相变，低昂舛节；前有浮声，则后须切响。一简之内，音韵尽殊；两句之中，轻重悉异。妙达此旨，始可言文。""宫商之声有五，文字之别累万。以累万之繁，配五声之约，下低昂，非思力所举，又非止若斯而已也。"……若以文章之音韵，同弦管之声曲，则美恶妍媸，不得顿相乖反。"（沈约《宋书·谢灵运传论》）

这就强调了文章的声调可以完全用音乐的五音相配，而获得与弦管之音同样美妙的境界。

梁代的文学评论家刘勰也说：

"夫音律所始，本乎人心者也。声合宫商，肇自血气。……古之教歌，先揆以法，使疾呼中宫，徐呼中徵。夫宫商响高，徵羽声下；抗喉矫舌之差，攒唇激齿之异；廉肉相推，皎然可分。……凡声有飞沉，响有双迭。双声隔字而每舛，迭韵杂句而必睽。沉则响发而断，飞则声扬不还。并辘轳交往，逆鳞相比。……是以声画妍蚩，寄在吟咏；滋味流于下句，气力穷于和韵。异音相从谓之和，同声相应谓之韵。"（周振甫，1998）

这是一段较早的相当具体的韵律评论。他主要说明语音的韵律来自人的思维。声调就靠发音机制的运动。古代的唱法是：紧唱要合宫调，慢唱要合徵调。宫、商调高，徵、羽调低。（按：古代五声音阶的"宫商角徵羽"，是宫低而徵高。刘勰说：宫是"疾呼"、"响高"；徵是"徐呼"、"声下"，则是徵低而宫高了。如无错简，也可以按"旋相为宫"的唱法，以徵为宫，就是徵低而宫高。）双声的字不能隔开，叠韵的句不能杂乱。声调太低会隔断，太高会走调。这样，韵律就得循环而齐整。文语之美全在吟咏。韵味要传给下句，气力要用来和韵。不同的音连读叫做和，相同的调呼应叫做韵。

(按:古代文献中"声"、"音"常混用。如据《说文解字》:"宫商角徵羽,'声';丝竹金石匏土革木,'音'也",则"声"与"音"是"声调"与"音质"的区别。)(吴宗济,1997)

2.3 赋

语音韵律的变量,在语境中影响的因素,不是用简单的规则就能概括的。在古文献中,常有用非常华赡的文笔描写事物的动态,而使情文并茂的。这也可用来比拟语音的韵律。如三国时曹植(子建)的《洛神赋》中,有一段想象洛神体态的描写:

"神光离合,乍阴乍阳;翩若惊鸿,婉若游龙;动无常则,若危若安;进止难期,若往若还。"

此赋的八句虽是想象洛神的姿态,但却是一段节奏完美、词义对称、极为精彩的文字。我们试把这八句借用在语音韵律的描写:节奏变化或断或连;阴调、阳调随机搭配;高调如惊鸿的起飞;连调若游龙的蜿蜒;韵律动态没有常规;语气力度或紧或松;节奏停延难于预定,同化异化有顺有逆。

这一段话把体态之美同文章之美融合无间,而用来描写语音韵律之美也是恰当的吧。

三、中国艺术中的韵律规则

中国的艺术包罗很广。这里只选几种同属于直接表达思维的媒体:音乐、书法、绘画和戏曲。其中的韵律规则与语音的韵律规则有很多相通之处。在此择要选录一些前人的论述。

3.1 音乐

中国古代关于音乐的叙述,有"乐律"和"乐音"两大部分,文献极其丰富。乐律是声调计量的基础。王力先生对"乐律"曾有简明通俗的介绍,兹摘录如下。

"古人把宫商角徵羽称为五音,……后来再加上变宫、变徵,称为七音。……作为音级,宫商角徵羽等音只有相对音高,没有绝对音高。这就是说,它们的音高是随着调子转移的。但是相邻两音的距离却固定不变。只要第一级的音高确定了,其他各级的音高也就都确定了。古人通常以宫作为音阶的起点。……宫的音高确定了,全部五声音阶各级的音高也就都确定了。七声音阶的情况也是这样。"①

"古书上常常把五音和六律并举。……律和音是两个不同的概念。……旧说古人用十二个长度不同的律管,吹出十二个高度不同的标准音,以确定乐音的高低,因此这十二个标准音也就叫做'十二律'。十二律各有固定的音和特定的名称,……从低到高排列起来,依次为:黄钟、大吕、太蔟、夹钟、姑洗、中吕、蕤宾、林钟、夷则、南吕、无射、应钟。十二律分为阴阳两类:奇数六律为阳律,叫做六律;偶数六律为阴律,叫做六吕。"(王力《中国古代文化常识图典·乐律》)

中国的传统音韵学,从来就是用宫商五声的乐律来描述声调的。到了明代,朱载堉始创的"十二平均律"的理论达到很高的水平。(戴念祖,1994)我们的实验证明,不同人或不同语气语调的频率值各有不同,但如用十二平均律的音程来计量,其调型格局相对是守恒的。正如王力先生所言:声调的乐律是相对音高,不是绝对音高。(吴宗济,1994,1997a)

3.1.1 声乐

中国从来就是用乐律来分析声调的。现代的语音实验证明,不同人或不同语气的声调高低可以不同,但同一方言中调位的乐律格局是相对稳定的。语音声调的表达有声乐和器乐。声乐主要

---

① 按:语音的声调正是如此。在平叙句中,四声的一个基调的音高定了,其余各调的音高也都定了。参看吴宗济,1994。

是歌唱和戏曲。以曲调唱法非常严格的昆曲为例,明清之际,昆曲的唱法由于文人雅士的参与和切磋,流传了不少有关乐理的唱论。其中的术语换成现代词汇来说,就有:音阶、音程、音域、旋律、滑音、主题、变奏、节拍、转调、移调、尾声等等的规律,都可用来作为研究语音韵律的借鉴。

关于乐音的叙述,最早的文献有《周礼》的《乐记》,它指出音乐的产生和发展:

"凡音之起,由人心生也。人心之动,物使之然也。感于物而动,故形于声;声相应,故生变;变成方,谓之音;比音而乐之,及干戚羽旄,谓之乐。……故歌之为言也,长言之也。说(悦)之,故言之;言之不足,故长言之;长言之不足,故嗟叹之;嗟叹之不足,故不知手之舞之,足之蹈之。"

这就是说,言语是由思维产生的,而音乐、歌唱、舞蹈都是言语的延伸和规范化。

3.1.2 器乐

关于演奏器乐的韵律,可以唐代大诗人白居易描写琵琶演奏之听感为例:

"轻拢慢捻抹复挑,初为霓裳后六幺。大弦嘈嘈如急雨,小弦切切如私语。嘈嘈切切错杂弹,大珠小珠落玉盘。间关莺语花底滑,幽咽流泉水下滩。水泉冷涩弦凝绝,凝绝不通声渐歇。别有幽愁暗恨声,此时无声胜有声。银瓶乍破水浆迸,铁骑突出刀枪鸣。曲终收拨当心画,四弦一声如裂帛。……"

此诗用刻画入微的状声字句,描写出琵琶声的抑扬顿挫以及指法的入神。其中的有一些描写,可以拿来比拟语音的韵律,如:"急雨"是快速,"私语"是轻读,"花底滑"是连绵变调,"水下滩"是降调,"凝绝"是停顿,"水浆迸、刀枪鸣"是突升的移调和突增的音量。……

3.1.3 戏曲

关于戏曲的唱法，元代芝庵的《唱论》说：

> "歌之格调：抑扬顿挫，顶叠垛换，萦纡牵结，敦拖呜咽，推题九转，摇欠遏透。歌之节奏：停声、待拍、偷吹、拽棒、字真、句笃、依腔、贴调。"

他对昆曲韵律的格调（声调、字音）、节奏（长短、快慢）有如此详尽的描述，其中有多半可以用来作为语音韵律的规则的。

声调的节奏在戏剧道白中的作用，明代李渔《闲情偶记》中有论昆曲"宾白"的韵律：

> "世人但以音韵二字用之曲中，不知宾白之文，更宜调声协律。世人但知四六之句平间仄，仄间平，非可混施迭用，不知散体之文亦复如是。……如上句末一字用平，则下句末一字定宜用仄。……"

这就不止是描写歌唱，而是描写道白，有如今之朗诵。其韵律规则就和口语的韵律规则有更密切的关系了。

3.2 书法

书写的文字主要是思维的媒体。汉字书法的演变为：篆、隶、楷、行、草。草书的发展过程有"章草"、"今草"、"狂草"三个阶段。书法中能自由表达思维的是今草和狂草，而狂草尤其能抒发感情，达到随心所欲的自然境地，因此其韵律变化就特别丰富。这里就以狂草为例。唐代张怀瓘《书断》论草书的体势说：

> "字之体势，一笔而成。偶有不连，而血脉不断。及其连者，气候通其隔行。唯王子敬明其深诣，故行首之字，往往继前行之末。"

他所说草书是"一笔而成"，如果笔划不连，但"血脉"仍旧"不断"，这正是语音连读变调的两种模式。语音实验证明：两音节连读，后字的辅音如为浊辅音，调形就和前字调尾连接而一气呵成；如为清辅音，调形就断开而走势不断。他所举王子敬功力之深，写得通畅时,次行首字的起点笔势会接上前行末字之尾。这也正是语音韵律的一条重要规则:在自然口语中,下句的头会和上句的尾连读而服从"跳板规则"构成"协同变调"。(吴宗济,1990)

宋代姜夔的《续书谱》对草书有更精辟的理论:

"草书之体,如人坐卧行立。…… 一切<u>变态</u>,<u>非苟然者</u>。…… 又一字之体,率有多变,<u>有起有应</u>。如此起者,当如此应,各有义理。…… 自唐以前多是'独草',不过两字属连。累数十字而不断,号曰'连绵'、'游丝'。……古人作草,其相连处,特是'<u>引带</u>'。尝考其字,是点画处皆重,非点画处偶相映带,其笔皆轻。虽复变化多端,而未尝乱其法度。张颠、怀素规矩最号野逸,而不失此法。…… 大抵用笔有缓有急,有有锋,有无锋;有承接上文,有牵引下字。① 乍徐还急,忽往复收。缓以效古,急以出奇;有锋以耀其精神,无锋以含其气味;横斜盘纡,<u>皆以势为主</u>。"

现代书法家欧阳中石说:"草书的笔画可以'连绵'、'约简';结字可以'变形'、'移位';字与字可以'萦带'、'呼应'、'跌宕'、'交错'、'参差'、'间插'……。"(欧阳中石,1997)

草书的韵律,如"一言以蔽之",就是"以势为主"。综合各家之论,草书书法韵律的格局,可以简化为三种模式:

1."连绵":草书的上字尾笔与下字起笔连写,为不断的笔法。

2."映带":草书的上字尾笔与下字起笔断开,但"笔意"(走势)仍前后呼应。

3."错综":一幅草书中有的字形放大或缩小,行款有的离格或跨行。

正如语音的两字连读变调模式,如前节所述:"连绵",下字为浊辅音或元音,其过渡调形不断;"映带":下字为清辅音,其过渡调形稍稍断开,但听不出来(二者过渡的走势,都如同船与岸之间的

---

① 按:"承接"、"牵引"正是"跳板规则"的头、尾调形。

跳板）；"错综"：例如两上声连读时，前上声的变为阳平的极化调形（1,2为"语音变调"，3为"音系变调"）。（吴宗济，1990）

草书的笔法，历代论者很多，大都只说到如何心手相应，如何运笔布局，但是从未有人说清楚：在一幅草书中，为什么有些连笔而有些不连。我们现在从狂草的书法中可以回答这个问题了。这就是连笔的"书法"和"文字"（准确地说，应该是"语言"）的语法是有密切关系的。试想书写既然是受思维支配，就必然会反映写者的"思路"（即刻就反映在"潜语言"上），草书是纵笔疾书，也就更和口语的语法合拍。以唐"草圣"怀素的狂草《自叙帖》真迹为例：①全帖共计703字、126行，以四字的短语占绝大多数，都作连笔（除了遇到换行时，笔划不得不断开之外，但笔势仍常有呼应）；其他的短语和句子也都按语法处理，或连绵，或映带。例如《自叙帖》的第一句是"怀素家长沙"："怀素"和"长沙"都是语法中"直接成分"的二字组，就各作连笔，而"家"字和上下字断开。又多字组的短句如："则有张礼部"、"以至于吴郡张旭"等，字数虽多，为了贯彻语气，也是一笔到底，充分反映了语法的结构，都作"连绵"的写法。（参看本书371页图1。）

近人王浼林在《自叙帖》的序中评介怀素的草书说：

"'使转'可谓草书之灵魂。……牵丝映带，气血一脉。……此帖牵丝处理，已达顶峰。连绵缭绕，生动多姿。尤其某些'借笔'牵丝……一字之末，成次字之首。浑然天成，虚实互见。狂草强调制造矛盾，又解决矛盾。故字形大小之错综，亦成为得力武器。……此卷字形大小、开合，对比极为夸张，洋溢着浓烈的浪漫主义气息。此外，《自叙帖》无行无列，行间疏密，虚实互见，大章法却能以一气团之，有全卷浑然的缜密感。"

---

① 研究前人笔法，必须根据其真迹或其影印本，再好的拓本对牵丝等笔也不免丢失。

这里说到怀素的"借笔牵丝"和"大小错综"的两种笔法,可举一些例子(参见本书第 372 页图 2、图 3)。

图 2 是"大小错综"、"无行无列"的例。本来每行都有五六个字,这句"固非虚薄之所感当"八个字忽然放大,占了三行。不但大小错综,而且出行出列。"戴公"两字更是占满了一行,不但更加出格,而且大小悬殊,淋漓尽致。

图 3 是两组连绵映带的例。"尤擅"二字,上字"尤"的末笔为右上角的一个"点"和下字"擅"的首笔为左边一横的起点,距离较远,但仍拉出一条相当长的斜线("借笔")作为"牵丝"。再看"电流"两字,"电"的末笔为一钩在最右,"流"的首笔为一点在最左,本可拉一"牵丝",但上字"电"的末笔一钩是向上挑的,其势不便向下,于是索性顺势将笔锋左转一圈,去和下字"流"的首笔接轨。所以草书的精神就在于"以势为主",而这样的连绵或映带,又基本上是服从语法结构的。

其他古今草书名家,如唐张旭、宋黄庭坚(山谷)、清傅山,乃至现代的毛泽东,他们的草书笔法中的连绵、映带也都合乎语法和语气。但如在放诞自然上,只有毛氏可与怀素分庭抗礼。(吴宗济,2003)

关于毛泽东的书法,评家称之为天才而与素书、黄书媲美。王涣林在怀素《自叙帖》的序言中同时评论毛书说:

"黄山谷、毛泽东学狂草有成。黄山谷得之于禅悦,毛泽东得之于天才。毛泽东以文纵奇秉超越了笔墨字形之羁绊,径与狂僧神游;笔法上虽略逊一筹,气局意象之高,似有过之。"

试看本书第 373 页图 6 的例,就知并非过誉。它是毛氏写的古诗,采自中央档案馆编《毛泽东手书古诗词选》。"疏影"、"暗香"两句名句,用笔都是按短语语法作"连绵"的草法。"月明林下美人来"一句,除换行断开都是一笔到底的。"(自去)何郎无好咏,东风愁寂几回开"两句,越写越大,最后"几回开"三字的错综出列,与怀素实为异曲同工。

这里出现一个有趣而值得探索的问题。

毛氏书写的古诗选,略经统计:此册共收作品117首,作者57人;全书213页,狂草就有148页,狂草极多连笔;其余为今草。另外我查到了一本毛氏写的自作诗词影印本(胡为雄编著:《毛泽东诗词鉴赏》,红旗出版社,2002),全书共收诗词75首,书法多为行楷,很少草书,决无狂草,更少连笔,而且有的是涂改的修订稿。按理自书己作,应该更熟悉、更自由些,但其结果恰恰相反,不作狂草,行款也显得拘谨了些。这却是为何?

据我臆测:毛泽东写古人作品,可能不是抄写而是背诵的。我幼年也是读的私塾,同有此经历。经史诗文全得熟读背诵。所以他写来但凭记忆,不用查书,(如本书373页图6(1)的"疏影"两句末二字,林逋的诗原作"黄昏",写成"昏黄",似乎是记错了。但当年诗人为了押韵,把"黄、昏"作为形容词,与"清、浅"成对。而在今日,"黄昏"已通用作为名词,与"月"字连接就不通。毛本是诗人,就不经意地在自然思维中纵笔疾书,写成"昏黄",来和"清浅"作对了。这正是狂草不假推敲、紧接思维的一个很好的例子。)因此他所写古诗都用草书。至于他写自己的作品,虽然内容都是熟悉的,但有时还需要改动一些,有的诗还可能是应求之笔,这就较为严谨,反而不够流畅,就用行草了。

本文对草书所引文献似乎太多了些,与其他各节不平衡。原因是:草书的连绵错综,几乎完全反映了思维中的语法规则,能和语音的韵律动态相互对应。它的离行、扩大,也同感情语调的调阶移动或/和调域展宽相合。其中多维变量的现象,更是有其共性。所以研究草书的韵律规则,可以给语音韵律研究做很好的参考。(吴宗济,2003b)

3.3 绘画

中国传统的绘画向来分为"工笔"和"写意"两大类,而"写意画"又名"水墨画"或"文人画",最多的作品是山水画。它是表达思维、抒发情感的主要媒体之一。古往今来,关于这方面传世的作品和理论,较书法的有过之无不及。"写意",顾名思义,就是表达思维。其间的笔法和布局差不多都和草书书法的韵律在在相通,向来有"书画同源"之说,因此也能成为研究韵律规则的重要对象。

唐代大诗人兼山水画家王维(传)的《山水诀》说:"夫画道之中,水墨最为上。肇自然之性,成造化之功。"他的《山水论》又说:"凡画山水,意在笔先。"北宋郭熙《林泉高致集》中的《山水叙》又说:"人之学画,无异学书。"他论山水画法要自然,要"意在笔先",无异于作草书之法。(程翔章等,1997)

明代石涛论写意画的笔法更为具体:

"动之以旋,润之以转,居之以旷。出如截,入如揭。能圆能方,能直能曲,能上能下,左右均齐,凸凹突兀,断截横斜;如水之就深,如火之炎上,自然而不容毫发强也。"又说:"山川万物之具体,有反有正,有偏有侧,有聚有散,有断有连。……"

石涛论写意的笔法:有旋转出入,方圆曲直,上下左右,凹凸横断,反正偏侧,聚散断连。……这简直就是狂草的韵律。而特别提出笔法的变化,不可"拘于拟古"而要能"借古开今"。他说:

"至人无法,非无法也,无法而法乃为至法。凡事有经必有权;有法必有化。一知其经,即变其权;一知其法,即功于化。夫画,天下变通之大法也。"

这段语录看似玄虚,实际上他提出的"经"与"权","法"与"化"的辩证关系,和春秋时孟子的一段话极其相似。孟子(轲)曾批判当时杨、墨两学派的"为我"与"兼爱"是各走极端,提出"权"的重要性：

> "执中无权,犹执一也。所恶执一者,为其贼道也,举一而废百也"。(《孟子》"尽心"章)

这就是说：单靠规则（"执中","经"）而不知变通（"权"），就是墨守陈规而不问其余（"执一"）；这就成为真理之障碍。所以处理问题要融会贯通。石涛的这个启示，对今日一切科研工作都有指导意义。例如，口语语音的必然变调规则是"经"与"法"，而韵律的或然变化则是"权"与"化"。

现代艺术家郭茂来所著绘画理论，从视觉的感知方面，来衡量艺术品的美学价值，绘画的视觉规则与语言的听觉规则相通，称为"视觉语法"。其论点是：

> "视觉语法是一句视觉语言所要表达的特定信息,有机合理地构成诸多视觉语词秩序的组织方法,也就是把视觉内容的各种要素,协调统一起来的结构形式。……在艺术语言中,构成不同形态、色彩语词间秩序关系的语法要素有：'平衡'、'节奏'、'韵律'、'旋律'。……视觉形态的平衡关系,可以分为以静感为主导的平衡和以动感为主导的平衡。以静感为主导的平衡是指以'对称性'原理构成的平衡关系,也称之为'均齐关系'。依据对称关系的不同特点,可将视觉形态对称的形式分为'反射对称'、'回转对称'、'旋转对称'、'移动对称'四种主要类型。以动感为主导的平衡是指平衡关系中的'不对称'形式。这种以不对称的形式所构成的平衡关系,也称之为'均衡'。"(郭茂来,2000)

写意画的"平衡"与"均衡"，就相当于草书的"连绵"与"错综"，也相当于口语连音的"同化"与"极化"，都是"韵律"的表现规则。

中国向来有"书画同源"之说，基本上都从思维与韵律的关系立论。兹举两例。如胡寿荣论水墨画与书法：

> "张旭的草书,其'势'和内力达成的动态活力,给人以'流畅'、'舒旷'、'顿挫'的抽象美感。……书法的点划从生成之日起即是对抽象情

怀的自由阐释。'书画同源',中国画的笔法来自书法,中国的书与画有着共同的审美特征。中国写意绘画的笔墨法则基本上是由书法的笔意、笔法发展而来的。……中国书画的笔墨是理性经验外化之迹,笔墨呈现的效果多层次地反映了智性潜能以及抽象思维美学所意含的审美情调与意境。……用笔的疾徐顿挫等,其表征乃是抽象形态。"(胡寿荣,2003)

程翔章论书法与画法的关系说:"从早期的书法与绘画看,二者本就同出一源。往往字就是画,画就是字。"他举张芝草书一笔而成、陆探微作画连绵不断的例,"书法在章法布局上也有很多相通之处。如在疏密的处理上,都讲究'疏能走马,密不通风'。在虚实的处理上,都讲究'虚实相生,计白当黑'。在大小的处理上,都讲究'参差错落,揖让补救'等等。因为书与画具有以上特点,所以我们说,中国书画同源是有根据的。"(程翔章等,1997)

这些资料不但把书法与画法的韵律作了充分的等同,而且认为视觉的韵律也有语法。同时,我们在语音中也找到不少与书、画相通的韵律规则,而且它们都是来自思维,因此我们也可顺理成章地说:书、画与话语都是同源。(吴宗济,2003)

四、语音韵律的变化规则

4.1 普通话韵律的基本单元(必然变量)

普通话的韵律,在语音学上是包括声调、重音、快慢和音步的节奏;在声学上是包括音高、音强、音长和停延的搭配。韵律的表现,无论是在短语、在句子和在篇章中,都是以单字和短语为基本单元,这就是所谓语调的底层结构。说话时根据需要,在句子中先有了一些修改而成为语调的表层结构。因此,表层语调是由若干个底层机构,通过"逻辑"(问答或祈使)或/

和"语气"(感情或责难)的韵律修饰,而构成表层结构的。底层结构的变量是受生理上、声学上和音系规则上支配的"必然变量";表层结构的变量是受环境支配的"或然变量"。所以研究语句的或然变量的韵律,就必须先掌握了短语的必然变量的韵律规则。短语的韵律规则包括单音节调型、双音节、三音节、四音节各短语的音节间连读变调模型,以及语音学、音系学、语法学的"三平面变调规律"、协同变调的"'跳板'规则"、逐级语法层次的"'多米诺'变调规则",这些规则已有报告发表,并在言语工程中验证。(吴宗济,1982,1985,1988,1990,1991,1993,1994;吴宗济、王仁华、刘庆峰,1997)

4.2 普通话语调的韵律变量(或然变量)

上节指出:普通话语句的韵律包括语句的语气、节奏等的或然变量。这些或然变量是以底层的必然变量为基础的。所以对于表层的语调,如果不能澄清底层的必然变调,而直接从表层语调去分析,必将得出过多的语调模型而难于应用。我们应该掌握"法"与"权"的关系,从复式的表层语调中,先按"必然变调规则"把"基本单元"提取出来,所余下的韵律变量就浮现了。还有比较难于处理的,是接收反馈信息后的随境变量(如"应答"),也就是语音处理系统的自适应功能(这都属于韵律处理的最高层次),这些问题如不解决,自然度就永远不能提高。目前我们已经初步把或然变量之中常用的规则,如:线性频率转换为乐律半音的坐标,短语韵律的"移调"和"变域"处理等规则,都是为提高语音合成的自然度和语音识别的准确度打下基础的。我们认为,这些规则对于语音合成等处理方案,是必须首先考虑的基本概念。(吴宗济,1995,1996,1997,1998,2000;吴宗济、王仁华、刘庆峰,1997;胡其炜、蔡莲红,

1998;蔡莲红、吴宗济等,2001)

4.3 篇章韵律的分析初探

现代普通话的韵律规则,属于语句的,当前已经有不少研究成果了;属于篇章的,在语法方面的研究已有不少。在语音方面的似乎还不多。这里试以普通话的四句朗诵材料为样本,用上述的韵律规则作些分析。朗诵句如下:

"他们的品质是那样的纯洁和高尚。

他们的意志是那样的坚韧和刚强。

他们的气质是那样的深厚和朴实。

他们的胸怀是那样的美丽和宽广!"

这是由一位电台女广播员发的音。经过声学分析如图1a-1d。(原图包括:语音波形频谱、频率的赫兹调形、乐律的半音程调形、全部测量数据等五项。本文只列出半音程坐标的调形图及其数据。)

这四句中,(1)短语的语法:按赵元任先生的说法,"他们的"表"领属",是每图的第一句短语。"是那样的"表"程度",也是每图都相同。(赵元任,2002)"品质"、"意志"、"气质"、"胸怀"四个"名词",每图一组;"纯洁"、"高尚"、"坚韧"、"刚强","深厚"、"朴实","美丽"、"宽广",八个"形容词",每图两组。(2)短语的语音:"他们的"为"双+单"的三字调,"的"为"轻声"。"是那样的"为"单+三"的四字调,"是"作轻读,"的"为轻声。(吴宗济,2003)此四句朗诵描写的对象是人民英雄,带有称颂的感情。其移调程度和调域的宽度含有朗诵和歌颂的双重因素,此四句是服从篇章的韵律规则的,其中逻辑重音和感情重音的成分,由代词、副词和名词、形容词同时表达。我们把名词、形容词的数据跟代词、副词的数据分别测量统计(表1、表2),是要观察一下前者跟后者各自表达感情的程度有无不同。分析的办法是：短语一概不采用末字。"调域上限"用阴平字和去声字的调形起点；"调域下限"用全上字的转折点或半上字的终点。平均后,调域上限的数据作为基调,上限下限之差作为调域的宽度。

表1 图1a—1d的名词和形容词的基调和调域的数据

采用的阴平字起点的调阶	高♯D4	坚 G4	刚♯G4	深 E4	胸 A4
采用的去声字起点的调阶	意 G4	气 G4			
采用的全上字转折点和半上字终点的调阶	品 C3	朴♯C3			
平均基调	上限 G4	下限♯C3			
调域宽度	18ST				

表2 图2a—d中的代词和图3a—3d中的副词的基调上限的数据

"他们的"	图6a	图6b	图6c	图6d
基调上限	♯G4	♯G4	♯A3	♯A4
"是那样的"	图7a	图7b	图7c	图7d
基调上限	G4	♯D4	B3	B4

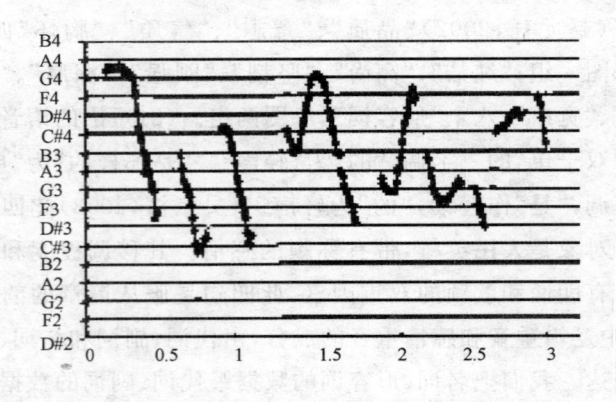

图1a：他们的品质是那样的纯洁和高尚

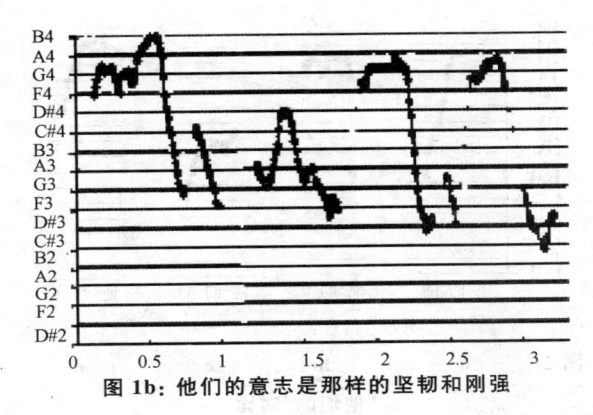

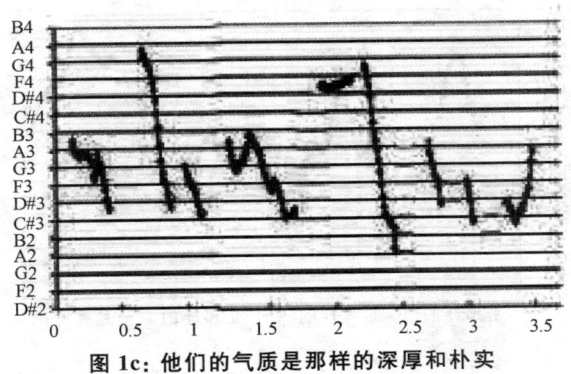

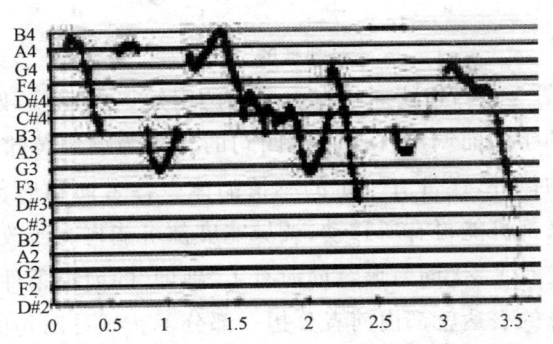

图 1b：他们的意志是那样的坚韧和刚强

图 1c：他们的气质是那样的深厚和朴实

图 1d：他们的胸怀是那样的美丽和宽广

图 2　　a　　　　b　　　　c　　　　d

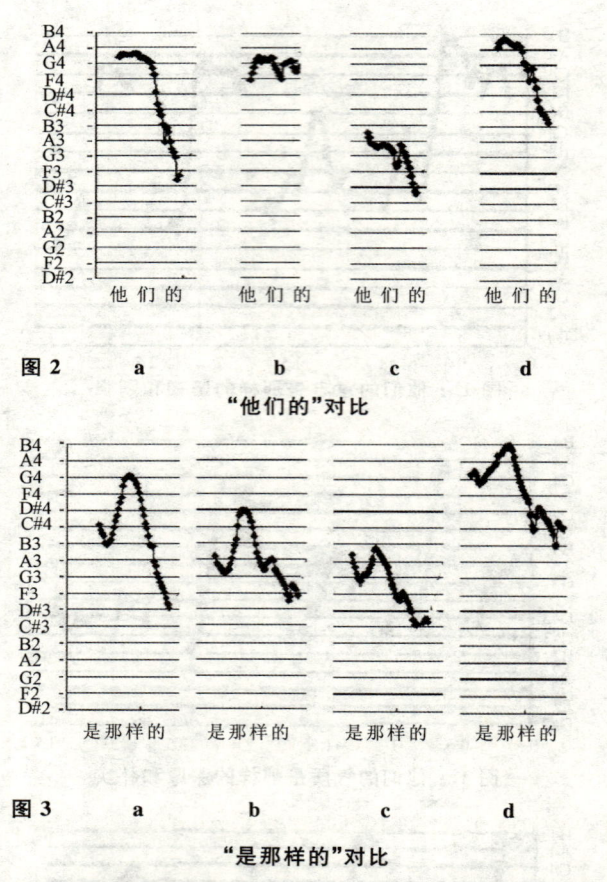

"他们的"对比

图 3　　a　　　　b　　　　c　　　　d

"是那样的"对比

图 2、图 3 是四句朗诵句中重现的两组短语的比较,四句中这两类短语的字同而调形不同。这四句的背景为歌颂英雄,故除了朗诵体的韵律外,还带有一定的感情韵律。各名词和形容词的基调调阶本来都可能再有所移动;调域宽度都可能再有所改变;但是因为名词前有了"代词",形容词前有了"副词"的前提条件,于是这个感情信息的表达就都由前者分担一部分了。试看四句中最高的声调上限是图 3d 的"那"字的声调(B4),它就比图 1d 的"胸"字

（A4）的声调还高一个半音程。

　　这四句在语法上是自成一组篇章，从而产生了篇章韵律的变量的。试看图 2 和图 3：四句中前三句（a,b,c）的三个"他们的"和三个"是那样的"的基调，都有相当大的变化。1a 中这两个短语的基调都最高，调域最大。1b 中则是"他们的"基调也高，但调域变小，长度变短；"是那样的"基调降低，而调域变短。1c 中的这两个短语则是基调都最低，调域都最短。1d 中则是二者基调都最高，调域都最大。

　　这四句的韵律调势，总的说来应该是一个前三句递降而后一句突升的"先抑后扬"的常见的格局。但是，我们看到，从仪器给出的这四句的实际调形却有不同程度的变体。应该降的竟然升了，应该升的又降了，简直"不合规律"。如果贸然只从调高、强度和长度的表层调形来分析，必然会得出许多五花八门无法归纳的"语调模型"来，既无从自圆其说，还给予信息处理方面造成不切实用的难题。其实如果认识了本文 4.1 节所述"必然变量"的各项规则，再具备一些基本的言语生理和言语声学的知识，对这些表层上的复杂变量，就能顺藤摸瓜，搜索出这些语音变量的底层真相，而得出可以应用的规则来。

　　试以这四句为例认真作一番解析。先看 1b 中"他们的"为什么不同于 1a 中"他们的"那样的降势，而发得那样高，这有言语声学上的原因。它后接的字是"意"，起调是高的，服从"跳板规则"而使前接短语高了。而且还有一个言语生理的原因，由于它是浊音，前后音节间的声带颤动不能停止，于是不得不产生协同发音作用（逆同化），而使前接的短语抬高。这是它首先要完成的语音的"必然变量"规律。然而，它还要完成篇章韵律的第二个"或然变量"规律，于是将长度变短（按听觉生理的规律、韵律三特征中的长度短了，音量就弱而有降低的听感），在听感上的效果就相当于低调了。

这样,1b 的"他们的"在听觉上就如同低降。

再看 1c 中的"他们的",是按篇章韵律规则降到最低了。但是后接的字"气"的调头却是高起的。如果按照跳板规则或逆同化规则,岂不是不合规律了?这又是一个言语生理问题。"气"字是清送气塞擦辅音,按发音方法的生理规则,"气"字发音的程序是先塞后擦,成阻时声带颤动必须停止,因此不一定需要协同的逆同化。

如上所述,这四句的韵律变量,在听觉上(我们必需承认,一切语音合成质量的评价,都是以听觉为标准的)是合乎规则的。前三句的短语的声调感觉呈现递降的"滑坡"之势,语气似乎已逐渐衰弱了;可是到第四句 2d 和 3d 忽然来了个"石破天惊"!二者的基调比在第一句的基调还高,调域也展宽到了极端!这一来整个四句的"情调"都被激活了,成为"先抑后扬"的"篇章韵律"的完美格局。拿怀素《自叙帖》篇末的一个字就占了一行的写法、《琵琶行》描写曲终的"水浆迸、刀枪鸣"的用词,和这四句朗诵相比,可谓"异曲同工"。这就相当于书法中的"连绵"、"映带"和"错综",文章中的"一简之内,音韵尽殊;两句之中,轻重悉异"的韵律规则。

4.4 传统文艺中的韵律规则与语音的韵律规则的对照

传统文学、艺术中有关韵律的规则,可与现代语音韵律规则对照的项目,初步可提出如下的各项:

现代汉语语音的韵律

音段的变化:同化 异化 简化 离格 省略 替换
声调的变化:弯头 降尾 变调 轻声 同化 过渡 极化 移调
长度的变化:延长 缩短 断开 轻声 音步 节奏
轻重的变化:加强 减弱 轻声 轻读 递降 极化

艺术的韵律

书画:连绵 映带 错综 出格 简笔 藏锋

度曲：减字 偷声 停板 迟声 循环 衬字
音乐：全音 半音 音阶 旋律 基音 移调 转调 滑音 休止 延长 缩短 连音 交错 重现

五、自然科学中的韵律规则

5.1 自然科学中的韵律

诺贝尔物理学奖获得者李政道，在他最近一次"物理的挑战"报告上，介绍"20世纪的物理成就"，其中提到中国古代的物理，引了唐杜甫的两句诗："细推物理须行乐，何用浮名了此生。"他说："什么是细？仔细观察。什么是推呢？紧密推理。所以细就是讲怎么做实验，推就是怎么做理论。对于怎么做科学实验与理论，我想很难找出比'细'跟'推'两个字用得这么准确的。"

他举了许多现代物理学发明的例子，并用苏州的窗格解释21世纪物理学中的对称与不对称问题。结束时说："科学跟艺术有什么关系，我觉得这很有关系。艺术，不管是诗歌、绘画，还是音乐，都是我们用新的方法唤起每个人的意识与潜意识的情感。……所以说情感越珍贵，唤起越强烈，反映越普遍，艺术越优秀。……有人类就有情感，它越普遍唤起创造性，艺术越有价值。人类情感是每个人都有的。科学呢？科学，不管天文、物理、生物、化学，对自然界的现象，进行新的准确的抽象；科学家抽象的叙述越简单，应用越广泛，科学创造也就越深刻。我们不在自然界内，可是这个抽象，把它变成原理，是我们做的。……所以，科学与艺术，它的共同基础是人类创造力。它追求的目的是真理的普遍性。"（李政道，2002）

我们可以说：科学中的各种对称与不对称的现象，也就是它的韵律，在自然界有普遍性。研究文学、艺术，乃至语言的韵律规则，应该取法一些研究科学韵律的方法,来做到"细"和"推"。

5.2 现代科学处理物体变量的基本方法

现代自然科学中处理物体变量的基本方法,一是了解现象要用实验,取得结果要靠数学。二是对复杂系统的混沌问题要能即时反馈,能自适应。今日语音自然度的处理上所遇到的难题,正是:1. 如何能将实验成果转换成有效的数学规则在机器上应用;2. 如何使机器能对语音韵律的混沌变量即时反馈并作自适应的处理。这里有两位科学家的意见值得参考。

5.2.1 理论物理的实验与创想

杨振宁在一次报告中引用了爱因斯坦在1933年所作《理论物理的方法》演讲中的一段话:"理论物理之公理基础不能自实际经验提炼出来,而是要创想出来。"他又说:"创想的泉源来自数学。"杨氏做了解释说:"这句话当然值得斟酌。假如一个人不与纯粹的世界、现实的世界发生关系,光坐在那儿想,他不可能想出今天我们所了解的物理世界的结构。所以爱因斯坦是说:你应对现实的世界要有多的了解。可是,最后这个结果却不是从一个实验、一个实验的数据得出来的,而是要有一个数学的东西促使你创想出来,再把这个结果与实验的结果验证一下,这才可能得到大的发展。"(杨振宁,2003)

5.2.2 复杂系统的反馈与自适应

周光召在一次报告中讲如何解决现代科学中的复杂系统问题,他说:

"在20世纪以前,宏观系统一直是科学主流研究对象,着重研究线性相互作用的、处于平衡稳定状态附近的系统,它们具有确定的运动规律,所以我们常常能够预测它未来的行为。随着科学技术的发展,现在一个产品常常是多种技术的综合,包含的部件和结构越来越复杂。从

20世纪70年代末,人们开始对混沌现象和分形理论进行研究,通过一些数值模拟,人们认识到在非线性本能相互作用下的开放系统,在特定条件下会发生混沌现象或者叫突显现象。当混沌出现在这个区域的时候,这个系统对外界的偶然因素是非常敏感的。系统长期的运动状态成为不可预测的,在一定程度上就是一种无序状态。但又不是完全无序,而是一定程度上的无序。

"什么叫非线性?非线性就是作用和作用的效果不按相同的比例增长。……非线性相互作用会产生正反馈。非线性相互作用会引起运动中的突变。……为了保持系统的稳定,不致陷入混沌状态,因此,任何一个系统要保持稳定,就必须具有及时反馈、调控和自适应的系统。生物是这样的,一个社会组织也同样如此。"(周光召,2003)

5.2.3 语音韵律变量是非线性复杂系统

汉语语音的韵律包括音高、音长和音强相互作用的三维变量,在语句中由于语气不同而变更彼此的搭配和强弱的比例,成为难定规则的非线性复杂系统,以致按过去的常规研究已感到不能应付。近来由各信息科研和工程方面所制订的韵律处理公式和模型,虽已有百花齐放的局面,但对韵律自然度的提高、数学规则的订定,还有待于更进一步的探索。目前当务之急,除了上述文艺学科的韵律规则可供启发、扩展思路外,人们口语的韵律变量在人—机对话中的多变性与模糊性以及反馈与自适应规则的缺乏,都是亟待解决的问题。语音的韵律变量,从时间、空间来说,它的多维性、多变性,也得按上述的两个基本方法来解决。语音韵律变量的时空坐标数据和数学处理,都可根据物理学"相对论"中的"对称性"、"恒定性"、"模糊性"等规则来制订,韵律变量的原理在心理学中的大脑活动规则有些解释也可参考。下面略予介绍这方面的资料。

5.3 物理学中的"相对论"

关于"相对论"的基础理论,对于我们韵律规则的分析是有指导意义的。现在介绍一本科普读物中的一段：

"我们观察和描述物体的运动,总是相对于另一物体或物体群而言的。物理学上将这些描绘物体运动时所参照的物体或物体群称作'参照系'。对于观察者来讲,参照系是静止的,它是其他物体在某过程中时空位置发生变化的背景。在物理学中,研究任何一个物理过程,都离不开参照系。要想定量地探讨物体的运动规律,必须建立与参照系固连的时间—空间坐标系('时空坐标系'),以及用于度量空间尺度的标准尺和用于度量时间尺度的标准钟。"(高潮,1998,第3章:相对论基础)

按:在今日的韵律研究,例如要分析某人所说的一句感情话语韵律的动态,就得先测量他所说平叙句韵律的时—空数据,作为参照系来和其感情句的韵律数据比较,从而根据其在时空上的不同差额,来设定感情的等级。如果没有这参照系就给感情句设定等级,其科学性就成问题。

对于"时空坐标系"的作用,前书又说:

"时空坐标系的作用是相对地确定任一物理事件的空间位置和发生时刻。我们在确定一个空间点的位置时,需要且仅需要三个数,或者说,空间是三维的。采用笛卡尔直角坐标系,每一个点与三个数组成的坐标(X,Y,Z)一一对应。

"仅有空间坐标,不能完全确定一个事件,还要有时间坐标,用以反映事件发生的时刻。将时间坐标和空间坐标联合起来的坐标系,就是'时空坐标系'。"(同上)

按:韵律三特征的"互补"和"取代"的关系,在哲学上是"相互依存"和"相互制约",在物理上正是"三维关系",用笛卡尔或矢量的分析将可得到能够应用于信息处理上。在我们过去的研究中,三者在韵律句中的相互关系是:

音高变,音强、音长不一定变；

音强变,音高一定变,音长不一定变；

音长变,音高和音强都不一定变。

在听觉的重音上,音长可和音高或音强互补等等。

5.3.1 物理学"相对论"中的"对称"原理

关于物理学中的"对称"问题,杨振宁在一次报告中指出,"20世纪物理学的发展有三个主要的旋律:就是量子化、对称、相位因子"(杨振宁,2003)。现在引一段上述科普读物中关于"对称"的简明介绍:

"对称性是人们在观察和认识自然过程中产生的一种观念。……在物理学上,对称性就是变换不变性,并将所研究的对象叫做'系统'。同一个系统可以处于不同状态。如果这些不同的状态没有区别,我们就说它们是等价的,我们把系统从一个状态变到另一个状态的过程叫变换,或者称为给系统一个操作。如果一个操作使系统从一个状态变到另一个与之等价的状态,或者说状态在此操作下不变,我们就说该系统对于这一操作是对称的。由于变换或操作的不同,有各种不同的对称性。最常见的对称操作是时空操作,相应的对称性称为时空对称性。其中,空间操作有平移、转动、镜象反射、空间反演等;时间操作有时间平移和时间反演等。"(高潮,1998,第6章第2节:对称性和守恒量)

按:语音的韵律变量既然是物理三特征的变量,其对称性和操作状态应该与物理学的相同。事实果然是这样。例如:句子中的短语调形尽管由于语气变换而"移调"(平移)或"变域"(时空反演)。但其声调等除了加了些连绵的走势,但格局却是基本对称的。即使有些属于音系上的变体(如上声变阳平),也不外乎物理上的"镜象反射"。普通话双音节的四声连调,16个模型有7对镜象。(图4,图中最后一图的"阴阴"HH和"上上"LL本应是一对镜象,但因两上连读,前上变了阳平 LL→RL,故少了一对。参见吴宗济,1982)

5.3.2 "相对论"中的"守恒性"

物理学中最重要的一条定律是守恒定律。它包括物体中的

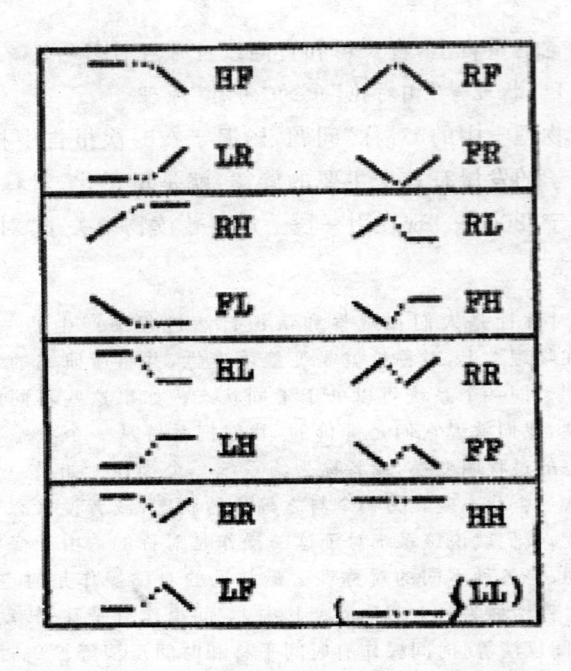

图 4　普通话双音节连读变调模型镜象图
(H:高;L:低;R:升;F:降)

"不变元"和"对称元"两类结构的守恒量。守恒有"能量守恒"、"动量守恒"、"角动量守恒"。对称跟守恒的关系是一种非常密切的关系（杨振宁,2003）。

"在宏观物理学中,涉及的对称性都是时空对称性。原来人们司空见惯的物理规律,相对于空间坐标的'平移不变性',与动量守恒是等价对应的。……对称性所涉及的变换分为连续进行的'连续变换'和不连续进行的'分立变换'。时间平移、空间平移和空间转动等属于连续变换……。与连续变换不变性相联系的守恒量是相加性守恒量（'分立变换',暂略）。……

"人们曾经认为,守恒律在所有现象中无条件成立。然而,后来的研究进一步揭示出守恒律与系统的运动规律有关,特别与相互作用有关。

我们将对所有作用都成立的守恒律,称为'严格守恒律';如果一个守恒律对某些相互作用成立,但对另一些相互作用不成立,而且在运动过程中后者的影响是次要的,则称之为'近似守恒律。……

"对称性和守恒律是跨越物理学各个领域的普遍法则,利用对称性和守恒律我们可以回避一切复杂的过程量的演算,通过状态的不变性和状态量的守恒,探究物质结构及相互作用的奥妙。……"(高潮,1998)

5.4　语音韵律变量的对称与守恒

普通话语音韵律的变化,在实验中证明,句子中每个短语的连读调型是必然的变调模型。也就是说,其变调调形是(熟悉本方言的)说话人不假思索而发出的。如果遇到逻辑重音而使基调抬高了(平移),其平叙句中多音节短语的四声搭配格局仍旧是稳定不变(对称)的。也就是说,平叙句中短语的本调模型和移调后的模型是对称的,因此其首尾调值虽有些变动(如受"跳板规则"的首尾移动),而主调格局是"严格"守恒的。再进一步,如果遇到的句子是感情句子,其短语不但是逻辑重音,而且还是感情重音,则将不但移调,其调域还会展宽或缩小,这就是或然的变调,其调形格局由于韵律三特征的搭配比例受外加影响而改变,成为"近似"的守恒。

5.5　神经系统中语音韵律的感知

普通话韵律的变换,有的是必然的,有的却是或然的、要视环境而变的。人—人交际可以运用接收反馈信息的功能,来作随机应变的应答。人—机交际就必须有一套相当高明的智能程序来应付。语音产生的生理学和物理学方面的知识如果还不能解决,那么,似乎还得从语音感知方面的学科寻求一些办法。

一切语音的韵律,是由生理和心理的言语链产生的。这就需要三者综合的研究,来解决这个复杂的韵律变量问题。生理、物理的语音学已有相当规模,而心理的或神经的语音学却还在幼稚阶段。这就需要心理学或神经学的专家提起他们对语音学的兴趣,来为这项新兴的事业作"知识投资"了。语言的神经系统方面,过去多认为只是左脑和语言有关;近来已有了比较深入的研究,认为左脑主要是分析词汇定义,而右脑是综合处理语言的感知。这也许能给多变的韵律研究开一条新的路子。

美国的一位美术教师贝蒂·爱德华,以她多年培训绘画人才的经验,吸收了很多美术理论家的著作,以及最近医学界对左、右脑感知功能的研究成果,写了《像艺术家一样思考》一书。作为教材,二十年来已用十三种语言在全球行销。她引用了当代学者的论点很多,并根据许多失语症的报告和世界知名人士用左手写字(左撇子,向来被认为是右脑功能发达的)的统计,主张用左手练习绘画,训练右脑激发创造力。书中并提出书法是绘画的一种形式。她说:过去两百年间,科学家发现语言和与语言相关的能力主要位于左脑,一般认为大脑的右边没有左半边先进。这实在是偏见。后来的研究证明右脑有抽象理解的功能。她在书中列表总结出左、右脑模式的特征对比。兹将其中与语音韵律特征有关的项目选录如下:

表3 左脑模式和右脑模式的特征对比

左脑模式		右脑模式	
词汇性	用词汇进行命名、描述和定义	非词汇性	用非词汇性认识来处理感知
分析性	有步骤地一部分一部分解决问题	综合性	把事物整合成为一整体
象征性	使用符号来象征某些事物	真实性	涉及事物当时的原样
时间性	有时间概念,将事物排序	非时间性	没有时间概念

续表

	左脑模式		右脑模式
数字性	使用数字进行计算	空间立体性	看到各事物之间的联系和如何组成整体
逻辑性	把事物按逻辑或数学顺序排列	直觉性	根据感觉或视觉洞察事物真相
线性	进行连贯性思维，引出集合性结论	整体性	感知整体规律和结构引出分散性结论

从上表可以看出，左脑的思维比较具体，右脑的比较灵活，对多变的韵律感知和分析的能力较好。特别是语音连读时的变调多为逆同化，常常是"意在声先"，因此右脑对综合、整体、非线性的韵律理解似比左脑为优。

六、结语

本文对普通话语音与其"近亲"——文艺、"远亲"——理科三方面的韵律规则或与韵律的关系，作了些比较，旨在从它们的韵律变量方面归纳出一些共性，作为进一步探索语音韵律规则的参考。

语音韵律的变换，在话语进行中受多方面的影响（反馈），是极其敏感地随时反馈的。"物质科学的最终目的是寻找事物之间的因果关系。科学定律的正确性与其可重复性和可预见性密切相关。显然，在某种物质过程中，等价的原因必定产生等价的结果。……用对称性的语言来讲就是：

1. 对称的原因必产生对称的结果；
2. 原因中的对称性必反映在结果中；
3. 结果中的不对称性必在原因中有反映。

以上三个结论即为对称性原理。借助这一原理，可以帮助我们在对物理机制不甚了解的情况下，定性地分析某些物理过程。"（高潮,1998)因此,语音韵律的变换再复杂,它的每一项变量(结果)必然都有它的原因。从一切实践理论来说,都是对原因的依存和被原因所制约。无源之水、无本之木是不存在的。我们常常在实验中了解一些现象,如不追究其原因,就作出解释,或加以类推作为规则来应用,其结果就很难很难达到理想,甚至有错误的可能。

语音韵律多变的原因是多方面的。其形成的原因、和其间"依存"和"制约"的关系,有如下表:

表4 语句中韵律变量的原因

形成韵律原因	依存关系	制约关系
言语生理学规则	发音方法的功能	发音部位的运动
言语声学的规则	言语声学的功能	言语感知的领域
语法学的规则	语言意义的认知	语法结构的约定
音系学的规则	语言理解的共识	历史音变的进程

本文脱稿时,适看到电视中主持人对中国"直11"直升飞机的主设计师的访问。他历尽艰苦取得了成功。问他为什么喜欢书法,他说这和他的研究工作是相通的。最近有"神州5号"载人成功的报道,"神州5号"中部件之多、影响安全因素之多无法想象,考虑得稍微不彻底就会出乱子。本文所引的各学科似乎零散了些,但"其事虽殊,其理则一",知者谅不河汉斯言。

参考文献

贝蒂·爱德华(2003),《艺术家一样思考》,张索娃译,第三章:你的大脑:左脑和右脑。海南出版社。

蔡莲红、吴宗济、蔡锐、陶建华(2001),《汉语韵律特征的可计算性研究》,载《新世纪的现代语音学》,清华大学出版社。

程翔章、曹海东编(1997),《书画同源》,武汉测绘科技大学出版社。

戴念祖(1994),《中国声学史》,河北教育出版社。

高潮、甘华鸣主编(1998),《图解当代科技》,第六章:对称性和守恒量,红旗出版社。

郭茂来(2000),《视觉艺术概论》,第五章,"视觉语法",人民美术出版社。
胡其炜、蔡莲红(1998),《汉语语音合成平台的设计与实践》,载《第 5 届全国人机通讯学术会议录》,哈尔滨。
胡寿荣(2003),《抽象思维和水墨特性》,载中国画研究院主编:《水墨研究》第三辑,民族出版社。
姜夔,《续书谱》,载老水番编著:《宋代书论》,湖南美术出版社,1999 年。
李爱军(2002),《汉语口语的韵律和韵律标记》(英文),载《语音研究报告》。
李渔,《闲情偶寄》,宾白第四,作家出版社,1996 年。
李政道(2002),《物理的挑战》,载《学术报告厅——科学之美》,中国青年出版社。
欧阳中石(1997),《书法》主编,高等教育出版社。
沈约,《宋书·谢灵运传论》,见《文选》卷五十,中华书局,1977 年。
王力(1958),《汉语诗律学》,新知识出版社。
王力,《中国古代文化常识图典·乐律》,中国言实出版社,2002 年。
吴宗济(1982),《普通话语句中的声调变化》,《中国语文》第 6 期。
吴宗济(1985),《普通话三字组变调规律》,《中国语言学报》第 2 期。
吴宗济(1994),《普通话语调的短语调群在不同音阶调域下的调型分布》(英文),载《国际韵律研讨会议论文集》,横滨。
吴宗济(1989),《补听缺斋语音杂记》,《中国语文》第 6 期。
吴宗济(1990),《汉语普通话语调的基本调型》,《王力先生纪念论文集》,商务印书馆。
吴宗济主编(1991),《现代汉语语音概要》,华语教学出版社。
吴宗济(1995),《普通话不同语气语调的可预测性》(英文),载《第 13 届国际语音科学会议论文集》,斯德哥尔摩。
吴宗济(1997a),《从声调与乐律的关系提出普通话语调处理的新方法》,载《庆祝中国社会科学院语言研究所 45 周年学术论文集》,中国语文编辑部编,商务印书馆。
吴宗济(1997b),《试论"人—机对话"中的汉语语音学》,《世界汉语教学》第 4 期。
吴宗济(1998),《隋唐长安四声调值试拟》,载《北京市语言学会第 5 届年会论文提要汇编》,北京语言文化大学。
吴宗济(2002),《中国音韵学和语音学在汉语言语合成中的应用》,《语言教学与研究》第 1 期。

吴宗济(2003a),《试论汉语的声调和节奏——从胡乔木的提问谈起》,《语言学论丛》28 辑,商务印书馆。

吴宗济(2003b),《"书话同源"——试论草书书法与语调规则的关系》,《世界汉语教学》第 1 期。

吴宗济(2003c),《试从文学与艺术的韵律探索普通话的韵律规则》,载《第 6 届全国现代语音学学术会议录》,天津师范大学。

吴宗济、王仁华、刘庆峰(1997),《面向文一语合成的标记文本的设计》(英文),载《第 1 届中日口语处理研讨会议录》,中国科技大学出版社。

燕南芝庵,《唱论》,见中国戏剧研究院编:《中国古典戏曲论著集成》第 1 卷,中国戏剧出版社,1959 年。

杨振宁(2002),《对称与物理学》,载《学术报告厅第二辑——求学的方法》,陕西师范大学出版社。

杨振宁(2003),《二十世纪理论物理学发展的主旋律》,载《学术报告厅第三辑——科学的品格》,陕西师范大学出版社。

赵元任(1968),《中国话的文法》,丁邦新译,第七章,7.11.3,(1.7);又第八章,8.3.6(6),载《赵元任全集》第一卷,商务印书馆,2002 年。

张怀瓘,《书断》上,"草书",载潘运告编著:《张怀瓘书论》,湖南美术出版社,1997 年。

周光召(2003),《复杂社会系统与社会发展》,载《学术报告厅第三集——科学的品格》,陕西师范大学出版社。

周振甫(1988),《文心雕龙今译》声律第三十三,中华书局。

试论合成普通话口语自然度所需的韵律特征规则*

一、前言

近年来在语言信息处理领域,对普通话单字与短词的合成质量,在发音清晰度和可懂度方面取得了不小的进展。但是正如我们所知,合成的自然度还不甚理想。除了音节中的过渡音征分析这个言语工程中老生常谈的问题以外,多音节词或字组间的协同发音规则对不同语气语调的口语合成自然度感知也起着重要的作用。尽管音节间的连读变调既与词汇有关,同时也与句法结构和语气有关,基本调群单元的调型还是相当稳定的。已有一系列属于基本调群单元的多音节短语变调规则被总结出来(Wu Zongji,1982,1985,1988a,1988b,1990),并在合成系统中得到了应用(Yang Shun'an,1994)。当然除了声调以外,时长、音强等韵律特征在短语中及短语间也同样有协同发音作用(Wu Zongji,1995)。因此,在搞清句子的音段和韵律的协同发音规则的基础上,开展整句自然度领域的研究,这成为提高口语合成质量的一项主要任务。

---

* 原文为英文 Tentative Planning of Prosodic Rules for the Naturalness of Synthetic Spoken Chinese,载于《语音研究报告》(1994—1995)。曹文译。

二、基本调群单元的韵律规则

音高、音强与时长这三个韵律特征数十年来一直被语音学家们称为超音段。然而音高实际在言语中起着双重作用。一来作为声调,它在词语中有区别意义的功能;二来作为语调,它在句中有表达多种语气的功能。普通话里除了四个单字调以外,还有许多多音节的连读调型,它们构成句调的基本单元。在这里时长与音强的作用可能就不那么明显了。当然在一些多音节字组中,音节的时长也可能缩短——比如句子里二字组和三字组的第二个音节,四字组中的第二、三个音节等等。一系列音系规则显示,这些连读调型可以怎样从底层形式推导出表层形式来(吴宗济,1990)。一个句子的调形中可能有两种突出的调群。一种正如赵元任先生所说"句首的短语或小句的语调略高于结尾的短语或小句"(赵元任,1968)。这也就是常说的句调的下降。另一种情况是,句中承载焦点信息的词语或从句比较突出。这在汉语句法中属于逻辑重音,所以它们的音调在不同程度上跟语气相适应,要高于其他的韵律单元。

为经济起见,处理一个句子的语调时,可以将几个具有相同音调的基本调群单元组合成一个调群。不管语调怎样多变,基本调群单元的调型是恒定的。处理调群中音调的变化可以应用类似音乐作曲中很简单的"移调"的方法来实现。此外,一如 Lehiste 所言,"将调形移动与乐曲音程联系起来,于英语研究不如于声调语言研究那么适用"(Lehiste & Peterson,1976)。这意味着汉语的调形拱度同乐曲音程的关系比之与 F0 标度的关系更加密切。这一点曾在笔者的一篇涉及汉语传统声调描写方法的文章中详细地讨论过(吴宗济,1995a)。另外,我们还做了一些移调的实验;结果显示,即使基调不同,用半音标度的调域却是恒定的,而如用频率标度则不是这样(Wu Zongji,1993,1995)。

但这些发现还远远不够。在短语内部的韵律特征处理好之后,还应当注意两个连读调型或短语之间的过渡问题。这些过渡,由于协同发音的作用,必然要改变前音节尾与后音节首的韵律特征。遵循跳板规则,一个过渡调形可能作为韵律连接体在交界处出现(吴宗济,1985)。将那些为提高自然度所需的韵律特征全部列出,现在并无必要。下文只简单地列出尚待研究的韵律的协同发音规则。

三、针对合成自然度的协同发音举要

句子里的协同发音可分为两大类:音段的和超音段的。前者包括言语音段中的协同发音,它们常常表现为各种音位变体或有关元、辅音的发音不到位,并影响到自然度感知。本文将不对此进行讨论。而后者情况非常复杂。韵律三特征都可以单独或共同对口语自然度起作用。下面简要地列举出满足协同发音作用所需要的规则。

(1) 协同发音的两种类型

　　A. 开放型。1. 句首;2. 句尾。

　　B. 封闭型。1. 音节间;2. 基本调群单元间。

(2) 协同发音的表现

　　A. 声母。1. 清→浊;2. 擦音→缩短;3. 鼻音→鼻化音;4. 半音→浊擦或喉塞;5. 送气音→缩短或后面的元音脱落。

　　B. 韵母。1. 单元音→央化;2. 前响二合元音→后一个元音不到位;3. 后响二合元音→后一个元音央化;4. 鼻韵尾→鼻化(半鼻音);5. "-n"(＋发音部位靠后的辅音或元音)→

"-ng";6."-ng"(＋发音部位靠前的辅音或元音)→"-n"。

C.声调。1.高→低或降;2.低→抬升;3.升→平或降;4.降→平或升;5.单字调→离格或央化;6.调群→移调。

D.时长。1.长→短;2.短→长。

E.音强。1.强→弱化;2.弱→加强。

(3) 协同发音的发生

A.二字组中。1.第二个音节弱化(央化、缩短、离格);2.第一个音节弱化(同上);3.完整→不到位;4.上声＋上声的前上→阳平。

B.三字组中。

1.(1+[1+1])结构→[1+1]遵循规则(3)A.2

2.([1+1]+1)结构→[1+1]遵循规则(3)A.1

3.在([1+1]+1)结构中,如[1+1]＝[上声①+上声②],则:上声①→阳平

4.在任何结构中,第二个音节的声调→不到位或弱化

5.第二个音节的声调→过渡调,遵循"跳板规则"

6.末音节的声调→有降尾趋势

7.第一和第二个音节的声调是阴平或阳平→跳板规则

C.四字组中

1.([1+1]+[1+1])→A.1+过渡调+A.2

2.([1+1+1]+1)或(1+[1+1+1])→C.1

3.第二和第三个音节的声调→不到位,弱化

4.末音节的声调→有降尾趋势

(4) 句中短语调群的移调

1.每一个半音音程的移调值＝相邻音节频率 × 1.0946

2.基本调群单元的调域≤12个半音(与发音人的声阶相适应)

3. 全句的调域≤24个半音(与发音人的表情相适应)
4. 可以通过"F0—调名换算表"将短语调群的频率值转换成最近似的旋律标度值
5. 普通话中同样存在句调调形渐降趋势

(5) 基本调群单元中韵律特征的比例与分布
1. 音高与时长可以共同或单独担负短语调群的着重的任务
2. 在着重的短语调群中,重音常常随音高的提高而加强

四、讨论

汉语口语的自然度意味着在发音器官连贯动作基础上的流利言语。任何言语声都可以切分出离散的符号,它们并不代表实际的发音,而是与由字母或汉字组成的词相对应。受过教育的说话人可以读出上下文由一个个离散的语言学符号组成的句子或短语,而且很流利地完成协同发音或音渡,准确流畅地发出那些音符。这全是依靠舌头与肌肉自然的运动和换位。但是对于自动合成来说,这就不容易做到了;除非那些程序有更好的知识和技术支持,才可能做到这一点。前面列出的那些韵律规则,可能并没有覆盖全部的、能够满足自然度需要的协同发音现象。这只能通过一次次的实验来补充和改进。

句子调形的下降趋势造成了句子开头与结尾的音高差异。赵元任先生曾经说过,"……这种语调的差别不同于英语:第一,汉语两部分之间的差别不大;其次,汉语只是基调的差别,而不是像英语那种上升或下降的曲线"(Zhao Yuanren,1968)。汉语语调的下降确实如赵先生所言,不是曲线下降。在分析与合成过程中,我们发现,由于短语调型的恒定性,这种降调是通过短语一级一级地下降来实现的。所以应用移调的方法对每个调群的基调进行转

换,我们可很容易地做到这一点。

  目前各界运用不同的系统设计出了许多合成工具,本文的设想当然不可能满足所有的要求。例如,在参数合成系统、音色和韵律都能自由处理。但因语音的每一细节都需由程序生成,规则非常繁复,设计稍有粗疏,自然度就差,而且成本也高。而在音节编辑系统、调用人声的录音材料,清晰度高,也比较经济。但因其是音波拼接,协同发音中由于同化作用需要改进音色时,就很困难。当一个响音尾后紧跟着一个浊声母或零声母的音节、发音部位需要反复变化时,困难尤其大。

  最后值得一提的是,Lehiste 最近的一篇文章报告了对不同语言背景的重音所做的感知实验的结果。她发现,"在英语中音强的加大是重音的主要特征",而"在爱沙尼亚语和瑞典语中,重音主要表现为时长的相对延长"(Lehiste,1994)。那么,在与说话人有同样语言(汉语)背景的人听来,汉语的重音特征为何?可能大多数语音学家会说是音高。然而我们实验室对一些普通话句子录音进行的韵律分析显示,表现为声调频率抬高的重音大多是在平叙句中。但是,一些初步的合成实验表明,在一些感情强烈的句子里,情况则不同——在一个合成的感叹句中,即使核心词或短语的绝对音高上升到一定的高度,听感上也不够"重",还需要适当地加强音强或延长音长(Wu Zongji,1996)。

参考文献

Chao, Yuenren(1933), A preliminary study of English intonation(with American variants)and its Chinese equivalent. In *Studies Presented to Ts'ai Yuan P'ei on His Sixty-fifth Birthday*, *Part One*, *NIHP*, Academia Sinica.

Chao, Yuenren(1968), *A Grammar of Spoken Chinese*. Berkeley: University of California Press.

Lehiste, I. and G. E. Peterson(1976), Some basic considerations in the analysis of intonation. *Acoustic phonetics: a Course of Basic Readers* (D. B. Fry, editor), part4, Investigation of prosodic features. Cambridge: Cambridge University Press.

Lehiste, I. (1994), Language background and the perception of prosody. *Proceedings of the International Symposium on Prosody*, pp. 65-74. Yokohama: The Japan Society for the Promotion of Science

Wu, Zongji(1982), Rules of intonation in Standard Chinese. In *Preprints of papers for the working group on Intonation*, pp. 95-119, *the 13th international congress of Linguists*, Tokyo.

Wu, Zongji(1985), Tone-sandhi rules of tri-syllabic combinations in standard Chinese. In *Bulletin of Chinese Linguistic Society* (Zhou Zumo, Xing Gongwan & Wang Jun, editors), pp. 70-92. Beijing: The Commercial Press.

Wu, Zongji(1988a), The basic tone-sandhi patterns in standard Chinese intonation. In *Essays on Linguistics, Feschrift for Prof. Wang Li*, pp. 54-73. Beijing: The Commercial Press.

Wu, Zongji(1988b), Tone-sandhi patterns of quadro-syllabic combinations in standard Chinese. *Report of Phonetic Research*, Institute of Linguistics, Chinese Academy of Social Sciences.

Wu, Zongji(1990), Can poly-syllabic tone-sandhi patterns be the invariant units of intonation in spoken standard Chinese? *Proceedings of the 1st International Conference on Spoken Language Processing*, section 12.10.1. Kobe: The Acoustical Society of Japan.

Wu, Zongji(1993), A new method of intonation analysis for Standard Chinese: Frequency transposition processing of phrasal contours in a sentence, *Report of Phonetic Research*, 1-18.

Wu, Zongji(1994), Further experiments on spatial distribution of phrasal contours under different range registers in Chinese intonation, *Proceedings of International Symposium on Prosody*, pp. 65-74. Yokohama: The Japan Society for the Promotion of Science.

Wu, Zongji(1995), Predictability of different attitudinal intonation in standard Chinese. *Proceedings of the 13th International Congress of Phonetic Sciences* (Kjell Elenius & Peter Branderud, editors), 3, 726-729. Stockholm:KTH & Stockholm University.

Wu,Zongji(1996),A new method for intonation processing of standard Chinese based on the relation between tonology and musicology(in press).

Yang,Shun'an(1994), *The Chinese Synthesis Technique Orienting Acoustic-Phonetics*. Beijing:The Documental Press of Social Sciences.

用于普通话语音合成的"韵律标记文本"的设计*

前　言

　　普通话语音的规则合成,目前已进入到更高层次的阶段。单单达到能满足清晰度和可懂度的程度,已不符合要求。今后需要的是如何提高语句合成的自然度,使其能更为逼近真实的口语。我们在解决"语音协同发音"、"短语连读变调"、"语调移调处理"几项基本规则的处理手段的同时,就已把韵律的处理提到日程上来。韵律特征的处理,不仅仅是语句中的声调变化问题,还有其余两项特征,即语句中的音长和音强,也都和声调在语句中搭配和互补,才能构成完足的活的语言。因此,韵律的分析和处理,就成为今后的重点课题。

　　本文是把普通话自然口语中韵律特征的变量,根据言语工作站录制的三维调图,作比较精确的韵律三特征的量测,把其中的频率换算为乐律的半音阶,长度和强度规正为简化的等级,对每项韵律特征都给定一个专用标记,用符号和字母来定性,用数字和分级来定量;以语法结构的最小单位"直接成分"为分析处理的语块,制成全面的"韵律标记文本"(Prosodic Labelling Text, PLT),作为编制文语合成程序的蓝图。这种数据对实际上机应用是相当繁琐的,但这是实验研究必经的一

---

* 本文的节本为提交 1996 年 8 月第 3 届全国语音学研讨会(北京)的论文。

步。一俟材料积累多了,统计出各项变量的共性和概率,当再删繁就简,建立有限的、成系统的规正模型,到那时就离文语合成的全自动处理的目标不太遥远了。下面给出一套能表达一切韵律变量的"韵律标记"词汇,并举应用实例。

(一)语句中各词组或短语块的韵律标记

[//]:语句中短语调群的分段

[2S]:二字连调;[2S0]:二字轻尾

[3S1]:三字连调(双单);[3S2]:三字连调(单双);[3S0]:三字轻尾

[4S]:四字连调(双双);[4S1]:四字连调(三单);[4S3]:四字连调(单三);[4S0]:四字轻尾

[C4]或[G#3]:参考基调(短语中最高调值、阴平或去声的起点示例)

[*]:移调(移动参考基调)

[*+6]:正移调6ST(此短语基调比参考基调移高6半音)

[*-2]:负移调2ST(此短语基调比参考基调移低2半音)

[*C]:移调消除(此短语基调还原到参考基调)

[R]:调域(短语中最高和最低调值之差)[R12]:调域宽度为12ST

(二)短语中各单字的韵律标记

[.]:短语中韵律标记的分隔

A.声调标记

[B]:短语中的首字变调

[B-8]:首调比参考基调低8ST;[B-8+2]:首调从-8升高2ST

[E]:短语中的尾字变调

[E-5]:尾调比参考基调低5ST;[E-5-3]:尾调从-5降

下 3ST

　　[T]:过渡调(连接前字调尾和后字调首的单字调)

　　[T-7+3]:过渡调形,起点低于参考基调 7ST,终点升高 3ST

　　[0]:轻声或轻读

　　[<],[>]:调联(声调的协同发音,[<]为逆同化;[>]为顺同化)

B. 音强标记

　　[^]:原单字强度

　　[^+4]:按原强度加 4 级(每级=原强度的 1/4);[^-2]:按原强度减 2 级

C. 音长标记

　　[~]:原单字长度

　　[~+2]:按原长度加 2 级(每级=原长度的 1/4);[~-4]:按原长度减 4 级

D. 停顿标记

　　[$]:短语间的停顿;[$6]:停顿时间为 6 级(每级=50 毫秒)

　　[&]:分句间的停顿;[&6]:停顿时间为 6 级(每级=50 毫秒)

　　[&&]:全句的结束,暂不定时

E. 音色标记

　　[J]:音联(语音的协同发音,规则另订)

　　[`]:清辅音前的间歇(暂定为 40 毫秒)

　　附注:(1)在语句的韵律处理中,设定标记的顺序为:

　　1.分段　2.声调　3.音强　4.音长　5.音色　6.停顿

　　其中(一)类标记标在每短语段之前,(二)类的 A,B,C 标记标在短语段中有关单字之前，D停顿标记标在短语段之后。各标记之间用分隔号"."隔开。

(2)本规则的标记均选自键盘上的通用字符，以免向区位码寻找字符之烦。如在应用中有和机内所存的字符重复，可在操作中另订符号。

(3)本规则中的二、三、四字变调，将另订代表各该变调模型的标记。

(三)韵律标记用法说明

1.[//]　短语的分段，如按语义完整的意群来分，字数可能多些，一般可以从两字到六七个字，调形的起落幅度就比较大，而难于规正。本规则目前暂按直接成分的最小单元来分段，主要为二字、三字的组合；四字组常大于直接成分，但因其具有四字的固有变调模式，作为分段单元有其便利之处，必要时也按四字分段。例如后举例句(2)中的"是那样的"，本可分为单字和三字，但此单词的"是"本身在三字前成为轻读，调势不能分开，还该作为四字组。以后只须将这一类首字轻读的四字组也给定一变调规则，调用起来就更方便。

2.[2S],[3S],[4S]　二字以上的连调到四字为止，都待给它们定出固有的变调模式，使其能独立于语调之外而便于将来自动调用。各字组之间的连接变调，目前暂用首尾变调及联调标字来解决，以后建立了一些模型，就可脱离手动的处理。[2S0]、[3S0]和[4S0]都是末尾的字为轻声或轻读，它们都有固定的变调规则。三字组的语法结构有双单格和单双格两类，变调可有不同。双单的标字为[3S1]，单双为[3S2]。

3.[C4],[G#3]　这是以音乐的音符为标记的举例。每一组倍频程(8度)共有12个半音程，其中7个本位音，用"C,D,E,F,G,A,B"7个音符表示；中间加5个半音，用升或降的符号表示。

从最低到最高有多少个8度,用数字来表示。在一般通行的音乐教程中,常用大小写不同的字母来表示不同的8度;又对有些半音的写法用升号,有些用降号;各组音程的数字常用小字标于右上角和右下角。我们为便于打印,一律对音符用大写,半音用升号♯,音程数字用大字与音符平行。

4. 音符的标记表示本短语段的最高音,它可以是阴平的起点,也可以是去声的起点。量得的频率换算为音阶,就把它设定为这个句子的参考基调。于是此句中的其它短语的基调,无论高低,都要以此为基点,量出其频率与参考基调频率之差,而加减若干半音。一个句子的参考基调如何设定,由于不同句、不同人的韵律高低、轻重、长短的搭配,变量无穷,是要通过全句乃至同一人的许多句子的分析研究,来考虑的。应当考虑的问题有如下述:

A. 一个句子的许多短语中,四个声调不会都能出现,往往缺少高频的阴平或去声。在这样情况下,参考基调以何为据?一个办法是拿其它含有高频的短语作参考;再就是,如有上声的字,就用它的转折点为下限,按说话人的调域宽度来推算其上限,就得出他的参考基调。(说话人的平均调域宽度,可从他说出的若干句子中统计取得。)

B. 如果一个句子中各短语的域宽不同,而且上限也不同,那么以何为准?那就要看这一句中有哪些短语在语义或出现率上占优势?就以此域宽的上限为参考基调。例如,本规则的应用举例中例句(2)的朗诵句,是并列的四个分句,每句的第一短语都是"他们的",首字"他"为阴平,调值在第 a、b 和 d 分句都最高,当然可定为参考基调;而在第 c 分句中,这个短语调值却最低,似难作为基调;不过经过仔细的分析了整句的语气,对比了每句的韵律,就感到朗诵者将这 c 句的起点改读成很低的调域,似不无理由。这样一来,就和其它三句的高调域形成鲜明的对比,而且这样低调域的短语,在此分句中占了 3/5,成为主题,这应该是朗诵的韵味所在(而且 d 分句的起点比 a、b 两分句的还高一些,更增强了全句的气氛)。于是就把这低调作为 c 分句的参考基调,这样就形成全句的"扬、扬、抑、扬"的韵律格局。

5.[＊],[＊+6],[＊-2] 这是移调标记。句子中的某一个短语的参考基调确定后,其它短语的基调都据此来加减若干半音,而移转成新的基调。如果有的短语的基调和参考基调相同,亦即移调消除,就用[＊C]作消除标记。还有,在一些短语中,如有的字因同化关系脱离了原有调型,也可用移调标记来表示其升降程度。

6.[R] 调域的宽度,以半音为单位。在一般平叙句中,各短语基调及其调域宽度的频率差别无论有多大,但它们的半音数值是基本相同的。但在带有强烈情感的句子中,有些短语的基调会特别抬高,其调域就会更加放宽;反之,带有低沉情绪的句子的调域就会更为缩小。

7.[B] 短语中的首字变调,是在连读变调规则以外的、有协同发音作用的变调。短语的首字如为代词、动词、介词或副词等,往往变成轻读而需要标出。它的标记调值是以此短语的基调为基础,而加减若干半音的。如此调为比参考基调低的平调例如[B-8],即此首调比参考基调低 8 个半音,调形不升不降;如此调为升调,例如[E-8+2],即此调从[-8]的起点上升 2 个半音;如为降调,例如[E-8-4],即从[-8]的起点再下降 4 个半音。

8.[E] 短语中的尾字变调,常常是一个轻声或轻读字,应按轻声规则变调。不过如非轻声,就既有协同发音作用,还有结束此语的功能。尾调多为降势,但在情绪激昂的语调中也会变成升势。此调在二、三、四字组合中,如无后接联调的同化,就都成降势。例如[E-5-],即为低于参考基调 5 个半音的平调;[E-5-3],即此调从-5再降3个半音。尾调还常常由于降势一时难于急收（声带停止颤动时的惯性）而再降到正规域宽的下限之下。这在听觉上是不明显的,一般可不予计值。

9. 尾调如果是全句的尾字调,就不仅仅是属于连读的变调现象,而常常还具有完足特定语气的功能,成为语调中的一项重要模式。赵元任先生在其语法著作中分析一些"下降尾音"时,曾举有四种模式,例字为:"有姜"、"有糖"、"有酒"、"有醋",其次字的音高值是:552：,352：,2141：,5121：（此处的"："号代表长音节）（见赵元任《汉语口语语法》366页,吕叔湘译,商务印书馆,1979）。我们在语调分析中也常遇到这类现象,可用韵律标记来表达,下面以调域为"12ST"的四个三字组为例（语调为被对方催问得不耐烦了、而加重了答话口气的调型）：

  例字： 我不吃！   我不来！
  尾调： [E*0--10] [E*-6+6-10]
  五度调符： 552：   352：
  例字： 我不走！   我不去！
  尾调： [E*-10-2+6-6] [E*0-10+1-3]
  五度调符： 2141：   5231：

10. [T] 过渡调,是短语中的一个单字、在前后两单字之间的变调模式。它好似船甲板上与码头上两头所搭的跳板,把前字的调尾和后字的调首,连接成为顺势的调形,可称之为"跳板规则"。它总是出现在三字组和四字组之中。例如:一个阳平调的"平"字,在三字组"和平街"或"和平路"之中,变成阴平式的高平调;而在"和平里"或"和平门"之中,就变成去声式的高降调,完全改变了它的原有调型。

11. [<],[>] 调联,又可称为"声调的协同发音"。它在两单字或两短语之间,代表声调的协同发音（同化作用）现象。它跟过渡调的性质有同有异。相同的是,它们都是协同发音性质;相异的是,过渡调是一个单字的独立调型,首尾分别同前后调有照应;调联则并非独立的调型,而是前调的变调,一般都是逆同化。后字如为清声母,则前调只被后调同化,而后调基本不变,构成逆同化现象,而且调形彼此断开;如后字为浊声母,则前后两调形相连而难与分界,后调首被前调尾所影响而同时产生顺同化现象,成为实质性的连调。调联的标记有两种:[<]为逆同化,标于前字之后;[>]为顺同化,标于后字之前。

12. [ˆ] 强度在处理上是一种相对的量,它以说话人所发单字的强度为基点。在变动强度时,用等级比例来加减原强度的量。这里以 1/4(或 25%)为一级。例如:[ˆ+4],即按单字的原强度加 4 级(原幅度+{4×25%原幅度}=原幅度的 2 倍)。

13. [~] 长度也是相对量,以说话人原发单字长度为基点。变量用等级比例加减,也以 1/4(或 25%)为一级。例如:[~-4],即按原字长度减 4 级(=原长度的一半)。

14. 句子中停顿的有无或长短,在合成的自然度方面,起着不小的作用。[$]是短语之间的停顿,时间可以短到 0.1 秒以下,长到半秒以上,我们现以 50 毫秒(0.05 秒)为一级。表达短语之间不同长短的停顿已够用了。例如[$6],即停顿 6 级(6×50 MS=0.3 秒)。至于句子与句子之间的停顿,如为分句间的停顿,因与全句的韵律有关,就也要标出时间,现用[&]来表示,这和短语的停顿一样,也要给它标定时长。全句的结尾用[&&]来表示。这和文本类型及篇章布局有关,时量也大,可以不属于自然度的性质,就不给它定时了。

15. 本规则只限于有关自然度的韵律标记的用法;关于语音中的协同发音规则,不在本规则范围内。不过在处理韵律时,如对语音的变化处理不好,也会影响清晰度和自然度。例如:有必要时这里也可用音联[J]的标记标于前字之后,以资提醒。又,在目前通行的普通话语音合成系统中,常会听到许多清声母变成了浊化;但普通话里并没有这种浊音,听来很不顺耳。早期言语声学的实验已经证明,清塞音和清塞擦音在听觉上清浊的区别,是以爆发点与前接韵母之间有无一定长度的间歇为音征的("音征"cue,或译作"线索")。听辨清塞音的间歇长度至少为30—50毫秒,因此,本规则把它定为40毫秒,用[ˆ]标记标于一些清声母之前。

(四)韵律标记应用举例

例句(1):我准备　从北京　出发,经过　南京　上海,到杭州。
　　　PC:　1　　　2　　　3　　4　　5　　6　　7
PLT:

1. /3S2.G4.R12./　/B−10+10我　＞准　E−8−4.~+1备/　$2

2. /3S2.*−2.R17./　/~+2从　ˋ北　＞京/

3. /2S.*−4.R12./　/~−2出　~+2发/　$12

4. /2S.*0.R12./　/~−2经　ˆ+1过/

5. /2S.*−2.R17./　/＞.*−12.~+4南　＞~−2京＜/

6. /2S.*+1.R12./　/上　＞E−12−8海/　$5

7. /3S2.*−9.R12./　/~−2到　T杭＞　E−9−2州/　&&

例句(2):a　他们的　品质,是那样的　纯洁　和高尚;
　　　　b　他们的　意志,是那样的　坚韧　和刚强;
　　　　c　他们的　气质,是那样的　深厚　和朴实;
　　　　d　他们的　胸怀,是那样的　美丽　和宽广!
　　　PC:　　1　　　2　　　3　　　4　　5

PLT:

a1. /3S0.G4.R12./　/ˆ+2.~−2他　T.~−4们　＞0~−4

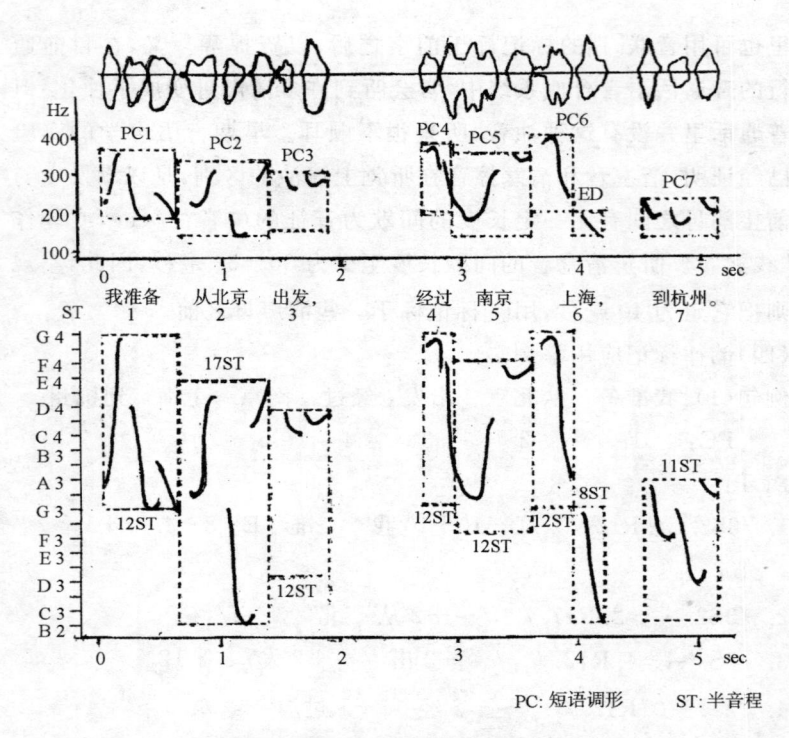

PC: 短语调形   ST: 半音程

语调频率换算为半音程的调域比较示例图

的/ $2

a2. /2S. *-7. R12./ /^-2 品 ~+2 质/ $8

a3. /4S0. *-1. R12./ /B-8-2.~-4 是 >^+1 那 T-1 -8.^-4 样 >0 的/ $2

a4. /2S. *-2. R12./ />纯 *-8-4+2.^-2 洁/

a5. /3S2. *-4. R12./ /B-11-1.0.^-6.~-4 和 T 高 E-4-12 尚/ &10

b1. /3S0. G4. R12./ /B-2.~-4 他 T.0 们 0.>的/

b2. /2S. *+2. R19./ /*+2-19.~+2 意 E-12-7 志/

$12

b3. /4S0.*－5.R12./　/B－8－4.~－4 是　＞那　T－6－6.
　　^－4 样　＞0 的/　$3

b4. /2S.*0.R20./　/^+2 坚　＞*0－12.~+2 韧/

b5. /3S2.*0.R20./　/＞.B－16－4.^－6.~－4 和 ~－4`刚
　　E－16.^－4.－4+4 强/ &10

c1. /3S0.A3.R8./　/B－2.~－4 他　＞.T.~－2 们 E－2－6
　　的/　$3

c2. /2S.*+10.R18./　/B+10－18 气　E－5－3.^－2 质/
　　$8

c3. /4S0.*0.R8./　　/B－2－2.0 是　＞那　T－1－5 样　＞
　　0 的/　$1

c4. /2S.*+10.R18./　/B+8.^+4 深　E+10.－18.^+4 厚/
　　$4

c5. /3S2.*0.R8./　/B－4－2.^－4.~－4 和　T.~－2.`朴
　　E－7－1+4 实/ &8

d1. /3S0.A4.R12./　/B－2+2 他　T0－8 们　0 的/

d2. /2S.*0.R12./　/B－1+1 胸　＞E0－2+2.^+4~.
　　+4 怀/　$10

d3. /4S0.*0.R12./　/B－4－2.~－4 是　＞那　T－1－10 样
　　＞0 的/

d4. /2S.*－4.R12./　/B－4－4+4.^+4 美　E0－14.~+8
　　丽/　$10

d5. /2S.*－4.R12./　/B－14.^－2.和　T0－3.宽　E－9－3

429

参考文献

吴宗济(1995),《普通话不同语气语调的可预测性(英文)》,载《第13届国际语音科学会议论文集》,瑞典,斯德哥尔摩。

吴宗济(1994—1995),《试论合成普通话口语自然度所需的韵律特征规则(英文)》,载《语音研究报告》。

吴宗济(1996),《为改进合成普通话口语自然度所需韵律特征规则的设计》,载《计算机时代的汉语和汉字研究》,清华大学出版社。

面向汉语口语文—语合成的"全语音标记文本"(APLT-I)设计方案[*]

1. 前言

众所周知,汉语是一种声调语言。普通话有四个调位,分别具有区别性的调阶与调形,并和单音节的汉字紧密相连。这些声调特征就像音段(元、辅音)特征一样,能区分词义。当单念某个字的时候,音节中的这三类特征可在不同的情况下保持相当的一致性。然而在连续的话语中,受上下文和语调因素的影响,这些汉字的表层形式有时与其底层形式差别很大。当然,这会有许多音节之间与音节内部的协同发音需要加以处理。可是在波形合成系统中,似乎无需考虑对协同发音的处理。因此,在该系统中,用通常的办法来作音段的处理,常常成为一个难题。

口语合成中处理音段与超音段的协同发音需要对所有的辅音、元音和调形进行修改。要提高言语合成的自然度,必须使那些反映音变与韵变的语音学规则与模型能得到利用。

工程技术人员与语音学家应当合作,以实现按规则合成普通话口语句调的目的。普通话的分析与合成要一步步地把语音学的规则与模型编成计算机程序,其中包括音段的协同发音、多字连读

---

* 原文为英文 Towards a Project of All-phonetic-labeling-text for TTS Sythesis of Spoken Chinese, 载于《第二届中日先进技术研讨会论文集》(1997,黄山)。与王仁华、刘庆峰合作。曹文译。

变调、语调的旋律变化和韵律变动。一个面向普通话口语合成的"韵律标记文本"(PLT),应用于中国科技大学电子工程与信息科学系研制的文语合成系统中,已经初步得到成功。但是该系统未对多音节字组中因协同发音引起的音段变体进行处理,这在很大程度上影响了言语合成的自然度。所以现在应加紧研究如何处理包括音段与超音段变化在内的所有语音学规则。

为改进应用于文语转换系统中的语音学标记,人们建立了口语语料库,对各种来源的普通话进行录音并测量时长、频率与音强,分析波形与调形;赫兹值被转换成半音,毫秒与分贝值除以音节单念时的毫秒与分贝值后,被转换成百分数。

本文介绍了大量用于"全语音标记文本"(APLT)的语音规则,其中既包括音段变化规则,如发音不到位、音渡、连续、间歇和浊化;也包括超音段变化规则,如调群切分、连读变调、移调、调域、调形过渡、轻化、强调、延长、停顿等等。"全语音标记文本"中编制的一套符号可用于表达所有的语音规则。该文本旨在为提高普通话口语合成的自然度建立一个基本框架。合成系统严格地受制于语音规则。本文对有关的处理方法作了简介,并列举了一些不同语气条件下的全语音标记文本例句。

2. 面向合成系统的语音规则和模型

2.1 音节间音段的协同发音规则

发生在短语或句中两个音节间的音段的协同发音现象都是因发音部位的改变而引起的。根据普通话的同化规则,当不间断地发出两个连续音节,不管它们属于词还是短语,前音节尾常常要与后音节头协同发音,因此形成逆同化现象,使得前音节尾发音不到位。

普通话中的音节尾有的是元音,有的是鼻音。共有11个音位可能出现在普通话的音节尾,用//内的拼音字母表示如下(其中[ ]内的是国际音标对此音的注音):

/i,i[ɿ],i[ʅ],a,o,e,ê,u,ü,n,ng/

其中元音要么是单元音,要么是复元音的结尾,而鼻音总是在元音后面。下面对协同发音规则分别进行描述。

2.1.1 发音不到位

2.1.1.1 前音节尾的不到位

产生协同发音的前音节尾可能有两种发音不到位的方式:替换或省略。

A. 元音音质的替换是指一个周边元音(/i/,/a/,/o/)发音时,舌位趋央趋中;或是紧元音变松。这种现象常发生在音节尾(有时也在音节的中间)。

B. 当前一音节末尾的发音部位与后一音节开头的发音部位相似或接近时,前一音节末尾的元音常发生量上的省略,有可能变短。这往往由元音的特点决定。如元音是单韵母,即/i/、/a/或/u/,尾音的削短无损于元音的音质。但是对前响和后响复合元音则应另当别论。对于前者(即/ai/,/ei/,/ao/,/ou/)来说,最后一个音段的尾巴可削减到仅保留一点滑动段,能听出音变即可。对于后者(如/ia/,/ie/,/ua/,/uo/,/yue/)来说,一定要注意保留足够量的主要元音的响度。

C. 鼻韵尾的协同发音与元音不同。由于鼻韵尾的舌位或前(/-n/)或后(/-ng/),替换或省略的处理要考虑到后一音节的发音动作。前鼻音韵尾可以削减,但需保留鼻音特征。至于后鼻音韵尾,由于它常常使其前面的元音发生鼻化,因而在处理中省略鼻音尾部分是可行的。

2.1.1.2 后音节首的离格

在普通话的口语序列中,有一点是相当稳定的,即一个音节的开头要么是辅音声母,要么是零声母;且它们很少受前一音节影响,发生协同音变。对于不送气的清塞音和塞擦音来说,除阻前一段很短的成、持阻时间,这些音节的声波会与前音节断开,因而音节间形成间歇。

2.1.2 音渡

当前音节尾与后音节首的发音部位差距较大时,前者的舌位(gesture)将向后接辅音的强频集中区或音轴(hub)滑动,从而形成一个协同发音的逆同化过渡段。音渡与发音不到位之间的不同在于前者是一种过渡效应,后者是前音节尾音的省略,有时还会替换。鼻韵尾的前鼻音或后鼻音可由于后接辅音的舌位不同而被逆同化,例如:前鼻尾/-n/后接双唇辅音时就变为/-m/;后鼻尾/-ng/后接舌尖辅音时就变为/-n/。

2.1.3 间隙

音节间的间歇或分离会影响到音段变化。在文语合成中,它可用来将后音节的清辅音声母与前音节的元音或鼻音尾分隔开。它还可避免这些辅音声母被浊化。如果后音节与前音节连接得太紧的话,中间的清辅音就有可能被听成浊音。与前后音节间所需的舌位动程相适应,间歇可设定成40—60毫秒。

2.1.4 连续

连续规则指的是前后音节紧密相连,中间不能有任何间断。这一点也与音渡不同。在这种情况下,两个音节连在一起,它们的原有形式并无任何改变。

2.1.5 浊化

一个清辅音声母的音节与前一音节在句法上联系很紧时,口语中常常发生清音浊化现象。

2.2 短语调群中的韵律变化规则

2.2.1 短语调群的切分

在一个句子里,短语调群是指跟语义相对应的声调组合。多音节连读变调的各种类型在其中都能得以体现。对这些调群应当首先作出标记,以便将其归类,成为可供调用的组块。

2.2.2 短语调群中的多音节连读变调模型

短语调群经常是由 2—4 个音节按照一定的语法结构组合起来的。它们各自具有不同的变调模型。两字组变调模型是调群的基本单元。普通话的两音节连读可产生 16 种声调组合,但实际只有 15 种。因为当两个第三声相连时,前一个会变成第二声。双音节模型在普通话语句中是最常见的。三音节变调模型多少有些复杂,尤其是当遇到三个第三声连读时。根据三字组的语法结构有 1+2、2+1、1+1+1 三种。应用的变调的规则将有所不同,但 1+1+1 的组合一般也读如 2+1,因此就是说只有两种模型。四字组连读变调模型一般可不论语法结构而都读成 2+2;(1+1+1+1 的组合一般读如 2+2),但是,遇有四个上声连读时,就得再按语法分为 3+1 和 1+3,其中的 3 仍须各分两种,于是就有七种模型。至于五音节或更多音节的连读变调,可以看作是前述各种结构的组合,它们同样遵循连读变调规则。

2.2.3 短语调群的时长与音强

时长与音强的变化跟言语中的频率一起构成了韵律功能的三维。它们可协助或代替声调对句中的某个音节作句法上的强调,也可以对一句话中的某个短语调群作语义上的修饰。至于三个韵律特征在句子里的分布比例,不同的语气会有不同的模型。在文语合成系统中处理这三个特征可应用一些简单的规则以使合成言语的自然度达到可接受的程度。

2.2.3.1 一个两字组短句在单念时,后面的那个音节往往长于前一音节。但是在短语的调群中,如果它不是在全句的末尾,在不影响语义结构的情况下,它将有所缩短。三字组中的第二音节,常常比其前后音节都要读得短。另外,在自然言语中,有时不必抬高音调,只需增加音长就可起到强调的作用。

2.2.3.2 通常人们以为要强调语意或语气,就得加大音强。然而言语分析发现,人们在音强加大时,音高总是同时上升;但是反过来却不行,人们不大可能用低沉的声音大声说话。一个音节即使不加强,声调也可以提高。因此,如果自然言语中音调抬高与强调加重的有关系数被人们掌握后,处理将变得简单。只要把声调的数据确定下来,然后按规则随意生成音强就可以了。

2.3 短语调群的调阶移动—移调处理

汉语句调的调形既包括了短语连读变调的调形也包括语调调形。事实上,调群是由多字连读变调模型构成的,它反映词义和语义的区别;而句调则是由短语调群的调阶的变化以及调域的展缩构成的,它传递语法和语气的信息。短语调群的调型比较稳定,而句调往往是短语调群在某个音阶基调上的语气变体。短语调群可以按语气的要求,把基本调阶提升或降低,把调域扩展或压缩。因此,短语调群的模型首先根据语音规则来确定;再将句调通过改变调群的调阶或调域,也即用移调的方法来生成。再将短语调群的基调换算为音乐的半音程来作移调处理,通过实验定出半音程值的变量与各种语气的对应关系,这样就建立了一整套语调的变化规则。

2.4 语音数据的规整与归类

用于全语音标记文本的语音数据可用不同的特征与单位来表述。例如,音段可用有声调符号的元辅音的拼音字母来表示;超音段,如声调,可用频率(赫兹值)来描写;时长用毫秒数来记录;音强则用分贝(振幅)。这些数据是用物理量来表示的,它们显得过于复杂以至很难在合成处理中应用。需要注意的是,在言语分析中数据应当尽可能地精确,但在合成当中许多特征却显得多余或雷同。因此有必要通过归类或规整来简化计算。

2.4.1 音节首与音节尾的归类

能出现在普通话音节首的音位有 27 个:

/a,o,e,i,u,ü,b,p,m,f,d,t,n,l,g,k,h,j,q,x,z,c,s,zh,ch,sh,r/

由此可知,两字组中前音节的 11 种音尾(见 2.1 节)与后音节的 27 种音首可以组成 297 种尾首连接类型。这一数量对于文语合成处理来说显然不够经济。所幸音位的发音动程是有限的,且言语感知具有模糊匹配效应,我们可根据前音节尾与后音节首的发音状况将它们进行分组。分组的标准是发音部位的生理特征和第二共振峰(F2)或能量集中区(CA)的声学特征。各种音节尾和音节首将因同样的音渡类型而被重新归类。在全语音标记文本系统中,前音节尾可分为 3 组,后音节首分为 5 组。这样一来,音渡类型可从 297 种减少到 15 种。下面就是三组前音节尾(E1—E3)与五组后音节首(I1—I5):

组别	前音节尾	生理特征	声学特征
E1	/i ê ü/	前,高,顶	F2 2—3K(Hz)
E2	[ɿ][ʅ]/n/	前,高,龈	F2 1—2K(Hz)
E3	/a o e u ng/	央,低,后	F2 0.5—1K(Hz)

组别	后音节首	生理特征	声学特征
I1	/i ü j q x/	前,顶,腭	F2:3K CA:5K
I2	/n l d t z c s/	龈	F2:1.5K CA:2K
I3	/e r zh ch sh/	中,卷舌	F2:2K CA:3K
I4	/a o u g k h/	央,后	F2:1K CA:1K
I5	/m b p f/	唇音	F2:<1K CA:<1K

根据分组的标准,15种音渡类型可设计成三行音节头与五行音节尾。它们与前音节尾跟后音节首的生理特征或声学特征相对应。见下列矩阵:

	I1	I2	I3	I4	I5
E1	TR1	TR2	TR3	TR4	TR5
E2	TR6	TR7	TR8	TR9	TR10
E3	TR11	TR12	TR13	TR14	TR15

2.4.2 韵律数据的规整

2.4.2.1 调高的规整可通过将测得的频率值转换为半音值来完成。一种F0—半音转换表可直接用来把测得的线性标度(频率值)换算成最近似的半音程值。

2.4.2.2 言语时长的规整可通过把所测得的各音节时长(毫秒数)与音节单念时的数据相比,转换为有关的百分数。以每25%为一单位,这一比例大约足以显示自然言语不同时长间的差别了。

2.4.2.3 言语音强的规整是将音强(振幅)的分贝值转换成有关的百分数(与同一发音人平叙句的平均音强值对比)。这一比例也被设定为平均值的25%。

3. 处理方法

一种新的、基于 LMA（对数振幅近似）滤波声道模型的"声源/滤波合成器"用于全语音标记文本研究。这种新的合成方法在国内是由科大电子工程与信息科学系人机对话实验室首先采用的。它相比于传统合成法，在许多方面已经显示出卓越之处。该合成器可满足全语音标记文本的要求。在此合成系统中，所有的变量最终可分成4大类：声调变化、时长变化、音强变化和协同发音。

3.1 声调变化

在源/滤波合成系统中，输出的语音信号的调形完全由声门激励波的准周期反映出来。当需要调整音节的声调时，只需根据要求，设定一个新的声门激励波。

3.2 时长变化

当我们用不同的语速说出同一个音节，声道空间的变化速度也是不一样的。但是整个变化趋势应当是共同的。所以当音长改变时，我们首先应算出原始语音的声道变化趋势，然后在声道变化较缓的时间段中删除或插入部分波形。

3.3 音强变化

由于音强直接受振幅的影响，我们只需通过乘法运算即可规整合成波形的振幅。

3.4 协同发音的处理

从语音学的角度来看，我们知道，协同发音现象反映的是声道状况的改变。在此理论基础上,我们可通过声道变化成功地模拟各种协同发音现象。例如,对"发音不到位"的处理,直接将原音节尾的部分声道变化过程切除即可。至于"音渡",为使过渡部分听来流畅、清晰,我们可在前音节尾的声道参数中渐变地引入后音节首的声道信息。

3.5 一种合成—分析系统

为更方便有效地研究与归纳语音学和语言学规则,我们为全语音标记文本设计了一套合成分析—系统。该系统由三个模块组成:

(A) 韵律处理模块:汉语标记文本被转换成有韵律参数符号的单音节。

(B) 言语合成模块:我们首先从声调参数中获得声门波,再参考时长和协同发音的参数确定声道模型,然后我们把声门波形插入声道模型中,并调整音强参数以改变输出的音量。完成这两步之后,我们就能得到一个合成音节。

(C) 声音检测模块:将所有的合成音节连成一串变成输入文本的言语时,我们可从声音的质量中知道是否需要修改某些标记。

4. 全语音标记文本(APLT)

4.1 全语音特征的标记符号

全语音标记文本中的符号非常简单,可适用于任何计算机的键盘。

(A) 表示音段变化的符号

{AL}音节尾元音的更换,从周边向中央变动。{RE}二合元音尾的削减。{TR}音渡;[TR5]15 种音渡模型中的第 5 种。

{BL}尾元音与下一音节有间隔。{CO}尾元音与下一音节相连。{VO}清辅音浊化。

(B) 超音段变化的符号

一、短语或句子的一般标记

[//]句中短语调群的切分;[.]音节的切分[2S]双音节调群;[2S0]结尾是轻声的双音节调群;[3Sa]1+2结构的三音节调群;[3Sb]2+1结构的三音节调群;[3S0]轻声结尾的三音节调群;[4Sa]2+2结构的四音节调群;[4Sb]3Sa+1结构的四音节调群;[4Sc]3Sb+1结构的四音节调群;[4Sd]1+3Sa结构的四音节调群;[4Se]1+3Sb结构的四音节调群;[4S0]轻声结尾的四音节调群。

二、声调标记

[BR]一句中作为基本调阶的短语调群的最高音调(普通话的第一声);

[BG]短语调群开头音节的调阶;

[BG-5J]开头音节的调阶比基本调阶低5个半音;

[ED]短语调群末尾音节的调阶;

[ED+5]末尾音节的调阶比基本调阶高5个半音;

[TN]两个短语调群间的声调过渡;

[TN-3+5]过渡开始时比基本调阶低3个半音,然后上升5个半音;

[TP]基本调阶的移调;[TP+4]比基本调阶上移4个半音;

[TR]调域;[TR12]调域为12个半音;[0]零声调(轻声或轻读)。

三、时长标记

[]]发音人单音节的基本时长,毫秒标度;

[∫+2]比基本时长长两个单位(1个单位=基本时长的25%);

四、音强标记

[^]短语调群最低强度的基本音强,分贝标度;

[^+2]比基本强度高两个单位(1个单位=基本音强的25%)。

五、停顿标记

[~]两音节间的停顿(1个单位=50ms);

[~6]6个单位的停顿(300ms);

[`]句后停顿,没有限制。

4.2 一位女发音人平叙调的全语音标记文本例句

全语音标记文本是用符号与简写形式来写的。普通话文本将用拼音、英文缩写、句子的基本参数以及为每个短语调群分层排列的标记来表示。文本中缩写式解释如下:

PC:短语调群　　　　　　TR:调域
PY:普通话的拼音字母　　TC:调形和声调过渡
GS:语法结构　　　　　　DU:时长与停顿
SE:音段变化　　　　　　IN:音强
BR:基本调阶

句子内容:wo3 zhun3 bei4 cong2 bei3 jing1 chu1 fa1,jing1 guo4 nan2 jing1 shang4 hai3 dao4 hang2 zhou1。(我准备从北京出发,经过南京上海到杭州。)

此句的基本参数:

半音标度的基本调阶:G4　　　　基本调域的半音跨度:12ST
发音人单音节平均时长:200ms　　句中音节的平均音强:30dB

全语音标记文本:

　　PC:(1) BR:G4　GS:3Sa
　　　　PY:/wo3/　/zhun3/　/bei4/
　　　　SE:/TR13.`2/　/TR10.`1/　/RE4.`4/
　　　　TC:/BG－10+10/　/－5－7/　/ED－8－4/
　　　　DU:/~－2/　/~－1/　/~1.`4/
　　　　IN:/^+1/　/^－1/　/^－1/
　　PC:(2) TP:Eb4　GS:3Sa+2S
　　　　PY:/cong2/　/bei3/　/jing1/　/chu1/　/fa1/
　　　　SE:/TR15.`4/　/RE.TR1.`2./　/RE.TR13.`1/
　　　　　　/RE.TR15/　/˙16/
　　　　TC:/BG－7+7/　/－8－8+1/　/－3+3/　/－1－2/
　　　　　　/ED－1－1+1/
　　　　DU:/~－0/　/~－4/　/~－3/　/~－3/　/~－1/
　　　　IN:/^－0/　/^－2/　/^－0/　/^－3/　/^－2/
　　PC:(3) BR:G4　GS:2S+4Sa
　　　　PY:/jing1/　/guo4/　/nan2/　/jing1/　/shang4/
　　　　　　/hai3/
　　　　SE:/TR14.`1/　/TR12.CO/　/TR6.`2/　/TR13.`1/
　　　　　　/RE.TR15/　/˙16/
　　　　TC:/BG－1－2/　/－2－8/　/－10－2+6/　/－1－1
　　　　　　+1/　/－1－10/　/ED－12－7/
　　　　DU:/~－1/　/~－2/　/~+1/　/~－1/　/~－1/
　　　　　　/~－1/
　　　　IN:/^－2/　/^－0/　/^－0/　/^－3/　/^－0/　/^－0/
　　PC:(4) TP:A3　GS:3Sa

```
PY：/dao4/   /hang2/   /zhou1/
SE：/TR14.`1/  /TR13.`1/  /´`/
TC：/BG-0-4/  /-2-4/  /ED-0-1/
DU：/～-1/   /～-0/   /～-4/
IN：/^-0/   /^-0/    /^-4/
```

5. 讨论

　　这些年来的文语转换研究要么是在语音学和音系学规则指导下运用声学参数来进行，要么是将音节甚至更小的音段存储成连续的语声波形来进行。后一种方法简单经济，也易于模仿真实言语。然而改变音段的质比改变超音段的量难得多。一些通过改变共振峰频率和双音联等手段合成英语的新方法早已见诸文献，它们可以很好地提高合成的音质。但是语言与语音的变化，尤其是普通话的声调与语调非常复杂，很难归纳出全部规则。本研究中的许多处理方法与别人不同，如(1) 在音段方面，我们认为协同发音现象是由发音不到位和削减引起的，几百种音渡模式通过规整可简化到仅 15 种；(2) 在超音段方面，我们主张进行句子短语调群的切分，并对调群中的多音节连读变调进行规则处理。这些发现在共振峰与波形合成系统中已被证明是有效的。不过仍有许多遗留问题，主要集中在三个方面：一、如何确定句中突出调群的移调层级？二、怎样才能找到不同句调中韵律三特征的相关系数？最后还有一点不容忽视，即如何才能实现自动化，取代人工处理？

普通话语音合成中协同发音音段变量的规正处理[*]

一、前言

近年来,调用已有的录音材料进行波形拼接的方法在言语合成系统中得到了广泛应用。这主要是因为它对自然言语中韵律的协同发音处理起来比较容易。但是,人们在言语波形音段变量的处理上却遇到了麻烦。

运用波形拼接技术,音节内部的变量,如一个音节中的辅音—元音和元音—鼻音过渡、完全与发音器官的连续动程相对应;它们已包含在语料库中,无须进行处理。然而,音节与音节之间的过渡或两个短语/从句之间的连接,如属于不同语法单元的前字音尾与后字音首之间的音联,它们对合成言语的自然度非常重要,目前还难于在语料库内调用,因而,应当对此加以研究。

在中国传统的音韵学里,一个音节分为声母和韵母(而不是元音和辅音)两个部分。声母可以是辅音、元音或半元音;韵母可以是单元音、二合元音、三合元音或者有鼻音尾。现将普通话中的音节首与音节尾罗列如下——

---

[*] 原文为英文 The Formalization of Segmental Coarticulatory Variants in Chinese Synthesis System,载于《汉语及少数民族语言语音学研讨会论文集》(香港城市大学,1998)。曹文译。

音节首:/b//p//m//f//d//t//n//l//g//k//h//j//q//x//z//c//s//zh//ch//sh//r/(以上辅音);/a//o//e/(元音);/y//w/(半元音)

音节尾:/i//ɿ//ʅ//a//o//e//ê//u//ü/(元音);/n//ng/(鼻音)

基础汉语的语音教学证明,应用声韵母系统比应用元辅音系统有效得多。从音位学角度来看,汉语音节中共有 11 个结尾音和 26 个起始音。尾—首搭配共有 286 种组合,这对言语处理来说太过复杂了。所幸人类发音器官的活动空间是有限的,将这些首尾音按照相似的生理和声学特征进行分类重组,数目可以减少到仅 15 个,而且它们也无损于合成言语的自然度。这种分类重组的方法,对言语合成来说,可能有其应用价值。

二、实验方法

理论上说,为改进言语合成的自然度,约有 300 个两音节间的尾—首音组合需要建立大量的插入或叠加的音渡模型。不过在实际言语中,音节间的协同发音经常是一种逆同化作用,所以一般只有前音节尾需要处理。另外,有些尾音由边际元音构成的音节(即二合元音或三合元音中的响度小于主要元音的尾元音),它们常常发音发得不到位或者变得央化。如果先对这些音节尾加以处理,音渡类型就会大大减少。这样一来,把尾音和首音按相似的发音部位归在一起,处理过程就能得以简化。普通话中,11 个尾音可以分为 3 组,而 26 个首音可以分为 5 组,详见下表:

3组尾音[〉G]		
[〉G1]i,ê,ü	[〉G2]1,ɿ,n	[〉G3]a,e,o,u,ng

5组首音[〈G]				
[〈G1] y, j, q, x	[〈G2] n, l, d, t, z, c, s	[〈G3] e, r, zh, ch, sh	[〈G4] a, o, u, g, k, h	[〈G5] m, b, p, f, w

"G"=group(组),"〉"=coda/ending(尾),"〈"=initial/beginning(首)。

上文说过,音节尾—首的规正与分类是以生理特征和声学特征的异同为根据的。对于一个尾音(总是以元音或鼻音形式出现)来说,这些特征指的是它们的舌位和声谱 F2 值。而对于一个首音来说,当它是浊辅音或零声母(实际是元音、半元音)时,这些特征指的也是它们的舌位和 F2 值;当它是清辅音时,特征中还要增加发音开始时的"能量集中区"。请看下表:

组别	音节尾	
	舌位	F2
[〉G1]	前,高,齿龈	2K—3K(Hz)
[〉G2]	前,高,硬腭前	1K—2K
[〉G3]	央,低,后	0.5K—1K

组别	音节首		
	舌位	F2	能量集中区
[〈G1]	前,高,硬腭	3K	5K
[〈G2]	舌尖	1.5K	2K
[〈G3]	舌尖后缩	2K	3K
[〈G4]	后,根	1K	1K
[〈G5]	唇	1K	1K

三、实验结果

3组尾音与5组首音可以配合成一共15种协同发音类型。然而并非所有的尾首—首音的发音状况都是互相对立、需要插入和叠接处理的。其中有4个组合,各自首尾音的发音状况相似,因而可以顺势连接,无须插入音渡。它们是[>G1]+[<G1],[>G2]+[<G2],[>G2]+[<G3],[>G3]+[<G4]。这样,音渡类型可以进一步减少到11种。

下表列出了15类尾音首音结构,每一种都可以在附录中查到例词。

首音 尾音	[<G1] y, j,q,x	[<G2] n,l,d,t, z,c,s	[<G3] e,r, zh,ch,sh	[<G4] a,o,u, g,k,h	[<G5] m,w, b,p,f
[>G1] i,ê,ü	*T1	T2	T3	T4	T5
[>G2] ɿ,ʅ,n	T6	*T7	*T8	T9	T10
[>G3] a,e,o,u,ng	T11	T12	T13	*T14	T15

"T"=音渡类型,"*"表示音渡省略

四、讨论

附录的首音列中有2个/y/,上面一个是出现在元音/i/前的半元音,后面一个是出现在/ü/前的半元音。它们发音时都有一个狭窄的气流通道,并会产生一个很短的浊擦段。这就是为什么/i//y/的半元音使用了同样的符号。普通话中,/y/前的半元音并不像法语中的/y/那样开始就撮唇,而是先像/i/前的半元音那样展唇,然后双唇渐渐拢圆到发/ü/时的样子。

在句子里,不管是否属于同一语义组合,任何尾—首音构成的协同发音类型都是一样的。不过,当后音节首是浊音时,音渡是连续的;当后音节首是清辅音时,音渡是断开的。

本文的规正方案在一些实验中得到了初步验证,但我们仍需要对此作进一步的研究,直至找到更经济的音渡生成规则来处理协同发音产生的语音变量。这种努力对实现高质量的语音合成是十分必要的。

附录

后音节首	前音节尾									
	i	ɿ	ʅ	a-	o-	e-	ê-	u-	ü-	n-	ng-
-a	你啊	死啊	是啊	他啊	我啊	哥啊	姐啊	出啊	去啊	问啊	听啊
-o	西欧	瓷瓯	吃藕	沙鸥	作呕	射鸥	切藕	熟藕	聚殴	圆藕	良偶
-e	企鹅	死鹅	吃鹅	沙俄	作恶	峨峨	野鹅	苏俄	余额	困饿	嫦娥
-y	奇异	词义	十一	八一	多疑	得意	协议	注意	语音	任意	中医
-y	机遇	资源	失约	大院	多余	德育	节余	术语	区域	信誉	终于
-w	礼物	四五	十五	大雾	作物	歌舞	觉悟	初五	语文	练武	房屋
-b	七百	四百	十八	八百	作罢	二百	捷报	五百	局部	三百	双百
-p	一瞥	瓷盘	食谱	打牌	索赔	科普	学派	物品	雨披	俭朴	放炮
-m	西门	四门	尺码	大门	做梦	二门	节目	午门	羽毛	前门	上马
-f	西方	四方	是非	答复	作坊	克服	接风	午饭	预防	前方	厂房
-d	鸡蛋	词典	迟到	大胆	多端	疙瘩	街道	舞蹈	预定	心得	账单
-t	奇特	姿态	食堂	大同	座谈	客套	学堂	牧童	剧团	钱塘	红糖
-n	西南	思念	室内	大难	作难	热闹	学年	富农	鱼农	贫农	放牛
-l	鸡笼	思路	失恋	沙龙	作弄	克拉	揭露	诬赖	愚弄	乾隆	黄狼
-g	汽缸	刺骨	诗歌	大港	做工	舌根	结构	乌龟	愚公	新港	党纲
-k	抵抗	刺客	时空	大考	落空	苛刻	裂口	悟空	虚空	尖刻	长空

续表

-h	易货	死活	失火	大河	国会	惹祸	协和	怒吼	序号	银行	黄河
-j	西江	四季	世纪	大将	国家	设计	接见	物价	雨季	电极	长江
-q	地球	自强	世情	大气	唾弃	和气	节气	母亲	预期	感情	当权
-x	地形	思乡	吃香	画像	惰性	设想	烈性	故乡	预先	幻想	当心
-z	臆造	词组	制造	法则	做作	涉足	协作	物资	女子	选择	雄姿
-c	体操	私藏	尺寸	榨菜	破财	客舱	决策	独裁	聚餐	剪裁	中餐
-s	计算	自私	失散	打扫	货色	歌颂	决赛	五色	雨伞	文思	唐僧
-zh	地质	四肢	蜘蛛	法制	或者	热衷	借债	拇指	宇宙	群众	生长
-ch	继承	丝绸	时常	达成	货场	合成	接触	补偿	愚蠢	君臣	生产
-sh	地势	死水	师生	发生	舵手	合适	学生	武术	雨水	先生	上山
-r	艺人	自然	市容	打扰	果然	客人	节日	突然	预热	炎热	当然

为提高汉语语音合成自然度的语音变量规正方案

一、前言

汉语普通话的自然口语中,各音节单读和连读时,由于发音器官动作的连续性,无论是辅—元或元—辅的结合,都要有一个过渡段。在参数合成中,这些过渡变量的数据都得计入;而在音节拼接合成中,音节内的变量可不必考虑,但音节间的同化和起迄,都会使音段和超音段产生或大或小的变量。这些变化属于"协同发音"。为了合成语音的自然度,必须对此加以处理。人们说出的语音在语流中的变量,多因时、境和人、地而异,分析出来的数据编入程序就过于繁复。如把这些音变数据先加以规正处理,就可节省许多程序。在音段方面:可按发音部位或发音方法相同或近似的,予以合并。在韵律方面:可按"跳板规则"或"模糊集合"予以平滑、缩略,从而订出若干规正变量的规则。本文略述目前已应用于拼接合成系统的生产并取得一定成果的、处理语音变量的事例及其规正方案。

二、普通话的音段变量

普通话音段变量主要有两类:一是音节内的变量,一般为声母受后接元音的同化而变。二是音节间的变量,一般是前字韵尾受后字的同化而变。

2.1 音节内的音段变量

2.1.1 声母的变量

[事例]音节单读时,因拼接合成中调用的是录音材料,其辅—元之间的过渡段是由说话人自然发出的。在参数合成中,只要提供各过渡段参数,也可保证自然度。

[规正]在拼接合成中,单音节内声母的变量无须处理。

2.1.2 韵母的变量

[事例]"单韵母":一般不受声母影响,且有逆同化作用,因此不会产生变量。"复韵母":(1)如为"二合前响韵母",韵尾如为元音:在语流中常读得弱化、缩短而不到位;一般是紧元音变松;边元音趋央。韵尾如为鼻音:在语流中,前鼻尾变短变松;后鼻尾常近于消失,使主要元音鼻化而成为"半鼻音"。(2)如为"二合后响韵母",起首的介音常读得短而仍旧到位,主要元音也可读得短些,但不变质。(3)如为三合韵母,介音同上,但韵尾弱化或鼻化,与二合前响相同。

[规正](1)"二合前响韵母":韵尾元音切短1/3—1/2。韵尾鼻音:前鼻切短1/3,后鼻销去,使元音鼻化(如鼻化难于处理,可改为鼻尾切去1/3。(2)"二合后响韵母":介音不变,主要元音可切短1/3。(3)"三合韵母"的介音不变,韵尾元音或鼻音的规正与二合前响韵母相同。(此处所谓"切短",都是由后向前切去,下同)。

2.2 音节间的音段变量

2.2.1 后音节声母的变量

[事例]两音节连读,后音节的声母无论清浊,一般不变。在实际言语中,声母如为清塞音或清塞擦音,声母的起点和前音节的

韵尾(包括元音与鼻尾)之间总保持一些距离,而形成30—60毫秒的"无声段"(－VOT)。如无声段小于30毫秒,则清声母会渐有浊感。如无声段取消,使后音节声母与前音节韵尾紧接,则后音节的声母听来完全变浊。在拼接合成中,此点极为重要。

〔规正〕后音节声母不变;－VOT >30ms→60ms

2.2.2 前音节韵尾的变量

〔事例〕两音节连读时,无论它是否是一个词或短语,或分属两短语,前音节韵尾总被后音节的声母逆同化,其韵尾的舌位或发音部位总有移向后声母舌位或部位的倾向;而产生变量。后声母特别是浊辅音,常受后接元音影响而变位时(2.1.1),前音节韵尾也要跟着变位。这是连锁的协同发音作用,是提高合成自然度的关键。

〔规正〕在拼接合成中,音色的修改是个难点。虽然目前已有单独调节声腔系数的方法来修改音色,但计算较为复杂。这里提供一项简化的规正方法。

普通话的所有韵母的尾音(包括元音和鼻尾)共有11个,所有声母(包括辅音和零声母)共有27个。两音节连读,就造成297个组合的协同发音,可按韵尾和声母特性相同或近似地给予规正:(1)先把各韵尾按舌位的"前"、"央"、"后"归并为3类;把各声母按"音轨"和"区别特征"的分析归并为5类。相互搭配后就只有15类协同的组合。(2)再将前韵尾与后声母特性相近、而无明显协同发音作用的4类省去。结果就只需要11种协同发音的F2过渡段模式,就可以解决所有音节间的变量了。合成时,过渡段的起点可与韵尾元音或鼻尾的1/2处连接;过渡段斜率的升降阈,应与后接辅音或零声母的音轨起点呼应,斜率可分为"1,2,3,4"四个等级。兹将协同发音的分类及过渡等级列表如下:

普通话音节间协同发音过渡段的规正模式

声母 韵尾	⟨G1 y j q x	⟨G2 n l d t z c s	⟨G3 er zh ch sh	⟨G4 a o g k h	⟨G5 m w b p f
⟩G1 i ê ü	*T1 高平	T2 高降1	T3 高降2	T4 高降3	T5 高降4
⟩G2 i1,i2,n	T6 中升2	*T7 中平	*T8 中平	T9 中降1	T10 中降2
⟩G3 a,o,e,u,ng	T11 低升3	T12 低升2	T13 低升1	*T14 低平	T15 低降1

符号说明:"⟩G"=前音节韵尾归类,共3类;"⟨G"=后音节声母归类,共5类;"T"=协同发音过渡规正模式;"*T"=此两音节间无需过渡段。"高、中、低"为过渡音的F2起点;"1,2,3,4"为过渡的斜率级。/i1/=[ɿ];/i2/=[ʅ];/y/=[j]或[y]。

过渡段与韵尾连接时,韵尾的长度已作了省略的处理。方法与2.1.2的规正办法相同,并可再加简化:后音节的辅音如为清音,由于前面有无声段,前音节韵尾可以只省略而不移位,也不致影响自然度。不过后音节的辅音还有如2.1.1所说的音节内的变量,而影响了过渡斜率。在浊辅音前,因前后的噪音紧连,过渡段的斜率就得按后音节内辅音的连锁协同变量稍加校正。例如:声母为/m/的音节如为/mi/,双唇已倾向展唇,其分类应归入[⟨G1]。其它浊辅音如/n/和/l/也同样可类推。

三、普通话的超音段变量事例及其规正方案

3.1 声调的变量

汉语的声调可以分为字调和句调,既有表义功能,又有表情作用。普通话单字调有稳定的"调位",主要是表义的,不具备明显的声调变量。两字以上的词或短语,其中的单字调在连

续说出的情况下,就产生形形色色的音节间的变量,既属表义,又能表情。短语中的各音节间,有服从语音规则的连读变调;在语句中的各短语间,还有表达语气境界的语群移调。因此,语句的表层调形都混合有许多底层调形的成分。不把底层分清,语调就无从研究。下面分述"底层的变调"和"表层的移调"的规正方案。

3.1.1 底层的变调

3.1.1.1 音系学的表达式

[事例]语句中底层的调形是一切语调的基本单元。它在口语中都有一定的变调模式。其中以二字、三字组的连调为最多,自三字以上(含三字)的变调就受语法结构的制约而有不同的规则。普通话的二字连读变调,事实上共有15种模式("上+上"与"阳+上"同式)。三字连读按语法结构,就有"双单格"和"单双格"两种变调模式(三字的"并列格"同"双单格"模式);以及"双单格"中次字的"跳板规则"。四字变调基本上是"双双格"、"三单格"和"单三格"三种模式(四字的"并列格"同"双双格"模式)。这些变量虽然繁复,但因有一定的"变调位"(tone-sandheme),可认为也属于音系学的范畴。把这些变量统计归纳成若干规则,应用音系的常规表达式可达到规正的目的。

[规正]变调规则的音系表达式:四声按调势分为高、低、升、降四个区别特征。各式中的符号:"H"=高,阴平;"L"=低,上声;"R"=升,阳平;"F"=降,去声。"→"=变为。"/"=在此条件下。"!"=此调是自它调变来。"♯"=断句。"E"=句尾变调。"G"=跳板规则。{ }=上下两调任选。[ ]=前后的上下两调各自对应,不能互换。普通话中的上声连读,最能充分反映变调的规则,兹略举上声的几种变调规则于下:

(1)二字组(上+上;上+"非上")

$$L \rightarrow !R/\underline{\quad} + \begin{Bmatrix} L \\ \tfrac{1}{2}L \end{Bmatrix} \# \quad （上＋上或"半上"，前上变阳平）$$

$$L \rightarrow 1/2L/\underline{\quad} + \{X - L\}\# \quad （上＋"非上"，前上变"半上"）$$

（2）三字组（三上相连）：

L＋L＋L → L＋!R＋L → ＊L＋!R＋L＃　（a式：单＋双）

L＋L＋L → !R＋L＋L → !R＋G＋L ＃　（b式：双＋单）

（3）四字组（四上相连）：

L＋L＋L＋L→L＋＊L＋!R＋L→!R＋＊L＋!R＋L　（单＋三a式）

L＋L＋L＋L→L＋!R＋G＋L→＊L＋!R＋G＋L　（单＋三b式）

L＋L＋L＋L→＊L＋!R＋G＋L→＊L＋!R＋G＋E　（三a式＋单）

L＋L＋L＋L→!R＋G＋L＋L→!R＋G＋G＋E　（三b式＋单）

3.1.1.2 声调数据的规正

[事例] 声调分析向来以频率的赫兹为计量单位。实验证明，人们说话的调域各有不同，但在每个人日常的平叙句中，其调域基本上是守恒的。成句的语调由于表达情感而使调域抬高或压低时，如按常规以赫兹计值，每调频率值的差异就很大。如果把频率转换成音乐的半音程来计值，则在不同倍频程的调域中，基调音阶虽有变动，而域宽的半音程数值则是相等的。（频率也可换成对数计值，但规正意义不大。）因此，声调的计值改用半音程为坐标，在每组倍频程中，就能把差值很大的"赫兹"数都规正为等值的12个"半音程"，每半音程之差一律是$\sqrt[12]{2}$的倍数。这种计值虽比赫兹值粗疏一些，但于声调的听辨则无甚影响，而达到规正的要求是其优点。

[规正]（1）用任何型式的音高分析仪器记录出来的声调和变调的频率赫兹数值，查阅《基频与音程换算表》，四舍五入，就取得最逼近此频值的"半音程"值。（2）让发音人用平叙语气说出若

干组四个声调的单字,和许多二字、三字组的变调。加以平均后,得出此发音人的单字调和短语连读变调的基本调型,以备合成时调用。

3.1.2 表层的变调

[事例] 普通话语句的混合调形,分离出其单字调和基本单元的连调后,可以发现两种现象:(1)短语与短语间协同发音的变调;(2)各短语因有语义的"逻辑重心"和情感的"语气重心"而使短语的基调(例如:以阴平为基调),脱离平叙的常规而抬高或压低若干个音阶。实验证明,重心基调的变动,基本上不会改变短语的变调模式。

[规正] 先统计出各类语义或语气的基调变动的等级(每半音程为一级)。例如:语义着重为"+1-3级";语义减轻为"-1-3级"。语气抬高为"+3-12级";语气压低为"-2-4级"。在合成时对目标短语的半音程值乘以级数,也就是给予"移调"的处理。("移调"或称"转调",就是歌唱中的旋律换个"调门"来唱。)还有,用这种办法,一切语调都可从一组平叙调来"生成",这就节省了许多计算的程序。

3.2 音长与音强的变量及韵律三特征的相互关系

[事例] 短语中三字组的次字常读得短而轻;四字组的第二和第三字也是如此。在语句中,由于语义和语气关系,就有许多首音缩短或尾音拖长或停顿等现象。(1)在音强上,往往声调的高低与音强的重轻有不可分割的关系。但此关系是单向的,即音强提高时,声调一定升高,而声调升高就不一定要提高音强。(2)在音长上,声调高低与节奏快慢有很复杂的有机联系。一般是,音节延长可以代替声调提高而产生加重语气的效果,因此,韵律三特征彼此的关系,既有合作,又有互补,这里简略地介绍几个规则。

1. 声调的高低 →← 音长的长短 （二者可各自独变,亦可同变）

  2. 声调的高低 →   音强的强弱 （音强多随声调而变,甚少独变）

  3. 音长的长短 →← 音强的强弱 （二者可各自独变,亦可同变）

［规正］韵律三特征因声学特征的不同,其计量单位也各异。声调用的是频率的绝对值,再换算为半音程;音长和音强因在语句中的相互依存和制约的关系,就得用相对值而非绝对值。它们的计量用常规单位:音长为毫秒,音强为分贝,但数据则用比例。兹举四字组为例:

  (1) 四字组的音长规正:

  （双双格） $D+1/2\times D+1/2\times D+D$

  （单三格） $1/2\times D+D+1/2\times D+D$

  （三单格） $D+1/2\times D+1/2\times D+D$

符号说明:"D"=单音节平均长度;"$1/2\times D$"=均长之半(此乘数可按实际调节)。

  (2) 四字组的音强规正:

  $3\ ST \equiv 1-1/4\ S \quad 6\ ST \equiv 1-1/2\ S \quad 9\ ST \equiv 1-3/4\ S$

符号说明:"S"=单音节平均强度;"ST"为"半音程";数字为等级数。

  4. 轻声的处理。

［事例］普通话的轻声主要有两类:(1)辨义的"轻声",(2)非辨义的"轻读"(赵元任称为"可轻声")。"轻声"必须附着于字或词的后面,"轻读"位于短语的前或中间,都失去本调而成为前后字的"衬调",因此应归入变调范畴。词后的轻声或轻读的调形随前字的调势顺延,可简化为五度制的1,3,4三级,长度约为"平读"(单字正常读法)的1/2。

［规正］轻声和轻读的音系表达式如下：
Z, *Z → 3 / H, R+___ ; Z, *Z → 4/L+___ ;
Z, *Z → 1/F+___ ; *Z → 3 / ___+X

符号说明："Z"＝轻声，"*Z"＝轻读，"X"＝任一调。

参考文献

吴宗济(1990),《汉语普通话语调的基本调型》,载《王力先生纪念论文集》,商务印书馆。
——(1993),《普通话语调分析的一种新方法：语句中基本调群单元的移调处理》,载《语音研究报告》。
——(1996),《为改进合成普通话口语自然度所需韵律特征规则的设计》,载《计算机时代的汉语和汉字研究》,清华大学出版社。
——(1997),《从声调与乐律的关系提出普通话语调处理的新方法》,载《庆祝中国社会科学院语言研究所建所45周年学术论文集》,商务印书馆。
——(1998a),《普通话语音合成中协同发音音段变量的规正处理》,载《汉语及少数民族语言语音学研讨会论文集》(香港城市大学)。
——(1998b),《普通话四字组中韵律变量的处理规则》,载《语音研究报告》。

（原载《现代语音学论文集》,
吕士楠等编,金城出版社,1999年）

普通话语音合成中有关自然度的韵律变量问题

一、普通话语句中的语音变量

普通话的语句在口语中自然地说出,其中各音节的读音在连读中起了变化。这种变化在传统语音学中称为"同化作用"。语句中各音节之间的同化现象可分为三类:前音节尾被后音节首所影响而起的变化,称为"逆同化";反之,后音节首被前音节尾影响而起的变化称为"顺同化";再有,前音节尾与后音节首相互影响而都起变化的称为"双向同化"。连读变化在音段的音色上,有元音和辅音的变化,语音学称为"协同发音";在超音段的韵律上,有声调、重音和长度的变化。声调的变化通称为"连读变调";重音的变化,有"逻辑重音"和"感情重音",其中又可分为若干等级长度的变化,有"音节的长、短"和"节奏"的"停、延"。普通话的连读变化多数是逆同化,少数是双向同化,极少是顺同化。在合成语音中,音色的变化跟自然度关系较少,韵律的变化则跟自然度有密切关系,其中尤以声调的变化关系最大。本文主要将对声调的变化多所叙述。因本文并非这方面的综述,故所取资料仅限于个人的研究范围。

二、普通话的韵律变量与合成自然度的关系

语音自然度的范围和规格,属于主观评价性质,其发音质量和听音标准都是因人而异、因境而异的。目前国内对普通话合成质

量的考核,一般都是在听感上和人的话音比较来评价其自然度,而合成的语句也大都限于平叙的语音。近些年来,普通话的合成一般都已采用拼接合成系统。这个系统对每个音节中参量程序的编制可以省去,而对各音节间的协同发音和韵律变量的处理,却是关系到自然度的关键。目前通行的合成语音中,对词或短语变调的处理,大都已有相当满意的结果;但成句的语调方面,如各种语气的韵律变量和处理规则,还没有满意的成果。

三、普通话短语中音节间韵律的必然变量

普通话语句中前后音节之间音色的变量,主要由两音节的唇位或舌位相继的动势和动程所造成。韵律变量的发音方法就比较复杂,其中声调的变化是声带颤动频率的变化。它是由前音节韵尾的声带颤动的频率,向后音节的清声母的强频集中区或浊声母的起始频率靠拢所造成。长度的变化也不单纯:单音节的长度变化是声母与韵母的长度变化;短语或句子的长度变化,除音节的长度外,还要加上音节之间的停顿或拖长的时间。重音的变化有两种不同的属性:一是发音器官所用动力的变化(音强);另一是听音器官所受刺激(音量)的变化。前者可用声学幅度来计量,后者则要用幅度和时长的积分来计量。单音节和短语的韵律变量都是由言者发音和听音生理上必然的运动过程所形成的,都有其一定的、相对关系的模式。

普通话双音节的连读变调模式(除轻声或轻读),一般不受语法结构的影响。也就是说,两音节的语法类型无论是一个词或字组,其语法结构无论是名动、动宾、偏正或并列,它们的变调模式都是相同的。但是,普通话的多音节,从三音节开始到五音节的连读变调,就须要服从语法结构的规则而产生不同的模式。它们既有

语音的规律，又有语法的规律，各有其基本调型。这都属于表义的、必然的变调，在合成中比较易于处理。

四、普通话语句中短语间韵律的自由变量

普通话语句中由于言者为了表达情感或着重的意图，而增加了韵律的更多的变化。语句韵律的变化不但表义，而且表情，成为高层次的合成模式。这种韵律的变化是随言者的自由意图所决定，而不是由发音生理的必然规律所决定的。他的意图在对话中可能随说随改，同样的短语，在句子中由于逻辑的性质或情感的程度不同而有不同的韵律变化。它可称为"自由的变量"。一般常用的"语调"的名称，在狭义上专指语句的声调，在广义上就泛指语句的韵律。这是语音合成中的最高层次，也是最难处理的对象。

五、普通话语句中的轻声与轻读

口语的自然度的关系以韵律中的声调变化为主，已如上述。但是韵律的其他两特征：长短和轻重的关系也不能忽视，其中尤以长短的节奏跟声调有密切关系。传统的说法所谓"抑扬顿挫"可以概括这种现象。它既指声调的高低、声音的强弱，也可指音长的延续和停顿。普通话中的"轻声"就承担了这项任务。过去的语音学中常把轻声定为音位或调位（把它作为四声之外的第五声调），这是值得商榷的。因为轻声一定是处于一个常规音节之后，并且随前字的不同调类而决定自己的轻声调型的，因此它应该属于变调的范畴。语言学大师赵元任把北京话的轻声分为两大类："轻声"和"可轻声"。前者在语法结构上是辨别词义的，在两个字眼（两个读音）都相同的两字词中，次字的读音一长一短，词义就不同。这

个读得短的字叫做"轻声",在词典中是单列词条的。例如:"老子"和"老·子",两词字眼完全相同,但词义却不一样。前者两字同长,为春秋时代的人名或书名;后者前长后短,例如:"他的老·子"即"他的父亲",又为傲慢的自称,如"老·子天下第一"。又例如:"莲子"和"帘·子",二词中每字单读的音相同,而连读时后者的"子"为轻声,光听音不看字就能分辨意义。

"可轻声"的字也读得和"轻声"相同,但不是辨义的,是属于韵律特征性质的。我们现在定名为"轻读"。"轻声"一定位于二字组的次字,而"轻读"则可位于多字组的前面或后面。例如:"我来啦","他去啦",在自然口语中,"我"和"他"常读成半拍:"啦"都读得短些。又如,"没有钱","吃不饱","有"和"不"都读得短,都是"轻读"。

"轻声"和"轻读",两者在语法上有"必轻"与"可轻"之别,但在读音的长短上没有什么不同。以前的语音学者多认为轻声是读得较"轻"(或"弱"),是"重"音的对立面,所以叫做轻声。现在实验证明,它主要是比常规的单字音读得较短,而不一定是读得轻了。由于音长相对地短了,听感上积累的音量少了,就觉得轻了。

在语音合成系统中,"轻声"往往按词典中的轻声词条存入语料库,但对语句中很多出现的"轻读",常因难于处理而暂不予考虑。因此目前合成语音多半由于句子的轻读未能处理,而提高不了自然度的质量。

六、普通话的字调与语调

在传统语音学中,字调与语调的描述是比较模糊的,一般通称为"声调"。人们交流语言,可以不假思索,就会把单字的声调和短语的变调说得相当准确;再加上各种意图或情感,就能说出种种语调。人们由孩提到成人,不用费多少气力就能逐渐把语调运用自如。人—机对话则不然。合成语音如果是拼接合成系统,语料库中不可能把所有语调的材料都备全了。怎样把合成的平叙句变成不同语气的句子,就成为一个攻关的重要课题。

我们的实验说明,普通话的字调和短语连读变调,既然都是辨义的,那么它们在不同语气的句子中说出时,会有一些变动,但还得保持其基本调型。正如赵元任先生在早年指出过的,字调在语调中无论怎样变化,但姓"陆"(降调)不能说成姓"卢"(升调),姓"何"(升调)不能说成姓"贺"(降调)。那么,我们怎么分析这个多变的"语调"呢?句调分析的实验证明,一组一组的字调和短语连调,在句子中由于受到逻辑重音或/和表情重音的调节而不得不有所变化时,它们的"拱度"(调型)[①]基本上是很少变形的,而"基调"(调阶)却有了抬高或压低若干程度的变化。赵先生在六十年代就对此问题有非常扼要的论点:"(汉语)语调的差别不同于英语……,汉语只是基调的差别,而不是像英语那样上升或下降的曲线。"他当年并没有理想的仪器来做调型实验,可是其结论跟今日用现代仪器作出的结果完全符合。因此,语调的变化可以用音乐旋律的变化来解释。一句歌词可以用几种调门儿(基调)来唱出,基调变高或变低,而曲调(旋律)不变。这个重要的结论给了我们今日的语调实验结果以坚实的论证,并证明语调的音乐性。更重要的是,这就可能给语调的合成规则开辟了一条康庄大道。如果我们对已经合成的平叙句子只移动其"基调",而不改动(或基本上不做大的改动)其"拱度",就能得到满意的、不同语气的语调了。

[①] "拱度"译自英文 contour,原为法语借字,兹按法语音译,意为调型。调型有曲有平,都叫做"拱度"。"度"的数值可大可小(升调或降调),也可等于零(平调),此译法较合本义。现有把它译成"曲拱"的,那就专指曲线了,与本义不符。

这将会得到多大的便利!

但是,事实并没有这样简单。人们说话或唱歌,在一定调域内,可以把调门改变而字音不变。因为调门改变只是"嗓音"(声带颤动)的频率变动,而声腔(口型、舌位等的共鸣腔)的共鸣系数不变。语音中每个元音和辅音各有其一定的声腔系数值(声学特性数据),嗓音的高低变了,这些数据在一定调域内是基本不变的。以元音的特性频率、第一和第二共振峰(F1/F2)为例:发一个"依"音,其特性频率约为 300/2400Hz;发一个"啊"音,约为 800/900Hz。这样数据的音听来才是"依"和"啊"。如今在合成中要把这两字的基调频率改动,例如增加一倍,照目前的合成办法,多半是把这个字音的复合波频率乘以 2,这样其中所有的"分音"(谐波)频率就也都加了一倍,也就是,这两个元音的特性频率都加了一倍了。于是"依"的 F1/F2 将为 600/4800Hz,"啊"的 F1/F2 将为 1600/1800Hz,这就"离谱"太大了,合成出的音自然走了样。那就要另想处理办法。

办法是有的,几年前国外就有人提出了。办法是:从话音的复合波中,用"倒频谱"的算法把声带的基调频率分离出来,修改其频率后,再与此波的谐波频率混合,就生成一个新的复合波。这样就只移动了基调而不改动其特性频率,结果是,这个音的调门变了而音色不走样。

七、普通话语调合成的移调处理方法

语调的变化既是基调的移动,那么,在合成中用移调法就可以把平叙句变成不同语调的句子。困难在于移调的程度大了,就会使合成的音质走样,已如上述。嗓音分离的处理法在汉语的合成中尚未普及,还待作更多的探索。我们曾做过几种实验:一种是用不同的嗓音基调来说出一系列的元音,检查基调变动多大元音的音色就会走样。结果是,基调的变动在两个倍频程的调域范围内,音色可以基本上保持不变。这就给嗓音分离法的基调修改定了限域。另一种是,不用嗓音分离,在合成的平叙句中,把短语基调作少量的升级或降级,其变量幅度如在半个倍频程之内,必要时并修改其长度和停顿,音色的变动不会太大,听来是可以接受的。我们试用此法,既能把平叙的句调修改成朗诵的语调,也能把普通话的腔调修改成几种方言(限于语法和语音与普通话都相近而只是声调不同的方言,例如华北官话、西南官话等方言的腔调)。不用嗓音分离只是目前过渡的办法,准确性是不够高的,但或许对目前的合成系统有应用价值。这种只改变调阶和停顿就可改变腔调,也可证明,在各韵律特征中,以声调和节奏的特征跟语调的关系为最密切。

八、普通话语句中逻辑重音与表情重音的移调处理

要把语句合成的自然度提高,就得处理好语调。语调的变量,基本上是逻辑重音和表情重音的变量。此二者如何能在语句中切分出来,是一个难题。合成中对短语的切分,大致可从语库的调用上解决;但重音的选择,纯属语义的理解问题,是自由的变量。即使语库有多种重音例句的存储,要做到能自动处理还是非常困难的。这将是今后的主要攻关的课题。

(原载《新世纪的现代语音学》,清华大学出版社,2001年)

中国音韵学和语音学在汉语言语合成中的应用*

一、前言

如何处理汉语口语声调、语调中的变量,长久以来一直是个难题。根据汉语历时与共时的语言学规则,词、短语中的变调和句子的移调会在音系与/或句法的范围内互相影响,同时还要受协同发音规则跟语气规则的制约。这就产生了大量的表层形式,最终的声调形式与其底层形式往往大相径庭。因此汉语口语语调分析的第一步应当是从表层的短语调形中过滤出有关的底层调型。笔者自20世纪60年代开始,在普通话的音段特征方面做过一系列的声学实验研究,80年代以来开始着手普通话的变调研究,对二、三、四字变调进行调形分析,找出了短语中的连读变调规律,作为研究成句语调的基础。近年来,由于言语信息处理工程的迫切需要,又从普通话声调、语调的学术研究,转向语音合成系统中声调处理规则的应用研究。

本文所指的传统音韵学和语音学,包括始于4世纪的汉语音韵学与始于19世纪后期的普通语音学。在20世纪20年代以前,所有的语音研究只能依靠"口耳"来进行。古代的学者无法科学地

---

* 原文为英文 From traditional Chinese phonology to modern speech processing—Realization of tone and intonation in standard Chinese,*Proceeding of 6th Inter. Conf. Spoken Lang. Proc.*(ICSLP). 现经增订改为中文,并蒙曹文同志校译。

揭示出言语产生的原理,但是他们完全从母语中归纳出来的那些语音知识却非常深厚。令人惊讶的是,中古音韵学里所反映出来的语音变化的相对规律,几乎可以与现代音系学中的"区别特征"理论相媲美。同时,由于汉语语音自有其特点,传统音韵学中对声调的分类方法和汉语语音学中对某些音变的描述,大都与西方非声调语言不同。这些材料散见于古今的字书、韵书和文学作品中,如果加以科学的整理,它们对现代言语处理工程中所需的语音学知识(诸如语音特征的量化、口语音变的规律),特别是在声调变量等方面,很有参考价值。本文简述其过去概况及目前在汉语声调分析合成中的应用并酌举例证。

二、传统音韵学和语音学中有关声调的研究的回顾

2.1 古代文献中关于声调的研究

我国古文献中有关语音研究的著作,最通行的可追溯到隋代陆法言等的《切韵》,它将汉字读音归为二百多个韵部,按"四声"分为五卷("平声"分为两卷,"上"、"去"、"入"三声各一卷),对语音有了"反切"的注音,对声调分出四个调类;至于对调值,只在《切韵序》中有"轻浅"、"重浊"等说法,而没有明确的描写。

在此之前,六朝已有沈约分字调为四声,编用《四声谱》,这大约是最早的关于声调的专著,但已失传。不过可以从史书的引文和他的其他著述中了解一些他的观点。他说过:文人应该善于在文章中运用声、韵、调和节奏的变化;他还提出声调与音律的关系,对调值有了较为具体的叙述:

> 夫五色相宜,八音协畅;由乎玄黄律吕,各适物宜。欲使宫羽相变,低昂舛节。若前有浮声,则后须切响。一简之内,音韵尽殊;两句之中,轻重悉异。妙达此旨,始可言文。(《宋书·谢灵运传论》)

沈约强调了文章诵读时的音韵搭配、声调高低以及轻重缓急，都跟音乐的旋律和节奏有共通之处。他可能是最早用"宫、商、角、徵、羽"的音阶来分辨调值的。沈约还说过：

> 宫商之声有五，文字之别累万；以累万之繁，配五声之约，高下低昂，非思力所举，又非止若斯而已也。……自古辞人，岂不知宫羽之殊，商徵之别？虽知五音之异，而其中参差变动，所昧实多。（《南齐书·陆厥传》）

可见他当时已懂得用音阶定调并认识到语调的变化相当于音乐旋律的变化。他非常自诩地认为这是古来的诗人所"昧然"的。可惜从此在中国的典籍中几乎再未见有这样精当的描写；只有后来的两位僧人，各留下仅仅四句关于四声的"歌诀"。如唐朝释处忠的《元和韵谱》：

> 平声哀而安，上声厉而举，去声清而远，入声急而促。

明朝释真空的《玉钥匙歌诀》：

> 平声平道莫低昂，上声高呼猛烈强，去声分明哀远道，入声短促急收藏。

从这两首歌诀可知，后者完全是前者的翻版。他们既未定出调值，也未指明是何地的方言。此后，明、清的音韵学家谈到声调，仍只是分类而未能有所突破。这种情况持续了一千多年，直到明清之际，才有少数学者从西方传教士那里学到用符号记录语音，写了些方音记录或语音教材，然而多数的汉学家仍在孜孜不倦地埋头于古音声调的起源或调类的演变，并无一语涉及调值。（罗常培 1956；王力 1992；吴宗济 1991c）

2.2　20世纪初的传统语言学

20世纪初期，才有刘复、赵元任两位语言学大师，对声调进行研究,改变了这个局面。在那个年代,浪纹计成为测算声调频率的主要工具。刘先生的《四声实验录》(1924,1925)和赵先生的《现代吴语的研究》(1928)成为开始用频率计算声调的代表作。他们分析测算了汉语方言字调的音高,给出频率数据。赵先生不久就发表了《一套标调的字母》(1930)和《汉语的字调跟语调》(1933a),从此有了非常方便而又合理的记调符号来分析汉语声调。他指出了汉语的字调和语调的区别,深入浅出地提出"小浪加大浪"和"英语的语调在调形的变化,而汉语的语调在调阶的变化"的论点(赵元任1933b,1959,1968),这就真正做到了发前人所未发,并启发了后来的学者关于这方面的研究。(吴宗济 1996d)

三、汉语口语中声调变化的复杂性

3.1 底层调型和表层调形

单字音节本身有"字调"(在普通话为"四声");短语由几个音节在口语中连读,"字调"就起了变化而产生"短语变调";若干个"短语变调"组合又起了变化而成为句子的"语调"。"字调"和"短语变调"是构成语调的基本单元,称为"底层调型"。若干个"基本单元"加上不同的"语气"而构成的"语调",称为"表层调形"。因此,口语中所说出成句的"表层调形",是"字调"、"短语变调"和"语气调势"的混合体。(吴宗济 1996a)

3.2 "必然的变调"和"或然的变调"

普通话的音节或短语的底层调型,在口语中由于受很多因素的影响,又变成另外的形式。这些因素包括短语中各音节之间因"协同发音"而产生"过渡"调形;语句中因语气或节奏变动而使底层调型"省略"、"延伸"或使基调升、降,成为"表层调形"。"底层调型"中的"字调"和"短语变调",服从发音生理、言语声学以及个人言语习惯的制约,可以不假思索地自然说出,其间的单字调和短语变调都有定型,不难建立规则,这可称为"必然的变调"。"表层调形"则由于语句中的"逻辑重音"和"感情重音"受语言环境及说话人情绪的影响,随时随地还可以对底层调型有变动,其变化的因素较多,不易建立规则,这可称为"或然的变调"。不过,汉语口语中的变调不管怎样复杂,只要分清了"必然"和"或然"两大类,处理时就有条理可循。(吴宗济 1997c)

3.2.1 必然的变调

"必然的变调"服从说话人的语言或方言社团的"约定",习用者可不假思索、"出口成章"。这种"约定"是受三个平面的规则制约的。它们是:"语音学平面"(发音规律)、"语法学平面"(语法结构)和"音系学平面"(历时演变)。在普通话中,"语音学平面"的变调主要是"协同发音"现象,也就是两音节连读时,其邻接的部分(包括音段和超音段)都由于同化作用而起了变化。在声调方面,一般是后字的调头较为稳定而影响前字的调尾。详细分析的结果:后调头如为浊声母或零,则前调尾与后调头紧密连接,成为"过渡调形";如为清声母,则前调尾趋向后调头而不连接,成为"过渡调势"。在普通语音学中这种现象称为"逆同化作用"。"语法学平面"的变调是:一句中的短语,连读时的变调先要服从语句的语法结构关系。短语中按语义结合最紧的一组词或"直接成分",首先形成"必然的变调",然后"依次"再和邻接的调头或调尾产生过渡变化。这里所谓"依次",是为了要按照从表层调形寻绎其底层调型的变调规律而建立的连锁分析规则;这种连锁变调规律只是一种分析的手段,但在实际口语中是不假思索、不分先后而一气完成的。这在特定语言中有其特定的模式,在声调处理中掌握这种模式是必要的。"音系学平面"的变调在普通话中主要出现在两个

"上声"连读时,"前上"不按协同发音的"逆同化"规律变"半上",而按音系学的"逆异化"变成同"阳平"相似的调型。

3.2.2 或然的变调

"或然的变调"主要出现在语句的语调中。一般来说,人们对语调的分析,其调形可以按语气分为十几种,甚至更多。我们为简化合成的处理,可以把它简单地分为三类:陈述语调、疑问语调和感叹语调。它们是根据语句中语义的逻辑需要或/和说话人的意愿口气来决定的。这种变调的功能主要由基音音阶的移动来承担,而不是调形的变化。实验证明,在不同的语调中,短语的调形模式基本上是固定的,而基调则可能因逻辑重心或/和表达重点的不同而发生"移调"现象(如歌唱中的调子为了表情的需要而改换调门,但不改动旋律,这在音乐中称为"移调")。因此普通话的声调变化规则,可以定义为(除了一些例外):"必然的变调"特征在于调型模式的变动;而"或然的变调"特征在于调阶高低的移动。

汉语声调有这许多变量的复杂性,过去常给汉语语音处理的设计增加困难。因此,将这些变量首先分为"必然"与"或然"两大类,并采取连锁分析的手段,就不至于迷失方向。

四、传统音韵学与语音学中可应用于言语处理的知识

早期的中国音韵学和初期的汉语语音学,都是产生在汉语基础上的,自有它独具的特点而为非声调语言所无。其中不乏合理的理论和方法,可以应用于汉语语音特别是关于汉语声调和语调的处理。比如声调的分类和音变的规律等概念和方法,每能言简而意赅。在现代的言语处理的程序的设计方面,这里有很多可以借鉴之处。兹将有应用价值的一些项目及其特点列下。

4.1 四声和八声

中世纪时,沈约等学者将汉语的声调分为"平、上、去、入",称为"四声"。他们分类的根据,据陆法言等的《切韵》序中所说,是"南北异同"的调查、"古今通塞"的文献,而不是一时一地之音。而按"四声"分类的字义,可以推测其大致的调型,是如释处忠所描写的有高低长短之别的。所谓"平"、"上"应是调形的高低,"去"是调形的走势,而"入"是调形的长短。这在当年很可能是按某一处方言的调形而命名的,但"十里不同风",对其他方言,尽管调形大有不同,也就笼统地用这套名词来分类了。上文所述的处忠等的声调诀,纯是望文生义。后来有几位日本的遣唐僧人先后到长安和江南等地学习梵呗的汉字译音,能够认真地根据当地方音记调,其中僧人了尊记录的长安八声的调值尤为具体。(罗常培 1956;梅祖麟 1970)原文如下:

> 平声重,初后俱低;平声轻,初昂后低;上声重,初低后昂;上声轻,初后俱昂;去声重,初低后偃;去声轻,初昂后偃;入声重,初后俱低;入声轻,初后俱昂。(了尊:《八声事》)

这份调值的记载十分重要。他发现汉译的字音(说明是"长安"音)由于声母(包括"零声母")有清、浊的不同,声调的调头和调身就听得出有高、低的区别;并找出声调随清声母则高、随浊声母则低的规律,于是把"四声"按其声母各分"轻"(清)、"重"(浊)两类。每类的"初"(调头)、"后"(调身)又分记两种调值。这样,他对当时长安音的声调按调类分为"四声",按调型则分为"八声"。不仅如此,了尊所记的"八声事",其中"入声重"与"平声重"的调值相同,都是"初后俱低","入声轻"与"上声轻"的调值相同,都是"初后俱昂",这更是很难得地透露了一个重要消息。因为当时声调本有"舒、促"即长、短两种类别。"平"、"上"、"去"为"舒声","入"为"促声",所谓"入声径止"。(安然《悉昙藏》)"清入"与"清上"、"浊入"与"浊平"在调形上是各自相同的,但在长短上它们就有"舒"、"促"之别;而且入声的调形无论轻重、高低,调型都是"初"、"后"相同而无曲折。调短就无曲折,正和发声生理符合。这说明他记调的精确。由于这则记载,使我们能翻出古人的一宗疑案,事实如下:

"四声"的实质在最早时代如何解释,我国千百年来的有关文献大都引用《南史》"沈约传"中的一则:

> 约撰《四声谱》,以为在昔词人累千载而不悟,而独得胸衿,穷其妙旨,自谓入神之作。(梁)武帝雅不好焉。尝问周舍曰:"何谓四声?"舍曰:"'天子圣哲'是也。"(《梁书》13,又《南史》57)

王力先生于1935年在其所著的《汉语音韵学》中曾引此一段话,在附注里指出:

> "天子圣哲"四字恰巧都是清音字,令人疑猜到清浊问题与四声的关系。但这只是一个孤证,不好下断语。

有幸的是,这个"孤证"今日已有了"旁证",王先生提出的疑猜,在半个世纪之后已找到明确的答案了。这个答案出自日本的访唐僧人空海(又名遍照金刚,774—835)所著的《文镜秘府论》。他所录刘善经《四声论》中的一则,也记录了类似武帝与周舍的问答,不过对象和答词都有出入。原文如下:

> 经数闻江表人士说:梁王萧衍不知四声,尝从容谓中领军朱异曰:"何者名为四声"?异答云:"'天子万福',即是四声。"衍谓异:"'天子寿考',岂不是四声也。"以萧主之博洽通识,而竟不能辨之。

时人咸美朱异之能言,叹萧主之不悟。

这一段道出两个关键:(1)"天子万福"的"万"字是浊音,而其余三字是清音。可见当时的学者们用"平上去入"四个声调的例字来辨识或练习"四声",是只分调类而不计较清浊的。(2)梁王说的"天子寿考","考"是上声清调,不是入声,第四个调用上声字举例,本来是不合"平上去入"的规则;但如按了尊所记的"八声","福"(入声轻)与"考"(上声轻)的调型是相同的,只是长短不同。试设想朱异说出的"福"字如不够短,则使人听来就容易和上声相混;时人批评梁王的"不悟",是有些冤枉他了。此书传到中国已在解放之后。

了尊所记调值虽没有计量的数据,但其水平是远远超过了中国的僧人的。

4.2 声母和韵母

关于汉语字音结构的分析,传统的中国音韵学用"声部"和"韵部"或"反切"的"上字"和"下字"分类。汉语语音学则用"声母"和"韵母"分类,每字音节的前段为声母、后段为韵母,韵母又分韵头、韵腹和韵尾,而不按辅音和元音分类。如合成中的音节只按声母、韵母的分类做标记,在处理时就简便了。还有一类音节只有韵母而没有声母,音位学称为"零声母",是个"虚音本位",但在语音分析中是有其作用的(见下"四呼"节)。(吴宗济 1992)

4.3 清和浊

在汉语语音分类中,"清"与"浊"是首要的问题。声母的清、浊,是指发辅音时声带不颤动与颤动的分别;同时如前节所述声调起点的"昂"、"低",总是由声母的清、浊决定的。现代的各声调语

言中都是如此。(Abramson 1962；李方桂 1971，Maddieson 1962)

传统音韵学早期把声母分为"清"、"浊"两类，后来又分为"全清"、"次清"、"全浊"、"次浊"，这样的分类在声调的处理中是有应用价值的。

4.4 四呼

等韵学把韵头的发音按唇形和舌位的分别还可分为"开、齐、合、撮"四个等呼，四呼的介音一般都读得短而到位。韵母如为零声母，在普通话中因说者的习惯或环境关系，除发原音外，还可能发成几种变体，如无擦通音、浊擦音或喉塞音。(吴宗济 1992)

4.5 洪音和细音

"四呼"中的开口呼与合口呼为"洪音"，齐齿呼与撮口呼为"细音"。"洪/细"这一对区别特征大致相当于音系学的"钝/锐"(grave/acute)。(吴宗济 1989)

4.6 前响和后响

汉语韵母中的复合元音按其中主要元音(韵腹)位置的前后分为"前响元音"和"后响元音"。"前响元音"的发音多为先强后弱，其后面的尾音在口语中常常读得减弱而不到位，或竟消失；"后响元音"的韵头必有介音，主要元音读得比较到位，但在口语中可以缩短。复合元音带鼻音尾的，无论前后响，鼻尾往往缩短。一般是：前鼻尾缩短但比较到位；后鼻尾常被省略而由前接的元音鼻化而成"半鼻音"。

4.7 区别特征

传统音韵学中对语音有许多分类方法,它们和现代音系学中"区别特征"的对立或对比的分类很有相似之处,特别是早期的语音分类比西方布拉格学派区别语音的"偶分法"要早千余年。例如上述的"声母/韵母"、"清/浊"、"洪/细"、"前响/后响",都是"偶分"的"对立";"五音"、"四声"、"四呼"都是"多分"的"对比"。上推到沈约等所说的"音/韵"、"高/下"、"低/昂"、"浮声/切响"、"轻/重"等等,也都是"偶分"的"对立"。更早还可追溯到春秋战国时期,《左传》记有晏婴回答齐景公的一席话,其中论及"声"的特征有关语调韵律的就有"清/浊"、"短/长"、"疾/徐"、"刚/柔"、"迟/速"、"高/下"、"周/疏",无一不是"对立"的区别。声调的变化在声调语言中,由于具备调高和调型的对立或对比的区别,才起着辨义的功能。而且普通话四声的"中华语调,高扬起降"(赵元任语),以及各方言中的"五声"、"六声"、"八声"、"九声"等的"抑/扬"、"舒/促",其区别或"偶分"或"多分",这正是世界上非声调语言所缺少的。(吴宗济 1989,"区别特征"章)

五、传统音韵学和语音学在普通话声调合成中的应用

我国早期的语音学到 20 世纪 50 年代中期发展为实验语音学。经过半世纪对普通话语音的实验研究,大致已取得一系列的发音生理和声学的数据,可以应用于电信、电声、教学、医卫等方面了。不过如没有电子计算机的发展和言语工程上的需求,实验语音学可能还停滞于孤立言语信号的分析和处理。

今日对如何处理言语信息的韵律变化和语调的自然度,已成为一个迫在眉睫的问题。但怎样应用音变的规则,使说者的语音

和韵律的变量在机器中能如实地合成或准确地识别,目前仍未臻完善之境地。"人际交流"与"人机交流"最大的不同就在于:人与人的交谈,彼此都运用相同的生理器官、服从约定俗成的规则,说出的语音都具有"必然的变量"和类似的模式;同时,由于说话口气和交谈环境的调节,又混合了若干"或然的变量",而形成流利多变的自然语调。这样,说者道来,听者领会,得以构成相互理解和反馈的"言语链"。然而人与机器打交道,由于语流中的声、韵、调的一切变量,无论合成或识别,都得要给它编定程序。如果语音的知识不够、程序的编制不精,语音合成的话语就不够自然或产生"机器音",语音识别也要发生错误。

本章略举我们在语言学与信息科学合作的条件下,对普通话声调合成系统中应用传统音韵学和语音学的若干例证,并附图表。

5.1 普通话四声的字调

普通话的语音在自然口语中,因服从"协同发音"规律或受到其他影响,而改变了其底层形式,已如上述。话语中除辅音、元音的变化外,其韵律特征(声调、重音、时长)的变化特别是声调,既有"必然的变调",还有"或然的变调",尤其跟自然度有关。普通话字调的"四声"在不带口气单读时,说者因生理和习惯的不同,各有其基本固定的模式,但调域宽度和四声分布的比例却因人而异。兹将普通话"四声"的平均调型(无量纲)用赵氏五度制的标度和调符,附以"区别特征"的音系标记名称,列出图表如图1(见460页):

5.2 基本调群单元中的必然性变调的规则

普通话中的一个完整句子总是由一组单音节或多音节按意群组合而成。根据统计,普通话中的字组在语言或文字中,出现频次最高的是两字组,频次递减的为三字组、四字组。它们都是句子中

坐标	调型	调类	调符	标记
		Tone 1	5 5	H
		Tone 2	3 5	R
		Tone 3	2 1 4	L
		Tone 4	5 1	F

图 1 普通话四声的调型、调类、赵氏调符、音系标记
H=高　　R=升　　L=低　　F=降

的基本调群单元,各有其连读变调的规律。五字组以上的字组基本上是单字和上述各字组的组合,并服从语法和语调的规则。

5.2.1 二字组连读变调

普通话两字连读而构成一个词或短语,一般是前音节受后音节影响而被逆同化,已如上述。两字组的四声互相搭配,就构成16种组合,都服从协同发音规则而构成连读变调调型。其中上声在阴平、阳平和去声前变"半上",但在另一上声前会变成与阳平相同。因此有区别性的二字调只有15组的变调模式。(吴宗济 1982a,b)

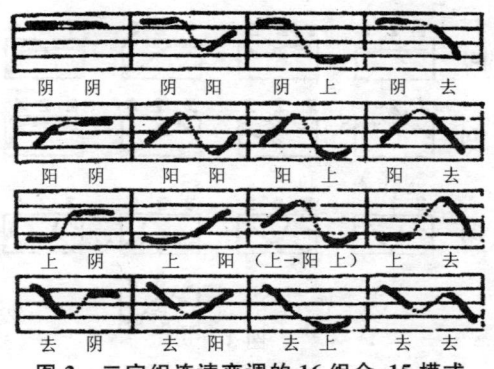

图 2 二字组连读变调的 16 组合,15 模式

5.2.2 三字组连读变调

普通话三字以上的连读变调规则,遇有几个上声相连,就开始跟语法结构有了关系(见图3的c)。三字组有"双单"、"单双"和"并列"三种语法结构,再加四声的搭配,而有大量的三字组变调关系。不过除上声连读,一般都按"双单"模式变调。现以"S"代表单音节,"D"代表双音节,则三字组有三种组合类型:

S+S+S   S+D   D+S

上述组合中"D"的变调,可以适用二字组的模式,但三字中的次字因口语的节拍关系,一般都要比单读时缩短1/3。(吴宗济 1985)

三字组的变调有几种特例:如图3,其中的数字为调类,虚线为本调型(底层),实线为变调形(表层)。图3(a)和(b)的次字本调都是阳平,但由于其首字为阴平或阳平,都是高调尾,因协同发音作用,使次字的调首抬高而变同阴平。图3(c)的几个上声连读时,就要服从语法关系,即"D"首先变调,然后再完成全部变调。因此当三字都是上声而语法有"双单"或"单双"之别时,则双字组先变调。普通话的上声后接上声,则前上被后上逆异化(音系学变调、"极化"作用)而变同阳平。上声后接非上声,则前上被后调逆同化(语音学变调、"协同"作用)而变为半上。

图 3

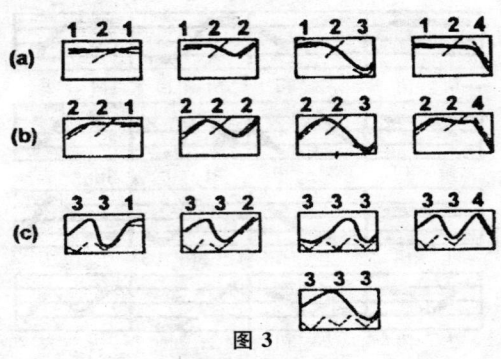

(图中虚线为底层调型,实线为表层调形)

三字组变调的几个特例：(a)次字为阳平，首字为阴平；(b)次字为阳平，首字为阳平；(c)首字次字均为上声，末字为上声时，分上下二图：上为"单双格"，下为"双单格"。

5.2.3 四字组连读变调

四字连读形成的语法结构，可以有："单单单单（并列）"、"单单双"、"双单单"、"单双单"、"双双"及"单三"、"三单"等类型。其中"三"的内部还有"双单"与"单双"两类，因而共有9种不同的语法组合。不过由于语句在自然口语中，韵律节奏的规律往往压倒语法结构的规律，而且普通话中的"四字成语"的节奏很占优势，因而四字组一般都可以按"双双"结构的节奏变调，只是如遇到几个上声连读时才按上声的语法关系来变调。四字组的结构类型如下：

S+S+S+S, S+S+D, D+S+S, S+D+S, D+D

S+T(S+D), S+T(D+S), T(S+D)+S, T(D+S)+S

符号说明：S=单　D=双　T=三

多字组合的字数多了，语法结构就增多而复杂起来。但如上所述，除上声外，不问何种类型的组合，实际读音都可以按照"双双格"的变调规律。按常规的节奏，在平叙句中，四字组中的次字与三字都要读得短些（多半是变成"轻读"），长度大约等于首字的1/3就可以了。

四字组的四个字如果都是上声，两上声连读，前上变阳平；由上声变来的阳平如前面又接一上声，此上声就读半上。因语法结构有不同，语义结合最紧的两字就首先变调。而此两字的位置，在四字组中可以有前、央、后三种情况，结果其表层调形就会各有不同。下面举两个不同语法结构的四字短语，分析其变调规则。

表1

(a) 四个上声的四字组（单三（单双））变调规则

```
       打    死    老    虎     双字组
       └────┘     └────┘        三字组（单双）
       └─────────┘               四字组（单三（单双））
       上    上    上    上     底层调型
       上    上   !阳平  上      第一层变调（音系的）
                <
       上   半上  !阳平  上      第二层变调（语音的）
            <
      !阳平 半上  !阳平  上      第三层变调（音系的）
      !阳平 半上  !阳平  句尾    第四层变调：表层调形
```

(b) 四个上声的四字组（单三（双单））变调规则

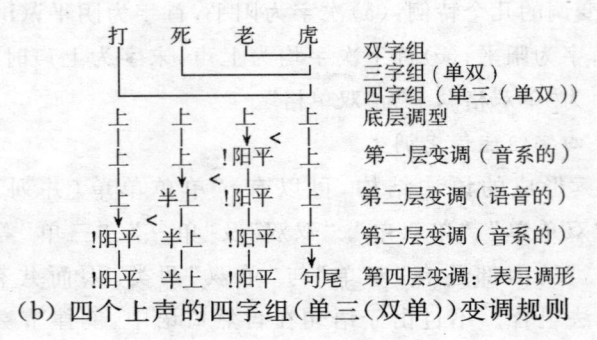

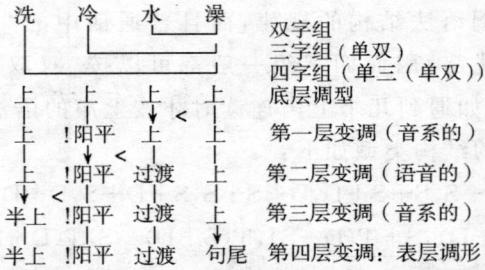

```
       洗    冷    水    澡     双字组
             └────┘              三字组（单双）
       └──────────┘              四字组（单三（单双））
       上    上    上    上     底层调型
       上   !阳平   上    上     第一层变调（音系的）
                   <
       上   !阳平  过渡   上     第二层变调（语音的）
            <
      半上  !阳平  过渡   上     第三层变调（音系的）
      半上  !阳平  过渡   句尾    第四层变调：表层调形
```

表 1 是两个四字短语变调的分析表解，四字全是上声，语法结构都是"单三格"，但(a)的三字为"单双格"，(b)的三字为"双单格"。阳平前有"!"号，表示此为由上声变来的阳平，与原始阳平不同。

5.3 跳板规则

两字连读时，前后的调形由于声带的协同颤动作用，而产生"逆同化"。如前调的尾高于后调的头，调尾就成降势；如低于后调的头就成升势，两调之间就形成一段过渡调。作个比喻：后调的头如岸，前调的尾如船。过渡调犹如船与岸之间的跳板，岸稳而船动。水涨船高时跳板就往下倾，水落船低时跳板就往上扬。但在三字组中，有个特例。三字中的首字为阴平或阳平，调尾都高；次字如为阳平，则常成为"双向同化"，阳平的次字调担任了跳板功能。即首字的尾和末字的头都不变动，而次字失去本调而两端靠拢邻调。

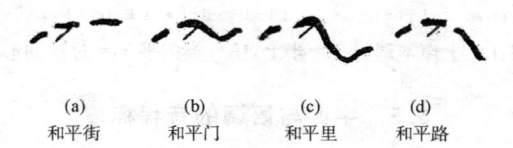

(a)	(b)	(c)	(d)
和平街	和平门	和平里	和平路

图 4　四个三字组的"跳板规则"

本图的首次两字都是阳平,与图 3(b)的调式相同。图中细线为底层调型,粗线为表层调形。"平"字的调形在(a)、(d)两例中为"平渡",在(b)、(c)两例中为"降渡"。

5.4　分层变调的"多米诺规则"

在普通话多字连读的短语或成句中,有些表层的调形与短语连读变调模式不符,常会被人误认,以为那就是"语调"的调型,而把普通话的"语调"定出极其繁复的"模式"。实际上对这类的变调是先要从短语或句子中的最小单元("直接成分")变起,然后分层跟邻调发生作用,最终构成表层调形。在口语中,这一系列的变调步骤是先完成必然的变调规则,再在此基础上实现或然的变调规则,不过这一系列的变化是由说话者自然地瞬息完成的(参看上文 3.2.1 节及表 1)。这种分层连锁式的变调可称为"多米诺"变调规则。掌握了这规则,任何复杂难解的表层调形都能顺藤摸瓜地探明究竟,然后"抽蕉剥茧"地逐级"滤出"其底层调型来。下面列出四个上声连读的六种语法结构的例字及其"多米诺"式的连锁变调规则。

表 2

语法结构	例字	底层调型	首层变调	二层变调	表层调形
1. 单三(单双)	买老古董	L+L+L+L→	L+L+! R+L→	L+ *L+! R+!	R+ *L+!R+E
2. 单三(双单)	买处理品	L+L+L+L→	L+! R+L→	*L+! R+G+L→	*L+! R+G+E
3. 三(单双)单	小两口好	L+L+L+L→	L+! R+L+L→	*L+! R+G+L→	*L+! R+G+E
4. 三(双单)单	展览品好	L+L+L+L→	! R+L+L→	! R+G+L→	! R+G+G+E
5. 双双	小手小脚	L+L+L+L→	! R+L+! R+L→	! R+G+L→	! R+ *L+G+E

6. 单单单单　　眼耳口齿　　L+L+L+L→　　！R+L+！R+L→　　！R+G+！R+L

符号说明：L＝上声本调，＊L＝半上，!R＝类阳平，G＝过渡调形，E＝句尾调形

5.5　字调与语调的音程标度

人们在听觉上辨别语音的高低升降，实际上和听辨旋律的音阶相同。早在千余年前人们就已知用"宫、商"的乐律比拟四声的高低。在人类的语言中，声调移动时的等级和频率不是线性的，而大致是对数性的，言语声调的分析，语句中的基调在不同语气中的移动范围，以频率值为标度则差别很大；如果把赫兹值换算成音阶（如"半音"）来标度，其调域的宽度就都能相等。这种标度的转换符合听觉的感知。兹以普通话两个句调的实验为例，可以证明此点（表3）。

有关例句采自电影中两位女演员的对话。她们的语言环境和语气不同，调域也有差异。但是各人在她自己的一段话语中，无论基调怎样移动，其调域的宽度是恒定的。表中可见，问句中不同短语的调域频率可有 90 到 120 赫兹之差，而换成半音标度，就都是 7 个半音。骂句中不同短语的调域频率可达 130 到 190 赫兹之差，而换成半音就都是 12 个半音。

· 我问你（PC1），你到底（PC2）给他多少钱（PC3）？
· 你给我出去（PC1）！你给我滚（PC2）出去（PC3）！你给我（PC4）滚（ED）！！

表 3

句型	短语调群	调域频率（赫兹）			调域音程（半音）		
		上阈	下阈	域宽	上阈	下阈	域宽
疑问句	PC1	260	170	90	C4	F3	7
	PC2	350	230	120	F4	B3	7
	PC3	270	170	100	C4	F3	7
惊叹句	PC1	250	120	130	B3	B2	12
	PC2	350	180	170	F4	F3	12
	PC3	390	200	190	G4	G3	12
	PC4	270	140	130	C4	C3	12
	ED	400	290	110	G4	D4	6

5.6 口语中调域宽度的守恒性

口语中因要表示逻辑上或/和情绪上的加强或减弱,句子中某些短语调群的基调就要移高或移低,基调移动后,其他的声调应否移动?移动多大?在合成中又是个关键问题。这样,我们对不同基调的四声调域设计了一系列实验。方法是:由男、女发音人用平叙语气、不同基调来说出若干组以四个声调为一组的单字。每组以阴平为基调,用乐器(钢琴或音叉)给出一个音阶,让发音人照此调来读阴平的音节,而自由读出其他三调的音节。每组的四个音节除顺序排列外,还要打乱次序,并以一定的间隔来读,以免产生连读变调。顺序的如:"妈、麻、马、骂","衣、移、以、易","乌、无、五、误"等等;乱序的如:"马、妈、骂、麻","移、易、以、衣"等等。这样录下二百多组的音,经过平均统计,得出男女发音人在不同基调下的四声调域数据。结果证明基调移动后,其四声的调域宽度是有了变化,基调越高,四声的频率域就越宽;但是,如把频率标度转换成音程标度后,其四声的音程域宽就都相等。同时其每个四声的分布关系按音程计量,也都相等。这说明个人在平叙句中的基调改变后,在语音和听觉上,四声的分布及其调域仍能守恒;在任一特定语言中,所需的声调的辨义和表情的功能都能满足。这个

表4

发音人	给定基调的音阶	平均频率值(赫兹)			平均音程值(半音阶)		
		阴平	上声	调域	阴平	上声	调域
男	C3 128	120	60	60	B2	B1	12
	G3 192	200	100	100	G3	G2	12
	G4 256	250	130	120	C4	C3	12
女	E4 320	320	160	160	E4	3	12
	E5 640	550	260	290	B4	B3	12
	B4 480	500	250	250	C♯5	C4	13

规则的发现既证明了汉语声调在口语中的音系规则的严格性,又能对合成中最难的语调处理程序得以简化,这应该算作言语工程中的一项定律。(吴宗济 1994)

表 4 和图 5 给出这些四声编组实验的平均值及其用两种标度比较的结果。横杠的长度代表调域宽度。左图是频率标度,基调不同,调域的横杠就参差不齐。右图是音程标度,无论男女的发音,在不同基调下,其调域的横杠都相等。

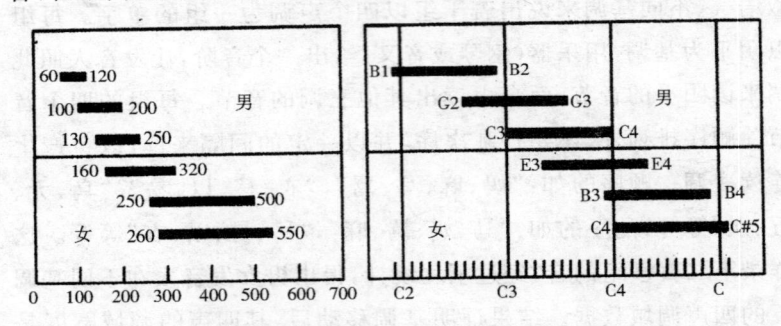

图 5　普通话四声在不同基调的调域用频率和音程两种标度的调域宽度比较图

由以上两个图表可以看出,以不同的基调说出的四声调域,用音程标度,其宽度就全都相等。这恰好证明:古代根据口耳的感受,用宫商的音阶来定言语声调,是正确的。而今日在语音处理中如改用音程来标调或者简化为用赵式的五度制来记调,都是合理的。

5.7　移调与音色的关系

上述实验已能证明,语句中的短语基调是因语气的不同而变动的,不同基调的调域在音程标度上是守恒的。这样就可以拿一个合成的平叙句子,只移动其短语的基调,就能"生成"不同语气的语调，而不需分别编制许多语调的复杂程序了。

至于句子中短语的基调移动后是否会导致语音音色的改变，移动的幅度有没有限制，这都是合成中的关键性问题。因为根据目前所了解的情况，移调后的合成元音会有畸变或产生噪音。对此我们就设计了一套实验，选定舌位不同的/a，i，u，e/四个元音，让发音人一口气说出每个元音，要求从他的自然口音能达到的最高调阈开始，尽量保持其音色稳定，按半音程逐级递降到最低的调阈，作出连续频谱和声调图。在图上选取其共振峰始终未变而调形线也相当平稳的一段来分析。结果发现这四个元音在这一段的调域都达到二十多个半音程（约有两个倍频程）的宽度。此实验说明，在一个共振峰的结构中，基频移动在两个八度音域之内，不致影响此频谱模式，也就是不会损害此元音的音色。

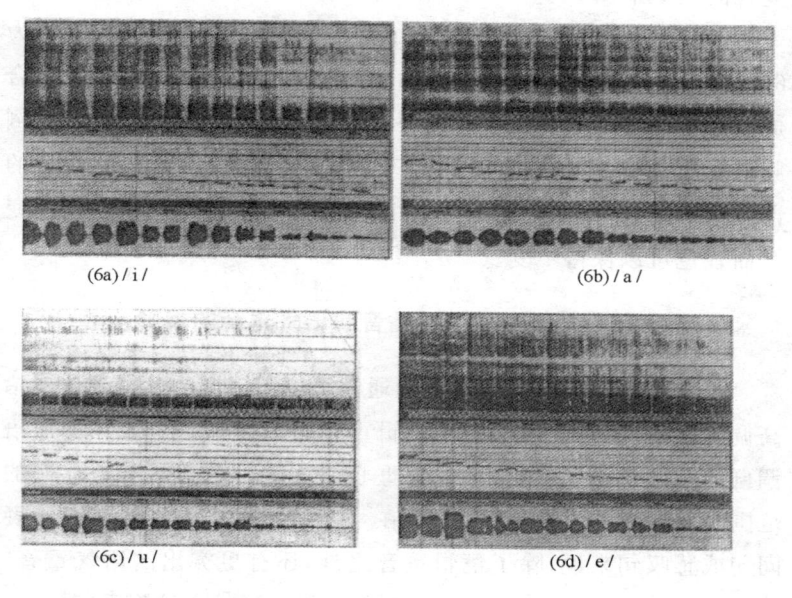

(6a) /i/　　　　　　　　　　(6b) /a/

(6c) /u/　　　　　　　　　　(6d) /e/

图 6

图 6 中 a，b，c，d 四个元音"/a，i，u，e/，让发音人用最高到最低的调门说出，录音并作出频谱和调形图，其中可见各图的共振峰 F1，F2 在高频到低频之间基本稳定，证明移调在两个倍频程以内，音色是基本不变的。

必须说明的是，上述实验是用人声提高基调的实验，嗓音的基频提高，声带颤动的频率变了，但声腔的型位仍保持不变，也就是各音的共振峰不变。语音中每个元音和辅音各有其一定的声腔系数值。以普通话元音的特性频率、第一和第二共振峰（F1/F2）为例：发一个"依"音，其特性频率约为 300/2400Hz，发一个"啊"音，约为 800/900Hz。这样的数据构成的音听来才是"依"和"啊"（吴宗济 1964，1986）。如今要在合成语音中把这两字的基调提高，例如把频率增加一倍，照目前的拼接合成系统，多半是把这个字音的复合波频率乘以 2，这样其中所有的"分音"（谐波）频率就都加了一倍，元音的特性频率也就都加了一倍。于是"依"的 F1/F2 将为 600/4800Hz，"啊"的 F1/F2 将为 1600/1800Hz，这就太离谱了，合成的音自然走了样。几年前国外有人提出，从话音的复波中用"倒频谱算法"把声带的基音分离出来，修改其频率后，再与此话音的谐波频率混合，可使音色不变。用此法作移调处理，结果是调门变了而音色可以保持不变。

5.8 句调中的逻辑重音和语气重音的规则

一个短语调群中的逻辑重音通常可以用字调的读得到位或抬高调阶来实现，一个句子中的逻辑重音则需提高一个或几个短语调群的基调。在平叙句中，逻辑重心往往就是重音所在。移调的范围与发音人的习惯有关，通常在一个倍频程之内。然而对于疑问句或感叹句来说，除了逻辑重音之外，还有更突出的语气重音。移调的范围由说话人的情感决定，很可能超过一个倍频程。

5.9 各韵律特征之间的互补规则

在自然口语的语调中,音高、音长、音强三者的功能是不平衡的。实验证明,语句中逻辑重音和语气重音的大部分信息,都是由声调承担的,其次为时长,而强度则总是伴随声调的高低而自动地加减。同时,声调和时长对重音信息所承担的程度是可以互补的。也就是说,两者彼此都可独立承担加重语气的任务,而音强则加强时一定伴随声调的提高,但不能逆推,如声调提高了,音强不一定要随着加强。兹将三个韵律特征在语句中的互补关系表解如下(吴宗济 1995):

声调的高/低→←音长的长/短

声调的高/低→音强的强/弱

音长的长/短→←音强的强/弱(注:"→"="单向"的补偿,"→←"="双向"的互补。)

5.10 拼接合成的音节缩减处理

目前通行的录音拼接合成系统,其单字和词句都是从语料库中调用。这些"原料"经拼接后往往需要修整来提高其自然度。目前在拼接合成系统中,为提高自然度,多半还只能对音高和音长加以修改,但对音色的调节就很困难。(吴宗济 1998a)

我们在语音实验中运用传统汉语语音学知识,理解到自然语言中的弱化音素往往说得不到位,前响复合元音的韵尾往往弱化,元音音色也不到位,因此只要把尾音切短就能达成几项的处理效果。有的声调经过修剪调形还可变成另一调。例如把单读上声的"低降升"原调型切去前半段就变成"中升"调的阳平,切去后半就成为"半上",等等。这就能在现有的条件下多少提高自然度。兹举几个将合成例句缩减处理的例句于下。

7(a) 养老公馆　　　　　　　　7(b) 豁嘴偶人

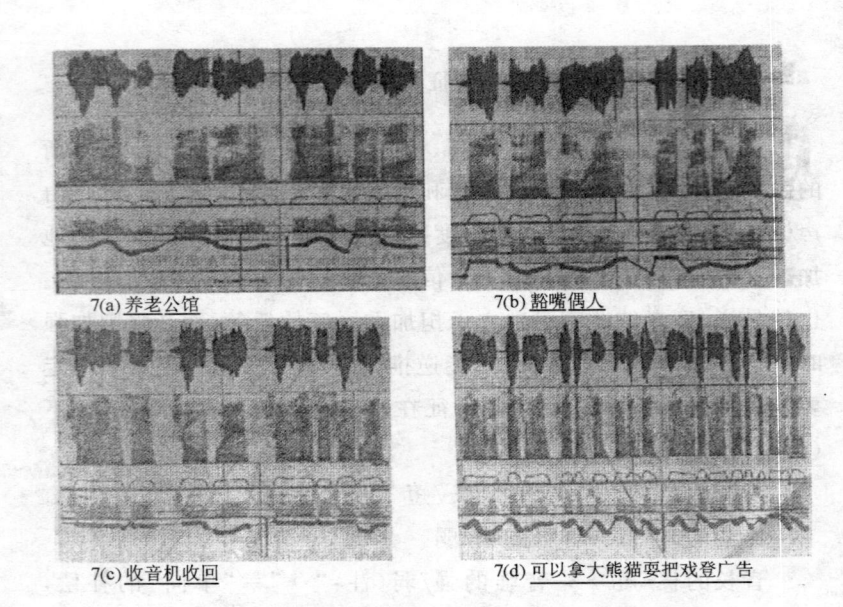

7(c) 收音机收回　　　　　　　7(d) 可以拿大熊猫耍把戏登广告

图 7　拼接合成语句：用语音缩减法提高自然度

　　上图左栏为从语料库中提取的短语，每个短语都自有其连读变调的底层调型。图右为图左各调形经裁剪后拼接为整句的连读语调。左右对比可看出其缩减部分，并非平均压缩，而是选择性的裁剪。在多音节短语中，由于必然的与或然的协同发音作用，有些元音会发生央化且调形拱度缩短。例如三字组中的第二个音节，四字组中的第二、三个音节，以及任何词语后的轻声，它们的时长和元音音质都会发生变化。不过，由于不同音节的语音结构可能不同，处理中应采取不同的方法，需要综合考虑 4.4、4.5、5.1、5.2 等节描述的那些规则。音节缩减主要靠切掉前响韵母的韵尾或后响韵母的中间，这样做可模仿协同发音，且无需改变音段音高。除了少数例外的情况，在拼接合成处理中应用这种音节缩减法可以很好地提高自然度。在音节的尾部或中部切断某个音节的长度一举两得，无论调形还是音质都实现了离格。

六、结语

汉语的传统语音学在语音分析方面虽然方法落后,但其间不乏可取的理论和资料,为现代语音处理服务。同时还可与现代科学合流而有所更新。今后语言学者应该和言语工程师紧密合作,相互学习。工程师应摸清本国语言的特点,而不致生搬硬套,"方木纳圆"。语言学者应多接触工程方面的工作方法和需要(毛泽东语:"亲自尝一下梨子"),从而修订传统的陈言,更新语音学的内容,使其学能致用。如此方能使今日言语处理的水平,提高到理想的程度。

参考文献
古代:
安　然,《悉昙藏》卷五《大正新修大藏经》,日本。
遍照金刚(空海),《文镜秘府论》,人民文学出版社,1957年。
了　尊,《八声事》,《悉昙轮略图抄》卷一,同上。
陆法言等,《切韵序》,《大宋重修广韵》,《丛书集成初编》,商务印书馆,1936年。
沈　约,《宋书·卷六十七·列传第二十七·谢灵运》,《百衲本二十五史》,浙江古籍出版社1998;又,《文选》50,中华书局,1977年。
沈　约,《南齐书·卷五十二·列传第三十三·文学·陆厥》,《百衲本二十五史》,同上。
沈　约,《四声谱》"范云沈约列传"引文,《梁书》13;又见《南史》57,《百衲本二十五史》,同上。

现代:
李方桂(1971),*A Handbook of Comparative Tai*, University Press of Hawaii.
刘　复(1924),《四声实验录》,群益书社。
刘　复(1925),*Etude Experimentale sur les Tons du Chinois Le*, Universite

de Paris。

刘庆峰、王仁华(1998),A new synthesis method based on the LMA vocaltract model,*ACTA ACUSTICAI*, No. 3.

罗常培(1956),《汉语音韵学导论》,中华书局。

罗常培、王均(1957),《普通语音学纲要》,商务印书馆。

梅祖麟(1970),Tones and prosody in Middle Chinese and the origin of rising tone, *Harvard Journal of Asiatic Studies*, Vol. 30.

王 力,《汉语音韵学》,中华书局,1992年。

吴宗济(1964),《普通话元音和辅音的频谱分析及共振峰的测算》,《声学学报》第9期。

吴宗济(1982a),Rules of intonation in Standard Chinese,*Reprints of Papers for the Working Group on Intonation*, 13th International Congress of Linguists, Tokyo.

吴宗济(1982b),《普通话语句中的声调变化》,《中国语文》第6期。

吴宗济(1985),《普通话三字组变调规律》,《中国语言学报》第6期。

吴宗济(1986),《汉语普通话单音节语图册》,中国社会科学出版社。

吴宗济(1988),《汉语普通话语调的基本调型》,载《王力先生纪念论文集》,商务印书馆。

吴宗济、林茂灿(1989),《实验语音学概要》,高等教育出版社。

吴宗济(1991a),A study of coarticulation of unaspirated stops in CVCV context in Standard Chinese, *Proceedings of the 12th International Congress of Phonetic Sciences*, Vol. 3, Aix en Provence, France.

吴宗济主编(1991b),《现代汉语语音概要》,华语教学出版社。

吴宗济(1991c),《汉语声调研究的两个发展阶段:一千四百年/七十年——为刘复大师百年纪念而作》,载《刘半农学术讨论会宣读论文》(打印本)。

吴宗济、刘铭杰(1992),《普通话零声母起始段的声学分析》,载《第2届全国人机语音通讯会议论文集》。

吴宗济(1994),Further experiments on spatial distribution of phrasal contours under different range registers in Chinese intonation, *Proceedings of International Symposium on Prosody*, Yokohama, Japan.

吴宗济(1995),Predictability of different attitudinal intonation in Standard Chinese, *Proceedings of 13th International Congress of Phonetic Sciences*

Vol. 2, Stockholm, Sweden.

吴宗济(1996a),A new method of intonation analysis for Standard Chinese: frequency transposition processing of phrasal contours in a sentence, G. Fant et. al. (ed), *Analysis, Perception and Processing of Spoken Language, Festschrift for Hiroya Fujisaki Elsevier Science*, B. H. North-Holland.

吴宗济(1996b),《为改进普通话口语合成自然度所需的韵律特征规则的设计》,载《计算机时代的汉语和汉字研究》,清华大学出版社。

吴宗济(1996c),《用于普通话语音合成的"韵律标记文本"的设计》,载《第三届全国语音学研讨会论文集》,北京广播学院出版社。

吴宗济(1996d),《赵元任先生在汉语声调研究上的贡献》,载《清华大学学报》(哲社版)第3期。

吴宗济(1997a),《从声调与乐律的关系提出普通话语调处理的新方法》,载《庆祝中国社会科学院语言研究所建所45周年学术论文集》,商务印书馆。

吴宗济、王仁华等(1997b),Towards a project of All-Phonetic-Labelling-Text for TTS synthesis of Spoken Chinese, Proceeding of the first China-Japan workshop on spoken language processing, eds. By R. H. Wang & K. Hirose, Press of University of Science and Technology of China.

吴宗济(1997c),《试论"人—机对话"中的汉语语音学》,《世界汉语教学》第4期。

吴宗济(1998a), The formalization of segmental coarticulatory variants in Chinese synthesis system, The proceedings of the Conference on Phonetics of the Languages in China, MPU City University of Hong Kong.

吴宗济(1998b),《普通话四字组中韵律变量的处理规则》,载《语音研究报告》,中国社会科学院语言研究所语音研究室。

吴宗济(2000),From traditional Chinese phonology to modern speech processing—realization of tone and intonation in Standard Chinese, *Proceeding of 6th Inter. Conf.. Spoken Lang. Proc.* (ICSLP).

杨顺安(1994),《面向声学语音学的普通话语音合成技术》,中国社会科学出版社。

语言研究所(2000),《音路历程——语音研究陈列馆》VCD,社会科学文献出版社。

赵元任(1928),《现代吴语的研究》,清华学校研究院丛书第 4 种。

赵元任(1930),A system of tone letters, *Le Maiter phonetique*, serie 3.

赵元任(1933a),Tone and intonation in Chinese《汉语的字调跟语调》,《中研院史语所集刊》4,(3)。

赵元任(1933b),A preliminary study of English intonation and its Chinese equivalents, *BIHP* Supplement No. 1.

赵元任(1959),《语言问题》,商务印书馆,1980。

赵元任(1968), *A Grammar of Spoken Chinese*, University of California Press.

Abramson, A. S. (1962), *Vowels and Tones of Standard Thai, Acoustical Measurements and Experiments*, Bloomington: Indiana University.

Maddieson, I. (1962), Tone effects on consonants, *Journal of Phonetics*, 6.

语 音 杂 谈[*]

语音学是语言学的一个组成部分,是研究各种语音现象的一门科学。从实验语音学的角度、用科学的方法研究出来的结果,可以补充传统语音学的某些内容,改正过去较为模糊的认识。我国各地方言的语音,千变万化极其复杂,用一两篇短文是解释不清的。本文想从语音的实质、语音学的辨证关系,戏曲音乐语音知识三个方面作一简要的概述。

一、语音的实质

谈到语音,大家就会想到声母、韵母和声调。声母即辅音,过去叫做子音,即"b、p、m、f"。韵母大部分是元音,但有的也带"n"或"ng"的辅音尾。元音过去称为母音。声调即四声。

对于语音,不外乎从生理、物理和心理三方面来加以研究,这里着重谈谈生理、物理方面的问题。

(一)在生理方面。主要分析舌位、气流、共鸣等几个方面。

(1)关于舌位。谈到舌位大家常说高、低、前、后。在元音中"i"是前高元音,"u"是后高元音,"a"是中央低元音。这就构成了舌位的三个极端的点,所有元音都是分布在这三个点之间的。舌尖向前贴是"i";舌根向后贴是"u";舌头下降平放是"a"。三点之

---

* 本文是河北戏曲家协会在北戴河召开的一次戏曲写作座谈会上的报告。

间是一系列的元音,在普通话中的元音是:i、u、ü、a、o、e、ê、i(资)、j(知)、er。i、a、u和中央e的位置大致如左图,研究这些音是看舌位前后的变化。如京剧花脸和老生都唱"a",发音的舌位就不一样。老生靠前,花脸靠后,这就形成他们各自演唱的特点,且角的"a"与其他行当又不相同。如何研究他们的发音不同呢？一般用X光透视或照像,可把不同的舌位用图像记录下来,这可鉴别发音时的舌位正确与否。花脸唱法有没有鼻音？这是大家经常争论的一个问题。有鼻音,小舌头就搭拉下来,没有鼻音小舌头就紧贴后咽壁,关闭鼻腔通道,发出音来是"a",小舌头掉下来打升鼻腔通道发出音来是带有鼻音的"a",这两个"a"是不一样的。用X光照像就可解决这一争论。

用X光照像,不仅可以解决舌位问题,而且还可以解决北京音系的"z、c、s"与"zh、ch、sh"是否卷舌的问题。过去的教科书中的"zh、ch、sh"的舌位图太强调卷舌了,把舌头卷的太高了,这实际上是不可能的。我们画图要根据事实,否则就不是北京语音系。我们的研究工作就是要解决这一类的问题。

还有一种腭位照像,可以看出舌头是接触上腭的前面还是接触后面,这样我们就可以解决尖团音的正确舌位的问题。此外还有X光电影,可把发音的全过程拍摄下来,以研究解决发音过程中舌位的变化动态。

（2）关于气流。戏曲界是很重视、考究气流的。我们常说丹田之气,丹田究竟在什么地方？胸部的气流量到底有多少？为什么有人唱的省劲而有人费劲？这些我们通过仪器是可以查出来的。首先先查肺活量,这是发音的基础；其次通过流量计来查气流与咬字的关系,在吐字时究竟需要多长、多强的气流；再其次从声源地位去查,发声时的气流到底在喉上头还是在喉下面？是从肺里压出来的还是存在于口腔的一点力气？如"p",发音时肺部的气流就要流出来;"d",只用口腔的气流就够了。演唱时的气流,说话时的气流都是可以测出来的。

(3)共鸣。生理方面大家关心的是声音好听与否、响亮与不响亮,共鸣质如何等。有人认为会唱头腔共鸣的人其鼻窦处会振动,这个问题我们没有测量过;还有所谓"脑后音",这种音是否在脑后,我们从生理现象上看,脑后是没有共鸣腔的,即便鼻窦小腔也不足以共鸣。但在艺术实践中确实有这种叫法,这种叫法其科学程度如何,是可以通过仪器的测量来回答这一问题的。

另外,在生理方面还可从以下几方面来分析:

(1)肌电:就是用肌电仪来测量声带肌肉的电流,看声带的开合情况。这种仪器特别在医学上有用,可治声带的疾病,还可测肌肉的紧张程度。比如:马连良和周信芳,恐怕马连良的声带肌肉比周信芳的声带肌肉要松弛些吧,这也就是他们不同唱法的特点。

(2)脑电:脑电原先是治疗脑病的,现在也用在语音的研究上。我们讲话是受大脑语言神经支配的,一句话在没说出之前,大脑就已经发出了指令,脑电仪器就可以测出这种指令的微电流。画国画有"意在笔先"之说,我们讲话也可以说是"意在声先"。当我们发两字的音时,第一字发出后,第二字还没发之前,第一字的音尾就已经改变了,来凑合下一字的发音。这就是受大脑支配下的音变现象,语音的音变是人们在长期生活中已经习惯了的,所以在通常的情况下,不易感觉出这种音变现象,只有用仪器才可明显地测出来。

(3)发声时间:每人发音的时间间隔距离是不等的,这与每个人的吐字习惯和运用气流有很大关系,这是人们不大注意的问题,但事实上是个人特征之一,从仪器上可以测出。

戏曲界如果在发音生理上有疑难问题,可借助语音生理仪器来找到正确的答案。

（二）物理方面：这里主要讲声学。声学的研究发展很快，涉及面也很宽，同时也发明了许多测声的仪器，像语谱仪等，研究的结果供有关方面使用，特别是通讯方面应用得多一些。

关于元音的声学分析。这里主要研究元音的共振峰。实验告诉我们，所有元音，它们不同之点在于它的共振峰不同。什么是共振峰？一个元音中每个谐波的强度不同，构成几个峰值。每个元音有一个基本频率，还有若干谐波，音乐上叫陪音，这个陪音和基频呈整数倍关系。假如我们发一个音基频数是 256 周/秒（现在称为赫兹），第二个陪音就一定是 512 周/秒，第三个陪音是 1024 周/秒，如此把基频乘以整数倍数，这其中总会有几个陪音的强度抬高的。我们用仪器画一个频谱，假定元音的基频为 100，第二陪音为 200，第三陪音为 300……。在发"a"音时，它在 700—800 处重点抬高，"i"音在 300—400 处重点抬高，再到 2000—3000 处又抬高了。我们把它的强弱用线连接起来，这条线叫做包络线。这样会看出由于元音的不同它的包络线也不同；用这样的方法就可以分析出上千上百的不同元音，这个方法叫做频谱分析，这样也可以推算到元音位置，画成"声学元音图"，与生理元音图来相互印证。

语音与歌曲的关系。有许多人进行了这方面的研究，有人研究认为：经过训练的演员和没经训练的人，他们的元音共振峰的强弱比例是不同的，前者的高次共振峰比较丰富。我们也做过这方面的实验与研究。戏曲界所谓的"水音"（声音不干），恐怕就是指共振峰的特点而言的。

此外，与声带配合起来测量，发现这么一个问题：有经验的歌唱家其声带的开合程度与一般人相同，而其声门的气流压力小得多，声音却洪亮得多，可以节省三分之一的力量。从中可以看出声音训练的重要性。不会演唱的人其基调的第一条谱线很高，后边就落下来；会演唱的人其基调的第一条谱线不是很高，后边的谱线条就逐渐高起来。

再有,通过仪器从声学的角度来测鼻化、颤音。鼻化音从频谱上可以看得出来鼻音有其特性频率,颤音是可以量的,歌唱的音每秒颤多少次是有规律的。有人的颤音很自然,那就是符合了颤音规律,有的人颤得不自然,就是违反了这个规律。每秒钟颤动少了,听起来其声音就发抖;多了就听不出颤音了,这样的音听起来很不舒服。颤音的标准数究竟多少次为宜呢?有人经过反复测量,好的歌唱家每秒六至七次。这是颤音的次数,另一个是颤音的幅度。颤音的幅度到底有多大?离本调有多远?是差半音好还是差全音好?实验证明,一般讲来,离本调越远,哆嗦劲越大,太远就不舒服了;太近也就听不出颤音来了。正常情况下以在半音左右为宜。

以上讲的是元音的声学分析,下面讲一下辅音的声学分析。

辅音最重要的是,看它的发音部位,舌头在什么地方;发音方法,气流喷得是否合适、合时、有无送气、有无清浊。辅音中的清浊问题、气流强度问题、气流长度问题等,在语谱上是可以清楚地看得出来的,用这个方法可以纠正演唱者在吐字方面的毛病,为艺术实践提供科学根据。

辅音与元音结合以后,是辅音跟着元音变,还是元音跟着辅音变?这一点我们也需特别谨慎。如"g",它是多变的,"gi"、"gu"、"ga"三音的舌位就不一样,有前有后,有接触面大有接触面小,在发"gu"的时候它的舌位已和"u"音的舌位靠近,因而靠后,"gi、ga"的舌位靠前,如此等等。这些声母与韵母的舌位变化很重要,要认真地加以研究才能得到正确的发音。南方人唱京剧如不按京剧的要求来发音吐字,其味道总觉得不对头,这就是辅音的特点在起作用。平常说的"吐字归音","吐字"主要是讲辅音、讲字头,"归音"是讲归入元音,讲字腹字尾;但也有归入辅音的,如"安"、"昂"等。

到底归多少,那就须看是什么剧种什么流派而定了。

关于声调的声学分析。戏曲界对声调最感兴趣,因它本身就是调,它的高、低、起、伏,声调之变化的本身就很富有音乐性,因此要求每字的声调必须准确,才朗朗上口。但也不能机械地照搬,还须分析有无变调现象,如北京话上上相连,第一个上声要变成阳平,"好马"是两个上声字,"好"字变阳平成"豪"字音,这是变调现象。地方戏曲中也有这方面的问题,因此需要我们在地方方言中找出其变调规律,应用到唱腔设计中来,就可避免不必要的倒字。

汉语中的变调现象是一个普遍现象,不仅在单字调中存在,在双字调中也存在。我们的汉语中,一个字可以构成一个词,两个字也可以构成一个词,三四个字也可构成一个词,它们都有不同的变调现象。如"老厂长"这个三字词,三个上声字相连,其第二个上声变阳平,因"厂长"两字是一个词,而"老"字是形容"厂长"的,是加到"厂长"这个二字词上的,因此在人们的语言习惯中就把"厂"字变成阳平。这是1+2结构的例子;如果是"厂长室"这个三字词,也是三个上声相连,因"室"是后加上去的,因此在人们的说话习惯中,把第一个上声"厂"字变成了阳平,这是2+1结构的例子。任何三、四、五个字组成的词都是由单字和二字词组成的。

在汉语中还有几个独立成义的字相连的并列词,它们彼此谁也不是谁的形容词或谓语、状语,各自独立,像"真善美"、"福禄寿喜"、"地水火风"、"金木水火土"等等。

声调分析用什么方法呢?①刚才说的语图是一种方法。②画调器也是一种方法,它可直接画出调的轮廓线来。③还有一种办法就是使用电子计算机,用它把声调的频率数值显出或打字,或者画成轮廓图式。这种办法非常准确迅速。有人设想,让计算机记五线乐谱,经过实验完全可以,记完后稍加修改即可使用。④我们还应从音与音之间的关系上来分析其协和程度如何。在戏曲唱腔中有的是需要协和音的,有的就需要不协和音。有些剧种它那些不协和的部分正是它的特色所在,很有特点。如广西某些少数民族的民歌中就有二部合唱。因此在分析戏曲音乐现象时,不能强求一致,还要看它有无民族风格。⑤还要分析声调与节奏、旋律、韵律之间的关系。"韵律"即音的强弱、高低、长短,我们在设计唱腔时要考虑到声调的这些特点,这样才能依词谱曲,唱起来就比较自然。我们古代是很注意这些特点的,古代歌曲在句末总要放慢,叫做"迟其声以媚之",让人听来好听,让人的耳朵有休息和回味的机会。语音声调中的节奏、韵律起伏如何,用仪器是可以测出来的。

心理方面的分析。心理方面是生理方面的发展与延伸,一个音发出后准与不准是靠耳朵来鉴别的,语音的节奏也是用耳朵来感受的。节奏与旋律的影响是很大的,它的抑扬顿挫、相反相成的道理很值得研究。如果在一秒钟内一味地唱几十个字,那么唱者累,听者也不舒服,应该有长短、多少的变化。语音的实值,在生理方面,看气流的位置、强弱;在声学上,是看通过仪器记录下来的各种数据。

二、语音的辩证关系

我们古代对研究语音学是非常重视,讲究语音的辩证关系的。像清与浊、阴与阳、平与仄等等就属于这个范畴。下面按我个人不成熟的体会,分几个方面谈谈:

1. 动与静的关系。人们讲话都有一个音流,如同流水一样,它占有一定的时间;如果没有音流、没有时间就什么音也产生不出来。有了音流,人们的讲话才能自然流畅,否则就一字字往外蹦,这样就滑稽可笑了。由于音流受发音方法、发音部位以及声调的制约,它一般都是顺势而下的动作,一切音素稍纵即逝,要去一个个地分析就很难。又加以人耳的听觉还有种种差异,要想把一个音分析得很准确,不是每个人都能做到的。古语说:"一言既出,驷马难追",可借来作这个比喻。因此,就须把语流切开一段一段的、当作不动的音来分析。这也就是动中取静,《庄子》:"飞鸟之影未尝动也",意思是说天上的飞鸟乍一看来,其影子是不动的,犹如电影片子,单看一格一格的画面是不动的,而连起来放映才会动。处理语音的方法与其相似,把活动的音流划分成若干小分段,人工的分段一秒钟只能分十几段,用计算机分段,每秒可分千万段,这样就可以看出语音的顺时而变的各种规律。从仪器的分析中我们可以看出,任何语音都是动与静的关系,一般说单元音是静的,辅音和复合元音是动的。如"ai",是"a"变到"i","c"是先闭塞后摩擦送气等等。

2. 塞与流的关系。人们常说不塞不流,不止不行,语音也不例外。没有塞就没有流,流是从塞开始的,通常情况许多辅音都是先闭塞或收紧的。这里又分塞音和擦音,像"b"、"d"、"g"、"n"就是先塞然后才流,这几个音我们称之为"塞音";"z"、"c"、"s"、"f"是半塞音,我们称之为"擦音",即半塞之后再流。如果塞而不流就没有破裂,流而不塞就没有摩擦,塞与流是辩证统一的。

送气与不送气与塞流也有很大的关系。"b"的气流流量就小,"p"的流量就大,这与字的咬法有很大的关系。还有一种塞擦音,即"z"、"c"、"zh"、"ch"、"j"、"q"几个音,先塞再擦而后送气。"鼻"音,是让口部塞而鼻腔流。"边音",是半塞半流,像"l",这些辅音都是声腔中的塞流关系。"i"、"u"、"ü"等元音是声带的塞与流的关系。语音学的一个手段就是研究它们到底塞到什么程度、流到什么程度,什么时候该塞,什么时候该流,也就是研究它们的塞流辩证关系。

3. 阴与阳的关系。"阴阳"二字颇有道家的口气,但在中国语音学上却经常使用,它代表清浊,阴是清声,阳是浊声。尤其是声调,像吴语区,南方的上海、苏州、无锡这一带,一般认为它们原有八个声调,平上去入每个声调都有阴阳两个调,都是阴阳配对的。如阴平、阳平、阴上、阳上、阴去、阳去、阴入、阳入。而目前有些调已归并了。在其他一些地方声调的合并现象就很多,像北京就只有阴、阳、上、去四个调;像东北某些地区的"天"与"田"的读法是一样的,就只有三个调。

4. 暂与久的关系。这里主要讲的是辅音,元音可长可短,而辅音不行。"b"无论如何是发不长的,"s"就可发得稍长一些,也就是说塞音长不了,我们称之为"暂"音;擦音可以稍长,我们称之为"久"音。这种延长的辅音在戏曲里是比较讲究的,如果用元音来拖长,其辅音的咬字就不清楚了。但"久"音也不是无休止地延长,要恰到好处根据曲子的具体情况而定。"久"音,包括了鼻音、擦音、边音等。一个音流中,久与暂的交替,就有了抑扬顿挫的感觉。声调的高低变化也有这种效果。南朝梁代的沈约在一篇文学评论中说:"前有浮声,则后须切响"。他原意是说文章的写法,前边有浮音(可解为长音),后边必须有切音(可解为短音),句子也要有长有短。又说:"一简之内,音韵顿殊;两句之中,轻重悉异。"他是讲一篇文章中音韵要有变化,不能一音一韵到底,一句中要有轻有重,音调铿锵,朗朗上口。古代有一句话叫做"掷地作金石声",形容文章写得好。今天我们作曲或设计唱腔也需要有讲究声调的唱词,给戏曲创作打下一个好的基础。在沈约那个时代,四声的研究还不十分开展,当时的梁武帝就不懂沈约提倡的四声是什么,问周舍"何为四声"?他回答说:"天子圣哲"四个字就代表四声,实际上就是平上去入。后代对四声的研究逐渐完善了起来。四声由于所配的清浊辅音不同而分阴阳,"天"是清辅音,"田"是浊辅音,于是

"天"成了阴平调,"田"成了阳平调。应特别指出的是,声调很能体现地方方言的风格,我们要研究掌握地方方言的声调规律,对演唱好、设计好具有浓郁的地方特色的唱腔是大有好处的。

5. 繁与简的关系。一个音节由一个字母或由三、四个字母构成。"乌"就是只由一个"u"元音构成,我们称之为简音节;"天"是由"tian"四个字母构成,我们称之为繁音节。简音节与繁音节在语词里相互搭配得如何,将影响到声音的感知如何,在一句唱词中通通都用繁音节,因它含有三个以上的字母,全是字头、字腹、字尾,演唱起来恐怕既不方便也不一定好听;相反如只用单音节演唱,恐怕也会单调乏味。在处理唱词时,我们应照顾这一特点,对于繁音节的字应配以较长值的音符;对于简音节的字配以短时值的音符,戏曲音乐的美学恐怕和这个是有关系的。

6. 依存与制约的关系。相互依存相互制约在语言中是很重要的。在语流中,一种情况是保持原音不使其改变,一种是随其他的音而改变。在语言中常出现的同化异化作用就属于这类情况。如北京说的"十八个",本来"八"的声母是塞辅音,其声带不颤动,属清音,而这里跟着"十"的元音念出来,其声带继续颤动不停而使"八"成为浊辅音了,这就是同化作用。还有像"前a"、"后a",如北京话的"家"(jia)字和"瓜"(kua)字,其元音都是"a";"家"字发音靠前,"瓜"字发音靠后,一是受"i"的影响靠前,一是受"u"影响靠后。同理"呀"、"哇"的运用也是这么个问题。"南门"二字相连,"南"的字尾"n"就不发了,而直接发"门"的字头"m",这就是逆同化在起作用。在字与字的衔接过程中,前一字的尾部常被后一字的头部"吃掉",而发生了彼此依存与制约的关系。诸如此类的例子很多。

7. 对立与统一的关系。有些音要头尾相顾,前后照应,如使用一个韵,一个声母乃至重叠字等手法以求统一。有些音应使之相互对立,参差不齐以求变化。如何做到对立统一,中国有句术语:"奇正相生",单数与偶数相互倒换使诗文既有统一又有变化。再者用"双声叠韵"的方法来加强统一和变化。两个音其声母相同而韵母不同者,称之为"双声";而声母不同其韵母相同者,称之为"叠韵"。像杜甫诗句"田园寥落干戈后"中"寥落"二字声母是"l","干戈"二字声母是"g",这是双声字;京剧《空城计》中"散谈的人","散谈"二字韵母是"an","琴音"二字韵母是"in",这是"叠韵"。如此可使语音不分散,产生完整统一之感。音乐中的乐句重复与再现也是这个道理。使用重复字固然是一种加强统一变化的手法,但用多了又会听得别扭,而双声叠韵就比较生动活泼。

三、戏剧音乐中的语音知识

我对戏曲音乐是门外汉,本无发言权,但它与语音研究不免有相通之处。这里只谈戏曲音乐中有关语音的几个方面。

1. 要掌握词与曲的结合。古书上说,言之不足则歌咏之,这说明先有词而后有曲,曲是根据词来的,我国古代都是先有词而后有曲的。汉赋、唐诗及宋初的词,无不如此,后来为什么又出现"填"词的情况呢?这是因为词的曲子相对固定了,成为词牌,配以适合原词的声调及韵脚,以词配曲,这就是填词。但纵观诗词之形成,还是先有词再有曲的。戏曲音乐是保留地方语音本调最多的一种音乐形式之一,它的词曲结合的非常紧密,它是根据不同的地方语音而形成不同派别的地方戏音乐的,在长期的发展过程中其曲调日趋固定,因此出现了用新词配旧曲的手法,即类似填词的作法。戏曲中似曲牌体就是这种情况,板腔体也有类似做法。如京剧的西皮、二黄腔,人们拿词往这两种声腔中去填即是。尽管如此,新词的情绪与原词不同可做大幅度的改变,可以不完全遵从原有之规律,像偷声减字、慢曲、换头、集曲等就是变化之手法,今天的戏曲,尽管有谱有曲,它还是依据唱词情绪,依据方言很灵活地改革原来唱腔,使之既符合情绪又符合字声的本调。

2. 要掌握地方语汇。地方语言中那些有特色的语汇,应在戏中多用,这可增加剧种的地方特色。这还须从声母韵母上分析:

"声母"。好多地方戏的特色不在乐谱上,而在演员的嘴头上。尽管乐谱上标明了怎样唱,但细微的变化需靠演员的领悟与技巧来掌握。如一个字如何演唱?首先要符合"字"的本调,然后再到音乐的高度。像高字调配的低音符,在演唱时首先要完成高字调的发音过程,然后再降到音符的高度上,这就要求演唱者在未发音之前对这个字本调的高度以及如何滑到旋律的高度,要做到心中有数。掌握了方言中的声母(字头)的实质,就可以做到"字正"(平常说的"咬字"就是这个意思),掌握了韵母(字腹、字尾),就可以做到"腔圆"。中国古典戏曲论著,在其论声的部分中多数是讲这个问题的。

在"字正"方面应注意声母——辅音中的擦音不易过多。在唱段中加了许多擦音,那么唱腔中的乐音就少了,噪音就多了,听来就"叽叽喳喳"不甚悦耳,而且很干扰情绪;但如果没有擦音一类的噪音好像许多元音无规律的连接,同样不好听。因此,噪音的使用要有节制,不能没有也不能太多。大家知道,声学中的音有噪音和乐音之分,摩擦破裂之音多为噪音;谐和悦耳之音多为乐音。噪音在音波上没有周期性的规律;乐音在音波上有周期性的规律,噪音与乐音在我们的耳朵里是可以分析出来的,乐音听来舒服;噪音听来刺耳,如果在乐曲中噪音使用过多,不好听也不好唱。因此可以说,声母特性直接影响着音乐的美感。

"韵母"。是指"腔圆"而言,指字腹字尾方面。声母是吐字问题,这里是归音问题,研究如何把字唱长唱圆满,一般的歌唱是很重视韵母——元音的。

从前边的分析中得知,擦音用多了影响音乐的美感,然而也要看在什么场合用。李清照写的《声声慢》一词中,"寻寻觅觅、冷冷清清、凄凄惨惨切切"一连几句,全是擦音,只有一个鼻音,又是入声,而且还用入声押韵,入声字是唱不长的。这里主要是描写她当时的一腔国破家亡的悲惨心情的,这种大胆的写法是成功的。如果歌颂一位英雄人物或愉快的情绪,而使用这些擦音、入声是取不到好的效果的。声母是这样,韵母也是这样。愉快的情绪、雄壮的气氛多用"ag"、"ang"等韵即所谓"言前"辙、"江阳"辙;凄风冷雨的情绪多用"i"、"ie"等韵,即所谓"衣期"辙、"乜邪"辙。因此在选韵的时候要注意情绪,同时还要注意是否能唱得响亮。

3. 要掌握地方语言的声调。地方戏曲要保留地方语言的声调是毋庸置疑的,这是关乎地方特色的问题。

另外,从另一个理论角度讲,现在研究语音学还有新的方向——听觉上的区别。讲一句话,为使人听懂必须加进不同的元音、辅音,使其有所区别。讲话人所发出的各种不同的声音,听话的人也必须有听过这种声音习惯方能听懂,进而又能听出说话人是老人还是儿童、男人还是女人,又进而才能听出是具体哪一个人的声音,戏曲中的生、旦、净、丑不同行当,已经成了定型,你不看表演就已经听得出是什么样的人物了。所有音乐及语言都是活动的,给人以音感,通过耳神经给大脑一定的感受,达到音乐和语言的目的。这种感受有的是陌生的,有的是熟悉的;熟悉的可加深大脑中原有的印象并加以印证,新的陌生的在脑子中也有一种新鲜的感觉。但唱词还是要人听得懂才达到传递情感的目的。

我们的演唱是为了让人听懂的,如果人们听不懂就达不到演唱的目的。为什么据说目前京剧的票不及地方戏的票好卖?其原因之一可能就是京剧的词比较文雅,昆曲更文雅,不易听懂,而地方戏它的唱词带有原地方语的声调、口语,很容易听懂,这是因为它的语音区别性较大的缘故。辅音、元音、声调三者中究竟哪种区别性大呢?实验证明,汉语中区别性最大的莫过于声调,一段话从头至尾是一个声调就不易听懂,必须有个声调基础。假如一段话的辅音交待不是很清,但声调很重,听者基本上还能听得懂。据有的语音学家统计,汉语声调的辨别占 92%,就是说把汉语中其他因素除去只保留声调,人们还能听出个大概;如果把声调去掉,其识别程度就相距很远了。地方戏保留地方声调越多,它的识别力就越大,因此要求曲子对唱词声调的曲折走向应给以照顾,否则就会倒字使人误解。前面讲到的两个同声字相连有声变现象,这就要求我们视当时的语气、语音的具体情况在谱曲时予以注意。经过实验证明,两字调的变调现象,在任何一种语气中不会有太大的变化——声调的曲线变化,它只有高低的变化。变调现象在语言的快慢中也有不同,慢时就要四声分明,快时则声调的起伏就不大,常常要把声调"拉平"才能唱得快。

语调虽然千变万化,它也是有规律可寻的,一是平滑规律;二是低昂规律。具体到每个人来说,尽管声调的起伏幅度不同,但起伏的走势规律是一样的。

总括起来,我们在第一段中主要讲语音的实质,它的科学性、生理物理的特性,帮助我们解释语音学理论,用仪器帮助解决发音问题。第二段讲了语音学的辩证关系,其中主要的是语流,语流中前后语音的关系。有语流必须有时间,没有时间就没有语言,语言是占有一定时间的。第二段是讲设计戏曲唱腔时所要注意的几个有关语音方面的知识。

(原载《戏剧通讯》,1981 年)

补听缺斋语音杂记

1933年秋季,著者在清华大学中国文学系读四年级时,选修了莘田师的《中国音韵沿革》课程,讲义为北大自印本(后由中华书局以《汉语音韵学导论》的书名出版)。讲义中关于研究音韵学方法的一节,首先强调审音。说:"辨章声韵,审音为先。前人操术弗精,工具不备,或蔽于成见,或囿于方音,每致考古功多,审音功浅。自近代语音学兴,而后分析音素,可用音标以济汉字之穷;解决积疑,可资实验以补听官之缺。举凡声韵现象,皆可据生理物理讲明。从兹致力,庶几实事求是,信而有征矣。"[①]就是从那时起,我产生了对实验语音学的兴趣,并决定弃文从语。后来即以"补听缺"名斋,以志永慕。本篇是我平日在学习研究中遇到的一些问题,提出点个人看法。意见不一定正确,有些比喻甚至不免牵强附会,兹不揣愚蒙,谨就正于高明。

一、意在声先

语音在音节或词组的序列中,某些音素由于受到邻近音素的影响而发生变化,这种现象在传统语音学中称为同化作用和异化作用。现代语音学中由于动态语音实验研究的进展,一切语音的变化都能测出,人们不但能察知发音器官的形状变动,还能找出发

---

① 罗常培:《汉语音韵学导论》,中华书局,1956,23页。

音之前或之后的一些现象。在语流中的音素由于环境的影响而偏离了本来的音位规格(不到位),这类现象统称为"协同发音"作用(coarticulation),现在它是一个相当被人重视的研究领域。它利用了大量的实验手段和有关学科的知识,不但阐明了语音在连续语言中的一些规律,还有助于寻求语音的变量和不变量的理论和规则,使其有可能为语音处理提供有用的数据。

汉语语音中的同化作用,例如:"饭碗"/fan//wan/,"饭"的鼻尾/n/被"碗"的声母/w/同化而变为/m/,表达式为:

-n→-m/__w

又,"上课"二字连读,两去声相连,前一去声降不到位,而成"半去"。式为:

降→半降/__降

这两例都属于逆同化,此类例子都能在通常的语音学课本中见到。在罗常培、王均的《普通语音学纲要》中《语音的变化》一章里举了大量的实例,指出语音的变化除同化、异化外,还有其它变化如"弱化、增音、减音、脱落、换位、代替、转换等"。这些变化都属于协同发音。凡是后音影响了前音的,都是逆向变化,"是由于说话人在未发前一音时,已经预料到要发后一个音,并开始作发后一个音的准备"。[①] 音变方式,在各种语言中各有其特点,这里不能详述。

在辅音—元音结合的音节中,如果辅音的部位和元音的舌位相差较远,而使辅音迁就了元音。在元音还未说出时,前面的辅音已偏向元音的舌位了。例如:普通话里"搭"、"都"、"低"(/ta/、/tu/、/ti/)三个音节的辅音都是[t],实验结果是,它们的中心频率都随不同的后接元音起了变化。/t/在/u/前是1000赫,在/a/前

---

① 罗常培、王均:《普通语音学纲要》,商务印书馆,1981年新1版,151--154页。

是1300赫,而在/i/前是1600赫。① 这些/t/的中心频率同后接元音的F2(第二共振峰)的频率相适应。元音的F2如高,舌位就靠前;如低就靠后。/t/的中心频率也分别随之升高或降低。所以,从辅音的中心频率就可预知元音的音色了。

又如,"逼"、"不"(/pi/、/pu/)两个音,由于元音i和u不同,而使前面的唇形有异。i前的p由于i是齐齿,于是p在成阻时就有扁唇状态。u前的p由于u是合口,p在成阻时就已圆唇化。式为:

$$p \to [-圆唇]/\_\_[+齐齿]$$
$$p \to [+圆唇]/\_\_[+合口]$$

这些变化,在教学语音时无需深究,因为一般发这种音时,不自觉地已经服从了协同发音规律。可是在语音工程上就得考虑到这些特点。

以上例子都说明,在发第一个音素时,说话人已经不自觉地为下一音素准备好适应的口形或其它状态。这可以说是语音中的"形在声先"。

现在的语音实验,有一种测试肌肉电流的方法,这种仪器称为"肌电仪"(EMG)。在发音时,用肌电仪的记录和声波的记录比较,可以发现无论辅音、元音或声调,总是在发出声音之前就有了较强的电脉冲,这反映了有关肌肉的紧张状态。有些实验应用测验脑电流的"脑电仪"(EEG),也可测出在说话之前的神经刺激状态。这类实验都证明了思想在发音动作之前就有了活动。这可以说是语音产生过程中的"意在形先"。

《礼记》的《乐记》中有几句颇可用来形容这种现象:"凡音之起,由人心生也。人心之动,物使之然也。感于物而动,故形于声,

---

① 吴宗济、林茂灿主编:《实验语音学概要》,高等教育出版社,1989,末页,表6.2。

声相应,故生变,变成方谓之音。"

再举一例,在声调的连读变调中,不但有同化作用,还有异化作用,而且有些异化又很难用生理或物理的原因来解释。例如:普通话的两上相连,前上变阳平的规律,一般称为异化作用,即,214加214,前一个不变成"协同发音"的"不到位",而变成35的升高调。如果把它解释为21+214,两个低调连在一起较为单调,于是来个强烈对比的升调,显示汉语声调的"韵律",①那么,试查汉语中黄河以北各地的方言,不论其四声调值是高是低,是曲是直,几乎都是按两上相连,前上变阳平的规律变调。例如:普通话里"好米"读得与"毫米"相同[214+214]→[35+214]。郑州话这两个字的变调是[55+55]→[42+55],42是郑州的阳平调。天津话这两字的变调是[13+13]→[45+13],45是天津的阳平调。这里未作统计究竟有多少市县的方言是这样变调的。不过有的学者提到过这种现象,从文献中证明几百年前,北方官话已经存在这个规律了。② 这例是历史变调现象一个很好的"活化石"。这里无法讨论其源流,不过言归正传,倒是可以用来证明这种不自觉的变调,并不受生理物理等顺势或惯性所控制,而是服从历史音变的某种规律,也可以出现调与调之间的"意在调先"的现象。

在变调中还有更为显著的例子。如普通话的一组三个上声相连的词或字组,其连读变调有三字组的规律,也可说明"意在声先"的问题。例如,"好领导"的变调是:[214+214+214]→[21+35+

---

① 吴宗济:《试论普通话语音的区别特征及其相互关系》,《中国语文》1980年第5期,326页,图三,把上声变阳平解释为取消前半段,保留后半段,此说作废。

② TSu-Lin Mei(梅祖麟):"Tones and tone sandhi in 16th century Mandarin"(《16世纪的汉语官话声调和变调》),*J. of Chinese Linguistics*,(《中国语言学报》)V01. 5,No.2,1977。吴宗济:《普通话语句中的声调变化》,《中国语文》1982年第6期,449页注14。

214]。"领导"二字是结合较紧的词,故"领"变阳平。于是"好"成了阳平之前的上声而变为半上。为什么"好"与"领"相邻而"好"不变阳平,这是说出"好"之前已意识到"领"字将会成为阳平,故"好"以半上的表层出现。现在如果把这三字的次序换一换,成为"领导好"一个短句。于是"领"变阳平而"好"为全上,"导"夹在"领"与"好"的中间,成为顺势的调形,经常读成一种过渡的降调,即[214+214+214]→[35+52+214]。(但如强调地读,"导"亦可变成阳平。)①所以前一个例是三字的"统筹全局"的意在声先,而后一例只是二字的意在声先,特别是"导"的表层已不是上声而变成过渡调(有人称此为失去调位的中性调。但注意,这是与轻声不同的),但是"导"前面的"领"仍认为"导"的底层是上声而使"领"变成阳平。这也同时说明语法结构与变调的关系是多么密切。

以上两例可以音系规则表达如下(式中的上声是"低中",阳平是"中高",半上是低低,括弧中的调形是过渡调,不是调位):

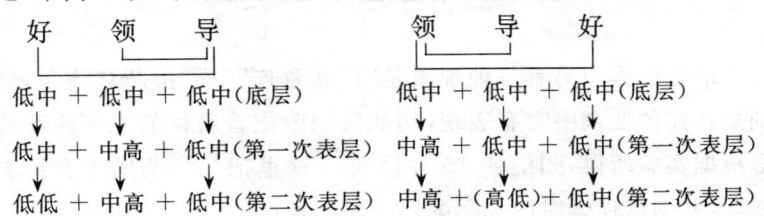

好　领　导　　　　　　　领　导　好

低中 + 低中 + 低中(底层)　低中 + 低中 + 低中(底层)
　↓　　↓　　↓　　　　　　↓　　↓　　↓
低中 + 中高 + 低中(第一次表层)　中高 + 低中 + 低中(第一次表层)
　↓　　↓　　↓　　　　　　↓　　↓　　↓
低低 + 中高 + 低中(第二次表层)　中高 +(高低)+ 低中(第二次表层)

还有,在普通话四字组的变调中也是这样。四字的组合基本上按2+2或3+1,1+3的规律变调,但由于意在声先的关系,可以由后到前,起一连串的变调反应。这类例子很多,另有专文讨论。②兹暂举一例:如"洗冷水澡"四字均上声,"冷水澡"三字变调

---

① 吴宗济:《普通话三字组变调规律》,《中国语言学报》第 2 期,1985 年,第 80 页。
② Wu, Zong-ji, "Tone sandhi patterns of quadro-syllabic combinations in Standard Chinese",(吴宗济:《普通话四字组变调模式》),中国社会科学院语言研究所语音研究室《语音研究年报》(1988),1—13 页。

如"领导好","冷"变阳平,于是"洗"变半上。换一个词序,如"洗澡水冷","洗澡水"三字的组合同"冷水澡"变调亦同。"冷"字单一成词,仍读原调。(有时也因是在句尾而读成低调)①

以上这些例子都说明了"意在声先"的一个常理。"意在声先"这个词是受中国书画技法的"意在笔先"这个术语的启发而暂拟的。前人论书法有云:"草书之法,当使意在笔先。"(徐度:《却扫篇》)。中国的写意画家也每用"意在笔先"或"意存笔先"的说法来分析和传授画法。② 其实书画家在"意"与"笔"之间,也还有一个"力"的阶段,那就是握力、腕力或臂力的肌肉运动等。如用来比拟语音的动态,其程序也有相通之处。即:

语音:意在形先→形在声先
书画:意在力先→力在笔先

二、声断意连,相互补偿

语音连读中另有一种现象是"声断意连"(或"形断势连"),特别是在连读变调中时有表现,例如我们曾把普通话的二字连读调形根据实验所得,归纳成15种模式,③这里把二字调的组合调类列表,并附以连读时的实际调形。如下表:

阴+阴	阴+阳	阴+上	阴+去	阳+阴	阳+阳	阳+上	阳+去
55…44	55…24	55…11	55…41	24…44	24…13	24…11	24…41
上+阴	上+阳	[上+上]	上+去	去+阴	去+阳	去+上	去+去
11…44	11…24	[24+11]*	11…51	52…44	53…24	53…11	53…41

* 上+上调形与阳+上相同。

---

① 赵元任:《汉语口语语法》,吕叔湘译。商务印书馆1979年,第31页。
② 《辞海》,"意在笔先"条,1979年,上海辞书出版社,缩印本。
③ 吴宗济:《普通话语句中的声调变化》,《中国语文》,1982年6期,第440页,图1。

表中汉字为调类,数字为实测调型的五度制调值。虚线…是两调音相连后的连读调形。调形曲线视后字的声母清或浊而决定此线的中断或连贯。如后字为浊声母,则前后调形是连成一气的;如后字为清声母,前字调形与后字调形是分开的。后一种情况反映了声带颤动暂停,而由后字的清辅音承担了连系任务。从实际调形上看,调形曲线是断了,但前调的尾与后调的首在走势上是连成一气的。这可以说是"形断意连"。

在语句的连读调形(语调调形)中,由于各字的声母清浊不同,还有语法结构的组合不同,都可以使这个整句语调调形或断或连。一个句中有几组意群,意群之中的各音相连较紧,而各意群之间的调型可以长短不齐,可以视这组意群在全句中是否是核心重点,来安排调形的断续或起伏。[1] 不过在一句中的调形尽管可以断开,但其走势是前后连贯的。

上述现象在中国书画中是重要的。如唐太宗赞王羲之的字,说:"观其点画之工,裁成之妙,烟霏雾结,状若断而还连。"又张彦远称张僧繇、吴道子的作画:"离披点划,时见缺落,此虽笔不周而意周也"。[2]

语音的连读中,不但相邻的音彼此有相互影响关系,还有隔字或隔音也会彼此有影响,出现协同发音现象。例如有些语音学家在一个语言中发现 CVC(辅元辅)或 VCV(元辅元)结构的音节中,首音和末音虽中间隔着一个别的音也会互相影响。这种现象是协同发音研究中的一个重要内容。[3] 这种由于一串音素的通盘

---

[1] 吴宗济:《普通话语句中的声调变化》,《中国语文》1982 年第 6 期,第 446－448 页。
[2] 《辞海》,"笔断意连"条。
[3] 这方面的文献很多,举不胜举。兹举一例以见一斑:S. E. G. Öhman, "Coarticulation in VCV utterances:Spectrographic measurements"(《元辅元音节的协同发音:声谱测量》),*JASA*, Vol. 39, No. 1—6, 1966.

安排,使得第一音素与第三音素虽已断开,但形势仍有连贯。这些也都是声断意连而断得较远的现象。唐张怀瓘《书断》称东汉张芝(伯英)的草书"字之体势,一笔而成,偶有不连,而血脉不断,及其连者,气脉通于隔行。"[1]书法家草书写得酣畅时常常隔字隔行都有照应,语音在一句或隔句中,其韵律特征也都有彼此照应关系,所谓"宫羽相变,低昂舛节","前有浮声、后须切响",[2]也是这个意思。

语音的协同发音还有一种相互补偿现象。例如一个说话者的每个音节长度,在一句或一口气说出中,在正常语速下,大致有一个常数。一般是每秒钟若干个音节。如果有些音节由于是句中核心而较长时,必然有若干音是轻声或成为轻读。这样,在长短上就相互调剂了。还有,在一个音节中,如果辅音是短的(如不送气塞音)则元音会长一些。如果辅音长(如擦音或送气音),则元音就短些,[3]这样使音节处于同等性质(如都是重读,或都是单读)时,其长度都差不太多。这样的补偿作用,不但声母与韵母的关系是如此,声调也有这种现象。例如普通话三个阳平相连而成为一个三字组时,次字的阳平变成阴平,如"和平门"[35+35+35]→[35+55+35]。但55与35的衔接不太自然;于是有人索性把"门"字也读成阴平55,就与35接得较顺。还有一种读法,是把"平"字迁就"门"字,而读成过渡降调53,这样,前后接得天衣无缝了。[4] 这种互相迁就、补偿的现象,正如书法家所说:"上下字之间的笔势,往往牵连相通,偏旁相互假借,成为今草。"[5]这里所说的偏旁互借,

---

[1] 《辞海》,"张芝"条。
[2] 沈休文:《宋书·谢灵运传论》,《昭明文选》卷50。
[3] 冯隆:《北京话语流中声韵调的时长》,载《北京语音实验录》,北京大学出版社,1985年,第162—165页。
[4] 吴宗济:《普通话三字组变调规律》,79页。
[5] 《辞海》,"草书"条。

应该不是说的互换偏旁,而是说偏旁宽狭的相互借让吧。

三、戛 透 轹 捺

"戛""透""轹""捺"是清末劳乃宣在其《等韵一得》中给声母所定的分类标准。《等韵一得》刊于清光绪戊戌(1898),后来到民国癸丑(1913)又增刊了一册"补编"。劳氏的辨音功夫和辅音的分类在当时的"音学"著作中是独树一帜的。但是具体地为世人所重还是几十年以后的事。现据手头资料,在罗常培、王力、赵荫棠诸前辈的著作中各有对他的评介。①

罗先生早年在北大时,对劳氏这四个字还有一段因缘。罗先生曾在青年研究人员中介绍过自己研究语言学的经过,其中说道:"钱玄同讲音韵学时引劳乃宣《等韵一得》上的话说戛音作戛击之势,透音作透出之势,轹音作轹过之势,捺音作按捺之势,我自己并不明白是怎么回事,我给学生也这么讲,学生怎么能懂?不能以其昏昏使人昭昭。后来我看高元的《国音学》,才给我解决了问题,高元引用 Henry Sweet 的话给端、透、来、泥作了形象的描写,我对劳乃宣的戛、透、轹、捺就明白多了。……从这时起,我就开始摸索语音学了。……1928年赵元任先生到广州调查方言,我就向赵请教戛、透、轹、捺的问题,赵先生在三天之内把我三年的疑问都解决了。"②罗先生在《导论》中把劳氏的戛透轹捺列入"声母发音方法异名表",解释戛与透是塞音和塞擦音,戛不送气而透送气。轹包括擦声、边声两类,捺包括鼻音和半元音。这是对劳说最科学的解释。

---

① 罗常培:《汉语音韵学导论》,51—52页。王力:《汉语音韵学》,中华书局,1956,163—168页。赵荫棠:《等韵源流》,商务印书馆,1957,200—208页。

② 罗常培:"我是如何走上研究语言学之路的?"(王辅世记录),《罗常培纪念论文集》,商务印书馆,1984,430—431页。

我当时听罗先生讲解《导论》时,只感到劳氏的分类过于简单,限于程度,亦未深究。近年来在研究工作并兼讲授中,常感到旧籍今释的重要。中医学可以用现代医学知识来整理,并调动了海内外千百学者来参加这工作。像中国音韵学这样的宝库为什么不能用现代语音学的手段来给予公允的评价?前人虽"操术弗精,工具不备",但尚可摆脱(或多或少地)"蔽于成见、囿于方音"的框框,而且单凭口耳来审音,已作了很多有价值的工作。特别是等韵研究方面,早于西方的音系学区别特征理论数百年,更应受到语言学界的重视。

劳氏的辅音分类,现在看来的确不够精密,当时劳氏友人邵作舟(班卿)也曾建议,因轹不能代表擦音,应别立一"拂"类。劳氏也认为不无道理,但他对自己的四类非常欣赏。"字母分为戛透轹捺四类,古所未有,为余创获。自有此法,而字母之纲目毕张,条理益密矣。"他承认所定轹音,"微觉不类",其他有的分类也无法概括全面。不过他列举了邵氏及其他几家的把声母分为五类或六类的意见之后,而结论是:"求之愈深,辨之愈难,愈纷纭而不能定。不如吾四类之说,虽似稍疏,而明白简易,人人能解也。故列谱仍用四类。"他对那无法摆平的"轹"类,既承认"四类中轹音微有歧异",还"亦自有说"。他的理由是:"盖母之有四类,犹韵之有四等,声之有四声也。"[①]他把不可比项的声、韵、调都用"四"来一刀切地类同起来,似不免落入前人的五音、五行等的削足之嫌了。

劳氏分类的当否,已有诸家评骘,这里毋庸多谈。现在只从语音实验的标准来分析一下他对语声的理解程度。因为拿他的分类标准和现代任何一种通行的语音学教材相比,都明显地落后了;而他对每个音类的声感的描写或比喻,却是相当突出的,现在可以分

---

① 劳乃宣:《等韵一得》,吴桥官廨刻本1898,《外篇》37—38页。

劳乃宣《等韵一得》声母分类表

发音方法 \ 发音部位声源	鼻、腭(舌根)腭形平,音如杖之平末者遇物而成	舌(舌头)舌形圆,音如弹丸之圆者遇物而成	齿(舌叶)气达于齿,其形锐,音如矛之锐末者遇物而成	唇(双唇)唇形扁,音如掌之扁者遇物而成
戛 稍重,气作戛击之势,如剑戟相撞。(不送气塞,塞擦)	嘎[k] 如杖筑地	答[t] 如弹掷地	查入[tʂ] 如矛卓地	巴入[p] 如掌击地
透 最重,气作透出之势,如弹丸穿壁而过。(送气塞,塞擦)	喀[kʻ] 如杖穿壁	嗒[tʻ] 如弹洞壁	叉入[tʂʻ] 如矛刺壁	葩入[pʻ] 如掌破壁
轹 稍轻,气作轹过之势,如轻车曳柴行于道。(擦,边)	哈[h] 如杖曳于地	拉[l] 如弹辊于地	沙入[ʂ] 如矛画于地	夫[f] 阿入 如掌摩于物
捺 最轻,气作按捺之势,如蜻蜓点水,一即而仍离。(鼻)	迎[ŋ] 阿入 如杖略挂于柔物	纳[n] 如弹略抵于柔物	髯[ɳ] 如矛略点于柔物	嘛入[m] 如掌略按于柔物

别去理解一番。在讨论之前,先根据劳氏原书所述把这四类理出个头绪,列出个表(见本页)。

劳氏以为鼻、腭、舌、齿、唇"遇物而成"音,是错误的,实际应是随着发音器官的相互靠拢、闭塞或阻碍,气流通过而成音,并非他所说的唇舌等器官遇"物"而成音。由于他把辅音的形成理解为是由某部分器官触物而成音的,因此他用了许多比喻,如杖筑地或掌击地等来状声。他所比拟的声音听来是与所状的音确有近似之处,这点应予肯定,只是声源的形成,遇物而成的音是固体振动,阻碍而成的音是湍流振动,两者根本不是一回事。所以,从发音部位的功能上,从发音方法的性质上,他的比拟与实际语音的形成不免是隔靴搔痒。这是时代所限,未可厚非,只是在今日我们想要使初学者"昭昭",就不能不把这点解释清楚了。

劳氏所举各种成声的条件,他居然能理解到声音的"钝"与"锐"(区别特征的对立面),是与振动体的形状和面积有关的。例如掌音是钝的而矛音是锐的,是与掌的面积大而矛尖的面积小成正比的。同时他把钝音按发声体的面积不同还分成两类:"杖之平末"面积小,噪声频率应该高些;"掌之扁者"面积大,噪声频率就低些。这同舌根音与双唇音的声学特征是相符的。

劳氏对不同辅音的发音方法所产生的效果也有相当生动的描写。如,对不送气的塞音用"筑地"或"掷地"来形容这是瞬态噪音,而对不送气的塞擦用"矛卓地",可以想像矛尖破地面时有破裂过程,再继续深入地下,就有了一小段摩擦,符合塞擦音的声学特征。至于对送气音,他用了"穿""洞""刺""破"等字,都非常形象破裂之后,还有一段摩擦,比矛卓地为长。对擦音,他用了"曳""辊""画""摩",这类音在区别特征上是"久"(或延)音而不是"暂"音。而且这些动作所产生的都是噪音,也与清擦音的声学特征相符。特别是他对擦音的"轹过","如轻车曳柴行于道"的比拟,可以想像一车子树枝,尾部拖曳于地上,一路走去所成的声。而其在路上(土路)所划出的痕迹,恰恰和今日语图仪上所画出的擦音乱纹相似,这也算是有趣的巧合。总之,他对辅音的送气/不送气,塞/擦,舌尖/舌根/双唇的这些对立区别,描写得相当准确,在那个时代,不能不说是难能可贵。

至于劳氏对舌根音的理解为:"鼻音发于腭间,腭之形平,音如杖之平末者遇物而成。"所举的例是[k][k'][h][ŋ]。这四个音除[ŋ]外,都与鼻音无关。其它三个音说是腭音,是说对了。他说:"鼻音发于腭间"如果是对[ŋ]而言,则对[n]和[m]为何不说鼻音发于舌间、唇间? 可见他对腭的理解是认为与鼻相辅相成的,如此说来,岂不是[k][k'][h]都成了鼻音了? 赵荫棠说劳氏把舌根音当为鼻音,是"千虑之一失"。① 不过对此或许也可以来个"亦自有说"。我们从生理实验理解到,舌根音在辅音中是个部位比较不稳定的音,舌根接触点可以是硬腭后部,也可以是软腭。如劳氏所领会的舌根音是比较后的塞或擦,则可以感觉到舌根是与软腭接触或靠拢的。发鼻音时软腭下垂,[ŋ]音的部位与[k][k']是很相似的。因此他有可能把一般舌根音也理解为鼻音了。

(原载《中国语文》1989年第6期)

---

① 赵荫棠:《等韵源流》,第201页。

试论"人—机对话"中的汉语语音学

一、"人—机对话"本身的启示

信息时代的具体工程之一是"人—机对话",主要是计算机对语音信息的处理。它包括语音合成与语音识别两个目的不同的内容。语音合成是:让机器能"说出"语言,不但要能准确无误地"表达"语言信息,还要求发出的语音质量(包括辨义的和表情的)跟人所说的话音质量没有大的差别。语音识别是让机器能"听懂"语言,来"执行"语言信息,或转换成文字,要求不会识别错误。常用的装置是:合成系统是把文字(目前多是用键盘打出)输入机器,变成语音,叫做"文—语转换";识别系统是把语音通过话筒输入机器,转换成文字(或其他功能),叫做"语—文转换"。这些装置的运行,首先就是要进行语音信息的处理。最终希望达到的水平,拿通俗的话来说,就是:教机器"说",要能说出像真人一样的口语,而别让人听到的是"机器音"或"黄腔走调";教机器"听",要能听懂所应用的方言(目前多为普通话),不限说话人,而不致有错。话又说回来,如果人们日常口语的音总是稳定的,大家都把"玻坡摸佛"说成同样的音值,把"阴阳上去"说成同样的声调,只要把这些信息作成固定程序装进机器,这不就省事了?

可是,事情没那么简单。人们口语的音是不但随语流,而且随环境、随人别而变换的;音质、音调、音长、音量无一不在变,而且会变得出了"格";而机器(主要是计算机)只能根据人们分析语音取得的数据,以及制定的音变规则来处理。如果分析得不够严密,制定的规则不切实用,乃至机器的功能不够应付,识别和合成就达不到理想。目前国内外有成千上万的专业工作者在绞尽脑汁,进行无数次的实验,要对各特定语言攻下这些难关。几十年来的成就是不小的。让我来个插曲:我还记得在五十年代后期,那时美国已经在研究"语音打字机",我国的有些文理科研人员也曾合作设计一套"自动语音识别器"。文方提供语音数据,理方担任技术研制。终于搞出一件书柜似的玩意儿来。一个柜子装了许多电子管,面板上有十个灯泡,写上十个汉语的元音,向它"使足了劲"喊出一个"啊"或"伊",对应那个元音的灯泡就亮了。当时在北京召开第一届全国声学会议时曾展出这套"机器",那时在我国算是"领先"了。现在看来,只不过是一件能反应简单声音的玩具罢了。短短的三十多年过去了,我国的好些单位都已经能叫机器"读"文件和"听"人话了。成绩虽还不太理想,但应该说这还是不简单的。因为语音信息处理这个研究课题,人们发现越深入难度越大。

不过,人类的科学现在已能上天入地,太空接轨;微机多媒,……已非过去所能想象;可就是对这小小的几句语音玩不转悠。还没听说世界上有哪个先进国家,敢于放心让坐在飞机上的飞行员,"完全"用口语来操纵座机而不用手控的。原因何在呢?

我们在二三十年来的语音实验中才逐渐深入了解,语音不同于任何有规律的事物。它的变量有些是有规律的,更多的是随机的。国际上有少数发达国家对其本国语言的人—机对话,已达到相当水平,并积累了不少的新方法和理论。但目前也还存在不少问题,如:识别不同语气的错误率还高,合成的语音还有"机器味",对语句的自动分段还有难度等等。如把他们的成果用于汉语,计算技术方面可以引用,但语言规则方面就会遇到困难,这还得靠更深入的研究来解决。其主要原因,让我引用北大季羡林教授最近的一篇文章"探求正未有穷期"中有关汉语语法研究的几段话,或可说明问题之实质所在。他说:

"当前我们(对汉语语言学的新路)的探求,已经触及汉文和西方印欧语系的语言文字的根本差异。但是我认为还很不够。语言文字是思想的外在表现形式,而思想的基础或出发点则是思维模式。东西方思维模式是根本不同的。西方的思维模式是分析、分析、分析、再分析,认为永远可以分析下去的。而东方的思维模式则是综合,其特色是有整体概念和普遍联系的概念。"

"综合的东西往往具有一些模糊性,中国语言也不能例外。在过去,人们往往认为,模糊不是什么好东西。而到了今天,世界上一切先知先觉者已经发现,世界上很少有百分之百绝对清晰的东西,而模糊性倒是一些事物的本质。二十世纪西方新兴的学科中,有两门引人瞩目的学问,一门叫模糊学,一门叫混沌学,而这两种学问又偏偏出自自然科学家之手。前者出于绝对清晰、绝对准确的数学……据我看,模糊论和混沌论也是用分析方法得来的结果。"

"时至今日,世界上科学发展的方向是:文理科界限越来越不分明,两者的关系是互相渗透,互相融合。模糊论和混沌论就是两个具体的例子。我们中国语言学家应当抓住这一点,继续进行探求。特别是对汉语的模糊性特色要多加注意,多加探求。"

上面所提的基本问题是:东西方的思维模式不同,因此,汉语的研究方法与西方语言的研究方法应该有所不同,西方的是分析,而汉语的是综合。中国语言具有模糊性,我们应该对汉语的模糊性特色多加研究。当然,季先生的论点是对汉语语言学,特别是语法的研究方向而发的。但我认为,把这个意见用在汉语语音上也完全适用。关于模糊论与语言学的关系,已有一些文献谈到。陈原先生在他的《社会语言学》中"语言的模糊性与模糊语言"一章,举了很多模糊语言构词的例,也都是关于语法的。不过他指出:"电子计算机要求的是精确的语言,而且是再精确不过的语言(按:这也就是分析、分析、再分析),计算机没有能力去接受、贮存和处理模糊信息。"(这是他十五年前写的书。当时的电脑还只有那点儿能耐。今日的计算机,已到了所谓的"第五代",已能根据人所给予的程序来处理模糊语言了。)而语音的变量正是模糊论的重要组成部分。问题是只要我们能编出语音变量的模糊集合程序来给人—机对话应用。在十几年前,瑞典的言语工程专家方特(G. Fant)就已经向世界语言学家呼吁:要有第五代的语言学家来配合第五代的计算机,才能够让机器说话像人说的那样自然。十多年了,这个愿望还未能完全实现。今日语音信息的处理能否过关,当然,研究主角该由言语工程学家来当;不过,也许一半的任务还得要由语言学者和语音学者们来承担了。

问题已经清楚,目前人机对话工程给我们的启示是:

(1)东方的思维和汉语的特点,跟西方的不同。不能只靠分析,还得作综合研究。

(2)汉语的规则应该用模糊论方法来探求。

(3)目前应当培养出能配合第五代计算机的"第五代语言学家",来解决语音信息处理的难题。

但是,由于我们对此项工作,过去有一大段时期无法去抓,目前虽已知道要急起直追,但投入的人力、物力,比起欧、美、日本来还差得远。而且汉语的语音特点究竟跟欧美的不同。引进的一些技术和算法固然有用,但汉语语音中新发现的规律,则完全需要我们自己努力去开发。这些规律不但对人—机对话有用,对语音教学以及其它许多和语言有关的学科和生产方面,也都有参考价值。这是摆在我们语言工作者面前的迫切任务。

二、"人—机对话"的研究成果、方法和启发

1. 成果：人机对话的研究现状，据我所知，前些年在国内作零散研究的，有一些院校和科研通讯单位。初期多半是作些单音节的语音分析，给人—机对话打下了一定的基础。近几年来有国家的统一调度和支持，已经有计划地由若干单位分担语音信息处理的各个项目。有的作合成，有的作识别，有的建立语库等。各方按期考核进度，汇报成果。有些难题也已逐渐解决。如：技术开发方面和语音研究方面的合作，使普通话的语音实验研究方向，从纯学术逐渐转向应用方面。特别是在最近的几年，更配合按人—机对话的需要，逐渐集中力量来攻关。有的已从语音特性的离散分析，提高到语句变量的综合处理；并根据汉语的特点，以及传统的音韵知识，建立若干专用于汉语语音处理的规则。诸如：普通话语音不同音色的分等归类；普通话声调、重音、时长等韵律特征的相互依存和制约的关系，及其在提高合成自然度上的作用。在句法的分析方面，也已能根据人—机对话的要求研讨出新的语法规则。在语调方面，继承了古代以音律定调的传统概念，参考现代音乐中移调的方法，来代替以频率标调，并建立生成语调的规则，等等。

2. 方法：人—机对话的语音合成方法主要有两大系统：一类是声学参数的合成，另一类是录音拼接的合成。参数合成全由声学数据作规则的合成，所有辅音、元音的音色、声调、强度、长度等声学数据，无一不是靠语音实验分析取得的。还有，单音节中的过渡音，多音节短语中各短语之间的音变和调变等，都需要有精确的数据，把这些数据来合成音节、短语和句子。由于每个阶段都是由数字构成的音，因此对数据的可靠性和自然度的规则化要求就严格，成本也较高。近来国内外已多采用另一种录音拼接法，又称基

频叠加法。顾名思义,这是把人们话音录下的单词(或复词)存库,再根据需要逐个调取出来,按需要拼成词或句。这样,对单音节就无需另编数据,不过调用现成的录音材料时,得根据词或语句的连读音变规则加以处理。这类方法对自然语音中的韵律特征(声调、重音、时长)变量的处理已大致可用,但对音色变量的处理,目前国内外都还在寻求有效的解决方法中。

3. 启发的问题和思考:上面已经提出一些人—机对话中有关语音学的实际问题,现在再就理论方面谈谈。人—机对话系统的研制,当然牵涉到许多方面,如:社会科学的、自然科学的和技术科学的各方面。社会科学如:语言学、语音学、统计学、逻辑学;自然科学有:生理学、物理声学(还有光学。如果"文—语合成"要自动从文本直接输入,而不用字键的话,就要用到光学系统)、数学、电子学;技术科学有:计算机学、电子工程学;还有一门新兴的跨边缘学科:言语工程学。试想这样一套几尺见方的"机器",竟然要动用这么多行业的人力、物力,其复杂可想而知。而根据国内外的现状,除第一类社会科学外,其它的一些学科差不多都已能跟上了。而社会科学中最急需的,恐怕就是前面所说的"第五代的语言学家"。

这所谓"第五代语言学家"的语音学知识,除足够的、高明的传统语音学的知识外,还有一大堆新兴的、为传统语音学乃至一般现代语音学教材中所无的,特别是汉语语音特点所独有的知识,是需要我们赶紧去研究开发的;而这些知识丝毫离不开实践。有志于斯的语言工作者,应该向这些日新月异的新知亲自去学习、研究和实验,并和技术工作者通过上机试用、反复改进。这就需要文理双方人员的密切配合,边干边学了。

三、"人—机对话"研究与"人—人对话"研究

传统语音学的研究范围和方法,有一个本质性的局限,就是它只提供了"人"所能"说出"和所能"听到"的语音,也就是人—人对话的表面成分的知识(过去所谓"口耳之学")。但是,人们说话时,动脑和动口所产生的每一串话语,除应该表达的字音外,还夹带着许许多多的字头、字尾等音变成分。人们说出这些成分时,其中总有一些成分是"固然"的(不自觉的、必然会这样说出来的),而另一些是"意控"的(自觉地、有意识地加以控制调节而发出的)。

先说说这"固然"的。就是在话语中说出每个单字音和一串字音时,前者一定会在单音节中、后者一定会在各音节间,产生一段"过渡"成分。单音节中的是辅音到元音的过渡,如/ba/,/da/,/ga/三个音节,由于发音时它们的辅音和元音的唇舌部位及距离的不同,其间的过渡成分也就各不相同。多音节间的是前音到后音的过渡。这些过渡就造成前音尾或/和后音头的相互照应,使音质和调形都有了变量。这类过渡成分由说话人发出时,是不自觉的、不假思索的;而听话人听进时,也是只认定那些字音(此字或词的原音),而不计较那些过渡成分(请注意! 听话人并不是没"听见"那些过渡成分,只是不去"计较",而只感知其表义的成分。这种通过自动筛选、听辨话音的本能,在言语心理学上是一个重要规律)。这些不假思索的固有过渡成分的产生,有两个来源:一是发音生理的"肌动过程"(发音器官从一音转到下一音,其形位是滑移的而不是跃进的);另一是说话人的"发音习惯"(同时也服从本语种的规则)。它们都可以算作是语音的潜在成分。这类变量的描写,在传统语音学的著作中,是找不到的。以前人—机对话系统的研制,对此也处理得比较粗略;而这类潜在的变量,在语音信息系统

的设计中却是非要"计较"不可的,是必须把它们编入程序的。忽略或误测了这些变量,合成的音质就很难听,识别的结果也不会准确。

语音的表面和潜在的两类成分,除了有些是各语种具有的共性外,其余的,特别是潜在的,是要各自服从本语种或方言中共时或历时的规律的。共时的规律如:本方言现有的语法制约或本社会集体约定俗成的规则等。历时的规律如:本语种原有的音系或历史音变的规律等。现代的实验语音学,由于半世纪以来,通讯线路上要求压缩信息量、降低信号冗余率,寻找"载讯单元",对语音中这类潜在成分的研究分析,已有相当成绩了;但在人—机对话中的,特别是用于汉语信息处理的潜在成分的知识,就研究得很不够。但这些"不假思索"和"必然经历"的成分的出现,是跟上述的特定语言的思维模式血肉相连的。在一般情况下,不同语族有不同的思维模式。在声调语言对非声调语言,特别是汉语对印欧语,语音的表面成分和肌动规律,多少还有其共性,至于其潜在成分如发音习惯方面,就有很大的差别。

语音中的"肌动过程",就是发音时发音器官(包括唇、舌部位,声带动程等)移动的过程。如:辅音、元音间的过渡音征;音节间的协同发音;连读音节间调形的过渡;句尾调形的下降;后音节清声母受前音节韵尾影响的浊化;浊声母音节中调形起首的低升;儿化音被元音舌位同化而变位;发音前肌电的"动在声先";以及音节间的逆同化等等。这些现象多属于发音生理或心理的动态规律。它们都是必然经历的,下意识地、随语流地进行而出现的。这类过程大都是具有跨语种或跨方言的共性的。

语句中的"发音习惯"。如:语句中各短语调群的断续;调群与意群的对应关系;音强与调高的关联;句长与气长的关系;辨义轻声调型与前接调类的关联;句中短语重读与逻辑重心的对应;多音节词组或短语中一些音节的缩短和轻读;语句中非重音节发音的含糊或省略；句头句尾音节的离格或轻读等等。这其间多半是有规律可循的：这些规律有属于语音层的，有属于语法层的，有属于音系层的。这些现象在同一方言或同一语言群体的对话中，都是说来不假思索、不自觉地、随本语族或本方言的习惯而"合辙"的。儿童从呀呀学语到能说会道，用不了几年，这些习惯就都自然而然地养成了。这类习惯或规律是在特定语言环境中形成的，因此在汉语中和在印欧语中的习惯自然不会相同。

现在再来说说这"意控"的，就是人们说话时为了表达自己情感或思想，或为了对来话的反应，脑子里就会（有意识地）立刻组织适用的对话词句，然后成为具有自然变量的语音流而输出（"言为心声"）。意控包括两方面：单纯的脱口而出，或接收到对方的话语信息和/或环境的反馈信息，而有控制地说出。这类的语音变量，就不一定有规律，常常是随机而变的。这就牵涉到心理学的、模糊学的范围。连续语言中的主要韵律特征"语调"，就属于这一类。

以上两类知识，在语音合成的自然度上，在语音识别的准确度上，都是至关重要的，但在传统语音学的论著中就很少有这类的介绍和讨论。特别是关于汉语的发音习惯知识的研究，即使在现代语言学乃至中外的信息处理书刊中，也是寥寥的。我们如要提高汉语人—机对话的质量，就不得不在这两方面作深入的探求。而这项研究，如果不先弄清楚汉语本身的"人—人对话"的思维模式和其发音习惯（包括表面的和潜在的），而简单地进行"人—机对话"系统的设计工程，必将事倍功半。我们也许常能听到这样的说法："人—人对话中的语音现象，是跟人—机对话中的语音现象有很大的不同的。"不错。但这只是表面的、局部的现象；而实际上全面的、包括表面的与潜在的语音现象，在"人—机"和"人—人"的对话之间就没有什么不同，而且必须相同；否则合成出来的语音就不会自然。识别语音时如果不能把这些"潜在的成分"予以取舍和规正,就无法取得高标准的成果。

四、汉语语音变量处理的理论基础

汉语语音的变量,在理论上可以列出许多项目。社会科学中一谈到理论,就会涉及哲学问题。不错,凡是事物一谈到"变",就是一桩哲学公案。我国千古以来最早的一部讲"变"的哲学经典著作,就是《易经》,其中概括了一切事物的矛盾现象及联系、发展规律。动态的语音也离不了这样的规律。

语言和语音的变量,有"时"与"空"两种意义。一是它在运行中不断活动的时变;另一是它在运行中偏离规格的质变。这些现象,我们无时无刻不在看到、听到、作到。其中"变"的内容和关系,在定性分析方面,都能用《矛盾论》中的一些规律来启发;而定量分析方面,模糊学理论就可以帮助解决一些难题。以下但就矛盾论中与语音变量有关的一些规律,粗浅地谈谈。

1. 动与静　矛盾论中最主要的一条规律就是:事物的发展,运动是永恒的,而静止是暂时的。"矛盾存在于一切事物的发展过程中;每一事物的发展过程中存在着自始至终的矛盾运动。"(《毛泽东选集·矛盾论》)语言的发音,也和事物的发展相同,完全是处于动态的。我国早在一千七百年前,梁代的沈约就以诵读文章在听感上的变量标准来评价写作的水平(这是当时士大夫所提倡的美文标准)。现在摘引他的《宋书·卷六十七·列传第二十七·谢灵运》中的一段话:

"夫五色相宣,八音协畅,由乎玄黄律吕,各适物宜。欲使宫羽相变,低昂舛节;若前有浮声,则后须切响。一简之内,音韵尽殊;两句之中,轻重悉异。妙达此旨,始可言文。"

他这一段话,把文字声韵的变化,用了几个精练的词汇都描述了。如:"五色"喻声调的五声(宫、商、角、徵、羽);"玄黄"、"律吕"、"宫羽"、"低昂"都指声调的旋律;"八音"(金、石、丝、竹、匏、土、革、木)指声、韵的音色;"浮声"、"切响"指长短节奏;"物宜"指自然度。所有"变"、"舛"、"殊"、"异"等词都说明要有差别、有变化。总的来说,就是字音的搭配要避免单调重复,节律的安排要具有抑扬顿挫。他这短短的几句话,就已把语音的一切声学特征:音色、音高、音长、音强及其变量和动态,都说全了。当时虽然没有精密测量语音的方法,但这些模糊的描写就足以揭示汉语语音的特点。

人们说话的语音一说出来,就不是静止的,而是在话语中始终运动着的,古语所谓:"一言既出,驷马难追"。然而,要对语音作细致研究,就得把它分成若干个离散的、近似静止稳定的单元,才能加以分析实验。当然,语音不能脱离时空而存在。绝对静止的、没有时变的声音现象,是不存在的。实验研究时切分出来的离散音段,尽管短得人耳已不能辨别(譬如分成千分之一秒),但是还是有一定的长度。这在矛盾规律来说,已是相对的静态了。《庄子》:"飞鸟之景(影),未尝动也。"列宁的《哲学笔记》中引芝诺的运动论,也有"飞矢不动"的说法。高等数学中有这样的定理,把曲线分割得越小,就越接近直线。所以,把语音的声波切分得很短,就成为准静态的数据。因此,在人—机对话系统中,一般都应用这样的数据。近来对语音处理的分析,有主张把音节分成最小的"音子"单位的,每个音节可分好几个"音子"。最近又看到有国外的合成报告,甚至能把语音单位分得更小,每秒分为好几百个"音子"的,(正如季羡林先生所说的:"分析、分析、再分析")认为这样就能应付一切语音变量的合成处理了。这当然要比过去精密得多;不过用来处理汉语,还得经过一段时间的验证。

汉语语音的处理,不但要搞清它的特点,同时还应该考虑到,语句中的音色,特别是韵律,在语流中是常作相对的变动的,这就不能一概把它们定成绝对值,例如元音舌位的移位、短语基调的移调、重音和时长的变量,就都得用模糊的边界和等级式的相对量来处理。用分得过细的绝对值来定量,在话语感知上是否有这样的必要,还待通过更多的实验来证明。

2. 正与反　一切事物都有"正/反"或"是/非"的一对矛盾,通称为二元对立,这早已是我国古代哲学中的核心概念。《易经》八卦的"乾/坤"、"坎/离"等无一不是对立;矛盾论指出有正即有负,无正就无所谓负,等等。语音中所有的现象,几乎也都是属于二元对立性质的。现代语言学(布拉格学派)音系学的"区别特征"理论,把语音分成若干"最小对立体",如:"带音/不带音"、"辅音/元音"、"口音/鼻音"、"清越性/含糊性"等等,基本上都是建立在二元矛盾的观点上的。五十年代的有的汉语声码器对语音的处理,在输入的第一阶段,常常要先识别"蜂音"(带音的浊音)或"咝音"(不带音的清擦音),就是根据"区别特征"理论作为"是/非判"的。其实,音声中矛盾对立的概念,早在我国古代就有相当完整的描述了。春秋时晏婴对齐侯论及五声,就有"清浊、大小、短长、疾徐、哀乐、刚柔、迟速、高下、出入、周疏,以相济也"的论点(《左传·昭公二十年》)。这完全是二元对立的关系,而且指出它们之间的相互关系是相互依存("相济")的。这就揭示了矛盾的统一关系。千百年来我国文献中这类说法举不胜举。传统语音学描写语音的特征,一些项目大致和上述的相同。此外还有如:元音的前后、开闭、开合、洪(响音)细(幽音);辅音除清浊外,还有戛透(辅音的不送气与送气,见劳乃宣《等韵一得》)、口鼻、久暂;声调除高低外,还有升降、平曲、舒促(平仄);音强除轻重(大小)外,还有刚柔;节奏除快慢(迟速)外,还有断续,等等。这些无一不是矛盾的对立。

语音的二元对立关系,最初是在20世纪早期,布拉格学派的语言学者(雅可柏森等),根据言语声学或言语生理学把人类有区别性的语音用"偶分"法,分成若干"最小对立体",创立了"区别特征"理论。这种偶分法当时就引起有些语音学者的争论,因为有不少语音现象单单用二分法来分是覆盖不了的,于是又有人提出"多元"的分法,称为"多分"或"N 分"法。拿前元音的舌位为例:从高到低(/i/—/a/)在元音图上就是多次的。随后又有一位语音学家发表一种调和的说法(拉第福给德),认为:"多分特征可用许多偶分特征来解释,而任何偶分特征似乎也包含着许多的多分特征。"他的前一句是合逻辑的,因为任何多分下来的一点,如再要去分,最低限度是得跟它前面或后面的一点(不管距离多么小,总是有区别的)来作"偶分"的。所以一切事物,只要一用"分"的概念,就一定有"偶"的条件。至于"偶分"中是否包含"多分",他的后一句用了"似乎"不肯定的说法,而且也同前一句的说法有矛盾。我们认为这可以拿中国古代的哲学来解释。如:《庄子》:"一尺之棰,日取其半,万世不竭"。"取半"就是偶分,而"日取"、"万世",就是多分。这些偶分在理论上是可以无穷地分下去的。所以语音的动程中总是有成对的矛盾,而矛盾的数目又可以无限地出现的。简言之,事物被"分"(手段),就成为"偶",而"偶分"(次数)又是可以多次的。

语音中成对的矛盾,其性质是多种多样的。正如音系学理论中所划分的三种类别:有些是"是/非"的对立;有些是"逐级"的对立;有些是"均等"的对立。"是/非"(非此即彼,亦称"有/无")两方的界限是明确的,在处理中可用符号来标记。"逐级"(程度不同的分级)和"均等"(两方各以多于一项的不同条件来作比较,而不是如前两类,是只有一项条件不同,而其他条件都相同)的矛盾双方的界限就不明确,甚至两方都带有你中有我、我中有你的交叠现象,很难给予切分定量,处理时就可用模糊集合的方法,把它分成有限的台阶或等级,用少数几个数码来定量。根据语言学模糊论的原则,语言中语法的变量可以用构成的"词集"来作模糊处理;那么语音的变量中这类模糊现象更多,都可对动态语音归纳成"音群集"和"韵律集"来处理。因为人耳听入语音,感知上有一定的"溶抹度",即使范围或界限不清,太细的分界数据也是没有必要的;用模糊的规格来分,就已足够了。

人的语音为什么会具备这些形形色色的对立特征? 其作用只有一个,就是要求给受话者在感知上有所区别,而达到分辨不同事物信息的功能;幸而人的发音器官动程有其局限性和共性,是可以给定规则的。所以语音虽有千变万化,但如用矛盾论和模糊论来指导处理方案,应可得出比较满意的结果。

3. 联系、依存与转化　汉语普通话的单字读音有"阴、阳、上、去"四种不同的声调,它们在一个调域内分布着"高、低、平、曲"的模式,既有二元对立,又有相对关联。"妈、麻、马、骂"四字的拼音完全相同,只因为声调不同,听话者就能区别意义。除了这些音段和声调成分,还有其它韵律特征,如音强、音长等变量。它们在连续语流中互相影响而产生协同或同化作用。《矛盾论》说:"一切矛盾着的东西,互相联系着,不但在一定条件之下共处于一个统一体中,而且是在一定条件之下互相转化的。"人们对语音中的音长和音强,都是根据其相对量来判断语气的,而对字调则须感知其调型走势和各调间的相对关系,如平或曲,升或降,来识别词义,而不斤斤计较其绝对频率值。对语调的感知,除识别其调形动势外,还同时根据其调域展缩和基调转移的比例,连同轻重长短等的相对差别,来理解说者的语气和感情。因此,我们可以得出一个比较简明的规则:不同的字调在一个短语调域的统一体中,可依据各字调间的高低、平曲等的对比,来辨别词义。不同的语调在一段语句的统一体中,可依据各短语间的基调及转调、轻重及长短等的对比,来理解表情。这些都是符合矛盾论中的相互依存又相互制约的规则的。

4. 主要矛盾和矛盾的主要方面　《矛盾论》说："在复杂事物的发展过程中,有许多矛盾存在,其中必有一种是主要的矛盾,由于它的存在和发展,规定或影响着其它矛盾的存在和发展。""任何过程如果有多数矛盾存在的话,其中必定有一种是主要的","矛盾着的两方面中,必有一方面是主要的,他方面是次要的"。普通话语句中的若干短语,为了突出语义中的某个着重点,其中必有一个(据赵元任先生说,有时是两个)短语是被人感觉到比较"重"些,称为"逻辑重音"。这个短语比起同一句中的其他短语来,在"轻重"上构成对立的主要矛盾;而"轻重"的两方面,"重"是主要矛盾方面。(不过,许多实验证明,传统语音学所谓"轻"或"重",其承担功能并不都由于话音的"强"或"弱",而是主要靠调值的"高"或"低"或调域的"宽"或"窄",有时也靠短语的"长"或"短"。)因此从这两方面说,音高又是主要矛盾方面。

一个平叙句子的语调中,由于某一两个词或短语,在逻辑上或感情上需要加重或减轻,它们的"基调"就会被抬高或压低(不是调型格局的变化,只是像歌曲中主旋律的转调,而且其调域不超过本人常规的调域范围),它们与同句中的其他短语就形成了矛盾。笼统地说,此矛盾的双方,短语声调的抬高或压低,自是矛盾的方面。但是,这个短语的调形是几个单字调的组合,如上所述,它们所形成的调域的上限和下限,也就是此调域的高调阈与低调阈,都能作为基调,基调按语句中逻辑重心短语的要求而抬高或压低。实验证明,一般平叙句的语调,基本上是由短语基调的变化来表达的。在合成时,把一个句子中的短语基调作不同比例的变动(当然此短语中的其他声调也跟着作常规的变动),就可以生成出一系列不同的语调。因此,基调的变化就成为主要矛盾方面。此外,在一些情感变动较大的语句中,说话人重心短语的调域就有可能比本人平时说话的常规调域更为展宽或缩小,用以表达情绪的加强或压低。因此,在这样的情况下,调域的变化又成为矛盾的主要方面。

5. 量变与质变　从量变到质变,是唯物辩证法中的一条重要规律。现代语音学中对语音的分析,已从定性发展到定量。语音中能计量的事项可以在此略举一些。在生理上发音部位的动程,诸如:双唇的开度,舌面与上腭的距离,舌尖与上齿背的距离,声门的开度等等,都是以毫米计量。在声学上发音方法的现象,诸如:气流的压力以水柱(或电子仪器)刻度计量;气流的流量以仪器(如热敏电流计)所测的流速计量;音色的声谱及声调的调值以频率的"赫兹"计量;音长及停顿以时长的"毫秒"计量;音强及重音以振幅的"分贝"计量等等。其中有不少音是(在感知上)随着量变而发生质变的。诸如:发擦音时,舌尖与上腭的中缝由小变大,擦音依次由舌前擦变到舌中擦;声门的开度由狭变宽,声带的闭合由全闭到半闭,或声带肌的拉力由松到紧,都改变了嗓音音质。声带每秒颤动次数的多少对应着声调的高低。声带每周期中波形的繁或简(过零点的多或少)对应着元音的偏央或偏前,偏低或偏高。元音声谱中第二、第三共振峰与第一共振峰频率差别的大或小,对应着元音的高或低,等等。这些都足以证明量变与质变的关系。还有,一个音节在合成中常会因切分的长短不符而给出不同音色,甚至改变了音位。例如:一个"星"字/xing/的录音,在分析的仪器上,把音波从开头逐步向后切短来听音,结果会被依次听成:"轻"/qing/、"京"/jing/、"丁"/ding/和"登"/deng/等不同的单字。这也是量变到质变的一个例子。这些单字之间被切分时,又可常常发现其分界是模糊的。如果把切分点在两字之间作一些前后移动,则可能听来既像前字,又像后字,很难确定其标准分界。这种音段分界的模糊现象,也是量变到质变的结果。

五、"人—机对话"队伍的建设问题

　　从以上所说的一切,已经可以清楚:人机对话所需要的语音知识,在目前高等院校的相应课程中,似乎还很少安排。这就需要由有关方面作全盘考虑了。这里可以再提一下前述的那位呼吁"要有第五代语言学家"的专家,他是瑞典的通讯工程师兼语言学家的方特(G. Fant)博士。1983年在荷兰召开第十届国际语音科学会议,当时国际上有一股浪潮,都热衷于要搞"第五代计算机"(还不及现在的多媒体电脑),以为只要有了这样的先进设备就可以解决言语工程上的一切问题了。他认为这是过于乐观了,他在大会上以"言语工程学"为题作中心报告,指出:如单靠工程上的改进而没有语言学的知识,是会"触礁"(碰壁)的。他说:"我们对作为语言代码的言语的认识仍然是很贫乏的。我们需要的是第五代的言语科学家,而不是第五代的计算机"。他用了"言语工程学"这个名词来概括这一学科。所要解决的是用什么样的代码去处理言语的可变量和不变量。他并提醒:今后的语音识别不能满足于仅仅作为模式匹配的样板,而是要"能够处理大量词汇和连续语言,这才是一条面向语音学的途径。因为这是以识别最小单元为基础,这种最小单元可以是区别特征、音位、双音、音节或单词"。"就是要寻求语言代码,寻求信息单元与其语音实体之间的关系,以及由语种、方言、个人特点和不同语气等成句因素所引起的可变性"。

　　方特的发言最后转入正题,他极力主张文理合作,说工程师们应该学习语言学,而文科学生也应补习数理。他说:"语音学与言语工程学之间的紧密联系是不言而喻的。语音学已经计算机化了,并且已经有了高效的新仪器和先进的言语处理方法……今天的语音学受到了新的重视,这是因为它在越来越重要的人类职能的研究中有着极其重大的作用。语音的这种技术色彩还明显地表现在所有的言语研究实验室里,不管它们是属于语言学、心理学还是医学部门。""这种学科的大胆尝试在过去各独立的学科之间开辟了新的通道。我们可以发现文科院校的年轻人正在研究信号处理的数学问题,反过来,电工学系的学生对语音学和语言学的研究也作了出色的贡献。"

方特语重心长的这一席话,把我们今天要做的事在十几年前都提到了。他的呼吁在今天仍是新鲜而响亮的。这里面指出了人—机对话面临什么问题,为何这样重要,该培养什么样的队伍,怎样培养。简言之,我们针对国内的情况,可以把这问题归纳为如下的几条:

(1) 语音学对人—机对话(言语工程学)极其重要,技术部门如果单干就会碰壁。

(2) 人—机对话的队伍要由文理科双方共同培养。

(3) 目前的工程技术人员应该学点语音学,文科学生也该补习数理。

(4) 人—机对话的实验室可以分设在各部门,而各自发展。

六、普通话连续语音综合音变(协同发音)举例

"协同发音"(Co-articulation)一词早在三十年前就出现了。英语原词顾名思义,是生理发音的协同现象。早期的定义多只限于:两个发音器官部位的相互影响而造成的同化作用,是连续语音的相互影响而造成音变的专名。传统语音学中一向多用"同化"字样,后来语音学界对同化作用就逐渐用"协同发音"来代替,并且涵义更广了。现代的"人—机对话"系统的处理对象既然已经面向连

续语言,连音变化规律又是连续语言自然度的核心,因此"协同发音"的研究就成为当务之急。本文就打算在这个课题上,特别是对汉语的协同发音,多说一些。

在连续语音中,前后两音相接较近,就相互影响而产生协同发音现象。其前后的影响有三种方式:(1)顺协同:前音不变,后音变。(2)逆协同:后音不变,前音变。(3)双向协同,前后音都变。在早期三十年代,美国的哈斯金斯研究所开始用机械的语音合成器作声学参数合成实验,就找出音节中的辅音——元音间有过渡段,奠定了后来的协同发音研究的基础。现在知道,不但是在音节中,即在各音节间和各短语间,如果前后两音相接得较紧,也都会产生过渡作用,称为协同发音。这样,协同发音跟过渡音在定义上的分别就不太明确。现在我们为了简化,把两音之间的相互影响,称为"协同发音";把它们有影响的一段,称为"过渡段"或"过渡音"。现在将协同发音的成因和结果列出如下:

协同发音在什么情况下出现?两音相接比较紧密时。(When)

协同发音为什么会产生?因为前后两音的部位不同,就互相迁就而使前音尾和后音首有了变量。(Why)

协同发音出现在哪些场合?在音节中和音节间。(Where)

协同发音对哪些成分产生变量?辅音、半元音、元音、介音、鼻尾、调形、基调、调域、强度和长度。(What)

协同发音有哪些变量方式?离格、省略、延伸、缩短、移位和转换。(How)

现在把人—机对话中,两音节连读的协同发音变量的处理规则,简化为音段集和韵律集的两类模糊集合及其子集的图解,列出如下:

普通话协同发音变量的模糊集合图解①

音段特征变量的模糊子集②
(音节:语音的、表义的)

	声母③	韵母④
(音节中)	辅音过渡	元音缩略
	半元音过渡	介音过渡
	辅音逆协同	辅—元音过渡
(音节间)	后字清声母不变	前—后音段过渡
	(浊声母有时顺同化)	(前韵尾缩略、移位)

韵律特征变量的模糊子集⑤
(短语:语音的、语法的、表义的)(语句:逻辑的、表情的)

	声调⑥	重音⑦	节奏⑧
字调:(音节中)	四声调域变化		
(短语中)	多音节连读变调	连音节语法轻读	连音节语法缩短
	双音节辨义轻声		
语调:(语句中)	前—后短语过渡		
	语句首/尾变调		
	短语逻辑移调	短语逻辑重/轻	短语逻辑延/缩
	短语表情移调	短语表情重/轻	短语表情延/断
	短语调域展缩		

符号说明:"—"="到";"/"="或"。

说明:

① **语音变量的模糊集合**

普通话的语音也如语法一样,其成分是可以用模糊集为构成单位的。人类认知语音,并不是很精确地接受某些绝对音值,而是相关的、综合的模糊体。特别是对语音变量的认知,不是一个个音素,而是以音节,乃至以短语为主,因此用模糊理论来处理就有许多便利。上图将语音的全部变量分成许多模糊子集,把它们作为人—机对话中语音变量的处理基础,是可起简化和规正作用的。语音变量的模糊集分为两大类:音段特征变量和韵律特征变量,都以连读音节的短语为单位,然后每类再分为若干子集。各子集的基本内容分别说明如下。至于变量的详细说明及处理规则,可参阅后列有关文献。

② 音段特征的变量

普通话的音段,也即表义的单音节中的构成音素,包括辅音和元音。现在用汉语音韵学的声母、韵母来分类,比较能起到综合作用。其变量是由于在连续的语言中,受发音生理和语言节奏的制约而引起的变化。

③ 声母

普通话声母有清、浊辅音和半元音(零声母)。有些辅音在音节中受后面元音的同化作用而起了若干变化,造成逆向的协同发音作用。清塞音如:/b/受后面元音/a/,/i/,/u/的影响而口形略有不同,同时并使元音的开始产生不同的过渡段。/d/受同样的元音影响,舌位变化较小,但过渡却有较大差别。/g/受元音影响最大,舌位和过渡段都向后接元音的舌位靠拢。其他的清辅音也各有不同的过渡。浊辅音如:/m/,/n/,/l/在/a/,/i/,/u/前面,还有/n/,/l/在/ü/前面,都有不同的口形、舌位和过渡。

零声母音节是以元音或介音起头的,因不同人的发音习惯而说成不同的半元音。半元音在开元音前多为喉塞音[ʔ],而在闭元音前则为通音[j]或浊擦音[ʝ]。在合成中如保持了半元音的特点,可以免除听得像"机器音"的毛病。

两音节间的后一音节,其声母本身一般比较稳定,只对前音节的韵尾产生逆同化作用,而使它变化。

④ 韵母

普通话的韵母有单元音、复元音、鼻尾韵母各类。元音在自然的口语中可以缩短或不到位。在一个音节中,元音被前接辅音的同化而产生过渡。有介音时,介—元之间也有过渡段。

两音节连读时,前音节的韵尾由于逆过渡关系而致缩短、不到位,或移近后音节的口形或舌位,情况视韵母结构而定。单元音一般不变。复元音如为前响(如/ai/,/ao/),韵尾可能缩短或移位。如为后响(如/ia/,/uo/),则韵尾不变而介音可能缩短,但必须到位。如为鼻尾(如/an/,/eng/),则前鼻尾与后鼻尾在逆同化中有些不同。前鼻尾/-n/受后接声母的唇位或舌位的同化,而可能在双唇音前变为/-m/,或在舌根音前变为/-ng/。如为后鼻尾/-ng/,则/ng/可能丢失而使其主要元音成为鼻化。

⑤ 韵律特征的变量

语音学中的韵律特征(即超音段特征)包括音高、音长和音强。除单字调和多字连调的音高是表义的外,其余一般都是用来表情的。

⑥ 声调

声调在汉语中可分为"字调"和"语调"两种。字调的变量在单音节单读或多音节连读的变调中,都是表义的;它们都是字调的变体。普通话单音节有四个声调调位,其调型分为:"高平","高升","低降升"和"高降"。这四个调形(或称为"曲线")按音高频率的上限和下限构成一套"四声的格局",其调域宽度因人因境而异,但在个人的平叙句中,其各短语中各调形的相对走势及其调域的宽度是守恒的。只是在不同语气的语调中,调域才产生较大的变化。

两音相接,其前后的调形就有过渡,一般是逆同化,即前音节的调尾的形或势,向后音节调头的形势靠拢或滑移。这样,两字组合成一词或一短语,连读时由于字调不同,就构成许多"二字组变调模式"。三字组和四字组也各有其连读变调模式。这些模式在同一意群或短语中,如不加表情成分,其调形的频率上下限是服从本人的常规调域的。

普通话中的两字组合出现率最多,其变调规则至为重要。简单说来,前后两调相接:如后字是清声母,调形就产生逆向同化;如后字为浊声母,就有逆向或双向同化。但其中的上声却比较特殊:上声与非上连读,前上成"半上";两上连读,前上变阳平。这是普遍现象。变半上是语音学的规则,而变阳平则是音系学的规则。(汉语的北方官话中多数如此)

普通话中有一批两字词,后字为轻读而改变了词义,这类字称为"辨义轻声",它的本调消失,调型随前接的调位而变,而且比前字调约短一半。其模式大致可分为三种:1.阴平、阳平后面的轻声是中短调;2.上声后是高短调;3.去声后是低短调。但如遇两字都是上声,而后字是轻声时,本该读成"上加轻"的高短调,但由于音系规则,仍要按两上连调的一般读法,使前上读成阳平;这时的前上既变为阳平,就得实行阳加轻的变调规则,而使后调改读为中短调了。这种复杂的变调过程(可称为"多米诺"式的连锁变调规则),在说标准普通话时,却是不假思索,一次完成的。

"语调"通常有两种定义,一是专指语句的声调,另一是泛指语句的韵律特征。此处专指语句的声调。句调的全部调形变化很大,在不同语气或不同表情的句子中,调形就各不相同。寻找规律就很困难。我们从大量的实验证明,语句是由若干组的单词、复词或短语组成的。各音节之间或各短语之间,一经连读,就有调形的过渡。还有,在一句的开始和结尾的音节,常有读轻现象。这些"短语间过渡"和"首尾轻读",是语调的初级形式。单字有其固有的调型,复词或短语也各有其连读变调模式。这些都还有规律可循,运用同化或过渡规则就容易处理得当。这些是属于语音学的规则。

在一短语中,可以有几种多字组的变调模式。二字组的模式跟语法无关;三字以上的组合,其变调规律要受语法的制约,模式就比较多样化。语法的干涉在除上声外的一般声调组合中还不明显,在几个上声连读时就发生了复杂的现象。例如同为三个上声的组合短语,就可有两种语法结构:(A)"好领导"和(B)"领导好"。在语法上,"领导"二字是直接成分,结合较紧。按两上相连规律,"领"字都得变阳平(音系规则);而在语法结构上,例 A 为"单双格",因上声"领"已变阳平,其前面的上声"好"就得变"半上",这是语音学的逆同化规则;另一例 B 为双单格,在三字组合中"导"是中字,就成了前后两字的过渡调(语音学双向同化规则,我们称为"跳板规则")。结果这两个三字组的全调形就大不相同。这些语法学的、语音学的和音系学的变调,都属于字或词的连读变调,是辨义变调的范围。

语调变调和字调变调的范围不同。字调的变调是以字或词为单位的。至于语调就要以短语为单位来变调。在一句表情平稳的句子中,总有一两组短语在语义上是着重点或核心,它们的调子就抬得比其他的短语高些;反之,如有意减轻口气分量,就压得低些。这种高或低是以基调为准则的变化,其四声的相对走势(以半音阶坐标为准而不是频率的线性坐标)是守恒的。这和歌唱时换个"调门儿"来唱是同一个道理,已如上述。这在乐理中叫做"移调"(广义地说,也叫做"转调")。这种语义重心的移调是属于逻辑性或一般情绪的变调。此外,还有因表情激动而致语气的增强或减弱,使声调的"抑扬顿挫"的动程较大,细究起来,它还是某些短语的移调现象,不过其调域有时展缩的程度,比常规较大而已。这种语气上的移调是属于表情性的变调。它们因表情的不同而有许多模式。

⑦ 重音

重音有两个意义。一是指一个单字的重音,其物理性质是音强,这是一般的说法。另一是指语调中的逻辑重音,这就要包括韵律特征的全部项目,音高、音长和音强。它是在语句中的核心短语上,来和非重音的短语起对比作用的。因此,它只能以相对值来记量。两字词的轻声,除读得较短外,还常读得弱些。这些词或短语的轻重之间的界限是模糊的。

⑧ 节奏

"节奏"在传统语音学中有时是指节拍,有时是指韵律特征的代词。我们这里专指语音的长度和停顿(或"间歇")。一个说话人语流中多音节连读的词或短语,其中有的单字比他本人在常态中单读时缩短或延长的,都认为是变量。例如:在词或短语中,二字的轻声或句中的轻读就要缩短;三字组的次字也要缩短。在语句中,句首的字有时要缩短,句尾的字有时要延长。"停顿"在句子中有两种类型:字组间的停顿代表文本中的逗号或句号等,是服从语法惯例的。短语间或句子间的停顿,可长可短,是要视语气或语境的需要而随时意控的。

七、"人—机对话"的前途

关于人—机对话这一类的言语编码或言语工程的前途问题,在八十年代初,国际上曾掀起一阵预测的浪潮。那时有几位很有名望的言语工程师,在国际会议上发表过一些明确预言,如:到哪年就可完成哪些项目等等。但对这一自动合成和自动识别的发展,却比较审慎地把它们列入"十年以上"的"长期预测"项内,认为"还需要有更高的语言学知识的人才,能运用人工智能研究,来完成高级的自然语言模型"。这类的预测是否能兑现呢？后来"第五代计算机"问世了，而"第五代的语言学家"还没面世，合成与识别中的难关也还未攻破。此后十余年的多次国际会议上，关于这类预言，就很少再有人贸然提出了。国际上的气候是如此，我们呢？是否也能提出一点预测？我认为：只要实事求是，有根据地、有条件地来作点预测，还是可以、也是有益的。目前在还缺乏调查统计的情况下，不妨试谈一下人—机对话的未来。

笔者在十年前的《实验语音学的过去、现在与未来》一文中，曾指出：各大专院校的中文系建立语音实验室的已有多家；其他理工科研单位从事此项研究的也已不少了。到今天十年以来，各方的进展和人才的补充已大非昔比。国家的集中规划，文理的交流合作，也是空前的。再加上与国际信息高速公路的沟通，各自对汉语语言特点的综合研究，没有理由不能攻下一道道的难关。不过，根据目前所了解的一些处理上还不能尽如人意的情况，绝大部分是属于语音变量规律的研究，还不够有系统和更深入的问题，诸如：语言短语音段的自动切分；建立语料库的合理规划；自然语言中协同发音变量的规则；以及语音信息处理与言语生理学、言语声学或言语心理学的关系；特别是与汉语特点有关的语音知识等等，都还待集中力量来研究。这些知识如不能提高，不免成为前进的障碍。

半个世纪以来，国内各方对言语声学的知识，参考了有用的文献，引进了国外先进的方法，用来处理汉语语音，已经取得了可观的成果。不过有些处理方案或不免过于繁琐（也就是"分析、分析、再分析"），或应用于汉语还有凿枘不合之处。我们认为，汉语本身自有其特点，如能根据汉语语音的发展规律和交谈习惯（前者如音变和调变，后者如说话和听话）来作设计，或可提高若干效率。汉语语音的特点及其处理上的问题，有如下述：

音节的切分：录音拼接式合成对单音节中的协同发音变量是

不必处理的,最成问题的是音节间和短语间、前后连音波形的切分。前后两音节相连,如后音的声母是清辅音,协同发音为逆向,分界就比较清楚。但如为浊辅音或元音时,协同为双向,分界的模糊性和交叠性就难确定分界点。前面介绍过的方特,他曾用图解表示连音的交叠现象,是一连串朝下扣的半圆形曲线,彼此交叠着横列在一条底线上,就如同公园草地或花坛外围的矮栏。对于逆向协同发音可以再拿一个例子作比喻:譬如运动会上的四百米接力赛,当"一跑"跑到一百米处该要传递接力棒时,一定还得继续向前跑、跟已经起跑的"二跑"并排跑上十来步再交棒,而不是让"二跑"干等在百米交接点上来接棒。这就如同在逆向协同发音的前后两音相接时,前音尾的舌位或唇形要移动去"协同"后音的舌位或唇形,而不是让后音凑合前音;结果是前音的尾变而后音的头不变。因此,如果从两音相连的波形中等分切开,这个前音节的尾段已经带有后音节的协同信息,如果用它来和另外的音节相接,就得注意这个音节的辅音舌位或唇形,是否跟原来后音节的相符。如果不符,就得把前音尾加以修改,来适应新后音的起点。

以上所说的音节的切分是兼指全波纹、声调曲线和音强振幅线的分界的。所幸汉语是一字一音,多数还能表现出固有的调型。把调形和振幅综合起来研究,就可作分界的参考。所难的是对双向协同过渡音波形的分界,因为它的音色融合了前音尾和后音头的音色,连着听时无问题,如切开来听,则两音都不像。这在语音识别中是一个难题,往往就得靠语库来解决。

声母:汉语音节的开始,如用声母为单位而不是辅音就比较合理。因为声母不只包括辅音,还有半元音及零声母在内。这看来似乎不科学,其实正是它的优点。这样分类的范围就比较宽,在处理过程中无形中就起了把繁琐数据规正化或模糊化的作用。传统语音学用"声母"来概括一切音节的起点而不用辅音,是符合汉语的特点和听辨音节的实际的。

韵母：传统语音学把汉语音节的结构分为声母和韵母。韵母中又分成韵头、韵腹和韵尾三部分。韵头为介音或零声母；韵腹为主要元音（单元音，复元音中的前响和后响元音）；韵尾为复元音中的非响音或鼻音。在建立语音库时，如以声母和韵母为单元来归类，就可按汉语发音习惯，起了规正的作用，也符合汉语语音结构的特点（学童学习汉语拼音，学声母韵母比学音素要容易），对协同发音的处理也可以简化许多。这是对汉语语音处理有利的一面。还有，普通话的复合元音有前响、后响之别，在合成中作音节或韵母的伸缩处理时，对介音和主要元音的伸缩度就必须分别对待，这与英语等的复合元音不同，是较为复杂的一面。还有，普通话鼻尾分为前鼻音和后鼻音，在语流中的音变就须作不同的处理（详后）。

声调：汉语的声调最为复杂，在信息处理中是最感麻烦的事。普通话的调类，比起汉语各方言的调类虽不算多，但在连读音节中，由于协同发音作用就有许多变体，而且在语句中的语调，更是随感情环境而异，几乎难有规律可循。对声调的处理，应该确定研究的步骤。先要认定汉语的字调既然是辨义的，就必然是有规律的。我们通过许多实验得知，变调在两字组合中基本上有固定的模式。三字四字的变调，在二字模式的基础上也各有其规律，但同时要受语法制约而有若干变体。五字以上则基本为二加三或三加二的组合。记调的单位如不用线性频率坐标而用乐律的半音音程为坐标，就起了规正的作用。这样的处理都是符合汉语的需要的。

语调：关于语调的处理，应摒弃西方的学者们把设定的语调模型强加于字调的概念，而以短语连读模式为基础，将其基调作移调（转调）处理，可以根据表情的需要而生成不同的语调。这就使程序大为简化。实验中证明这是可行的。不过在生成不同的语调时，如遇基调的变动较大，其谐波频率也随着作较大的变动，元音和浊辅音的特性频率就会超出基本征值范围而失真,这就还要对语音的数据加以修正。这种转移基调的办法本来是在歌唱中常用的,用于语音是符合汉语的渊源和特性的。语言学大师赵元任先生早在半个世纪前就指出:"(汉语的)任一词在任一语调中说出时,都不会丧失它的词义区别功能。语调只能表达语气、情调、用途,等等。"他又说:"(汉语)语调的差别不同于英语:第一,汉语两部分(按:指句首语调略高于结尾)之差别不大;其次,汉语只是基调的差别,而不是像英语那样上升或下降的曲线。"都明确指出了汉语的字调与语调的区别。1.字调在语句中调形比较稳定,是辨义的;而语调是表情的。2.语调的变化在于基调的转移,而不是调型的变换。

协同发音:两音节连读时音色的过渡段,如用插入法来合成,则计算一下普通话中的两音节连读时,前音节可能出现的不同韵尾(元音和鼻音)跟后音节可能出现的不同字头(辅音、零声母和半元音)交互搭配,就会产生约三百种音色过渡模式。这个数量对编制程序是太不经济了。所幸人们说话时对音色的发音部位的动程和发音方法的类型都还有限;过渡段两端的音可以按其相同的或相近的予以归类,通过这样的规正,就只有十几种模式了,这就大为简化了音色过渡段的处理程序。

两音连读时声调的过渡段,按普通话中的声调格局,用五度制来标记全调域的调阶,就足够表达声调的区别特征。如按照前文所述的用乐律半音程的坐标来计量,在平叙句中,对这段过渡调形的两端通过半音音阶的规正,就能跟前音节的调尾和后音节的调头(它们当然也得先通过半音坐标的规正)衔接得十分合辙,而不会有错位跳音的现象。这样也就简化了调形过渡段的处理程序。

协同发音中音强幅度的变动,在连调中只能滑移,除非元音断开了才会跃变。因此,它跟声调变量的处理是同步的。而且,声调高低和音量强弱的对应,虽为非线性的,但可通过实验给予阶梯化的规格。这样,汉语语音中协同发音的音段(音色)变量和超音段(韵律)变量,都可用规则来处理了。

自然度和轻声:普通话语音合成对质量的要求,在声学上可分三个等级:"清晰度"、"可懂度"和"自然度"。合成的单音节能被听得清楚是什么音,是"清晰度"的标准;多音节连读时,能被听得明白是什么意义,是"可懂度"的标准;合成的句子让人听来感到流利舒畅,没有"机器音"的味道("机器音"如:合成出来的话语,各音节连接得生硬,听来不像真人说的;合成出来的话音腔调,像外地人说不好的北京话;或腔调像外国人说的中国话等等),这是"自然度"的标准。目前各家合成汉语的水平,前两个等级都不难达到,而自然度则大有差异,一般还距离理想甚远。影响自然度质量的因素很多,不能一一列举。兹拣最主要的几项谈谈。这些也就是汉语语音的精华所在。

轻声:对普通话的自然度影响最大的,应该说要推轻声。在语法上轻声可分为三类:1."辨义轻声"(简称"轻声"):在汉语词汇中,二字词的次字,同样的字,读轻了就和读重的意义不同。如:"火烧"是着火了,而"火·烧"是一种烧饼(字前有·号为轻声)。这类词在汉语中为数不多。2."可轻声"(此名从赵元任):如二字词"老虎"的"虎","起来"的"来",读轻读重,意义不变。这类字在汉语中为数较多。3."轻读":此类字多在句首或句尾。如:"他不去"的"他";"天好啦"的"天",在自然口气中都读得轻。1类在功能上属于可懂度;2类和3类在习惯上都属于自然度。各类轻声的声学特性在强弱上不一定要读得怎样弱;倒是在长短上总是读得短于同词中的其他的字。在音色上由于读短了就常会把此字的元音读得不到位,这就在合成的音色处理上成了问题。特别是在拼接合成系统中,对音高、音长、音强等韵律特征的处理,目前的技术都还能办到,惟独对音色的处理是个难题。因为处理音色就得修改音波的模式;这在技术上是难于做到的。不过据悉现已有人在实验另外的方法,把元音的复合波还原为声带波,再给予新的声腔系数,来调制出各种音色的元音。例如:把前[a]改成后[ɑ],把紧[i]改成松[I]等等。此法如能处理得好,是有前途的。

以上所说的这些,都是"人—机对话"中汉语语音处理的新问题,对汉语人—机对话的前途发展至关重要。这也是我们在文理合作后,边干边学得来的一些体会;文中的叙述,对语音合成方面较详,对语音识别很略,这是笔者对识别方面接触较少的原故,今后对此增加认识后当有所补充。不过,由于语言环境的多变,说话人身份的不一,以及种种目前还有未能解决乃至尚未发现的问题,这是要集中更多的人力物力来统筹规划,继续攻关的。所以,现在拿"探求正未有穷期"这句话来预测"人—机对话"的前途,也许是切合实际的。

参考文献

楼世博等(1983),《模糊数学》,科学出版社。
季羡林(1996),《探求正未有穷期——序〈中国现代语言学丛书〉》,《世界汉语教学》第 3 期。
卫志强(1992),《当代跨学科语言学》,北京语言学院出版社,第 15 章。
吴宗济(1980),《试论普通话语音的"区别特征"及其相互关系》,《中国语文》第 5 期。
吴宗济(1982),《普通话语句中的声调变化》,《中国语文》第 6 期。
吴宗济(1985),《普通话三字组变调规律》,《中国语言学报》第 2 期。
吴宗济(1988),《汉语普通话语调的基本调型》,载《王力先生纪念论文集》,商务印书馆。
吴宗济(1989),《实验语音学的过去、现在与未来》,载《实验语音学概要》,高等教育出版社。
吴宗济(1992),《普通话零声母起始段的声学分析》,载《第 2 届全国人机语音通讯会议论文集》。

吴宗济(1996),《为改进合成普通话口语自然度所需韵律特征规则》,载《计算机时代的汉语和汉字研究论文摘要》,清华大学出版社。

吴宗济(1996),《用于普通话语音合成的〈韵律标记文本〉的设计》,载《第3届全国语音学研讨会论文集》。

吴宗济(1996),《再论普通话四字组变调的不同平面及其连锁变调规则》,第4届中国语言学术年会宣读论文修订稿(未发表)。

吴宗济(1996),《赵元任先生在汉语声调研究上的贡献》,《清华大学学报》(哲社版),1996年第3期。

吴宗济(1996),《普通话二字连读过渡段的简化处理规则》(未发表)。

吴宗济(1997),《从声调与乐律的关系提出普通话语调处理的新方法》,载《庆祝中国社会科学院语言研究所建所45周年学术论文集》,商务印书馆。

吴宗济(1982),《普通话语调规则》(Rules of intonation in Standard Chinese, *Reprints of Papers for the Working Group on Intonation*, 13th Int. Cong. Linguists, Tokyo.)

吴宗济(1988),《普通话四字组变调规则》(Tone-sandhi Patterns of quadrosyllabic combinations in Standard Chinese, *ARPR-PI*, CASS.)

吴宗济(1989),《普通话双音节中不送气塞音的协同发音实验研究》(An experimental study of coarticulation of unaspirated stops in CVCV contexts in Standard Chinese, with Sun, Guo-Hua, *RPR-IL* CASS, also *Proc. of 12th ICPhS*, Vol. 3 Aix en Provence, France, 1991.)

吴宗济(1990),《普通话清擦音协同发音的声学模式》(Acoustic coarticulatory patterns of voiceless fricatives in CVCV in Standard Chinese, *RPR-IL*, CASS.)

吴宗济(1990),《普通话多字组变调模式能否成为语调中的不变量单元?》(Can poly-syllabic tone-sandhi patterns be the invariant units of intonation in Spoken Standard Chinese? *Proc. 1st. Int. Conf. on Spoken Language Processing*, Kobe.)

吴宗济(1993),《普通话语调分析的一种新方法:语句基本调群单元的移调处理》(A new method of intonation analysis for standard Chinese: Frequency transposition processing of phrasal contours in a sentence, *RPR-IL*, CASS, also G. Fant et al. edit., *Analysis, Perception and Processing*. Elevier Science B. V. 1996.)

吴宗济(1994),《普通话语调的短语调群在不同音阶调域下的调型分布》(Further experiments on spatial distribution of phrasal contours under different range registers in Chinese intonation, *Proc. Int. Symp. on Prosody*, Yokohama.)

吴宗济(1995),《试论合成普通话口语自然度所需的韵律特征规则》(Tentative planning of prosodic rules for the naturalness of synthetic Spoken Chinese, *RPR-IL*, CASS.)

吴宗济(1995),《普通话不同语气语调的可预测性》(Predictability of different attitudinal intonation in standard Chinese, *13th ICPhS*, Stockholm.)

吴宗济(1997),《面向汉语文—语合成的"全语音标记文本"设计方案》,载《第二届中日先进信息技术研讨会议论文集》(Towards a project of All-Phonetic-Labelling-Text for TTS synthesis of Spoken Chinese, with Wang, Ren-hua, et al, *Proc. 1st China-Japan Workshop on Spoken Language Processing*, in 1997 China-Japan Symposium on Advanced Information Technology, Press of USTC, Hefei.)

杨顺安(1994),《面向声学语音学的普通话语音合成技术》,社会科学文献出版社。

赵元任(1932),《英语语调(附美语变体)与汉语对应语调初探》,《中研院史语所集刊外编》(英文)。

赵元任(1968),《中国话的文法》(英文);吕叔湘节译,《汉语口语语法》,商务印书馆,1979年。

(原载《世界汉语教学》1997年第4期)

人类能脱离口腔而单用声带说话吗？

——追述一次单用声带发音的实验研究

题　解

　　人类的发音生理机制，分为三部分：以发一个元音的正常情况来说，"胸腔"的肺部活动供给气压；"喉头"的声带颤动产生声源；"口腔"的共鸣调节形成音色。三者缺一不可。

　　人类的语音声学分析，分为两类：以发一个元音来说，"音段"的音色变化是由口腔和舌位的调节决定的。"超音段"（"韵律"）中声调的高低是由声带颤动的频率决定的；声音的强弱、长短是分别由肺部气压的大小、气流的长短决定的。以前一般的研究认为：如果只有口腔而没有声带，就不能产生高低的声调；只有声带而没有口腔，就不能形成各样的音色。但是，近来的语音生理实验研究指出：声带自身因为还与舌骨等牵连，舌位的变动对声带的振动波式也会有一定的影响。所以即使脱离口腔后纯用声带发音，虽然失去了口腔的调制作用，但仍会含有很少的音色信息。

　　现在如果要求一个"活人"能脱离口腔而单用声带来发音，而且还要发出不同的音色和声调，从来是办不到的。然而……

实　验　经　过

　　1979年3月的一天，我接到北京友谊医院口腔科的通知：现有一位会厌癌的患者要做切除手术。为求检查其手术前后语音的差异,请我们帮助做一次全过程的声学记录和分析实验。我们当时正在研究声带音的声学特性,鉴于国际上只能用数学方式来间接分析声带颤动;现在我们居然能从切开的喉部直接观察声带,实属难得的机会;而如果再能让患者在手术中发音,以便能观察和记录声带的颤动真相,就更为理想了。当时国内中医学界正在推广我国传统的"无痛针灸局部麻醉法",使患者能清醒地接受手术,并已在一些医院中实施。于是我们取得院方同意,来个中西医合作,采用"针灸局麻",于手术中并能与患者问答。这是以前从未有人做过的实验研究,我们非常高兴有这样的合作机会。

我们需要先作一次术前录音。在手术前一日,我和研究室同事孙国华、杨力立三人带了录音设备去医院。患者女性,63岁,北京人,患"扁平上皮癌"。临床检查,发音严重沙哑。我们录下她说出北京话的若干音节如下:

六个单元音韵母的音节:啊、窝、鹅、衣、乌、鱼。

两个鼻辅音声母的音节:妈、拿。

四个鼻辅音韵尾的音节:安、恩、昂、英。

三组四个声调的音节:妈、麻、马、骂;衣、移、以、意;乌、无、五、务。(这样就包括了前高、中高、后高的三类元音,和每类的四个声调。)

动手术的当天是这样安排的:由杨力立随医生护士等进入手术室,在打开喉腔后、切除会厌之前,先进行录音。杨在手术台旁先说出与术前录音相同的每一汉字,由患者跟着说。这样把全部音节依次说完。录音是由医生拿着录音话筒,尽量靠拢患者已被切开喉头而露出的声带;话筒线通到室外,由孙国华操作录音。工作进行得很顺利。我们在窗外能看到患者说出每一音节的口形动态;但从录音机所听到的,却一律变成类似国际音标[ə]的央元音,只是声调还能与提示的声调相符。患者在手术中发了这许多音，虽有些吃力和沙哑，但仍能坚持，神态也很清醒自然，与我们配合得很好。结果是使我们取得了直接从声带单纯发出而不经口腔调节的第一手声带音的宝贵资料。

几个月后，已逐渐康复的患者两次去医院复查时，我们又去录了她术后的发音。

我们前后四次的录音材料，用语图仪作了音色和声调的分析比较，把报告送交了医院。院方感兴趣的是术前与术后发音质量的改善程度以及会厌对声带动作的影响；而我们感兴趣的则是术中声带脱离口腔后振动成音的声学特征。

分析的结果和讨论

通过这次实验，医院方面希望能从会厌肿大时和切除后发音的声学分析来比较话音的质量。国内外当时的文献，很少有研究会厌与声带关系的；最近有一篇文章说到，与会厌有影响的音有三类：

低元音 a, ə 咽辅音 ɦ 耳语音

我们的声谱分析也发现，凡是舌根后缩、咽通道变窄的音，如 a, h 等音，肿大的会厌对发音就有影响；患者康复后的发音，沙哑已有所减轻，音质也有明显的改善。其他的音则影响不明显。

我们对声带脱离口腔后发音的声学特性，作了较详的分析。

声带的声谱分析

根据以前各方面的实验方法是：通过声带照相的数据，或肌电的记录，或反滤波的计算等方法，从各种元音得出的波形都是一种三角形；由此换算所得的二维频谱，是基频的能量最大而谐频依次减弱，亦即不会产生有元音性质共振峰。在我们此次手术中，患者

所发的 a, i, u 等音，听起来都已变成一种类似央元音 ə 的音。三者听不出有什么分别，说明它除了保留声调的变化外，已脱离了口腔舌位等动作所起的共鸣作用，而一律成为一种稳定的音；而这个音的共振峰分布，近似央元音的声谱，与计算所得的模式不同。

我们通过这次实验，初步试作如下的几种解释：

1. 声带颤动的高速摄影证实：声带的两瓣不是带状，而是类似两片唇体。颤动时不是全开、全合，而是每一开合如风吹旗帜那样的波动的。因此构成的声波形状不能像音叉颤动那样单纯，而是一种复波。

2. 由于声带位置在喉头之下，手术的切口距声带还有一段咽腔的距离，因此"声门上"的这段咽腔也会起一定的共鸣作用，而使声带音不够单纯。同时这个咽腔在发各种音时变化不大，因此谱形比较稳定。

3. 声带与舌骨、勺状软骨等部件及其骨肌都有牵连，发各音时，除了口形不同，各部件也都各有特定的移位，这就使声带音复杂化。

4. 脱离口腔后的声带音，为什么会像央元音？这是个值得研究的问题。人们发央元音时的舌位是居中的，舌面微拱、不高不低、不前不后；它的声谱中共振峰的间隔是平均分布的。（用共鸣箱的理论作声腔摹拟，是前后两腔相等。）这样就很可能使声腔调节系数降到最低（此点待向专家请教）。我们分析的材料中看到：术中所录"衣"、"鱼"两音的语图，其第一和第二两共振峰的距离，不是如常规的远离而是靠近，和央元音的共振峰相同了。还有，术中所录"乌"音的语图，其第一和第二两共振峰，不是如常规的两共振峰合并在低频带，而是分开、也和央元音的语图相同了。也就是说，实验证明，脱离口腔后的声带音和央舌位的元音是相类似的，甚至相同的。

5. 患者在术中所发的两个鼻音声母和四个鼻音韵尾,在语图中都失去了鼻音的共振峰,而在术后的发音的语图中恢复了。这说明口腔既然脱离,鼻腔就更不起作用了。

声带发音的波形,按传统的间接计算,都得出一种单纯的三角形系数,并在今日的参数语音合成系统中广泛采用。现在看来,如严格要求,还得有所补充修正。因此,这次的实验,在今日信息时代的言语工程中,应该是有参考价值的。

附记:此次的实验,曾于1980年在一家医学杂志上作过简单的介绍。本文的分析讨论部分,是现在补充的。

2002 年 7 月 7 日

阮啸新探[*]

提要 魏晋间所传"竹林七贤"中,以阮籍、嵇康为最知名。阮能长啸,嵇善鼓琴,世称"嵇琴阮啸"。"啸"在今日辞书中所给的定义是"吹口哨"。古文献中关于啸者的叙述多杂有神秘夸张成分,以致后来很少明确的解释。本文根据古籍中关于"阮啸"的记载,以及啸法的叙述,同现代某些民族所用的口哨语,语音学界对口哨音的声学实验,作了分析比较;并以近年来出土的阮籍作啸的砖画为证,对"阮啸"的发音方法及其功能试作解析。

一、前言

"啸"一作"歗",在我国古籍中出现很早。如《诗经》:"其啸也歌。"注:"蹙口而出声也。"又:"吹气出声也。"《太平御览》引《杂字解诂》:"啸,吹声也。"又:《封氏闻见记》:"长啸,激于舌端而清,谓之啸。"现在把这些一鳞半爪的解释合并来看,可以推知,啸的发音方法是"蹙口"、"舌端"、"吹气"、"清声"等,都合口哨之义。《说文解字》释"啸为'吟'也",是等于吟诵,恐与口哨的意义不同。古文献中所载善啸的人物,据各类书所辑,自春秋到汉、魏不下十余人,都是述事而不是"啸"的描写。直到魏末晋初,才有对阮籍等人的"啸"的一些叙述。

阮籍是魏晋时间的人,从《三国志》的《魏书》及其后的《晋书》

---

[*] 本文原载《吕叔湘先生九十华诞纪念文集》,商务印书馆,1995年。刊载时对原稿有删节,兹补足并加修订。

都记有他和孙登相见的情节,①把阮、孙两人的"啸"说得夸张而神秘,以致反而掩盖了真相。本文企图根据与阮籍同时或相近的资料,除去其夸诞成分,整理出若干可信的记述,同现代语言学家对某些民族的"口哨语",以及声学家对口哨歌唱的分析,作些比较。此外,更有近年来在南京发现的六朝墓中"竹林七贤"的砖刻壁画,作为实证。弄清了"阮啸"的实质,给予阮籍时代的"啸"以合乎科学的解释。

二、古文献中对啸的记载

"啸"在古文献中的记载,除《诗经》外,还有《列女传》的鲁漆室之女"倚柱而啸";《吴越春秋》的吴王阖闾"登台向南风而啸";《魏略》的诸葛亮"常抱膝而啸";《西京杂记》的"东方先生善啸"等等,②都没有说明"啸"是怎么回事,不能断定是哨是吟。直到阮籍时及稍后的一些年代里,才有少数文献对"啸"的实质有所叙述。现存的有如下几种:

(1)《世说新语》,南朝宋刘义庆撰,梁刘孝标注。③ 现摘录其中"栖逸"章关于"阮啸"的一段情节:

"阮步兵啸,闻数百步。苏门山中忽有真人,樵伐者咸共传说。阮籍往视。见其人拥膝岩侧,籍登岭就之,箕踞相对。籍商略终古,上陈黄、农玄寂之道,下考三代盛德之美,以问之,仡然不应。复叙有为之教、栖神导气之术以观之,彼犹如前,凝瞩不转。籍因对之长啸。良久,乃笑曰:'可更作。'籍复啸,意尽。退,还半岭许,闻上啾

---

① 这段故事,散见于《世说新语》、《啸旨》,及《太平御览》、《艺文类聚》所引《魏氏春秋》、《竹林七贤论》等书。所载略有出人。

② 见《太平御览》392,人事部:"啸"字下;及《艺文类聚》19,人部:3。

③ 据余嘉锡:《世说新语笺疏》"栖逸"第十八。中华书局,1983,648页。

然有声,如数部鼓吹,林谷传响。顾看,乃向人啸也。"

此外,《魏氏春秋》、《竹林七贤论》、《晋书》均有类似的记载,大概都属同一来源。各书对阮籍的啸描写得比较简单。对这个"真人"(有的文献中指明是隐者孙登)的啸却有夸大的叙述。阮的啸是"清韵响亮"、"闻数百步";而孙的啸则是"如数部鼓吹"、"响动林壑"、"若鸾凤之音"。而且阮籍下山后,还能听到半岭以外山顶上孙的啸声。

《世说新语》成书约后于阮籍二百年,但所据故事来源却是比较早的。除去某些夸张成分,大部分是可信的。

(2)《啸赋》,是魏晋间人成公绥(字子安)所作。① 此赋也如汉赋体裁,托名一个"逸群公子"。他的性格是"傲世忘荣,绝弃人事;睎志希古,长想远思";这和阮籍的性格:"傲然独得,任性不羁";② "旷达不羁,不拘礼俗"③是相同的。又:逸群公子的学问是"精性命之至机,研道德之玄奥";而阮籍的学问是:"博览群籍,尤好庄老";④他对孙登大讲其黄帝、神农、老子及三代圣贤等人的道德;两者又是这样的雷同。还有,逸群公子好游,"登箕山以抗节,浮沧海以游志"。阮籍的游兴也是"登临山水,经日忘归",我们有理由这样认为:成公绥笔下的逸群公子,很可能是以阮籍为原型的。再看他们的生卒年份:阮籍是公元 210—263,成公绥是公元 231—273,二人完全同时,而且籍贯也相同。⑤ 尽管成公绥不在"竹林七贤"之列,但他对阮籍的行为当然是很熟悉的。此赋除词藻具有汉赋风格、极铺陈之能事外,其中描写"啸"的作法和音理都是相当具

---

① 《啸赋》,见《昭明文选》卷十八。又,《太平御览》、《艺文类聚》、《啸旨》均收。
② 《晋书》49,"列传"19:《阮籍传》。
③ 《三国志》、《魏书》、《阮籍传》:裴注引《魏氏春秋》。
④ 同②。
⑤ 阮籍为陈留尉氏人;成公绥为东郡白马人,均在今河南省。

体的。赋中有几处写"啸"的特征是很有参考价值的资料。如:"发妙声于丹唇,激哀音于皓齿";"响抑扬而潜转,气冲郁而熛起";"因形创声,随室造曲";"若离若合,将绝复续"等等,都与下节《啸旨》中所述的啸法相合。可以说此赋是考据"阮啸"的重要资料。

(3)《啸旨》,收录于《夷门广牍》和《顾氏文房小说》两丛书中,都不著撰人。《太平御览》只摘引了一小部分,只有清代的《古今图书集成》录了全文,并标明是唐代孙广所著。① 此书有序及正文十五章,计有:

"权舆、流云、深溪虎、高柳蝉、空林夜鬼、巫峡猿、下鸿鹄、古木鸢、龙吟、动地、苏门、刘公命鬼、阮氏逸韵、正、毕"

第一章"权舆"是说明作啸的基本功"权舆、啸之始也"。《啸旨》序中说"啸"的源流,是由老君授予王母(《御览》作"太上道君授西王母"),然后十几传而到夏禹,"自后乃废"。过了许多年后,"续有晋太行山仙君孙公得之,乃得道而去",②"后无所授",而阮籍稍微学到了一点,("阮嗣宗得少分")"其后湮灭,不复闻矣"。这当然是作者借神仙圣贤来夸大"啸"的高深神秘。不过说后来湮灭无闻,倒是事实。唐以后的载籍中记录歌者甚多,而啸者几无一人。而千余年来,啸作为口哨语以及民歌,却在一些民族语言中生根发芽;从此,"啸"就从高人逸士阶层转入寻常百姓家了。

三、《啸旨》十二法门的解析

《啸旨》在序中开宗明义的两句话,就明确地把"啸"同语音

---

① 《钦定古今图书集成》73,"啸部"。
② 太行山为苏门山主脉,在今河南辉县西北。

分别开来:"夫气,激于喉中而浊,谓之言;激于舌而清,谓之啸"。这是指出,肺气流通过喉头(声门),起激励作用,使声带颤动而产生嗓音(浊),这是言语的发音。气流通过舌端,起激励作用,使舌缝产生湍流而产生哨声,这是啸的发声。下文又说:"言之浊,可以通人事、达性情。"是说言语可以传达意义与情感,这是不错的;又说:"啸之清,可以感鬼神、致不死。"这就扯到神鬼上去,成了神话了。

《啸旨》第一章"权舆"中介绍了十二种"啸"的法门。其中有发音生理,有音色变换,有声调节奏;这是一整套相当具体的、具有现代语音学价值的描述,是为我国传统音韵学中所罕见的;而历代竟无人索解,即多才如明朝的唐寅(伯虎),他在所作的《啸旨后序》中,大谈了音韵反切、声调平仄;而仍相信:"善啸之士"可以"登泰山、望蓬莱。烈然一声,林石震越、海水起立"。直到20世纪的50年代,才有一位赵荫棠先生(当时在清华大学图书馆工作)对历代关于"啸"的记述、引证颇详,并有新的见解。他认为魏晋之士大倡玄风,可能常以啸代言;并说明"啸"与道家的关系。他对"啸"的音理,已能应用语音生理学的知识,按发音的舌位、清浊,来解释"啸"与"歌"的区别。但因当时还限于条件,未能更作深入的研究,[①]我们现在有了语音的科学知识,还有可靠的历史文物,可以把这个问题做进一步的探讨了。

"权舆"一章的十二法门,除其中一小部分,或语属荒诞,或名词费解,或错刻难免,暂予存疑外,大部分都能给予发音生理、物理和乐理的解析。此章在叙述十二法门之前,有一段话是作啸的先决条件。要令啸者:"精神内定、心目外息;我且不竟、物无害者;身常足、心常乐、神常定,然后可以议'权舆'之门。"这是

[①] 参看赵荫棠《等韵源流》附录:《啸歌之兴替与音理的解释》,商务印书馆,1957。

把啸与道结合在一起,是啸者精神上的准备。作啸之先,要"调畅其出入之息,端正其唇齿之位;安其颊辅,和其舌端"。这是对发音生理的准备阶段。然后"考系于寂寞之间而后发",这是由静而动的过程。"撮五太之精华"、"犹众音之发调,令听者审其一音、心平气和","然后入之"。这些准备阶段作好了,然后进入"啸"的十二法门。

"权舆"的十二法门是:

"外激、内激、含、藏、散、越、大沈(沉)、小沈(沉)、疋、叱、五太、五少"。这些方法有共性的、也有个性的。共性是:这十二法的舌位和出气(其中"内激"是吸气除外)基本都相同。舌位都是"以舌约其上齿之里(或"之内")而激其气"。"约"是约束、收拢,但不是闭塞。"激"是激荡、激励。在流体力学中,是在收拢到一定面积的狭缝中强迫空气通过,与"通其气"(内激)是对立的。"激"出的气是湍流而不是平流,是哨声的特征。个性是:舌和上齿的狭缝越小,哨声的频率就越高。[1] 这个哨声再由"唇吻"的变动,调节了共鸣条件而产生不同的音色。这样,舌和上腭构成的狭缝有松紧、宽窄的不同,双唇的开度有开、合、圆、展的不同。而形成不同音质和曲调的啸声,用以表达不同的信息。兹将十二法的原文列出,试作解析如下:

(1)"'外激',以舌约其上齿之里,大开两唇而激其气,令其出。谓之外激也。"

(2)"'内激',用舌以前法。闭两唇,于一角小启如麦芒,通其气,令声在内。谓之内激也。"

这内、外两激的发音方法说得非常形象化。外激是大开两唇(按:是蹙口而非张口),构成较大的辐射效应,来增强啸的音量。

---

[1] 参看吴宗济等主编《实验语音学概要》,"辅音"章,高等教育出版社,1989。

内激则是双唇闭拢,在唇的一角开一小缝,宽如麦芒。令空气吸入口腔而成哨声。这个哨声不在唇外而在唇内的口腔中,(相当于方言中的"吸气音")所以是"令声在内"。

(3)"'含',用舌如上法。两唇俱起,如言'殊'字,而激其气,令声含而不散也。"

这是说:两唇都噘起,如说一个"殊"字的口形。就是《诗经》注中所说"蹙口而成声"。《广韵》:"殊,市朱切"(遇摄、合口三等、虞韵)。这样的口形开得较小,声音不能畅通。故声含而不散。

(4)"'藏',用舌如上法。正其颊辅、端其唇吻,无所动用,而有潜发于内也。"

这是说:此法的下巴、口形都没有什么动作,处于自然状态。声音的辐射量不大,似乎潜发于口内。

(5)"'散',以舌约其上齿之内,宽如两椒。大开两唇而激其气,必散之为散也。"

此法的舌位,不曰:"上齿之里",而谓:"之内",可能是此法的舌位稍为移后一些。按发音生理,由舌端与上齿龈构成的狭缝,有槽状的,也有片状的。此法的舌位宽如两椒,可能是片状的缝。此音听来不如槽状缝的尖锐,听感上似乎散漫一些。

(6)"'越',用舌如上法。每一声以舌约其上腭,另断气绝用口,如言'失'字。谓之越也。"

此法也是用舌如前法:"舌约上齿之内",但有了动态描写,啸声一发出,即将舌端靠拢上腭,把气流切断而令哨音煞住,就如同说出一个"失"字。按:《广韵》:"失,式质切"(臻摄、入声、合口三等)。用语音学分析,这是一个韵尾收塞音/t/的入声字。原文用"每一声"字眼,与以前的说法不同,应是表明这是断续性的,令人听来是一连串的啸声。

(7)"'大沈',用舌如'外激'法。用气令自高而低。大张其喉,令口中含之。大物含气。煌煌而雄者,谓之大沈也。"

(8)"'小沈',用舌如上法。小遏其气令扬。大、小沈属阴。'命鬼'、'吟龙'多用之。"

"沈"同"沉"。此法是声门大开,使肺气流入口腔而含住它。"大沈"用气为先强("高")后弱("低")。"小沈"是声门小开,用气为先弱("遏")后强("扬")。"沉"是低沉之义。(《文心雕龙》:"音有飞沉。")"大沉"是由最强("雄")而急变为弱("含"),起下沉的感觉;"小沉"是由最弱("小")而略变强("扬"),也属于低沉之音。此两法常用于"刘公命鬼"和"龙吟"的两套《啸谱》中。查此两章所载。都是要用到"宫、商",也就是含有曲调的啸声。

(9)"'疋',用舌如上法。如言"疋"字,高低随其宜。"

按:"疋",音"疏",又音"胥",遇摄、合口三等、鱼韵。它与"含"法不同。可能是两者同摄而不同韵,"含"如"殊"音为"合口",而"疋"如"胥"音为"撮口"。此啸声的强弱随意。

(10)"'叱',用舌如上法。如言'叱'字。高低随其宜。"

按:"叱",韵书作"尺栗切"。这可能是一种口形为"齐齿"的啸声。此法的强弱也随意。

(11)"'五太'者、五色也。'宫、商、角、徵、羽',谓之'五太'。八九五少为'应',故谓之'太';以配'仁、义、礼、智、信'。此有音之本,谓声者皆不逃'五太',但以'宫、商'发'应',均使次序。理则声理;乱则声乱。"

(12)"'五少'者、'五太'之'应'。'五太'自有'阴、阳'。然推本而言:'五太'为'阳','五少'为'阴'。用声之至,详而后发;凡十二法,像一岁十二月。'内激'为'黄钟','外激'为'应钟','大沈'为'太簇','小沈'为'夹钟','五太'为'姑洗','五少'为'仲吕','散'为'蕤宾','越'为'林钟','疋'为'夷则','叱'为'南吕','含'

为'无射','藏'为'大吕'。'律、吕'相生而成文,此则十二法之首也。"

《啸旨》一开始在序言中就说清楚"啸"与"言"的区别,并对"语音"和"啸音"都下了定义:"夫气,激于喉中而浊,谓之言;激于舌而清,谓之'啸'";用现代语音学的说法,从喉中发出"言"的声学性质是带音(浊)的;而从舌尖发出"啸"的声学性质是不带音(清)的。这样,"啸"就是不带音的清音了。十二法中从(1)到(10)的内容,全是发音部位与发音方法非常具体的描写,都能以现代语音学来印证。再看其中(3)、(6)、(9)条所举的比拟啸音的例字,如:"殊"、"失"、"疋"都是不带音的"清擦音";"叱"是不带音的"清塞擦音"。我们就无可怀疑地断定:当时的"啸"是类似清擦音或清塞擦的音。

"啸"既是清音,应该没有声调了。但是《权舆》十二法的"五太"和"五少"(11,12)两条,却是专门描述"啸"的"声调",还配合了乐律的名称。原来"啸"虽然是"清声",但是还听得出"声调"。因为它的声源不是来自声带的颤动,而是来自舌、唇狭缝的湍流;如前文所述,是"激"的作用,它所产生的声学效应是:气流的压力、狭缝的宽度和湍流的流速,三者在一定的比例下就产生噪音,再通过唇齿间的共鸣腔,就成为一种有周期性的哨音。听来也有声调感。再经唇内共鸣的调节就能改变"调子",可以用乐律来定调了。《啸旨》十二法门中的:"用气、张喉"就是改变气压;"约舌、开唇"就是调节狭缝;而"外激、内激"就是控制湍流。三者的相互调制,就能满足声学的条件,而产生多种音色的、不同"声调"的啸声。

(11)、(12)两法说明啸声"声调"的规格。"五太"的规格用五音:"宫、商、角、徵、羽"来定调,大致相当于现代的五声音阶。"八九"二字费解。也许是刊误。"'五少'为'应'",是指"五少"比"五太"差半音程。("应"在十二律中表示半个音程)"五少"条中所列的乐律名称,依次都差半音程。排列得很整齐,所以说"理则皆理"。[①] 此章所说的"凡十二法"是指乐律的十二律,而不是法门。它把"五太"、"五少"分阴、阳,各为六律,合而为十二律,各差半音,用乐律来定"啸"的音高,是合科学的。至于用十二律配十二月,就落入旧时有些学者以五音配五行的俗套,不免牵强附会;不过瑕不掩瑜,《啸旨》中"权舆"一章所举的十二法,倒是一套完整的"啸"的生理和声学的规则,这在稗官小说中是不多见的。

作"啸"既有"法门",更有"啸谱"。《啸旨》从第二章的"流云"到第十三章的"阮氏逸韵"就都是"啸谱"。它在每章中先叙此谱的"来源":或指出作者,或属于拟音;继订此谱的"章法":选用了哪些法门。又建议发此啸的最佳"环境":以哪种场合、哪种时令为宜。(这就好像演奏一部"交响曲":"法门"如乐章,包括一切调式及和声、对位等规则。"啸谱"如曲谱,全曲由于若干乐章的组合,才表达了此曲的风格。"环境"如演奏场地和演出季节:有了适当的天时、地利、人和,乐曲才能得到充分的发挥及欣赏的效果。)兹举"流云"章为例:此谱来源是:"听韩娥之声而写"的。章法是:"始于'内激'、次'散',而'含'、'越'、'小沈',成于'疋'、'叱',且'五少',则'流云'之旨备矣。"环境是:"此当林塘春照,晚日和风,特宜为之。"

阮籍的"啸"是否能把十二法门都学会了?据《啸旨》序,阮籍是只得到"少分"的真传;但据本书第十三章"阮氏逸韵"所记阮的

[①] 中国古代以"宫、商、角、徵、羽"定言语"四声"的调值,是始于六朝沈约等人。那是以五声音阶为标准的。《啸旨》用十二音阶定东晋时代的啸声之调,十二律在汉代已经用于制乐,魏晋用以定调不是不可能。《夷门广牍》有"啸旨辨"论,此书引阮籍语:"于则未谱",可见阮籍时代的啸声用十二音阶定调是不大可信的。不过《啸旨》对神、鬼但叙道家传说,并不附会;对"正"、"毕"则谓"有义亡声",也无臆测。而十二法门深得音理,是其菁华所在。作为"阮啸"的参考,或不致过于失实。

啸法是：遍历十二法间无约束；雅俗都能听之，郑、卫也都入耳；可见其所得已入"自由王国"，这与序中所说是有些矛盾的。

四、现代口哨语与"阮啸"的比较

（1）口哨语的定义和发音方法

中国古代的"啸"，究竟实质是什么，现代的一切辞书都解释为"口哨"。阮籍时代的"啸"按记载是用来对话的，如果属实，就可以拿现代的"口哨语"来比较。"口哨语"指用口哨音来传达语言信息或对话。它只能为某一集体的辅助语或代用语，在特定的环境中使用。语言学家称之为"口哨代用语"。它和"鼓声代用语"、"手势语"等，同属语言学的研究范围。[①]

口哨代用语和口哨歌唱不同。前者使用的口哨技巧较多，并和使用人的母语有一定的对应关系，可以代替有限词汇的职能。阮籍与孙登的"啸"，按其功能，可以坐而论道地对话，似属代语而非歌唱。但文献中对"阮啸"的记载，只有发音的描写，从未涉及表达事物的关系，因此阮啸还不能说是真正的代用语。

（2）口哨语的发音方法

各民族的口哨语所用技巧繁简不同，不过有其共同点，就是声源在舌端而不在喉。一般的发音方法已如上述。主要为：双唇前噘、舌尖抵近上齿龈或龈腭，构成槽缝或平缝而产生湍流，再受双唇的节制而成为哨音。如听者相距较远，就用一两个手指伸入口内来增强效果。据有的记载，用手指伸入的啸声能传到好几里。

---

① 本文有关现代口哨语的研究及地区分布等资料，主要采自下列各书：陈海洋主编：《中国语言学大词典》，江西教育出版社，1991；日本语音学会编：《语音学大词典》，1981；克里斯特尔：《剑桥语言学百科全书》，剑桥大学出版社，1987。

(3) 口哨音的声学特征

口哨音一般是清擦音,已如上述。其声学特征基本上是简谐的正弦波,但可能有少量的共鸣现象。因为从舌端的噪声源到唇边,还有短短的一小段"唇内共鸣腔",靠双唇的"圆、展、伸、缩",来改变其共鸣条件,而造成不同音色的噪声。其频率域大约在1000—1500赫兹之间。(如阮籍的啸,"清韵响亮",当属此类)图1为纯清口哨的声谱,是简谐波形。

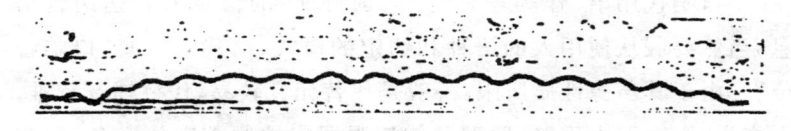

图 1　清纯的口哨音声谱,简谐波型

歌唱的口哨音,除上述的清噪声成分外,还可同时加上低频的噪音或鼻音成分,而成为混合有乐音成分的哨声。(如孙登的啸,可以听来像多种色彩的乐音,"如数部鼓吹。")图2为歌唱口哨的声谱,是复合波形。

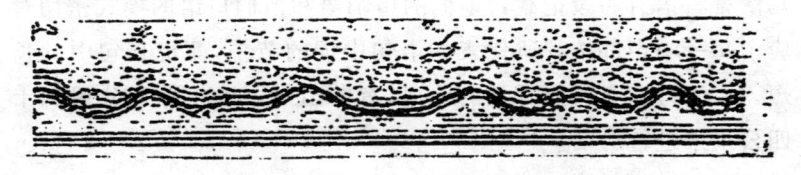

图 2　混合声带音的口哨音声谱,复合波型

发口哨语或唱口哨歌时,气流可以由舌—腭收紧点的调节而产生"断—续"或"强—弱"的颤音(孙登的啸如鸟鸣:"鸾凤之音";《啸旨》的"越"法:"舌约上腭,令断气绝"。都属此类)。图3为鸟鸣的声谱,是颤声波形。①

---

① 各口哨音声谱图采自颇特尔等:《可见语言》,美国杜佛,1965。

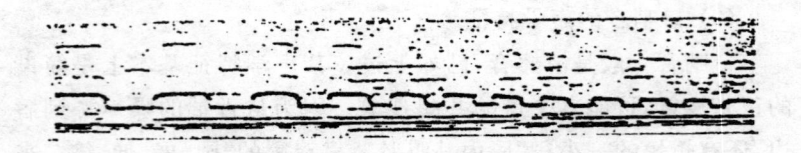

图 3　摹拟鸟叫的口哨音声谱，颤声断续波型

(4) 口哨语的分布及其代语功能

"口哨代用语"作为一种有"区别特征"的信号来表达语言信息，当然要服从使用人的语种和约定的模式，而建立一套"口哨音位"。由于其声源性质所限，一般是代替元音较易，代替辅音较难。上文说过，它可由舌缝、唇型及气流强弱来控制哨音的音色、音高和节奏，来模拟或代替一定范围内的语音。有人还更能够吹出乐曲，或用鼻音补充。

世界各地的口哨语：据手头资料，有非洲的卡纳瑞岛人；法国披拉尼山中的牧羊人；中美、北美的印缅语族；马萨蒂科语。关于马萨蒂科语有一段记载："他们的口哨语和他们口语的模式密切对应。每一哨声都按其所代表的语句中词的节拍，而定其句中的长短。至于口哨音所能听到的距离，有的山民可以相隔五公里到十四公里来进行对话。"

(5) "阮啸"与口哨语的比较

现代口哨语和"阮啸"（据《啸旨》）相比，在发音方法及传递效果，都有非常相似之处。所以我们完全可以凭现代口哨音的特征来理解当时的"阮啸"。但从其功能和环境来看，孙登、阮籍等的"啸"，应该是当时高人羽士，在同道或同行之间，趣味相投，相当抽象的"对话"（不一定有约定的音位）；同时又是奇人逸士在名胜山林之中，栖神导气，抒发胸臆的啸傲之音；而不能就说是如像有些民族中的"口哨代用语"。

五、余论

"阮啸"的实质和方法大致已明,现在所余的问题是:阮籍、孙登等人的啸声达到的距离,是否能如所传:"闻数百步"或"半岭许"? 这是不是夸大了?

关于阮籍的啸声是否能达数百步? 孙登的啸声是否能达半岭许? 按现代的口哨音的实验,如单纯用口吹而不用手指插入口中来加强共鸣作用,是无法及远的。那么,阮、孙等的作啸是否用手指帮忙,就是个关键问题。但这个问题在现有的材料中,从未见提到过。这里抄录一段神话。《太平御览》引王子年《拾遗记》:"太始二年,南方有宵之国,人皆善啸。丈夫啸闻百里,妇人啸闻五十里,……人舌尖处倒向喉内,……以爪徐徐刮之,则啸声愈远。"这里所说的国、丈夫、妇人,像《山海经》,自不可信。但神话、传说总会含有若干生活资料的成分。此则多少透露了用手指帮忙,啸声才能及远的事实。近来笔者见到一份文物考古的材料,澄清了这个问题。

1960年4月,江苏文物工作队在南京西善桥发掘新石器时代遗址,发现六朝古墓一座,除出土文物外,"最有价值的为墓室两壁的两幅砖刻壁画"。"南壁壁画自外而内为嵇康、阮籍、山涛、王戎四人;北壁自外而内为向秀、刘灵(伶)、阮咸、荣启期四人"。"阮籍与嵇康隔松树一株。籍头戴帻,身着长袍。一手支皮褥,一手置膝上,吹指作啸状,赤足"。"阮籍的画法与其他七人不同。侧身而坐,突出用口作长啸的姿势,极为生动。"嵇康的像是"头梳双髻,无巾饰,双手弹琴"。正是世传"竹林七贤"中的"嵇琴阮啸"的写真。[①] 两像

---

① 南京博物院:南京西善桥南朝墓及其砖刻壁画,《文物》,八、九期,1960。

复制如图 4①。

图 4　南京西善桥六朝墓中砖刻壁画局部："嵇琴阮啸图"

砖画的年代,据上文说:"此墓的上限年代最早不过东晋中期。"再从画中的字体看来,是由八分书进到楷书,也正是由东晋到刘宋的一段时期(约在公元 360—480 年之间)。砖画是先画在纸上,然后刻的。"从壁画的技法上看,衣褶是'春蚕吐丝'的线条,与东晋顾恺之的画有很多相似之处"。根据这些考证,再以其它同时出土文物比照,此墓离阮籍生时不过百年,比《啸旨》的写作年代更为接近。对阮籍形态的描绘应该比较可靠。

再据砖画来看,阮籍的侧面突出了他的唇形。正是"蹙口而出声",或是在作"含"或"叱"的啸声的姿势。他的两腮鼓起,似乎像《啸旨》中的《动地》章的"鼓怒作气"。在画中阮籍的左手支撑在皮褥之上,颇似"动地"章所说:"将手出于外,夫坤仪至厚、地道至静,

---

①　《文物》所载上文中的砖画图模糊难辨,兹另据蒋勋:《中国美术史》(三联书店,1993)"东晋"章所载"竹林七贤、荣启期"的同一砖画图复制。此章对砖画中的八人都有描述,其中关于阮籍的是:"这幅大画从右至左……第三个人物是竹林七贤中最重要的阮籍,他不但为诗,据说他还善啸……画中的阮籍盘膝坐在树下,他的右手放在唇边,两腮鼓气,嘴巴噘起,似乎正在啸呢,很像我们现在吹口哨的样子。"

而以一啸动之"。最关键的是他的右手,是以肘托在屈起的右膝上;右手拇指伸向唇边,食指伸直向上,中指向内弯成锐角,无名指和小指弯成直角。这完全是要用手指(拇指)伸入口中,让啸声能够及远的动作。这证明了阮籍作啸是用手指伸入口中的。从而也说明了阮籍的啸能闻及百步的可能性。

(原载《补听集》,新世界出版社,2003年)

我的音路历程[*]

一、前言

我自入大学以来,由理工转到文科,最终干了语音学这一行,忽忽已有 70 年。在学问方面,本无什么大的建树可述。但以我之所以从事此道,其经历有许多曲折;而其间对择业的取舍,治学的得失,总有一些经验体会。同时,实验语音学这门学科,从学术研究到生产应用,在国际上也是经过漫长的道路的。自 20 世纪 20 年代的下半期以来,我有几次机会到西方"取经",和一些学者也有或多或少的联系。这些经历或可供后来者的参考或借鉴。

人类的自然语音,特别是汉语语音,过去凭口耳的感知来研究,限于科学的未发达,其结果还有很多理解不透甚至错误的。特别是在现代的应用方面,更出现了许多未能解决的问题,是过去所从未体会到的。我对语音学的研究,半个多世纪以来,是随世界语音学的发展,以及实用上的需要而不断拨正其航向的。语音学按内容来说,可分为传统语音学(或称"口耳之学")和现代语音学。现代语音学由实验语音学开始,已有一百多年的历史。最早是以医疗为对象的生理语音学为主,到 20 世纪初就有了以通信工程为对象的声学语音学,20 世纪中有了以听觉为对象的心理语音学,近期又加上工程语音学(或以"言语工程学"的应用为对象的语音

---

* 本文原载于张世林编:《学林春秋》,中华书局,1998。现有修订删节。

学)。这些都是随现代科学的进展而形成的。因此我的研究方向也就随着形势的发展而嬗变,其间可分为三个阶段:解放前,最初是以传统的语音学的知识,和方言调查的练习为基础的。这一阶段,我有幸先后能追随四位导师,依次为:罗常培、王力、赵元任和李方桂先生(现在他们都已被公认为划时代的语言学大师了),初步打下了基础。随后到了解放,我在罗常培、吕叔湘两先生的指导下,就集中于以实验语音学为手段,来分析普通话的语音特性,并参加了推广普通话的工作。这一阶段,面临国际上语音学的新发展和国内的新形势,差不多就得一切从头学起,边学边干。最后是最近几年,根据国内言语工程("人—机对话"中的语音处理)的迫切需要与语音学界合作,就迅速转变航向,参加了院校的语音处理课题,这就使我的研究进入语音学的新领域。现在把自己走上音路的经历与体会,分作"择路"、"铺路"与"上路"三个阶段,略述于下。

二、择路(1928—1940)

这一阶段又可分为"探路"、"择路"和"失路"几个段落。

我原来读的是四年制的旧制中学,毕业后读了一年的大学预科,于1928年以"同等学力"考入清华大学。那年的清华是从"旧制"的"清华学校"(留美预备学校)转成国立大学的第四年,我先入市政工程系,一年后该系停办,就转了化学系。但是,我自幼读的是私塾,背诵四书五经,学作诗古文词,还是对古汉语有兴趣,后来终于又转了中国文学系。

当年清华的中国文学、西洋文学两系,名师如林。我听过的课就有:杨树达的古文法,朱自清(系主任)的古诗习作(值得注意的是,他不教"散文"),俞平伯的词学,刘盼遂的先秦文学,刘文典的文选学,闻一多的诗经、楚辞(旁听),吴其昌的中国文学史,吴宓的西洋文学史(中文系必修)。诸师讲授时既多所引据,又有即兴。特别是自清师的温文尔雅,平伯师的鞭辟入里,文典师的逸兴遄飞,一多师的沉浸浓郁,吴宓师的学贯中西,……跟我在私塾和中学里所学古文的体会完全不同。此时我在课室,真是如入山阴道上,应接不暇;可以这样说:既领略"高山流水",又沐被"化雨春风"。

当时的清华有文、理、法、工四学院。按规定,本科生读完一年级后,可申请转院转系,最多两次。在本系的应修学分修满后,还可选修它系的课。这样我就能在清华读了三系,呆了六年,除中文系的必修学分,还读了些物理、化学、数学等课程。在最后一年,因必修学分读够,我就又选修了罗常培先生的《中国音韵沿革》。罗先生当时是北大教授,来清华兼课。但只教了一个学期就不教了,第二学期由王力先生接着教。他是清华国学研究院毕业、派赴巴黎得博士回国的。我毕业后本可当个助教,但因我懂得些印刷技术,就被留校主持《清华学报》等刊物的编辑出版事务。第二年夏天,我见有报载中央研究院历史语言研究所招考助理(等于助研)的广告,就抱着试试看的希望去报考,竟被录取了。我那时在清华的出版工作颇有发展的前途,我也舍不得这个好环境,对去就很感踌躇,就请教了哲学系主任兼出版委员会主席的冯友兰先生。他说:"学校固然很需要你,但男儿应当志在四方,走出校门去闯闯天下也好。"就这样,冯先生的几句话就使我由探路而择路,从此走上研究语音的道路。

我考上史语所纯属侥幸,也可说是有点传奇性的。那年史语所只招一名助理,却在宁、平、沪、汉四个城市设了四处考场。"北平"的考场设在北海静心斋史语所原址(当时史语所已迁南京新址,这里成为驻平办事处),由李方桂先生主考。试题除音韵学、语音学及国际音标听记外,并加考音乐常识。这是由主考背对考生在钢琴上弹几组四部和弦,要考生写出五线分谱。当时全国四地的考生人数不会太少,而且大都是语言学或音韵学的"宿儒"。而我对西洋音乐的知识自无准备;我的音韵学只是选修,学得很浅,但记音辨调还不困难;同时碰巧我参加过几年大学管弦乐队,还懂得点"和声",就答上了这一门试题。后来知道,那年是李方桂先生为了去广西调查壮语,要招一名除记音之外还能记些歌谱的助理。因此我这两门的分数竟起了决定性作用。

从1935年秋到1937年,我在南京史语所。那时该所有四个组:一组历史学,由所长傅斯年兼主任;二组语言学,主任是赵元任;三组考古学,李济为主任;四组社会人类学,吴定良为主任。当时语言组除赵李两位研究员,还有四位助理;除我外,还有杨时逢、丁声树(北大毕业,比我先来一年),董同龢(清华毕业,比我晚一年考进)。我到所后,先跟方桂师学习古音学和暹罗文(泰语),调查广西壮语;后跟元任师学习语音学及语音实验,并参加汉语方言的调查。南京史语所语音实验室的建筑和设备,在当时国内是第一流的。这里的密封门窗、吸声墙顶、防震地基,都达到消声、隔声的国际标准。那时最好的录音器材是灌音机,只能刻制铝片,分析语音的仪器只有浪纹计、渐变音高管和假腭等。我在此作了声调分析实验,并担任组里的录音和量调工作。

我于1935年10月中旬来南京报到,李师已先去广西,要我立刻带了录音器材赶往南宁会合。(录音器材是当年美国专业灌制唱片的全套设备,包括主机、转盘、两组重型蓄电瓶,和一箱铝片等许多部件,重逾百斤)。那时国内局势还不安定,陆路不通,要从南京到上海,乘轮船到香港,再搭"夜航"入广州,乘火车到三水,搭"电船"到广西梧州,再雇汽车去南宁。在当时兵荒马乱,特别是粤桂正在交战的境况下,我们竟还来此作语言调查。我运这批器材到了南宁,还要再深入桂西,直到龙州、百色。按照一般常识,当地的地方军阀不拿你们当作南京派来的特务才怪。可是那时的广西军政当局是李(宗仁)白(崇禧),对中央研究院的蔡元培院长是闻名买账的。院方事先去函联系好了,(广西当局对文化人还有好感,所以后来抗战期间,香港沦陷,许多进步文人离港后多集中桂林。)他们相信我们纯为学术性活动,就发给我们特别通行证,而且还有一面小令旗插在汽车前,全省放行。我那时单身从南京出发,一路经过这些禁区,走了半个多月,沿途路费得换用"中央票"、"港纸"、"东毫"、"桂币"四种钱币,还得找人搬运行李,防止器材碰坏、丢失等等,就够冒险的。我以一个刚毕业不久的大学生,才到单位两天就被派出差,受到如此的信任和重托,自己当时只觉得十分荣幸,凭着一股敢冲敢闯的勇气就上路了。

我到南宁后,因时间紧迫,只休整两天,就随李师启程。雇了一名老乡挑了机器和简单的行李,"行脚"到了武鸣县,经过大明山到马头村,住在一位壮族农民苏增伟家,请他发音、"讲古"并"唱诗"。我管录音灌片,并练习记音写谱,学习壮话。材料录完后,我们从南宁搭电船溯右江而上到了百色。调查了龙州、天保等处壮语,回南宁后加紧整理音档,并复制一些"壮文"资料。从1935年10月中,到次年春节,我们在广西四个月的壮语调查,以武鸣为主要点,以其他好几处壮语作补充比较。云南的剥隘位于滇、桂边境,其壮语与广西的互有异同,也找了发音人记了音。这些音档,后来就为方桂师的一部巨著《比较台语手册》及一些论文,提供了宝贵的第一手资料。

这一时期我除了跟着李师整理材料,并听记歌谱外,自己也把武鸣壮语中许多被认为是"汉语借字"的音以及这次所记的全部壮语单字,跟"桂林官话"、"南宁平话",以及通行于桂东的接近粤语的"白话"(广西的全省的方言和壮语,一般称作"官"、"平"、"壮"、"白")作音韵系统的分析比较,整理出一套同音字表,分别出武鸣壮语的汉语借字兼有"官、平、白"三种不同来源;并找出其中有某些复辅音的字,与古汉语的某些字似有渊源,也许可以提供研究古汉语复辅音的参考。我后来写成《武鸣壮语中汉语借字的音韵系统》的初稿,于 1956 年我到中科院语言所后,才将此稿修订发表。

广西的壮语调查告一段落,赵先生要我立即参加湖北的方言调查。1936 年春,我们全组人员就到武昌调查湖北全省的方音。从武昌中华大学找发音人,每县选一点,请了两位同村的学生发音和对话,一般是找个本地民俗的题目来谈,如娶媳妇、过新年之类,内容生动,对话自然,是方言研究的好资料。全组动员仅一个月,全省每一县的音档居然都录全了。这种自然谈话的录音,在后来写出的报告中,全部标了连读变调的符号。在当时国内的各方言记录中,此为嚆矢。

从 1936 春到 1937 秋的一年多,我除研究、调查和做实验外,赵师还派我做了一些"外勤"工作,如上海哥伦比亚唱片厂约请赵师发音及同他四位女儿合唱的国语留声片,以及他自唱自弹的《教我如何不想他》的录制,都让我去上海和该厂联系、监制。大音乐家黄自先生在苏州举办的一次古乐及昆曲名家、闺秀等的艺术观摩会,派我去录了全部节目(有些古曲今已失传)。为了改进分析声调的仪器,又派我去上海找中研院物理所丁西林所长,研制电动画调仪(因抗战发生,此工作停顿)等等。达到师的目的很显然是因材施教,要把我培训成为一名语音实验方面的"手脑并用"的人材,而不苛求我对传统音韵学的,如古音构拟、韵书校勘等学问的钻研。

1937 年七七事变,史语所撤退到大西南的昆明。我携家带口经鄂湘黔滇,历尽艰险,于年底到达昆明。我们用仅有的一些设备,继续方言调查报告的编写。次年夏,赵师应聘去了美国,史语所因避敌机轰炸搬到郊区龙泉镇的龙头村,我们在一大庙中办公,仍根据录音片继续听记整理湖北及湖南的方言。《湖北方言调查报告》按照赵师的安排,由我们四个助理编写(抗战胜利后由上海商务印书馆出版)。1940年春,我因家累,导师又出了国,就辞职去了重庆,从此改行转徙各地,在学问上当了十五年的"逃兵",成了"失路者"。这条"音路"好不容易自我得之,又自我失之。

回想我从一所管教得极严、几乎到了野蛮程度的中学(那是北洋安福系名将徐树铮办的北平成达中学,是四年旧制。完全德式军事管理,建筑如兵营,相当于军官预备学校),一下子来到了几乎全部美国制度的以及自由空气很浓的清华大学,真像到了"万花筒"世界。(那时"旧制"之遗风未泯。例如把每个学生都编上一个学号。一年级新生刚一进校,就得乖乖地吃一顿"杀威棒",由二年级老生执行"拖尸"(toss)就是四个人抓住你的手脚,多次向上抛,如敢反抗,就扔进荷塘。)特别是图书馆,当时是可让学生入库自己找书阅读的。我正如《天方夜谭》里的阿拉亭进了宝窟,看花了眼。诸如天文地理、野史闲书、三教九流,都感兴趣,常是进去大半天不出来。我那时什么都想涉猎,其爱好之广泛、思想之庞杂可知。结果是转了三系,弄到哪样也不精。到史语所后,总算收了心,只干一行了,但仍是兴趣太广,工作性质也比较分散,对专业也就浅尝辄止;不过对学问的门径,总算是逐渐由杂而专、有了目标了。我这一阶段的经历是够复杂的。"失路"之后,干过影音教材的编制,科学仪器的进口,乃至报社记者等等。……初未料到,这些知识和经验却为后来开展实验语音学方面,打下了些在学校里学不到的基础。

三、铺路(1956—1965)

这一阶段又可分成"归路"、"问路"和"铺路"。

1956年,国家号召向科学"大进军",又在语言规范化和推广普通话的大前提下,我应罗常培师之召,由上海调来语言研究所(原属中国科学院,现改属中国社会科学院),从此归了队。罗师是语言所的所长。我到所后任副研,即参加推广普通话工作,担任了"普通话语音研究班"(与教育部合办)的语音授课,第一次编写了语音学教材。为普查并促进各地教育当局调查本省方言,利用方—普语音对比来推广普通话的工作,由我偕同一位助研奔赴南北等十个省市推动普通话的培训方案,解决师资等问题。

罗先生早在30年代初就看到当时的语言学界对语音的分析,往往是"蔽于成见"、"囿于方音","每致考古功多,审音功浅",而号召应该开展语音实验,可以"解决积疑,以补听官之缺"。他自己就是这样做的。他在北大继承了刘复先生的"语音乐律实验室"的工作,来语言所后招我归队,就是要我专搞语音实验。正巧我来所次年,有个中—捷双方科学院交换学者的名额,就派我去捷克"考察"实验语音学,为期一年。我到捷后先在布拉格的科学院捷语研究所及查尔斯大学语音系进修,后又被介绍到其他几个单位去取经。我到捷不久,就发现那里的言语声学的水平与英、美比较,还有不小的差距,设备也多已过时。那时我国与英美未建交,而北欧诸国在实验语音方面也有一定的水平,而且西方的资料和设备也都具备。于是又获批准转赴瑞典、丹麦,向当地院校考察学习。在去两国之前,还到了民主德国的汉堡大学英语系,考察他们的实验室设备。这一阶段主要是"问路",以备回来后开展实验语音学的科研和培训工作,也就是为未来的现代语音学"铺路"。

以下略述在各地的进修考察情况。

(1) 捷克斯洛伐克

布拉格：捷克科学院捷语研究所　　他们的两位助教,根据美国的声学杂志及其他渠道的资料,与嗓音矫治医院合作,拍摄发音的 X 光照片;又同泰斯拉无线电厂的工程师合作,在一般的静态频谱仪上,加装自动控制,用于捷语语音的频谱分析,得出了精密度较高的元音和辅音的声学图谱。他们还介绍了不少关于语音分析的资料。后来我发表的《普通话元音和辅音的频谱分析及共振峰的测算》(载于《声学学报》第 1 期,1964)即以他们的方法为基础而加以发展的。

查尔斯大学语音系　　主任哈拉教授在欧洲当时是语音学的前辈,对 X 光照相应用于发音舌位的分析,研究有素。他对我很友好,他和我国的语言学前辈刘复(半农)博士是同窗,都是保尔巴西的学生。他听说我同刘先生有忘年之交,就倍感亲切。他年事已高,还耐心教我练习 X 光照相的分析和描图。后来我编著的《普通话发音图谱》中的 X 光舌位图,就是以他的方法为基础有所改进的。

哈拉教授的办公室很大,四壁全是图书。其中还有些百年珍本,都无私借给我。他有时不上班,为便利我查阅书刊,竟把办公室钥匙交给我,任我随时自取。在这里我找到不少名著或珍本,如：语音实验的鼻祖斯克里泼契尔的《实验语音学研究》(1906);声学祖师海尔姆荷兹的《声学教程》(1863);布拉格学派创始人特鲁别茨柯依的《音系学原理》(1963);茨维尔纳的《音系学和语音学》(1963)等等,每天都让我带回住所用 35 毫米的相机翻拍,回国后放大装订成册。

捷克科学院方言音档库　　捷科院捷语所的方言调查工作,因民族众多,语言复杂,调查工作做得很周密。田野调查主要用口头和画册询问,少用文字。图画特别着重各民族的亲属称谓、身体动作、山川房屋、耕耘渔猎、生活用品,及一切风俗活动等等。各图均注有标准捷语,分类成册,调查时即用此册在图旁记音,有缺就补充,并都录有唱片。我在库中见到的就有好几千张,按地区内容编号与画册一起上架。这批资料不但对语言学有用,对民俗学研究也极有价值。(我带回一批调查方言的画册,作我们的参考;并有文介绍其方法)

捷克工业图书馆　　在市中心,距大学不远,我经常去查阅资料。馆长很热情地帮我查目录,并介绍其一切措施制度。此馆的管理和服务,即欧美大图书馆也是少见的。主要有这几点:1. 此馆专藏世界各种科技期刊,每篇论文均编写摘要,登在卡片,一式三份,分类归档(该馆有专写摘要的馆员)。2. 外国原版期刊,按政府严格节汇的规定,只订购一份。各单位需用的资料,全部由该馆复制胶卷或照片来供应。3. 为满足有关单位能阅读原版,新刊一到,即按批准单位的名单由本馆送达一家,由其按单依次由各家传阅,每家限一周递传给下家,最后传阅遍了再归还。逾期不传的重罚,或取消借阅资格。因是法律规定,无敢或违。(我曾见过这名单,约有五十家。)4. 该馆是开架阅览,但地下室为禁区。我获准参观,见有大量的中国影印的外文刊物。馆长说,要感谢中国的援助,使能节省外汇。我带回的资料,有许多是该馆复印的。例如:我想要找制作记调器和切音机的技术资料,就查分类卡片,在"录音技术"和"声调提取"的导片下,居然找到不只一种杂志(有的还是科技工厂的内部技术报告)。有些资料,不但有文章,而且有线路图。后来我们实验室就参考这些复印件试制仪器成功。这在别的图书馆恐怕是难以办到的。

布尔诺:布尔诺大学语音系　　布尔诺在捷克西北部,以每年在此举行欧洲最大的工业博览会而著名。大学的工科也是有名的。

我到该系是学习频谱分析方法。当时大多数实验室分析声波、转换为频谱、得出共振峰值的办法,由于频谱仪之类的仪器还未普及,都只能用傅立叶分解的计算法来求。此大学的语音系用此方法。是哈拉教授建议我去学的。他们的实验室也就是教室。有一系列的浪纹计,和哈拉的及我们实验室所"保存"刘复先生所留下的相同,看来他们都是传自法国的。这种计算法由18世纪数学家约瑟夫·傅立叶所发明,通用于物理学方面;用于语音,就纠正了人们一向拿谐波峰值当做元音共振峰的错误。此法虽较为原始(分析一个元音的声波就得花上两小时),但是现代的高级语音分析仪器,绝大多数还是用此原理来产生共振峰包络的。对我来说,这种算法虽已过时,但学习一番,对从根本上认识元音的声学结构是有益的。

布拉格学派 是功能语言学的主要流派,其代表集体为布拉格语言学会。创始人之一特鲁别茨柯依以其音系学理论著称;他的及门弟子、学派的继承人德恩卡和龙波特尔等教师,就在查尔斯大学任教。此学会自1929—1939年,出版过八卷学会学报,早已成为世界孤本。当时我们研究所只藏有五卷,所缺三卷无从补配。我在布拉格旧书店中找到一套,索价很高,也不零售。后来在哈拉的藏书中找到,就将所缺各册拍成微片,回来放大装订成册,替我们图书馆配齐了。

我在捷克呆的时间,除了去北欧的三个月,实际上只有大半年。专业进修之外,还被安排学习捷语四个月,并按照捷科院对外待遇,用两个星期派车由一位助教陪同,作全国旅行。南至多瑙河边的斯洛伐克首都布拉基斯拉瓦,北至塔特拉山,访问了十几个城市。那年暑期,哈拉教授在卡洛瓦伐利(译意为"查尔大帝之谷",著名的国际电影节每年在此举行)的温泉休假,还特别邀我去住几天,得以同这位与半农先生同窗的老人亲切交谈。

我在捷克的所见所闻,有许多值得我们参考之处。总的印象是:全国一致的高度科学化、效率化和节约化。他们对全国一般工业制造设计上的统一和节约,使我难以想像。例如商店里卖出的硬纸板旅行箱上的锁极为简单,全国只有一种型号,持有此箱者都能互相开启。我纳闷地问他们这怎能保险？他们说这不过是个形式,因全国无盗窃。他们的许多家电和小工具等都很齐全,但型号却是全国统一的。这些感受,我曾有"看看人家怎样办科学"的短文介绍。捷克当时在东欧诸国中,是完全施行社会主义的。他们与我国也很友好,所以我在那里的学习访问都备受很好的安排。

(2) 瑞典

斯德哥尔摩:皇家理工学院电讯工程研究所 我到北欧进修的主要目标,是到这个研究所向该所的方特工程师学习言语声学。因为我在出国之前,就看到方特在他的研究所学报上发表的一篇文章,题为《近代言语声学研究的仪器和方法》,(此文后来在1958年挪威奥斯陆召开的国际语言学家会议上宣读。)他介绍了当时最先进的言语声学仪器及其在语音分析上的应用。我读后就觉得要从事语音分析实验,必须先学言语声学。捷克既缺乏这样的设备,西方也不可能去,瑞典就是目的地了。我到捷后随即申请国内批准,并与瑞方联系。我于1958年春到瑞京斯德哥尔摩。瑞典皇家理工学院校园和建筑都有古老的历史。方特的实验室并不大,两间大房间堆满了他们自己研制的设备和少数进口仪器。研究人员只有五六人,挤在仪器堆中办公,并不像国内所见的那样宽绰。气氛也不同,这个小集体就是一个家庭。我在此实验室实习了一个月。那里还有一名来此进修的美国学者,教我操作语图仪。他们这间实验室是从无到有,逐渐发展的,许多仪器都是利用简单经济的材料自制的,却起了大作用。他们的勤俭办科学的精神,给我印象很深。这就为我们此后自己建立实验室提供了极好的榜样。

方特教授是在美国麻省理工学院得的博士学位。他的实验室在言语声学分析方面,是比较完备的。他们自制的语音合成电路装置,在当时就比英美先进。那时的语音合成研究,已有美国麻省理工学院的里柏尔门,用透明片描出共振峰的图形还音器,通过光电管拾音,可以发出各种元音和辅音,并可"说出"短句,但描图很费事。(不过他因此而发现辅音元音间过渡音的规律,为日后协同发音的研究奠定基础,是有划时代的意义的。)又有英国爱丁堡大学斯蒂文斯等的多声道合成器,已能用并列参量电路来模拟成句的语音。方特对元音声源素有研究,在日本千叶勉早期发表的《元音论》中关于声带音的函数算法的基础上,更有发展。因此在他的合成系统中,其声源质量就较能仿真。他制作的合成器有"欧维"系列 OVE1、OVE2……,有的已被美国几家研究所采用。特别是机件轻便,不学理工的也容易操作。用此机"说"出的英语,已很像人声了。后来各家的合成装置大有发展,但原理多与此类似。我在他的实验室实习了一个月,很有收获。特别是他把美国克伊公司(KAY)语图仪的说明书和线路图借给我复制,使我能带回,送给一个大学的实验室,研制出我国第一台语图仪,打破了美国的封锁禁运。

乌泼沙拉大学语音系　　系主任哈马斯特罗姆教授是实验语音学的先驱者。他在音系学方面,也有创见,如他对语音研究分清"语音的"与"音位的"界限。他的办公室和实验室是一体的。他所设计制作的腭位记录照相器,比英国爱丁堡大学语音实验室所创制的更为进步。英国的用电灯泡照明,而他用特制的圆圈式闪光管。我到乌泼沙拉只能呆一天,第二天一早就得回斯德哥尔摩。于是他下班后,就让我一人在他办公室干个通宵,我充分利用这难得的机会,连夜自己涂舌造影,发音拍照,把普通话的辅音、元音的腭位都拍齐了。回国后就根据其原理自行设计了一套装置,并有所革新。我的《普通话发音图谱》中的腭位图,就是用此设备所制的。这样的语音图谱,在当时只有东德出版过德语的一种,但可能由于仪器设计上的问题,还有失真之处。而我们的已加纠正。我们还拍摄了一套口形照相,与 X 光舌位造影和腭位照相对应,使每个音都有口外、口内和正面、侧面最完整的立体图形。

我在斯德哥尔摩还访问了几处单位,了解他们有关语音处理或语病矫治的情况,如:一所聋哑学校,他们已能用声调显示仪,教会聋童发出表情的语调来。这在当时是很先进的。再有一家诊所,一位喉科医生比攸格伦用自制的装置,摄影机接上喉窥镜和闪光灯源,可以拍摄声带的颤动。

瑞典东方博物馆　　此馆历史悠久,规模很大,馆长高本汉教授,是国际知名的汉学家,五四时代曾到过中国。他的《中国音韵学研究》曾由赵元任、罗常培、李方桂合译成中文,作为经典著作,在我国语言学界极有影响。他的调查了多处汉语方音来研究《切韵》系统的方法,奠定了我国以《切韵》系统为纲来调查方言的基础。我到瑞后,他知道我是赵元任先生的助手,就和我国使馆联系,希望能和我见面。这是他第一次会见新中国的同行。他的汉语是山东口音,说得不错。这次会见,除听他介绍该馆情况外,有两件事至今记忆犹新。一是他给我看一本书,是他所著《汉语分析字典》的中国影印本。他指出这是盗版,说是未经他许可而影印是欠妥的。我当时差点处于被动,但仔细一看,原来是 1940 年"北平哈佛燕京学社"所印。当即反驳说,这是日寇占领时期的印本,我们怎能负责! 他立即道歉。另一是在他馆中有专室陈列西藏寺院里的经堂全景,这是前任馆长、瑞典大盗宝者斯文赫定弄来的。还有整个墓室的几丈长的彩画梁柱,他都搬来了。(当年中国新疆文物的损失,可同莫高窟相比)。他颇为得意,我则按压不住怒火。

正巧我见到玻橱里有个小件,标签写作:"不知名的木制品"。我不久前阅读《文物》杂志,有出土编钟的图,就告诉他,这是钟架的"跗"。并说:"我们解放后的考古发掘工作和以前的不同,文物出土时是一层层仔细发掘,都要摄影,并记录其原来位置,即使腐朽成灰的部件,也知道如何复原。因此我们的博物馆里所陈列的,都能按原样修复,不像以前是可由盗墓人乱掘拆散了卖给外人。这种木质物在地下多数腐朽了,以前很少出土,也许你们从未见过这类原物,那就不知为何物了"。他很惊讶说,你们有这种杂志,我竟不知。我说岂只一种,《文物》是大众读物,还有更专门的呢。这时他骄气已敛,就非常客气地同我约定,以后希望新中国有关方面能介绍他的著作,并互换刊物而别。(这次的经历给了我一个深刻教训,知道在国际上即使是在谈学问,但随时随地都会有斗争。孔子说:"行己有耻,使于四方,不辱君命。"自己虽不是什么使者,但你是从新中国来的,那时西方对我国还很有偏见,因此,我们的一言一行,也差不多就起着文化使者的作用。站稳国格是非常重要的。此后我经历了好些国家,无论是姓"社"或是姓"资",都不能放松这根弦。)

  斯德哥尔摩大学语音系 我去该系参观他们的音响教学设备,(这类电教设备如今我国已经普及到中小学了,但那时即在西欧也还是希罕的。)其特点是教室内除一般的如话筒、耳机之类,还有一座可以移动的隔音小屋,随时可以录音。

  (3) 丹麦

  哥本哈根大学语言系 系主任叶尔姆斯列夫,是与布拉格学派抗衡的、西方的"哥本哈根学派"创始人。他以符号学的理论研究语音、语法而著名于世。我见他时,代表我们的吕叔湘先生向他致意,得到款待。他介绍他的学生费歇·约恩荪助教为我安排一个月的学术活动,并把他的办公室里的图书尽量让我查阅。有趣的是,约恩苏的观点同她老师的不同。叶氏专重理论而不相信实验,因此他的系里毫无实验设备;而她则跟方特交往,迷上了语音的生理和物理的实验。自己没有仪器,就借一位语病医生的实验室来做实验。她为了作声带颤动的微电记录,竟敢自己用肌电计的针刺喉。(据说这是文科学者能做这样实验的第一人。)她在1958年挪威奥斯陆的语言学家会议上,继方特报告之后,也提出一篇长文《声学语音学的新技术对语言学的贡献》。她用丰富的语音学知识,把当时传统语音学中,对元音、辅音、韵律特征、听觉、分段、音位、区别特征等的许多"积疑"的问题,几乎包括语音学的全部内容,根据实验结果,一一予以分析和解答。她对当时有些老语言学家还仅仅满足于习惯在浪纹计上去取得结果,而对新仪器因操作较为复杂就视为畏途的现象,奉劝他们不妨动手亲自作点实验试试。她此文在语言学界引起较大的反响。

斯密斯嗓音矫治研究所　　司旺德·斯密斯医生是一位很有创造发明的嗓音矫治和聋哑儿童学语专家,约恩苏带我去他那里做实验。他家有一地下室,约有一百平米,成了实验室兼车间。那里的声学仪器应有尽有,包括丹麦的布吕尔克依尔(闻名世界的声学仪器研究制造厂,通称BK)的频谱仪和测声设备以及美国克依公司的语图仪。他用高速摄影技术研究声带发音的规律,并拍成科教电影;据此自制了摹拟声带的橡皮哨子,用微型鼓风机来吹使颤动(也可用口吹),并调节哨子边缘(与声带极相似)的宽度与拉力,而发出不同高低的声调,同时也拍成电影,放映出来和真声带比较。当时西方如美、德等国,也已有了声带的高速电影片,不过那都是拍的真声带。他这是用橡胶模拟件拍摄,随时可以改变拉力和厚薄等参数,给出不同的生理与声学关系的数据,来研究声带的活动规律,论断就更有说服力。他训练天聋的哑童说话(天聋者必然是因无法听音学语而成哑,但发音器官无病),编出成套的词句,一面用小鼓打着特定的节拍,一面教着说,然后让聋童自己打着鼓练习。选词的音节结构是根据语音学原理编制的。发音部位由显到隐;发音方法由易到难,循序渐进。据说练习三个月就有效果。(斯密斯送我一套影片和几个哨子。)

(4) 德意志民主共和国

我去瑞典前,先到东德,在东柏林的汉堡大学的英语系,向法雅教授学习她们所设计的语音教学和练习的录放音机。两台专业用的磁带录音机联用,可以做很多的语音分析和切分、听辨等实验。她派助教伊沃帮我实习了一个月。汉堡大学历史悠久,言语声学鼻祖海尔姆荷兹就在此工作过,校中有他的铜像。

我这次出国考察进修共十个月,到了四个国家,社会主义的和资本主义的(而且都是王国)各半,可以说,对当时国际上语音学者的成果概况,有了个轮廓。通过自己参加实验的体会,已大致明了语音的生理和声学的特征和解决问题的实验手段。这次"取经",虽为时间和学识所限,未能深入,但收获还是不小的。特别是我所到国家都得到当地的学者和人民热情帮助,其根本原因是新中国站起来了。有些资本主义国家的语言学家,在我国解放后,除了和我们的使馆人员有过接触外,还是第一次见到由共产主义国家派来的同行,这使他们既好奇又兴奋,问这问那,范围广泛。有一次我在斯德哥尔摩街上,有一位工人模样的中年人向我打招呼,问我是不是日本人,我说是中国人。他马上举起大拇指,说:"毛泽东!"就同我握手。这使我非常感动。如果没有毛主席,我们中国人能有这种地位吗?(后来我问使馆人员,他们为什么问我是不是日本人,回答是因为他看到衣着整齐的就以为是日本人,因为那时中国人来此的多为小贩,外表是较差的。)

不过,在当时的资本主义国家中,还是有一部分人对中国的解放有反感,这是不希奇的。我初到瑞典时,高本汉约见前一天,大学语音系来电话说，此次瑞中学者会见是难得的机会，届时将有新闻记者在场采访。我当即向使馆请示。得知最近曾有一我国科研人员被记者访问，次日见报竟修改发言，歪曲事实，造成被动。我立即通知对方，说这次是私人访问，不同意记者到场，否则请取消会见。结果是取消了记者的采访，未造成意外问题。

这次出访，带回的资料实物及复制胶片等，足够我们好几年消化的。我于1958年的6月回国，就得到组织上支持，在"推广普通话"的鲜明旗帜下，着手建立实验室，培训新队伍，根据实验结果，撰写论文报告，开始为我国的现代语音学研究的科学化和实用化做一番"铺路"的工作。不过，在消化材料和设法应用中，也发现所得的资料虽然有许多是有共性的，但绝大部分是印欧语系的成果，应用于汉语的分析还是有许多隔阂的，还需要自立规则。于是加强了普通话的研究和实验。这一段时间到1965年为止，六七年中，我和语音组（当时还未成立语音室）的同人编写了《普通话语音实验录》（包括语音的生理、声学的实验方法及普通话的元音、辅音、声调的分析研究等共六卷，文字约三十万，图表约三百幅，未出版），并为了普及实验语音学知识，用"齐鲁"笔名，发表了《谈谈现代语音实验方法》，把当时所见西方有关文献中可用于汉语语音分析的资料，都尽量介绍了，同时又拍摄了普通话全部语音的发音X光图片，与腭位及口形的照相对照，成为三维的发音图谱。

这一阶段写出的论文有《普通话元音和辅音的频谱分析及共振峰的测算》。当时国内的通讯技术单位已经认识到：元音的特性系由共振峰的频率决定；但因还没有引进三维的声谱仪（如"语图仪"），只能用二维的频率分析仪测得强谐峰的数据，很有误差。我根据在捷克所学量算共振峰值的原理，用平面几何的模拟方法，设计出一套由强谐峰值换算为共振峰值的简单公式，在引进美国语图仪之前,使这个算法得到应用。上文提到我从瑞典带回图纸试制语图仪的情况,为了让国内对语图仪器有更为具体的了解,特根据在国外所得的、研究所室和一些工厂发表的或内部的技术资料(主要得自捷克工业图书馆和瑞典皇家理工学院)写成《一种分析语音的重要仪器——语图仪综述》,文中详细介绍了当时国际上试制和生产的不同型式三维声谱仪的设计方案,提供图表,并评价其用途及优缺点。同时还参考了国外资料,由本实验室的林茂灿同志,试制成国内的第一台音高分析器,为普通话的声调研究完成了大量的分析和记录。这些工作,在当时是起了一点铺路的作用的。

四、上路(1975—)

上文说到1965年为止,此后由于众所周知的情况,一切工作停顿了十年。恢复工作以后,除补充知识外,开始培育新生力量。1978—1979年度,我受北京大学中文系林焘教授之聘为兼任教授,替北大开设实验语音学的选修班,吸收该系的教师、研究生及外校参加的师生等约四十人。(北大从此建立了语音实验室,并把我们研究所录取的语音专业研究生中,转让一位与北大,派美深造,开展了此门学科的教学和研究。)此班的结业生后来差不多有半数从此干了实验语音专业,并都是为所在院校的中文系建立了实验室。其中以北大为最早,其他较有成就并不断有联系者,有上海华东师大和天津南开大学。此期间还有一些军民单位为了工作需要,前来取经或要求代培者,也开过几次短期的培训班。这样使我们的科研工作走上实践的道路,并得到教学相长的机会。

1979年我收到丹麦哥本哈根大学约恩荪教授的邀请,偕同两位同行参加了在哥本哈根召开的第九届国际语音学会议。这是自1958年以后隔绝了二十年的第一次重聚。在会上我见到了捷克的龙波特尔院士(二十年前在布拉格大学见他时是助教,这时已是另一国际语音协会的主席),他上前拥抱,热泪盈眶,因为彼此都经历了史无前例的动荡生活,万里重逢,备感激动。东道主约恩荪这时是语音系主任(叶尔姆斯列夫故去后由她继任),也是如此地欢然道故。他二人把我们介绍给全体会员,并在理事会上提名推选我为该会议的常设理事会成员。当在闭幕大会上宣布时,就有台北来的三位学者向我道贺,并激动地说,"我们都是中国人,您的当选,我们与有光荣。"后来我被告知,台湾学者曾三次向该会申请为理事,都未通过,而是把这名额保留给新中国的。那时两岸关系还很隔绝,台北的学者如此表态也是冒了险的。此后该会每四年一届的会议,以及其他同类的国际会议,我差不多都参加了;有个别会议因故未能出席的,也提交了论文。从这次开始,我们的语音实验室就恢复了与国际语音学界的联系,除连年交换科研刊物,并陆续做到请进来、送出去,为此门学科搭上了桥梁。在这期间对国内有关的学术会议,我们更是经常出席。

  从1979年以后到最近的二十年中,国际上语音学研究的动向,据各次国际会议的出席参加者的成分来看,大致说来,前二十年多集中于单纯语音的声学、生理和感知的分析,语言学家参加者还不少;后十年中由于计算机的发展、言语处理工程的技术和理论渐占主要地位,因此参加者以工程技术学者渐成主流,而纯语言学家的比重反而小了。再从课题的内容来看,语音的分析和处理,采样由单词、复词而进到短语、整句;性质由音色、调型而转到韵律、变量;目标由研究、教学、通讯、语病而集中到合成、识别、文语转换。其中语音变量的处理,合成自然度和识别准确度的提高,尤属重点。

反观国内的情况,也在逐渐跟上潮流。我们的研究工作也迅速拨正航向,由各自选题而共同攻关,由纯粹科研而转向应用。我自己的二十年来的研究方向也为了计划需要,前十年是致力于普通话的辅音、声调的分析及新生力量的培训,还多属铺路工作;后十年是把方向转到应用上来。在语音合成上,把已有的研究成果应用于计算机程序的编制,帮助同事完成国家课题,通过鉴定,得到好评。我于1989年退休之后,仍继续返聘了八年,我就致力于普通话语调的分析与合成,和作提高合成自然度的实验研究。最近两年,我虽已离岗位,但自问尚有余力,就仍和个别科研单位合作课题或灌输语音知识。在这样的活动中,必须与言语工程界多所接触,对这方面的所需细节就有更多的了解,在实验研究过程中发现了不少新的语音知识,多掌握了一些关键性的问题。这些工作因为时尚浅,以及人员流动等原因,成效还不够大;但由于工程设计方面有了语音学的基础,在处理上的质量自然较前有所提高,这些努力也就没有白费。这个阶段可以说是真正地上路了。

综合这一阶段的工作性质,是从研究到实用,已如上述。这期间的进展,可从我这二十年的著述中,看到一条明确而有系统的进程,可以说这是我音路历程的记录。严格说来,这段历程还只能说是我走上音路的起点,因为语音变量的规则及其自动化的处理还在初步阶段;这条音路探索下去是无穷期的。我这二十年中的主要课题的内容,及一些探索的目标,同国际潮流大致接轨,也可分为两个阶段:

1. 前十年中,我主要是致力于实验语音学的介绍和应用,以及普通话语音和声调的分析。

2. 后十年到现在,为了环境的需要,同时我以退休的身份也能自由选题,就同其他科研单位合作,把我的研究方向转到语音学在合成上的应用来。

当前各单位的语音合成系统,主要是采用语料库中的单字或成词的拼接法。由于这些字词根本是录音,合成质量的问题还不大;但一遇到语库未收的词,或短语中和短语间的连读,对协同发音现象的合成,就难于达到满意的自然度。因此目前合成的水平,大都到了一个阶段就很难提高。直到最近,有的单位把大规模的语料库应用于合成和识别系统,语音质量大有改善。也就是说,短语中的协同发音质量可无问题,但成句语音韵律的处理,仍是要以语音分析的规律为依据的。这些年来,我一方面是尽量运用语音实验的成果,在合成系统上验证协同发音的规律,建立规则,并设计出一套用于合成的全语音标记符号,为提高合成的自然度创造条件;另一方面是探索"人—机对话"领域的理论基础,同时还进行一些从传统音韵学中总结出一些有用的规则,为合成(同时也为识别)系统的高级阶段(即表达语气和表情的阶段)提供指导方向。这些工作,前者是治标,后者是治本。目前有的已为文发表,有的正在探索。

五、遥路:音路的回顾与前瞻

现在从我过去所走过的音路来看,这条路也基本上是国际语音学发展的道路。同时,并根据国内的需要,衡量自己的力量,而逐步调整我们的研究步伐。例如早期我们只限于做普通话单音节的生理和声学的特征的分析。然后是双音节、多音节的变调规律,然后是语调和韵律的综合研究。语音项目由元音、辅音而音节。声调项目由字调、词调而语调。分析的特征由音段而韵律。研究方式由自定的学术研讨到向外的应用合作。课题由语音分析而语音合成。研究队伍从文理分家而渐趋合作。

我们实验室早在六十年代对研究人员就已文理兼收了。不过近来因这门学科发展较快,各方好像又有文理分家的倾向了。一来是因为语音分析和处理的技术越来越高精,操作越来越复杂,文科专业的人材已难于跟上了。二来是最近国际上在识别和合成方面,由于大规模语料库的建成,统计方法和建库学问的进展,成果的准确度和自然度越来越高,言语工程方面似乎已不太需要语音学的知识来帮忙了。这在科技发展的规律上是可喜的、也是必然的。这就等于现代化的技术已达高度的自动化和立体化,前几年还是最先进的武器现在不得不退役了。话虽如此,但语言音变的规律不是那样简单的,还有不少问题尚待开发;何况语库的容量越大,就越需要语言学和语音学的新知识来设计,来管理;高等院校中的文科还是很需要在这方面多作课程的安排和人才的培养的。

对我自己来说,退休后仍不愿放弃这项工作,亲友们常常善意地劝我:这把年纪了,还干什么?我自问以眼前的身心条件,还未失去工作能力。而且汉语语音处理的难题目前已有解决的曙光,退居后少了杂事干扰,更该用更浓厚的兴趣接着干下去。王力师自署"龙虫并雕斋"。他在一篇《自叙》中曾说,自己的学问只能说是雕虫,也想雕龙,但结果是:"雕龙不成反类蛇,不过是条长蛇。"王师指的是音韵学的深浅。我现在可以把研究传统语法学和音韵学比作雕龙,把研究现代语音学特别是实验语音学比作雕虫(刘复先生自谓搞语音实验是钉钉敲敲的小道,而几十年来汉语学术界一般也有此看法)。不过。此行只要钻进去之后,方知这条"虫"是够长的,也不是那么容易雕的。罗常培师在三十年代初就号召语言学界要开展语音实验,他说当前的音韵学界是:"考古功多,审音功浅";要"解决积疑,可资实验以补听官之缺"。我干了这些年的实验,总算多少能帮助口耳来解决一些积疑了;不过要想把这条虫雕得像真，还得在这条音路上，继续朝着这遥遥在望的"衡宇"而"载欣载奔"（陶渊明语）。

我前年退聘时曾有诗述怀，其中有两句可说明我对这遥远的音路的心愿：

"未作'吾衰'叹，宁甘'伏枥'养！退居无三径，笔耕有沃壤。"照我这年纪，这片沃壤还能耕几年（?!），是不该有奢望的。屈原的《离骚》有言："吾令羲和弭节兮，望崦嵫而勿迫。路曼曼其修远兮，吾将上下而求索。"羲和的太阳之车是无人能留得住的，但是望着西山也不必紧迫，音路是漫长而遥远，但能耕一尺一寸就有一尺一寸的收获，还是值得不断地去上下求索的。